近代中日词汇交流的轨迹
——清末报纸中的日语借词

朱京伟 著

商务印书馆
2020年·北京

图书在版编目(CIP)数据

近代中日词汇交流的轨迹:清末报纸中的日语借词/朱京伟著.—北京:商务印书馆,2020
ISBN 978-7-100-17928-7

Ⅰ.①近… Ⅱ.①朱… Ⅲ.①汉语—外来语—借词—研究 Ⅳ.①H136.5

中国版本图书馆CIP数据核字(2019)第251277号

权利保留,侵权必究。

近代中日词汇交流的轨迹
清末报纸中的日语借词
朱京伟 著

商务印书馆出版
(北京王府井大街36号 邮政编码100710)
商务印书馆发行
北京市十月印刷有限公司印刷
ISBN 978-7-100-17928-7

2020年1月第1版 开本787×960 1/16
2020年1月北京第1次印刷 印张34
定价:89.00元

目　录

序章　近代中日词汇交流的历史进程与相关资料 ········· 1
　1. 西学东渐与中日的近代新词 ····················· 1
　2. 近代中日词汇交流的历史进程 ··················· 5
　3. 天主教和新教传教士中文资料 ··················· 10
　4. 江户兰学与明治时期日方资料 ··················· 18
　5. 清末民初书籍报刊类中方资料 ··················· 23
　6. 本书设定的研究重点 ··························· 31

《时务报》（1896—1898）篇：
日人执笔"东文报译"，日语原词直入汉语

第1章　《时务报》中的二字日语借词 ················· 38
　1.《时务报》的主要栏目 ·························· 38
　2.《时务报》的主要执笔者 ························ 43
　3. 词语的抽取方法与分类 ························· 48
　4. 有古汉语出典的二字词 ························· 52
　5. 近代产生新义的二字词 ························· 57
　6. 无古汉语出典的二字词 ························· 66
　7.《汉大》未收的二字词 ·························· 70
　8. 小结 ··· 71

第2章　《时务报》中的三字日语借词 ················· 73
　1.《时务报》三字词的概况 ························ 73

2. 区分不同来源的三字词 ··· 74
  3. 三字词的前部二字语素 ··· 83
  4. 三字词的后部一字语素 ··· 88
  5.《时务报》中的汉语三字词 ····································· 94
  6. 小结 ··· 97

第3章 《时务报》中的四字日语借词 ································· 99
  1.《时务报》四字词的概况 ······································· 99
  2. 区分不同来源的四字词 ··· 100
  3.《时务报》中的汉语四字词 ····································· 109
  4. 构词多的前语素与后语素 ······································· 112
  5. 四字词结构类型的中日比较 ···································· 117
  6. 小结 ··· 122

《清议报》(1898—1901)篇：梁氏主编在日出版，积极引进借词涌现

第4章 《清议报》中的二字日语借词 ································· 124
  1.《清议报》的主要栏目和执笔者 ······························· 124
  2. 词语抽取的文章范围 ··· 126
  3. 词语抽取的原则与分类 ·· 131
  4. 有古汉语出典的二字词 ·· 133
  5. 近代产生新义的二字词 ·· 137
  6. 无古汉语出典的二字词 ·· 145
  7.《汉大》未收的二字词 ··· 153
  8. 小结 ··· 154

第5章 《清议报》中的三字日语借词 ································· 155
  1.《清议报》三字词的概况 ·· 155
  2. 区分不同来源的三字词 ·· 156
  3. 前部二字语素和后部一字语素的特征 ······················· 164

  4. 语素义和构词功能均未变化的后语素 ············ 166
  5. 语素义未变而构词功能变化的后语素 ············ 172
  6. 语素义和构词功能均有变化的后语素 ············ 173
  7. 日语「—的」、「—上」对汉语的影响 ············ 176
  8. 小结 ············ 180

第 6 章　《清议报》中的四字日语借词 ············ 182
  1.《清议报》四字词的概况 ············ 182
  2. 区分不同来源的四字词 ············ 183
  3.《清议报》中的汉语四字词 ············ 188
  4. 构词多的前语素与后语素 ············ 194
  5. 四字词结构类型的中日比较 ············ 199
  6. 小结 ············ 205

《译书汇编》(1900—1903)篇：
专著翻译势在必行，术语借用当务之急

第 7 章　《译书汇编》与中日词汇交流 ············ 207
  1. 出版概况与改版经过 ············ 207
  2. 现存本与发行日期 ············ 209
  3. 译书汇编社的出版书目 ············ 210
  4. 原著者为日本人的文本 ············ 213
  5. 原著者为欧美人的文本 ············ 215
  6. 原著者为中国人的文本 ············ 218
  7. 小结 ············ 220

第 8 章　《译书汇编》中的二字日语借词 ············ 222
  1. 词语抽取与分类的概况 ············ 222
  2. 有古汉语出典的二字词 ············ 223
  3. 近代产生新义的二字词 ············ 229
  4. 无古汉语出典的二字词 ············ 236

5.《汉大》未收的二字词 241
　　6. 小结 242

第9章 《译书汇编》中的三字日语借词 244
　　1.《译书汇编》三字词的概况 244
　　2. 区分不同来源的三字词 246
　　3.《译书汇编》中新出现的后语素 254
　　4. 后语素的语素义和构词功能 259
　　5. 后语素与新词增长的幅度 262
　　6. 日语「—的」、「—上」进入汉语的过程 268
　　7. 小结 273

第10章 《译书汇编》中的四字日语借词 275
　　1.《译书汇编》四字词的概况 275
　　2. 区分不同来源的四字词 276
　　3.《译书汇编》中的汉语四字词 282
　　4. 构词多的前语素与后语素 286
　　5. 二字语素的词性与结构类型 292
　　6. 四字词结构类型的中日比较 296
　　7. 小结 304

《新民丛报》（1902—1907）篇：
政法文史兼容并蓄，借词造词双管齐下

第11章 《新民丛报》与中日词汇交流 306
　　1. 主要作者与主要栏目 306
　　2. 梁启超的文章与日语借词 308
　　3. 梁启超论"东籍"与"东学" 312
　　4.《新民丛报》的夹注与日语借词 315
　　5. 与日语借词有关的栏目 320
　　6. 小结 324

第12章 《新民丛报》中的二字日语借词 ... 326
1. 词语抽取与分类的概况 ... 326
2. 有古汉语出典的二字词 ... 327
3. 近代产生新义的二字词 ... 330
4. 无古汉语出典的二字词 ... 337
5.《汉大》未收的二字词 ... 349
6. 小结 ... 350

第13章 《新民丛报》中的三字日语借词 ... 352
1.《新民丛报》三字词的概况 ... 352
2. 区分不同来源的三字词 ... 353
3. 语素义和构词功能均未变化的后语素 ... 362
4. 语素义未变而构词功能变化的后语素 ... 367
5. 语素义变化而构词功能未变的后语素 ... 370
6. 语素义和构词功能均有变化的后语素 ... 374
7. 小结 ... 376

第14章 《新民丛报》中的四字日语借词 ... 377
1.《新民丛报》四字词的概况 ... 377
2. 区分不同来源的四字词 ... 378
3.《新民丛报》中的汉语四字词 ... 387
4. 构词多的前语素与后语素 ... 393
5. 小结 ... 397

《民报》(1905—1910)篇：
作者激进精通日语，借词趋稳新词渐少

第15章 《民报》与中日词汇交流 ... 399
1.《民报》的主要栏目 ... 399
2.《民报》的主要作者 ... 404
3.《民报》作者与日语借词的关系 ... 413

4. 小结 ··· 420

第 16 章 《民报》中的二字日语借词 ····································· 422
1. 词语抽取与分类的概况 ·· 422
2. 有古汉语出典的二字词 ·· 424
3. 近代产生新义的二字词 ·· 428
4. 无古汉语出典的二字词 ·· 435
5. 《汉大》未收的二字词 ·· 442
6. 对清末 5 报二字词的总体回顾 ······································ 442
7. 小结 ·· 446

第 17 章 《民报》中的三字日语借词 ····································· 448
1. 《民报》三字词的概况 ·· 448
2. 区分不同来源的三字词 ·· 449
3. 构词多的后部一字语素 ·· 456
4. 语素义和构词功能均未变化的后语素 ································ 459
5. 语素义未变而构词功能变化的后语素 ································ 463
6. 语素义变化而构词功能未变的后语素 ································ 464
7. 对清末 5 报 2+1 型三字词的总体回顾 ······························· 465
8. 小结 ·· 474

第 18 章 《民报》中的四字日语借词 ····································· 476
1. 《民报》四字词的概况 ·· 476
2. 区分不同来源的四字词 ·· 478
3. 《民报》中的汉语四字词 ·· 486
4. 构词多的前语素与后语素 ·· 491
5. 对清末 5 报 2+2 型四字词的总体回顾 ······························· 496
6. 小结 ·· 506

参考文献 ··· 508
词语索引 ··· 518
后记 ·· 533

序章　近代中日词汇交流的历史进程与相关资料

　　现代汉语里有许多从日语借来的词，通常简称为日语借词。日语借词属于汉语外来词的范畴，但又与那些源于欧美语言的音译外来词有本质的区别，它是利用中日两国共用汉字的特点，直接把日语的汉字词（即日语的「漢語」）按照原形和原义搬到汉语里。由于日语借词的词形与汉语词汇基本相同，所以双方一经融合便难辨彼此，加之数量庞大，已经确认的就有上千词，尚待辨别的也绝非小数。日语借词研究的重要性无须多言，然而为什么要以清末报纸作为日语借词研究的原始资料呢？这与日语借词问题产生的历史有关，需要先做一番背景介绍，为进入正题做好铺垫。

1. 西学东渐与中日的近代新词

　　16世纪末开始的西学东渐，为中日词汇交流提供了新的契机。16世纪末天主教传教士来华后，通过翻译出版中文西学书，创造出一批宗教和科学新词。这些西学书于18世纪前半期传入日本，成为诱发江户兰学兴起的一个外部因素。18世纪后半期，兰学的翻译出版进入全盛期，兰学家们在吸收来华传教士词语的同时也创造了一批日语汉字词，有一部分传承至今。19世纪初，新教传教士进入中国，他们编译的英华字典和西学书在幕末明治初期传入日本，又将一部分新词带到日语之中。进入明治时期后，日本通过翻译引进西方科学的风潮愈演愈烈，其间以汉字词为主的新术语名词层出不穷，到明治中期日语的各学科术语体系已基本形成。正当此时，1896年中国人开始赴日留学，在日本和国内创办报纸和翻译日书的热情也空前高涨，于是在19—20世纪之交出现了日语借词大量涌入汉语的高峰期。

在上述过程中，来华传教士与江户兰学家担负了译介西学的重要使命，成为创制中日近代新词的先行者，而明治时期产生的各学科术语名词则是汉语中的日语借词的直接源头。因此有必要从这三个方面进行梳理。

1.1 传教士和兰学家对新词的贡献

在中国方面，7世纪中叶的佛经翻译是外来文化影响汉语发展的第一个高峰期，在佛经翻译的过程中，创造出许多新的二字词（或称双音词），有力地推动了汉语词汇从单字词向二字词过渡的进程①。而外来文化影响汉语发展的第二个高峰期，则出现在相隔近千年之后的16世纪末到17世纪。明末清初，以耶稣会士为主的天主教传教士以西学为敲门砖来华传教，与中国人合作翻译了一批介绍欧洲科学知识的书籍，为汉语提供了天文、地理、历算等方面的许多新词。其后，中国经历了约90年的闭关锁国时期。到1807年马礼逊来华，基督新教传教士开始在中国翻译《圣经》、创办报纸、编译英华字典和西学书，这是外来文化影响汉语发展的第三个高峰期。由此可见，天主教传教士和新教传教士既是西学东渐的使者，也是16世纪末到19世纪末期间汉语术语类新词的主要创造者。

在日本方面，正当天主教传教士于明末清初出版宗教和西学书籍时，江户幕府于1630年发布禁书令，禁止传教士的中文西学书输入日本，并于1633—1639年间接连发布锁国令，禁止外国船只驶进日本港口。幕府的闭关锁国政策延续了90年，直到1720年禁书令缓和之后，来华天主教传教士的西学书才得以进入日本。1740年代，一些在锁国时期与荷兰商船打交道的长崎"通事"（即口译者），从学习荷兰文起步，逐渐发展为用荷兰文译介西学的"兰学"。在此过程中，天主教传教士的西学书对兰学的翻译活动产生了重要影响，兰学家们除了借用传教士的词语，还参照传教士的造词方法自创了许多日语汉字词（即「漢語」）。兰学家们创造的新词既有二字词也有三字词和四字词（即「二

---

① 参见梁晓虹（1994）。

字漢語」、「三字漢語」和「四字漢語」），这成为明治以后日语的主要构词方式。因此可以说，日语词汇的剧变并非始自明治时期，而应上溯至几十年前的兰学时期，兰学家们才是为近代日语词汇奠基铺路的先驱者①。

来华传教士在中国出版西学书，一般采取传教士口述翻译原文的内容，由与之合作的中国文人笔录润色成汉语文章的方式，新词是双方合作的产物。但传教士和中国合作者都不是专门领域的内行，再经过从口述到笔录的讹误，难以保证译词的准确。相比之下，江户兰学家是自己掌握荷兰文之后，独立进行原著的翻译。以现代的眼光看，兰学家创造的术语名词在专业性和系统性方面更胜一筹。

1.2 明治时期各领域新词的涌现

到江户末期，由于英美两国的实力后来居上，日本知识界顺应潮流从"兰学"向"英学"转向。明治初年，以"明六社"成员西周、津田真道、中村正直、加藤弘之等为首的启蒙学者翻译出版了多种介绍欧美哲学、法律、政体的文章和书籍。启蒙学者们沿用或新造的主要是汉字词，从而奠定了以汉字词为主构建日语术语体系的大方向。在大力翻译各领域外国著作的热潮中，各学科的教科书、专著、专业辞典层出不穷，涌现出的新词语难以计数，而数量最多的就是汉字词。

笔者认为，尽管日语各学科术语的形成有先有后，但就造词的总体情况而言，可将明治45年时间分为前半期（明治元年至明治28年，即1868—1895）和后半期（明治29年至明治45年，即1896—1912）。前半期是各领域新词出现得最多最快的时期，而后半期则进入了各学科术语的调整和定型期。清末中国人开始赴日留学的1896年（明治29年），正值明治后半期的开始，各学科的术语体系在日语中已基本形成，因而有可能通过20世纪初兴起的日书翻译热潮，比较完整地引进日语的各学科术语。

1.3 日语借词问题的由来与研究

中日词汇交流的历史绵延千年以上，至今日语里仍有近一半的词汇是使

---

① 参见朱京偉（2011a，2011c，2015b）。

用汉字并近似古汉语读音的「漢語」①。从古代到近代以前，两国间的词汇交流一直是中国向日本单向输出，但到18世纪中叶情况发生了变化。如前所述，随着江户兰学的兴起，日本的知识界把目光转向欧洲开始引进西学，并以1868年明治维新为契机，走上富国强兵、脱亚入欧之路。然而，日本在语言文化上却无法脱离汉字和汉学，在引进西学时，日本人或沿用古汉语词，或以旧词翻译新义，或自行创造新汉字词，使日语词汇在明治时期实现了跨越式的近代化。

此时的中国积弱已久，1895年在中日甲午战争中落败令举国震惊，次年清政府便选派学生赴日本留学，国内也兴起了学日文译日书的热潮。国人发现中日之间有共用汉字之便，日语里的汉字词虽然念法不同，但大部分可以凭字面理解并照搬使用。于是在19—20世纪之交的十多年间，西方的科学知识通过国人翻译的日文书籍从日本转口进入中国，而大批日语汉字词也随之进入汉语。在此期间，中日词汇交流的方向出现了逆转，变成日本向中国输出词语。这些日语汉字词的外形和结构与地道的汉语词并无二致，一旦彼此交汇便难以分辨，由此而产生了现代汉语中的日语借词问题②。

1958年，汉语学界曾一度出现研究日语借词的动向，但很快便由于政治因素的阻碍而中断。进入1990年代后，各国学者开始了新一轮研究，出现了沈国威『近代日中語彙交流史—新漢語の生成と受容』（1994）、荒川清秀『近代日中学術用語の形成と伝播—地理学用語を中心に』（1997）、马西尼（意）《现代汉语词汇的形成》（1997）、陈力卫『和製漢語の形成とその展開』（2001，第4章、第5章）、李博（德）《汉语中的马克思主义术语的起源与作用：从词汇概念角度看日本和中国对马克思主义的接受》（2003）、朱京伟『近代日中新語の創出と交流—人文科学と自然科学の専門語を中心に』（2003）、沈国威《近代中日词汇交流研究—汉字新词的创制、容受与共享》（2010）等一批代表

---

① 根据（日本）国立国語研究所（1964）的调查结果，从单计词数看，在日语词汇中「漢語」占47.5%，「和語」占36.7%。

② 参见実藤恵秀（1970）；朱京伟（1994）；沈国威（1994）；顾江萍（2011）。

性成果，拓宽了研究空间，丰富了研究内涵①。近年来，国内学者的研究步伐加快，与日语借词相关的专著和论文陆续出现，一些取得博士学位的年轻研究者也日渐成熟，恕不在此一一赘述。

现代汉语中存在着大量已知和未知的日语借词，但如果将研究范围局限在现代汉语之内，就无法弄清日语借词的来龙去脉。首先，需要调查中日双方的相关资料。日语借词的源头在日本，主要来自明治时期产生的各学科术语。因此需要先利用日方资料摸清新词产生的情况，再利用中方资料查明日语借词进入汉语的过程。其次，在汉语方面，要认定某个词是日语借词，先要证明它不是出自古代或近代的汉语词。而在日语方面，要认定某个词是明治新词，也需要证明它既不是古汉语词，也不是来华传教士所创造的词。由此可见，日语借词研究所涉及的资料横跨中日两国，纵贯若干资料群，其范围十分宽阔。以下拟从历史进程和相关资料两个方面进行梳理和概括。

2. 近代中日词汇交流的历史进程

中日双方既有分别造词的隔绝时期，也有一方影响另一方的交流时期。为了便于中日对照，笔者尝试用一览表的形式对近代中日词汇交流的进程做一概括，每个时间段以两国历史上的重大事件为起止点，为了便于叙述，每段时间以序号（1）—（6）表示。

表1　西学东渐与近代中日词汇交流的历史进程

年代分期	中　国	日　本	词汇交流动向
（1） 17世纪	1582年利玛窦来华。天主教传教士在华出版西学书籍。除传教内容外，科学书约占4成。	1630年发布禁书令，禁止传教士的中文西学书籍输入。进入锁国时期（持续约90年）。	来华传教士在西学书中创造了许多新词，但无法传入锁国之下的日本。

---

① 为了区分文中的汉语和日语，本书在引用汉语时使用""、《》等汉语符号，引用日语时则使用「」、『』等日语符号，并相应地区分使用汉语的汉字和日语的汉字。

续表

年代分期	中　国	日　本	词汇交流动向
（2） 18世纪	1717年康熙皇帝发布禁教令，传教士退出中国。中国进入锁国时期（持续约90年）。	1720年解除对传教士西学书的禁令。1774年《解体新书》出版，兰学兴起。	天主教传教士的西学书和词语进入兰学书，兰学书中也创造出许多新词。
（3） 1800—1839	1807年马礼逊来华。新教传教士开始翻译《圣经》、编译英华字典、创办中文期刊。	兰学进入全盛期。医学、物理学、天文地理学、植物学、化学方面的兰学书先后出版。	兰学术语新词的高产期。兰学书中出现天主教传教士使用的词语。
（4） 1840—1867	1840年鸦片战争开始。新教传教士陆续出版中文报纸、英华字典和各学科西学书。	兰学的科学著述继续出版。幕末时出现英和辞典，逐渐从兰学向英学过渡。	兰学书和西学书中各有新词出现，但中日之间尚无词汇交流。
（5） 1868—1895	1868年江南制造局成立。英华字典、西学书、东游日记陆续出版。1895年甲午战争落败。	明治元年至明治28年。启蒙学者创造新词，文部省主导各学科的翻译，术语名词的高产期。	新教传教士的英华字典和西学书传入日本。清人东游日记中出现日语词汇。
（6） 1896—1912	1896年中国人开始留日。清末5报发行，翻译日书盛行于世。1911年清朝灭亡，民国开始。	明治29年至明治45年。各学科术语体系基本形成，进入术语名词的调整定型期。	日语借词进入汉语的高峰期。是日语借词研究最值得关注的时间段。

表1旨在勾勒出17世纪以后中日两国词汇交流的轮廓，突出了中日对照和词汇交流的主线，各个时间段的具体内容可概括如下：

（1）中国开放而日本锁国的17世纪

时值中国的明末清初，是天主教传教士在华传教的时期。利玛窦来华是16世纪末，但中文西学书的出版则在进入17世纪之后。西学书或许只是传教士为了开展宗教活动而使用的敲门砖，但客观上起到了科学启蒙的作用[①]。而在日本方面，江户幕府因害怕基督教的渗透于1630年发布禁书令，1639年幕府又发布锁国令，日本进入了持续约90年的闭关锁国时期。从词汇交流看，在华传教士的西学书中含有许多新造的术语名词（如：天主、教会、造物主、十字架、

---

① 参见熊月之（1994）之"一、杯酒还浇利泰西"。记述明末清初天主教传教士在华著述活动的专著和论文相当多，熊月之先生对此做了梳理，请参见熊月之（1994）第27页的脚注1。

三位一体；地球、赤道、南极、北极、经度、纬度、回归线、地平线；对数、直角、三角形、对角线；重心、视差、空气、显微镜等），但由于日本处于锁国状态下，中文西学书和词语未能在 17 世纪中进入日本①。

（2）中国闭关而日本开放的 18 世纪

1717 年康熙皇帝因礼仪之争发布禁教令，将国内所有的天主教传教士驱逐出境并禁止传教士的书籍流通，中国由此进入闭关锁国时期。而与此几乎同时，江户幕府却于 1720 年放宽对禁书的限制，此后来华传教士的西学书得以进入日本。18 世纪中叶江户兰学悄然兴起，随着『解体新书』（1774）一书的翻译出版，兰学的成果开始显现并进入全盛期。兰学家们不但在著述中使用在华传教士的词语，还仿照其造词方法创造了许多汉字新词②。

从词汇交流看，中国处在闭关锁国时期，而江户幕府放宽对禁书的限制之后，天主教传教士的西学书开始传入日本。兰学兴起后，兰学著作中有关于在华传教士西学书的记述，也有一部分传教士的词语进入兰学著作。纵观 17 世纪到 18 世纪，中国和日本交替进入闭关锁国，而且持续时间大约都是 90 年。受此影响，17 世纪在传教士西学书中产生的新词，到 18 世纪中后期才得以进入日本。

（3）19 世纪初到鸦片战争开始前的 40 年

在中国方面，马礼逊 1807 年来华后，先后译成《新约》和《旧约》，1823 年以《神天圣书》之名出版了二者的合订本。同年，马礼逊还以《字典》为名出版了 3 册 6 卷本的英华字典。有几种传教士主办的报纸也在此期间问世发行，如《察世俗每月统计传》（1815—1822）、《特选撮要每月记传》（1823—1826）、《天下新闻》（1828—1829）、《东西洋考每月统计传》（1833—1834）等③。这一时期产生了一批基督教方面的新词，但科学领域的新词有限，仍以使用传统的汉语单

---

① 目前，学界对天主教传教士创造的科学术语时有提及，但作为专题研究的论文和论著则比较少见，且散在各处，有待收集整理。

② 日本学界的兰学研究历史长久且成果颇丰，由日兰学会编纂的『洋学史事典』（1984）是兰学研究的集大成者，可资参照。

③ 参见熊月之（1994）之"二、西学从南洋飘来"；赵晓兰、吴潮（2011）。

字词为主。

在日本方面，兰学著作的出版正值全盛期，兰学家们创造出一批医学、天文地理学、植物学、化学方面的术语名词，其中有许多直接传承至明治以后。从词汇交流看，此时期为兰学新词的高产期，有一部分天主教传教士的词语进入兰学书，但兰学书没有直接进入过中国，直到20世纪初才有些兰学新词随着日语借词一同进入汉语。另一方面，新教传教士在此时期编译的《圣经》和《英华字典》也没有马上传入日本，其对日语的影响是在明治维新之前的幕末时期，大约延迟了几十年。

（4）鸦片战争到明治维新开始前的 28 年

在中国方面，鸦片战争后新教传教士纷纷来华，主要活动为出版报纸、编辑英华字典和翻译西学书，在这三方面都有传世之作[①]。期刊以香港美华书院主办的《遐迩贯珍》（1853—1856）和伟烈亚力在上海主办的《六合丛谈》（1857—1858）最有名气。而1843年英国传教士麦都思（W.H.Medhurst）在上海开设的墨海书馆，1848年英国传教医师合信（B.Hobson）在广州创办的惠爱医院，以及1858年美国传教医师嘉约翰（J. G.Kerr）在广州创办的博济医局则是传教士出版西学书的重地。1862年京师同文馆成立，标志着清政府开始参与外语教育和翻译事业。

在日本方面，历经半个多世纪的兰学全盛期逐渐步入晚期，但依然有重要著作和各学科新词问世。在兰学家的翻译实践中形成的日语汉字词的造词法趋于完备，即以二字词为基础，梯次构成 2+1 型三字词和 2+2 型四字词。从词汇交流看，在此期间出版的新教传教士的《英华字典》和西学书迅速传入日本，往往出版几年之后就有日本翻刻本。然而，在此时期产生的兰学新词要到 20 世纪初才传入汉语，因此中日之间的词语流向仍旧是从汉语流向日语。

（5）明治维新开始到甲午战争结束的 28 年

这一时期开始，新词创造的中心逐渐转移到日本一侧。在中国方面，1868

---

① 参见熊月之（1994）之"三、门户洞开之后"。

年江南制造局翻译馆的成立，形成一南一北两大西学翻译机构的格局。翻译工作仍由来华传教士和中国合作者共同承担，书籍内容偏重于实学，与其说是"西学"不如说是"西艺"。

在日本方面，明治的前半期是各学科术语的高产期。西周等启蒙学者在译介西学方面发挥了引领作用，创造了许多人文学科的基础术语。政府的文部省主导翻译了许多教科书、专业书、百科全书等，对术语名词的推广和统一十分有利。从词汇交流看，明治最初的几年，来华传教士的英华字典和西学书对日语还有一定的影响，但日本知识界已经不再满足借道中国引进西学了，到明治10年（1877）以后，传教士西学书的影响力迅速衰减。此时期中虽然各学科的日语新词层出不穷，但中国方面只有清朝驻日官员的报告书或访日文人的东游日记中出现一些日语的专有名词，尚未开始成批大量地引进日语词汇[①]。

（6）中国人赴日留学到明治时期结束的 17 年

在中国方面，1896 年中国人开始赴日留学标志着中日之间的词汇交流即将展开。同年，《时务报》在上海发行，梁启超崭露头角，古城贞吉通过"东文报译"栏目的译文引进了许多日语借词[②]。其后，从 1898 年至 1910 年之间，《清议报》、《译书汇编》、《新民丛报》、《民报》先后在日本创刊出版，成为日语借词进入汉语的重要渠道。与此同时，以留日学生为主体的日书翻译热潮盛行于世，许多日文版的教科书、各学科的概论书在此时期被译成汉语，成为日语借词进入汉语的另一条路径。

在日本方面，到明治的后半期，各学科的术语体系已基本形成，开始进入术语名词的调整和定型期。主要表现为，各学科教科书中的基础术语趋于统一，各类术语辞典的出版逐渐增多。从词汇交流看，中国国内的舆论宣传为翻译日书提供了必要的社会氛围，而赴日留学为翻译日书准备了相应的语言条件，使

[①] 关于这一时期中日词汇的交流情况，参见沈国威（2010）的"第三编 语言接触编"的"第一章 中国人遇到日本语"。

[②] 有关《时务报》与古城贞吉的情况，参见沈国威（2010）的"第四编 词汇交流编"的"第二章 古城贞吉与《时务报》的'东文报译'"。

这一时期成为日语借词大量进入汉语的高峰期。

* * *

开展日语借词的研究需要通过具体的文本资料才能落到实处，因此在将中日词汇交流的进程划分为以上 6 个时间段之后，需要在各个时间段内分别找到最有研究价值的文本资料。在以往的研究中，中日学者已对有关资料进行了广泛的发掘，在此基础之上，笔者需要做的是对不同时期和不同类别的资料进行整理，形成若干个相对独立的资料群，以便于合理有序地利用。

根据中日学者以往的成果和本人的研究经验，笔者认为与日语借词研究直接相关的资料有 5 大类，即：天主教传教士中文著述、新教传教士中文著述、江户兰学各学科日文著述、明治时期各学科日文著述、清末民初涉日书籍和报刊。第 1 类和第 2 类属于中方资料，第 3 类和第 4 类属于日方资料，第 5 类是直接反映日语借词进入汉语的中方资料。

3. 天主教和新教传教士中文资料

天主教传教士和新教传教士的在华时间是彼此分隔没有交集的，中间有 90 余年时间，中国断绝了与外界的往来，处在闭关锁国的状态之下。从词汇史研究的角度看，首先需要对天主教传教士和新教传教士创造的词语分别进行调查和整理，在此基础上，还需要弄清新教传教士对上百年以前天主教传教士的词语是如何继承的，新教传教士的词语与天主教传教士的相比有哪些发展变化等。研究来华传教士的词语不仅对辨别日语借词有帮助，其实本身也是汉语词汇史研究中值得关注的重要一环。

3.1 天主教传教士中文著述

天主教传教士在中国的传教活动起自 1582 年意大利传教士利玛窦来华，一直到 1717 年康熙皇帝发布禁教令为止，前后持续了 130 余年。对词汇史研究而言，此类资料的价值在于，它们有可能是许多科学名词的源头。例如，我们现在常用的"赤道、地球、冬至、海峡、寒带、天体、温带、温泉、月食"等基础概念词，均出自天主教传教士的中文西学书。这些词不但在汉语中固定下来，还在18世纪前半期传到日本，进入到兰学书及明治时期的书籍中，成为日语词汇的一部分。因此，在辨别日语借词时，除了确认该词没有古汉语出典之外，还需要确认是否出自来华传教士的西学书，在排除以上两种可能性之后，才能确认该词是日语借词。

传教士中文著述的出版时间主要集中在17世纪之内，关于书籍数量的统计各家之间有出入。据钱存训（1986）提供的数字，耶稣会传教士在中国翻译西书共437种，其中宗教书籍251种（57.4%），人文科学书籍55种（12.6%），自然科学书籍131种（30.0%）。另据黎难秋（1993）的数字，明末清初时出版过西学书的传教士约有30人，共出版科学方面的书籍约160种。传播教义的书籍除少数几部之外一般价值不大，而人文科学和自然科学方面的译著，即通常所说的西学书，是研究界关注的重点。

关于天主教传教士的中文著述，在徐宗泽（1949）、黎难秋（1993）、熊月之（1994）、曹增友（1999）等研究专著中，均有对著者和书目的介绍。传世的最早版本当属明代李之藻于1629年刻印出版的《天学初函》，其中收集了天主教传教士在各领域的代表作共20种[①]。近年来，又有朱维铮（2001）、黄兴涛、王国荣（2013）等新版校订本问世，查看原著更加方便。然而，迄今为止对天主教传教士创造的汉语词虽有论文提及，但目前还缺乏从词汇史角度进行的全面整理，因此无法回答诸如：天主教传教士在明末清初共创造了多少汉语新词？这些汉语新词在词结构上有何特点？传教士之间在造词方面有无交流共享？一类的问题。

对中日词汇交流史研究而言，并非所有天主教传教士的书籍都有研究价值，在选择研究对象时，有必要考虑天主教传教士书籍传入日本的情况。日本

---

① 现在比较常见的版本是台湾学生书局1981年出版的《天学初函》影印本。

东北大学吉田忠教授曾对日本全国 100 所公私立及大学图书馆做过专项调查，并编写了『イエズス会士関係著訳書所在調査報告書』（1988）。根据吉田的统计，按单计册数计算，日本现存天主教传教士中文著述共 189 种，其中历算科技类 79 种（41.8%），宗教格言类 93 种（49.2%），地理地志类 17 种（9.0%）。按累计册数计算，现存的历算科技类有 431 册（50.4%），宗教格言类有 336 册（39.3%），地理地志类有 88 册（10.3%）[①]。以上结果显示，如果按单计册数计算的话，宗教格言类书籍的占比最大，但是如果按累计册数计算的话，则是历算科技类书籍（即西学书）的数量最多。

吉田忠（1988）还专门对日本现存刻本或写本累计在 5 册以上的书籍做了统计，结果如下表所示，表中的百分比为 3 类著述在"分类总册数"中所占的比例[②]：

表 2　天主教传教士中文著述的日本现存刻本和写本的数量（累计册数）

	原刻本（%）	后刻本（%）	手写本（%）	合计（%）
分类总册数	202	387	266	855
历算科技类	102（50.5）	110（28.4）	129（48.5）	341（39.9）
宗教格言类	49（24.3）	128（33.1）	28（10.5）	205（24.0）
地理地志类	7（3.5）	36（9.3）	26（9.8）	69（8.1）
3 类著述合计	158（78.2）	274（70.8）	183（68.8）	615（71.9）

其中"原刻本"为 17 世纪的中国刻印本；"后刻本"为 1720 年禁书令缓和后于 18—19 世纪之间在日本出版的翻刻本或收入清末各种丛书的翻刻本；"手写本"为 18—19 世纪在日本民间流传的手抄本。表 2 显示，历算科技类的"原刻本"和"手写本"所占比例均明显高于其他类书籍，据此可推测从江户时期到明治时期，此类书籍在日本最受重视，读者较多。如果按现存刻本的册数多少排列位次的话，结果如表 3 所示[③]：

---

① 参见吉田忠（1988）第 6 页的「4. 調査結果の分析」中的表格。
② 此表根据吉田忠（1988）第 10 页的表格，格式略有调整。
③ 此表根据吉田忠（1988）第 9 页的表格，但调整了格式。其中，除李之藻和徐光启之外其他著者都是来华传教士。

表 3　日本现存刻本在 10 册以上的天主教传教士书籍（依据吉田忠 1988）

现存数	出版年	书名	著译者	原本出处
37	1623	职方外纪	艾儒略 Giulio Aleni（意）	天学初函
28	1595	交友论	利玛窦 Matteo Ricci（意）	天学初函
26	1607	几何原本	徐光启	天学初函
21	1608	圜容较义	李之藻	天学初函
18	1676	坤舆外纪	南怀仁 Ferdinand Verbiest（比利时）	
17	1603	天主实义	利玛窦（意）	天学初函
17	1606	测量法义	徐光启	天学初函
17	1608	畸人十篇	利玛窦（意）	天学初函
17	1612	泰西水法	熊三拔 Sabbatino de Ursis（意）	天学初函
15	1615	天问略	阳玛诺 Emmanuel Diaz（葡）	天学初函
15	1627	远西奇器图说录最	邓玉函 J. Schreck（德）	
15	1623	西学凡	艾儒略（意）	
14	1608	勾股义	徐光启	天学初函
14	1669	西方要纪	利类思 Lodovico Buglio（意）	
13	1612	简平仪说	熊三拔（意）	天学初函
13	1614	同文算指通编	利玛窦（意）	
13	1626	远镜说	汤若望 J. A. Schall von Bell（德）	
13	1674	新制灵台仪象志	南怀仁（比利时）	
12	1604	二十五言	利玛窦（意）	天学初函
12	1613	同文算指前编	利玛窦（意）	
12	1614	七克	徐光启	
11	1607	浑盖通宪图说	李之藻	天学初函
11	1625	经天该	李之藻	天学初函

以上所列的 23 种应是传入日本之后最受重视广为流传的天主教传教士书籍，其中收入《天学初函》的书籍多达 14 种占总数的 6 成。这表明天主教传教士著述对日本的影响主要是以《天学初函》为中心展开的，研究天主教传教士的词语对日语的影响时，完全可以在表 3 所列的书目范围内选择研究对象。

3.2 新教传教士中文著述

基督新教传教士在中国的活动从 1807 年马礼逊（R.Morrison）来华一直延续到 19 世纪末，成果主要体现在翻译《圣经》、创办中文报纸、编著《英华字典》和出版西学书等方面。新教传教士的中文著述有的是通过传教士主办的出版机构（如：墨海书馆、博济医局、益智书会等）发行的，有的是通过清政府的翻译机构（如：京师同文馆、江南制造局翻译馆等）出版的，加之各种丛书和翻刻本较多，有书名而无下落的书籍也多，难以统计确切的数量。不过由于新教传教士的西学书对日本的影响大约在幕末至明治初年，即 1850 年至 1880 年之间，所以无须将其后出版的西学书列入研究范围。对于 1880 年以前的西学书，也可以依照新教传教士文献传入日本的实际情况加以选择。以下分"西学书"和"英华字典"两个方面叙述。

（1）西学书

鸦片战争后，新教传教士的中文西学书竞相问世，当时正值日本幕末至明治初年的大变革时期，许多西学书在中国刚刚出版就传到日本，成为日本文化界吸收科技知识和新词语的重要媒介。事实上，有不少传教士创造的新词是先由日本人通过西学书借用到日语里，再于 20 世纪初经由中国人翻译的日本书回流到汉语中来的。对于此类在日语里转了一圈又回到汉语里的词，如果不查阅传教士资料加以确认，很容易误判为日语借词。这正是为何要研究新教传教士资料的原因所在。

由于新教传教士的西学书种类繁多，应当按照传入日本的实际情况，尽量选择那些在日本广为流传的书目作为词源考证的资料。日本学者八耳俊文曾利用日本全国图书馆的藏书目录对清末传教士的西学书做过汇集整理，在他发表的「清末西人著訳科学関係中国書および和刻本所在目録」（1995）中，收录了清末传教士著述的原刻本共计 299 种，这可以视为日本现存的清末传教士西学书的最大范围。其中有些西学书传入日本之后出现了由日本人添加注释的翻刻本（即和刻本），表明这些书当时在日本更受欢迎、更有需求。根据笔者对八耳俊文（1995）所做的统计，出现日本翻刻本的西学书共有以下 30 种：

表4 在日本出现翻刻本的新教传教士西学书（据八耳俊文1995调查）

中国版	和刻本	书名	著译者
1851	1857	全体新论	合信 B.Hobson（英）
1853	1856	数学启蒙	伟烈亚力 A.Wylie（英）
1854	1858	地理全志	慕维廉 B.W.Muirhead（英）
1854	1875	天道溯原	丁韪良 W.A.P.Martin（美）
1855	1861	博物新编	合信（英）
1856	1861	大英国志	慕维廉（英）
1856	1860	地球说略	祎理哲 R.Q.Way（米）
1856	1866	智环启蒙塾课初步	理雅各 J.Legge（英）
1857	1861	六合丛谈	伟烈亚力（英）
1857	1858	西医略论	合信（英）、管嗣复
1858	1859	妇婴新说	合信（英）、管嗣复
1858	1859	内科新说	合信（英）、管嗣复
1858	1860	重学浅说	伟烈亚力（英）、王韬
1858	1867	植物学	韦廉臣 A.Williamson（英）、李善兰
1859	1861	谈天	伟烈亚力（英）、赵元益
1859	1874	重学	艾约瑟 J.Edkins（英）、李善兰
1859	1872	代数学	伟烈亚力（英）、李善兰
1859	1872	代微积拾级	伟烈亚力（英）、李善兰
1861	1864	大美联邦志略	裨治文 E.C.Bridgman（美）
1864	1865	万国公法	丁韪良（美）
1868	1869	格物入门	丁韪良（美）
1871	1872	金石识别	玛高温 D.Macgowan（美）、华蘅芳
1871	1873	化学初阶	嘉约翰 J.G.Kerr（美）、何瞭然
1871	1874	西药略释	嘉约翰 J.G.Kerr（美）、林湘东
1871	1877	化学鉴原	傅兰雅 Fryer（英）、徐寿
1872	1875	代数术	傅兰雅（英）、华蘅芳
1873	1874	内科阐微	嘉约翰（美）、林湘东
1873	1879	地学浅释	玛高温（美）、华蘅芳
1874	1875	皮肤新编	嘉约翰（美）、林湘东
1876	1878	格物探原	韦廉臣（英）

表 4 按照中国初版本的刊行时间排列，和刻本也是指初版。从中可以看出，有日本翻刻本的西学书都是在 1851 年到 1876 年之间出版的。也正是在幕末到明治初的这段时间里，日本社会特别重视和欢迎在华传教士的西学书，有许多西学书在中国刚出版，第二年便有和刻本在日本出现，间隔长些的也不过数年，可见当时日本社会求知若渴的急切心情。

按翻刻版本的多少排列其顺序为：《博物新编》（1855，51 种）、《天道溯原》（1854，16 种）、《智环启蒙塾课初步》（1856，14 种）、《万国公法》（1864，14 种）、《全体新论》（1851，11 种）、《地球说略》（1856，11 种）、《植物学》（1858，11 种）、《数学启蒙》（1853，7 种）、《地理全志》（1854，7 种）、《大英国志》（1856，7 种）、《妇婴新说》（1858，7 种）、《大美联邦志略》（1861，6 种）、《格物入门》（1868，6 种）、《化学初阶》（1871，6 种）、《西医略论》（1857，5 种）。在进行词源考证时，可以参照以上顺序合理地选择西学书。

（2）英华字典[①]

明末清初来华的天主教传教士也曾编译过汉外对译词典，但最终只留下一些未正式出版的手稿[②]。因此，马礼逊于 1815—1823 年间编译出版的 3 册 6 卷本英华（华英）词典堪称英华对译词典的开山之作，其后，新教传教士的词典编辑工作一直持续到 1900 年前后。但是在国内，现存的英华字典十分罕见，这方面的一手资料几乎全部依靠日本图书馆的藏书。日本学者飞田良文和宫田和子曾对日本国内 300 所图书馆收藏的传教士编英华字典做过全面的调查，并于 1997 年发表了题为「十九世紀の英華・華英辞典目録——翻訳語研究の資料として——」的研究报告。调查结果显示，日本国内现存的中国原版英华字典共有 55 种，另有 9 种由日本人依据中国版英华字典翻刻或修订的日本版英华字典，共计 64 种。根

---

① 之所以称为"英华字典"，是因为新教传教士编辑的此类词典多半没有中文书名，而有中文书名者又五花八门，如"韵府、字汇、通语、撮要、便览、集成"等。由于罗存德编著的《英华字典》（1866—1869）名声最大，便将来华传教士编辑的各种英华（华英）词典统称为"英华字典"。

② 据许光华（2000）统计，现存于国内外图书馆的 1575—1800 年间的汉语与葡萄牙语、荷兰语、法语等对译词典的手写本约有 50 种，但其中没有英华对译词典的手稿。

据日本学者的研究,从英华字典的演变及其对日语词汇的影响来看,表 5 所示的 5 部最为重要。

表 5　19 世纪来华传教士编著的主要英华字典

出版年	字典原名与中文名	著译者
1815—1823	A Dictionary of Chinese Language（第 1 册《字典》,第 2 册《五车韵府》,第 3 册〈无中文名〉）	马礼逊 R.Morrison（英）
1844	English and Chinese Vocabulary in the court dialect（《英华韵历阶》）	卫三畏 S.W.Williams（美）
1847—1848	English and Chinese Dictionary（无中文名）	麦都思 W.H.Medhurst（英）
1866—1869	English and Chinese Dictionary（《英华字典》）	罗存德 W.Lobscheid（德）
1872	Chinese Language Romanized in the Mandarin Dialect（《英华萃林韵府》）	卢公明 J.Doolittie（美）

其中,罗存德著《英华字典》(1866—1869)在香港出版后,因著者与教会的纠纷未能进入中国内地,而大量输出到日本①。明治初期,为了缓解当时"英和辞典"的缺乏,中村正直、井上哲次郎等名家先后以罗存德的《英华字典》为底本,翻刻出版了以下两部辞典,足见其影响之大。

津田仙・柳沢信大・大井鎌吉訳,中村敬宇校正『英華和訳字典』明治 12 年（1879）

井上哲次郎増訂『訂増英華字典』明治 16—18 年（1883—1885）

通过传教士的英华字典,一些由传教士拟定的汉语译词得以在明治初年进入日语,因此在辨别汉语里的日语借词时,有时需要先确认某词是否出自来华传教士的英华字典和西学书,排除这种可能性之后,才能成为日语借词的候补词。日本学者研究英华字典已有数十年历史,但偏重于考证英华字典的版本及作者生平等。在研究英华字典的译词方面,森冈健二先生是先行者,成果最显著②。从日语借词研究的角度看,英华字典作为传教士资料的组成部分,在考证

---

① 参见沈国威（2011a）第 97—102 页。
② 在利用英华字典进行词汇研究方面,森岡健二（1965,1966）是发表最早的两篇论文。

一些基础性二字词的词源时有一定作用。总之，传教士的英华字典仍有许多值得探索之处，其译词与现代词的源流关系尤其值得进行全面而系统的调查①。

4. 江户兰学与明治时期日方资料

江户兰学的著述与明治时期的著述在时间上首尾相接，变化主要出现在翻译语言和著述领域方面，即：从荷兰语转换到英语，从单一的自然科学转换到自然科学与人文科学并举。在词语方面，从江户兰学到明治时期之间的过渡十分平顺，兰学家创造的许多专业术语为后世所继承。更重要的是，江户兰学以创造和使用汉字词（即「漢語」）为主的翻译对策得到了发扬光大，比如在兰学著述中初具形态的 2+1 型三字词和 2+2 型四字词的构词法，最终在明治时期得以确立②。这与清末在华传教士创造的专业术语几乎全军覆没的历史形成了鲜明的对照。

4.1　江户兰学各学科日文著述

江户兰学家的著述活动从 1774 年『解体新書』出版步入高潮，到 1860 年代随着兰学向英学过渡而日渐式微，历时 80 多年。如果说来华传教士的西学书是以传教士主导中国人辅助的合作形式完成的，那么兰学书的出版则完全是由兰学家自学荷兰语加上师徒传承而实现的。笔者认为在术语名词的专业性和体系性方面，兰学书胜过传教士的西学书，与现代术语的构词法也更接近。

兰学书在时间上晚于天主教传教士来华的明末清初，而总体上又早于清末新教传教士的西学书，与后者仅在 1850 年代略有重叠。因此，兰学书有可能从

---

① 台湾"中央研究院"近代史研究所提供的"近代史数位资料库"之下已开通"英华字典资料库"。其中收录了 1815—1919 年间极具代表性的早期英华字典 24 种，目前可检索英文词目 11.3 万个，中文词目 1.8 万个，中英对照的释义、例句等 84 万条。（http://mhdb.mh.sinica.edu.tw/dictionary/index.php）

② 参见朱京偉（2011a，2011c，2015b）。

天主教传教士的西学书中吸收词语和借鉴构词方式，而几乎不曾受到新教传教士西学书的影响。为了证明这一点笔者曾做过调查，发现江户兰学书中有不少术语名词与明末清初的西学书是彼此重合的，表明从西学书到兰学书的词语借用现象确实存在[①]。与此同时，江户兰学家们还通过翻译创造了诸如"成分、鼓膜、挥发、卵巢、盲肠、溶解、溶液、神经、升华、元素、十二指肠"等许多新汉字词，使兰学资料成为追溯现代日语词源时不可忽视的重要源头之一。综上所述，兰学资料中既含有传教士西学书的词语，同时也是许多现代日语术语的源头，这两类词又都在20世纪初随着大批日语借词进入到汉语之中。为了如实反映这种复杂的词语交流情况，要求我们在考证明治新词以及日语借词的词源时，必须将兰学资料纳入调查范围。

在日本，利用兰学资料进行日语研究始自1930年代。斋藤静（1967）以自己几十年的研究经验为依据，在众多兰学资料中选择了22种对日语影响最大的兰学书和辞典[②]。杉本つとむ（2003—2008）在考证兰学用语的词源时共使用了近50种兰学书和辞典，据笔者统计，其中引用率较高的资料约有10种，且范围不出斋藤静（1967）中所列的22种[③]。笔者在参照以往研究成果的基础上，结合兰学资料的文体形式（如汉文体、汉字假名混合体等）和版本情况（如刻印本、手写本、影印本、活字本等），对斋藤静（1967）提出的22种兰学资料做了增删调整，最终选定了表6所示的20种（书名等使用日语原文，以出版年排序）[④]：

[①] 参见朱京伟（2011a）的5.1节（第124—125页），朱京伟（2016b）的5.1节（第350—351页）。

[②] 参见斋藤静（1967）的"序论"第xix页。

[③] 杉本つとむ（2003—2008）「近代訳語を検証する」共连载63回，主要利用兰学资料考证了近200个「漢語」、「和語」、「外来語」的词源。。

[④] 删去的9种为：『蘭説弁惑』(大槻玄沢，1788)、『蛮語箋』(桂川甫粲，1798)、『物品識名』(岡林清達，1809)、『西文範範』(馬場貞由，1811)、『遠西医方名物考』(宇田川玄真，1822)、『遠西観象図説』(吉雄南皋，1823)、『和蘭薬鏡』(宇田川玄真，1828)、『泰西方鑑』(小森玄良，1832)、『人身窮理書』(広瀬元恭，1855)。新增加的7种为：『求力論』(志筑忠雄，1784)、『和蘭天説』(司馬江漢，1796)、『訂正増訳采覧異言』(山村才助，1802)、『医原枢要』(高野長英，1832)、『病学通論』(緒方洪庵，1849)、『理学提要』(広瀬元恭，1852)、『三兵答古知幾』(高野長英，1856)。

表 6　可作为词语研究资料的江户兰学日文著述

出版年	书名	学科领域	著译者	与传教士对照
1774	解体新書	医学	杉田玄白等	
1784	求力論	天文、物理学	志筑忠雄	
1788	蘭学階梯	言語学	大槻玄沢	
1796	和蘭天説	天文学	司馬江漢	
1798	暦象新書	天文、物理学	志筑忠雄	
1798	重訂解体新書	医学	大槻玄沢	
1802	訂正増訳采覧異言	世界地理	山村才助	
1805	医範提綱	医学	宇田川玄真	1807 年，马礼逊来华。
1810	西説内科撰要	医学	宇田川玄随	
1815	眼科新書	医学	杉田立卿	1815—1823 年，马礼逊 3 册本英华字典出版。
1825	気海観瀾	物理学	青地林宗	
1832	医原枢要	生理学	高野長英	
1834	植学啓原	植物学	宇田川榕菴	
1835	窮理通	科学総合	帆足万里	
1837	舎密開宗	化学	宇田川榕菴	
1849	病学通論	医学	緒方洪庵	
1851	気海観瀾広義	物理学など	川本幸民	从此时期起，新教传教士的西学书开始陆续出版。
1852	理学提要	科学総合	広瀬元恭	
1856	三兵答古知幾	軍事学	高野長英	
1857	扶氏経験遺訓	医学	緒方洪庵	

　　表 6 的目的在于划定一个基本的研究范围，其实在兰学词语研究方面，日本学者迄今已有许多成果[①]，但大家的关注点不一样，论文论著大多散在各处，需要仔细收集和整理。笔者曾就兰学著述中的二字词、三字词和四字词写过专题论文，并与来华传教士的二字词、三字词和四字词进行了对照比较，旨在从宏观的角度把握兰学家们创造和使用的日语汉字词[②]。

---

①　参见朱京偉（2011a）文后的参考文献：(ⅰ) 蘭学資料を中心とした語彙研究。
②　参见朱京偉（2011abc，2013b，2015ab，2016b）。

4.2 明治时期各学科日文著述

明治时期（1868—1912）是日语新词大量产生的时期，而这些日语新词正是日后进入汉语的日语借词的直接来源。本资料群的范围可以涵盖明治时期 45 年间出版的各种文献资料，但考虑到 20 世纪初进入汉语的日语借词主要是各学科的专业术语，因此需要重点调查的是有可能成为日语借词来源的明治时期各学科教科书、概论书以及工具书等。由于文献资料的范围广泛、种类繁多，无法在此列举出来。

词源考证是一项跨学科、可持续、有意义的研究工作，其过程往往像大海里捞针一样困难重重。长期以来，日本学者为了探索明治新词做了大量研究，发表了许多研究专著和论文，词源考证方面的主要成果如表 7 所示。除了这些专著和工具书中涉及的词语，还有许多以考证词源为主题的单篇论文，因收在不同年份的学术杂志之中需要进行细致的收集和整理[①]。

表 7　日本学者以词源考证为主旨的明治新词研究（单行本）

著者及出版年	各专著中所涉及的明治时期新词
渡部万蔵（1930）	戒厳，幹事，間接税，過失，経済，公債など，約 300 語
広田栄太郎（1969）	恋愛，蜜月，新婚旅行，汽車，汽船，悲劇，喜劇，映画，世紀，常識，倶楽部，冒険など
齋藤毅（1977）	東洋，西洋，合衆国，個人，会社，銀行，哲学，主義，演説など
鈴木修次（1981）	三権分立，権利，義務，科学，真理，論理学，命題，演繹，帰納，宗教，自由，進化論など
柳父章（1982）	社会，個人，近代，恋愛，存在，自然，権利，自由など
小川鼎三（1983）	癌，神経，膵，腺，動脈，静脈，瞳孔，麻酔など 33 語
佐藤喜代治（1983）（語誌Ⅰ・Ⅱ・Ⅲ）	愛人，印象，運動，映画，影響，衛生，演説，家庭，感覚，観察，感触，環境，観念，規模，教育，銀行，経済，芸術，視覚，写真，創作，想像，写真，新聞，心臓，電気，到着，人情，美学，妄想，幼児など
樺島・飛田（1984）	明治から昭和 20 年までの新語・俗語約 800 語

---

① 韩国高丽大学的李汉燮先生出版了『近代漢語語彙研究文献目録』（2010）一书，可供参考。

续表

著者及出版年	各专著中所涉及的明治时期新词
惣郷・飛田（1986）	明治期に誕生した漢語を中心に，1341 語収録
飛田良文（2002）	時間，世紀，印象，恋愛，新婚旅行，冒険など，21 語
佐藤亨（2007）	幕末・明治初期に新造された語を中心に，4482 語収録

随着电子资料的迅速发展，已有一些可以检索明治时期资料的电子语料库，尤其是「国立国会図書館デジタルコレクション」提供的原著查阅功能，对于探寻明治新词的词源有很大帮助。从中日词汇交流史的角度对明治时期的一手资料进行梳理和研究，可收一举两得之效，既可以探寻明治新词的词源，同时也可以弄清日语借词的来源。就目前中日双方的研究现状而言，笔者认为需要重点关注以下两个方面的问题：

其一，日本学者进行词源考证的目的是为了研究日语词汇的演变，因而有不少论文是考证某个「漢語」如何从汉语进入日语的，这与中方的日语借词研究正好方向相反。而且，并非所有的明治新词都与日语借词有关。比如，表 7 所示的词语基本上都是中日同形词，对此类词的研究当然与日语借词直接相关，但如果研究对象是日语的「和語」或「外来語」，或是没有进入汉语的「漢語」，则对日语借词研究没有直接帮助。与此相对，中国学者从研究汉语词汇的角度出发，一定会选取进入汉语的日语借词作为词源考证的对象，其目的性和针对性都很明确。因此，日本学者的研究方法值得认真借鉴，但辨别和考证日语借词的工作最终还要靠中国学者自己去完成。

其二，日本学者偏重于单一词语的词源考证（即「語誌記述」），这种散点式的研究方式虽然可以获得令人信服的细节，但词源考证的整体进展却比较缓慢，难以把握明治新词的全貌。中方的日语借词研究是否也要走同样的路呢？清末的中国百废待兴，急于建立自己的近代学科体系，所以当时国人对日语借词的需求，主要集中在人文科学和自然科学各领域的专业术语方面。了解这一历史背景，对把握日语借词研究的大方向十分重要。笔者通过研究哲学用语、植物学用语和音乐用语中的日语借词发现，按照日语借词集中涌入的学科领域，认真梳理清末至民初的教科书和译著，对这些一手资料开展系统的词语调查，是发现和辨别汉语中的日语借词的一种有效方法①。

5. 清末民初书籍报刊类中方资料

日语借词研究的主要目标在于弄清哪些词是日语借词，这些日语借词是在什么时间和通过什么途径进入到汉语中的。解决这三方面的问题，都需要通过调查清末民初的书籍和报纸才能找到答案。本资料群的时间上限可定在清政府首次派遣留日学生和清末改革派创办《时务报》的1896年，此后的十余年是日语借词大量进入汉语的高峰期。进入1910年代后，从翻译日书为主，转变为英、日为主兼有德、法、俄文翻译的局面②，日语借词的流入虽然仍在继续但高峰期已过，因此可将本资料群的时间下限定在五四新文化运动开始的1919年。

在此期间的众多出版物中，留日学生翻译编辑的书籍和报纸无疑是最重要的部分，实藤惠秀（1970）、邹振环（2012）等曾对此做过详细的介绍③。然而，从版面上往往很难判断某本书的作者或译者是不是留日学生，况且当时在国内学会日语之后从事日书翻译的也不乏其人。例如，范迪吉曾从日文翻译出版过《普通百科全书》100册（上海会文学社，1903），樊炳清曾通过东文学社和教育世界社出版过许多种从日文翻译的教科书和其他书籍，但此二人都没去日本留过学④。鉴于这种情况，在此不以留日和非留日作区分，而根据清末的出版情况将资料划分为"清末教科书和概论书"和"清末涉日报纸期刊"两大类。

---

① 参见朱京伟（2003）。
② 周昌寿（1937）将译刊科学书籍的历史分为3期。据作者统计，第3期（1912—1926）中有英文译著282种（57%），日文译著159种（32.1%），德文译著23种（4.6%），法文译著22种（4.4%），其他9种（1.8%）。
③ 参见实藤惠秀（1970）的第5章「留日学生の翻訳活動」。邹振环（2012）中收载的〈晚清留日学生与日文西书的汉译活动〉一文综合了多方面的资料。
④ 参见朱京伟（2003）第10章第2节的2.1.2和2.1.3，第382—384页。

5.1 清末教科书和概论书

在调查过几个学科的清末书籍之后笔者发现，教科书和概论书总是最早出现，而且大致都有从翻译书到编译书再到自著书的发展过程。以下将笔者调查过的植物学、音乐学、哲学和论理学等方面的单行本书籍（1896—1919）列举出来并略作说明[①]。

（1）植物学方面

首批留日学生于1896年东渡，但国内出现译自日文的书籍一般在进入20世纪之后。在植物学方面，1903—1907年期间出版的几种是在东京印刷的，编译者可能是留日学生。1907年以后，出版地移至上海商务印书馆，出现了从英文翻译的教科书，编著书逐渐取代了翻译本。其中，②《新尔雅》中有部分内容是关于植物学的。④的译者"西师意"（にしもろもと）是日本京都府人，曾创办私立的"京都中学校"，受聘于山西大学期间译述此书。

① 《中等植物教科书》，松村任三、斋田功太郎合著，樊炳清译，教育世界出版所印行，1903.2

② 《新尔雅》，汪荣宝、叶澜编纂，上海明权社发行，东京並木活版所印刷，1903.7

③ 《植物学》，铃木龟寿、山内繁雄讲授，沈增祺、刘人璪、吴赐宝合编，東京秀英舍第一工场印刷，1905.2

④ 《植物学教科书》，大渡忠太郎原著，西师意译述，山西大学译书院发行，东京博文馆印刷，1905.6

⑤ 《植物讲义》，黄明藻编辑，峨眉教育部出版，东京神田精版开舍印刷，1905.8

⑥ 《植物学》，叶基桢撰，（京师）译学馆藏板，东京同文印刷舍印刷，1907.12

⑦ 《中学植物学教科书》，杜亚泉、杜就田编译，上海商务印书馆印行，1907.10

---

① 详情参见朱京偉（2003）的有关章节。

⑧《胡尔德氏植物学教科书》，（美）胡尔德原著，奚若、蒋维乔译述，上海商务印书馆，1911.7
⑨《中学校共和国教科书植物学》，杜亚泉编纂，王兼善、杜就田校订，上海商务印书馆，1913.10
⑩《民国新教科书植物学》，王兼善编，上海商务印书馆出版，1913.11
⑪《植物学大辞典》，杜亚泉等编，上海商务印书馆出版，1918.2

（2）音乐学方面

1904—1907年间出版的①—④是在日本东京印刷的，1907年以后出版地移至国内。同时，1907年之前出版的书籍标明是日本人原著由中国人翻译，1907年之后出版的⑤⑥⑧⑨则从翻译书过渡为中国人自己编辑。以下书目还显示，1920年代以前翻译的音乐书籍基本上是日译书的天下。

①《乐典教科书》，铃木米次郎原本，曾志忞译补，1904
②《音乐学》，铃木米次郎、中岛六郎讲授，陈邦镇、傅廷春共编，秀英舍印刷，1905
③《乐典大意》，铃木米次郎著，辛汉、伍崇明译，东京自省堂书店，1906
④《中学乐典教科书》，田村虎藏原著，徐傅霖、孙揆译，商务印书馆，1907
⑤《乐理概论》，沈彭年编辑，中国图书公司，1908
⑥《乐典》，李燮羲编译，学部图书局，1909
⑦《和声学》，高寿田译述，商务印书馆，1914
⑧《乐典》，徐宝仁编纂，胡君复校订，商务印书馆，1915
⑨《普通乐典》，王黄石编辑，开封卫国工场，1918

（3）哲学方面

清末时，不少领域的第一本书都是译自日文并于1902年或1903年出版的，哲学书籍也是如此。1907年以前出版的①—⑤都是从日文翻译或转译，1908年以后从翻译书过渡为中国人的编著书，但从术语上看仍属于日文系统。在众多日译本中，1908年的严复译本⑥可谓只此一家与众不同。

①《哲学要领》，（日）井上圆了著，罗伯雅译，上海广智书局，1902
②《哲学要领》，（德）科培尔著，（日）下田次郎述，蔡元培译，上海广智书局，1903

③《哲学原理》，（日）井上圆了著，王学来译，日本闽学会，1903

④《哲学泛论》，藤井健次郎著，范迪吉译，会文学社（普通百科全书），1903

⑤《哲学微言》，井上圆了著，游学社译，1903

⑥《群学肄言》，（英）斯宾塞著，严复译，上海商务印书馆，1908

⑦《新制哲学大要》，谢蒙编，上海商务印书馆，1914

⑧《师范新哲学》，夏锡祺编，上海中国图书公司，1914

⑨《哲学发凡》，侯书勋编，上海商务印书馆，1914

⑩《哲学概论》，陈大齐著，北京大学出版部，1918

⑪《哲学概论》，冯智慧著，广东高等师范学校，1919

（4）论理学方面

论理学（今译逻辑学）方面的书比哲学书稍晚出现，但1920年代以前出版的各书几乎都是从日文翻译或编译的，这是基本面。在以下所列的书目中，③虽使用日系的"哲学"为书名，但不属于日文系统，而是由教会系的"土湾印书馆"出版的。⑤⑥是严复从英文翻译的，在术语方面与日译本泾渭分明，不过最终败给日语借词。

①《论理学》，服部讲，韩述组编，上海文明书局，1906

②《论理学》，大西祝著，胡茂如译，上海泰东图书局，1906

③《哲学提纲，（名理学）》，李扶译，上海土湾印书馆，1908

④《论理学讲义》，蒋维乔著，上海商务印书馆，1911

⑤《穆勒名学》，（英）穆勒著，严复译，上海商务印书馆，1912—1925

⑥《名学浅说》，（英）杰文斯著，严复译，上海商务印书馆，1913

⑦《新论理学》，张子和编译，上海商务印书馆，1914

⑧《论理学》，张毓骢著，上海商务印书馆，1914

⑨《论理学要领》，樊炳清著，上海商务印书馆，1915

以上几个学科在1896—1919年间出版的单行本均为10种左右，在出版时间和地点、从译到编的过程等方面也有相似之处。当然有的学科下属分支多，出版物的数量庞大，如俞江（2007）提供的《清末法学（1901—1911）书目备考》共列出法律类书籍多达412种①。此类学科难以实施穷尽性调查，只能按照自己的研究目的从中挑选出具有代表性的书籍。

又如，在调查社会主义和马克思主义术语时，笔者发现图书分类中没有与此相对应的领域，需要根据近现代史研究的成果亲自去整理所需的资料。而在目前收集到的1896—1919年间出版的38种资料中，单行本书籍只有两本②，其余都是刊登在《天义报》、《新民丛报》、《民报》、《新青年》、《晨报》副刊、《时事新报》副刊等报纸上的单篇文章，有关的单行本书籍在1920年之后才开始逐渐增多③。由此可见，与社会主义和马克思主义术语有关的资料，其形式有别于其他学科，日语借词进入汉语的路径和时间也会有所不同。

5.2　清末涉日报纸和期刊

从19世纪初到中期，来华传教士一直是创办中文报纸的主力。19世纪中期以后，外国人经营的商业报纸逐渐抬头，大多以单页日刊的版式发行，1872年创刊的《申报》即是其中之一。1874年在香港创办的《循环日报》是由中国人自己经营的第一份报纸，担任主笔的王韬以其政论性文章开辟了国人办报的新路④。到19世纪末，中国各地创办报纸已蔚然成风，笔者根据《中国报刊辞典（1815—1949）》（1992）所做的统计显示，仅在甲午战争到辛亥革命前的16年间创刊的报纸就有334种之多⑤。

报纸最能反映社会动向，尤其适合观察非术语类日语借词的出现时间和普

---

① 参见俞江（2007）。
② 这两本单行本是：福井准造著，赵必振译《近世社会主义》，上海广智书局，1903。华承沄编著《维新人物考》，天津，1911。
③ 参见朱京伟（2007b）。
④ 参见陈玉申（2003）第1章、第2章。
⑤ 各年份创刊的报纸数量具体如下，括号内为当年创刊的报纸数：1895—1899（63）、1900（14）、1901（15）、1902（25）、1903（27）、1904（31）、1905（24）、1906（31）、1907（39）、1908（23）、1909（20）、1910（22）。

及程度。清末报纸大致可以分为两类：一类是纸页装订成册的形式，以旬刊、半月刊或月刊为主，一般设有评论、连载、译文等栏目，篇幅从十数页到数十页不等。另一类是单页或双页多版面的形式，以日刊（日报）为主，内容偏重于近闻快讯、广告行情等。前一类作为研究资料的价值明显高于后一类。考虑到出现日语借词的概率，应在前一类中重点选择跟日本关系密切的报纸，例如在日本编辑出版，设有"东文报译"一类的栏目，或有较多译自日语的文章等。笔者根据自身经验，认为以下 20 种在 1896 年至 1919 年间创刊的报纸符合上述条件，可列入选择范围[①]：

表 8　清末民初与日本关系密切的主要报纸

刊行年	报刊名	与日本的关联
1872—1949	申报	在上海出版，有关于日本的报道、译文、专栏。
1896—1898	时务报	在上海出版，有"东文报译"栏。
1897—1898	实学报	在上海出版，有"东报辑译"栏。
1897—1906	农学报	在上海出版，有"东报选译"栏。
1897—1898	译书公会报	在上海出版，有"东报汇译"栏。
1898.6—8	东亚报	在神户出版，共 7 册，有日本人的译文。
1898.8—11	昌言报	在上海出版，共 10 期，有"东文译编"栏。
1898—1901	清议报	在横滨出版，共 100 册，有"东文译编"栏。
1900—1903	译书汇编	在东京出版，以长篇日文翻译文章为主。
1900.5—8	国民报	在东京出版，共 4 期，有"译编"栏。
1902—1903	游学译编	在东京出版，以译文为主，兼刊论著。
1902—1907	新民丛报	在横滨出版，梁启超等人从日文编译的文章。
1904—1948	东方杂志	在上海出版，共 44 卷 819 号，仿照日本『太陽』杂志。
1905—1910	民报	在东京出版，主要作者留日，文章多从日文编译。
1906—1910	法政杂志	在东京出版，后更名为《北洋法政学报》。

---

① 其实 1910 年以前在日本创办的留学生刊物还有一些，但仅出版了几期 1 年之内就停刊了，因而没有列入表 8 之中。

续表

刊行年	报刊名	与日本的关联
1907—1910	天义报	在东京出版，以政论文、译文为主。
1908.2—6	学海	在东京出版，共9期，介绍欧美科学理论。
1915—1926	新青年	在上海出版，主要作者大多有留日经历。
1916—1931	民铎	在东京创刊，后迁上海，介绍西方哲学思想。
1917—1949	学艺	在东京出版，以学术为主，有撰著、译丛栏目。

（1）清末5报

在以上各报中，笔者选出《时务报》等5种（阴影部分）作为研究对象，简称"清末5报"。这5种报纸除《时务报》在上海出版之外，其他均在日本编辑出版，每种报纸的发行时间较长，且5种报纸的发行期间正好覆盖1896—1910年日语借词进入汉语的高峰期。从各报的特点看，《时务报》创刊时间早，有日本人古城贞吉翻译的"东文报译"栏，可视为日语借词大量进入汉语的开端。《清议报》和《新民丛报》的主编都是梁启超，梁是清末时期积极引进日语借词的中心人物。《译书汇编》以刊载译自日语的学术性政论性文章为主，以往研究界关注不多，值得深入探讨。《民报》的主要作者都有留日经历，同时在政治观点上与《新民丛报》对立，两报在使用日语借词上的不同倾向值得研究。

（2）《申报》

《申报》1872年在上海创刊，1949年停刊，历经晚清、北洋政府、国民政府三个时代，发行了77年，共出版27000余期。是中国近代创办最早、存续时间最长和最具影响力的中文日报，被称为研究中国近现代史的"百科全书"。以往尽管有全报的影印本，但由于篇幅巨大，人工查阅十分不便。自《爱如生申报数据库》公开上线之后，如今可以利用《申报》电子版开展多方面的研究[①]。

《申报》创刊的1872年相当于日本的明治5年。即是说，当日本人于明治

---

① 《申报数据库》由北京爱如生数字化技术研究中心研制，2013年以后公开上线（http://www.sbsjk.com/）。

初年刚开始创造汉字新词（日语称为「新漢語」）不久，《申报》就在中国问世了，这个时间点非常重要。笔者发现，有一部分日语借词经由《申报》进入汉语的时间早于清末5报。《申报》中还有许多涉日的小专栏，如"东报述西事"、"译东报汇登西电"、"摘译东报"、"汇译东报"、"日本杂闻"、"日本近事"、"日事述略"、"蓬瀛夏景"、"蓬瀛佳胜"、"东瀛揽胜"、"瀛洲清话"、"日报译登"等。甚至有文章直接列出一连串的日语借词并发表看法。如1901年11月2日刊登的"观蔡紫跛征士'中国兴利除弊良言跋语'试衍其义"一文中有以下内容[①]：

> 此篇西文元本类皆至理名言，译作华文者，闻系南洋公学肄业生，亦颇明白晓畅，惟间染近来恶习，刺取日本新创译书字义，弥望生涩，最为可恶。……彼开口"历史、殖民地"，满纸"国民、宪法、列强、会社、改良"者，仆实不屑教诲矣。……自康逆之徒梁启超就上海创为《时务报》，文体之坏几不忍言。其章法则妄效泰西，断而不续。其字面则谬仿日本，诡而益奇。然犹曰生面别开，或不失文人结习也。独奈何小儒无知妄作，拾其唾余。一握笔即"起点、热心、爱力、团体"，矜奇弦异，意义全无，甚且择善则曰"改良"也，心思则曰"脑筋"也。问其故，曰"我取诸和文也"。

又如，1904年4月15日刊登的"续新订学务章程"一文认为应当限制随意使用日语借词，原文有以下内容：

> 凡通用名词自不宜剿袭搀杂日本各种名词，其古雅确当者固然，然其与中国文字不宜者亦复不少。近日少年习气，每喜于文字间袭用外国名词谚语，如"团体、国魂、膨胀、舞台、代表"等字，固欠雅驯。即"牺牲、社会、影响、机关、组织、冲突、运动"等字，虽皆中国所习见，而取义

---

① 引文中的标点符号为笔者所加，下同。

与中国旧解迥然不同，迂曲难晓。又如"报告、困难、配当、观念"等字，意虽可解，然并非必需此字，而舍熟求生，徒令阅者解说参差，于办事亦多窒碍。

以上所举虽为冰山之一角，但足以证明《申报》是研究日语借词的重要资料。本书通过将清末5报中的用例与《申报》中的首出例进行比对，既可以推测日语借词进入汉语的大致时间，也对区分日语借词与非日语借词颇有帮助。

6. 本书设定的研究重点

近年来，国内对日语借词问题感兴趣的人逐渐增多，但遗憾的是多数论文停留在对以往成果的照搬引用上，缺少依据一手资料得出结论的原创性研究。就日语借词研究的现状而言，需要的不是空泛的轮廓性描述或似是而非的理论性归纳，当务之急是深入到具体的文本资料中去，以实证的方法，把一个个日语借词的来龙去脉调查整理清楚。这种实证性研究虽然耗时费力，但得出的结果却是真实可信的。本书将坚持采用多文本、穷尽性、量化实证的研究方法，以创新性为原则，力求在以下四个方面提出自己的新见解。

6.1 明确五类资料群之间的影响关系

在第3、4、5节中讨论的5类资料与日语借词的关系最为密切。由于资料横跨中日两国，而且每类资料的总量庞大，甚至内部还有不同类别（如书籍、报纸、杂志、词典等），不妨称之为5个资料群。中日两国学者在以往的研究中对这5类资料均有所涉及，但在研究某个具体课题时，往往只会用到其中的一类或两类资料，因而尚未有人从整体上对这5个资料群之间的相互关系进行分析。通过以中日对照的形式对17世纪以来中日词汇交流的进程进行梳理，笔者发现这 5 个资料群之间既有单向的词汇输出也有双向的词汇交流，共同构成了一个你中有我、我中有你、相互影响的有机整体。在综合各方研究成果的基础上，笔者认为这 5 个资料群之间的关系可以用图 1 的形式加以概括。

中国方面　　　　　日本方面

```
┌─────────────────┐
│ 天主教传教士中文著述 │ ──①──┐
│    （17 世纪）    │      │
└─────────────────┘      ▼
         │         ┌─────────────────┐
         ②         │  江户兰学日文著述  │
         ▼         │  （1774—1860）   │
┌─────────────────┐ └─────────────────┘
│ 新教传教士中文著述 │ ──④──┐   ⑤
│  （1820—1880）  │       │   │
└─────────────────┘       ▼   ▼
         ✗ ③      ┌─────────────────┐
                  │  幕末明治日文著述  │
┌─────────────────┐│  （1860—1911）  │
│ 清末民初涉日书籍报纸│◀──⑥──           │
│  （1896—1919）  │ └─────────────────┘
└─────────────────┘
```

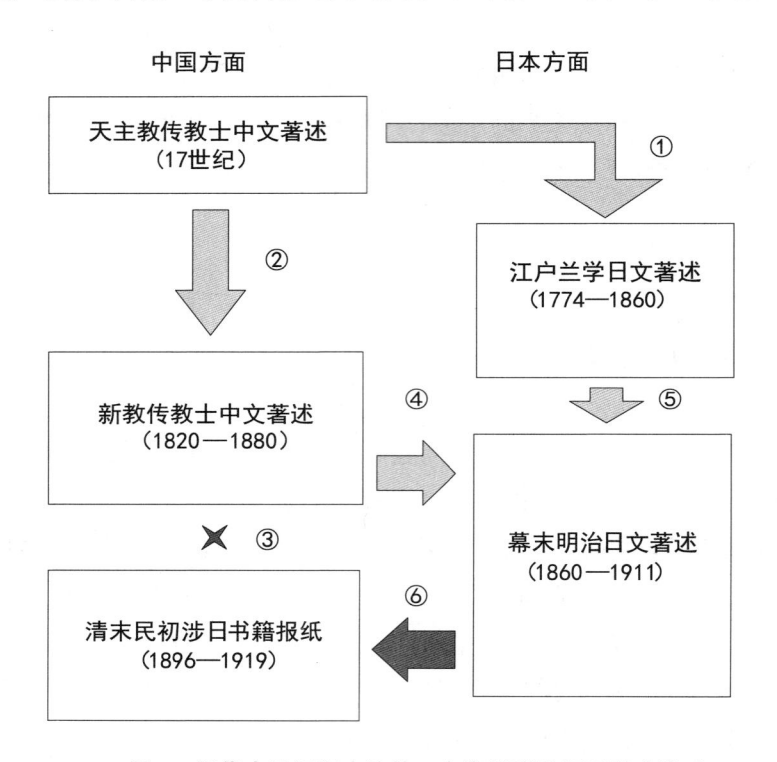

图 1　近代中日词汇交流的 5 个资料群及相互影响关系

如图 1 所示，出自"天主教传教士中文著述（17 世纪）"的一批表达基本概念的新词，通过不同的途径，分别被"江户兰学日文著述（1774—1860）"和"新教传教士中文著述（1820—1880）"所吸收（如箭头①和②所示），成为中日两国之间的共用词语（即中日同形词）。

在中国方面，"新教传教士中文著述（1820—1880）"的术语名词并没有直接影响后世的汉语（如 × 符号③所示），却在 19 世纪中期随着日本引进中文西学书的热潮而传入"幕末明治日文著述（1860—1911）"之中（如箭头④所示）。其后，又在 19 世纪末到 20 世纪初作为日语借词回流到"清末民初涉日书籍报纸（1896—1919）"之中（如箭头⑥所示）。

在日本方面，"江户兰学日文著述（1774—1860）"的一部分术语名词直接被"幕末明治日文著述（1860—1911）"所继承沿用（如箭头⑤所示），其中有些词还随着大批日语借词一起进入了汉语。与此同时，中国人从1896年起开始赴日留学，并在日本开展译书和办报等活动，于是"幕末明治日文著述（1860—1911）"的许多术语名词被借用到"清末民初涉日书籍报纸（1896—1919）"之中（如箭头⑥所示），这些日语借词如今已成为汉语词汇不可或缺的组成部分。

6.2 探讨借词的认定标准和研究方法

日语借词研究进入公众视野始自1958年，高名凯、刘正埮（1958）、王立达（1958）、王力（1958）①，以及《五四以来汉语书面语言的变迁和发展》（1959）等论文论著分析了日语借词的特征，围绕认定标准进行了讨论。之后，研究因为政治形势的影响而中断了20多年，直到《汉语外来词词典》（1984）出版。然而，《汉语外来词词典》并非研究性词典，其中收录的892个日源词只列出词目而没有提供任何依据和说明，如果简单地把这些词都视为日语借词，势必造成以讹传讹的不良后果。笔者曾指出，该词典中有几类词不应视为日语借词：一是有古汉语出典且现代词义变化不大的词，如"半径、保障、表象、博物"等（93词）。二是来华传教士著述和英华字典中出现的词，如"出口、创作、蛋白质、敌视、方程式"等（85词）。三是表达日本特有事物的专有名词，如"茶道、浮世绘、歌舞伎、假名、能乐"等（22词）。四是已被废弃的日语音译词，如"曹达、丁几、虎列剌、窒扶斯"等（16词）。五是曾经进入汉语但已被废弃的词，如"复水器、脚光、肉弹、台车"等（55词）②。

造成乱象的主因在于缺乏一个建立在学界共识之上的认定标准。但是日语借词的认定标准不能靠简单地下定义去解决，而需要通过充分的学术讨论并经

---

① 王力先生的《汉语史稿》初版于1957—1958年（科学出版社）。本人使用的是商务印书馆1980年重印本，有关日语借词的内容收在下册第4章第55—56节。

② 参见朱京伟（1994）。

过实践的检验，才能最终形成共识。为此，笔者在本书中尽可能采用举例说明的方式，通过考证和判断日语借词的具体过程来证明自己的观点。

此外，研究方法是另一个必须思考的重要问题。1950 年代末的论文论著引发了讨论，但当时没有提出明确的研究思路，而《汉语外来词词典》（1984）则完全缺失论证的过程，难以作为后续研究的依据。1990 年代以后，马西尼（英文本 1993，中译本 1997）和沈国威（1994）是以梳理日语借词的历史和探讨相关资料为主题的两部力作，但在全面而系统地调查日语借词方面并未提出新的见解。方法论的滞后使一些对日语借词问题感兴趣的年轻后辈不得其门而入，直接影响到本领域研究队伍的培养和扩大。

有鉴于此，笔者把描述研究方法和操作过程视为重要环节，制定了以下研究思路：一是将日语借词分为二字词、三字词、四字词等分别进行论述，针对各类词的不同特点，选取不同的研究视角。二是在清末 5 报之间采取相对统一的研究方法，这样既可以在各报之间比较日语借词的异同，也可以反复验证研究方法的可行性。三是在论述过程中既重视大量词语的分类列举也进行单个词语的词源考证，把宏观概括和微观分析两个方面有机地结合起来。四是既保持研究框架的统一性，同时又注意避免内容的重复雷同。力求做到总体框架相对统一，而局部视角有所变化。

6.3　收集整理三字和四字日语借词

以往研究日语借词时主要以二字词为中心，对三字日语借词和四字日语借词的发掘和考证明显滞后。表现为列入日语借词词表的 2+1 型三字词和 2+2 型四字词明显偏少，而且分布零散相互间毫无关联。例如，《汉语外来词词典》（1984）中共标出日源词 892 个，其中三字词有 155 个（17.4%），包括"味之素、压延机、大熊座、间歇热"之类很少使用的词。四字词只有 22 个（2.5%），也含有"可锻铸铁、株式会社、通货收缩"等不常用的词[①]。与此同时，从该词

---

① 这里统计的三字词和四字词不包括"加答儿、倭麻质斯"之类三字和四字的音译词。

典收录的诸如"辩证法、处女地、传染病、代言人、单行本"等三字词之间，或"攻守同盟、交感神经、经济恐慌、人文主义、生产关系"等四字词之间，也难以看出领域分布和词结构上的规律性。

出现这种情况大概有两方面的原因：一是在电子资料尚未出现时，词源考证主要依靠手工翻检纸质词典或历史文献。在这种条件下查找二字词的词源相对容易一些，而 2+1 型三字词和 2+2 型四字词一般在古汉语中查不到出处而词典又很少收录，因此收集词语的难度更大。二是 2+1 型三字词和 2+2 型四字词缺乏稳定性，既容易自由组合而产生新词，也容易短命解体而不复存在，因此收集词语的范围难以划定。

然而研究成果已表明，不论在数量上还是在作用上，三字和四字日语借词的地位都是不容忽视的。在清末 5 报的词语调查中，二字日语借词一般占二字词总数的 2—4 成，而三字日语借词和四字日语借词的比例明显高于二字日语借词，一般可占到三字词总数和四字词总数的 6 成到 9 成。从实际词数看，清末 5 报中的二字日语借词共计有 400 余词，三字日语借词共计有 1000 余词，四字日语借词共计有 750 余词（以上均为去除重复后的单计词数）。这些三字日语借词和四字日语借词未必全都在现代汉语里存活下来，但是为了客观地记录日语借词进入汉语的历史过程，本书没有将"现代汉语是否仍在使用"作为认定日语借词的条件，而是尽可能多地收集三字词和四字词。

6.4 分析日语构词法对汉语的影响

日语借词研究不应局限在考证词源并判断是否来自日语这样狭窄的范围内，还应当关注在日语借词进入汉语的过程中，日语的构词法乃至句法对汉语有何影响。王立达在"从构词法上辨别不了日语借词"（1958）一文中首先提出了这方面的问题，他指出：

> 我认为不可能从构词法上看出哪些词是日本人创制的，哪些词是中国人创制的。因为除了"动宾结构"汉语和日语恰巧相反（汉语是动—宾，日

语是宾—动），其余"主谓"（地震、头痛、事变等）、"向心"（进度、科学、银行等）、"并列"（报道、派遣、斗争等）、"动补"（破坏、通过等）等结构，汉语日语是完全一致的。就是连"动宾结构"的日语复合词，也有些因受了汉语的影响而失掉了日语固有构词法的特征，亦即由宾—动的词序变成了动—宾的词序，例如"制钢"、"吃茶"等。……与上述"制钢"、"吃茶"等的构词模式（动—宾）相反，现代汉语中也有一些与日语构词外貌（宾—动）极其相似的结构，例如"土地改革"、"文字改革"、"思想改造"、"干部培养"等。但是，不管这种结构是否受过日语构词法的影响，反正谁也不会错认它们是日语借词[①]。

笔者认为王文的观点是基本正确的，单靠词语结构确实辨别不了日语借词。但不能就此产生误解，认为日语的构词法对汉语没有影响，这两个问题不能混为一谈。同时，王文也有需要细化和补充的地方，如：王文所说的中日词结构一致主要是指二字词而没有提到三字词，对于四字词，只提到汉语中存在日语式的"宾—动"结构四字词[②]，而没有说明是否受到日语四字词的影响。此外，日语的汉字词（即「漢語」）和汉语词汇的结构大同小异，这种趋同性是由两国语言的固有机制决定的，还是通过近代词汇交流而产生的结果？

通过考察清末 5 报中的日语借词，笔者发现日语构词法对汉语的影响值得深入探讨。这种影响在二字词、三字词和四字词上各有不同的体现，应当分别加以研究。本书主要涉及以下一些方面：对于二字词，日语的影响不在词结构上，而主要体现在词性的变化上，尤其是汉语动词的名词化和动名兼类方面。如古汉语时"发明、经济、思想"等只有动词用法，而到现代汉语里变成了名词或增添了名词用法，这种变化的背后很可能有日语的影响。

对于三字词，日语的影响主要体现在 2+1 型三字词的后部一字语素上。明治时期以后，日语形成了以后部一字语素为中心进行系列性构词的特点，如以

---

① 原载《中国语文》1958 年 9 月号，第 442 页。
② 按照笔者的划分方法，称之为"N+V 宾述结构四字词"。

后语素"—界"为中心构成"金融界、经济界、商业界、哲学界"等,以后语素"—品"为中心构成"工业品、美术品、消耗品、原料品"等。这种构词特点对汉语三字词的影响很大,使中日两国的 2+1 型三字词产生了明显的趋同性。

对于四字词,日语的影响主要体现在两个方面:一是以前部二字语素或后部二字语素为中心进行系列性构词,如以前语素"自由—"为中心构成"自由竞争、自由开放、自由贸易、自由平等"等,或以后语素"—主义"为中心构成"保守主义、帝国主义、功利主义、社会主义"等。二是由于日语 2+2 型四字词的进入,使汉语中出现了与传统的"V+N 述宾结构"词序颠倒的"N+V 宾述结构"四字词,如"财政改革、国债偿却、军备扩张、门户开放、社会改良"等。对于这种现象,只有承认其后部二字语素"—改革、—偿却、—扩张、—开放、—改良"是名词性成分,才能按照传统的汉语"偏正结构"解释为"财政(的)改革、国债(的)偿却、军备(的)扩张"等,可见问题的实质还是汉语动词的名词化和动名兼类。以上这些问题将在本书各章中结合具体的例词进行探讨。

第1章 《时务报》中的二字日语借词

　　《时务报》由黄遵宪、梁启超、汪康年等人创办于1896年8月，是清末改良派继《万国公报》（后更名为《中外纪闻》）和《强学报》之后创办的第3份报纸。但前二者的刊行时间短暂，其社会影响力无法与《时务报》相比。

　　从研究日语借词的角度来讲，《时务报》的最大亮点是由日本人古城贞吉担任翻译的"东文报译"栏。中日甲午战争之后的1896年，清政府派出第一批留日学生，当时除了黄遵宪等有过东游经历的少数官员和文人之外，中国人无论对日本还是日语都所知甚少。在此背景下，由古城贞吉从日本报纸翻译成汉语的文章，无疑会是日语借词早期进入汉语的一个重要渠道。报纸开设外报翻译栏在清末风行一时，但像《时务报》这样有译者署名的"东文报译"栏毕竟屈指可数，凸显其独特的资料价值①。本章将在简述《时务报》概况的基础上，确定词语调查的原则和方法，并对《时务报》中的二字词进行全面的整理与分析。

1.《时务报》的主要栏目

　　《时务报》为旬刊，虽以"报"为名，其实开本、装订和体裁等更接近杂志的形式。大约每隔10天发行一册（即一期），每册总页数为60—70页，从1896年8月创刊到1898年8月停刊，两年之间共出版了69册②。《时务报》

---

　　① 另一个例子是《译书公会报》（1897.10—1898.5）中由日本人安藤虎雄担任翻译的"东报汇译"，但与《时务报》的"东文报译"相比，无论篇幅、内容以及日语借词的数量都有所不及。同年创刊的《农学报》（1897.5—1906.12）也设有"东报选译"栏，但主要是农学方面的译文。

　　② 《时务报》不称"期"或"号"而称"册"，本章沿用原本的名称。

的栏目划分不十分清晰，有的栏目时断时续，内容也不一贯。按照内容大致可以分为"论说"、"谕旨奏折"、"外报翻译"、"来稿连载"4个板块，分述如下。

1.1 论说

由《时务报》的主笔或与报馆关系密切者撰写的署名文章，刊于卷首，每期1—2篇。"论说"板块从第1册至55册没有中断过，但是进入1898年（第50册）以后，由于汪、梁二人之间的矛盾渐趋表面化，"论说"随之发生较大变化。一是从53册起出现了用外部来稿顶替主笔文章的情况。如第53册（1898.3.3）刊出的"东方兵事纪略自序"（丹徒姚锡光来稿）、"开议院论"（湖南赵而霖来稿）均排在卷首位置上。而且第55册以后《时务报》上不再出现梁启超的文章。二是从56册至61册，用外部来稿顶替主笔的做法又被署名为"本馆照录"的卷首文章所替代。连续刊登了"某君答陕甘总督陶制军书"（第56册）、"福州船政洋监督上船政大臣裕制船条陈"（第57—61册连载）两篇文章，而第61册后又重新恢复为外部来稿的形式。总之，梁启超离开后，以往倡导变革的呼声便不复存在了。

"论说"板块是清末改良派宣传变革的重要阵地，梁启超、汪康年等人的重要文章都刊登在"论说"板块中。据笔者统计，"论说"板块共有文章114篇次[①]，其中梁启超有58篇次，汪康年有15篇次，麦孟华12篇次，此三人的文章占据了绝对多数。梁启超的文章不但数量最多，而且内容立意深远，充满变革的激情，颇具感染力。与梁的激进相比，汪、麦二人的改良保守倾向十分明显。

从抽词的情况看，虽说"论说"板块集中了《时务报》中的重头文章，但从中抽取到的中日同形词和清末新词并不算多。每册"论说"的篇幅为7页上下，约占《时务报》总页数的1/10，而从"论说"板块中共抽出各类词语174

[①] 所谓"篇次"是将文章的连载次数也计算在内。另据中华书局编辑的"《时务报》篇目分类索引"统计，不包含连载次数的话共有"论说"文章82篇。参见中国近代期刊汇刊·第一辑《强学报·时务报》（中华书局，1991）第5册。

个（单计词数，下同），占抽出词总数（1552词）的11.2%。即是说，"论说"板块的篇幅和抽出词语的比例大致持平，在"论说"板块中出现的中日同形词和清末新词并没有超出《时务报》的平均水平。

从"论说"板块中抽出的词语，主要集中在梁启超的"变法通义"连载、"西学书目表序例"、"论报馆有益于国事"、"读日本书目志后"，汪康年的"论华民宜速筹自相保护之法"、"中国自强策"，麦孟华的"榷署议内地机器制造货物征税章程书后"以及欧榘甲的"日本高等师范学校章程叙"等少数文章里，其中的日语借词的比例相当低。

1.2 谕旨奏章

谕旨奏章的功能是记录朝廷的行政举措，而《时务报》的主办者意在通过介绍谕旨奏章的内容去传播当时新政的动向。借用梁启超的话说，即是"详录各省新政，则阅者知新法之实有利益及任事人之艰难经画与其宗旨所在，而阻挠者或希矣"①。《时务报》发行之初曾设有"恭录谕旨"和"奏摺录要"两个栏目，但从第3册开始便合二为一，只留下"谕旨恭录"，一直持续到停刊为止。

在中华书局编辑的"《时务报》篇目分类索引"中，共列出代表朝廷动向的"谕旨"49篇，反映各地新政的"奏章"124篇。同时，还有洋务、经贸、教育等方面的"章程条例"34篇，如"洋务局东洋车章程"（第29册）、"日本高等师范学校章程叙"（第50册）等。笔者将位于"论说"之后"外报翻译"之前的以上3类文章合在一起称为"谕旨奏章"板块。

从抽词的情况看，由于"谕旨奏章"板块的文章均用传统的公用文体写成，在这类老旧的文言文中很少出现中日同形词和清末新词。笔者从"谕旨奏章"板块的文章中共抽出各类词语112个，仅占抽出词总数（1552词）的7.2%。抽出词主要集中在与新政新学有关的章程中，如"奏设天津中西学堂章程"（第

---

① 参见《时务报》第1册中梁启超的文章"论报馆有益于国事"。

8册)、"官书局议覆开办京师大学堂摺"(第20册)、"美国大学入门书院章程"(第61册)、"佐治唐大学医学书院章程"(第62册)、"日本各学校规则"(第66—68册,连载3次)等,其中的日语借词很少。

1.3 外报翻译

清末改良派办报的一大特点,就是对海外信息十分关注,康有为当初创办《万国公报》(1895.8—1896.1)时就设有"外电"、"译报"栏目。《时务报》将此发扬光大,梁启超在创刊之初,便在"论报馆有益于国事"(第1册)一文中说:"广译五洲近事,则阅者知全地大局与其强盛弱亡之故,而不至夜郎自大,坐瞽井以议天地矣。"在这样的主导思想之下,外报翻译成了《时务报》中篇幅最多的栏目。这里所说的"外报翻译"并非实际的栏目名称,而是把"英文报译"、"东文报译"等各种外文报纸翻译作为一个板块的统称。

其中,"英文报译"贯穿始终,篇幅也最多,每册约15—18页[1]。"英文报译"主要取材于各国的英文报纸,其中也包含160余篇译自日本英文报刊的文章,可见《时务报》对日本信息的重视[2]。此外,还有"路透电音"(第1—61册)和"中外电音"(第62—69册)两个专门翻译电报短文的栏目,也可从属于"英文报译"。

外报翻译板块中还设有"法文报译"和"俄文报译"栏,由于聘请馆外人员担任翻译,不能定期供稿,译稿的篇幅也无法与"英文报译"相比。"法文报译"先后刊出了18次,每册的篇幅约为2—7页,而"俄文报译"仅刊出7次,每册2—10页[3]。

---

[1] 第1册时名为"域外译编",第2册时改称"西文报译",第3—46册期间由张坤德担任翻译,称为"英文报译"(刊出46次)。由曾广铨接任翻译之后,第47—59册期间改称"西文译编"(刊出13次),第60—69册又改称"英文译编"(刊出10次)。因"英文报译"的名称使用时间最长,以此作为栏目名的统称。

[2] 此数字引自沈国威(2010)第4编第2章第8节,参见该书第391页。

[3] "法文报译"的前9次署名"宛平郭家骥译",每册篇幅较少约2—6页。后9次署名"上海潘彦译",每册篇幅稍多为7—10页。"俄文报译"前5次署名"大兴刘崇惠译",每册篇幅仅2—3页,后2次署名"上海李家鏊译",每册篇幅增至8—10页。

"东文报译"是外报翻译中唯一能与"英文报译"并驾齐驱的栏目。从第3册（1896.8.29）开设"东文报译"栏时起，一直由古城贞吉担任翻译，共刊出过56次。到第50册（1898.1.3）为止，古城大部分时间待在上海做翻译，没有脱期延误，每册的译稿篇幅稳定在13—15页。因1898年年初古城离开上海返回日本，所以从第51册（1898.2.11）开始出现了脱期现象。从第51册到第69册停刊这一期间，刊出的19册中有11册没有"东文报译"栏，而篇幅也降至7—10页，似乎预示了《时务报》的末日将至[①]。

从抽词的情况看，在《时务报》的1552个抽出词中，取自"外报翻译"板块的共有1184词，占抽出词总数的76.3%，这表明《时务报》的"外报翻译"板块是中日同形词和清末新词最集中的地方。其中从"东文报译"中共抽出883词，占"外报翻译"总词数的74.6%；从"英文报译"中共抽出267词，占"外报翻译"总词数的22.5%；从"法文报译"共抽出34词，占"外报翻译"总词数的2.9%。可见"外报翻译"板块的抽出词主要取自"东文报译"栏。

1.4 来稿及连载

"来稿及连载"是笔者所起的名称。这个板块位于外报翻译板块之后，内容比较松散，主要刊登一些时评性的外部来稿或没有时效性的连载译稿，来稿者和译者一般都有署名。起初完全没有栏目名称，自第18册起至第61册期间分成两部分，前半部分冠以"时务报馆文编"之名刊登时务报馆自编的稿件，后半部分仍旧刊登外来的署名稿件。

据笔者统计，本板块共刊登了各类文章131篇次，其中连载次数多的长篇译稿有：《华盛顿传》（第1—10册，共11次）、《重译富国策》（第15—25册，共4次）、《扬子江筹防刍议》（第21—26册，共5次）、《会审信隆租船全案》

[①] 沈国威（2010）在第4编第2章"古城贞吉与《时务报》的'东文报译'"中，详细考证了古城贞吉与"东文报译"的关系，并论述了"东文报译"的译稿源与内容以及词语的特征，参见该书第363—402页。

（第35—68册，共29次）、《法国赛会总章》（第58—65册，共5次）、《法国赛会物件分类名目》（第65—69册，共5次）、《长生术》（第60—69册，共10册）等。这些连载虽然篇幅颇大，但由于是从英文或法文翻译过来的，从中或可以找到一些清末产生的汉语新词，但出现日语借词的可能性很小。译自日文的连载只有《日本赤十字社则》（第44—45册，共2次）和《日本商约解义》（第58—60册，共2次）两种，其中含有一定数量的中日同形词。从抽词的情况看，在《时务报》抽出的1552词中，取自"来稿及连载"板块的只有82词，占抽出词总数的5.3%，其中的日语借词就更少了。

2.《时务报》的主要执笔者

《时务报》的成功，除了开风气之先的主导方针顺应了民意大势之外，主要执笔者的贡献不可小视。如果以署名文章为对象，不计文章的篇幅长短，只按标题的出现次数计算篇次的话，在《时务报》中刊登文章10篇次以上的作者8人，如表1所示。

表1 《时务报》中刊登文章10篇次以上的作者

	论说	谕旨奏章	外报翻译	来稿及连载	篇次合计
梁启超	57			1	58
汪康年	15				15
麦孟华	12				12
张坤德			61	29	90
曾广铨		5	23	13	41
李维格			18		18
古城贞吉			56		56
黎汝谦				11	11

其中，前3人的文章主要发表在"论说"板块中，他们的文章篇次虽然不是最多的，但都是亲自撰写的长篇大论，代表了《时务报》的政治倾向。后5人均为"外报翻译"板块和"来稿及连载"板块的译者，张坤德、曾广铨、李

维格先后负责"英文报译"的翻译，古城贞吉负责"东文报译"的翻译，而黎汝谦则是"华盛顿传"（连载 11 次）的译者。

2.1 梁启超

梁启超（1873—1929）在《时务报》担任主笔，总共发表文章 58 篇次，几乎每篇都在倡导变革。其中有近 20 篇是"变法通义"的连载，其他如"论报馆有益于国事"（第 1 册）、"论不变法之害"（第 2 册）、"西书提要农学总叙"（第 7 册）、"西学书目表序例"（第 8 册）、"日本国志后序"（第 21 册）、"大同译书局叙例"（第 42 册）、"读日本书目志后"（第 45 册）等，都是富有远见卓识的力作。从梁启超的言论可知，他一直在关注日本的动向，但在《时务报》时期可能还没有机会直接阅读日语文章和从中吸收日语词汇。

笔者从梁启超的文章中共抽出中日同形词和清末新词 124 个（单计词数，下同），但其中含有的日语借词很少。可视为日语借词的二字词有"化学、教授、历史、民权、起点、社会、体操、宪法、议会、议员、议院、哲学"等十余词；三字词有"法学会、反比例、汉学家、化学家、农学会、农业史、上议院、微生物、行政学"等十余词；四字词有"大学教授、电气镀金、动植物学、高等学校、师范学校" 5 词。

2.2 汪康年

汪康年（1860—1911）甲午战争后加入强学会，主张改良变革。由于他善于经营，使《时务报》得以名声远播。他同时也是一位政论家，共在《时务报》上发表文章 15 篇次，重要者如"中国自强策"（第 4 册）、"论中国参用民权之利益"（第 9 册）等。但在张之洞等的压力之下，他的言论渐趋保守，后期发表的文章如"论将来必至之势"（第 65 册）、"论西人处置东亚之意"（第 69 册）等，已不再谈改良变法了。从汪氏的文章中共抽出 57 词，其中可视为日语借词的仅有"肥料、民权、议会、议员、主权；陈列所、上议院"。

2.3 麦孟华

另一位主力撰稿人是麦孟华（1875—1915），他作为康有为的弟子，在康创办《万国公报》时就与梁启超等一起参与其中，到《时务报》时又与梁启超共事。戊戌政变之后逃亡日本，曾协助梁启超创办《清议报》，并一度代梁主持该报。麦孟华主张变革但不赞成推翻朝廷，他在《时务报》的论说栏里发表过"论中国宜尊君权抑民权"（第21册）、"论中国变法必自官制始"（第22册）、"民义总论"（第26册）等12篇次的文章。从麦孟华的文章中抽取到中日同形词和清末的汉语新词27个，其中可视为日语借词的仅有"民权、起点、权限、社会、投票"。

2.4 张坤德

张坤德（生卒年月不详）毕业于上海广方言馆，曾任朝鲜釜山领事馆翻译兼副领事。1895年清政府与日本签订《马关条约》时，他是驻日本的英文翻译，参与过有关文件的翻译。后经黄遵宪介绍到《时务报》担任英文翻译。张坤德前半期负责"英文报译"（第1—32册）和"路透电音"（第1—30册）的翻译，后半期一直在翻译"会审信隆租船全案"（第35—68册，共连载29次）。张坤德在《时务报》上刊登过的译文累计达90篇次，是姓名出现次数最多的译者。

从张坤德的译文中共抽取到中日同形词和清末新词233个，经过词源考证后发现，其中有少数可视为日语借词。例如，二字词有"保险、大尉、工业、关系、国债、海军、会社、权利、少尉、速率、妥协、协会、演说、议员、预算"等。三字词有"操练场、地方官、改新党、护卫队、化学家、领事官、内地税、劝工场、人头税、上议院、守旧党、下议院、新闻纸、预算簿、自由党、自主国、总领事"等。四字词有"工业委员、工艺技术、高等学校、国立银行、三国联盟、商船会社、商务委员、外国资本、细工学校、学校经费、邮船会社、治外法权"等。以上这40余词为何会在译自英文的文章中出现，是值得深入探讨的问题。

2.5　曾广铨

曾广铨（1871—1940）是曾国藩的孙子，早年随其父曾纪泽在英国多年，精通多门外语，并曾在驻英、驻朝鲜使馆担任要职。1897年年底开始，曾广铨继张坤德和李维格之后任《时务报》总翻译。在翻译"英文报译"（第47—69册）之外，他还在"来稿及连载"板块翻译了"上海西商总会会章"（第51—53册，连载3次）以及英国作家哈葛德的小说《她》，中译本名为《长生术》，在第60—69册共连载10次。同时，还在"谕旨奏章"板块翻译了"美国大学入门书院章程"（第61—62册，连载2次）和"佐治唐大学医学书院章程"（第62—64册，连载3次）两篇倡导新学的章程。从曾广铨的译文中仅抽出34词，可视为日语借词的只有6个三字词，即"皮肤科、生物学、特派员、文法书、小儿科、性理学"。

2.6　李维格

李维格（1867—1929）生于上海，幼时家境贫寒但好学苦读，后受洋务运动思潮影响，入英租界格致书院学习。在亲友资助下曾去英国求学，但因学费昂贵未能入学，于是留居清朝驻英参赞李经芳的行邸，不久随驻英公使许景澄回国。因他学过英文法文并了解欧洲情况，步入仕途后曾出使过美国和日本。李维格在1897年6月至11月期间接替张坤德担任《时务报》"英文报译"（第31—46册）的翻译。1897年12月起到湖南的时务学堂执教，并与梁启超分任英文课程和中文课程的总教习。1898年夏离开时务学堂返回上海，入南洋公学任职，在师范院教授英文。从李维格的译文中共抽出73词，其中可视为日语借词的只有"博士、警察、宪法、枕木、知识、支线、自由；博览会、供给所；上下议院"等。

2.7　古城贞吉

古城贞吉（1865—1949）是日本明治时期的中国文学史家，他自幼入私塾研习汉学，升入高中后不久退学，开始自修中国文学和经学，因著有日本学术史上第一部《支那文学史》而留名学界。1896年下半年到1897年年底，他主要在上海游学，并担任《时务报》"东文报译"栏的日译汉工作，同时还有译稿刊登在《农学报》、《昌言报》等上。1898年年初回国后，在东洋大学任汉文教授长达30年[①]。

从古城贞吉翻译的"东文报译"中共抽出883词（单计词数），经过词源考证的筛选，其中有可能是日语借词的共有447词（包括二字词129个，三字词226个，四字词92个），可见《时务报》中的日语借词主要出自古城贞吉翻译的"东文报译"栏[②]。

这些词中既有许多如今还在使用的词。例如，二字词"财务、财政、党员、敌视、帝国、反抗、肥料"；三字词"保守党、博览会、参谋部、大本营、共和国、集大成、排水量、所得税、图书馆"；四字词"财政制度、初等教育、地方自治、独立自主、攻守同盟、国会议员、陆军少将、社会主义"等。

同时，也有许多已被现代汉语淘汰的词。例如，三字词"保护策、被治者、财政家、裁判所、磁石学、代议士、公法学、海产物、急进党、既制品、普通法、输出品、亡命者"；四字词"代议政体、帝国大学、电信技师、锻冶工场、共和政治、检事总长、君主专制、立宪政治、同盟罢工"等。虽然现代汉语已不再使用，但这些词反映了19世纪末汉语词汇的真实面貌，是词汇史研究的第一手素材。

2.8 黎汝谦

黎汝谦（1857—1909）出身世代书香之家，是清末外交家黎庶昌的侄子。1882年随黎庶昌出使日本任神户领事，1884年回国。1887年黎庶昌再次出任中国

[①] 有关古城贞吉在上海的生活情况，日本方面鲜有资料记载，只有通过《汪康年师友书札》中收录的汪康年与古城贞吉的信函才能了解部分情形。详见沈国威（2010）在"古城贞吉与《时务报》的'东文报译'"（第363—402页）一章中的叙述。

[②] 关于词源考证过程，二字词见本章第3节以后的各节，三字词和四字词分别参见第2章和第3章。

驻日本国大臣，黎汝谦又随之赴日任横滨领事，3年后任满回国。黎汝谦任神户领事期间，与译员蔡国昭合作，由蔡译述经他"疏通润色"，从1852年到1885年费时3年，将欧文·华盛顿原著的《华盛顿传》译成了中文。但译成后并没有马上发表，时隔10年之后才在《时务报》上首次刊登，从第1册至第11册（1896.8.9—1896.11.15）共连载11次。此书是向中国人介绍西方民主的早期译作，对开启民智有一定贡献，可惜没有全部刊出，也没有再出版单行本[①]。从"华盛顿传"的译文中仅抽出中日同形词5个，其中可视为日语借词的只有"大统领"一词。

综上所述，从《时务报》抽出词语的总体情况看，梁启超当时的"论说"文章中仅有少量的日语借词，虽然他已开始关注日本，但还没有直接从日语里吸收词汇。而汪康年、麦孟华的文章中几乎不含日语借词。在译文方面，译自英文的文章和译自日文的文章在词语使用上有明显的差别。张坤德等人翻译的"英文报译"中含有的中日同形词十分有限，而古城贞吉翻译的"东文报译"则是《时务报》中出现日语借词最多的栏目。

3. 词语的抽取方法与分类

清末时国力衰败日甚，要求变革的呼声四起。然而改革势力也各有不同背景，李鸿章、张之洞等洋务派倾向于直接与欧美各国打交道，而康有为、梁启超等改良派则提倡学日语译日书，认为取道日本更为便捷可行。在骤然升温的译介活动中，因日语与汉语通用汉字，中国人可以直观地理解和方便地吸收日语词汇。事实上，译自日语的文章为汉语所带来的新词语，比译自英语的文章多得多，通过对《时务报》的词语调查，足以证明这一点。

与其他外语译成汉语时所用的音译词不同，日语借词的形态结构与汉语词汇的相同，很难从外形上直接区分，因此必须采用词汇学和词汇史研究的方法进行深入地剖析。笔者采取的方法是：先划定一个较大的范围从《时务报》的

---

① 参见林辰（1992）。

文章中抽出有关的词语，然后再通过词源考证以及词语结构分析等方法对抽出的词语逐一进行辨别和分类，最终区分出哪些词是日语借词，哪些词是清末产生的汉语新词。

3.1 抽词原则和词语分类

首先，把抽取对象按字数分成二字词、三字词、四字词和多字词。因为从词结构来看，汉语词汇的构词方式具有明显的梯次性，即：二字词一般是由两个一字词作语素以 1+1 的形式复合而成的，如"商+店、审+查、特+定"。同时，二字词本身又可以作为语素去构成三字词，二字语素后接一字语素词即可构成 2+1 型三字词，如"动物+学、博览+会、同盟+国"，而二字语素前接一字语素词即可构成 1+2 型三字词，如"反+比例、无+政府、总+领事"。两个二字语素彼此复合即可构成 2+2 型四字词，如"初等+教育、社会+主义、生命+保险"。至于四字以上的多字词，也是由若干个二字语素和一字语素叠加而成的，如"选举+议员+权、生物+陈列所、特命+全权+大臣"。在词结构方面，日语的「漢語」与汉语词汇几乎完全一致，通常分为「二字漢語」、「三字漢語」和「四字漢語」等[①]。

其次，由于二字词、三字词和四字词的结构和来源不尽相同，需要解决的问题也各有不同，因此应当采用有针对性的抽词原则。对于二字词而言，由于历史上从古汉语传到日语去的主要是二字词，清末时从日语进入汉语的日语借词中也有许多二字词，所以抽取二字词时应以中日同形词（即汉语和日语共用的词形相同的词）为主。但因二字词的数量庞大也需要有所选择，对已知是从古汉语传到日语去而词义没有明显变化的中日同形词不必一一抽出，而对于虽有古汉语出典却在明治时期被日语赋予新义的词则必须抽出。此外，有少数并非中日同形词的明治日语新词和清末汉语新词曾在汉语中短时出现过，为了反

---

① 参见野村雅昭（1974，1975，1988）。

映当时的实际情况也应适当抽取。

与二字词不同，三字词和四字词基本上都是近代以后产生的新词，在古汉语中找不到出处。因此关注的重点应放在词的结构和构成方法上，比如语素的特点、语素之间的关系以及结构类型等，通过获取这些数据去证实日语构词法对汉语的影响。为此，在抽取三字词和四字词时，不能局限于中日同形词的范围，而应最大限度地收集齐全。

按照以上原则，笔者从《时务报》中共抽出各类词语 2441 个，这是包含许多重复词的复计词数，再采用只保留首出用例去除其他重复词的方法进行整理，最终得到单计词数共 1552 个。在此基础上，按照二字词、三字词、四字词和四字以上的多字词分出大类，同时依据首出用例在《时务报》中的年月分布和有无古汉语出典等词源信息，将全部词语细分到位，结果如表 2 所示。

表 2 从《时务报》中抽出的全部研究对象词的分布情况（单计词数）

年度	册数	二字词（869 词／56.0%）				三字词	四字词	多字词	合计
		有典	新义	无典	未收				
1896	1—15	286	19	70	23	223	104	4	729
1897	16—49	272	24	48	32	187	70	15	648
1898	50—69	73	2	13	7	54	18	8	175
词数合计（%）		631（72.6）	45（5.2）	131（15.1）	62（7.1）	464（29.9）	192（12.4）	27（1.7）	1552（100.0）

表 2 显示，虽然 1896 年《时务报》只出版了 15 册，但从中抽出的词语数量最多，这主要是由于首出用例更多地集中在 1896 年的缘故。从 1897 年和 1898 年抽出的词语虽不像头一年那么多，但仍然数量可观，这表明在《时务报》发行期间，每年都有新词出现，只有对《时务报》的文本做全面的词语调查才能把握日语借词的全貌。

3.2 对《时务报》二字词的整理

本章的目的是对《时务报》中的二字词进行全面的梳理和分析。由于二字词的数量庞大，从文本中抽词时需要有所侧重。笔者的方法是以抽取中日同形词为主，同时兼顾曾短时进入汉语的日语词与中国人自造的清末新词。对于抽出的二字词，首先可以区分为"中日同形词"与"非中日同形词"两大类。在属于"中日同形词"的一类中，又可以按照中日之间词汇交流的走向，区分为"历史上传入日语的汉语词"和"明治后借入汉语的日语词"。另一方面，在属于"非中日同形词"的一类中，也可以大致区分为"曾短时进入汉语的日语词"和"清末中国人新造的汉语词"。以上分类可以概括如下：

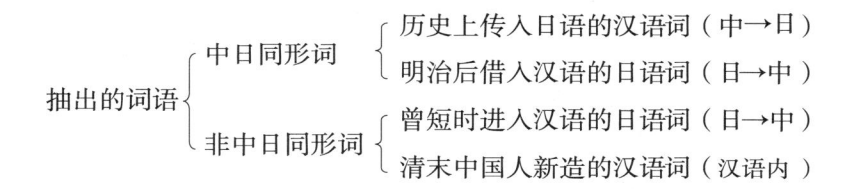

$$
\text{抽出的词语}\begin{cases} \text{中日同形词}\begin{cases}\text{历史上传入日语的汉语词（中→日）}\\ \text{明治后借入汉语的日语词（日→中）}\end{cases}\\ \text{非中日同形词}\begin{cases}\text{曾短时进入汉语的日语词（日→中）}\\ \text{清末中国人新造的汉语词（汉语内）}\end{cases}\end{cases}
$$

区分"中日同形词"与"非中日同形词"的基本方法是，通过检索中方出版的《汉语大词典》（1986—1993）和日方出版的『日本国语大辞典』（第 2 版，2000—2002），依据这两本大型词典的收词情况和书证早晚进行初步判断[①]。这两本词典的主要特点是，按照各个词语的不同义项列举了包括最早用例在内的史料书证。虽然史料卷帙浩繁，遗漏在所难免，但以词典工具书作为词源考证的第一步，仍不失为便捷高效的重要手段。

以《时务报》中出现的二字词为例，如果在中日双方的词典中都收录的词，即可视为"中日同形词"。至于在"中日同形词"的范围内，如何进一步区分"历史上传入日语的汉语词"和"明治后借入汉语的日语词"，主要是看哪一方词典里的书证年代更早。如果某词在《汉语大词典》中的古汉语书证的年代明显早于日方词典所列的书证，即可以初步判断它是"历史上传入日语的汉语

[①] 《汉语大词典》全 12 卷，罗竹风主编，汉语大词典出版社出版。共收单字 2.27 万，复词 37.5 万，全书约 5000 万字，是国内现时最大型的语言类词典。近代以前的书证，力求使用古代典籍的首出用例，比较详实可靠，但近代以后的书证因采集范围有限而遗漏较多。『日本国语大辞典』（第 2 版）全 13 卷，日本小学馆出版。共收复词 50 万词，书证约 100 万条，且标有出典的西历年代，是日本现时最大型的语言类词典。当然在书证方面，同样存在越古代越可靠，明治以后的首出例年代不准确的问题。本书所使用的『日本国语大辞典』均为第 2 版。

词"；而如果某词在『日本国語大辞典』中的日方书证早于中方词典的书证，则初步判断为"明治后借入汉语的日语词"。

与上述情况相对，如果只有一方词典里收录或双方词典都未收录的词，一般可以视为"非中日同形词"。这类词的成分比较复杂，需要就具体情况做出相应的判断。比如，某词只在中方的《汉语大词典》中收录，有可能属于"清末中国人新造的汉语词"，而某词只在日方的『日本国語大辞典』中出现，则有可能属于"曾短时进入汉语的日语词"。而中日双方的词典都没有收录的词，则可能是清末时存在但已被现代汉语和现代日语所淘汰的词。

如表2所示，从《时务报》中共抽出二字词869个（单计词数）。作为在众多二字词中辨认日语借词的第一步，需要区分出哪些词是古汉语既有的，哪些词是古汉语没有的。除了利用中方的《汉语大词典》和日方的『日本国語大辞典』之外，还可以通过《四库全书》电子版查找和核实古汉语出典[①]，这是弥补《汉语大词典》在收录词语和史料书证方面的不足的必要手段。而判断日语新义进入汉语的时期则可以借助《申报》电子版。经过以上步骤，可将抽出的二字词区分为4种情形，即"有古汉语出典的二字词"（简称"有典"词）、"近代产生新义的二字词"（简称"新义"词）、"无古汉语出典的二字词"（简称"无典"词）以及"《汉大》未收的二字词"（简称"未收"词）。以下结合具体案例分别加以说明。

4. 有古汉语出典的二字词

在《时务报》的869个二字词中，可以从《汉语大词典》和《四库全书》电子版中查到古汉语出典的词有631个，占二字词总数的72.6%。"有典"词的9成以上是中日同形词，如果既有古汉语出典，古今词义又没有明显的变化，就可以认定它们属于汉语造词而不是日语借词。以"食品"一词为例，《汉语大

[①] 《四库全书》是清代乾隆年间官修的规模庞大的百科丛书。它汇集了从先秦到清代前期的历代主要典籍，共收书3460余种，成书于乾隆46年（1781）。由于《四库全书》电子版具有便捷的词语检索功能，可以最大限度地弥补《汉语大词典》收词不备的缺陷。

词典》列举的书证出自宋代洪巽《旸谷漫录》（约 11 世纪）和北宋陶穀《清异录》（10 世纪后半）。在日语方面，『日本国語大辞典』（第 2 版）所引用的书证均出自明治以后，时间最早的是细川润次郎编『新法須知』（1869）。经过比对中日双方词典的书证早晚，即可初步判断"食品"一词出自古汉语且古今词义的变化不大，属于"有典"词。但在词源考证时，有时会遇到难以做出判断的情况，甚至需要重新正本清源，以下仅举两例说明。

4.1 读本

《时务报》中有"读本"的如下用例："今则学者必有小学读本四五种，如算学地志等类，其教养之费，皆国家供之。"（第 41 册，李维格译，英文报译，"暹罗考"，1897.10.6）在汉语方面，《汉语大词典》中"读本"一词没有古汉语出典，书证只举出徐特立、孙犁等现代人的用例。刘正埮、高名凯等编《汉语外来词词典》（1984）把"读本"归入日源外来词。黄河清编《近现代辞源》（2010）举出陈荣衮《论训蒙宜用浅白读本》（1900）作为书证，但与日本或日语无关。

在日语方面，『日本国語大辞典』中收有音读念法「読本＝とくほん」与训读念法「読本＝よみほん」，前者的最早书证为『幼学読本』（1887），后者的书证可以上溯至『寂寞集』（1620 頃）。如果止步于词典的书证，日语的词源明显要比汉语早许多。

然而经查《四库全书》电子版，清代纪昀编《钦定四库全书总目》（1781）中"读本"一词的用例相当多。如："是书……别以音释，评语标注上方，盖村塾读本也。"（卷 25）又如："……盖从其读本抄出，尔雅颇有考证。"（卷 34）

综上所述，中方的首出例虽然不及日方的早，但在纪昀编《钦定四库全书总目》（1781）的时代，汉语词汇不太可能受到日语的影响，中日双方的"读本"有可能是分别生成而词形偶然相合的情形。总之，汉语的"读本"是汉语自造的词，不应将其视为日语借词。同时，"读本"一词的词源情况也表明，尽管《汉语大词典》是目前列举古代书证最多的大型词典，为我们查找古汉语出典提供了很大方便，但在词源和书证方面仍然多有疏漏，不可轻信。

4.2 摩擦

《时务报》中有"摩擦"的如下用例:"西国民间学会遍地,……一切地舆天算动植医化声光电热之学,莫不纠合大众,互相摩擦。"(第 28 册,麦孟华撰,"民义总论",1897.5.31)在汉语方面,《汉语大词典》中"摩擦"一词没有古汉语出典,书证只举出了邹韬奋、陈毅等现代人的用例。《近现代辞源》(2010)提供的合信《博物新编》(1855)和丁韪良《中西闻见录》(1875)中的用例,大幅提前了书证的时间。

在日语方面,『日本国語大辞典』为「摩擦」列举的书证出自宇田川玄真著『医範提綱』(1805)和宇田川榕庵译著『舎密開宗』(1837),还特意在词条末尾加了"补注",称"兰学资料中的用例最早而汉籍中未见,可以认为是在日本近世翻译荷兰语过程中产生的新词。"① 佐藤亨著『現代に生きる幕末・明治初期漢語辞典』(2007)则提供了更多兰学译著中的用例,同样认为「摩擦」是兰学家创造的译词。

然而,检索《四库全书》电子版之后发现,在中国古代的医书中有许多"摩擦"的用例。比如,唐代孙思邈的眼科书《银海精微》(682):"宜用香油调姜粉汁,于额脸部摩擦及面上。"(卷上)南宋张杲撰《医说》(1224):"先摩擦两掌令热,以拭两目。"(卷9)明代朱棣等编《普济方》(1406):"须摩擦患处令热彻,以助药力。"(卷98)这些用例足以证明"摩擦"是出自古汉语的词,而不是以往所认为的日语借词。以上分析同时也表明,在调查中日同形词的词源时,有必要借鉴日本学者的研究成果,但同样不可盲从。

4.3 民主、权利、主权

在《时务报》中,"民主"和"主权"有如下用例:"至泰西而有民主之国,

---

① "补注"的日语原文是「蘭学資料にみえるものが古く,漢籍には見えないところから,日本において,オランダ語の翻訳により,近世期に新たに生じた語と考えられる」。

又有君民共主之国，中国之儒者莫不骇且怪之。……吾见古制复，则主权尊，国势固也。"（第9册，汪康年撰，"论中国参用民权之利益"，1896.10.27）此外，"权利"有如下用例："法国之意，以英国在扬子江一带权利，应截至宜昌以西为止。"（第3册，译上海字林西报，"法争权利"，1896.8.29）在汉语方面，此3词在《汉语大词典》中均有古汉语出典。先看"民主"，共有4个义项。义项①"民之主宰者。旧多指帝王、君主"。义项②"指官吏"。义项③"指人民有参与国事或对国事有自由发表意见的权利"。义项④"谓合于民主集中制原则，不主观独断"。其中，义项①和②有古汉语书证，是旧有用法，但现代汉语已不再使用。义项③和④没有古汉语书证，是现代汉语的词义。《时务报》中的"民主"基本是义项①的古汉语用法。

其次看"权利"，同样是4个义项。义项①"权势和货财"。义项②"指有钱有势的人"。义项③"谓权衡利害"。义项④"法律用语，指公民依法应享有的权力和利益"。其中，义项①②③均有古汉语书证，但现代汉语已不再使用。义项④只有现代人的书证，是现代汉语的词义。《时务报》中的"权利"可理解为义项①的古汉语用法。

再看"主权"，也有4个义项。义项①"君主的权力"。义项②"有职权的官吏"。义项③"自主的权力"。义项④"国家对内高于一切和对外保卫独立自主的固有权力"。其中，义项①和②有古汉语书证，但现代汉语已不再使用。义项③和④只有清末民初的书证，而义项④可以代表现代汉语的词义。《时务报》中的"主权"依旧是义项①的古汉语用法。

以上3词在《时务报》中沿袭了古汉语的用法，可视为"有典"二字词。然而它们的近代新义究竟是汉语自身词义演变的结果，还是受到了来自日语的影响呢？如果是后者，则应归属于"新义"二字词。笔者的调查结果显示，此3词的现代新义最早可以追溯到来华传教士丁韪良翻译的《万国公法》（1864）。

例如，在该书中"民主"有以下用例："在民主之国，或系首领执掌，或系国会执掌，或系首领、国会合行执掌。"（第3卷第1章第4节）"权利"有以下用例："或视其叛民为俨然一国，可享交战之权利，或二者之间择其理直者而助之也可。"(第1卷第2章第7节)"主权"有以下用例:"治国之上权,谓之主权。此上权或行于内,或行于外。行于内,则依各国之法度,……主权行于外者,即本国自主而不听命于他国也。"(第1卷第2章第5节)由此可见,"民主、权利、主权"的新义是汉语自身词义变化的结果,此3词应视为"有典"二字词。明治初年,日本人通过丁韪良的《万国公法》吸收了以上3词并一直使用至今。

以上举例说明了不同情况的"有典"词,其最基本的属性是"历史上传入日语的汉语词",以下列举《时务报》中出现的一部分"有典"词,其中有些词曾被误认为日语借词:

爱国	暧昧	按摩	暗杀	罢工	霸权	版图	保全	保释	保险	被告
本质	编成	编制	裁判	财源	草稿	测量	丛书	担保	党派	电池
雕刻	定价	定员	都会	法案	法律	法学	繁殖	贩卖	封建	服药
服役	副手	改定	改革	高等	骨格	观光	规律	规则	国民	国势
海防	海峡	基地	家族	价值	教员	竞争	军费	军需	历史	列岛
漫笔	炮舰	配置	品质	前期	容量	商业	输出	水质	司法	特定
妥协	委员	卫生	宪法	现行	行政	学士	血球	医科	移民	移植
引退	印刷	营业	渔业	原稿	原告	原理	原料	政府	政权	政体
政治	知识	秩序	智能	种族	资本	资产	资格	自由	自治	宗派

4.4 关于"有典词"和"回归词"

值得注意的是,一部分"有典"词曾在清末以前的汉语里长期处于"休眠"状态,经日本人在明治初年率先使用之后将其"激活",并随着大批日语借词一起回归到汉语中来。由于是在日语的影响下,汉语才于19—20世纪之交重新使用这些词,因此有研究者称之为"回归词"。然而,只要与古汉语的原义进行比较,便可发现这些词并没有产生明显的新义。对于此类词,首先应确认其在汉语里是否"休眠"过,同时还应了解其从日语"回归"汉语的过程。如果原有的汉语词被日语赋予了近代新义,可将其视为"新义"词,而不应笼统地使用"回归词"的概念。由于缺乏讨论和共识,笔者目前的做法是将一些具有"回归词"特征的二字词归在"有典"词之中而不做专门的划分。

"有典"词中还包含一部分并非中日同形词的二字词,抽出它们是为了与日语借词作对比。其中,有些是因为汉语和日语的词形不同,中日之间有可能相互取代[①],如:出口(←輸出)、进口(←輸入)、垄断(←独占)、律师(←弁護士)、水师(←海軍)。有些是因为汉语和日语的词形相近,中日之间有可能相互影响,如:兵舰(←軍艦)、索检(←検索)、要策(←政策)、仇视、坐视、环视(←敵視)。还有些是因为二字词的后语素和三字词的后语素相同,有可能影响三字词的形成,如:操场(←○○+场)、程式(←○○+式)、公所(←○○+所)、观感(←○○+感)、属员(←○○+员)、印费(←○○+费)、记性、民性(←○○+性)、常品、贡品、货品(←○○+品)、地学、算学、天学、艺学(←○○+学)等。

5. 近代产生新义的二字词

在抽出的二字词中,有些词虽然可以查到古汉语出典,但词义与古汉语的原义明显不符,究其原因,新词义是在日语的影响下产生的,所谓"新义"专指这种情形而言。用古汉语的二字词去对译西方的事物或概念,是日本人在明治初期经常使用的方法,而这些经过日本人消化理解的古汉语词,在19世纪末到20世纪初开始反向地进入汉语。对清末国人来讲,如果这些被赋予西方新概念的古汉语词与其原义相差不大的话,接受起来或许并不觉得困难,但如果偏离古汉语原义的幅度过大,即这里所说的产生了新义,则会有一个从费解困惑到逐渐适应的过程。

判断一个古汉语词是否被日语赋予了新义,主要应该从两个方面着眼:一

---

① 括号外为从《时务报》抽出的汉语词,括号内为与之对应的日语词。

是词义变化在明治初年的短时期内发生并完成；二是词义变化的幅度足够大，以至原有的古汉语词义被新义完全或大部取代[①]。在《时务报》的869个二字词中，经过逐词的词源考证，符合以上条件的共有45词，占二字词总数的5.2%。"新义"词是日语借词的重要组成部分，同时也最容易出现分歧，需要重点关注。以下结合具体案例加以说明。

5.1 出席

比如"出席"一词，在《时务报》中有如下用例："常议会，议长之外，出席不满十五人，则不得为议决。"（第44册，孙淦译，"日本赤十字社社则"，1897.11.5）此句中的"出席"与现代汉语的用法完全一致。然而，在古汉语中"出席"的原义却与现代汉语大相径庭。通过查阅《汉语大词典》可知，"出席"有两个义项，义项①为"离开席位"，书证出自明末出版的《金瓶梅词话》（1617）："蔡御史便说：'深扰一日，酒告止了罢。'因起身出席。"经检索《四库全书》电子版，古汉语的用例均遵循此义，如《钦定大清会典》（1887）中的用例："进酒大臣命妇出席，皇后以下皆起立于本位，进酒大臣命妇入。"（卷89）义项②的解释是"犹到会，泛指参加会议或开某会时列于坐席"。所引书证为现代人柯岩与巴金的作品。显然，现代汉语已经不再使用义项①，而现在通用的义项②是没有古汉语出典的。

义项②的新义从何而来？查看日方出版的『日本国語大辞典』可知，在日语中「出席」只有一个解释，即「その席に出ること。授業や会合，集会などに出ること」。所引书证有『慶長日件録』（1607）和『安愚楽鍋』（1871）等，这个释义正好与《汉语大词典》的义项②相对应。到明治初年，「出席」的用例逐渐多起来，比如：田中不二麿著『理事功程』（1875）中的例句：「学校事務局ニテ掟ヲ設ケ，生徒ノ出席ヲ促ス。」（卷3）箕作麟祥译『埃及法律書』

[①] 笔者提出产生新义的标准最早是在1994年，当时归纳为3条：一是新义必须是由日本一方首先赋予的。二是新义是在较短时期内实现的，不是词义渐变的结果。三是新义往往意味着词义的更新，使古汉语原词的内涵和使用领域发生明显的转移，旧义被取代。参见朱京伟（1994）第4节。

（1878）中的例句：「裁判所ニ於テハ，別段定メタル日ニ本人自カラ出席ス可キコトヲ言渡スヲ得ヘシ。」（第3章）以上表达"参加会议"之意的日方用例均明显早于《时务报》等中方用例。

"出席"的日语新义是何时进入汉语的？经检索《申报》电子版发现，在1907年之前《申报》的用例一直沿袭古汉语的旧义，甚至误解了日语的新义。如《申报》1905年4月3日刊有"论小学校不能普设之原因"一文，原文如下（括号内为原注）："日本中小学校……又设立通知簿，凡学生之试验成绩，上课勤惰，出席时日（出席者辍业不到堂之谓，若早归、迟到、缺课、遗忘等，亦归出席矣），凡一切关于学生事情均表列通知簿。"此例以古汉语原义"离开席位"去解释日语的「出席」，结果把「出席」理解成"缺席"了。直到1907年才出现了日语新义的正确用例，如1907年7月18日所载"东京府第一高等女学校记"一文中有如下用例："通学部系按日登记出席、缺席、迟早到各节，学校家庭互相通知。"

由此可见，古汉语中虽然有"出席"一词，但原义与现代汉语的新义之间有很大差距。通过查阅日方资料发现，"出席"的新义出自日语，而《时务报》中出现新义的时间比《申报》早，是汉语使用日语新义的最早用例之一。

5.2 少将

在《时务报》中有"少将"的如下用例："陪席判事为一万元，巡回判事为六千元，稽考商业会委员为七千五百元，陆军少将同焉。"（第13册，古城贞吉译，"美国官民年俸"1896.12.5）此例中的"少将"是军衔的名称，与现代汉语的用法一样。查阅《汉语大词典》的"少将"词条，只有一句解释："军衔。将官的一级，低于中将"，没有任何书证。如果按照《汉语大词典》的表述，应将"少将"视为"无典"二字词，但实际上在《四库全书》电子版中可以找到"少将"的用例。例如，宋代宋祁等撰《新唐书》（1060）中有如下用例："克用迎战，斩首级，俘少将三百。"（卷218）又如，宋代李心传撰《建炎以来系年要录》（13世纪前半）中的用例："惟忠愠曰：诸少将不出，首推老者？王曰：此游骑伺吾虚实耳。"（卷3）据此可知，古汉语中"少将"的意思是"少壮的将士"。

在现代汉语中，"少将"的旧义已被称呼军衔的新义所取代，但《汉语大词典》没有提供任何新义来源的信息。《汉语外来词词典》（1984）只是将"少将"列为日源外来词而未作任何说明。目前，只有《近现代辞源》（2010）提供了清末时期的重要例证，如王韬《扶桑游记》（1879）中的用例："西乡之变，谷君时为<u>少将</u>，守熊本。"又如黄遵宪《日本国志》（1887）中的用例："陆军武官曰大将、中将、<u>少将</u>，是为将官。"（卷14）这两个用例出现的时间早，而且都与日本直接有关，是"少将"用于军衔的重要证据。

在日语方面，查『日本国語大辞典』可知，日本古代就有叫作「少将」的官名，在所有4个义项中，义项①②③解释的均为古时用法，书证分别取自『続日本紀』（797）、『枕草子』（996）和『武家名目抄』（1860）等。只有义项④是现代日语的用法，即「軍隊の階級の一つ。将官の最下位。中将の下。大佐の上」。此处引用的书证为『和英語林集成』（再版，1872）与山田显义撰『建白書』（1873）。根据有关史料，明治政府成立之后，于1869年（明治2年）开始设立陆军少将和海军少将等军衔，次年又完整地公布了陆海军11个级别的军阶，从而实现了欧洲模式的军队建制。可以认为，「少将」正是在此过程中被赋予现代含义的。

"少将"的日语新义是何时进入汉语的？经检索《申报》电子版发现，"少将"一词总是出现在与日本有关的文章中。例如，1874年6月27日刊载的"东船来沪情形"一文中有以下用例："昨列来沪之东洋兵舶，兹悉船名'日进'，系日洋战舰也，为现驻台湾之陆军中将所遣。内有文武三员，一为海军<u>少将</u>兼海军大丞赤松则良……"这表明用于军衔的"少将"早在1870年代就已经从日语传到汉语中了。

综上所述，现代汉语以"少将"称呼军衔的新义来自于日语，在《时务报》中与此类似的二字词还有"大将、中将、中尉、少尉"[①]，以及在大学中作为教师职称的"教授"等。

[①] 但同样表示军阶的"大尉、大佐、中佐、少佐"并非"新义"词，而是没有古汉语出典的日语新词。

5.3 军用

再以"军用"一词为例。《汉语大词典》有两个义项，义项①为"军中用费"，所引书证有《汉书》（1世纪末）、《后汉书》（445）、宋代田况撰《儒林公议》（11世纪中期）等。这种用法一直延续到清代，如王夫之在《周易稗疏》（17世纪后半）中的文句："管仲治齐，乃令：凡讼者皆令其出金与箭，以供<u>军用</u>。"（卷1）不过，"军用"的这种用法已从现代汉语中消失。义项②为"军中使用的。如：军用地图；军用飞机。"这是现代汉语通行的用法，但此处没有举出书证，说明是清末以后出现的新义。"军用"新义的语用特征是，总在复合词中做修饰性的前项语素，一般不单独使用。

而黄河清编《近现代辞源》（2010）提供的几个例证都是与日本直接有关的。例如，姚文栋《日本地理兵要》（1884）中的用例："<u>军用</u>电信队，士官以上六人，生徒一人，下士以下七十八人"（卷1）。又如，黄遵宪《日本国志》（1887）中的用例："私造<u>军用</u>铳炮弹药及私藏罪，……"（卷30）经检索《申报》电子版发现，虽然1870年代"军用"的用例相当多，但都沿袭了古汉语的原义，进入1880年代之后，才开始出现复合词形式的用法，而且均与日本的事情有关。如1883年9月8日刊载的"摘录东报"一文中有以下用例："<u>军用</u>电报云：生徒此次卒业者二十五名，业由陆军省取定，编入军中小队矣。"又如1884年5月2日刊载的"东报摘录"中有以下用例："陆军省现拟凡全国六镇，除东京镇台外，其余五镇设立<u>军用</u>电线一小队。"这些用例均与《汉语大词典》的义项②相符。

在日语方面，『日本国語大辞典』的「軍用」词条也有两个义项，义项①为「軍事目的で使うこと。また、そのもの。軍事用。軍隊用」，所引书证有『日本後紀』（840）中的用例：「<u>軍用</u>之要，以レ馬為レ先」（弘仁六年），以及矢野龙溪著『経国美談』（1883—84）中的用例：「兵士等は『之ぞ<u>軍用</u>の笛なり』と答へしに」等。义项②为「軍の費用。軍費」，所引书证有『太平記』（1370）中的用例：「武家の輩此の如く諸国を押領する事も，<u>軍用</u>を支へん為ならば」（二四），以及『史記抄』（1477）、中国的《汉书》（1世纪末）等。上述两个义项的排列顺序正好与《汉语大词典》相反，从义项②可以明显看出古汉语"军

用"一词对日语的影响。其实，用于说明义项①的『日本後紀』（840）中的用例或许也可以按古汉语的"军中用费"去理解，因此并非说明义项②的典型用例。

据笔者调查，『日本国語大辞典』义项①的用例是进入1880年代以后才开始在日语中逐渐增多的。早期的用例如：『砲兵教程』（陸軍文庫，1882）中有「軍用火薬ノ製造」一节。又如，大久保常吉译『通俗刑法治罪法』（1883）中的用例：「私に軍用の銃砲弾薬を製造し及び所有する罪。」（第2章第5節）其他用例如「軍用電信隊（1883）、軍用銃（1883）、軍用金（1883）、軍用郵便（1885）、軍用電線（1887）、軍用弾薬（1888）」等。其特点是「軍用」不单独使用，而是与后面的名词构成复合词。前述姚文栋（1884）、黄遵宪（1890）以及《申报》中的用例应当依据的就是这一时期的日方资料。这表明，早在《时务报》之前"军用"的日语新义就已经进入汉语了。

《时务报》中有"军用"的如下用例："设翻译馆以收各国之书籍，设制造军火局以给军用。"（第4册，汪康年撰，"中国自强策下"，1896.9.7）此例并非出自古城贞吉的"东文报译"栏，"军用"的含义虽偏于"军中使用"的日语新义，但并非转为新义的典型例证。笔者认为，应当把"军用"一词作为"车用、灯用、家用、农用、商用、药用、医用"等以"名词+用"的方式构成的系列词中的一个来看待，认真探讨这些词与日语同形词之间的影响关系。

5.4 干事

产生新义还有另一种方式，即古汉语的一些动词在明治以后的日语里被当作名词使用，由此而产生了相应的新义。以"干事"为例，《时务报》中有如下用例："于是近卫副头上议长坐席，与稻垣干事详告昨年以来之会务。"（第17册，古域贞吉译，"记东邦学会事"，1896.1.13）在《汉语大词典》中"干事"有3个义项，义项①为"办事"，义项②为"办事干练"。此二者的古汉语例证十分丰富，比如《三国志·蜀志》（3世纪后半）中的用例："尽心干事，有治理之绩，其以正为巴西太守。"（卷12）《后汉书》（445）中的用例："臧洪，字子源，广陵射阳人也，父旻有干事才。"（卷88）南宋王应麟《周易郑康成注》

（13 世纪后半）中的用例："嘉会礼通，和顺于义，干事能正，三十之男，有此三德。"以上"干事"均为动词性或形容词性的用法。但是，义项①②已经从现代汉语中消失，取而代之的是义项③，即"专门负责某项具体事务的人员"。《汉语大词典》中没有此义项的古汉语书证，仅举出现代人魏巍的用例。

在日语方面，『日本国語大辞典』的义项①为「会や団体の中心となって業務をつかさどること。また，その役目の人」，所引书证有中岛棕经著『都繁昌記』（1837）、中村正直译『西国立志編』（1875—1881）等，表明日语早就有把「幹事」作为名词使用的趋势。义项②为「会合，集会，宴会などの世話人。まとめ役」，这是针对现代日语的释义，明确了「幹事」是一种职务称呼。所引书证为坪内逍遥的小说『当世書生気質』（1885—1886）等。『現代に生きる幕末・明治初期漢語辞典』（2007）收有「幹事長」一词，其用例出自『議院規則』（1874）等。又如『愛媛県学務規則類聚』（1880）中有「小学幹事ノ職務ハ学務委員ノ内ヘ包括候儀ト可相心得事」等用例。以上各例均表明，「幹事」一词在日语中用作职务称呼名词的例证大约可以追溯到明治初年。

在汉语方面，《汉语外来词词典》（1984）把"干事"视为日源外来词但没有例证。《近现代辞源》（2010）提供了傅云龙《游历日本图经余记》（1889）中的用例："（师范学校）……有校长、教头、教谕、助教谕、干事、舍监、训导、书记诸目。"还有黄遵宪《日本国志》（1887）中的用例："凡会必推一人或二三人为总理，次为副理，次为干事。"（卷37）此2例均与日本直接有关。经查《申报》电子版，1870年代的用例都沿袭了古汉语的旧义，进入1880年代后，在与日本相关的报道中开始出现义项③的名词用法。如1883年3月4日刊载的"会党志"中有以下用例："改进党之干事及爱知时报干事渡边松茂两氏及以外数氏，每逢礼拜日分往近郡地方巡行，劝说人民。"这可以证明"干事"的新义来自日语，而且在《时务报》之前已经进入汉语。

5.5 理事

"理事"的情况与"干事"类似。《时务报》中有以下用例："聘用外国人主持其事，其总裁为盛宣怀，理事及与股之人并为中国人。"（第 46 册，古城贞吉译，"中国银行情形"，1897.11.24）在《汉语大词典》中"理事"有两个义项，义项①为"治事。处理事务"，所引书证有西汉刘向编纂《管子》（前 3—5 世纪）、汉代王充撰《论衡》（86）、唐代韩愈撰"论淮西事宜状"（814）等，均属于动词用法。义项②为"代表团体行使职权并处理事务者的职称"，这是现代汉语通行的名词用法，但没有古汉语书证，仅举出老舍《四世同堂》（1943—1946）中的用例。

在日语方面，「理事」用作职务名词的例证明显早于汉语，『日本国语大辞典』的几个义项分别解释了「理事」一职在公司、国会、陆军、银行、铁路等不同领域中的含义。所引书证有『太政官布告第三二号』（1882）、『理事主理任用令』（1894）、『衆議院規則』（1947）等。『現代に生きる幕末・明治初期漢語辞典』（2007）提供了更早的例证，比如，森有礼著『合衆国教育概略』（1874—1875）中的用例：「会計官直チニ請求ノ金額ヲ撥出シテ本校理事委員ニ附与シ，……」笔者就此所做的调查表明，1880 年（明治 13）以前，「理事」作为职务名词单独使用的情况很少见，一般均以「理事者、理事官、理事委員」等形式出现。而 1880 年以后，「理事」单用的例子逐渐增多，比如，渡边正藏著『薬局規度』（1890）中的用例：「薬局ニハ其事務ヲ整理スベキ職員アリ，之ヲ理事ト名ク。」（第 9 章）富田政成编『文官試験法規類纂』（1891）中的用例：「理事及主理ハ高等試験ニ於テ司法官ノ例ニ依リ，……三年以上事務ヲ練習セシム。」（第 10 号）

在汉语方面，《汉语外来词词典》（1984）将"理事"列为日源外来词但没有提供例证。汉语的"理事"是何时从古汉语的动词用法转变为现代汉语的名词用法的？经检索《申报》电子版发现，1870 年代的用例几乎全都是古汉语的动词用法，偶尔有"理事官"的用例，最早的名词用法出现在与日本有关的报道中，在 1879 年 4 月 8 日刊载的"录上海劝办民捐绅士禀苏抚"一文中有如下用例："在外洋者如日本横滨理事范锡朋，中华会馆郑又饶，长崎理事余蠵……"进入 1880 年代后，名词用法有所增多但依然出现在与日本有关的语境中，如 1885 年 11 月 1 日刊载的"理事调任"中有如下用例："昨夜日本来信云，九月十八日正<u>理事</u>蔡明府因公前赴东京，<u>理事</u>一缺系梁幼岚府代理。"以上用例清楚地表明，"理事"的新义来自日语，且在《时务报》之前就已进入汉语。

5.6 "新义"的类型和进入汉语的时间

从产生新义的方式看，《时务报》的 45 个"新义"词可以大致分为两大类：一类是因词义转移而产生的新义。以上解说的"出席、少将、军用"可以视为这一类型，古汉语的旧义整体转移到新义上，旧义被新义所取代。属于词义转移的"新义"词有以下 29 个：

博士　参政　出席　大将　代表　发明　工科　工业　公权　共和　汉学
机关　教授　军团　军用　普通　少将　少尉　社会　士官　世纪　文科
协会　学科　艺术　影响　杂志　中将　中尉

另一类是因词性改变而产生的新义。以上解说的"干事、理事"可以视为这一类型，通过将古汉语的动词转变为名词而产生了新义，原来的动词词性被后来的名词词性所取代。属于词性转变的"新义"词有以下 16 词：

干事　革命　关系　经济　警察　理论　理事　起点　设备　思想　推论
演说　议题　义务　预算　组织

当然，新义的产生往往是由多种因素共同作用的结果，以上提到的"旧义整体转移"和"动词变为名词"应理解为产生新义的主导因素而非唯一因素。

此外，《时务报》中出现的"新义"词不一定全是在《时务报》发行期间进入汉语的，这些在日语中产生的新义有可能在《时务报》之前已经进入了汉语。关于这一点，可以利用《申报》（1872—1949）的创刊时间早于《时务报》的特点，通过将"新义"词与《申报》中的首出例进行比对来做大致的区分。依据双方比对的结果，可将 45 个"新义"词区分为两种情形：

一是《申报》中的用例早于《时务报》的词。可视为从 1872 年《申报》创刊到《时务报》发行之前已进入汉语的"新义"词，共有以下 18 词，占 45 词的 40.0%。

| 博士 | 大将 | 干事 | 革命 | 工科 | 工业 | 共和 | 警察 | 军用 | 理事 | 普通 |
| 少将 | 少尉 | 士官 | 协会 | 议题 | 中将 | 中尉 | | | | |

二是《申报》中的用例晚于《时务报》的词。可视为《时务报》发行期间新进入汉语的"新义"词，共有以下 27 词，占 45 词的 60.0%。

参政	出席	代表	发明	公权	关系	汉学	机关	教授	经济	军团
理论	起点	设备	社会	世纪	思想	推论	文科	学科	演说	义务
艺术	影响	预算	杂志	组织						

6. 无古汉语出典的二字词

在《汉语大词典》没有列出任何书证或所列书证晚于清末时期，而在《四库全书》电子版中也查不到古汉语出典，即属于"无典"词。在《时务报》的 869 个二字词中共有 131 个，占二字词总数的 15.1%。"新义"词和"无典"词是二字日语借词的主要来源，二者的区别在于："新义"词是在明治时期被赋予了新义的古汉语词，而"无典"词是由日本人在明治时期创造的全新的汉字词。由于"无典"词的词数大大多于"新义"词，其重要性不言而喻，以下通过具体案例加以说明。

6.1 价格

《时务报》中有"价格"的如下用例："近年以来，其政府屡滥发纸币，于是纸币之与金币差其价格而不能画一，其弊颇极矣。"（第 38 册，古城贞吉译，"伯拉西儿风土记"，1897.9.7）《汉语大词典》中的"价格"词条没有古汉语出典，书证为现代人茅盾（1932）和夏衍（1940 年代）等。在《四库全书》电子版中同样没有检索到"价格"一词。这说明"价格"是无古汉语出典的二字词，是近代以后才在汉语中出现的。《近现代辞源》（2010）提供了清末时期的例证，如顾厚焜《日本新政考》（1888）中的用例："……故其所含地金价不及货币表面价格。"

（卷1）傅云龙《游历日本图经》(1889)中的用例："每一贯目相场九十圆八角七分，相场价格也。"（卷15）此2例均出现在与日本有关的文章里。《申报》中的最早用例见于1901年5月23日刊载的"劝中国茶商整顿茶务税"一文："由委员审其形状、色泽、火度、水色、茶滓、香味、收藏价格、性质原价而区别之。"

在日语方面，『日本国語大辞典』中「価格」的书证取自『英和記簿法字類』(1878)、『哲学字彙』(1881)以及坪内逍遥『内地雑居未来之夢』(1886)等。而『現代に生きる幕末・明治初期漢語辞典』(2007)提供的书证更早，如久米邦武著『米欧回覧実記（4）』(1871)中的用例：「輸出ノ利未タ生セサルハ，……彼地ノ市場ニ価格ヲ有セサルニヨル」。又如金井之恭著『東巡録』(1876)中的用例：「物産ヲ開クモ運輸ノ便アラザレバ価格低落シ，……」。此外，据笔者调查，在浜野幸吉著『養蚕拾遺篇』(1871)、光风社编『商法必読』(1874)、牧山耕平译『初学経済論』(1877)等书中都可以找到「価格」的用例。由此可见，「価格」的词源可以上溯到明治初年。

综上所述，"价格"一词源自明治初年的日语，在汉语方面，最早出现在顾厚焜、傅云龙等清末赴日官员和文人的著述之中，其后又出现在《时务报》等与日本有关的报刊中。这表明，清末赴日官员的东游日记和著述、与日本有关的清末报纸是日语借词进入汉语的重要途径之一。

6.2 德育、智育、体育

《时务报》中有如下用例："锡光窃案日本教育之法，大旨盖分三类，曰体育，曰德育，曰智育。"（第67册，姚锡光辑，"日本各学校规则"，1898.7.19）此3词在《汉语大词典》中均只有释义，没有古汉语出典，所引书证分别出自毛泽东、沙汀、朱光潜等现代人的文章，而且在《四库全书》电子版中同样也找不到古汉语的例证。据此可初步判断此3词是"无典"词，有必要在日方资料中寻找词源。

在日语方面，『日本国語大辞典』（第2版）与『現代に生きる幕末・明治初期漢語辞典』(2007)都举出伊泽修二著『教育学』(1882)中的用例作为此3词的

首出例证，原文如下：「精神上ノ教育ハ，通常分テ二トス。専ラ智心ノ教養ニ関スルモノ之ヲ智育トモヒ，専ラ徳性ニ関スルモノ之ヲ徳育トモフ。（総論）……体育ノ目的トスル所ハ，身体ノ健康ヲ保全シ，其発育ヲ助成シテ……」。（第4編）

在汉语方面，《汉语外来词词典》（1984）将"德育"和"体育"列为日源外来词，但没有收录"智育"。《近现代辞源》（2010）提供了这3个词的清末例证，如姚锡光《东瀛学校举概》（1899）中的用例："体操重体育也，言伦理言修身在德育也，凡诸学科皆智育也。"（公牍）又如"智育"的用例取自汪荣宝等编《新尔雅》（1903）："增长人之知力，而使见理明透者，谓之智育。"（释教育）以上用例全都出现在与日本直接相关的资料中。《申报》中的最早用例晚于《时务报》，见于1902年5月17日刊载的"续录山西学务处所订学堂章程"一文："考太西养蒙之法，其大要有三。曰德育，谓当养童蒙之德。曰智育，谓当启童蒙之智。曰体育，谓当卫童蒙之体。"

《时务报》中此3词的用例出自姚锡光的文章。姚锡光（1857—1921）由李鸿章举荐，曾于1877—1882年间随首任驻日公使何如璋出使日本，当过驻日领事，对日本明治以后的社会情况相当了解。1898年2月，张之洞派姚锡光到日本考察学制，他将考察的见闻写成《东瀛学校举概》，介绍日本近代的学制和教育思想。在《时务报》上发表的"日本各学校规则"，其实是其考察报告的一部分。由此看来，"德育、智育、体育"3词从日语进入汉语的路径是相当清楚的。

6.3 来华传教士和清末国人的新词

在词源考证时有一类资料需要特别提到，即1840—1890年代期间欧美来华传教士在中国出版的中文著述和英华字典。1870年代"兰学"在日本兴起之后，日本兰学家在翻译荷兰文书籍时就曾参照过明末清初天主教来华传教士的中文著述。直至1877年（明治10年）以前，日本的文人学者仍在积极地引进新教传教士的中文著述和英华字典，并大力吸收其中的科学术语[①]。

---

① 参见本书序章中有关来华传教士中文著述和英华字典的论述。

来华传教士创造的新词传入日语之后不久，便于19—20世纪之交随着大批日语借词返回到汉语中。由于《汉语大词典》完全没有将传教士的中文著述和英华字典列为追溯词源的书证，甚至在《四库全书》电子版中也查不到此类词的下落，致使一些原本由来华传教士创造的近代汉语词，经常被误认为日本人创造的新词或译词。

因此，在判断"无古汉语出典"的中日同形词是不是日语借词之前，先要确认它们在来华传教士的中文著述和英华字典中没有出现过。但由于国内学界对19世纪后半期来华传教士的词语研究严重滞后，目前对传教士中文著述和英华字典的词汇尚缺乏必要的梳理，在现有条件下要得出正确结论并非易事。根据目前的调查结果，在《时务报》的131个"无典"词中共有来华传教士创造的新词30个，这些词虽然没有古汉语出典，但不应视为日语借词，列举如下：

大脑　电报　电力　电气　电器　动力　光学　国会　国旗　国债　海里
化学　教会　金属　速率　特权　吸力　下院　小脑　宣战　压力　野蛮
议会　议院　英里　原质　蒸汽　质点　中学　资料

除此之外，在《时务报》的"无典"词中还包含少量清末国人自创的新词，这些词反映了当时汉语词汇的实际情况，即在日语借词大量涌入的同时，也出现了一些清末国人自造的汉语新词。这些汉语新词有的与日语借词并存，更多的被日语借词所取代。属于此类者有以下22词：

兵轮　会长　火险　基于　劳工　礼品　炮艇　期票　商行　商路　提议
铁路　投资　销路　译费　译员　英尺　炸弹　政局　铸字　装配　租界

在排除了来华传教士和清末国人创造的汉语新词之后，余下的79个词可初步认定为《时务报》中出现的二字日语借词，占"无典"词总数的60.3%。对于这些词仍需要继续弄清它们在日语中产生的时间以及进入汉语的路径，以能够完整地描述出每个词的词史①。

在辨别出"无典"词中的日语借词之后，还可以与《申报》中的首出例进

---

① 日语称词史为「語誌」。日本学者很重视记述词的历史，『日本国语大辞典』（第2版）对重点词设有「語誌」专栏，还有详述某词历史的长篇论文。

行比对，了解这些日语借词进入汉语的时间。根据检索的结果，可将79个日语借词区分为两种情形：

一是《申报》中的用例早于《时务报》的词。可视为在《时务报》之前经由《申报》或其他途径进入汉语的二字日语借词。这表明，从《时务报》等清末报纸出版之前的1870年代起已经有一部分二字日语借词进入了汉语。同时也表明，《申报》将日语借词进入汉语的时间提早了大约20年，在引进日语借词初期所起的作用不容小视。属于此种情形的有以下50词，占79词的63.3%。

半岛　财务　财政　承诺　大尉　党员　敌视　帝国　法院　反抗　肥料
改良　公债　广告　海军　海员　航行　航运　会社　会员　技师　检疫
舰队　军港　矿业　扩张　林产　美术　民权　旗舰　汽车　汽船　权限
认可　商战　社员　神学　特色　体操　投票　尉官　宪兵　洋学　议员
议长　占领　哲学　政党　支部　殖民

二是《申报》中的用例晚于《时务报》的词。可视为《时务报》发行期间新进入汉语的二字日语借词。这些词与上一类词并无明显的区别，由于《时务报》等清末报纸的创刊，引进日语借词的通道得以拓宽，使用日语借词逐渐形成风气。属于此种情形的有以下29词，占79词的36.7%。

产品　德育　国际　价格　进化　精虫　军歌　军旗　男性　农科　女性
燃料　人权　锁国　特性　特质　体育　退化　瓦斯　宪政　学说　议案
饮料　预科　政策　制品　智育　终点　资金

7.《汉大》未收的二字词

在《时务报》的二字词中，有少数词是《汉语大词典》中没有收录的，可以据此判断这些词早已被汉语所淘汰，未能存活至今。在《时务报》的869个二字词中，属于此种情形的共有62词，占二字词总数的7.1%。至于未能存活至今的原因，大致可以分为以下几种情形，其中的第5种情形可视为日语借词的候补词：

（1）由来华传教士或清末国人创造的新词，曾在汉语中短时使用但未能存活下来，如"帝权、电杆、电浪、电箱、海部、贺品、教部、矿学、迈当、年报、农部、气学、汽学、商理、商旗、商权、植板"。

（2）古城贞吉在"东文报译"中直接使用的日语词，但最终未能融入汉语，如"被灾、大佐、恩给、极东、技手、记章、良港、米突、欧米、上陆、少佐、税关、死语、铁血、物权、洋风、植字、制铁"。

（3）为了符合汉语的表达习惯，通过修正日语原词（如括号内所示）而形成的汉语词，但大多未能存活下来，如"煤业（←石炭業）、民律（←民法）、融金（←金融）、商律（←商法）、输进（←輸入）、丝业（←製糸業）、织品（←紡織品）"。

（4）虽然《汉语大词典》未收，但实际上现代汉语仍在使用或可以使用的非中日同形词，如"电镀、电学、钢质、胶质、日语、盐质、政坛"。

（5）虽然《汉语大词典》未收，但实际上现代日语和现代汉语都在使用的中日同形词，这些词在日本明治时期已经出现，与"无典"词的性质相近，应视为日语借词。如"船体、电机、工学、航路、互惠、舰长、局长、联队、埋设、入会、授精、支行、支线"。

8. 小结

为了探明日语借词进入汉语的时间和途径，必须对19—20世纪之交的涉日资料进行全面的词语调查，在分别弄清单个资料中的日语借词之后，再对多种资料的调查结果进行横向比较。虽然清末时期大小报纸层出不穷，但《时务报》由梁启超、汪康年等革新派主持，加上日本人古城贞吉译编的"东文报译"，使之成为中日近代词汇交流史研究中重要的语料文本。

本章有两个主要内容：一是为开展清末5报的词语调查制定出调查和分类的方法。二是将该方法具体运用到《时务报》的二字词研究中去。同时，本章对利用工具书和电子资料查找词源的过程做了详细说明，意在提高词源考证的可操作性，增加与同道之间的共识。

本章还依据词源考证的结果，将二字词区分为"有典"、"新义"、"无典"、"未收"4大类，并对日语借词的主要来源"新义"词和"无典"词做了重点分析。这将成为分析其他各报的二字词时的基本模式。

第 2 章 《时务报》中的三字日语借词

1.《时务报》三字词的概况

本章将对《时务报》中的三字词进行梳理和分析。按照尽量多收集三字词的方针，从《时务报》中共抽出三字词 464 个（单计词数，见第 1 章表 2）。其中包括 2+1 型三字词 426 个（91.8%），1+2 型三字词 35 个（7.5%）以及音译词 3 个（0.7%）。2+1 型三字词是指以"二字语素＋一字语素"的形式构成的三字词，如"图书＋馆、保守＋派"。为了避免歧义，2+1 型三字词的"二字语素"和"一字语素"可全称为"前部二字语素"和"后部一字语素"。1+2 型三字词是指以"一字语素＋二字语素"的形式构成的三字词，如"大＋都会、无＋政府"。同样，1+2 型三字词的"一字语素"和"二字语素"可全称为"前部一字语素"和"后部二字语素"。

1+2 型三字词中，以"大—"为前部一字语素的三字词有 9 个，如"大＋本营、大＋都会、大＋统领、大＋学生、大＋学堂、大＋总统"等。以"副—"为前部一字语素的三字词有 5 个，即"副＋领事、副＋排长、副＋社长、副＋总理、副＋总统"。以"小—"和"中—"为前部一字语素的三字词各有 3 个，即"小＋学生、小＋学堂、小＋学校"和"中＋学生、中＋学堂、中＋学校"。以"女—"为前部一字语素的三字词有 2 个，即"女＋学生、女＋学校"。此外，由其他前部一字语素构成的三字词各有 1 词共计 13 个，即"被＋治者、蛋＋细胞、反＋比例、国＋议会、集＋大成、金＋本位、上＋议院、无＋政府、下＋议院、洋＋胰子、正＋排长、主＋战舰、总＋领事"。

这些前部一字语素既有比较典型的词缀，如"大一、小一、上一、下一、中一"；也有类词缀，如"被一、正一、副一、反一、无一、洋一、主一、总一"；还有实义语素，如"蛋一、国一、集一、金一"。它们在清末以前的汉语里有的可以构成三字词有的则不能，这表明日语 1+2 型三字词对汉语构词法所产生的影响也需要进行研究。

音译词中，"虎列拉、米突儿"来自日语，"德律风"是清末国人的音译词。

以上简述了《时务报》中的音译词和 1+2 型三字词的情况，此二者相加尚不足三字词总数的 1 成，而 2+1 型三字词则占 9 成以上，无疑是三字词最主要的构词方式。本章将以《时务报》中的 426 个 2+1 型三字词为研究对象。

2. 区分不同来源的三字词

2+1 型三字词是由"二字语素 + 一字语素"的形式复合而成的，与二字词相比，三字词的两个语素在组合时具有更大的自由度。这种自由度一方面表现为派生性，即以后部一字语素为中心可派生出相同结构的其他三字词。另一方面又表现为临时性，即三字词容易组合生成也容易解体消亡。由于三字词缺乏稳定性，词典类无法一一收录，而三字词所表达的主要是近代以来的新事物和新概念，也无法在古汉语中查到出典。因此，要想弄清三字词的词源并区分来自日语的三字词和中国人自造的三字词，无法指望工具书提供答案，唯一可行的方法，是到日本明治时期的各类资料和来华传教士的著译资料中去查找一手例证。笔者主要通过 3 种途径查找词源例证：一是中日两国出版的列有词源书证的工具书；二是汉语和日语的有关电子资料、数据库和语料库；三是笔者自己多年积累起来的笔录资料和数据库[①]。

以往的研究表明，日语借词进入汉语的高峰期为 19—20 世纪之交[②]，与

---

① 详见书末参考文献中的"中日文资料、词典与数据库"。
② 详见参考文献中所列王力、高名凯、沈国威、陈力卫、朱京伟等人的论著和论文。

《时务报》《清议报》等清末报纸的发行期间正好相吻合。如果能在早于《时务报》的日方资料中发现词形相同的三字词，便可以初步判断该词产生于日语，相反，如果在早于《时务报》的日方资料中没有发现同形的三字词，则可以排除日语借词的可能性，而推测该词是清末中国人自造的汉语三字词。按照以上思路，通过与日方资料中的用例进行时间早晚的比对，可将《时务报》中426个2+1型三字词的来源分为3种情形：一是日方用例早于《时务报》的三字词，共229词（53.8%）。二是未见日方用例的三字词，共145词（34.0%）。三是日方用例晚于《时务报》的三字词，共52词（12.2%）。以下将此3类简称为"日方用例早"、"日方用例无"和"日方用例晚"，利用《时务报》中的实例进行说明。

2.1　日方用例早于《时务报》的三字词

以"众议院"一词为例，《时务报》中的用例出自"东文报译"栏，原文为"日本国外务大臣大隈伯爵，以西二月十六日于<u>众议院</u>演说曰：我国外交盖以进取文明为宗旨"。（第20册，古城贞吉译，"日本外交标准"，1897.3.13）"众议院"是近代以后出现的新概念，在古汉语中无法找到出典，因此《汉语大词典》中只列出词目而没有举出任何书证用例，而检索《四库全书》电子版自然也一无所获。黄河清编《近现代辞源》（2010）提供的书证早于《时务报》，出自傅云龙《游历日本图经》（1889），而该书是作者访日经历的笔录，恰好可以作为"众议院"来自日语的佐证。

再来看日方资料，『日本国语大辞典』所举的书证为1889年颁布的「大日本帝国宪法」第23条，原文如下：「帝国議会ハ貴族院<u>衆議院</u>ノ両院ヲ以テ成立ス。」还可以查到更早的用例，比如，丹羽纯一郎译『竜動新繁昌記』（1878）中的用例：「唯ダ上下交モ討論シテ，決ヲ衆議ニ採ルニ由テナリ。是レ乃チ<u>衆議院</u>ノ国家ニ大益アッテ，一日モ欠クベカラザル所以ナリ。」（第1编）由于日方用例明显早于中方的用例，据此可初步判断《时务报》中出现的"众议院"是来自日语的三字词。

按照以上方法，对《时务报》中的426个2+1型三字词逐一进行词源考证，结果发现日方用例早于《时务报》，可以初步判断是日语三字词的有229词，占三字词总数的53.8%。在此需要说明两点：

其一，在日方用例早于《时务报》的三字词中，含有许多未能在汉语里存活至今的词，如"产业家、磁石学、富强策、桥梁学、虚无党、义勇兵、幼稚园"等。此外，还包含一些带类词缀的三字格式，如"地球上、法律上、政策上、贸易中、实际的"等，虽然汉语不把它们视为三字词，但是日语的"—上、—中、—的"等后缀的用法曾对汉语的词法产生过影响。对于以上两类词，无论它们在汉语中现存与否，或是否属于三字词的范畴，笔者认为有必要放在三字词中加以考察。

其二，在《时务报》中出现的三字日语借词有许多在《时务报》之前已经进入了汉语。为了弄清日语借词进入汉语的时间，可以利用《申报》（1872—1949）电子版进行初步的判断。凡是在1872年至1896年期间的《申报》中能够查到确实用例的词，即可视为《时务报》之前进入汉语的日语三字词。与此相对，在《申报》中只能查到晚于《时务报》（1896—1898）的用例的词，可视为《时务报》发行期间新进入汉语的日语三字词。照此方法对229个日语三字词进行核对后可分为以下3种情形：

一是《申报》中的用例早于《时务报》的词。可视为在《时务报》之前已进入汉语的日语三字词，共有以下113词，占229词的49.4%。

博览会	博物馆	博物会	裁判所	参谋部	参谋官	参谋长	操练场	常备兵
常备军	陈列所	传染病	大藏卿	大藏省	代理人	代议士	代议员	代议院
地方官	地球上	动物学	法律案	法学士	改进党	革命党	工兵队	工部卿
公法学	共和党	共和国	管理人	贵族院	国事犯	国务卿	海关税	海军省
护卫队	急进党	记念会	检疫官	教导团	金石学	军医部	领事官	领事馆
留学生	陆军卿	贸易风	贸易商	民主国	内务卿	农务省	排水量	陪审官
劝工场	人头税	日本刀	日本语	杀虫药	山野炮	商务局	社会党	生理学
生物学	时务策	事务员	守备队	守旧党	书记官	司法卿	天文家	外国语
外交官	外务省	亡命者	微分学	委员会	委员长	文部省	文法书	文学科

物理学	下士官	现役兵	小儿科	新闻纸	性理学	虚无党	宣教师	巡洋舰
演说会	野战炮	医学会	营业者	幼稚园	预备兵	元老院	造币局	造船所
战斗舰	政府党	政治家	政治上	制茶法	制铁所	制造所	众议院	资本金
辎重兵	自由党	自主国	自主权	最惠国				

通常认为，日语借词进入汉语始自甲午战争之后的19世纪末，但检索《申报》电子版的结果显示，从日本明治维新开始不久的1872年起，便有相当数量的日语三字词陆续进入汉语，比《时务报》等报纸早10至20年。可见《申报》在引进日语借词过程中所起作用不容忽视。在《时务报》之前通过《申报》进入汉语的三字词中，表达职务和机构名称的专有名词占据相当大比例，如"参谋长、大藏卿、外交官、裁判所、海军省、医学会、造船所、自由党"等。还包含许多表达各类新事物名称的具象名词，如"博览会、博物馆、海关税、野战炮、幼稚园"等。

二是《申报》中完全没有出现过的词。可视为《时务报》发行期间新出现的日语三字词，只有"磁石学"1词，占229词的0.4%。因仅出现在《时务报》中且为专业术语，推测其使用范围很有限。

三是《申报》中的用例晚于《时务报》的词。也可视为《时务报》发行期间新出现的日语三字词，因在《时务报》和《申报》中都有用例，这些词的使用范围和存活率应高于上一类三字词。有以下115词，占229词的50.2%。

保护策	保护党	保护国	保守党	保守派	本位制	编年史	捕鲸船	财务卿
财政家	参政权	产业家	慈善家	电信学	独立国	兑换券	法律家	法律上
法律学	法学会	纺绩业	根据地	工商业	工业家	工艺史	公法上	关税法
国务省	海产物	行政费	行政官	行政学	航海业	合众党	机关师	机械科
机械学	建筑学	交战国	交战权	教育家	进步党	经济学	经世家	军备费
矿产物	矿山学	矿业税	理财学	理事员	贸易港	贸易家	贸易品	贸易上
美术家	美术品	内阁员	农产物	农学会	农学科	普通法	日射病	商工业
商业史	商业学	社会论	实际的	事业家	试验室	视察员	守备费	输出品

碎冰船	所得税	所有权	特派员	同盟国	同盟军	统计局	图书馆	土木科
土木学	瓦斯灯	外交策	外交家	选举法	选举权	养蚕业	医学科	义勇兵
银行家	银行员	渔业税	预算簿	预算权	在野党	造船学	增税案	哲学家
征收法	蒸汽车	政论家	植民地	殖民地	殖民上	制茶税	制绒所	制丝所
制丝业	制糖业	制造品	制造税	中立国	资本家	自治案		

在《时务报》发行期间进入汉语的日语三字词中，表达机构名称和职务名称的专有名词仍然不少，但可以看到，"保守派、本位制、编年史、所得税"等表达非具象事物的概念名词正在增加。

2.2 未见日方用例的三字词

以"出口货"为例，《时务报》中有如下用例："于是贸易局面又一变，而入口货如豆类，<u>出口货</u>如鳎及他种海产物，皆被其害矣。"（第5册，古城贞吉译，"论大阪商情"，1896.9.17）此外，《申报》于1874年9月28日刊载的"天津进口出口货单"一文中有如下用例："其<u>出口货</u>则除药材等四千八百担外，余物不过一千余担而已。"在《汉语大词典》中，对"出口"的解释是"把货物运往国外或外地"，所引书证为清代丘逢甲（1864—1912）所作《汕头海关歌》："况持岁价两相较，<u>出口货</u>惟十之二。入口虽赢二千万，曷怪民财日穷匮。"《申报》的用例和《汉语大词典》的书证表明，在《时务报》之前汉语中已有"出口货"一词。

在日语方面，明治时期的日方资料中完全没有"出口"和"出口货"的用例，因为日语表达"出口"之意时均使用「输出」一词，甚至没有以「—货」作后语素的2+1型三字词。由此可见，"出口货"没有日方用例，是汉语自造的三字词。

在《时务报》的426个2+2型三字词中，未见日方用例的词共有145个，占三字词总数的34.0%，这表明在《时务报》中出现的2+1型三字词并非全是日语三字词，其中有3成多是清末国人和来华传教士创造的汉语三字词。这些汉语三字词的产生时间有早有晚，可以通过检索《申报》电子版区分为以下 3 种情形：

一是《申报》中的用例早于《时务报》的词。可视为《时务报》之前已存在的汉语三字词。有以下 75 词，占 145 词的 51.7%。

保险行	兵器厂	博物院	参赞官	藏书处	藏书楼	出口货	出口税	传教士
电学家	东洋车	督察院	度支官	恶作剧	访事人	纺纱厂	封口信	格物家
格物学	格致学	工部局	工程队	工程师	工程学	寒暑表	寒酸气	翰林馆
合同式	红麻症	回光镜	火车路	机器车	机器学	寄信局	脚踏车	进出口
进口货	进口税	经商人	救生带	捐照费	军机处	矿学会	蓝皮书	马戏场
脑气筋	农政院	跑马场	凭单式	全体学	入口货	审理处	市井气	收藏家
收税者	税务司	天花板	天气管	跳舞房	跳舞会	纨绔气	新闻馆	修船费
巡捕房	验病所	养生家	邮政局	鱼雷船	照相镜	政务员	指南针	中士官
自行车	自来火	自来水						

以上这些词反映了日语三字词进入汉语之前汉语三字词的基本情况。比如：前部二字语素经常是汉语单有的不能单独使用的二字语素，如"参赞+官、出口+货、传教+士、恶作+剧、纺纱+厂、封口+信、寒暑+表、捐照+费、巡捕+房、自行+车"等。后部一字语素主要是表达实物的具象性名词，如"—板、—表、—厂、—场、—车、—船、—带、—房、—馆、—火、—镜"等。

二是《申报》中完全没有出现过的词。可视为《时务报》发行期间新出现的汉语三字词。由于专业性较强，使用范围有限，仅在《时务报》中出现。有以下 26 词，占 145 词的 17.9%。

测电机	抽水盘	抽税官	递信鸽	发汽锅	刚痉症	花草学	回汽柜	考剖学
理学史	农务门	汽水学	入水船	拓垦费	蓄汽柜	养贫院	肆业所	游玩车
右坚党	杂学馆	照影器	政事馆	政学科	中坚党	驻车所	左坚党	

三是《申报》中的用例晚于《时务报》的词。也属于《时务报》发行期间新出现的汉语三字词。因在《时务报》和《申报》中都有用例，可推测其在当时的使用范围和存活率应高于上一类三字词。有以下 44 词，占 145 词的 30.4%。

办公厅	保结式	报信舰	采矿学	抽水筒	道学科	地学科	电气门	访事员
富国学	改新党	甘结式	工程门	滚水锅	行军车	黑种人	化学门	黄热症
家具税	交际史	交易说	警务权	捐资人	快射炮	练油厂	陆地税	民议院
明片信	目录家	牛棚费	天学科	跳舞场	推引机	微丝质	无君党	销货人
蓄煤所	野战兵	音乐馆	音乐厅	邮政部	指北针	制糖税	制盐税	

从语素层面看，以上 3 种情形的汉语三字词大同小异，无论前部二字语素还是后部一字语素，与进入汉语的日语三字词相比，二者之间存在着明显的差异。

2.3　日方用例晚于《时务报》的三字词

在《时务报》的 426 个 2+1 型三字词中，属于此种情形者有 52 词，占三字词总数的 12.2%。此类词的来源归属尚有悬念，而且个体情况相差较大，目前只能综合各种因素对其来源进行推测。通过与《申报》中的首出例进行比对，可以了解这些词在汉语中出现的时间早晚。按照检索《申报》的结果区分为以下 3 种情形：

一是《申报》中的用例早于《时务报》的词。属于《时务报》之前已存在于汉语中的三字词，共有 24 词，占 52 词的 46.2%。《申报》创刊于 1872 年，相当于日本的明治 5 年，当时许多明治新词尚未问世。而《时务报》创刊于 1896 年，相当于明治 29 年，此时已经进入明治新词大量产出的阶段。因此，在《申报》中出现得越早的三字词，越有可能是清末国人自造的三字词。此 24 词又可进一步区分为出自"东文报译"的词和出自"东文报译"以外的词。

首先是出自古城贞吉"东文报译"的词。共有 11 词，即"翻译官、富强策、海防舰、合众国、贸易中、起重器、三色旗、水雷艇、天文台、巡洋船、制造家"。其中，除了"合众国"出自来华传教士中文资料（伟烈亚力《六合丛谈》1857）之外，其他各词的来源尚无定论。由于《申报》和"东文报译"都使用过这些词，它们既有可能是《时务报》之前通过《申报》进入汉语的日语三字词，也有可能是当时较为常用的汉语三字词，需要对具体情况做具体分析。

以"巡洋船"为例，《时务报》中有以下用例："四曰造轻便之<u>巡洋船</u>，自大洋溯黑龙江……。"（第 7 册，古城贞吉译，"论西伯利亚水利"，1896.10.7）此外，《申报》中的首出例见于 1885 年 12 月 13 日刊载的"德日军政"一文："日本西字报云，……大<u>巡洋</u>战舰八艘，……小<u>巡洋船</u>四艘，……。"由于"巡洋船"在 2 报中均出现在涉日文章中，很有可能是日语三字词。

也有不同结果的个案。以"起重器"为例，《时务报》中有以下用例："何谓建造物？曰总称埠口、船渠、码头、浮标、栈房、<u>起重器</u>等，及其余一切附属之物也。"（第 32 册，古城贞吉译，"论整顿埠政"，1897.7.10）此例虽出自古城贞吉的译文，但一起使用的"埠口、船渠、码头、浮标"等均为清末的汉语词。再查看《申报》中的首出例，见于 1917 年 4 月 30 日刊载的"南洋公学二十周年纪念会"一文："床上陈列学生历年所制之成绩，壳钳、画机盘、蟹钳、<u>起重器</u>、活动角尺、螺丝杆等百余件。"句中与"起重器"一起使用的各个词也都是汉语词。据此可推测，"起重器"可能是清末产生的汉语三字词或基于日语原词的改译词。

其次是出自"东文报译"以外（如"英文报译"等）的词。共有 13 词，即"单行本、地学家、供给所、汉学家、化学家、内地税、铁甲船、维新党、显微镜、耶稣教、运兵船、植物学、制造局"。这中间含有多个出自来华传教士中文资料的三字词：地学家（伟烈亚力《六合丛谈》1857）、化学家（丁韪良《格物入门》1868）、铁甲船（傅兰雅《格致汇编》1877）、显微镜（合信《全体新论》1851）、耶稣教（丁韪良《万国公法》1864）、植物学（韦廉臣、艾约瑟、李善兰《植物学》1858）。

以"显微镜"为例，《时务报》中有如下用例："惟石太细，非用<u>显微镜</u>看不甚清，而其形状与真钻石无稍别也。"（第 11 册，张坤德译，"制钻石新法"，1896.11.15）《申报》中的首出例早于《时务报》，见于 1872 年 5 月 23 日刊载的"接谈瀛小录"一文："字画微细若牛毛若茧丝，映日光看之，略分行款，须觅<u>显微镜</u>方可辨识。"其实，马礼逊《华英字典》（Part Ⅱ，1815）中已有"显微镜"一词。合信《全体新论》（1851）中也有以下用例："西国以<u>显微镜</u>显之，见血内有二物。一为明汁，一为粒子。"（血论）[①] 在清代汉语资料中甚至还可以查到更早用例，如清代记载典章制度类物品的图书《皇朝礼器图式》（1766）中有以下

---

① 此例引自黄河清编《近现代辞源》（2010）。

用例："镜凡四重，管端小孔内施显微镜，相接处施玻璃镜，皆凸向外。"（卷3）

除了来华传教士创造的三字词，其余各词如"单行本、供给所、汉学家、内地税、维新党、运兵船、制造局"，由于在《申报》中出现的时间早，且与日本完全无关，同样有可能是清末国人自造的汉语三字词，而若干年后日语中出现的同形词则是从汉语借用的。

二是《申报》中完全没有出现过的词。可视为《时务报》发行期间新出现的三字词，只有"测光法、急激党、兴业家"3词，占52词的5.8%。其中"急激党、兴业家"出自古城贞吉的"东文报译"栏。"急激党"的用例如下："意国急激党，一旦得权势之日，必将见诸实事。"（第27册，古城贞吉译，"欧洲新议同盟"，1897.5.22）"兴业家"的用例如下："五畀兴业家以合宜之特权，以寓奖励之意，使兴业家奋起。"（第22册，古城贞吉译，"论黑龙江省将来大局"，1897.4.2）此2例属于日语三字词的可能性较大。"测光法"出自工业技术类文章，用例如下："测光法、测光尺，节制炉力，分播光亮，储光为灯之器具与材料。"（第67册，未署名，"法国赛会物件分类名目"，1898.7.19）此例的内容与日本无关，可能是清末国人自造的三字词，至于在日语中出现同形词的原因，有可能是中日分别造词而词形偶然相合。

三是《申报》中的用例晚于《时务报》的词。可视为《时务报》发行期间新出现的三字词，但来源归属尚有悬念，共有25词，占52词的48.1%。这些词也可以区分为两部分，即：出自"东文报译"的词和出自"东文报译"以外的词。

首先是出自古城贞吉"东文报译"栏的词。共有20词，即"测量师、电气科、耕作权、既制品、建筑科、进步派、警察力、平民党、桥梁学、商学会、铁道学、未制品、协赞权、谢罪状、游牧民、杂种人、造船科、政策上、殖民国、准备期"。综合各方因素来看，这些词属于日语三字词的可能性较大。

以"造船科、电气科、建筑科"为例，《时务报》中有以下用例："而工科大学中设有土木科、机械科、造船科、电气科、建筑科、应用化学科……。"（第8册，古城贞吉译，"论日工学校"，1896.10.17）此例出自古城贞吉所译"东文报译"栏，内容也与日本相关，因此译者照搬日语原词的可能性较大。又如"既制品、未制品"，《时务报》中的用例如下："然货价贱落，其输进既制品较输进未制品,更觉日甚。盖外国未制品价之贱落,不过促彼益输既制品于我国而已。"(第 12 册,古城贞吉译,"论英德贸易",1896.11.25)此例出自"东文报译"栏,前语素"既制—、未制—"是日语单有的二字语素,而且以"—品"为后语素的三字词几乎都来自日语。因此,尽管现有的日方用例晚于《时务报》,仍可推测此 2 词为日语三字词。

其次是出自"东文报译"以外的词。共有 5 词,即"蛋白质、电信兵、农业史、皮肤科、微生物"。其中出自来华传教士中文资料的有 2 词,即"蛋白质(丁韪良《格物入门》1868)、微生物(傅兰雅编《格致汇编》1892)"。而其余 3 词的词源,由于中日双方的现有最早用例只相差几年时间,目前难以定论。

3. 三字词的前部二字语素

前文将 2+1 型三字词区分为"日方用例早"、"日方用例无"和"日方用例晚"3 种情形,其中"日方用例早"和"日方用例无"的三字词可分别视为日语三字词和汉语三字词,而"日方用例晚"的三字词具有不确定性,目前暂且归在汉语三字词一边。在此基础上,需要通过分析前部二字语素和后部一字语素的特点,去观察日语三字词和汉语三字词的异同,发现日语三字词对汉语三字词的影响。

3.1 前部二字语素的词源

按照与二字词相同的词源分类方法,将《时务报》2+1 型三字词的前部二字语素区分为"有典"、"新义"、"无典"、"未收"4 类[①],这 4 类前部二字语素在日语三字词和汉语三字词中的分布情况如表 1 所示。

---

① "有典"、"新义"、"无典"、"未收"分别是"有古汉语出典的二字词"、"近代产生新义的二字词"、"无古汉语出典的二字词"和"《汉大》未收的二字词"的略称,详见第 1 章第 3—7 节。

表 1 《时务报》2+1 型三字词的前部二字语素的词源

	日方用例早	日方用例无	日方用例晚	二字语素合计
"有典"二字语素	187（81.7）	123（84.8）	40（76.9）	350（82.2）
"新义"二字语素	24（10.5）	0	2（3.8）	26（6.1）
"无典"二字语素	14（6.1）	7（4.8）	8（15.4）	29（6.8）
"未收"二字语素	4（1.7）	15（10.4）	2（3.9）	21（4.9）
三字词合计	229	145	52	426

（1）"有典"类前部二字语素

表 1 显示，不论在日语三字词（日方用例早）还是在汉语三字词（日方用例无）中，"有典"类前部二字语素的占比均超过或接近 80%。这表明在语素层面上，日语三字词主要是利用出自古汉语的二字词作构词成分，再与同样出自古汉语的一字词进行复合。例如：保护+策、本位+制、参谋+部、测量+师、产业+家、代议+士、地方+官、兑换+券、法律+案。这些"有典"的二字语素一般都经历了从古汉语传入日语，再作为日语三字词的构词成分回归汉语的过程。这些词也通过中日之间的词汇交流成为了双方共用的中日同形词，中国人一般容易理解和接受此类二字语素构成的日语三字词。

笔者认为，即使二字语素和一字语素都出自古汉语的三字词，只要它是在日语中形成并进入到汉语里，就应作为日语借词看待。其一，虽然两个语素都出自古汉语，但经日语复合成三字词后形成的新概念是汉语所没有的，汉语既借了词形又借了词义。其二，这些二字语素在古汉语里一般只能单独使用而没有构成复合词的功能，经过日语三字词的改造，其构词功能得到了扩展。其三，有些一字语素在古汉语里只能作为后语素构成二字词而不能构成三字词，还有些一字语素虽然可作为后语素构成三字词，但没有通过派生性构词形成三字词词群的能力。经过日语三字词的改造，也扩展了构词功能。

在汉语三字词中，"有典"类前部二字语素的占比更高一些（84.8%），但不同于日语三字词的是，这些"有典"二字词一直停留在汉语的内部，没有从古汉语传入日语再回归汉语的经历，因此大多不是中日同形词。如：报信+舰、采矿+学、藏书+楼、抽水+筒、出口+货、传教+士、道学+科、递信+鸽、督察+院、度支+官、访事+员、改新+党、格物+家、工程+学、海关+税、黑种+人、回光+镜、寄信+局、脚踏+车、军机+处、收税+者、养生+家。由此可见，观察前部二字语素是不是中日同形词，是区分日语三字词和汉语三字词的基本方法之一。

（2）"新义"类前部二字语素

"新义"类前部二字语素是日语三字词独有的一大特色。例如：保守+党、参政+权、共和+国、经济+学、社会+党、委员+长、普通+法、革命+党、机关+师、警察+力、民主+国、社会+论、司法+卿、文法+书、演说+会、预算+权。这些二字词虽出自古汉语，但明治以后在日语中被赋予新义，并成为明治时期的日语常用词。由它们构成的三字词进入汉语之初，中国人会因原有词义的变化而感到困惑，而一旦适应便迅速成为中国社会的"新名词"。另一方面，在《时务报》的汉语三字词中没有出现"新义"类前部二字语素，这表明"新义"二字词刚进入汉语，国人尚未开始利用它们构成三字词。

（3）"无典"类前部二字语素

"无典"类前部二字语素在中日三字词中的占比都不大，但双方的来源却大有分别。在日语三字词方面，主要是日本人在明治时期新造的二字词，如：财政+家、财务+卿、电信+学、改进+党、工兵+队、检疫+官、矿业+税、美术+品、瓦斯+灯、哲学+家、殖民+地。在汉语三字词方面，主要是来华传教士或清末国人新造的二字词，如：办公+车、电气+门、化学+门、警务+权、汽水+学、税务+司、鱼雷+船。

（4）"未收"类前部二字语素

"未收"类前部二字语素主要是不能独立成词或已被淘汰的词。在日语三字词方面，主要是明治时期产生的不能单独使用的二字词，如：捕鲸+船、未制+品、制铁+所、最惠+国。在汉语三字词方面，"未收"类前部二字语素较多，主要是来华传教士或清末国人当时使用的二字词，绝大多数已被淘汰，如：测电+机、电学+家、发汽+锅、回汽+柜、捐照+费、考剖+学、矿学+会、蓝皮+书、民议+院、拓垦+费、销货+人、蓄煤+所、蓄汽+柜、右坚+党、制绒+所、左坚+党。

3.2 前部二字语素的词性

再从前部二字语素的词性来观察日语三字词和汉语三字词的异同。词性划分的主要依据是中日双方的语文词典，当双方词典对同一二字词的词性标注出现不一致时，则参照该词的语法功能进行协调和修正。结果表明，前部二字语素可分为名词性语素（N）、动词性语素（V）和形容词性语素（A），这3种词性的前部二字语素在日语三字词和汉语三字词中的分布情况如表2所示。

表2 《时务报》2+1 型三字词的前部二字语素的词性

	日方用例早	日方用例无	日方用例晚	二字语素合计
名词性二字语素	120（52.4）	66（45.5）	24（46.2）	210（49.3）
动词性二字语素	102（44.5）	77（53.1）	26（50.0）	205（48.1）
形容词性二字语素	7（3.1）	2（1.4）	2（3.8）	11（2.6）
三字词合计	229	145	52	426

由表2可知，在中日三字词的前部二字语素中，形容词性语素的数量很少，因此中日双方的差异主要体现在名词性语素和动词性语素这两个方面。

（1）名词性前部二字语素

在日语三字词的前部二字语素中，名词性语素的占比（52.4%）明显高于汉语三字词的占比（45.5%）。中日之间为何会出现这样的差异呢？经笔者调查发现，在日语三字词的名词性语素中，表达抽象性事物或概念的名词占93.3%，占有绝对优势。如：本位+制、财政+家、产业+家、地方+官、法律+案、公法+学、工业+家、贵族+院、航海+业、机械+学、矿山+学、美术+品、社会+党、文法+书、物理+学、现役+兵、新闻+纸、医学+会、银行+员、渔业+税、元老+院、哲学+家、政治+上、资本+家、辎重+兵。与此相对，表达具象事物的名词仅占6.7%，如：地球+上、人头+税、日射+病、山野+炮、图书+馆、土木+学、小儿+科、蒸汽+车。

而在汉语三字词的名词性语素中，表达抽象性事物和概念的名词占80.3%，低于日语三字词的占比。如：兵器+厂、博物+院、道学+科、电学+家、东洋+车、工程+队、合同+式、警务+权、军机+处、蓝皮+书、农政+院、市井+气、新闻+馆、邮政+局、政务+员、中坚+党。同时，表达具象事物的名词占 19.7%，高于日语三字词的占比。如：寒暑+表、红麻+症、花草+学、黄热+症、火车+路、机器+学、家具+税、陆地+税、马戏+场、牛棚+费、凭单+式、汽水+学、鱼雷+船。

形成以上差异的原因在于，日语词汇由「和語」、「漢語」、「外来語」3 部分组成。从总体上看，具象性名词多由「和語」分担，抽象性名词多由「漢語」分担。在日语三字词的前部二字语素中抽象性名词的占比大，正好体现了「漢語」的语义特征。而汉语词汇没有「和語」、「漢語」之类的区分，所以在汉语三字词的前部二字语素中，抽象性名词和具象性名词的比例自然与日语的有所不同。

（2）动词性前部二字语素

在汉语三字词的前部二字语素中，动词性语素的占比（53.1%）明显高于日语三字词的占比（44.5%）。为了解释这一现象，笔者对动词性语素的结构类型做了分析。在汉语三字词的动词性语素中，V+N 述宾结构二字词的数量最多，占比高达 74.0%，如：办公+车、报信+舰、采矿+学、藏书+处、测电+机、抽水+盘、抽税+官、出口+货、传教+士、递信+鸽、发汽+锅、访事+人、行军+车、合众+党、寄信+局、经商+人、救生+带、捐照+费、跑马+场、指南+针、制糖+税。此外，V+V 并列结构二字词位居第二，占比为 11.7%，如：督察+院、交易+说、审理+处、收藏+家、推引+机、巡捕+房、游玩+车[①]。

在日语三字词的动词性语素方面，V+N 述宾结构二字词和 V+V 并列结构二字词虽然同样位列第一和第二，但二者的占比与汉语三字词明显不同。V+N 述宾结构二字词的占比为 43.1%，大大低于汉语三字词的占比。如：编年+史、捕鲸+船、参政+权、革命+党、检疫+官、交战+权、进步+派、理事+员、留学+生、排水+量、劝工+场、杀虫+药、亡命+者、宣教+师、行政+费、巡洋+舰、营业+者、在野+党、造船+所。而 V+V 并列结构二字词的占比

---

① 关于"V+N 述宾结构""V+V 并列结构"等结构类型的解释和划分方法，参见朱京偉（2016a）。

为27.5%，高于汉语三字词的占比。如：保护+策、保守+党、裁判+所、兑换+券、根据+地、管理+人、护卫+队、记念+会、教导+团、教育+家、试验+室、视察+员、选举+权、制造+品。

　　汉语属于SVO类型的语言，而日语属于SOV类型的语言，这是汉语和日语在语序上的最大不同。V+N述宾结构是汉语的典型语序，因此在汉语三字词中V+N述宾结构二字语素占据优势是可以理解的。日语三字词中的V+N述宾结构二字语素既有从古汉语借去的，也有按照汉语的语序仿造的，因此其占比低于汉语同类二字语素的占比也合乎情理。与此同时，日语的「和语」复合动词，如「成り立つ、乗り換える、打ち破る」之类，均为两个动词语素的并列组合，因此日语对V+V并列结构的「二字漢語」也容易接受，这或许是V+V并列结构二字语素在日语三字词中占比偏高的另一个原因。

　　综上所述，中日双方在前部二字语素的词性上的差异可归纳为以下3点：其一，在日语2+1型三字词中名词性二字语素多于动词性二字语素，而汉语2+1型三字词正好相反，动词性二字语素多于名词性二字语素。其二，在名词性前部二字语素中，日语三字词的抽象性名词的占比（93.3%）明显高于汉语方面的占比（80.3%）。与此相对，汉语三字词的具象性名词的占比（19.7%）大幅超过日语方面的占比（6.7%）。其三，在动词性前部二字语素中，汉语三字词的V+N述宾结构二字语素的占比（74.0%）大大高于日语方面的占比（43.1%）。与此相对，日语三字词的V+V并列结构二字语素的占比（27.5%）明显高于汉语方面的占比（11.7%）。

4. 三字词的后部一字语素

　　从江户兰学兴起到明治时期，以学科术语为主体的三字词在日语里不断涌现，并逐渐形成了日语自己的特色①。从构词法角度看，日语的2+1型三字词主

---

① 参见朱京偉（2011a，2011b）。

要有两个特点：一是前部二字语素与后部一字语素具有相对独立性，从而扩展了语素之间相互组合的自由度；二是形成了以后部一字语素为中心的系列性构词模式，可以用相对少的后部一字语素构成数量可观的三字词词群。

4.1 后部一字语素的系列性构词

日语三字词的上述特点在《时务报》中已经有比较充分的体现，尤其在后部一字语素的系列性构词方面。为了分析后部一字语素的构词能力并观察日语三字词对汉语三字词的影响，在此将《时务报》中构成 2+1 型三字词 4 词及以上的后部一字语素，连同其构成的日语三字词（日方用例早）和汉语三字词（日方用例无／晚），用一览表的形式列举出来①。

表 3 《时务报》2+1 型三字词的后部一字语素及其构词情况

后部一字语素	日方用例早	日方用例无／晚
—学（20／13）	电信学、动物学、法律学、建筑学、经济学、理财学、商业学、生理学、生物学、物理学、行政学……	采矿学、富国学、格物学、格致学、工程学、花草学、机器学、考剖学、汽水学、全体学／植物学……
—家（17／10）	慈善家、工业家、教育家、美术家、事业家、外交家、银行家、哲学家、政治家、资本家……	电学家、格物家、目录家、收藏家、养生家／地学家、汉学家、化学家、兴业家、制造家
—党（14／8）	保守党、改进党、革命党、共和党、进步党、社会党、虚无党、在野党、政府党、自由党……	改新党、无君党、右坚党、中坚党、左坚党／急激党、平民党、维新党
—官（9／5）	参谋官、地方官、检疫官、领事官、陪审官、书记官、外交官、下士官、行政官	参赞官、抽税官、度支官、中士官／翻译官
—税（7／7）	海关税、矿业税、人头税、所得税、渔业税、制茶税、制造税	出口税、家具税、进口税、陆地税、制糖税、制盐税／内地税

---

① 表中的后部一字语素按构词数从多到少排序。左栏括号内的／线前后分别为"日方用例早"与"日方用例无或晚"的词数；右栏／线前后分别为"日方用例无"与"日方用例晚"的三字词。后文同此。

续表

后部一字语素	日方用例早	日方用例无／晚
一科（6／8）	机械科、农学科、土木科、文学科、小儿科、医学科	道学科、地学科、天学科、政学科／电气科、建筑科、皮肤科、造船科
一所（7／5）	裁判所、陈列所、造船所、制绒所、制丝所、制铁所、制造所	蓄煤所、验病所、肄业所、驻车所／供给所
一国（9／2）	保护国、独立国、共和国、交战国、民主国、同盟国、中立国、自主国、最惠国	／合众国、殖民国
一会（8／3）	博览会、博物会、法学会、记念会、农学会、委员会、演说会、医学会	矿学会、跳舞会／商学会
一员（7／2）	代议员、理事员、内阁员、视察员、事务员、特派员、银行员	访事员、政务员／
一权（6／3）	参政权、交战权、所有权、选举权、预算权、自主权	警务权／耕作权、协赞权
一院（4／5）	代议院、贵族院、元老院、众议院	博物院、督察院、民议院、农政院、养贫院／
一馆（3／5）	博物馆、领事馆、图书馆	翰林馆、新闻馆、音乐馆、杂学馆、政事馆／
一人（2／6）	代理人、管理人	访事人、黑种人、经商人、捐资人、销货人／杂种人
一车（1／7）	蒸汽车	办公车、东洋车、机器车、脚踏车、行军车、游玩车、自行车／
一卿（7／0）	财务卿、大藏卿、工部卿、国务卿、陆军卿、内务卿、司法卿	
一业（7／0）	纺绩业、工商业、航海业、商工业、养蚕业、制丝业、制糖业	
一上（6／1）	地球上、法律上、公法上、贸易上、政治上、殖民上	／政策上
一兵（5／2）	常备兵、现役兵、义勇兵、预备兵、辎重兵	野战兵／电信兵
一费（3／4）	军备费、守备费、行政费	捐照费、牛棚费、拓垦费、修船费
一局（3／4）	商务局、统计局、造币局	工部局、寄信局、邮政局／制造局

续表

后部一字语素	日方用例早	日方用例无/晚
一船（2／5）	捕鲸船、碎冰船	入水船、鱼雷船／铁甲船、巡洋船、运兵船
一省（6／0）	大藏省、国务省、海军省、农务省、外务省、文部省	
一法（5／1）	关税法、普通法、选举法、征收法、制茶法	／测光法
一品（4／2）	贸易品、美术品、输出品、制造品	／既制品、未制品
一史（3／3）	编年史、工艺史、商业史	交际史、理学史／农业史
一场（2／3）	操练场、劝工场	马戏场、跑马场、跳舞场
一物（4／0）	海产物、矿产物、农产物、微生物	
一策（3／1）	保护策、时务策、外交策	／富强策
一队（3／1）	工兵队、护卫队、守备队	工程队／
一舰（2／2）	巡洋舰、战斗舰	报信舰／海防舰
一师（2／2）	机关师、宣教师	工程师／测量师
一门（0／4）		电气门、工程门、化学门、农务门
一式（0／4）		保结式、甘结式、合同式、凭单式

通过以上列举，可以看出日语三字词和汉语三字词的分布情况，以及在构成三字词时的一些特点：

其一，绝大多数构词多的后部一字语素，如"一学（20／13）、一家（17／10）、一党（14／8）、一官（9／5）、一税（7／7）、一所（7／5）、一国（9／2）、一会（8／3）、一权（6／3）、一员（7／2）"等，所构成的主要是日语三字词（日方用例早），而且在现代日语和汉语中的存活率也比较高。究其原因，由这些后部一字语素构成的三字词在进入汉语之前已在日语中固定下来，形成了比较完整的体系。而当时的汉语正好急需一批表达新概念新事物的名词，以弥补汉语自身在各学科术语方面的空白。与此相对，清末国人自造的汉语三字词（日方用例无／晚）有不少属于临时成词，终因时过境迁而遭淘汰。

其二，通过表 3 可以清楚地看到以后部一字语素为中心形成的三字词词群，词数多的词群可达数十词。这些后部一字语素在清末以前的汉语里可以构成二字词，此类例证在《时务报》范围内就可以找到，如：一学（兵学、地学、法学、算学、天学、医学）、一家（国家、画家、农家）、一科（法科、工科、理科、文科、学科、医科）、一国（爱国、立国）、一会（都会、机会、集会、商会、学会、总会）、一权（霸权、君权、利权、实权、私权、政权）、一员（定员、官员、教员、人员、属员、随员、委员、职员）等，但构成2+1型三字词词群的先例几乎不存在。明治日语的贡献就在于，使许多后部一字语素增添了构成2+1型三字词的功能，拓展了三字词的构词法，形成了以相同后部一字语素为中心构成三字词词群的特色。

其三，表3所列的后部一字语素约9成都是日语三字词和汉语三字词并存。这表明，日语三字词进入汉语之后，清末国人很快就模仿日语2+1型三字词的形式开始自造三字词了。之所以能在短时间内实现照搬引进和模仿自造的双管齐下，是因为8成以上的前部二字语素是古已有之的汉语词，而后部一字语素也是古汉语既有的构词成分，此二者对中国人而言都很容易接受。

4.2 后部一字语素的抽象性和具象性

2+1型三字词的后部一字语素一般都是名词，可划分为具象性名词和抽象性名词两大类。具象性名词用于表达具有实体形态的事物，抽象性名词用于表达没有实体形态的概念。表3显示，构词多的后部一字语素大多是抽象性名词，如"一学（33）、一家（27）、一党（22）、一官、一科（14）、一所（12）、一国、一会（11）、一权、一员（9）"等。随着构词数的减少，属于具象性名词的后部一字语素逐渐增多，如"一车、一馆、一人（8）、一兵、一船（7）、一场（5）、一舰（4）"。如果把观察范围扩大到构词数为3词、2词、1词的后部一字语素，这种倾向就越加明显，如表4所示。

表 4　《时务报》2+1 型三字词后部一字语素的抽象性和具象性

构词数	抽象性名词	具象性名词	合计
4 词及以上	学、家、党、官、科、税、所、国、会、权、员、院、费、局、卿、上、业、法、品、省、史、策、队、门、师、式、物（共 27 个，79.4%）	车、馆、人、兵、船、场、舰（共 7 个，20.6%）	34
3 词	案、部、处、地、士、者、症（共 7 个，58.3%）	厂、货、镜、炮、气（共 5 个，41.7%）	12
2 词	病、军、派、语、长、质（共 6 个，42.9%）	房、柜、锅、机、器、书、信、针（共 8 个，57.1%）	14
1 词	的、犯、行、教、力、量、论、民、期、商、生、室、说、司、团、园、制、中（共 18 个，38.3%）	板、本、表、簿、带、刀、灯、风、港、鸽、管、火、金、筋、剧、口、楼、路、盘、旗、券、水、台、厅、艇、筒、药、纸、状（共 29 个，61.7%）	47
合计	58（54.2%）	49（45.8%）	107

在《时务报》的 2+1 型三字词范围内共出现后部一字语素 107 个（单计个数）。在构成三字词 4 词及以上的后部一字语素中，约有 8 成属于抽象性名词。构词数为 3 词时，抽象性名词递减至近 6 成。而构词数为 2 词和 1 词时，抽象性名词和具象性名词的比例出现逆转，具象性名词的占比超过半数并持续递增。依据表 3 和表 4 的结果，可归纳出后部一字语素的以下特征：

其一，构词多的后部一字语素基本上都是抽象性名词，而在抽象性名词作后部一字语素的 2+1 型三字词中，日语三字词占绝大多数。据此，或可将日语 2+1 型三字词的特征表述为：以构词能力较强的抽象性名词作后部一字语素，并以后部一字语素为中心进行系列性构词，形成三字词的词群。

其二，清末以前的汉语里并非完全没有三字词，表 4 中就有一些后部一字语素是日语所没有的，如"一厂、一处、一房、一柜、一锅、一货、一门、一气"等，但汉语中 2+1 型三字词的数量非常有限，而且后部一字语素大多是具象性名词，更谈不上系列性构词的功能。三字词的系列性构词到 19 世纪末开始在汉语里出现并非偶然，因为来自日语三字词的影响是诱发这一现象的原因所在。

其三，为何会出现日语三字词以抽象性后部一字语素为主，而汉语三字词以具象性后部一字语素居多的差异呢？笔者认为，这与「漢語」和「和語」在日语词汇体系中的分工不同有关。以日语中的单个汉字为例，训读的「和語」一般都是具象性名词，如：鍋（なべ）、車（くるま）、船（ふね）、板（いた）等。而音读的「漢語」主要是抽象性名词，如：化（か）、界（かい）、性（せい）、制（せい）等。由于明治时期的三字词（即「三字漢語」）大多是表达新事物新概念的各学科术语，其后部一字语素不使用训读的具象性名词，而使用音读的抽象性名词是合乎情理的。

5.《时务报》中的汉语三字词

在《时务报》创刊之前，姚文栋、黄遵宪等驻日使节曾在他们的著述中使用过一些日语词汇[①]，1872年创刊的《申报》在涉日报道中也使用过不少日语词汇，但其时主要是照搬日语的机构和职务名称之类的专有名词，数量也有限。因此笔者认为，《时务报》的创办发行才是日语借词大量进入汉语的开端。

日语借词的进入，尤其是三字和四字日语借词的进入，对汉语构词法产生了直接的影响，而清末国人在引进日语借词的同时，也通过模仿和改造日语词等形式，创造了不少汉语新词。在《时务报》的426个2+1型三字词中，日方用例早的三字词有229个占53.8%，未见日方用例的三字词有145词占34.0%，日方用例晚的三字词有52词占12.2%。其中，未见日方用例的三字词是证据更为充分的、由清末国人自造的汉语三字词，本节将以这部分三字词为对象，从前部二字语素和后部一字语素两个方面，分析它们与日语三字词之间的差异。

判断汉语三字词的最基本方法，是通过词源考证证明日语中不存在该词。如果在明治时期的日方资料中查不到早于《时务报》的同形用例，表明该词很

---

① 参见王晓秋（1992）的第6章，以及沈国威（2010）的"三、语言接触编"和"四、词汇交流编"。

可能是汉语三字词。除了利用排除法之外，还可以从语素层面进行推断。如果在 2+1 型三字词的两个语素中有一方或双方是日语不使用的语素，该词就很可能是汉语三字词。按此思路，可将《时务报》中 145 个未见日方用例的三字词分为以下 4 种语素组合的情形：

（1）二字语素日语无 + 一字语素日语无（21 词，14.5%）

以"出口 + 货"为例，检索明治时期的日方资料，没有发现与汉语词义相同的"出口"一词，同时也没发现以"—货"为后语素的三字词，据此可判断"出口 + 货"是清末国人自造的三字词。此类由两个日语不使用的语素构成的三字词，在 19 世纪后半期来华传教士著述中比较多见，特点是前部二字语素多为 V+N 述宾结构，如"出口—、发汽—、纺纱—、封口—"等。进入 20 世纪后，随着日语借词的大量涌入，这种旧式结构的三字词迅速减少。举例如下：

发汽 + 锅　纺纱 + 厂　封口 + 信　滚水 + 锅　寒暑 + 表　寒酸 + 气　回汽 + 柜
进口 + 货　军机 + 处　练油 + 厂　明片 + 信　脑气 + 筋　入口 + 货　市井 + 气
跳舞 + 房　纨绔 + 气　蓄汽 + 柜　巡捕 + 房　指北 + 针　指南 + 针

（2）二字语素日语无 + 一字语素日语有（69 词，47.6%）

以"抽水 + 盘"为例，在明治时期的日方资料中没有发现"抽水"一词的用例，但日语中有以"—盘"为后语素的三字词，如「羅針盤 1873」，表明「—盤」在日语里可以作三字词的后部一字语素①。又如"抽水 + 筒"，在日方资料中检索到「弾薬筒 1882」一词，表明「—筒」在日语里可以作三字词的后部一字语素。举例如下：

办公 + 车　保结 + 式　报信 + 舰　采矿 + 学　参赞 + 官　测电 + 机　出口 + 税
传教 + 士　道学 + 科　访事 + 员　格物 + 家　工部 + 局　翰林 + 馆　黑种 + 人
黄热 + 症　回光 + 镜　火车 + 路　捐照 + 费　快射 + 炮　蓝皮 + 书　马戏 + 场
民议 + 院　收税 + 者　天花 + 板　推引 + 机　微丝 + 质　无君 + 党　蓄煤 + 所
自来 + 水　自来 + 火

---

① 词后的数字为现有日方最早用例的年代，下同。

（3）二字语素日语有 + 一字语素日语无（11 词，7.6%）

以"保险 + 行"为例，前部二字语素"保险"出自古汉语，原义为"据守险要之处"，清末转义为"稳妥可靠"。如张德彝《航海述奇》（1866）中的用例："保险圈，俗名救命圈。"其后又转为 insure 的译词，即如今的"为财产或人寿作担保的业务"。如 1873 年 3 月《申报》上刊登的杨勋《别琴竹枝词》中有如下用例："保险洋行号燕梳，行中殷实有盈余。"① 明治初年，"保险"作为 insure 译词的用法很快传入日语，成为中日同形词。在一字语素方面，"一行"在汉语里作词尾（音 háng）可表达"店铺"之意，如"银行、商行"，但在日语里没有作为后部一字语素构成三字词的功能，因此可判断"保险 + 行"是汉语三字词。举例如下：

兵器 + 厂　藏书 + 处　藏书 + 楼　递信 + 鸽　电气 + 门　工程 + 门　化学 + 门
农务 + 门　审理 + 处　税务 + 司

（4）二字语素日语有 + 一字语素日语有（44 词，30.3%）

以"东洋 + 车"为例，在二字语素方面，"东洋"一词出自古汉语，原指"中国东方的大海"或"东亚诸国"，日语的用法也曾与汉语一致。明治维新后，日本人以欧洲为"西洋"而自称日本为"东洋"，清末国人也开始以"东洋"指代日本，"东洋 + 车"即为一例。在一字语素方面，"一车"在日语里可以作为后部一字语素构成三字词，如「貨物車、人力車」。此类三字词的特点是，如果前部二字语素和后部一字语素分开看，双方都是中日同形词，但两个语素合在一起却是日语不使用的三字词，此类情形难以从语素层面直接判断归属。举例如下：

博物 + 院　地学 + 科　电学 + 家　恶作 + 剧　富国 + 学　改新 + 党　工程 + 队
工程 + 师　合同 + 式　家具 + 税　交际 + 史　交易 + 说　进出 + 口　警务 + 权
救生 + 带　矿学 + 会　入水 + 船　天气 + 管　新闻 + 馆　野战 + 兵　音乐 + 厅
邮政 + 部　邮政 + 局　政务 + 员　制盐 + 税　中士 + 官

---

① 此 2 例引自黄河清编《近现代辞源》（2010）。"别琴"二字为清末国人对英语 pidgin 一词（即洋泾浜英语）的汉语音译。"燕梳"二字为英语 insure 一词的汉语音译。详见周振鹤先生在《别琴竹枝词百首笺释》一文中的说明（原载《随无涯之旅》，三联书店，2007）。

以上（1）（2）（3）的情形表明，在前部二字语素和后部一字语素中，如果双方或一方是日语不使用的语素，即可判断该三字词为汉语三字词。可通过以上方法进行归属判断的汉语三字词约占 7 成左右，但是（4）的情形则难以从语素层面进行归属判断，而需要依靠词源考证才能得出可靠的结论。

除此之外，还有 52 个日方用例晚的三字词也归在汉语三字词之列，经分析可知，这 52 个词基本上都属于（4）的情形，需要通过词源考证进行归属判断。

6. 小结

本章对《时务报》中的 2+1 型三字词做了全面的分析，在此将论述的要点归纳如下：

（1）文中将《时务报》中 426 个 2+1 型三字词的来源分为 3 种情形，即：日方用例早于《时务报》的三字词 229 词（53.8%）；未见日方用例的三字词 145 词（34.0%）；日方用例晚于《时务报》的三字词 52 词（12.2%）。

（2）通过对 2+1 型三字词的前部二字语素进行词源考证，发现不论在日语三字词还是在汉语三字词中，"有典"类前部二字语素的占比均超过或接近 80%。这表明在语素层面上，日语三字词主要是利用古汉语的二字词作构词成分，再与同样出自古汉语的一字词进行复合。

（3）在日语三字词的前部二字语素中，名词性语素的占比（52.4%）明显高于汉语三字词的占比（45.5%）。其中，表达抽象性事物或概念的名词占 93.3%，而表达具象事物的名词仅占 6.7%。与此相对，在汉语三字词的名词性语素中，表达抽象性事物和概念的名词占 80.3%，低于日语三字词的占比。同时，表达具象事物的名词占 19.7%，高于日语三字词的占比。

（4）构词多的后部一字语素所构成的主要是日语三字词，而且在现代日语和汉语中的存活率也比较高。与此相对，汉语三字词不但数量较少，而且大多数已被现代日语和汉语所淘汰。此外，后部一字语素的约 9 成都是日语三字词和汉语三字词并存。这表明，日语三字词进入汉语之后，清末国人很快就模仿日语 2+1 型三字词的形式开始自造三字词了。

（5）构词多的后部一字语素基本上都是抽象性名词，而在抽象性名词作后部一字语素的 2+1 型三字词中，日语三字词占绝大多数。由此可见，日语 2+1 型三字词主要有两个特征：一是以构词能力较强的抽象性名词作后部一字语素，二是以后部一字语素为中心进行系列性构词并形成三字词词群。

（6）如果在 2+1 型三字词的两个语素中有一方或双方是日语不使用的语素，该词就很可能是汉语三字词。按此思路，可将《时务报》中 145 个未见日方用例的三字词分为 4 种语素组合：一是"二字语素日语无 + 一字语素日语无"，二是"二字语素日语无 + 一字语素日语有"，三是"二字语素日语有 + 一字语素日语无"，四是"二字语素日语有 + 一字语素日语有"。前 3 种组合中含有日语不使用的语素，可判断为汉语三字词。但是最后 1 种组合难以从语素层面进行归属判断，需要通过词源考证才能得出可靠的结论。

第 3 章 《时务报》中的四字日语借词

1.《时务报》四字词的概况

本章所指的四字词，并非古汉语的四字成语。传统的四字成语是约定俗成、一成不变的，几乎没有能产性，而这里要探讨的四字词，主要是指按照一定的词法规则复合而成的专名词语或通用的四字词语[①]。汉语以渐变的方式实现了从单音词到双音词的词汇体系的转变，并在清末加快了从文白分离到文白统一的书面语体转变。在此基础上，汉语的四字词才具备了数量快速增加并由短语结构向词化结构过渡的条件。对《时务报》等清末报纸进行词语调查，是为了在辨别日语借词的同时观察汉语四字词的发生和发展。

四字词可按语素组合的不同方式分为 2+2 型、1+3 型、3+1 型等几种类型。2+2 型四字词是指以"二字语素＋二字语素"的形式构成的四字词，例如"中央＋政府、自由＋贸易"。为了避免歧义，2+2 型四字词的两个语素可全称为"前部二字语素"和"后部二字语素"。1+3 型四字词是指以"一字语素＋三字语素"的形式构成的四字词，例如"大＋博览会、总＋税务司"。两个语素可全称为"前部一字语素"和"后部三字语素"。3+1 型四字词是指以"三字语素＋一字语素"的形式构成的四字词，例如"红十字＋会、第二等＋国"。两个语素可全称为"前部三字语素"和"后部一字语素"。为了叙述简便，所指明确时也可将四字词的两个语素简称为"前语素"和"后语素"。

---

① 参见周荐（2004）第 8 章"四字格"。

《时务报》的抽词概况如第 1 章表 2 所示，共抽出四字词 192 个，占抽词总数的 12.4%。其中包括 2+2 型四字词 174 个（90.6%），3+1 型四字词 15 个（7.8%）和 1+3 型四字词 1 个（0.5%），即 "总＋税务司"。此外还有音译词 2 个（1.1%），即 "基鲁米突、美里米突"。"米突"（meter）民国时曾在汉语中使用多年，此译法来自日语，是现代汉语单位词 "米" 的源头。

15 个 3+1 型四字词可按前部三字语素的不同结构分为以下 4 组[①]:（1）以 N+N 或 A+N 定中结构的 1+2 型三字词作前部三字语素的四字词，如 "金本位＋制、银本位＋制、一衣带＋水、低压力＋机、高压力＋机、红十字＋会"。（2）以 N+N 或 A+N 定中结构的 2+1 型三字词作前部三字语素的四字词，如 "动植物＋学、第二等＋国、自由党＋员"。（3）以 V+N 述宾结构的 2+1 型三字词作前部三字语素的四字词，如 "测炮线＋镜、理财学＋家、进出口＋货、进出口＋税"。（4）以 V+N 述宾结构的 1+2 型三字词作前部三字语素的四字词，如 "发电报＋处、收电报＋处"。从词源来看，除了 "金本位＋制、银本位＋制、动植物＋学、自由党＋员" 4 词为日语四字词之外，其余的均为非日语四字词。可以说，在以 2+2 型四字词为特征的日语四字词大量进入汉语之前，汉语四字词的构词方式大致如以上所示。

与 3+1 型、1+3 型等词数少的构词方式相比，《时务报》中的 2+2 型四字词共有 174 词，占四字词总数的 90.6%，本章将以此类四字词为研究对象。

2. 区分不同来源的四字词

笔者认为，汉语四字词之所以在 19—20 世纪之交发生急剧变化，与来自两个方面的影响密切相关。一是来自清末来华传教士词汇的影响。他们在中文著述和报纸中使用口语化的书面语，并在介绍西洋科技的译文里创造出一些当时的书面语完全不用的四字词。二是来自明治时期日语词汇的影响。日本明治

[①] 关于 3+1 型四字词内部结构的划分，参见野村雅昭（1974）第 3 节。

时期的正式书面语以及翻译文章均偏重于使用汉字词，其中不仅有新造的二字词和三字词，也有许多表达新事物新概念的四字词。这些日语四字词进入汉语之后，对汉语四字词的发展起到了直接的推动作用，到《时务报》时已经出现不少清末国人自造的四字词。

由于四字词的来源与三字词很相似，完全可以采用相同的调查方法。可以通过与日方资料中的用例进行时间早晚的比对，将《时务报》中的 174 个 2+2 型四字词分为 3 种情形：一是日方用例早于《时务报》的四字词（简称为"日方用例早"）；二是未见日方用例的四字词（简称为"日方用例无"）；三是日方用例晚于《时务报》的四字词（简称为"日方用例晚"）。以下分别列举此 3 类的实例加以说明。

2.1 日方用例早于清末报纸的四字词

以"中央集权"一词为例，《时务报》中有如下用例："破中央集权之弊，而行地方分权之实，知县又得其人，庶几能举治绩乎。"（第 4 册，古城贞吉译，"论日人经营台湾"，1896.9.7）在古汉语里"中央"可指国君，如宋代宋祁撰《宋景文笔记》（11 世纪中期）中的用例："欲正四方，先定中央。中央，君也。"（杂说）这与今日指国家政府之意相去不远。但检索《四库全书》电子版未发现"集权"的用例，说明古汉语中没有这个二字词，当然更没有四字词"中央集权"了。《申报》中的首出例比《时务报》晚几年，见于 1905 年 7 月 27 日刊载的"电传谕旨"一文中，原文如下："所谓平原广漠之地易成中央集权政体，山岭阻隔之地易成联邦分治政体，固理势所必至也。"

在日语方面，现有的最早用例见于 1879 年 5 月 2 日的『静冈新闻』，原文如下：「中央集権トハ，政権ヲ中央政府ノ一手ニ收攬シ，……政府ノ指揮ヲ之レ仰ギ，凡百ノ事皆干渉ノ景状ヲ存スルモノヲ謂ヒ……」[1] 又如，『太陽』杂志 1895 年第 8 号刊登了吉村银次郎撰「国民の政治思想」一文，其中有如下用

---

[1] 此例引自佐藤亨著『現代に生きる幕末・明治初期漢語辞典』明治書院（2007）。

例:「蓋し羅馬は專ら中央集権の制度を採りて，敢えて地方自治の制度を允さざりしは，知らず覆へざりしにあり……」① 由此可知，"中央集权"是出自明治日语的日语四字词。

再以"攻守同盟"为例，《时务报》中有如下用例："而法国究何所得？曰：唯有与俄皇握手（西人相亲之礼）耳。唯此握手，法人称为俄法攻守同盟所存也。"（第 21 册，古城贞吉译，"列国去年情形"，1897.3.23）"攻守"和"同盟"均出自古汉语，但检索《四库全书》电子版的结果表明，既不存在四字词"攻守同盟"，也没发现"攻守"和"同盟"与其他二字词构成四字词的例证。此外，《申报》中的首出例比《时务报》晚几年，出自 1905 年 7 月 29 日刊载的"英日续订同盟约"一文："但本报窃知，伦敦及东京熟悉时局之人皆有意见，谓此同盟之约，将改为攻守同盟之约。"

在日语方面，『太陽』杂志 1895 年第 1 号曾刊登尾崎行雄撰「対清政策」一文，其中有如下用例：「然れども因て以て攻守同盟の利害得失を断定すべき主眼し居たるは，文字風俗人種習慣等の異同に在らずして，攻守力の有無強弱如何にあり。」由于日方用例早于《时务报》中的用例，可以判断"攻守同盟"是日语四字词，而《时务报》中出现的用例很可能就是该词在汉语中的最早用例。

又如"社会主义"一词，《时务报》中有如下用例："英国名士威呢暗摩里，是氏以本月三日遽尔易簀，距生千八百三十四年，享龄六十二。氏为近世社会主义（学派之名）之泰山北斗也。"（第 12 册，古城贞吉译，"硕儒讣音"，1896.11.25）继《时务报》之后，《清议报》中有以下用例："（俄国）维持社会主义者联图革命，事泄，被缚者五百余人。"（第 3 册，东报译编，"大阪朝日报廿四日至廿七日杂报"，1899.1.12）此外，《申报》中的首出例见于 1906 年 3 月 26 日刊载的"说适"一文："近数十年来，自由竞争之极敝，而贫富两级悬

---

① 此例取自日本国立国语研究所『太陽コーパス』电子语料库。『太陽』杂志是日本出版的第一本综合性杂志。由博文馆发行，1895 年（明治 28 年）1 月创刊，1928 年（昭和 3 年）2 月停刊，34 年间共发行 531 册，累计 17.5 万页，文章作者有 6500 人之多。是了解明治大正时期日本各方面历史的文献宝库。

绝过甚，社会主义遂为当今第一大问题。"

在古汉语中"社会"意为"乡镇的集会"或"由志趣相同者结合而成的组织或团体"。如明末冯梦龙编《醒世恒言》（1627）中的用例："原来大张员外在日，起这个社会，朋友十人，近来死了一两人，不成社会。"（郑节使立功神臂弓）"主义"一词的原义为"对事情的主张"，如西汉司马迁撰《史记》（公元前1世纪）："敢犯颜色，以达主义，不顾其身。"（太史公自序）虽然"社会"和"主义"均出自古汉语，但直到19世纪末之前没有出现过四字词"社会主义"。

在日语方面，明治初年，"社会"在日语里成为英文 society 的译词而产生新义。而"主义"曾与古汉语的用法相同，但逐渐变成与英文词尾 -ism 对应，成为表达"某种理论学说或思想体系"之意的词缀[①]。在此前提下，四字词「社会主义」开始在日语中出现，早期用例见于宍户义知译『古今社会党沿革誌』（1882）一书，原文如下：「或ハ近時社会主義ノ経済原理ニ之ガ張大ノ敷演ヲ辨織セザル徒ニ供スルヲ以テ，倘シ此社会主義ノ組織ヲシテ，今日事物ノ秩序ヲ揺動スルガ如キ……」（原叙）又如，涩谷慨尔译『政治談・上巻』（1883）中的用例：「勤労力役ニ従事スル輩ガ社会主義ニ熱心スルコト，日ニ月ニ其度ヲ進メ……」综上所述，出自古汉语的二字词"社会"和"主义"在明治日语中被赋予新义，进而产生了四字词"社会主义"。其后于19世纪末通过《时务报》的"东文报译"等途径进入到汉语之中。

在《时务报》的174个2+2型四字词中，日方用例早于《时务报》，可视为日语四字词的共有83词，占2+2型四字词总数的47.7%。这表明，《时务报》中来自日语的2+2型四字词约占一半，四字日语借词已开始在汉语中占据显著的地位。不过这个比例明显低于之后的《清议报》等，因为《时务报》还处在日语借词大量进入汉语的初期，而《时务报》中的83个日语四字词中有69个（83.1%）出自古城贞吉翻译的"东文报译"栏。

当然，这些日语四字词也并非全都是通过"东文报译"栏首次进入汉语，

---

① 关于"社会"和"主义"的词史，参见佐藤亨著『現代に生きる幕末・明治初期漢語辞典』（2007）中2词的词条。

有些词在《时务报》之前已经在汉语中出现。为了弄清这一点，可以通过检索《申报》(1872—1949)电子版区分时间的早晚。凡是在 1872 年至 1896 年期间的《申报》中可以查到用例的词，即是《时务报》之前进入汉语的四字日语借词，而《申报》中只有 1896 年以后用例的词，可视为《时务报》发行期间进入汉语的四字日语借词。按此方法检索的结果可分为两种情形：

一是《申报》中的用例早于《时务报》的词。可视为《时务报》之前已进入汉语的日语四字词，有以下 37 词，占 83 词的 44.6%。这表明在《时务报》之前已经有一部分日语四字词通过《申报》等途径进入汉语，这些四字词以机构和职务名称等专有名词为主。举例如下：

参谋本部	大藏大臣	大学教授	帝国大学	电气镀金	富国强兵	高等学校
工科大学	共和政治	国会议员	国立银行	国语学校	检事总长	局外中立
军法会议	陆军病院	陆军少将	民政局长	三国联盟	商船会社	上下议院
生命保险	生命财产	师范学校	士官学校	外务大臣	学校教师	学校经费
医学博士	义勇舰队	音乐学校	应用化学	邮船会社	殖产兴业	治外法权
中央政府	专门学校					

二是《申报》中的用例晚于《时务报》的词。可视为《时务报》发行期间新进入汉语的日语四字词，有以下 46 词，占 83 词的 55.4%。这些主要是表达新事物新概念的日语借词，表明到《时务报》时才开始有大量的日语借词进入汉语。

保护政策	本位货币	产业社会	初等教育	代议政体	代议制度	地方分权
地方自治	电气事业	独立王国	独立自治	法律制度	干涉政策	高等法院
高等教育	工业学校	工艺技术	攻守同盟	国际交涉	货币制度	机械工场
交际公法	交通运输	经济学会	君主专制	立宪政体	立宪政治	临时总会
名誉社员	农业机械	欧洲文明	人工肥料	三国同盟	商业社会	社会主义
同盟罢工	拓地殖民	外交政策	预备学校	蒸汽机关	政治制度	殖民政策
中等教育	中央集权	自由贸易	自治制度			

2.2 未见日方用例的四字词

以"电气铁路"为例,《时务报》中有如下用例:"东京横滨神户京都大阪等,皆设电气铁路,以便来往。"(第 42 册,古城贞吉译,"俄论日本",1897.10.16)"电气"和"铁路"2 词最早见于 19 世纪中期来华传教士的中文著述,但并没有出现过四字词"电气铁路"。在《时务报》之前,《申报》中已有"电气铁路"的用例,如 1893 年 12 月 22 日刊载的"来信译登"中有以下用例:"麦问皋都督致西字函于本馆,译其词曰:数月前见某华字报论电气铁路之事,又见他报载,有人上李中堂电气轮车及铁路样。"此例与日本无关,其中与"电气铁路"一起出现的还有"电气轮车",均为清末的汉语新词。

在日语方面,"电气"于江户幕府末年传入日语,但日语没有接纳"铁路"而是另造了「鉄道」一词。经检索日方资料发现,明治日语里只有「電気鉄道」而没有"电气铁路"。例如,1888 年 10 月 11 日出版的『官報』第 1587 号中有如下用例:「倫敦電気鉄道敷設ノ計画,英国ニ於テ日常事業ニ電気力ヲ応用スルコトハ未タ充分ノ程度ニ達セスト雖モ,亦間断ナク進歩スルコトハ疑フヘカラサル所ナリ。」由此可见,《时务报》中出现的"电气铁路"有可能是通过修改日语原词「電気鉄道」而形成的汉语四字词。

又如"参政资格",《时务报》中有如下用例:"我国本以地租及其他直税为参政资格,故未见有丁口税之要。"(第 18 册,古城贞吉译,"论丁口税",1897.2.22)"参政"和"资格"均有古汉语出典。"参政"原为动词,意为"参知政事",宋代以后一直用作官名,实际上从动词变成了名词。在《申报》电子版中共查到"参政资格"的 7 条用例,但时间分布于 1913 年至 1925 年之间,大大晚于《时务报》。如 1913 年 2 月 16 日刊载的"开校原因"一文中有以下用例:"政府以程度不合尚未承认,遂藉此问题创办女子法政学校,养成参政资格。"在日语方面,经检索明治时期的资料,没有发现「参政资格」的用例,说明日语里没有这个词。「参政」在日语里一般不单独使用而是以复合词的形式出现,最常见的是三字词「参政権」。日语的「資格」与其他词复合时一般需要前接助词「の」,如「議員の資格、教員の資格」,但也偶尔有直接复合的例子，如「社員資格、選挙資格」。至于在《时务报》的"东文报译"中出现的"参政资格"是否与「参政権」或「選挙資格」等词有关联，则只能依靠推测了。

在《时务报》的174个2+2型四字词中，属于未见日方用例的四字词的共有58词，占2+2型四字词总数的33.3%。通过检索《申报》电子版，可进一步将此类词区分为3种情形：

一是《申报》中的用例早于《时务报》的词。可视为在《时务报》之前已经存在于汉语之中的国人自造的汉语四字词，共有以下25词，占58词的43.1%。

保险公司　被告律师　被告状师　测量地学　出口货价　出口货物　电报号码
电光摄影　电气铁路　稽查委员　进口货价　进口货物　君民共主　轮船公司
炮兵工厂　商部大臣　商务公所　天气压力　铁甲战舰　五金矿产　新式气球
议院公举　原告律师　原告状师　装煤轮船

二是《申报》中完全没有出现过的词。可视为《时务报》发行期间新出现的国人自造的汉语四字词，但因只出现在《时务报》中，其使用范围和存活率较低，共有以下17词，占58词的29.3%。

避雷铁针　产业法律　抄写机器　村落产业　灯影照片　发信机器　分科立学
浮水器具　矿物用电　劳工产业　事务用电　铁路用电　细工学校　压气机器
邮政册报　铸型工场　组成工场

三是在《申报》中的用例晚于《时务报》的词。此类情形也属于《时务报》发行期间新出现的汉语四字词，但因在《时务报》和《申报》中都有用例，其使用范围和存活率应高于上一类四字词，共有以下16词，占58词的27.6%。

保险器具　参政资格　地下火车　纺织工艺　工业股份　海关税率　行政标准
进口机器　劳工职业　陆上汽车　无燐火柴　现任政府　验丝公所　应用电学
赞助社员　照海塔灯

2.3　日方用例晚于清末报纸的四字词

在《时务报》的 174 个 2+2 型四字词中，属于此类情形的有 33 词，占 2+2 型四字词总数的 19.0%。以"国家利益"为例，《时务报》中有如下用例："其所以采此法者，欲保护我<u>国家利益</u>，并保护我劳工也。"（第 26 册，古城贞吉译，"美国总统演说"，1897.5.12）虽然"国家"和"利益"2 词均出自古汉语，但在《时务报》以前汉语中没有出现过四字词"国家利益"。《申报》中有早于《时务报》的用例，如 1892 年 5 月 29 日刊载的"论办理洋务在得人下"一文中有以下用例："此辈卑鄙龌龊，但知自私自利于<u>国家利益</u>若何？举措若何？一无所知。"在日语方面，仅发现晚于《时务报》的 1 例，该例出自满洲资料课编『東三省金融整理委員会報告書』（1931）一书，其中第 4 章的标题为「<u>国家利益</u>の保護」，但正文中使用的却是「国家の利益」，原文如下：「政府は乃ち人民の代表なれば，<u>国家の利益</u>を擁護する為に相当監督の責に任じ……。」可见"国家利益"在汉语里尚有若干用例，而在日语中并非固定成形的四字词。

又如"维新政治"，《时务报》中的用例如下："中国战事甫停，要非数年教养，不克推广<u>维新政治</u>，恢复元气。"（第 53 册，曾广铨译，"合肥相国论中国时局"，1898.3.3）《申报》中的首出例与《时务报》同年，见于 1898 年 10 月 16 日刊载的"逋臣问答"一文："我只劝中朝<u>维新政治</u>，步武泰西政教，然各大臣之意，多不主更新之意者。"《申报》中共有"维新政治"9 例，分布为 1898 年 1 例，1902 年 1 例，1906 年 2 例，1908 年 2 例等。在日语方面，现有的最早用例见于德重浅吉著『維新政治宗教史研究』（1935）一书的书名，但在正文中使用的却是「維新の政治」，原文如下：「私は此書が，<u>維新の政治</u>及び宗教史の全面に関する記述にあらざることを責められざらんことを求むると共に……。」（序言）综合中日双方的情况，"维新政治"出自汉语的可能性更大些。

再如"海军基地"，在《时务报》中有以下用例："自干涉辽东以来，颇以为有德于中国，乃欲得<u>海军基地</u>于中国沿岸。"（第 40 册，古城贞吉译，"论太平洋形势"，1897.9.26）而《申报》中的用例迟至 1942 年才出现，首出例见于

1942年3月4日刊载的"爪哇海面空前海战详情"一文："日海军基地一日同盟社电，日军运输轮队由舰队护送，于上月二十七日晚……。"《申报》最初几年的用例为1942年7例，1943年11例，1944年18例，其中既有与日本有关的用例，也有与日本无关的用例。在日语方面，现有的最早用例出自满铁调查部编『我ガ南進政策ヲ繞ル馬来ノ政治経済動向』（1941）一书，其中第4章的标题为「海軍基地トシテノ新嘉坡ノ価値」，但在正文中没有再次出现「海軍基地」。综合中日双方的情况，尚不能排除"海军基地"为日语四字词的可能性，能否在日方资料中发现更早的用例，是得出结论的关键。

"军机大臣"则是比较确实的汉语四字词。早在《时务报》之前，汉语中就有此官名。如元代陈桱著《通鉴续编》（1360前后）中的用例："其议论诋毁之处，着交诸皇子及军机大臣量为删润，以符孔子春秋体例。"在《申报》中，1870年代至1880年代的用例很多。然而检索明治时期的日方资料，发现日语中也有"军机大臣"的用例，但详查之后可知，这些用例全出现在与清朝有关的语境中。例如，1887年3月2日出版的『官報』第1098号中有以下消息：「近頃北京ナル軍機大臣ヨリ，各省ノ総督巡撫等ニ伝諭シ……。」（外報・軍機大臣ノ伝諭）由此可知，"军机大臣"是纯粹的汉语词，日语只是引用了汉语的原词。由于确实有日方用例存在，故归在"日方用例晚"一类之中。

在33个日方用例晚的四字词中，有25词（75.6%）出自古城贞吉翻译的"东文报译"栏，表明此类四字词与日语的关系十分密切。将这些词与《申报》中的用例作对照，可区分为3种情形：

一是《申报》中的用例早于《时务报》的词。共有13词，占33词的39.4%，其中有9词出自"东文报译"栏。在《申报》和"东文报译"中均有用例，表明这些词有可能是汉语造词在先而后传入日语，或是中日分别造词而词形偶然相合的情形。

财政制度　地方委员　独立自主　国家利益　海底电线　军机大臣　贸易利权
全权大臣　全权公使　商务关系　商务委员　泰山北斗　通商口岸

二是《申报》中完全没有出现过的词。共有 4 词，即"电信技师、锻冶工场、受信机器、旋盘工场"，占 33 词的 12.1%。此 4 词《申报》中未见而均出自"东文报译"栏，有可能是尚未发现更早用例的日语四字词，或是在古城贞吉使用的日语原词之上，经过修改而形成的汉语四字词。

三是《申报》中的用例晚于《时务报》的词。共有 16 词，占 33 词的 48.5%，其中有 12 词出自"东文报译"栏。这些词由古城贞吉率先使用，有可能是受资料条件的制约，尚未发现更早用例的日语四字词。

地下电线　渡航移住　工业委员　海军基地　海外政策　教导大队　教育工业
空中电线　农艺学校　调停方法　外国资本　维新政治　无线电报　下院议院
野蛮政治　作业方法

3.《时务报》中的汉语四字词

从 2+2 型四字词所在的栏目看，取自"东文报译"的数量最多，日语四字词的占比也最大。但出自"东文报译"的四字词并非全是日语四字词，而从"英文报译"中抽出的四字词也有可视为日语四字词的。在区分不同来源的基础上，可根据 2+2 型四字词在《时务报》各栏目中的分布情况，对产生汉语四字词的原因进行分析。

表 1　《时务报》2+2 型四字词的词源与栏目的关系

	日方用例早（%）	日方用例无／晚（%）	栏目合计
东文报译	69（61.6）	43（38.4）	112（64.4）
日本事情	4（50.0）	4（50.0）	8（4.6）
西文报译	8（21.6）	29（78.4）	37（21.3）
欧洲事情	0	6（100）	6（3.4）
中国事情	2（18.2）	9（81.8）	11（6.3）
来源合计	83（47.7）	91（52.3）	174（100）

3.1 "东文报译"和"日本事情"

表 1 显示，此两项中的日语四字词所占比例最大。"东文报译"是《时务报》的固定栏目，文章均署名为"日本东京古城贞吉译"，从此栏中抽出的四字词占 2+2 型四字词总数的 6 成以上。其中，属于"日方用例早"（日语四字词）的有 69 词（61.6%），属于"日方用例无／晚"（汉语四字词）的有 43 词（38.4%）。前者的词数多占比大是合乎情理的，但对于后者，需要解释在古城贞吉的译文中为何会出现这些汉语四字词。经过分析，笔者认为主要有以下两方面的原因：

其一，为了让译文符合汉语用词的习惯，报馆编辑有可能对古城贞吉使用的日语原词进行修改，从而形成了现在的四字词。修改的方式又可分为 3 种情形：一是用已有的汉语四字词替代古城贞吉使用的日语原词[①]。如：保险公司（←保険会社）、电气铁路（←電気鉄道）、国家利益（←国家の利益、国益）、贸易利权（←貿易権）、炮兵工厂（←砲兵工場）、商务关系（←商業の関係）、出口货物、进口货物（←輸出貨物、輸入貨物）等，通过检索《申报》电子版可知，以上各词是《时务报》之前已出现在汉语里的四字词，可以用它们替代日语原词。二是用相近的汉语表达修改古城贞吉使用的日语原词。如：参政资格（←参政権）、产业法律（←産業法規）、海关税率（←税関税率）、教育工业（←教育産業）、陆上汽车（←自動車）、现任政府（←現政府）、行政标准（←行政基準）、发信机器、受信机器（←発信機、受信機）等。以上各词在《申报》中或无用例，或用例晚于《时务报》，有可能是对日语原词进行修改后而形成的汉语四字词。三是废弃古城贞吉使用的日语原词，重新拟定新的汉语四字词。如"村落产业、劳工产业、劳工职业"3 词，其中，前语素"劳工"为汉语单有的二字词，后语素"产业、职业"虽然是中日同形词，但在明治日语中很少作为后部二字语素构成 2+2 型四字词。由于此 3 词的日语原词不明，有可能是废弃了古城贞吉的日语原词而重新拟定的汉语四字词。

其二，虽然使用了古城贞吉的日语原词，但因受到资料条件的制约，有些

[①] 以下各括号内为笔者所推测的日语原词，但是全都可以在早于《时务报》的日方资料中查到确切的例证。

词尚未找到早于《时务报》的日方用例。如"海军基地、空中电线、铁甲战舰、野蛮政治"4词的前语素和后语素都是明治时期的日语常用词,因此完全有可能在日语中组合成2+2型四字词,但因为可供检索的日方电子资料有限,而这些词的使用频率本来就很低,要找到早于《时务报》的日方用例确实困难。此类词是词源考证过程中的难点。

"日本事情"是指"东文报译"以外与日本相关的文章。其中,"地方委员、临时总会、名誉社员、赞助社员"4词出自上海孙淦译"日本赤十字社设则"(第44册)。"教导大队、预备学校、应用电学"3词出自丹徒姚锡光辑"日本各学校规则"(第66册)。"大学教授"出自梁启超所撰"日本横滨中国大同学校缘起"(第47册)。这些作者或译者大多通晓日语,文章内容也与日本直接有关,其用词与"东文报译"栏相近。以上各词中,"临时总会、名誉社员、预备学校、大学教授"为日语四字词,"地方委员、教导大队"为日方用例晚的四字词,"应用电学、赞助社员"为未见日方用例的四字词。

3.2 "西文报译"和"欧洲事情"

"西文报译"中包括从"英文报译"(张坤德译,30词)、"西文报译"(张坤德译,2词)、"域外报译"(张坤德译,2词)、"西文译编"(曾广铨译,2词)、"法文译编"(潘彦译,1词)各栏目中抽出的37个四字词。"欧洲事情"是指"西文报译"以外与欧洲相关的文章,包括从"伦敦铁路公司章程"(第3册)和"法国赛会物件分类名目"(第67册)中抽出的6个四字词。在"西文报译"中,"日方用例无/晚"的四字词(汉语四字词)占29词(78.4%)是可以理解的,但有8词(21.6%)属于"日方用例早"的四字词(日语四字词),为何会出现日语四字词则需要加以说明。经查《时务报》,这8个词可以按用例的出处和内容分为以下3种情况:

其一,日本发行的英文报纸刊登日本的事情。如"商船会社"译自"日本西字捷报"[①],《时务报》中的用例如下:"日本占领台湾后,<u>商船会社</u>拟派船常川

---

① 报刊名称全部取自《时务报》的原文,因日文的真实原名不详而未使用书名号,下同。

往来该岛"（第 2 册，张坤德译，"台湾行船定章"，1896.8.19）。

其二，海外发行的英文报纸刊登日本的事情。如"上下议院、治外法权"2词译自《上海字林西报》，"上下议院"的用例如下："日本公使于西本月二十六日电称，美国上下议院于本月二十四日散院。"（第 36 册，李维格译，"日本消息"，1897.8.18）"治外法权"的用例如下："日本驻扎中国领事官，应照治外法权之例，仍有权管理日本人民之侨居中国者。"（第 1 册，张坤德译，"中日通商条约"，1896.8.9）又如"邮船会社"译自《伦敦东方报》，《时务报》中的用例如下："现在邮船会社，推广分局之后，日本所产之煤，运往香港上海。"（第 9 册，张坤德译，"论英国煤利渐失"，1896.10.27）

其三，海外发行的英文报纸刊登海外的事情。如"工艺技术、学校经费、国立银行、三国联盟"4 词译自"英国公论报"以及"路透电音"。其中"工艺技术、学校经费"的用例如下："其国人有知识者最多，其工艺技术亦最精。……其学校经费约倍于英。"（第 6 册，张坤德译，"论美国之富"，1896.9.27）"三国联盟"的用例如下："法国独立势孤，急欲求他国立约，以抵三国联盟之势。"（第 5 册，张坤德译，"俄国理财权术"，1896.9.17）

从以上 3 种情况看，不论报刊的发行地是日本还是海外，消息内容与日本有关还是无关，将英文消息译成汉语时都使用了日语四字词。通过检索《申报》电子版可知，以上 8 个日语四字词中有 6 个词在《时务报》之前已经进入到汉语中，因此即便是英文翻译，也有可能会使用这些已被社会广泛认知的日语词。

4. 构词多的前语素与后语素

明治时期是日语四字词空前发展的时期，除了涌现出大量新词之外，在构词法方面也有贡献。一是形成了以 2+2 型四字词为主要结构的构词模式；二是充当前语素和后语素的两个二字词都可以单独使用；三是以一些抽象性名词作前语素或后语素进行系列性构词。这些特点都是清末以前的汉语所不具备的，因此《时务报》中的四字词在多大程度上受到来自日语的影响值得特别关注。本节将重点分析 2+2 型四字词的系列性构词。

为了兼顾前语素和后语素两方面的构词情况，并在清末报纸的词语调查中采用统一的方法，笔者将前语素或后语素构成四字词的词数称为"构词数"，并将"构词数"分为"4 词及以上"、"3—2 词"以及"1 词"3 个区间，同时把去除重复后的前语素和后语素的个数分别称为"前语素数"和"后语素数"。按照这种方法对《时务报》中的 174 个 2+2 型四字词进行了分类和统计，结果如表 2 所示。

表 2 《时务报》2+2 型四字词的前语素和后语素的构词情况

构词数	前语素数（%）	词数合计（%）	后语素数（%）	词数合计（%）
4 词及以上	0	0	8（7.0）	44（25.3）
3—2 词	23（16.0）	53（30.5）	21（18.4）	45（25.9）
1 词	121（84.0）	121（69.5）	85（74.6）	85（48.8）
合计	144	174	114	174
	（每个前语素平均构词 1.21 个）		（每个后语素平均构词 1.53 个）	

构词"4 词及以上"和构词"3—2 词"的语素在《时务报》中拥有各自的四字词词群，是构词能力较强的语素。例如，前语素"地方—"共构成了 3 个四字词，即"<u>地方</u>分权、<u>地方</u>委员、<u>地方</u>自治"，此 3 词形成一个四字词词群。又如，后语素"—政策"共构成 5 个四字词，即"保护<u>政策</u>、干涉<u>政策</u>、海外<u>政策</u>、外交<u>政策</u>、殖民<u>政策</u>"，此 5 词形成一个四字词词群。与此相对，构词"1 词"的语素则在《时务报》中没有形成四字词词群，是构词能力较弱的语素。

如表 2 所示，在前语素方面，构词"4 词及以上"的为 0，构词"3—2 词"的占比为 16.0%，即是说，占比为 16.0% 的前语素构成了占总词数 30.5% 的四字词。在后语素方面，构词"4 词及以上"的占比为 7.0%，构词"3—2 词"的占比为 18.4%，即是说，占比为 25.4% 的后语素构成了占总词数 51.2% 的四字词。两相比较可知，以后语素为中心形成的四字词词群多于以前语素为中心形成的四字词词群，而每个后语素平均构成四字词 1.53 个，也多于前语素的 1.21 个。

笔者认为，以同一前语素或后语素为中心进行系列性构词，是日语四字词的重要特征。因此，通过观察和分析《时务报》等清末报纸中的四字词词群，可以深入地了解日语四字词对汉语的影响过程和影响方式。

4.1 构词多的前部二字语素

为了具体说明由前语素和后语素形成的四字词词群都包括哪些词，以及日语四字词和汉语四字词的分布情况，在此以构词多的"4 词及以上"的前语素和后语素为对象，列举实例进行分析。但由于《时务报》中没有出现构词数"4 词及以上"的前语素，只得退而求其次，代之以构词"3—2 词"的前语素及其四字词词群[①]。

表 3 《时务报》2+2 型四字词中构词 3—2 词的前部二字语素

前部二字语素	日方用例早	日方用例无／晚
	（无构词数 4 词及以上前语素）	
高等—（3／0）	高等法院、高等教育、高等学校	
地方—（2／1）	地方分权、地方自治	／地方委员
电气—（2／1）	电气镀金、电气事业	电气铁路／
独立—（2／1）	独立王国、独立自治	／独立自主
工业—（1／2）	工业学校	工业股份／工业委员
进口—（0／3）		进口货价、进口货物、进口机器／
商务—（0／3）		商务公所／商务关系、商务委员
代议—（2／0）	代议政体、代议制度	
立宪—（2／0）	立宪政体、立宪政治	
陆军—（2／0）	陆军病院、陆军少将	
三国—（2／0）	三国联盟、三国同盟	
生命—（2／0）	生命保险、生命财产	
学校—（2／0）	学校教师、学校经费	
中央—（2／0）	中央集权、中央政府	
产业—（1／1）	产业社会	产业法律／

---

① 表 3 左栏括号内的／线前后分别为"日方用例早"的四字词（即日语四字词）和"日方用例无／晚"的四字词（即汉语四字词）的词数。右栏"日方用例无／晚"中的／线前后则分别为"日方用例无"的四字词和"日方用例晚"的四字词。其中"电气铁路／"表示只有"日方用例无"的词，而"／地方委员"则表示只有"日方用例晚"的词。后文同此。

续表

前部二字语素	日方用例早	日方用例无/晚
应用—（1／1）	应用化学	应用电学／
保险—（0／2）		保险公司、保险器具／
被告—（0／2）		被告律师、被告状师／
出口—（0／2）		出口货价、出口货物／
地下—（0／2）		地下火车／地下电线
劳工—（0／2）		劳工产业、劳工职业／
全权—（0／2）		／全权大臣、全权公使
原告—（0／2）		原告律师、原告状师／

通过分析表 3 所列的词语，可以获得以下一些认识：

其一，在 23 个构词"3—2 词"的词群中，全部由日语四字词形成的词群共有 8 个，这既显示了日语四字词的数量优势，也表明汉语中的四字词词群最初来自日语。但这些词群的前语素，如"高等—、陆军—、三国—、生命—、学校—、中央—"主要是出自古汉语、中国人容易理解的二字词，只有"代议—、立宪—"等少数是明治日语的新词，这表明系列性构词这一日语四字词的特点已开始进入汉语，但尚处于以专有名词为主的初始阶段。

其二，由日语四字词和汉语四字词共同形成的四字词词群有 6 个，表明清末国人已开始通过模仿日语四字词去构成汉语的四字词。但是此阶段国人所模仿的日语四字词，其前语素均为古汉语词或清末的汉语新词，如"地方—、电气—、独立—、工业—、产业—、应用—"，而并非明治时期产生的日语新词。

其三，全部由汉语四字词形成的四字词词群有 9 个，表明清末国人已开始利用系列性构词的方法去构成汉语的四字词。但所使用的前语素均为古汉语词或清末的汉语新词，如"进口—、商务—、保险—、被告—、出口—、地下—、劳工—、全权—、原告—"。其中，除了"被告律师、被告状师"和"原告律师、原告状师"出自"英文报译"（张坤德译）之外，其他前语素及其四字词均出自古城贞吉翻译的"东文报译"栏，有可能是通过修改古城贞吉的日语原词而形成的汉语四字词。

4.2 构词多的后部二字语素

对于《时务报》中的后语素，也采用与表3相同的方法进行分析。《时务报》中共有构成四字词4词及以上的后语素8个，表4中列举的是这8个后语素及其四字词词群。

表4 《时务报》2+2型四字词中构词4词及以上的后部二字语素

后部二字语素	日方用例早	日方用例无／晚
一学校（8／2）	高等学校、工业学校、国语学校、师范学校、士官学校、音乐学校、预备学校、专门学校	细工学校／农艺学校
一制度（5／1）	代议制度、法律制度、货币制度、政治制度、自治制度	／财政制度
一政策（4／1）	保护政策、干涉政策、外交政策、殖民政策	／海外政策
一大臣（2／3）	大藏大臣、外务大臣	商部大臣／军机大臣、全权大臣
一工场（1／4）	机械工场	铸型工场、组成工场／锻冶工场、旋盘工场
一机器（0／5）		进口机器、抄写机器、发信机器、压气机器／受信机器
一政治（2／2）	共和政治、立宪政治	／野蛮政治、维新政治
一委员（0／4）		稽查委员／地方委员、工业委员、商务委员

通过分析表4所列的词语，可以获得以下一些认识：

其一，在构词4词及以上的后语素中，没有全部由日语四字词形成的词群，与此同时，由日语四字词和汉语四字词共同形成的词群有6个，而全部由汉语四字词形成的词群有2个。形成以上分布情况的原因在于，清末国人在模仿日语四字词的形式时，更多地利用日语四字词的后语素去构成新词。

其二，在《时务报》中，前语素构成四字词最多不超过3个，而构成四字词4词及以上的后语素则有8个，这是前语素和后语素之间最明显的差异。而且以后语素为中心形成的四字词词群,其含有四字词的平均数也明显多于以前语素为中心的四字词词群。这表明四字词的后语素比前语素更能体现系列性构词的特点,系列性构词这一日语四字词的特点已经开始进入汉语。

其三,构词多的后语素,如"—学校、—制度、—大臣、—机器、—委员、—政治"等大多是出自古汉语、中国人容易理解的二字词,只有"—工场、—政策"是明治日语的新词。而且后语素中只有"—制度、—政治"2词为抽象性名词,其他均为具象性名词,所构成的四字词则以机构名称和职务名称为主。这表明以抽象性名词作前语素和后语素的日语 2+2 型四字词尚未在汉语中大量出现。

5. 四字词结构类型的中日比较

经过词源考证,已将《时务报》中的 174 个 2+2 型四字词区分为 3 类,即:日方用例早于《时务报》的四字词(日方用例早)83 词(47.7%);未见日方用例的四字词(日方用例无)58 词(33.3%);日方用例晚于《时务报》的四字词(日方用例晚)33 词(19.0%)。根据上一节的分析,我们将"日方用例早"的四字词视为日语四字词,而将"日方用例无"和"日方用例晚"的四字词视为汉语四字词。在此基础上,可进一步从结构类型的角度对中日两国的四字词进行比较和分析。

2+2 型四字词是由两个二字词组合而成的,二字词作为构词语素时,按语素的词性可分为"名词性二字语素(N)"、"动词性二字语素(V)"和"形容词性二字语素(A)"等。由各种词性的二字语素按一定的语法规则组合在一起,就构成了诸如"N+N 定中结构"、"N+V 主述结构"等各种结构类型的四字词[1]。

同时,为了清楚地表述四字词的内部结构,可根据后语素决定词性的规律,

---

[1] 参见朱京伟(2016a)。

先划分出 3 个大类，即"以名词为后语素的四字词（○＋N）"、"以动词为后语素的四字词（○＋V）"、"以形容词为后语素的四字词（○＋A）"，再在每一类之中细分出若干种结构类型。《时务报》中只出现了"○＋N"类与"○＋V"类的四字词，各种结构类型在"日方用例早"（日语四字词）和"日方用例无／晚"（汉语四字词）之间的分布情况如表 5 所示：

表 5 《时务报》2+2 型四字词结构类型的中日比较

词性	结构类型	日方用例早	例词	日方用例无／晚	例词	类别合计
○＋N 154（88.5）	N+N	42（50.6）	外交＋政策	51（56.0）	商务＋委员	93（53.5）
	V+N	16（19.3）	立宪＋政体	31（34.1）	进口＋货物	47（27.0）
	A+N	11（13.3）	初等＋教育	3（3.3）	野蛮＋政治	14（8.0）
○＋V 20（11.5）	N+V	6（7.2）	地方＋自治	3（3.3）	君民＋共主	9（5.2）
	V+V	6（7.2）	交通＋运输	3（3.3）	分科＋立学	9（5.2）
	A+V	2（2.4）	自由＋贸易	0		2（1.1）
		83（47.7）		91（52.3）		174（100）

表 5 显示，2+2 型四字词在结构上有以下特征：

其一，以名词为后语素的四字词（○＋N）占总词数的 88.5%，表明定中修饰结构是 2+2 型四字词的主体。此数值为中日四字词合计时的占比，如果日语和汉语分别统计，○＋N 类日语四字词的占比为 83.2%，低于中日双方合计时的占比，而○＋N 类汉语四字词的占比为 93.4%，高于中日双方合计时的占比。

其二，以动词为后语素的四字词（○＋V）占总词数的 11.5%，如果日语和汉语分别统计，○＋V 类日语四字词的占比为 16.8%，高于中日双方合计时的占比，而○＋V 类汉语四字词的占比为 6.6%，低于中日双方合计时的占比。

其三，同一结构类型在日语四字词和汉语四字词之中所占的比例虽各有不同，但中日双方的结构类型基本上可以一一对应，而且占比的排序也大同小异，这表明中日四字词之间在结构类型上没有明显的差异。

以下按照表 5 的数据，对各种结构类型的具体情况进行说明。

5.1 N+N 类四字词

除"泰山北斗"一词为"N+N 并列结构"之外，其余的 N+N 类四字词均为"N+N 定中结构"，即名词性前部二字语素修饰限定名词性后部二字语素。这种结构类型在日语四字词和汉语四字词中的占比均在一半以上，是 2+2 型四字词最主要的构词形式。表 5 显示，日语四字词的占比（50.6%）略低于汉语四字词的占比（56.0%）。"N+N 定中结构"的日语四字词中含有不少机构名称、职务名称等。例如，以"—学校"为后语素的四字词有 5 个，如"工业学校、师范学校"等；以"—大臣"为后语素的四字词有 2 个，即"大藏大臣、外务大臣"；以"—大学"为后语素的四字词有 2 个，即"工科大学、帝国大学"；以"—会社"为后语素的四字词有 2 个，即"邮船会社、商船会社"。同时，也有一些表达抽象概念的术语。例如，以"—制度"为后语素的四字词有 3 个，即"法律制度、货币制度、政治制度"；以"—社会"为后语素的四字词有 2 个，即"产业社会、商业社会"。

与此相对，汉语四字词方面主要是机构名称、职务名称等专有名词。例如，以"—工场"为后语素的四字词有 3 个，即"锻冶工场、旋盘工场、铸型工场"；以"—大臣"为后语素的四字词有 3 个，即"军机大臣、全权大臣、商部大臣"；以"—委员"为后语素的四字词有 3 个，即"地方委员、工业委员、商务委员"；以"—状师"为后语素的四字词有 2 个，即"被告状师、原告状师"；以"—律师"为后语素的四字词有 2 个，即"被告律师、原告律师"。此外，还有一些表达实物或实事的具象性名词。例如，以"—电线"为后语素的四字词有 3 个，即"地下电线、海底电线、空中电线"；以"—用电"为后语素的四字词有 3 个，即"矿物用电、事务用电、铁路用电"；以"—产业"为后语素的四字词有 2 个，即"村落产业、劳工产业"。

如果 N+N 类四字词的两个语素都是中日同形词，如"学校＋经费、中央＋政府、本位＋货币、财政＋制度"等，则只能依靠中日双方的用例早晚来区分是不是日语四字词，但如果两个语素中有一个不是中日同形词，则比较容易判断其归属，如"旋盘＋工场、铸型工场、邮船＋会社"等词中的下横线部分是日语单有的语素,即可判断这几个词是日语四字词。而"工业+股份、劳工+产业、电报+号码"等词中的下横线部分是汉语单有的语素,即可判断这些词是汉语四字词。

5.2　V+N 类四字词

V+N 类四字词全部为"V+N 定中结构",即动词性前部二字语素修饰限定名词性后部二字语素。这种结构类型在 2+2 型四字词中占 27.0%,词数仅次于"V+N 定中结构"位居第二。表 5 显示,"V+N 定中结构"在汉语四字词中的占比(34.1%)大幅高于在日语四字词中的占比(19.3%),是中日四字词在结构分布上的一个显著差异。这是《时务报》的个别情况,还是中日四字词在结构类型上的普遍倾向,有待继续关注。

从具体例词看,汉语四字词中以表达实物或实事的具象性名词为主,例如,以"—机器"为后语素的四字词有 5 个,如"抄写机器、发信机器、受信机器"等;以"—器具"为后语素的四字词有 2 个,即"保险器具、浮水器具";以"—货价"为后语素的四字词有 2 个,即"出口货价、进口货价";以"—货物"为后语素的四字词有 2 个,即"出口货物、进口货物"。以"—方法"为后语素的四字词有 2 个,即"调停方法、作业方法"。

与此相对,日语方面主要是以抽象性名词为后语素的四字词。例如,以"—政策"为后语素的四字词有 3 个,即"保护政策、干涉政策、殖民政策";以"—政体"为后语素的四字词有 2 个,即"代议政体、立宪政体";以"—制度"为后语素的四字词有 2 个,即"代议制度、自治制度"。其他如"参谋本部、独立王国、攻守同盟、交际公法、外国资本、应用化学、治外法权"等,也大多属于表达抽象概念的术语。这一点与汉语的 V+N 类四字词不同。

此外,在日语四字词方面,两个二字语素基本上都是中日同形词,如"保护政策、参谋本部、代议政体、攻守同盟、应用化学、治外法权"等,此类词只能通过调查中日双方的用例早晚进行归属判断。在汉语四字词方面,有许多二字语素不是中日同形词,如"抄写机器、稽查委员、进口货物、保险公司、避雷铁针、验丝公所"等词的下横线部分均为汉语单有的语素，可判断这些词为汉语四字词。

5.3　A+N 类四字词

与占前两位的"N+N 类"和"V+N 类"相比，A+N 类四字词的词数和占比都差得很远。A+N 类四字词全属于"A+N 定中结构"，即形容词性前部二字语素修饰限定名词性后部二字语素。"A+N 定中结构"的日语四字词在词数和占比上具有明显优势。从具体例词看，日语四字词方面以机构名称、职务名称等专有名词居多。例如，以"—教育"为后语素的四字词有 3 个，即"初等教育、高等教育、中等教育"；以"—学校"为后语素的四字词有 2 个，即"高等学校、专门学校"；其他如"高等法院、国立银行、临时总会、义勇舰队"等也属于专有名词的范畴。

然而需要说明的是，在日本的『国語辞典』中，除了「高等」和「名誉」2 词标注为「形動ダ」之外，其他各词一般都标注为名词，而《现代汉语词典》等中方词典则将上述各词都标注为形容词。词类的认定标准不同，是导致中日双方在 A+N 类四字词上出现较大落差的主因。近年来，日本学者村木新次郎提出日语应划分「第三形容詞」的主张[①]，《现代汉语词典》（第 5 版以后）也已将介于名词与形容词之间的二字词标注为"属性词"。以上思路对解决中日之间的词类对应问题会有帮助，留待以后的章节中继续探讨。

5.4　N+V、V+V、A+V 类四字词

N+V、V+V、A+V 结构均属于以动词为后语素的四字词。在 N+V 类四字词中，依照名词性前部二字语素与动词性后部二字语素之间的语法关系，又可细分出两种结构类型。一种是"N+V 主述结构"，有 6 词，即"地方分权、地

[①]　参见村木新次郎（2012）。

方自治、君主专制、中央集权／君民共主、议院公举"。另一种是"N+V 状中结构"，有 3 词，即"电气镀金、局外中立／电光摄影"①。

V+V 类四字词是由两个动词性二字语素组合而成的，依照两个语素之间的语法和语义关系，又可以分为两种结构类型。一种是"V+V 并列结构"，有 4 词，即"富国强兵、交通运输、拓地殖民、殖产兴业"。另一种是"V+V 状中结构"，有 5 词，即"独立自治、同盟罢工／独立自主、渡航移住、分科立学"。

A+V 类四字词只有 2 词，即"国际交涉、自由贸易"，均为"A+V 状中结构"的日语四字词。日本的『国语辞典』一般把「国际」标注为名词，但它并不能独立使用。笔者在此按照汉语的词性分类，将其视为形容词性语素。

值得注意的是，以上 3 种结构类型的四字词出现在具体语境之中时，并不因其动词性后语素而成为动词性的四字词，在概念固化之后，四字词整体就变成了一个名词。既然动词性二字语素组合成 2+2 型四字词之后，四字词整体相当于一个名词，那么其中的动词性二字语素是否已经转变为名词性二字语素了呢？在日语中，「二字漢語」的动词可以十分自由地转换成名词，如动词「学習する」去掉词尾的动词标识「する」，词干「学習」就可以作名词使用，日语词典也将词性标为名词。然而，在清末以前的汉语中，这种"动名兼类"的现象却十分鲜见。N+V、V+V、A+V 类日语四字词的进入，对汉语中"动名兼类"现象的发展是否产生过影响？这个问题留待以后的章节中继续探讨。

6. 小结

本章从多个角度对《时务报》中的四字词与日语借词的关系做了多角度的分析，论述的重点可归纳如下：

（1）经过词语调查，从《时务报》中共抽出四字词 192 个，其中 2+2 型四字词有 174 个，占四字词总数的 90.6%，本章将 2+2 型四字词作为研究对象。

---

① 斜线／前为"日方用例早"的四字词，斜线／后为"日方用例无或晚"的四字词，下同。

经过逐词进行词源考证,确认日方用例早的四字词有 83 个(47.7%),未见日方用例的四字词有 58 个(33.3%),日方用例晚的四字词有 33 词(19.0%)。

(2)在《时务报》中,已出现不少以前语素或后语素为中心形成的 2+2 型四字词词群,表明系列性构词这一日语四字词的特点已经进入汉语。但这些词群的前语素或后语素主要是出自古汉语、中国人容易理解的二字词,而前后语素可以自由组合、以抽象性名词为特征的典型性日语四字词尚未在汉语中大量出现。

(3)从 2+2 型四字词的结构类型看,同一结构类型在日语四字词和汉语四字词之中所占的比例虽各有不同,但中日双方的结构类型基本上可以一一对应,而且占比的排序也大同小异,这表明中日四字词之间在结构类型上没有明显的差异。

(4)以名词为后语素的四字词(〇+N)占总词数的 88.5%,内部可细分为 N+N 定中结构、V+N 定中结构、A+N 定中结构,表明定中修饰结构是 2+2 型四字词的主体。另一方面,以动词为后语素的四字词(〇+V)占总词数的 11.5%,内部可细分为 N+V 主述结构、N+V 状中结构、V+V 并列结构、V+V 状中结构、A+V 状中结构。

第4章 《清议报》中的二字日语借词

作为中日词汇交流史的研究资料，《清议报》值得特别关注。它在时间上紧接在《时务报》之后，由梁启超主持编务并撰稿，是最早在日本创办发行的中文报刊①。梁启超向来对使用日语词汇持积极态度，加上当时又身在日本，可以方便地接触与吸收日语词汇。此外，《清议报》的外报翻译栏虽然没有像《时务报》的古城贞吉那样有名的翻译撰稿者，但该栏的内容主要取自日文报刊，为借用日语词汇提供了直接的来源。

以往对《清议报》的研究集中在历史学、新闻史、思想史方面，有助于把握《清议报》的历史定位。其中李国俊（1986）、寇振锋（2008）、吉田薰（2008）、承红磊（2015）、张娜（2016）等考证详实的论著和论文使笔者获益匪浅。本章选取了近代中日词汇交流这一新的研究视角，力求达到两个目的：一是以词汇史研究的角度，分析《清议报》作为语料文本的特征，二是通过词语抽取、词源考证等环节，对《清议报》中的二字日语借词进行辨别和整理。

1.《清议报》的主要栏目和执笔者

戊戌变法失败后，梁启超于1898年9月末逃到停在大沽口的日本军舰上，海陆辗转，最终于10月20日抵达东京，开始了他在日本长达14年的流亡生活。最初，康梁二人希望借助日本的力量去营救光绪帝，但这一想法很快就被现实

---

① 依据《中国报刊辞典（1815—1949）》，1898年6月在日本神户创刊的《东亚报》（英文名称 Eastern Asia News）比《清议报》略早数月，现存有9期。参见黄兴涛（2009）。

击碎，康有为本人也被迫离开日本，远赴欧美去寻找新的容身之所。在连遭挫折的困境之中，梁启超创办了《清议报》，从他踏上日本的土地时算起，其间仅相隔短短两个多月的时间。

《清议报》于 1898 年 12 月 23 日发行第 1 册，到 1901 年 12 月 21 日出满 100 册停刊，历时整整 3 年。该报为旬刊，每月发行 3 册，间隔为 10 天左右。按现在的页数计算，每册在 60 页上下，计有 2 万 6 千字。梁启超在第 1 册卷首的"横滨清议报叙例"中特意提到《时务报》："三年以前，维新诸君子创设《时务报》于上海，大声疾呼哀哀长鸣，实为支那革新之萌蘖焉。今兹政变下封禁报馆之令，……此正我国民竭忠尽虑扶持国体之时也，是以联合同志，共兴《清议报》为国民之耳目，作维新之喉舌。"可见，在梁启超心目中，当年办《时务报》是为了革新变法，如今兴《清议报》意在"扶持国体"（保皇）与宣传维新。

梁启超还在"叙例"中为《清议报》制定了内容框架："本报所刊录约分为六门，一、支那人论说；二、日本及泰西人论说；三、支那近事；四、万国近事；五、支那哲学；六、政治小说。"其实这"六门"并非栏目的名称，到第 11 册（1899.4.10）发行时，才通过"本报改定章程告白"将栏目固定下来。告白中称"兹定自第十一册起，每册分为九类：一、本馆论说；二、来稿杂文；三、中国近事；四、外论汇译；五、万国近事；六、政治学谈；七、支那哲学；八、政治小说；九、诗文辞随录。"这 9 个栏目大致囊括了《清议报》3 年间的主干内容，但出版到第 24 册（1899.8.16）之后，栏目的消长变化渐趋频繁，如果细数的话，包括临时性的栏目在内，总共出现过近 30 个栏目名称。

《清议报》的撰稿人一般都使用笔名。其中，梁启超（1873—1929）是名副其实的第一主笔，他以"任公、梁任、哀时客、爱国者、饮冰子、饮冰室主人、檀山旅客"等笔名，在"本馆论说"、"饮冰室自由书"、"政治学谈"、"各埠近事"、"支那近事"、"支那哲学"等栏目中发表了大量的自撰文章以及译文。仅在"本馆论说"之中，他就写了 40 篇重头文章，约占该栏目文章总数的近 4 成。梁启超乐于接受日语的新名词，从文体到词汇都有出新之处，理应是词语调查的主要对象。

麦孟华（1875—1915）是仅次于梁启超的主要撰稿人。他在《时务报》期间就曾与梁启超共事，戊戌政变后，二人在日本会合，麦孟华协助梁启超创办《清议报》，并在梁不在日本期间，代其主持该报。他以"伤心人、先忧子、佩弦生、玉瑟斋主人"等笔名撰写并翻译了许多文章。"本馆论说"中有他撰写的21篇论说文章。麦孟华在使用日语词汇方面比梁启超保守得多，除了译自日语的文章之外，较少使用日语的新词。

在《清议报》上发表文章较多的还有欧榘甲（1870—1911）和秦力山（1877—1906）。欧榘甲是康有为的门生，曾在《时务报》上撰文宣扬变法。戊戌政变失败后，他来到日本协助梁启超编《清议报》，是该报早期的撰稿人之一，以"无涯生"为笔名，在"本馆论说"中发表过10篇文章。秦力山是湖南长沙人，早年向往新学与变法运动。戊戌政变后，应梁启超之召于1899年秋赴日本，曾在东京高等大同学校留学，其间担任《清议报》的主笔。他以"力山、公奴隶力山、遁公"等笔名发表了一些文章。秦的思想比较激进，甚至曾在《清议报》上撰文讥讽过康梁的保皇行为，因而与梁启超等渐行渐远。

此外，还有章太炎（西狩、台湾旅客等）、康有为（明夷子、素广、更生等）、冯斯栾（自强氏）、马君武（贵公）、丘逢甲（沧海、南武山人）、夏曾佑（碎佛）等人也以各自的笔名为《清议报》撰过稿，但大多不是政论性文章，也鲜有日语的新词。

2. 词语抽取的文章范围

从日语借词研究的角度来看，并非所有的《清议报》文章中都含有日语借词。据笔者调查，在以下3大类文章中最有可能发现日语借词，应是词语调查的重点所在。

2.1　梁启超的各类文章

早在担任《时务报》的主笔之前，梁启超就对明治维新后的日本有所关注。

黄遵宪的著作《日本国志》(1887)、老师康有为的著作《日本变政记》(1886—1898)和《日本书目志》(1898)以及甲午战争前后接触到的翻译书,都对梁启超的日本观有直接的影响。此外,他在《时务报》馆工作时的日本同事古城贞吉及其"东文报译"也会增加他了解日本的机会[①]。通过他写的"日本国志后序"(《时务报》第21册)、"读日本书目志书后"(《时务报》第45册)等文章,可以清楚地看出他对日本的关注和向往。

与此同时,他对学日文和译日书也表示出很高的热情,先后撰写过"变法通议·论译书"(《时务报》第27—33册)、"论学日本文之益"(《清议报》第10册)以及数年后的"东籍月旦"(《新民丛报》第9—11号)等文章,大力宣传学日文和译日书的好处。此外,他在东渡日本之后,还在1899年春夏间与人合编了《和文汉读法》一书,身体力行地摸索学习日文的规律[②]。由以上可知,梁启超是积极主张利用日文获取新知识新词语的,因此在他的文章里出现较多的日语词汇是可以预见的。梁启超在《清议报》上发表的文章主要集中在以下4个栏目中[③]:

(1)本馆论说

作为《清议报》的主编,梁氏的政治主张大多通过此栏目的文章公之于众,如"爱国论"(第6—7册)、"论中国人种之将来"(第19册)、"论近世国民竞争之大势及中国之前途"(第30册)、"国民十大元气论"(第33册)等。在梁启超的40篇文章中使用了不少日语新名词。

(2)政治学谈

这个栏目由梁启超编辑,刊登过3篇政治方面的连载译文,即:"国家论"(第11—31册之间,1899.4.10—10.25,连载14次)、"各国宪法异同论"(第12—13册,连载2次),以及"政治学案第三、第四、第六"(第96—100册,连载4次)。其中,"各国宪法异同论"署名"新会梁任译",其他两篇虽没有署名,但都收在《饮冰室合集》(1936,中华书局)之中。以往学界认为,"国家论"依照的底本是由吾妻兵治翻译、东京善邻馆1899年出版的《国家学》一

---

① 参见郑匡民(2003)的第1章第1节。
② 参见石云艳(2005)第2章;陈力卫(2008)。
③ 梁启超的文章,有的使用笔名,有的没署名,判断的依据为李国俊(1986)。

书。其实吾妻本并非日语而是相当流畅的汉语，《清议报》创刊时恰逢其出版，梁启超只是加以删节和稍作文字修改便将其连载①。然而承红磊（2015）的最新研究认为，《清议报》所刊登的"国家论"并非像以往学者所称的是抄袭自吾妻本《国家学》，而是以平田本《国家论》为底本，参照吾妻本翻译而成的②。"各国宪法异同论"和"政治学案第三、第四、第六"的底本不详，但从译文中含有相当数量的日语新词这一点看，可以断定是依据日文原本译出的。

（3）饮冰室自由书

专门刊登梁启超所写的时评性自由体杂文，从第 25 册到第 100 册之间共刊载过 46 次。从调查的结果看，其中有一部分文章含有日语新词。如"论强权"（第 31 册）、"答客难"（第 33 册）、"世界最小之民主国"（第 39 册）、"俄人之自由思想"（第 96 册）、"二十世纪之新鬼"（第 98 册）等。

（4）政治小说

梁启超在 1898 年 10 月初乘船逃往日本途中，为消磨时间翻译了柴四郎（东海散士）的小说《佳人奇遇》③。《清议报》创刊后，在第 1 册到第 35 册之间共连载了 33 次，不过译文偏重于文言风格，很少有日语新词。

2.2　外报翻译类文章

初期的《清议报》外报翻译版块继承了《时务报》的一些特色，但后来的差距越拉越大。比如，《时务报》的外报翻译是有译者署名的，"英文报译、东文报译、法文报译、俄文报译"等栏目名称一以贯之，译载的消息偏重于时效性，其来源大都标明报刊名和日期。与此相比，《清议报》有很大不同，一是通常没有译者署名和

---

① 吾妻兵治译《国家学》一书现藏于日本国立国会图书馆。事实上，"国家论"在《清议报》上连载时，梁启超并未以译者署名，而李国俊（1986）第 52 页处称"署德国伯伦知理著，饮冰室主人译"，有失准确。

② 平田本《国家论》一书现藏于日本国立国会图书馆。日文书名等如下：『国家論』ブルンチュリー著，平田東助，平塚定二郎訳，荘原和校，東京：春陽堂，明治 22 年（1889）。

③ 日文原名为『東洋之佳人』，出版于 1888 年。

刊名日期不全；二是栏目名称几经变更，且承继关系不明；三是翻译文章和转载文章的界限不清。由于外报翻译版块的文章多数译自日文报刊，其中含有日语借词的可能性很大，在此将《清议报》中属于外报翻译版块的栏目整理如下：

表 1 《清议报》外报翻译版块的栏目变更情况

期间	册数	栏目名称（所占页数）
1898.12—1899.4	第 1—10 册	西报译编（8—18 页）、东报译编（12—18 页）
1899.4—1899.8	第 11—24 册	外论汇译（10—16 页）、万国近事（10—16 页）
1899.8—1899.10	第 25—31 册	闻戒录（3—10 页）
1899.12—1900.2	第 32—35 册	闻戒录（3—10 页）、地球大事记（4—14 页）
1900.2—1900.3	第 36—40 册	时论汇录（7—14 页）、地球大事记（4—14 页）
1900.4—1900.11	第 41—62 册	时论译录（11—16 页）、地球大事记（4—14 页）
1900.11—1901.12	第 63—100 册	时论译录（10—16 页）、外国近事（6—9 页）

表 1 显示，初期的"西报译编"和"东报译编"与《时务报》有相近之处，但从第 11 册起改为"外论汇译"和"万国近事"，不再区分西报和东报，前者以篇幅稍长的时论翻译为主，后者大多是具有时效性的短文。第 25 册以后的几期，外报翻译的功能主要由"闻戒录"承接，其内容与此前的"外论汇译"相近，但篇幅大幅缩水。到第 32 册时新设了"地球大事记"，该栏的文章多数不具时效性，往往不标明报刊名和日期，可能含有摘编或转载的文章。自第 36 册之后，新增设的"时论汇录"取代了"闻戒录"，主要刊登篇幅较长的政论性转载文章。这个栏目到第 41 册时，又改名为"时论译录"，转为刊登政论性的翻译文章。到第 63 册时，"地球大事记"不复出现，其内容大致由"外国近事"承接，并一直延续到《清议报》停刊为止。栏目的反复变动，或许与稿件来源的不稳定有关。但总体看来，在《清议报》发行期间，基本上都有两个栏目在同时承担外报翻译的功能，篇幅为 20—30 页，约占每册总篇幅的三分之一，这充分表明外报翻译版块的重要性。

2.3 译书附录

"译书附录"栏开设于第 47—100 册之间，每册内容约为 6—16 页，主要刊载社会历史方面的连载译文，共有以下6篇：

"社会进化论"，日本有贺长雄著，玉瑟斋主人译，第47—70册之间连载11次

"埃及近世史"，日本柴四郎撰，玉瑟斋译，第49—74册之间连载23次

"政治学"，德国拉坚讲述，玉瑟斋主重译，第66册刊载1次

"中国财政之一斑"，（无署名），第71—79册之间连载9次

"支那现势论"，匿名法国人著，劫火仙译，第74—100册之间连载22次

"扬子江"，日本法科大学生林安繁著，第80—89册之间连载10次

其中，"中国财政之一斑"虽没有著译者的署名，但文章开头有言道："爰取东邦小鉴中论述中国财政一篇，急为译出，以供有心者考证之资焉"①，据此可判断是译自日语的文章。此外，"支那现势论"的译者"劫火仙"是蔡锷（1882—1916）在日本留学时所用的笔名，该文的"序"中有"近日日本支那调查会所译法人所著支那现势论，……译以示我国民"的表述，文后的落款为"辛丑二月劫火仙序于日本东京"，说明此文不是直接译自法语，而是从日语转译的。"政治学"的原著者是"德国拉坚"，但其译者与"社会进化论"、"埃及近世史"相同，都是"玉瑟斋主人"（即麦孟华），且标明是"重译"，因此也应是从日语转译的文章。虽然"译书附录"栏中的6篇连载文章全部译自日语，但从抽取词语的结果看，只有"玉瑟斋主人"（麦孟华）翻译的"社会进化论"和"埃及近世史"当中出现了一些日语新词。

2.4　各类文章的抽词数

如果按照抽词的结果进行统计，笔者从《清议报》中共抽出各类词语3879词，去除重复词语之后的单计词数为1772词。其中，从"梁启超的各类文章"中抽出的共有539词（30.4%），抽词多的文章有："国家论"131词、"论内地杂居与商务关系"44词、"各国宪法异同论"42词、"论中国人种之将来"40词等。从"外报

---

① 翻译所依据的底本为东邦协会编『東邦小鑑·第1輯』，明治33年（1900）出版于东京。

翻译类文章"中抽出的共有 1150 词（64.9%），抽词多的文章有："帝国主义"87 词。从"译书附录"中抽出的共有 52 词（2.9%），抽词多的文章有："社会进化论"34 词。从以上 3 类以外的文章中抽出的有 31 词（1.8%）。由此可见，在《清议报》中"外报翻译类文章"以及"梁启超的各类文章"是日语借词相对集中的版块。

在外报翻译版块中，译自日本报刊的文章大大超过译自欧美报刊的文章。据笔者统计，作为译文来源的日本报刊和欧美报刊分别有 25 种和 13 种，而译文数量的差距更为悬殊。在日本报刊中，译自"时事新报"的共有 83 篇，其次为"日本报"25 篇，其他依次为"大阪每日报"、"太阳报"各 7 篇、"东京日日新闻"、"东亚时论"、"外交时报"、"译东报"各 6 篇等[①]。而在欧美报刊中，译自"益新西报"、"伯林新报"、"域多利泰晤士报"的各有 3 篇，除此之外，其他报刊只有 1—2 篇[②]。从原文的署名情况看，共有日本人 20 余人，其中署名次数较多的有：尾崎行雄 3 篇，添田寿一、大隈重信、石川半山、有贺长雄、志贺重昂、佐藤弘各 2 篇等。

3. 词语抽取的原则与分类

在第 1 章第 3 节中笔者已对抽词的原则做了详细的说明，简言之，基本原则有两条：一是为了便于在多种资料之间对词语调查的结果进行横向比较，需要制定统一的词语抽取方法。二是进入汉语的日语借词有二字词、三字词和四字词等，应针对每一类词的不同特点进行各有侧重的抽取。要点如下：

对于数量庞大的二字词，抽取的词语应以中日同形词为主，但并非所有的中日同形词都需要抽出。最值得关注的是那些与人文科学、自然科学有关的术语，

[①] 报刊名称均为《清议报》原文，因经过翻译而使不少报刊名在日方资料中查不到下落，故未使用书名号。

[②] 张娜（2016）第 1 章第 2 节中有一小节题为"东报译篇"，其中说"东报译文的篇数共达 95 篇，其篇目总数居'外论汇译'栏目报译总篇数（共 195 篇）之半。"（第 9 页）因统计范围和方法不同，篇数无法核对。

以及能够反映当时新事物新概念的词语，因为这些词是清末时汉语最需要从日语引进的。而那些已知是出自古汉语，传入日语后词义并没有明显变化的词则不必一一抽出。此外，有少数日造的汉字词虽然不属于中日同形词的范围，但清末曾在汉语中短时出现过，为了反映当时的实际情况，也予以抽出。还有中国人自行创造的清末新词，为了与日语借词作对比，也有必要适量抽出。

对于三字词、四字词以及四字以上的多字词，抽取时不应局限于中日同形词的范围。从19世纪末到20世纪初中日词汇交流的实际情况来看，日语的三字词和四字词不仅作为日语借词的组成部分直接进入到汉语中，而且还对汉语三字词、四字词的构词法产生了相当大的影响。考虑到这一点，笔者在抽取三字词和四字词时，以兼顾中日同形词与构词方式为原则，争取最大限度地多收集三字词与四字词的用例。至于四字以上的多字词，其数量十分有限，可以不作为研究的主要对象。

按照以上原则，笔者从《清议报》中共抽出各类词语3879个，这是包含许多重复词的复计词数，再以只保留首出用例去除重复词的方法进行整理，最终得到单计词数共1772词。对这些词进一步按照二字词、三字词、四字词和多字词，以及各词在《清议报》中的首出例的年月分布（以册数表示）加以分类，结果如表2所示：

表2 从《清议报》中抽出的词语及其分类情况（单计词数）

年度	册数	二字词（1053词／59.4%）				三字词	四字词	多字词	合计
		有典	新义	无典	未收				
1898	1	44	8	5	0	11	8	0	76
1899	2—33	553	35	125	26	200	145	8	1092
1900	34—67	70	7	28	7	89	66	1	268
1901	68—100	102	5	26	12	111	75	5	336
词数合计（%）		769（73.0）	55（5.2）	184（17.5）	45（4.3）	411（23.2）	294（16.6）	14（0.8）	1772（100.0）

表2显示，从1899年抽出的各类词语最多。这是因为《清议报》在1898年只出版了1期创刊号，所以首出词语大部分都集中在1899年之中。在抽出的词语当中，二字词的数量最多，约占总数的6成。对于二字词，采用与《时务报》完全相同的方法，首先利用中日双方的大型词典和各种电子资料进行词源考证，再

依据结果将《清议报》中的二字词分为"有典"、"新义"、"无典"、"未收"4类。

需要注意的是,《清议报》的抽出词里含有许多在此前的《时务报》中已出现的词语。为了避免重复,可以去除在《时务报》中已出现过的词,以便把注意力集中在《清议报》中新出现的词之上①。这个做法不仅针对二字词也适用于三字词和四字词,而且适用于《清议报》以后的其他清末报纸。因为只有采用统一连贯的研究方法,才能在多种资料之间进行横向的词语对照和比较。按照以上思路,经过与《时务报》的抽出词做比对,将《清议报》的抽出词区分为《时务报》已出词和《清议报》新出词两个部分,结果如表3所示:

表3 《清议报》的抽出词中所包含的《时务报》的词语(单计词数)

清议报的抽出词	二字词(1053词/59.4%)				三字词	四字词	多字词	合计
	有典	新义	无典	未收				
时务报 1896—1898 已出词	278	29	73	11	102	32	0	525
清议报 1898—1901 新出词	491 (63.8)	26 (47.3)	111 (60.3)	34 (75.6)	309 (75.2)	262 (89.1)	14 (100)	1247 (70.4)
抽出词合计	769 (73.0)	55 (5.2)	184 (17.5)	45 (4.3)	411 (23.2)	294 (16.6)	14 (0.8)	1772

表3显示,在《清议报》的抽出词中,除去《时务报》时已出现的词,在《清议报》中新出现的词共有1247词,占抽出词总数的70.4%(阴影部分),为了避免研究对象词的重复,我们将重点关注这部分词。本章将按照"有典""新义""无典""未收"4类词的框架,对《清议报》中新出现的662个二字词进行深入分析。

4. 有古汉语出典的二字词

在《清议报》新出现的662个二字词中,可利用《汉语大词典》和《四库

---

① 这里所说的"新出现的词"是指在清末5报范围内的情况,并不排除某词在清末5报之前已进入汉语的可能性。以下同此。

全书》查到古汉语出典的词共有 491 个，占 "有典" 二字词总数的 63.8%。由于有古汉语出典且古今的词义没有明显变化，可以认定它们是汉语造词而不是日语借词。"有典"词虽然不是关注的重点，但因没有找到古汉语出典而被误判为日语借词的事例时有发生。以下所举的 "立宪、民族、宗教" 3 词就是被当成日语借词收进《汉语外来词词典》(1984) 的误判例，在此将有关例证梳理如下。

4.1 立宪

《清议报》中有如下用例："皇上深观中外之故，注意立宪之政，以开民智伸民权为唯一之主义。"（第 26 册，任公，"论支那独立之实力与日本东方策"，1899.9.5）查看《汉语大词典》，其中 "立宪" 一词没有古汉语出典，只提供了《清史稿》(1927) 等书证。但在《申报》中有早于《清议报》的用例，如 1882 年 9 月 24 日刊载的 "照译东洋新闻" 一文中有以下用例："东京之自由党尤当首屈一指，其余若大阪之立宪党，九洲之改进党皆公然集众会议，饮宴结盟。" 这显示清末最初出现 "立宪" 与日语的影响有关。在日语方面，『日本国语大辞典』和佐藤亨著『現代に生きる幕末・明治初期漢語辞典』(2007) 均以福泽谕吉译『英国議事院談』(1869) 中的用例作为首出例。两相比较，日方用例的时间明显早于中方用例。

如果止步于词典的书证，很容易造成误判。其实在《四库全书》电子版中可以找到 "立宪" 的用例，如明代杨士奇等编《历代名臣奏议》(1416) 中的用例："本朝制度，虽不尽用三代，自当因宜立宪，著为律令，使可遵守。"（卷 104）这表明在日本明治初年开始使用「立憲」之前，汉语里早就有 "立宪" 一词。"立宪"有古汉语出典，而且古今的词义没有明显的不同，因此属于 "有典" 词。

4.2 民族

《清议报》中有如下用例："况又开拓地球各地之新市埠，压逼民族，使永受制，必在战备乎。"（第 17 册，外论汇译，"扩张国势及列强协商论"，1899.6.8）查看《汉语大词典》，"民族"只有释义，没有古汉语出典和任何书证。《汉语外来词词典》（1984）把"民族"列为日源外来词。黄河清编《近现代辞源》（2010）所引的书证出自《清议报》第 23 册（1899）和章炳麟的文章（1903）。《申报》中的首出例见于 1872 年 8 月 24 日刊载的"论治上海事宜"一文："上海民族繁多，其客民之聚而谋利者有率多桀黠儇巧。"在日语方面，『日本国語大辞典』和『現代に生きる幕末・明治初期漢語辞典』（2007）均以福泽谕吉『西洋事情』（1866—1870）中的用例为首出例证。由此看来，"民族"的日语词源似乎早于汉语。

然而，在《四库全书》电子版中可以检索到"民族"的用例近 10 条。比如，南宋徐梦莘编《三朝北盟会编》（1194）中的用例："陛下曾念中原之民族，故国之宫闱乎。"（卷 227）清代张廷玉等撰《钦定续文献通考》（1784）中的用例："辽时皇族与民族皆有耶律之姓，史所书某院部人则同姓不宗之民族。"（卷 206）以上用例表明，古汉语中早就有"民族"一词。对比古汉语与《清议报》的用例可以发现，古汉语的"民族"与现代的含义虽然不尽相同，但总体上是一脉相承的，因此"民族"应视为"有典"词。

4.3 宗教

查看《清议报》的用例，"宗教"大都出现在日本报纸的译文之中。例如："当时欧洲诸邦，新旧宗教争战，王权与封建诸侯相轧。"（第 20 册，译每日报，"神户招待会大隈伯演说"，1899.7.8）又如："宗教者不以种族分疆界，凡属人类，莫不一视同仁。"（第 23 册，译太阳报，"论地球国种之大势"，1899.8.6）在汉语方面，《汉语大词典》对"宗教"只有释义而没有举出古汉语出典。《汉语外来词词典》（1984）则将"宗教"视为日源外来词。早在 20 世纪初，康有为就曾对日本人将英文 Religion 译成"宗教"持有异议，他说："夫'宗'之与'教'，二文本不相关。中国自古名词，有言'祖宗'者，有言'宗庙'者，未有言'宗教'者。"① 由此可见，康氏当时认为古汉语没有"宗教"一词。

在日语方面，佐藤亨著『現代に生きる幕末・明治初期漢語辞典』（2007）列举了森有礼著『航魯紀行』（1866）和久米邦武著『米欧回覧実記（5）』（1871）等明治初年的文献作为书证，著者认为「宗教」一词1880年代在日本成为英文 Religion 的译词，从而给这个源自古汉语的词赋予了新义。笔者认为，说"宗教"是日本人创造的新词显然有悖事实，而说它由日语赋予了新义也值得商榷，因为"宗教"的现代词义与古汉语的原义相比较并没有明显的差异，以词汇史的观点看，它应当属于"有典"词而不是"新义"词。

利用《四库全书》电子版是可以查到"宗教"一词的。比如，南宋罗濬等著《宝庆四明志》（1228）中的用例："皇子魏王申请为十方祝圣道场，以传天台宗教。"（卷 15）明代吴之鲸著《武林梵志》（17 世纪前半）中的用例："祇园法师，阐扬宗教，皈依云集。"（卷 4）此外，《申报》中也有与日本无关的较早用例，如 1877 年 9 月 18 日刊载的"光绪三年八月初一日京报全录"中有以下用例："班禅额尔德尼等控讦该诺门汉不务清修，有玷宗教。"

综上所述，"宗教"一词在古汉语里用例较少，而在明治时期的日语里却经常出现是不争的事实。应当承认，"宗教"一词于 19—20 世纪之交在汉语中重获新生与日语的影响直接有关。有的研究者把这类虽有古汉语出典且词义变化不大，但 19—20 世纪之交在日语的影响下被"激活"的词称为"回归词"。这是尊重历史事实的态度，有其合理之处。但笔者认为，只有证明某词清末以前在汉语里处于休眠状态，同时也证明该词明治时期由日语率先使用，才能确定一个词是"回归词"。

最后，再列举一部分《清议报》中新出现的"有典"二字词，其中有不少是《汉语外来词词典》作为日源词收录的二字词。

保证　暴力　变革　波动　部队　部长　裁决　材料　操业　产物　成绩

---

① 康有为的这段话转引自黄兴涛（2009）第 120 页。此论文以概念史研究的视角，对康有为有关"宗教"的言论做了详细的述评，参见《新史学（第三卷）：文化史研究的再出发》，第 119—122 页。

初步	刺激	村落	措置	代理	岛国	抵抗	地域	电信	定义	动物
独裁	断言	对照	发酵	发明	法庭	反动	风潮	负担	改善	改选
感触	感觉	高度	隔膜	公民	贵族	过激	积累	检查	健康	经营
具体	决议	绝望	军团	刊行	空想	联盟	良性	留学	论据	面积
年度	判决	勤务	倾向	热带	人道	人类	人性	商界	时期	实学
实用	市民	衰弱	税务	私法	素养	素质	体格	调停	土质	王权
系统	消费	协赞	选举	右翼	运输	政界	政体	职业	自由	

5. 近代产生新义的二字词

有些词虽然可以查到古汉语出典，但词义与古汉语的原义明显不符，究其原因，新的词义是在明治日语中产生之后再传入汉语的，"近代产生新义"专指这种情形而言。如表3所示，在《清议报》的全部二字词中，共有"新义"二字词55词，其中包含在稍早的《时务报》中已出现过的以下29词，占"新义"词总数的52.7%。

参政	大将	代表	干事	革命	工业	共和	关系	机关	经济	警察
普通	起点	少将	少尉	社会	世纪	思想	协会	学科	演说	艺术
议题	义务	影响	预算	杂志	中将	组织				

利用古汉语的二字词去对译来自西方的新概念，从而使古汉语词产生出近代新义，这是日本人在明治初年曾经使用的方法。但是在经过最初的过渡期之后，日本人便凭借其深厚的汉学素养，开始转向直接创造日语新词了。

除去已出现过的词之后，在《清议报》中新出现的"新义"二字词共有以下26个，占"新义"词总数的47.3%。

暴动	初期	非难	感情	个人	观念	归纳	过渡	积极	记者	绝对
科学	恋爱	领地	论战	神经	谈判	特许	问题	现象	消极	有机
原人	运动	中佐	主体							

以下从《清议报》这些"新义"词中选取形容词变为动词的"非难",动词变为名词的"感情",动词变为形容词的"积极、消极",以及词义转移的"神经",对新义的产生过程做具体的说明。

5.1 非难

《清议报》中有如下用例:"次演说帝国主义与膨胀主义之关系,其言曰,世人多以膨胀主义非难我国。"(第40册,"地球大事记",1900.3.31)在《清议报》之后,《申报》中也出现相同的用法,如1911年3月30日刊载的"俄国海军之大扩张"一文中有以下用例:"此项兴复海军议案又需如此巨款,在一般国民中,因艰于负担,自不免有所非难。"查看《汉语大词典》,"非难"没有古汉语出典,释义为"批评和指责",仅列举了郭沫若等现代人的用例。其实,利用《四库全书》电子版可以查到许多古汉语的用例。例如,北齐魏收著《魏书》(554)中有如下用例:"为牧知道非难非易,其身正,不令而行,故便是易。其身不正,虽令不从,故便是难。"(卷21上)又如北宋王开祖撰《儒志编》(11世纪中期)中的用例:"人之智,长于人,短于己。求人之是非易,求己之是非难。"再如南宋李光撰《读易详说》(12世纪前半期)中的用例:"邪佞之人,圣人之所甚疾也。知之非难,去之实难。"(卷10)由此可知"非难"在古汉语中的含义为"不难,容易做到",这与现代汉语的词义有明显的差异。

在日语方面,『日本国語大辞典』对「非難」的释义为「欠点やあやまちを責めとがめること」(即"批评指责缺点错误"),所举书证有『易林本節用集』(1597)、随笔『独寝』(1724)、歌舞伎『兹江戸小腕達引』(1863)等,各例表明「非難」的词义在日语里一直没有变化①。笔者也收集到一些明治初期的用例,如渡边恒吉译『官民権限論』(1880)一书中的用例:「所謂不公平ノ弊ヲ矯メント欲スルノ策謀ハ,竟ニ財物ヲ搶奪スルノ一手段ニ属スルノミ。是吾輩前ニ之

---

① 『日本国語大辞典』把「非難」、「批難」、「ひなん」等词形作为同一词源看待值得商榷,这也显露出「非難」在日语里或许有更复杂的演变路径,因超出中日词汇交流的范围,在此暂不作深究。

ヲ非難セシ所以ナリ。家屋税ハ収入税ノ常ニ許多ノ非難ヲ免カレザル如キニ非ズシテ……。」(第3卷)又如，箕轮胜编『国会議事堂建築論』(1884)中的用例：「吾人ガ今議事堂建築ヲ切望スルニ当リ、必ス此レ附出スヘキ非難アリ。今其非難ノ重モナル者可シト思フ所ヲ挙クレハ……。」(第2篇)以上各例中的「非難」均为"批评和指责"之义，而且在时间上早于《清议报》的用例。

综上所述，古汉语中虽有"非难"的用法，但含义与现代汉语的大相径庭，而"非难"之所以出现新义，是因为在19—20世纪之交受到了日语的影响。日语的「非難」对汉语的影响体现在两个方面：一是日语的「非難」意为"批评和指责"，此用法通过《清议报》等途径进入汉语后，在汉语中出现了与日语相同的新义。二是古汉语的"非难"原本不是一个词而是一种用法，传入日语后被视为一个词，而现代汉语的"非难"受日语影响也固化成词，念法也从 fēinán 变成了 fēinàn。

5.2　感情

《清议报》中有如下用例："第三，排斥支那人，害彼此之感情也。"（第19册，梁启超，"论内地杂居与商务关系"，1899.6.28）又如"若是者，我自忘其为我。无以名之，名之曰'烟士披里纯'（Inspiration）。'烟士披里纯'者，发于思想感情最高潮之一刹那顷。"（第99册，饮冰室自由书，"烟士披里纯"，1901.12.1）此外，在《申报》中也有相同的用法，如1902年6月26日刊载的"俄法睦谊"一文中有以下用例："日本访事人云，……法国对陛下之赤诚，想陛下亲临时已有所实见，同盟友谊之感情非可言喻。"在《汉语大词典》中，"感情"一词有3个义项：①触动情感。②犹感激。③对外界刺激所反映的心情。义项①②有古汉语书证，是动词用法。义项③没有古汉语书证，列举了郁达夫、艾青等现代人的用例，是名词用法。《清议报》中的用例应属于义项③的名词用法。"感情"因词性改变而产生的新义是汉语自身演变的结果，还是受到外来因素的影响？这是值得关注的问题。

笔者收集到的用例也可以证明，"感情"在古汉语里是V+N述宾结构的短语而并非一个词。如南宋李杞撰《周易详解》（约 13 世纪初）中的用例："以性感性，以情感情，天地万物之常理也。"（卷 7）又如，南宋李衡著《周易义海撮要》（12 世纪中期）中的用例："刚柔二气始欲相交未相通，感情意未得，故难生也。"（卷 1）再如，清代勅撰《御览经史讲义》（1749）中的用例："长言咏叹则为歌，触物感情，见诸比兴则为诗。"（卷 23）

在日语方面，『日本国語大辞典』对「感情」一词的释义是:「物事に感じて起こる心持。気分。喜怒哀楽などの気持ち」。所引书证有『文明本節用集』（1469）、『浮雲』（1887—89）等。笔者收集到一些明治时期的用例，如岛田三郎译『立法論綱（二）』（1878）中有以下用例:「感情ノ此差異アルハ，人々心身ノ形状ニ感ズル所ノ或ル事情ニ関係セリ故ニ，心身ノ形状変化アルニ随ヒテ其感情モ亦之ニ配合スルノ変化ヲ為ス。」（卷 2 第 9 篇第 1 章）又如，文部省编辑局译『維氏美学（下）』（1884）中的用例:「作者僅ニ此二ノ者ニ於テ其胸中有スル所ノ意義ヲ寄セテ以テ，其感情ヲ発揮ス。」（第 2 部第 6 篇第 8 章）

以上用例均显示，「感情」在日语里一直被视为一个词，而不是古汉语那样的短语。由于结构不同，导致双方的词性和词义也不同。日语的「感情」是 V+N 定中结构的名词，含义为"感受到的心情"或解释为"对外界刺激所反映的心情"，而古汉语的"感情"是 V+N 述宾结构的动词，含义为"感受体验心情"或解释为"触动情感"。从汉语方面看，古汉语的动词用法和原有的词义已经被现代汉语的名词用法和新义所取代，而"感情"的新义，如《清议报》中的用例所示，正是在日语的影响之下产生的。

5.3　积极、消极

《清议报》中有如下用例："而为之或以积极处置为要，又或以消极处置为要，故外交家伸缩难测。"（第 20 册，译自每日报，"论外交前途"，1899.7.8）在《清议报》之后，《申报》中也出现了"积极、消极"一起使用的例句，如 1904 年 5 月 13 日刊载的"江西万载县张子晋明府创设农习会章程"一文中有以下用列："惟劳动者之智识未开社会中之资费尚绌，现今能力所逮，只得注重消极一途，至积极之经营，惟于纯理的稍多实力的执行，不能不暂缓。"① 查看《汉语大词典》，"积极、消极"均未列出古汉语出典。"积极"词条有两个义项：①谓肯定或正面。②谓进取、主动或热心。书证取自鲁迅、老舍等现代人的作品。"消极"词条也有两个义项：①与"积极"相对。否定的；反面的；阻碍发展的。②与"积极"相对。不求进取；消沉。书证只有郭沫若、茅盾等现代人的作品。

其实，利用《四库全书》电子版是可以查到古汉语用例的。先看"积极"的用例，如南朝僧祐撰《弘明集》（6世纪初）中的用例："咸知赤县之表必有四极，而不信积极之远复有世界，是执见以判太虚也。"（卷14）又如，南宋魏了翁撰《周易要义》（1225）中的用例："不善之积极而至于杀君杀父，实从此始。"（卷27）再如，清代胡煦撰《周易函书约存》（1720前后）中的用例："寝食以之者几四十年，积极而生明，积明而生悟。"（序）

再看"消极"的用例，如北宋程颐撰《伊川易传》（1099）中的用例："阳刚消极而来反，既来反则渐长盛而亨通矣。"（卷2）又如，南宋杨万里撰《诚斋易传》（12世纪末）中的用例："五阳消矣，消极必息；五阴盈矣，盈极必虚。"（卷7）再如，清代包仪撰《易原就正》（17世纪后半）中的用例："盖小人之道长极矣，君子之道消极矣，至此不一战，则天道人道俱泯矣。"（卷1）

从以上各例可知，从古汉语到现代汉语"积极、消极"发生了两方面的变化：一是古汉语的"积极、消极"是V+N述宾结构的短语，而在现代汉语中已不存在短语的用法，已经固化成为形容词。二是古汉语的"积极"意为"积累至极限"，"消极"意为"消沉至极限"，二者的用例多见于《易经》类书籍，且未见成对使用的情形。而在现代汉语中"积极"表示"肯定或正面"，"消极"表示"否定或负面"，词义显著不同，同时也看不出古今词义之间有何关联。

在日语方面，『日本国语大辞典』的「積極」词条有两个义项：①電気や磁気の陽極。正極。プラス。②物事に肯定的・意欲的で，進んで行うこと。

---

① 此例可能译自日文，中文表达不甚通顺，但由于是《申报》中"积极、消极"新义的首出例，也可以反映当时日语借词滥用的情况，因而采用。

⇔消極。对「消極」一词的释义与「積極」完全对应，也有两个义项：①電気や磁気の陰極。負極。マイナス。②物事に否定的で，内にとじこもりがちなこと。⇔積極。2词的书证也大同小异，有『舎密開宗』（1837）、『明六雑誌』（1874）、『福翁百話』（1897）等。与中方的《汉语大词典》对照，日语的义项①是汉语没有的，而义项②则是双方共同的。

关于「積極、消極」的词源，『現代に生きる幕末・明治初期漢語辞典』（2007）提供的信息最为详细。首出例见于宇田川榕庵译著『舎密開宗』（1837）一书：「按ニ銀銭ヨリ起ル機力ヲ消極涅瓦知弗（チガチフ）オントケンネンデ，ボール，ト名ケ，亜鉛ヨリ起ル機力ヲ積極剥斯知弗（ポスチフ）ステルリフ，ポール，ト名ク。」由此可知，日语的「積極、消極」最早出自兰学家的著述，开始就是成对使用，词义为"电气的正极和负极"。

「積極、消極」的词义是如何演变至今的呢？『現代に生きる幕末・明治初期漢語辞典』（2007）中的用例显示，新义的最早使用者是启蒙学者西周。例如，西周『知説』（1874）中的用例：「然ルニ是皆積極ニ属スル者ナリ，其消極ニ属スル者ハ愚不肖頑鈍痴呆駿懇等ノ目アリ。」又如，『明六雑誌』22号（1874）上刊登的西周「内地旅行」一文中的用例：「故ニ先ヅ内地旅行ヲ行ツテ利ノアル方ヲ積極〈ポシチーウ〉ト見，害ノ方ヲ消極〈ネガチーウ〉ト見ルデゴザル。」此外，惣乡正明、飞田良文编『明治のことば辞典』（1986）中收有末广铁肠著『雪中梅』（1886）的用例：「然れども是れ特に消極的の快楽にして積極的の快楽にあらざるなり。」（上編・序）还收录了『日本大辞書』（1893）对词条「積極的」的释义：「直接ニ，天真デアルコト，英語Positiveノ訳，其反ハせうきょくてき（消極的），英語Negative例スレバ，〈見ル〉ヲ積極的，〈見ヌ〉ヲ消極的トイフ類。」

综上所述，「積極、消極」在明治初年成为英语Positive和Negative的译词，这是其从"电气的正负极"的旧义变为现代新义的关键一步。因为英语Positive和Negative原本就兼有表示"正极、负极"和表示"肯定、否定"的两层含义。笔者认为，在现有条件下，认为宇田川榕庵等兰学家是借用古汉语的"积极、消极"去翻译了荷兰语的概念，或是认为日语的「積極、消極」是与古汉语的"积极、消极"毫无关联的原创词，都有牵强之处。不妨将其视为在日语里产生新义的二字词。

前引《清议报》的用例译自日语报刊。此外，汪荣宝等编《新尔雅》（1903）中有如下用例："以或一性质为有而肯定之者谓之正名，亦谓之<u>积极</u>名词。以为无而否定之者谓之负名，亦谓之<u>消极</u>名词。"（释名）此2例中的"积极、消极"均为成对使用，可以证明"积极、消极"的现代新义是从日语传入汉语的。

5.4 神经

有少数"新义"词的情况比较特殊，表现为古汉语的旧义与现代汉语的新义之间完全不搭界，难以找到词义转移的理据。以"神经"为例，《清议报》中有如下用例："国民的<u>神经</u>为之冲刺，幕府之骄心为之挫折。"（第90册，录东洋报，"中日兴亡之一关键"，1901.9.3）查看《汉语大词典》，"神经"词条有3个义项：①神秘奥妙之典籍。②把中枢神经系统的兴奋传递给各个器官，或把各个器官的兴奋传递给中枢神经系统的组织。③借指思想，思路。其中，义项①有古汉语出典，书证出自唐代玄奘著《大唐西域记》（646）："颇存记注，宁尽物土之宜；徒采<u>神经</u>，未极真如之旨。"（序）义项②③为现代义，只有鲁迅、巴金等现代人的用例。《清议报》中的用例应属于义项③。笔者收集到的古汉语用例均与义项①相吻合，如唐代房玄龄等撰《晋书》（648）中的用例："和裕教授不倦，依孝经作二九<u>神经</u>。"（卷94）又如，后晋刘昫编《旧唐书》（945）中的用例："自古之粹籍灵符，绝域之<u>神经</u>怪牒，尽载于此二书。"（卷46）可见，"神经"的特点是旧义与新义之间存在巨大的差异。

在日语方面，『日本国語大辞典』的「神経」词条有3个义项：①動物体の各部の機能を統率し、また各部と中枢との間の刺激伝達の経路となる器官の総称。②物事を感じたり考えたりする働き。心の働き。③鋭くて、過敏な感覚の作用。各义项的书证有『解体新書』（1774）、『花柳春話』（1878）等。与中方的《汉语大词典》对照，汉语的义项①是日语所没有的，而汉语的义项②

与日语的义项①相对应，汉语的义项③则与日语的义项②③相对应。事实上，日语的「神経」并非取自古汉语的同形词，而是由日本兰学家创造的新词。它最早见于杉田玄白用汉文体翻译的『解体新書』(1774) 一书，是荷兰语 Zenuw 的意译词，原文如下：「世奴，〈此翻神経〉其色白而强。其原自脳与脊出也。」(巻1) 据『現代に生きる幕末・明治初期漢語辞典』(2007) 的解释，「神経」一词是由「神気ノ経脈」压缩而成的。对此，笔者认为可以另有解释。日本兰学家的汉学功底深厚，他们应当熟知中国古代医书中的"胃经、肺经、肝经、心经、肾经"等名词，因此在创造新词「神経」时，日本兰学家有可能参照了"〇+经"的构词形式。由于日语的「神経」在词结构上与"〇+经"形式的汉语词完全吻合，所以一旦进入汉语，便很快取代了来华传教士创造的"脑气筋"。

前引《清议报》中的"神经"是从日语文章中照搬来的。《申报》中的类似用法出现的更早些，如1889年5月3日刊载的"聘请名医"一文中有以下用例："日本报云，俄国皇后曾患<u>神经</u>病，前次在汽车中倾跌致受惊骇，近来病势日见增重。"此外，汪荣宝等编《新尔雅》(1903) 中也出现不少"神经"的用例，如"动物性<u>神经</u>系统及植物性<u>神经</u>系统为<u>神经</u>系统。"(释生理) 以上各例均可视为日语的"神经"进入汉语的早期例证。从"神经"的词源看，应属于中日分别造词而词形偶然相合的案例，可简称为"中日分立"，但因词数有限不便单独分类，可将其视为"新义"词的一种特殊情况。

5.5 "新义"的类型和进入汉语的时间

新义的产生方式主要可分为两类：一类是因词义转移而产生的新义（如从具象转为抽象、从特指转为泛指、所指领域变化、中日分别造词等）。除了以上解说的"神经"大致属于这一类型之外，在《清议报》新出现的 26 个"新义"词中，"暴动、个人、归纳、过渡、记者、绝对、科学、恋爱、谈判、特许、问题、有机、原人、中佐、主体"各词也可视为以词义转移为主因的"新义"词。

另一类是因词性改变而产生的新义（如动词变为名词、动词变为形容词等）。除了以上解说的"非难、感情、积极、消极"之外，在《清议报》新出现的"新义"二字词中还有"初期、观念、领地、论战、现象、运动"各词也属于以词性改变为主因的"新义"词。

此外，这里所说的"新出现"是指清末 5 报的范围而言，其实《清议报》中新出现的 26 个"新义"词并不一定全是在《清议报》发行期间才进入汉语的。通过与《申报》中的首出例进行时间早晚的比对，可将这些"新义"词区分为以下两种情形：

一是《申报》中的用例早于《清议报》的词。可视为在《清议报》发行之前已进入汉语的"新义"词，共有 6 词，即"暴动 1883、初期 1884、记者 1893、神经 1889、特许 1891、中佐 1894"，占 26 词的 23.1%①。

二是《申报》中的用例晚于《清议报》的词。可视为《清议报》发行期间新进入汉语的"新义"词，共有以下 20 词，占 26 词的 76.9%。

非难　感情　个人　观念　归纳　过渡　积极　绝对　科学　恋爱　领地
论战　谈判　问题　现象　消极　有机　原人　运动　主体

6. 无古汉语出典的二字词

所谓"无典"词是指《汉语大词典》没有列出古汉语书证，在《四库全书》中也查不到古汉语出典的情形。由于抽出的二字词基本上都是中日同形词，对于"无典"词，首先应推测它们有可能是明治时期产生的日语新词，其次或有可能是来华传教士创造的新词。日语借词和传教士新词都没有古汉语出典，但二者的性质不同。前者占绝大多数，属于日语造词，即我们要着力去发掘的日语借词。后者数量有限，属于汉语造词，需要与日语借词互相区分开。可以说，对"无典"词进行词源考证并写出词史是日语借词研究的重要环节。

如表 3 所示，《清议报》中共有"无典"词 184 个，占二字词总数的 17.5%。

---

① 词后数字为《申报》中"新义"首出例的年代。

其中，在《时务报》中已出现过的有 73 词（39.7%），在《清议报》中新出现的有 111 词，占"无典"词总数的 60.3%，这部分词是本章关注的重点。以下从中选取 4 词做重点说明，其中"领土、间接、干部"在《汉语外来词词典》（1984）中定性为"日源词"但没有提供任何依据。"极端"则属于尚未确定归属的例子。

6.1　领土

《清议报》中有如下用例："故为英国今日之计者，在统一殖民地，而不在扩大领土。"（第 1 册，东亚同文会，"与清国有志诸君子书"，1898.12.23）又如"故列强为将来得领土之故，必尽力于殖民政策。"（第 98 册，时论译录，"帝国主义"，1901.11.21）经查《汉语大词典》，"领土"一词没有古汉语出典，书证只有郁达夫、叶圣陶等现代人的用例。在《四库全书》电子版中也查不到"领土"的用例。《汉语外来词词典》（1984）将"领土"视为日源词。《近现代辞源》（2010）提供的书证出自《清议报》（第 1 册，1898.12.23）和麦鼎华译《欧洲十九世纪史》（1902）。《申报》中的首出例见于 1902 年 12 月 7 日刊载的"新书快睹"一文："系肄业东京大学之温州人王鸿章所著，……八、各国今日之现状大略。九、罗马法王领土之地位。其中又分子目数十款。"由此可知"领土"是一个古汉语中没有，直至清末才出现的新词，有可能是日语借词。

在日语方面，「領土」的现有最早用例见于中江兆民『国会論』（1888），原文如下：「然れども領土の広き民衆の蕃けき事業の繁げき如何に縝密なる法制有りと雖も，予め一々図謀して漏らさざる訳には行かざる。」① 又如，内田清四郎编『征清軍士忠勇譚』（1894）中的用例：「これぞ我軍の清国領土を踏みたる先登第一軍にぞありける。」（第 36 章）此外，『太陽』杂志创刊于 1895 年，检索其电子版发现第一年中就有「領土」37 例之多。例如，1895 年第 1 期上刊登的尾崎行雄「対清政策」一文中有以下用例：「日英仏露の四国は，皆な

---

① 此例引自『日本国語大辞典』的「領土」词条，笔者已与中江兆民的原书核对过。

領土を亜細亜に有し，支那の治乱興亡に対して利害の大関係を有す。」

综上所述，「領土」在日语中始见于 1880 年代，进入 1890 年代后用例迅速增多。虽然尚不能确定「領土」的首出时间，但可以证明该词的日语用例早于汉语，是由日本人创造的新词。而前引《清议报》中的用例，可视为"领土"进入汉语的早期用例。

6.2　间接

《清议报》中有如下用例："若我中国人，则非受直接之暴虐，而常受间接之压制。"（第 26 册，梁启超，"论中国与欧洲国体异同"，1899.9.5）又如"间接，直接之反也。"（第 19 册，梁启超，"国家论"，1899.6.28）在《汉语大词典》中"间接"释义为"通过第三者发生关系，跟'直接'相对。"没有古汉语出典，只列举了茅盾、老舍等现代人的用例。检索《四库全书》电子版也查不到任何用例。大量抄录日语新名词的汪荣宝等编《新尔雅》（1903）一书中有如下用例："以直接间接采用他国之法者，谓之继受法。"（释法）《申报》中的首出例见于 1904 年 4 月 30 日刊载的"松江岁试二志"一文："松江访事人云，本月十三日，为江苏提督学政唐春卿大宗师考试松江府属各学生员经故策论杂作之期，所有各题照录于左：……中国宗教衍于伦理，宋元道学衍于宗教，宋明以来政教衍于道学（之）间接直接论。"以上情况表明，古汉语中不存在"间接"一词，它有可能是从日语传入汉语的日语借词。

在日语方面，『日本国語大辞典』中「間接」有两个义项：①対象との間に物を隔てて対する状態↔直接。②その事とはっきり示さないで，遠まわしであること↔直接。义项①偏重空间上的间隔，义项②偏重态度上的婉转迂回，但二者都是与「直接」相对的概念。「間接」的用例始见于明治初年，如久米邦武著『米欧回覧実記（五十七）』（1873）一书中有以下用例：「此航路ヨリ，間接ニ普国へ物品ヲ貿易スルコト，是ヨリ益盛ナルベキヲ兆ス。」（伯林府総説）又如，福泽谕吉著『旧藩情』（1877）中的用例：「数年の後は間接の功を奏して華族の私の為にも藩地の公共の為にも大なる利益ある可しと之を企望することを切なれども……」(緒言)① 再如，日本第一本人文学科术语集『哲学字彙』(1881) 将「間接」作为英文 Mediate 的译词（今译"调停、斡旋"）。

综上所述，古汉语中本无"间接"一词，它在 19—20 世纪之交时出现在汉语中是日语影响的结果，《清议报》等资料中的用例可证明这一点。值得注意的是，与"间接"相对的"直接"一词并非由日本人创造，而是古汉语的既有词。如唐代房玄龄等撰《晋书》(648) 中的用例："更饮时，有群豕来饮其酒，咸直迓去其上，便共饮之。"（卷 49）又如，清代张廷玉撰《明史》(1739) 中的用例："由赵家圈至两河口直接三仙台，新渠长仅四十里。"（卷 84）

古汉语的"直接"与现代汉语的含义有所不同，可视为 M+V 定中结构的短语（前引第 1 例含义为"径直地迎接"，第 2 例含义为"径直地连接"），而在现代汉语中"直接"已固化为一个词。日语对"直接"的影响，主要体现在将"直接"和"间接"联系在一起，使之成为一组相对的概念。

6.3 干部

《清议报》中有以下用例："其二十大队为狙击兵，十一大队为寻常步兵，五大队为要塞步兵，二大队属干部。"（第 22 册，"万国近事"，1899.7.28）又如"其干部之组织，则设总理及副总理各一名。"（第 100 册，"明治政党小史"，1901.12.21）在《汉语大词典》中"干部"有两个义项：①党派社团工作机构的本部或总部。②担任一定领导工作或管理工作的人员。这两个义项均无古汉语出典，只列举了孙中山、邹鲁、毛泽东等现代人的用例。经检索《四库全书》电子版和 19 世纪后半期欧美来华传教士的资料，没有发现任何例证。《申报》中的首出例略早于《清议报》，出自 1897 年 8 月 27 日刊载的"编列士兵"一文，此例与日本有关："日本在台湾募集土民练习兵事，名为台湾土民兵干部练习所，设本部于宜兰，支部于埔里社、台东等处。"根据以上情形，可判断"干

---

① 此 2 例引自佐藤亨（2007）中「間接」词条。

部"属于"无典"词。由于《清议报》《申报》中的用例均与日本有关，因此需要到日方资料中去追根寻源。

在日语方面，『日本国語大辞典』中的「幹部」有 4 个义项：①物事の中心となる部分。②団体、会社などで中心となる者。首脳。③軍隊で将校、下士官の称。④自衛隊で尉官以上の称。其中，义项①②与《汉语大词典》的两个义项相对应，而义项③④专指军队内的称呼。义项②有 3 个书证，分别出自『国民新聞』(1904)、徳富芦花『黒い眼と茶色の目』(1914)、大佛次郎『帰郷』(1948)。义项③有 1 个书证，出自『歩兵操典』(1928)。

现有的用例显示，「幹部」最初用于军队内部，指一定级别以上的军官[①]。如村田惇编『野戦砲兵・野戦教程』(1891)一书中的用例：「兵卒ノ教育上困難ヲ見ルノ時ナルカ故ニ，寧ロ特ニ幹部ノ教育ニ供スルヲ良トシ……。」（付録）又如『太陽』杂志 1901 年第 2 号刊登的「海内彙報」一文中有以下用例：「今後此弊を匡正して軍規を振粛せんには，是非共機動演習及幹部演習等に対する賞罰法を設けざるべからずと主張するもの……。」明治 40 年（1907）以后，「幹部」的使用范围有所扩大，开始出现在军队以外的语境之中。如『二十五年記念・早稲田大学操業録』(1907)中的用例：「次ぎに記すべきことは，是等諸般の設備に関する校務を統理し，日常の施設をして遺憾なからしむ幹部職員の制にして，これ記述の順序上自から缺くべからざる事に属す。」（第 4 其 8）又如，在『太陽』杂志 1909 年第 1 号上刊登的「小是非」一文中有以下用例：「鉄道院幹部の人選何等の奇を見ずされど，苦情を唱ふる程愚劣にもあらず凡人時代なり。」此 2 例「幹部」与军队无关。

《清议报》中出现的"干部"是现有的中方早期用例之一。《汉语大词典》中列举了孙中山《革命原起》和邹鲁《中国同盟会》中的用例，成文的时间应在辛亥革命以后。1922 年 7 月制定的《中国共产党章程》中有以下用例："每一机关

---

① 互联网上有文章说"干部"一词"出现在日本明治维新前的幕府时期。当时日本的将军府上，盛行强大的幕僚制度。幕僚者，智囊团也。幕僚的头（相当于现代的参谋长）叫'干部'，这就是干部一词的来历和原意。"因笔者尚未见到明治以前的日方用例或有关"干部"词源的论文，目前无法证实以上说法。

或两个机关联合有二组织以上，即由地方执行委员会指定若干人为该机关各组之<u>干部</u>。"（第 2 章第 4 条）毛泽东在《反对党八股》（1942）中专门谈到"干部"一词的来历，原文如下："例如今天开的<u>干部</u>大会，这'干部'两个字，就是从外国学来的。我们还要多多吸收外国的新鲜东西，不但要吸收他们的进步道理，而且要吸收他们的新鲜用语。"此文使"干部"的外来词身份广为人知。

6.4　极端

《清议报》中有如下用例："将来事件进行之变化，至其<u>极端</u>，亦难逆料。……不出于日本意外者，则日本不至于用<u>极端</u>之手段。"（第 76 册，外国近事，"日本自度"，1901.4.19）查看《汉语大词典》，"极端"有两个义项：①事物顺着某个发展方向达到的顶点。②犹非常；达到顶点的。这两个义项都没有古汉语书证，只列举了毛泽东（1956）、杨沫（1957）等现代人的用例。在《四库全书》电子版中也没有检索到古汉语的用例。《申报》中的首出例略晚于《清议报》，见于 1905 年 7 月 10 日刊载的"论投资殖民之影响"一文："关于经济之利害，现今各国自由贸易载在条约，按之生计无国界之学说固相吻合，而求之<u>极端</u>爱国之主义，何其与事实大相反也。"

在日语方面，「極端」在『日本国語大辞典』中有 3 个义项：①物のいちばんはし。②それが限度で余地のない状況。③〔形動〕非常にかたよること。义项①的首例书证出自井上勤译『亜非利加内地三十五日間空中旅行』（1884）一书：「久しからずして此の旅行者が探究したる<u>極端</u>に達することを得ん。」义项②其实是义项①的抽象化引申，首例书证出自 1876 年 11 月 13 日『東京日日新聞』，原文如下：「カノ賊徒ガ太ダ天理ニ背キ人道ニ戻ルノ<u>極端</u>ニ達シタルヲ。」义项③也属于义项①的引申，即扩展为形容词的修饰性用法，首例书证出自小林雄七郎著『薩長土肥』（1889）一书①：「軽挙暴動永ク城山不祠ノ鬼

---

① 此例笔者核对了原著，并按照原著的书写形式将『日本国語大辞典』的平假名改成了片假名。

ト為リシモ，極端ノ自信，極端ノ自尊ニ過マタレタル者ナラズンバアラズ。」（四藩気質）此外，佐藤亨著『現代に生きる幕末・明治初期漢語辞典』（2007）还提供了『東京日日新聞』（1881）、『時事新報』（1882）、『明治協会雑誌』（1883）、『経済実学講義』（1886）等「極端」的其他用例，时间均早于前述的中方用例。

对比中日双方的释义，《汉语大词典》的义项①和②大致相当于『日本国語大辞典』的义项②和③，但缺少与『日本国語大辞典』的义项①相对应的释义。换言之，《汉语大词典》只列出了"极端"的引申义而没有提及原始义。笔者目前在汉语中只找到1例"极端"的用例，出自来华传教士韦廉臣所著《格物探原》（1876）一书，原文如下："火星语地乃更同，测之有气有云，有海有陆。……冬亦有雪，何以知之？冬日在其极端见有极白之点，至春渐消，夏则无之。"（次卷第一章）此例中的"极端"与『日本国語大辞典』的义项①相对应，即表示「物のいちばんはし」（事物的最边缘）。

清末来华传教士著述中出现的新词也属于"无典"词，由于目前仅有单独1例，尚不能确定"极端"是汉语造词还是日语造词。日方用例显示，从原始义转为引申义的词义变化是在1880年代的日语中出现并完成的。而《清议报》的用例则表明，汉语的"极端"很可能是在日语的影响下开始出现的。除了《清议报》《申报》之外，《民报》中也有"极端"的用例，如"中国而欲求更杀人流血之惨，则毋宁以其改革之权，奉之于上，而所以持极端的革命论，谓必并满人而斥之者，为卜其必非真爱国者之论也。"（第2号，寄生，"论支那立宪必先以革命"，1906.5.6）而《新民丛报》中也有以下用例："盖极左党于法国国民之间所占之地位，非能立于根本主义之确信之上者也。第存于不平分子、极端急进分子所收容之点耳。"（第96号，孟扬，"法国政界近时之趋势"，1907.11.20）这些用例表明，"极端"在20世纪初已经进入汉语。

6.5　来华传教士和清末国人的新词

在《清议报》新出现的111个"无典"词中，还包括少量19世纪后半期来华传教士创造的新词和清末国人创造的新词。由于此 2 类新词在《汉语大词典》和《四库全书》中查不到下落，所以归在"无典"词之中。许多来华传教士创造的新词都在明治初年传入日本，又在 20 世纪初随着大批日语借词回归到汉语中，因此很容易被误认为日语借词。在《清议报》新出现的"无典"词中，除了前文所述的"极端"之外，还有：初级、发信（丁韪良《中西闻见录》1872）、公报（林乐知《万国公报》1868）、教徒、缩短（麦都思《遐迩贯珍》1853）、联邦（俾治文《大美联邦志略》1862）、上院（伟烈亚力《六合丛谈》1857）。这 8 个传教士创造的新词，应当与日语借词区分开。此外，还有清末国人创造的 5 个新词，即"财权、海权、货车、末期、远东"，也属于"无典"词中的非日语借词。在排除以上两类汉语新词之后，其余的 98 个"无典"词可初步认定为《清议报》中的二字日语借词。与此同时，为了了解这些二字日语借词进入汉语的大致时间，可以与《申报》中的首出例进行比对，并根据《申报》首出例的时间早晚区分为以下两种情形：

一是《申报》中的用例早于《清议报》的词。可视为在《清议报》之前经由《申报》或其他途径进入汉语的二字日语借词，共有以下 32 词，占 98 词的 32.7%。这表明《申报》在引进日语借词方面的历史作用不容忽视。

爆弹	爆发	乘客	弹药	地点	电话	对抗	方针	分会	风说	干部
干线	工兵	国防	极点	加盟	架设	警官	决算	矿物	列车	列强
民法	民选	商品	师团	首都	调印	外债	勋章	压迫	证券	

二是《申报》中的用例晚于《清议报》的词。可视为《清议报》发行期间新进入汉语的二字日语借词。共有以下 66 词，占 98 词的 67.3%。这表明《申报》于始引进日语借词的时间虽然早于《清议报》等清末 5 报，但清末 5 报中出现日语借词的密度更高、门类更广。

版权	悲剧	单纯	动词	对等	法规	放任	伏线	概念	高潮	给料
公表	媾和	惯例	广义	国策	国粹	海域	活剧	间接	简单	健全
教派	结论	近因	开幕	客体	理想	理由	领土	领域	流域	论坛
目的	女权	潜力	情报	全员	缺点	确保	让步	任期	任务	弱点

烧点　手术　刷新　团体　现代　现状　学期　血统　血缘　要点　要素
引续　用品　优势　元素　原则　远因　战线　障害　制裁　仲裁　组合

7.《汉大》未收的二字词

《汉语大词典》是目前词汇量最大的语文词典，这本词典没有收录的词，可视为现代汉语中不存在的词。至于《汉语大词典》没有收录的原因，需要按照具体情况做不同的区分。在《清议报》中此类词共有 45 个，约占二字词总数的 4.3%。其中，在《时务报》中已出现过的有 11 词，即：大佐、航路、极东、局长、联队、迈当（meter）、米突（meter）、年报、少佐、税关、支线。在《清议报》中新出现的有 34 词，占"未收"词的 75.6%。《汉语大词典》没有收录的原因大致可以分为以下几种情形：

（1）国人在翻译日语文章时照搬使用的日语词，因未能融入汉语而消亡。属于此类者数量最多，如：段阶、发炮、阁僚、建物、借受、抗抵、可决、米国、米人、米洲、脑质、欠点、受信、书类、速力、元料、植民、制本、治者、株式。

（2）由来华传教士或清末国人创造的新词，曾在汉语中使用一时但未能存活下来。如：变政、集点、群态、密达（meter）、吉米（kilometer）、珊米（kilometer）。

（3）国人对日语原词进行修改而生成的词，未能在汉语中存活下来（括号内为日语原词）。如：抽析（抽象）、枝线（支线）。

（4）虽然《汉语大词典》未收，但实际上现代日语和现代汉语都在使用的中日同形词。这些词的日方用例早于清末报纸，有可能被认定为日语借词。如：排水、炮塔、商机、统合、支店。

（5）虽然《汉语大词典》未收，也不是中日同形词，但实际上汉语在使用的词。如：美国。

8. 小结

本章从词汇史研究的角度出发，以辨别《清议报》中的二字日语借词为目的实施了全面的词语调查，主要内容可归纳如下：

（1）从1772个二字词的所在栏目看，"梁启超的各类文章"占539词（30.4%），"外报翻译类文章"占1150词（64.9%），"译书附录"占52词（2.9%），以上3类以外的文章占31词（1.8%）。表明在《清议报》中，日语借词最集中的板块是"外报翻译类文章"和"梁启超的各类文章"。

（2）"有典"二字词虽然不是追踪的重点，但在以往的研究中因没有找到古汉语出典而被误判为日语借词的个案时有发生。本章对因误判而收进《汉语外来词词典》的"立宪、民族、宗教"3词做了词源考证，意在消除以讹传讹的不良后果。

（3）"新义"二字词的数目虽少，但在判断时最容易产生不同意见，因而占用的篇幅也最多。本章将新义的产生方式归纳为两种情形：一是因词义转移而产生的新义（如从具象转为抽象、从特指转为泛指、所指领域变化、中日分别造词等），二是因词性改变而产生的新义（如动词变为名词、动词变为形容词等）。

（4）"无典"二字词主要由3类词组成，一是清末时期进入汉语的日语借词，二是来华传教士创造的少量新词，三是清末国人创造的少量新词。这3类词虽然都没有古汉语出典，但来源和性质各有不同。其中，日语借词占绝大多数，是需要发掘和研究的主要对象。来华传教士和清末国人创造的新词属于汉语内部的造词，必须与日语借词区分开。

第 5 章 《清议报》中的三字日语借词

1.《清议报》三字词的概况

以往的日语借词研究偏重于对二字日语借词的发掘，很少有人对三字、四字形式的日语借词进行专题讨论。本章将通过词语抽取、词源考证、词结构分析等环节，对《清议报》中的三字日语借词做全面的辨别和梳理。

按照既定的抽词原则，从《清议报》中共抽出三字词 411 个（见第 4 章表 3），其中包括 2+1 型三字词 391 个（95.1%）和 1+2 型三字词 20 个（4.9%）。经过与《时务报》的三字词进行比对，发现其中有 102 词在《时务报》中已经出现过，占三字词总数的 24.8%。与《时务报》重合的三字词主要是一些表达新概念的日语三字词，其中含有以"—党"为后语素的三字词 9 个，即"保守党、革命党、共和党、急激党、急进党、进步党、社会党、虚无党、自由党"。以"—家"为后语素的三字词 9 个，即"工业家、教育家、美术家、外交家、银行家、哲学家、政治家、制造家、资本家"。以"—国"为后语素的三字词 7 个，即"保护国、独立国、共和国、合众国、交战国、民主国、中立国"。以"—学"为后语素的三字词 5 个，即"动物学、理财学、生理学、生物学、物理学"。以"—官"为后语素的三字词 4 个，即"领事官、陪审官、外交官、行政官"。以"—权"为后语素的三字词 4 个，即"参政权、所有权、选举权、自主权"等。

除了《时务报》已出现的词之外，其余 309 词是《清议报》中新出现的三字词，占三字词总数的 75.2%。其中包括 2+1 型三字词 298 个（96.4%）和 1+2

型三字词 11 个（3.6%）[①]。为了避免词语重复，本章将以《清议报》中新出现的 298 个 2+1 型三字词作为研究对象。

2. 区分不同来源的三字词

2+1 型三字词以"二字语素 + 一字语素"的形式构成，由于前部二字语素和后部一字语素在组合时具有较大的自由度，无论汉语或日语的工具书都无法尽数收录三字词。因此，要想区分来自日语的三字词与中国人自造的三字词，唯一可行的方法是到明治时期的日方资料中去查找例证。根据词源考证的结果，笔者将《清议报》中的 2+1 型三字词分为 3 种情形，以下分别进行说明。

2.1 日方用例早于清末报纸的三字词

依据日方用例早于中方用例的事实，可判断此类三字词来自日语。以"国际法"为例，《汉语大词典》中没有收录"国际法"一词，就连词条"国际"，也只有释义而没有举出任何书证。《清议报》中有如下用例："乘法京有大博览会之举，初开此会议，……或讨论国际法之原则，或讲究国际法实施之方。"（第 15 册，外论汇译，"万国平和同盟说源流考"，1899.5.20）《申报》中的首出例比《清议报》稍晚，见于 1902 年 10 月 3 日刊载的"增改现行律例"一文："法律之学，有国际法，有民法。国际法即公法也，民法即律法也。"随后，汪荣宝、叶澜编《新尔雅》（1903）中也有以下用例："凡规定国与国之关系，谓之国际法。规定国与国权利义务关系之规则者，谓之国际公法。"

在日语方面，『日本国語大辞典』中「国際法」一词的最早书证出自德富苏峰的著作『将来之日本』（1886）。据现有资料，明治初年的学者箕作麟祥应是

---

① 这 11 个 1+2 型三字词是：大 + 部分、大 + 元帅、大 + 资本、清 + 教徒、全 + 世界、上 + 半期、一 + 部分、一 + 周间、异 + 教徒、原 + 动力、总 + 选举。

最早使用「国際法」的人。他在『国際法：一名万国公法』（弘文館，1873）一书的卷首「例言」中说：「此学科ノ書ハ曩時米人丁韙良氏漢文ヲ用ヒ，同国ノ人恵頓氏ノ書ヲ訳シテ始メテ命スルニ万国公法ノ名ヲ以テシ，……恰モ此書普通ノ称タルカ如シ，然レトモ仔細ニ原名ヲ考フル時ハ国際法ノ字，允当ナルニ近キカ故ニ今改メ国際法ト名ク……。」由以上可知，《清议报》中"国际法"的用例是中方的现有最早用例，而日方用例明显早于《清议报》中的用例，可以据此判断"国际法"是清末时期从日语传入汉语的日语三字词。

又如"研究所"，在汉语方面，《汉语大词典》和《近现代辞源》（2010）等中方辞书均未收录"研究所"一词。《清议报》中有如下用例："日清贸易研究所，今竟不振。故育成人才，以谋振兴，是今日之急务也。"（第23册，万国近事，"在华贸易谈"，1899.8.6）该文章记述的是日本的事情，且标明译自"读卖新报"（即日本报纸『読売新聞』）。《申报》中的首出例时间更早，见于1891年6月29日刊载的"外洋宜设公塾以训华人子"一文："日本更就沪上创为贸易研究所，麕集生徒其内，朝考夕稽，用能使会计之余，渐知向学。"

在日语方面，『日本国語大辞典』中「研究所」的最早书证出自中江兆民『一年有半』（1901）。而日方的现有最早用例出自森隆介『常総農事要論』（1886）一书，原文如下：「蓋シ農業研究所ノ設立タル其目的ハ生徒ヲ募集シ，之ニ授クルニ学術ト実験ヲ以テシ，大ニ実業生ヲ養成ス可キハ勿論。」（第十）据笔者调查，以上《申报》和《清议报》中出现的"研究所"是现有的中方最早用例，内容与日本有关，而日方用例明显早于中方用例，因此有理由判断"研究所"是日语三字词。

在《清议报》新出现的298个2+1型三字词中，日方用例早的三字词共有228词，占总词数的76.5%。这表明，在《清议报》新出现的三字词中，来自日语的三字词占有相当高的比例。在这部分三字词中，究竟有多少词是《清议报》之前已经进入汉语的，有多少词是《清议报》发行期间刚开始进入汉语的？这一点可以通过检索《申报》（1872—1949）中的用例从侧面进行了解。在1872年至1898年期间的《申报》中可以查到用例的词，即可判断为《清议报》之前已进入汉语的日语三字词，而《申报》中的用例晚于1898年的词，可判断为《清议报》发行期间刚开始进入汉语的日语三字词。经过逐词核对后，可区分为以下3种情形：

一是《申报》中的用例早于《清议报》的词。可视为在《清议报》之前已进入汉语的日语三字词，共有以下 66 词，占 228 词的 29.0%，列举如下：

爱国者	辩护人	裁判官	地质学	电信队	电信局	公使馆	国民党	会计法
会议所	机关车	极左党	纪念碑	讲习所	教科书	教育费	经济家	经济上
警察官	居留地	俱乐部	军乐队	君主国	开会式	考古学	扩张案	理事者
理学家	伦理学	赔偿金	普通学	人类学	日曜日	三鞭酒	商业家	社会学
生产费	实业家	事务所	水雷舰	司法部	司法省	速射炮	体操场	铁道局
停车场	统计表	宪政党	研究会	研究所	野炮兵	义勇队	印刷局	营业税
邮便物	有力者	预算表	造船局	战死者	征兵令	支店长	制造场	著作家
专门家	宗教上	卒业生						

这表明，自《申报》创刊之后，就有一定数量的日语三字词通过编译自日语的文章陆续进入汉语。检视这些三字词，以"电信局、公使馆、警察官、地质学、铁道局"等当时汉语里没有的部门名、职业名、学科名为主。

二是《申报》中完全没有出现过的词。可视为《清议报》发行期间新出现的日语三字词，仅有 6 词，即"惩役人、粗制糖、各个人、教育策、探检员、征募兵"，占 228 词的 2.6%。

三是《申报》中的用例晚于《清议报》的词。也属于《清议报》发行期间新出现的日语三字词，由于在 2 报中都有用例，其使用范围和存活率应高于上一类三字词。共有 156 词，占 228 词的 68.4%。举例如下：

爱国心	半岛国	悲观的	财政策	财政权	财政学	产出物	除幕式	大和魂
代表者	代理店	地理的	发言权	繁殖力	反动力	反对党	分列式	改革家
改革派	工业国	工业品	管理权	管理员	管辖权	国际法	海岸线	海运业
纪念日	寄生虫	建筑费	建筑家	金融界	经济界	竞争力	绝对的	劳动者
理论家	理论上	理想派	立法权	立法院	立宪国	联合国	冒险家	民主的
魔术师	目的地	农业国	排水力	企业家	潜水艇	驱逐舰	热带病	商业界
社会上	生产力	水源地	司法权	思想界	通信员	温和派	文明的	文明国

文学界　武士道　消费额　消费者　消耗品　行政权　选举区　优先权　有机体
预备军　预算案　造船业　战斗力　哲学界　征兵法　制海权　制造物　中心点
专卖权　主权国　资本主　资产家　自治权　宗教界

由于排除了《时务报》中已出现过的三字词，因此《清议报》发行期间新进入汉语的日语三字词的比例会相应地增大。这部分词与《清议报》之前已进入汉语的日语三字词相比，其实并没有明显的差异，但是在表达具象事物的专有名词之外，增加了不少表达抽象概念的三字词，如"金融界、竞争力、劳动者、立法权、目的地、选举区、自由派"等。

2.2　未见日方用例的三字词

依据中方用例早于日方用例的事实，可判断此类词是清末中国人自造的三字词。例如"无线电"，《清议报》中的用例如下："而今所用者唯鱼形水雷，然利用无线电之水雷，亦将见于近日矣。"（第51册，时论译录，"十九世纪海军之进步"，1900.7.17）这篇文章署名"日本木村浩吉"，是译自日语的文章，但其中的"无线电"究竟是不是日语三字词仍需要考证。在汉语方面，《汉语大词典》的"无线电"词条只举出柳青的小说《铜墙铁壁》（1951）作为书证。《近现代辞源》（2010）所引用的书证出自《清议报》（同上例）以及康有为撰《英国游记》（1904）等。《申报》中的首出例见于1904年6月27日刊载的"日军大捷"一文："昨晚一点半钟得日本东京专电云，东乡司令官报称，五月初十日午前十二点钟，我巡哨船在旅顺口外以无线电通知我舰队，告以敌舰比礼斯维特号及另有战舰七艘……。"而在此之前，《申报》中已先后出现过"无线电报1898、无线电信1901、无线电台1901、无线电机1903"等词[①]。

在日语方面，『日本国語大辞典』中收有「無線電信」、「無線電話」等词条，但没有「無線電」。在明治时期的日方资料中可以查到的现有最早用例为：「無線電信1899、無線電話1900、無線電報1908」，但同样未见「無線電」一词。

---

① 词后数字为《申报》中首出例的年代。

从中方用例早而日方无用例的情况看，《清议报》中的"无线电"有可能是在日语「無線電信」等词的影响下，通过改变日语原词而形成的汉语三字词，但这一推测还有待进一步证实。

再如"机关报"，《清议报》中的用例如下："日本某大政党之机关报，其名曰大帝国征文于余，草此应之。"（第 19 册，本馆论说，"论中国人种之将来"，1899.6.28）这篇文章署名"哀时客梁启超"，且内容与日本有关，令人产生"机关报"是日语三字词的联想。在汉语方面，《汉语大词典》所引用的书证为瞿秋白《饿乡纪程》(1920)。《近现代辞源》(2010)的书证出自《清议报》（同上例）以及梁启超的"中日交涉汇评"(1915)等。《申报》中的首出例见于1905 年 4 月 8 日刊载的"法报德报论英法于摩洛哥"一文："德民主党领袖机关报数家，谓摩国之问题及德皇之所为，能使英法两国订成盟约。"可见《清议报》中的用例是中方现有的最早用例。

在日语方面，查阅『日本国语大辞典』等辞书和明治时期的日方资料，只能找到「機関新聞、機関砲、機関銃」等，但查不到「機関報」。明治初年，日语称"报纸"为「新聞紙」，后来省略为「新聞」，而在汉语里"新闻"和"报纸"向来是两个不同的概念。清末时期，日本的报刊名『○○新聞』译成汉语时大都译成《○○报》，如『読売新聞』译成《读卖新报》即是一例。据此可认为，"机关报"并非日语三字词，而是在日语「機関新聞」的直接影响下，通过改变日语原词而形成的汉语三字词。

在《清议报》新出现的 298 个 2+1 型三字词中，未见日方用例的三字词共有 28 词，占总词数的 9.4%。为了推测这些词产生的时间，逐词与《申报》中的首出用例进行了比对，最终区分为以下 3 种情形：

一是《申报》中的用例早于《清议报》的词。可视为在《清议报》之前已存在的汉语三字词，仅有 4 词，即"白种人、裁判院、出入口、工程费"，占 28 词的 14.3%。

二是《申报》中完全没有出现过的词。可视为《清议报》发行期间新出现的汉语三字词，共有 8 词，即"别择性、递电所、间选法、建国心、建国性、特立权、天演家、资生学"，占 28 词的 28.6%。前部二字语素"别择一、递电

一、间选一、特立一、天演一、资生一"均为日语不存在的二字语素，这是国人自造的三字词的特点之一。而各词的后部一字语素"一性、一所、一心、一权、一家、一学"已与日语三字词的毫无二致，这一点尤其值得注意。

三是《申报》中的用例晚于《清议报》的词。也可视为《清议报》发行期间新出现的汉语三字词，从语素层面看，与上一类三字词完全相通，但由于在2报中都有用例，其使用范围和存活率应高于上一类三字词。共有以下16词，占28词的57.1%。

机关报　捡事局　绝大的　矿产权　劣等国　冒险性　旁观派　生死的　调查册
通航权　无线电　销费者　优等国　照像机　直选法　贮煤所

2.3　日方用例晚于清末报纸的三字词

通过词源考证发现，有一些三字词的现有日方最早用例明显晚于《清议报》。以"探险队"为例，《清议报》中有如下用例："从来法国派遣之军事<u>探险队</u>及天主教师等，多于此地遭其困难。"（第42册，地球大事记，"法国新占非洲地"，1900.4.20）此外，《申报》中的首出例稍晚，见于1903年6月2日刊载的"委内瑞拉志"一文："昔一千四百九十八年，哥伦布第三次西航始见其地，翌岁<u>探险队</u>依土著指导入马拉开波湖。"《清议报》中的"探险队"是汉语方面的现有最早用例。

在日语方面，「探險隊」的现有最早用例晚于《清议报》，迟至1902年才出现，如『朝日新聞』（朝刊）1902年9月21日刊有「<u>探險隊</u>の消息」一文。又如小川未明著『赤い船：おとぎばなし集』（1910）一书中有以下用例：「遠い北海の中に，まだ人間の住んだことのない島があるとのこと。此の報知が，このたびこの<u>探險隊</u>の出来た動機となった。」这是由于日语主要使用与汉语字面不同的「探檢隊」，如果在日方资料中查找「探檢隊」，可以查到早至1875年的用例，比中方用例要早许多。进入1890年代后「探檢隊」的用例增多，如『官報』1892年3月23日刊载的「北極探檢隊」一文中有以下用例：「英国ノ士官ソートメンガ首ト為リ組織セル北極<u>探檢隊</u>ハ，本年ノ夏，西伯利ヨリ北極ニ向ヒ出發スル等ニシテ……。」

在汉语里也可以查到"探检队"的用例，但首出例的时间大大晚于"探险队"，如《申报》1923年4月2日刊载的"中亚博物馆探检之进步"一文中有以下用例："纽约美国博物学院于两年前组织一亚洲博物探检队，由劳哀却门安特鲁氏为队长。"究其原因，"探险"是古已有之的汉语词，如唐代僧鸾《赠李粲秀才》诗中有"陇西辉用真才子，搜奇探险无伦比"一句。宋代欧阳修《上山》诗中也有："蹑蹬上高山，探险慕幽赏"的用例。然而古汉语里没有"探检"一词，也没有以"—队"为后语素的三字词。因此可以推测，"探险队"是清末国人通过改变日语原词「探検隊」而形成的汉语三字词，而日方资料中出现的「探険隊」在时间上晚于中方用例，有可能是受到汉语的影响。

又如"鱼雷艇"，《清议报》中有以下用例："……鱼雷艇二十三只，炮舰一只，本年起工二十八只中，有速率十八海里战舰一只。"（第8册，东报译编，"法国预算海军经费"，1899.3.12）《申报》中的首出例比《清议报》更早，见于1886年7月12日刊载的"醇亲王等巡阅北洋覆陈水陆操演情形摺"一文："鱼雷艇虽小而速，雷行水中无坚不破，实为近时利器。"又如李鸿章"机器局报销折"（1889）一文中有如下用例："凡铁舰、快船、鱼雷艇、水雷营及各口炮台、陆军应需军火，均关紧要。"①

在日语方面，现有的最早用例见于『朝日新聞』（朝刊）1937年10月4日刊载的「潰滅に近い広東海軍」一文中，该文内容与中国有关。又如大井上博著『魚雷』（1942）一书中有以下用例：「水上発射管は専ら駆逐艦，水雷艇等の小艦艇に採用されている。」通观中日双方以上各例，日方用例明显晚于清末报纸的用例，因此判断"鱼雷艇"很可能是产生于清末时期并传入日语的汉语三字词。

在《清议报》新出现的298个2+1型三字词中，属于日方用例晚的三字词共有42个，占总词数的14.1%。受资料条件的制约，此类词的词源归属尚有不确定因素，与《申报》中的用例进行比对后可区分为以下3种情形：

一是《申报》中的用例早于《清议报》的词。可视为在《清议报》之前已存在于汉语之中的三字词，有11词，即"传教师、当局者、经营费、警务厅、

---

① 此例引自黄河清编《近现代辞源》（2010）第909页。

劳力者、抛物线、善后策、望远镜、未开地、鱼雷艇、众议员"，占 42 词的 26.2%。其中，"望远镜"（王征《远西奇器图说》1634）和"抛物线"（丁韪良《格物入门》1868）已知是来华传教士创造的三字词，于江户末至明治初年传入日语。此外的其他词或是古已有之，或是清末的汉语新词。

值得一提的是"众议员"，在《申报》中出现得相当早，首见于 1875 年 7 月 1 日刊载的"英国家不应允禁绝鸦片来中土说"一文："本埠昨到有英京传来电报，谓议政员名士都亚得者在议政院请议，拟将鸦片自印度往中国者须由渐渐遏绝云云。众议员彻底讲论而卒，不餍其所议。"但此例的"众议员"并非与"参议员"相对的职务名称，而是"众多"之意。又如，1890 年 12 月 13 日刊载的"开会盛议"一文中有以下用例："十一点钟时报，请日皇升座，正中设御座极高，左设贵族议员席，右设众议员席。"此例报道的是日本议会，其中的"众议员"与"贵族议员"相对，似乎可以视为职务名称。但查阅日方资料发现，"众议员"与"参议员"一起出现的用例十分滞后，其来龙去脉有待今后探索。

二是《申报》中完全没有出现过的词。可视为《清议报》发行期间新出现的三字词，仅有 3 词，即"国民力、吸集力、修缮所"，占 42 词的 7.1%。后部一字语素"—力、—所"已与日语三字词一样。

三是《申报》中的用例晚于《清议报》的词。也可视为《清议报》发行期间新出现的汉语三字词，共有以下 28 词，占 42 词的 66.7%。从语素层面看，这些词的前部二字语素均为中日同形词，对判断三字词的词源不起作用，而后部一字语素也因日语三字词进入汉语之后产生了趋同性。例如，以"—性、—点、—权、—派、—力、—界"等为后语素的三字词均带有日语三字词的构词特征。

独立性　分歧点　敷设权　公共性　活动场　活动体　急进派　接续点　经济力
警察队　理想乡　农产国　忍耐性　势力圈　守备军　探险队　特务舰　统治者
外交界　先进国　学术语　艺术界　战略家　殖民的　中心的　资本力　自由派
组织体

对于日方用例晚的三字词可以有 3 种解释：一是认为日方用例偏晚的原因在于所见的日方资料有限，因此即使日方用例晚也应视为日语三字词。二是认为既然日方用例晚于中方用例，该词可能是清末国人造词在先而后再传入日语的汉语三字词。三是认为中日之间的同形词不一定都有借用关系，可能有中日双方分别造词而词形偶然相合的情形。这些日方用例晚的三字词在汉语和日语中的使用频率一般都很低，不容易找到用例，因此要判断某词属于以上哪一种情形确实有难度。在需要明确划分为日语三字词和汉语三字词时，笔者认为应当依据目前调查的实际情况，暂且将"日方用例晚的三字词"归入汉语三字词一边。

3. 前部二字语素和后部一字语素的特征

2+1型三字词是以"二字语素 + 一字语素"的形式复合而成的。此前曾对前部二字语素的特征与性质做过分析[①]，本节将主要讨论后部一字语素的特征。

从词性上看，前部二字语素主要是名词性或动词性的，而后部一字语素除了个别语义发生虚化的类词缀之外[②]，绝大多数都是名词性的。因此，2+1型三字词的前部二字语素和后部一字语素之间的组合关系基本上都属于前偏后正式的定中修饰关系。如果前部二字语素是名词性的，则属于"N+N定中结构"的三字词，例如"机关 + 报、理想 + 派、社会 + 学、资本 + 力"。如果前部二字语素是动词性的，则属于"V+N定中结构"的三字词，例如"管理 + 权、纪念 + 碑、冒险 + 家、统计 + 表"[③]。

由于绝大多数2+1型三字词都属于定中修饰结构，意味着2+1型三字词的后部一字语素是词义和结构的重心所在。通常后部一字语素表达一个上位的类属概念，而前部二字语素则将这一类属概念加以细化，形成多个下位的具体概念。例如在"财政 + 权、警察 + 权、管理 + 权、司法 + 权"各词中，后部一字语素"—权"是一个类属概念，而前部二字语素"财政—、警察—、管理—、司法—"则

[①] 参见本书第2章第3节。

[②] 如"一性、一化"等，如何界定有待深入研究。而"一的、一上"的性质不同将在本章第7节专门讨论。

[③] 关于"N+N定中结构"等结构类型的表述方式，参见朱京伟（2016a）。

分别将"一权"的概念加以细化、具体化,形成多个关于"一权"的具体概念。

后部一字语素的主导作用还体现在构词能力方面。如果将每个语素构成三字词的个数称为"构词数",在《清议报》新出现的 298 个 2+1 型三字词范围内,前部二字语素和后部一字语素的构词情况如表 1 所示①:

表 1 《清议报》2+1 型三字词的二字语素和一字语素及其构词情况

构词数	前部二字语素	后部一字语素
4 词及以上	经济(5)、财政、政治、宗教(4) (共 4 个,1.7%)	的、家(20)、权(18)、力(15)、国、者(13)、学(11)、界(10)、法、所(8)、上、性(7)、策、队、派、人、员(6)、党、地、费、局、品、心(5)、场、点、式(4) (共 26 个,32.9%)
3 词	改革、活动、警察、商业、司法、哲学 (共 6 个,2.5%)	舰、体、物 (共 3 个,3.8%)
2 词	爱国、裁判、电信、工业、公共、管理、国家、国民、机关、纪念、建国、建筑、教育、理论、理想、历史……(共 37 个,15.6%)	案、表、兵、部、额、官、会、军、炮、日、师、糖、艇、线、业、院、制 (共 17 个,21.5%)
1 词	白种、半岛、爆裂、悲观、辩护、别择、产出、惩役、出入、除幕、传教、粗制、大和、代表、代理、当局、地理、地质、递电、独立、对清、发言、繁殖…… (共 190 个,80.2%)	报、碑、病、册、车、虫、弹、道、电、店、馆、魂、机、金、镜、酒、口、令、论、民、区、圈、入、生、省、书、税、厅、乡、语、长、主、状 (共 33 个,41.8%)
合计	237 个(平均构词 1.26 个)	79 个(平均构词 3.78 个)

表 1 显示,在 298 个 2+1 型三字词中,共有不同的前部二字语素 237 个(单计个数,下同),即每个前部二字语素平均构成 1.26 个三字词。而后部一字语素共有 79 个,即每个后部一字语素平均构成 3.78 个三字词。双方的反差主要体现在,构成三字词 4 词及以上的前部二字语素仅有 4 个,占前语素总数的 1.7%,而同一区间的后部一字语素有 26 个,占后语素总数的 32.9%。从单个语

---

① 括号内的数字表示该语素的构成 2+1 型三字词的词数。

素看，前部二字语素最多构成 5 个三字词，而后部一字语素最多可构成 20 个。再看构词数为 1 词的语素，前部二字语素多达 190 个，占前语素总数的 80.2%，而后部一字语素仅有 33 个，占后语素总数的 41.8%。

综上所述，后部一字语素的特点是以较少的种类构成较多的三字词，而前部二字语素的种类较多，但单个语素的构词数明显低于后部一字语素。前部二字语素和后部一字语素的不同特点正好与 2+1 型三字词的定中修饰结构相吻合。

以上分析也证明了明治时期日语三字词的主要特征，即以相同后部一字语素为中心构成系列性的 2+1 型三字词，形成许多三字词的词群[①]。在 19 世纪末日语借词大量进入汉语以前，汉语中并非完全没有 2+1 型三字词，只是数量十分有限，同时也缺乏通过系列性构词而形成三字词词群的造词意识。那么，日语三字词的进入除了给汉语带来一批新词之外，对汉语的构词法产生了哪些影响呢？本章将以《清议报》新出现的 2+1 型三字词为对象，通过构成三字词 4 词及以上的 26 个后部一字语素，去具体观察日语三字词对汉语三字词的影响。

观察日语 2+1 型三字词的影响，主要是看后部一字语素的语素义和构词功能与古汉语之间是相同还是相异。如果语素义和构词功能与古汉语相同，表明汉语继承了自身的传统，没有发生变化。如果语素义和构词功能与古汉语相异，则表明汉语在日语的影响下发生了变化。按照以上思路，可将 2+1 型三字词的后部一字语素分为 3 种情况：一是语素义和构词功能均未变化，二是语素义未变而构词功能变化，三是语素义和构词功能均有变化。以下分别进行探讨。

4. 语素义和构词功能均未变化的后语素

认定此类后部一字语素的依据只有一条，就是在古汉语或 19 世纪来华传教士资料中可以找到作为 2+1 型三字词后语素使用的例证。在《清议报》新出现

[①] 笔者曾通过比较来华传教士资料和日本兰学资料中的三字词，对此问题有过论述，参见朱京伟（2011a、2011b）。

的 298 个 2+1 型三字词中，属于此类的后部一字语素最多，共有 16 个，具体例词如表 2 所示。本章将以其中的"一所、一性、一点"为例，从语素义和构词功能两方面进行分析。

表 2 《清议报》中语素义和构词功能均未变化的后部一字语素

后部一字语素	日方用例早	日方用例无／晚
一家（18／2）	改革家、工商家、工艺家、建筑家、经济家、理论家、理学家、历史家、冒险家、企业家、商业家、实业家、统计家、营业家、著作家、专门家、资产家、宗教家	天演家／战略家
一力（11／4）	繁殖力、反动力、活动力、结合力、竞争力、排水力、膨胀力、生产力、同化力、团结力、战斗力	／国民力、经济力、吸集力、资本力
一国（9／4）	半岛国、工业国、君主国、立宪国、联合国、农业国、文明国、主权国、专制国	劣等国、优等国／农产国、先进国
一者（9／4）	爱国者、代表者、劳动者、理事者、消费者、有力者、战死者、哲学者、主治者	销费者／当局者、劳力者、统治者
一学（10／1）	财政学、地质学、国家学、考古学、伦理学、普通学、人类学、社会学、政治学、自然学	资生学／
一法（6／2）	工场法、国际法、会计法、收税法、征兵法、作战法	间选法、直选法／
一所（5／3）	会议所、讲习所、事务所、研究所、贮藏所	递电所、贮煤所／修缮所
一性（1／6）	普通性	别择性、建国性、冒险性／独立性、公共性、忍耐性
一策（5／1）	财政策、对清策、教育策、救治策、商业策	／善后策
一人（5／1）	辩护人、惩役人、各个人、欧米人、支那人	白种人／
一地（4／1）	居留地、目的地、水源地、租界地	／未开地
一费（3／2）	建筑费、教育费、生产费	工程费／经营费
一局（3／2）	电信局、铁道局、印刷局	捡事局、造船局／
一式（4／0）	除幕式、分列式、进水式、开会式	
一场（3／1）	体操场、停车场、制造场	／活动场
一点（2／2）	中心点、重心点	／分歧点、接续点

4.1 以"一所"为后语素的三字词

"一所"在古汉语中作名词时的基本义为"处所、地方"。在《汉语大词典》对"所"字的释义中,义项④为"用作官衙或公家其他办事机构的名称",并附有"提纲所、刻漏所"等例证。此外,在清代张廷玉等编《御定佩文韵府》(1711)中可以查到以"一所"结尾的三字单位 120 余条(卷 36 之 3),但经过核对每个词条下的引文,发现绝大多数都是带"之"的短语。比如,列出的词条为"降诞所、待诏所、借诵所、调马所",而引文中的词句却是"降诞之所、待诏之所、借诵之所、调马之所"。另有一些词条虽然引文是三字单位,但"一所"的含义是"处所"而不是"办事机构的名称"。如"刺绣所、谈经所、欢宴所、清净所、讲射所"等都是出现在诗文中的词句,释义应为"刺绣之处、谈经之处、……"等。

经过逐一核对,可以视为"办事机构名称"的"一所"及其三字词仅有"总领所、刻漏所、营缮所、招贤所、课税所、养象所"等。例如,元代脱脱等编撰《宋史》(1343)中有"总领所"的用例:"辛巳朔罢,铸钱司归发运司,并淮东总领所归淮西总领所。"(卷 34)该书中还有"刻漏所"的用例:"其别局有天文院测验浑仪,刻漏所掌浑仪台,昼夜测验辰象。"(卷 164)以及"营缮所"的用例:"政和末又置营缮所,亦为公田。久之,后苑营缮所公田皆并于西城。"(卷 174)此外,元朝脱脱等编撰《金史》(1344)中有"招贤所"的用例:"辛未置官领招贤所,专命内外官采访有才识勇略,能区画防城者。"(卷 14)明代宋濂等编撰《元史》(1369)中有"课税所"的用例:"国初,始置益都课税所,管领山东盐场。"(卷 85)清代永瑢等编撰《钦定历代职官表》(1780)中有"养象所"的用例:"养象所,如今之驯象所。鼓吹局,如今之旗手卫。"(卷 42)

在来华传教士主办的期刊中也可找到少量用例。如麦都思编《遐迩贯珍》(1854)有"图绘所"一词:"有地球亭,式制亦圆,……有图绘所,制亦如圆球,中分上下二层,旋折而登。"(第 8 号)伟烈亚力编《六合丛谈》(1857)中有"施医所"一词:"御者在路,为物所碍,掣去一足,一足受伤,送入施医所，俄而死。"（第9号）另有"演剧所、公局所"等，也属于同类用例。

以上这些用例表明，古汉语时就有以"一所"为后语素的三字词，而且其含义与现代汉语的"研究所、派出所"等之中的"一所"（即办事机构的名称）十分相近，因此可将"一所"视为语素义和构词功能都无变化的后部一字语素。尽管如此，《清议报》中出现的"会议所、讲习所、事务所、研究所、贮藏所"等已经证实是日语三字词，还是应该视为日语借词。事实上，像"一所"这样能够在古汉语中找到三字词用例的后部一字语素比较少见，而在19世纪来华传教士资料中发现三字词用例的情况较多。只要能在传教士资料中找到构成三字词的用例，便可认为这些后部一字语素的语素义与构词功能没有发生变化。

然而值得注意的是，表2中有些后部一字语素，如"一家、一力、一学、一法、一性、一点"等，不光在来华传教士资料中可以构成三字词，在年代稍早的日本兰学资料中也可以构成三字词，以下所举的"一性"和"一点"就属于这种情况。

4.2 以"一性"为后语素的三字词

"一性"在古汉语中意为"性情、性质"，原本只能构成二字词，如"气性、人性、天性、物性、药性"等。清代张玉书编《佩文韵府》（1711）中罗列出历代诗文中以"一性"结尾的三字单位40多个，如"君子性、清洁性、幽闭性、乐和性、守卫性"等。然而，用《四库全书》电子版检索原著后发现，这些三字单位大多是中间带"之"的短语，如"君子性、守卫性"的原文其实是"君子之性、守卫之性"，而真正可以视为三字单位的，只有"金石性、岁寒性、成人性、坦率性、物外性"等少数几例。例如，唐代陆龟蒙所撰《笠泽丛书》（9世纪后半）中的诗句："谅非金石性，安能宛如昨。"唐代李延寿著《北史》（7世纪）中的诗句："七岁居母丧，便有成人性。"（卷29）南宋无名氏《止堂集》（12世纪）的诗句："须从事上学，宁有物外性。"（卷16）这些用例都出现在字数一定的诗句里，可以视为"金石之性、成人之性、物外之性"的压缩形式，而且语义重心是落在词尾"一性"上面的，可释义为"金石的性质、成人的性情"等，属于定中修饰结构，有别于现代汉语的类词缀"—性"。

在 19 世纪中后期的来华传教士资料中，以"—性"为后语素的二字词有许多，如"形性、恶性、物性"（麦都思《遐迩贯珍》1853）、"原性、动性、浮性"（合信《博物新编》1855）、"药性、暖性"（合信《内科新说》1858）、"反性、吸性、电性"（傅兰雅《电学须知》1887）等。而以"—性"为后语素的三字词仅发现以下 2 例。傅兰雅在《电学须知》（1887）中用过"吸铁性"一词："故土人呼之为麻鱼，其所发之电，能令钢针变有吸铁性，又能发热，亦能化分物质。"（第 1 章）艾约瑟在《身理启蒙》（1896）中使用了"渗滤性"一词："各微丝管之壁，尽为具有渗滤性之膜造而成者，……且因其有渗滤之性，亦能导引各细孔内所遗弃之物，运而抛于外。"（第 5 章第 35 节）艾约瑟在这段文字中，先后用了 2 次"渗滤性"，4 次"渗滤之性"。似乎三字词"渗滤性"是偶尔为之，而"渗滤之性"才是正常的用法。这里的"—性"与现代汉语的类词缀用法相近，但带"之"的短语显然比三字词形式更通用。

在日语方面，19 世纪前半期的兰学资料中已经出现许多以「—性」为后语素的三字词，如「可展性、可剥性、感受性、感応性、凝固性、牵引性、解凝性、感温性、痉挛性、神経性、麻酔性」等，而且其中有部分词的语义重心落在前部二字语素上，表明「—性」已经有词缀化的倾向[①]。到明治初年，以「—性」为后语素的日语三字词继续增加，「—性」的语素义已经抽象化，成为一个比较典型的词缀（日语称为「接尾辞」）。

《清议报》中以"—性"为后语素的 7 个三字词都是首次出现在中方资料中，然而除了"普通性"的日方用例早于《清议报》，可视为日语三字词之外，"别择性、建国性、冒险性"未见日方用例，"独立性、公共性、忍耐性"的日方用例晚于《清议报》。这表明，虽然日语「—性」构成 2+1 型三字词的功能很强，对以"—性"为后语素的汉语三字词带来了直接的影响，但是与古汉语相比，"—性"的语素义和构词功能并没有明显的变化。因此清末国人才有可能

[①] 参见朱京伟（2011b）中 7.2（1）关于「—性」的内容。

在吸收日语三字词的同时，很快就开始模仿日语三字词的形式独自构成汉语三字词了。

4.3 以"一点"为后语素的三字词

"一点"在古汉语中很少构词，直到清中期以后，才在历算书和来华传教士的汉文著述中出现二字词的用例，如"中点"（梅文鼎《历算全书》1723）、"交点"（《御制历象考成》1742）、"力点、倚点、重点"（韦廉臣《格物探原》1876）、"极点"（傅兰雅《电学须知》1887）、"质点"（伟烈亚力、王韬《重学浅说》1890）等。与此同时，在来华传教士的汉文著述中还可以找到以"一点"为后语素的三字词，如"冬至点、公倚点、秋分点、夏至点"（伟烈亚力《六合丛谈》1857）、"水沸点、相交点、悬挂点、重心点"（艾约瑟《格致质学启蒙》1898）等。由此可见，"一点"是一个语素义与构词功能均未变化的后部一字语素。

在日语方面，19世纪前半期的兰学资料里已有「一点」构成的二字词，如「定点、動点、黒点、交点、中点、重点」（帆足万里『窮理通』1836）、「冰点、定点、角点、力点、燃点、振点、転点、足点」（川本幸民『気海観瀾広義』1851）等。同时，也出现了以「一点」为后语素的三字词，如「反射点」（『窮理通』1836）、「沸湯点、集合点、投着点」（『気海観瀾広義』1851）、「飽和点」（広瀬元恭『理学提要』1852）等。以「一点」为后语素的日语三字词发端于兰学资料，并一直延续到明治时期。

虽然兰学资料中以「一点」为后语素的三字词在时间上早于来华传教士资料，但目前没有证据显示清末的传教士资料在内容和词语上受到日本兰学资料的影响。因此笔者认为，19世纪中期，江户兰学家和来华传教士在译介西学的过程中分别创造出了以"一点"为后语素的三字词。而到了19—20世纪之交，一部分以"一点"为后语素的日语三字词，如《清议报》中出现的"中心点、重心点"，作为日语借词直接进入到汉语中。与此同时，清末国人也在日语三字词的影响下开始自行创造以"一点"为后语素的汉语三字词，如《清议报》中出现的"分歧点、接续点"。

5. 语素义未变而构词功能变化的后语素

事实上，所有日语 2+1 型三字词的后部一字语素，都可以在古汉语中找到与之对应的同形语素。而且如上一节所述，其中的大多数在语素义和构词功能上都与古汉语的同形语素保持基本一致。但是在日语 2+1 型三字词中，也有少量的后部一字语素，与古汉语相比其语素义未变而构词功能发生了变化。在《清议报》新出现的 2+1 型三字词中，属于此类的后部一字语素共有 5 个，如表 3 所示：

表 3　构词功能发生变化的后部一字语素

后部一字语素	日方用例早	日方用例无／晚
一权（14／4）	财政权、发言权、管理权、管辖权、警察权、立法权、司法权、行政权、优先权、制海权、专卖权、自由权、自治权、宗主权	矿产权、特立权、通航权／敷设权
一员（5／1）	管理员、探检员、通信员、选举员、预备员	／众议员
一队（4／2）	电信队、救援队、军乐队、义勇队	／警察队、探险队
一派（3／3）	改革派、理想派、温和派	旁观派／急进派、自由派
一心（4／1）	爱国心、公共心、共同心、名誉心	建国心／

以上这些后部一字语素在古汉语和来华传教士资料中一般只能构成二字词，直到 19—20 世纪之交才开始作为 2+1 型三字词的后部一字语素出现在汉语当中。表 3 显示，"日方用例早"的三字词占大多数，而且"日方用例无／晚"的三字词也是仿照日语三字词的形式构成的。

以"一权"为例。在古汉语中可以找到以"一权"为后语素的二字词，如"霸权、兵权、君权、利权、强权、主权、专权"等，但是未发现以"一权"为后语素的三字词。此外，在 19 世纪的日方兰学资料以及来华传教士资料中也没有查到以"一权"为后语素的三字词。调查结果显示，出现以"一权"为后语素的三字词是比较晚近的事情，其源头可以追溯到日本明治初年。在《清议报》

的 18 个以 "一权" 为后语素的三字词中，有 14 个可以在明治时期的日方资料中找到早于清末报纸的用例，以下所列为一部分日方用例的出处及出版时间[①]：

行政権（箕作麟祥ら『仏国法律提要』1876）
司法権、立法権（中金正衡『政学概論』1876）
自由権（太田松次郎『自由権理論』1881）
警察権（園田安賢ら『泰西見聞録』1887）
自治権（久米金弥『英国地方政治論』1888）
財政権（有賀長雄『国家学』1889）
管轄権（戸水寛人『英国平衡法』1889）
優先権（三坂繁人『民事訴訟釈要』1890）
管理権（奥田義人『民法・親族法論』1899）
専売権（久松義典『近世社会主義評論』1900）

与古汉语相比较，以上三字词中 "一权" 的语素义与作二字词后语素时并无不同，只是构词功能发生了变化。因为在清末以前的汉语里，后语素 "一权" 只能构成二字词，并没有构成三字词的功能。进入明治时期后， "一权" 在日语里率先产生了构成三字词的新功能，这种新的构词功能又于 19—20 世纪之交随着大量的日语借词进入到汉语之中。

6. 语素义和构词功能均有变化的后语素

日语对汉语的影响除了大量的日语借词之外，还有日语构词法对汉语词汇的影响。如上一节所述，原本在汉语中只能构成二字词的后语素，经过近代日语的改造成为可以构成三字词的后语素，这种构词功能的扩展也是日语影响汉语的一种方式。在《清议报》中，还有少数三字词的后部一字语素在构词功能发生变化的同时，语素义也在日语的作用之下出现一定程度的变化，属于此类情形的后部一字语素共有 3 个，如表 4 所示：

[①] 日方用例并非首出例，只要早于清末报纸就可以判断该词的归属。

表 4　语素义与构词功能均有变化的后部一字语素

后部一字语素	日方用例早	日方用例无／晚
—界（8／2）	金融界、经济界、商业界、思想界、文学界、哲学界、政治界、宗教界	／外交界、艺术界
—党（5／0）	反对党、改革党、国民党、极左党、宪政党	
—品（5／0）	工业品、禁制品、输入品、消耗品、原料品	

6.1　以"—界"为后语素的三字词

"—界"在古汉语里作名词时意为"界限、范围",或指"某一特殊的境域"。常见的二字词如"法界、天界、疆界、世界"等。也有少数三字单位,如出现在古诗里的"青莲界、广寒界、银色界"等,佛语里也有"虚空界、地狱界、无尽界"一类的三字词。总之,古汉语的"—界"语义含混不清,构词能力也不强。

在日语方面,「—界」在明治初年成为一个相当活跃的构词语素。由「—界」构成的三字词,或表示对自然事物的分类,如井上哲次郎编『哲学字彙』(初版,1881)中出现的「Mineral kingdom 鉱物界、Vegitable kingdom 植物界,Animal kingdom 動物界」。或用来表达社会上按职业划分的不同领域,如「宗教界 1882、政治界 1888、哲学界 1890、経済界 1891、商業界 1893、思想界 1893、文学界 1893、金融界 1900」等①。经过明治日语的改造,古汉语中语义含混不清的"—界"变为表达抽象分类范畴的「—界」,可以认为其语素义发生了转移。这些由「—界」构成的日语三字词通过《清议报》等途径进入汉语之后,清末国人迅速加以利用,除了吸收日语三字词之外,甚至还仿照日语三字词的形式造出了汉语独自的以"—界"为后语素的三字词②。

---

　① 括号内数字为现有日方最早用例的年代,下同。
　② 章清(2011)从概念史的角度对"—界"词群在清末社会的传播演变做了详细的研究,请参照。

6.2 以"一党"为后语素的三字词

"一党"在古汉语里意为"同伙、团体、族类"等，作后语素时主要构成二字词，如"乡党、父党、私党、死党、乱党、逆党"等。以"一党"为后语素的三字词仅见明朝万历年间的"东林党"，如《明史》（1739）记载："又请出客氏于外请诛崔文升，忌者甚众，指为东林党，未几卒。"（卷246）其中"一党"的含义同样是"同伙、团体"。而在19世纪日方的兰学资料与中方的传教士资料中，均没有发现以"一党"为后语素的三字词。

在日语方面，明治维新以后，随着议会政治在日本的兴起，「一党」的语素义很快从旧时的"同伙"转变为"政党"。例如，在井上哲次郎编『哲学字彙』（初版，1881）中可以找到「Party 徒党、Conservative party 保守党、Moderate party 応時党、Progressive party 進步党、Radical party 過激党」等英日对译的例证，其中的「一党」或许还多少保留着一些"同伙、团体"的旧义。然而与此同时，诸如「共和党 1878、社会党 1880、保守党 1881、自由党 1881、虚無党 1882、反対党 1882、急進党 1884、改革党 1885、革命党 1886、国民党 1889、進步党 1897」等三字词形式的政党名称在日本社会纷纷出现，「一党」的语素义完全实现了向"政党"的过渡。这些政党名称通过《清议报》等途径进入到汉语之中，为汉语的"一党"带来了新的语素义和新的构词功能。

6.3 以"一品"为后语素的三字词

"一品"在古汉语中作名词时大多表示"事物的种类、等级"，如"上品、人品、极品、妙品"等均是如此。与此相对，汉语的"一品"传入日语后，日语「一品」的语素义偏重于表示"物件、东西"本身，例如来自日语的二字词「作品、製品、商品」等，其中的「一品」所指的都是"东西本身"而非"东西的等级"[①]。而且，目前尚未在古汉语和来华传教士资料里发现以"一品"为后

---

① 日语的「一品」之所以偏重于"物件、东西"，是由于受到训读「品＝しな」的影响。

语素的三字词。

在日语方面，早在兰学著述中就已出现了不少以「—品」为后语素的三字词，如「奇重品」（川本幸民『気海観瀾広義』1851）、「起熱品、油膩品、人工品、植物品、滋養品」（緒方洪庵『扶氏経験遺訓』1857）等[①]。到明治初年，以「—品」为后语素的三字词进一步增多，其中有不少进入了汉语。调查结果显示，在《清议报》中出现的以"—品"为后语素的三字词都可以在早于《清议报》的日方资料中找到用例，如「輸入品1869、製造品1877、消耗品1883、工業品1887、美術品1888、禁制品1888、原料品1890」等。日语的「—品」表示"东西本身"而且可以构成三字词，这些特点进入汉语之后，使汉语"—品"的语素义和构词功能都发生了变化。

7. 日语「—的」、「—上」对汉语的影响

在日语中，「—的」和「—上」并非构词语素，其功能主要体现在句法层面上。但由于在实际运用中大多以"二字词＋的"和"二字词＋上"的形式出现，而这些用法通过《清议报》等途径进入到汉语里，对汉语"—的"和"—上"的用法产生了一定的影响，本章将它们放在三字词中进行讨论。据笔者调查，在《清议报》中出现的与日语影响有关的"—的"和"—上"有以下一些用例：

表5 《清议报》中"—的"和"—上"的用例

后部一字语素	日方用例早	日方用例无／晚
—的（16／4）	悲观的、地理的、国家的、国民的、经济的、绝对的、空想的、历史的、民主的、破坏的、人种的、世界的、外交的、文明的、政治的、宗教的	绝大的、生死的／殖民的、中心的
—上（8／0）	财政上、交通上、经济上、理论上、社会上、艺术上、政治上、宗教上	

[①] 参见朱京偉（2011b）第6节。

7.1 "二字词+的"进入汉语

汉语史的研究表明，结构助词"—的"的早期用例出现在宋代以后的白话资料之中[①]。在漫长的历史进程中，"—的"和"—之"这两个结构助词之间的界限相当分明，直到清末仍然保持着"—的"用于白话文，"—之"用于文言文的格局。以《清议报》连载的两个日本政治小说的译本为例，梁启超用文言文翻译的《佳人奇遇》（连载于第 1—35 册）通篇使用的是"—之"。而留日学生周逵用白话文翻译的《经国美谈》（连载于第 36—69 册）则主要使用"—的"，间或有少量的"—之"。除《经国美谈》之外，在《清议报》的所有文章中使用的都是结构助词"—之"，这也反映了当时文体的一般状况。

然而，在《清议报》中确实能发现一些"—的"和"—之"混用的例子，主要是以"二字词+的"的形式出现在句子里。例如：

为防欧洲列强之国产物制造品，与<u>殖民的</u>功名心，热望所注，全欲保专有独得之市场。（第 22 册，外论汇译，译东亚时论，"论英俄协商与中国之关系"，1899.7.28）

我故此不可主张<u>绝对的</u>利权，当确保之。……抑<u>外交的</u>进取，不可不待国力之指挥。（第 32 册，外论汇译，译东京日日新闻，"大政策与小术数"，1899.12.13）

夫当<u>世界的</u>竞争时代，德国之运命，比之自法国俄国之境以陆军而决战。（第 99 册，时论译录，译国民新闻，"帝国主义"，1901.12.1）

今日之必争者，理也，势也，<u>人种的</u>也，<u>国民的</u>也，<u>国家的</u>也。至争根深结，则<u>生死的</u>也。（第 40 册，时论汇录，日本竹越与三郎，"中国人种侵略世界"，1900.3.31）

对于以上"的"的用法，我们有三个理由推测它们是受了日语词缀「—的（てき）」的影响：

其一，"—的"的用例都出现在译自日语的文章当中。以上各例涉及的『東

---

① 参见刘敏芝（2008）。

亜時論』(1898–1899)、『東京日日新聞』(1872—1942) 以及『国民新聞』(1890—1942) 等日文报刊,均为《清议报》外报翻译栏的重要信息源,译文很可能直接照搬了日语原文的词语和句式。

其二,"—的"前接的二字词几乎都是明治日语的常用词,同时也是中日同形词[①]。根据这一特征,我们可以推测这些"二字词+的"的用例很可能保持了日语原文的形态,是被原样照搬到汉语中来的。

其三,有许多"二字词+的"的用例如果按汉语结构助词"—的"去解释的话语义含混不清,而如果按日语词缀「—的」去理解的话则比较通顺,甚至有些用例中的"—的"是不能用"—之"替换的(如前举最后 1 例)。这表明"二字词+的"的形式虽然被照搬进了汉语,但还残留着日语词缀「—的」的痕迹。

在日语中,「—的(てき)」被称为「接尾辞」,其语法功能与汉语的词缀比较接近,却不能与汉语结构助词"—的"划等号。根据日本学者对词缀「—的」的研究,汉语结构助词"—的"传入日语当在江户时代后期(19 世纪前半),而宋元以来的禅宗、理学书籍以及话本小说等白话资料应是传播的主要媒介。到明治初年,西周等人开始在英译日一类的翻译文章中使用词缀「—的」,而明治 10 年(1877)以后,随着「—的」的使用量不断增加,逐渐形成了有别于汉语结构助词"—的"的日语独自的用法[②]。按照『スーパー大辞林』(三省堂,電子版)的释义,日语后缀「—的」的主要用法有:

㋐主に物や人を表す名詞に付いて,そのものではないが,それに似た性質をもっていることを表す。…のよう。…ふう。「百科事典—な知識」㋑主に抽象的な事柄を表す漢語に付いて,その状態にあることを表す。「印象—な光景」㋒物事の分野・方面などを表す漢語に付いて,その観点や側面から見て,という意を表す。…上(じょう)。「学問—に間違っている」。

显然,日语后缀「—的」的这些用法是汉语结构助词"—的"所不能涵盖的。《清议报》时的国人以汉语的"—的"去理解日语的「—的」,把日语"二

[①] 在《清议报》中也有少数"—的"前接词不是中日同形词的例子,如"队伍的、柔缓的、输运的、死事的、死君的"等,其用法与古汉语白话文类似,本书没有将它们列入研究对象。

[②] 参见山田巌(1961)、広田栄太郎(1969)等论文。

字词＋的"的形式原样照搬进汉语，当初难免会有貌合神离似懂非懂的感觉。然而笔者认为，尽管日语后缀「一的」的用法最终没能进入汉语，但"二字词＋的"在《清议报》等出版物中频频出现①，客观上起到了把汉语结构助词"一的"从白话文领域扩展到文言文领域的助推作用，对白话文助词"一的"全面取代文言文助词"一之"的历史进程会产生一定的影响。

7.2　汉语"一上"的新用法

在《清议报》中，除了上述"一的"之外，值得关注的还有接在名词之后的"一上"的新用法。《汉语大词典》中名词"上"共有 25 个义项，其中与"名词＋上"有关的义项有⑫⑭⑯，其释义摘要如下：

⑫用在名词后。表示在物体的表面。《易・涣》（前 12 世纪）："風行水上。"唐代韩愈《晚泊江口》诗（8 世纪初）："二女竹上泪，孤臣水底魂。"

⑭用在名词后。表示一定的处所或范围。《孟子・梁惠王上》（前 2 世纪）："王坐于堂上，有牵牛而过堂下者，王见之曰：'牛何之？'"《战国策・秦策一》（前 1 世纪）："人生世上，势位富贵，盖可忽乎哉！"

⑯用在名词后。表示事物的某一个方面。毛泽东《在延安文艺座谈会上的讲话》（1942）："在'五四'以来的文化战线上，文学和艺术是一个重要的有成绩的部门。"秦牧《一幅古画的风味》（1960 以前）："这幅画在考古上的价值是不待说了，就是单单从艺术的观点看来，也很令人赞美。"

从以上释义可知，义项⑫⑭的用法古已有之，其共同点为"一上"接在表示实物或处所的具象名词之后。而义项⑯的不同在于，"一上"接在表示抽象事物的名词之后，含义略有引申，表示"……方面"。由于《汉语大词典》没有举出义项⑯的古汉语书证，只有现代汉语的用例，我们可以据此推测它是一个晚近出现的用法。在《清议报》中可以找到许多这种用法的例证，《汉语大词典》的书证年代可以据此提早 40 多年。例如：

---

① 在稍晚的《新民丛报》和《民报》中，"二字词＋的"的用例又有明显的增加。

视西方之希腊有过之无不及。<u>政治上</u>之思想，<u>社会上</u>之思想，<u>艺术上</u>之思想，皆有亭毒六合包罗万象之观。（第 19 册，梁启超，"论中国人种之将来"，1899.6.28）

十九世纪为<u>政治上</u>竞争革命之时代，二十世纪为<u>经济上</u>竞争革命之时代，此有识者之公言也。（第 19 册，梁启超，"论中国人种之将来"，1899.6.28）

今共和国虽自认为<u>国际上</u>（日本以国与国相交曰国际）之主权国，然毫无<u>法律上</u>与<u>历史上</u>之证据，安足取信哉。（第 34 册，地球大事记，"英国杜国之主权问题"，1900.1.31）

虽有<u>宗教上</u>之争，<u>政治上</u>之争，与及种种之争竞，盖皆未有如人种之争其惨憺结果之甚者。（第 34 册，地球大事记，"南阿英兰两种人之战斗力"，1900.1.31）

前 2 例出自梁启超的文章，他对引进日语词汇一向持积极态度，其时又身在日本，有条件通过阅读日文书报直接借鉴日语的词句。后 2 例出自外报翻译栏"地球大事记"，虽然没有标明原文出自何方，但从文章中的日语词含量来看，译自日语的可能性相当大。

其实，"抽象名词＋上"表示"……方面"的用法在几年前的《时务报》中就已经出现，当时的用例几乎都出自日本人古城贞吉的译文，这恰好印证了该用法来自日语。到《清议报》时，"抽象名词＋上"表示"……方面"的用例数量明显增多，表明这一用法已经被汉语所接纳。

8. 小结

本章利用词汇史研究的方法，对《清议报》中的三字词进行了多角度分析，主要目的在于辨别其中的日语借词并对相关的研究方法有所梳理。主要结论可归纳为以下 4 点：

（1）在《清议报》新出现的 298 个 2+1 型三字词当中，可以认定为日语三字词的 228 词，占总词数的 76.5%。这表明 19—20 世纪之交在汉语里出现的

2+1 型三字词主要来自日语，由于日语三字词的大量涌入，带动了汉语三字词的增长，形成了汉语三字词的构词方式。结果还显示，已开始出现清末国人自造的三字词，这些词明显带有日语三字词的特征。

（2）通过对前部二字语素和后部一字语素的数量进行统计，发现在 298 个 2+1 型三字词中，前部二字语素共有 237 个，每个平均构成 1.26 个三字词，而后部一字语素共有 79 个，每个平均构成 3.78 个三字词（表 1）。由此可见，后部一字语素的特点是以较少的种类构成较多的三字词，而前部二字语素的种类较多，但单个语素的构词数明显低于后部一字语素。

（3）对于 2+1 型三字词的后部一字语素，本章从语素义和构词功能方面做了分析，将结果概括为 3 种情形：一是语素义与构词功能均未变化，二是语素义未变而构词功能变化，三是语素义与构词功能均有变化。从数量上看，属于第 1 种情形的后部一字语素最多，似乎三字词的后部一字语素以沿袭古汉语的原有功能为主，但事实上如表 2、表 3 和表 4 所示，日语三字词的词数在 3 种情形的每一种中都占有压倒性多数。

（4）从 2+1 型三字词的后部一字语素来看，日语三字词对汉语三字词的影响主要有两方面，一是扩展了后部一字语素的构词功能，使一部分原本在汉语里只能构成二字词的后语素具备了构成三字词的功能。二是把以后部一字语素为中心进行系列性构词的特点带进了汉语，促进了汉语三字词构词法的形成。

第 6 章 《清议报》中的四字日语借词

1.《清议报》四字词的概况

清末以前，汉语中 2+2 型四字词的数量有限且使用率低。究其原因，一是传统的文言文体的句式结构十分紧凑短小，适于使用短词形，因而对非熟语类四字词的生成有结构性制约；二是在陈旧的知识体系禁锢之下，很少有新生事物和复杂概念需要用四字词的形式去表达，因而缺乏生成四字词的外部环境。然而从 19—20 世纪之交起，伴随着文白统一的大趋势，在清末来华传教士的科技译述以及日语借词大量涌入的双重影响之下，汉语中的 2+2 型四字词开始迅速增多，通过第 3 章对《时务报》的四字词所做的分析即可看出这一点。《清议报》是紧随《时务报》之后在日本出版的中文报刊，对我们深入了解当时日语借词进入汉语，以及汉语四字词的发展情况都具有重要意义。

如第 4 章表 3 所示，从《清议报》中共抽出四字词 294 词（单计词数），其中包括 2+2 型四字词 288 词，3+1 型四字词 4 词和 1+3 型四字词 2 词。经过与《时务报》的四字词进行比对，发现以下 32 词在《时务报》中已经出现过：

保护政策	参谋本部	大学教授	大藏大臣	代议政体	地方分权	高等学校
工业学校	攻守同盟	共和政治	国会议员	红十字会	货币制度	立宪政体
立宪政治	全权大臣	三国同盟	社会主义	生命财产	师范学校	士官学校
同盟罢工	外交政策	外务大臣	一衣带水	殖产兴业	殖民政策	治外法权
中央集权	中央政府	自由贸易	自治制度

除此之外，其余262词为《清议报》中新出现的四字词，占四字词总数的89.1%，这表明新的四字词正在迅速而大量地进入汉语。在这262个四字词中，有1+3型四字词2个（即：半+自由国、大+博览会）和3+1型三字词2个（即：无政府+党、资生学+家），其余的258个均为2+2型四字词，占新出现的四字词总数的98.5%。本章将主要以《清议报》中新出现的258个2+2型四字词作为研究对象。

2. 区分不同来源的四字词

为了探明清末时期日语四字词对汉语的影响，首先需要正确区分哪些是来自日语的四字词，哪些是清末中国人自造的四字词。本章所采用的分析方法与以前各章完全一致，即通过检索明治时期的日方资料，依照各词用例的早晚，将《清议报》中新出现的258个2+2型四字词分为3类情形：一是日方用例早于清末报纸的四字词（183词，70.9%）；二是未见日方用例的四字词（38词，14.7%）；三是日方用例晚于清末报纸的四字词（37词，14.4%）。简言之，属于第1种情形的四字词很可能是日语四字词，属于第2种情形的四字词则有可能是清末中国人自造的四字词，而属于第3种情形的四字词尚需进一步确认，目前依据调查结果暂且归在汉语四字词一边。

2.1 日方用例早于清末报纸的四字词

2+2型四字词表达的都是近代以来的新事物新概念，其出现是相当晚近的事情。在汉语方面，传统的文言文书面语中几乎找不到2+2型四字词，19世纪末以前含有2+2型四字词的资料，可能仅限于来华传教士的汉文著译和清末出使日本的官员文人的涉日书籍。由于《时务报》、《清议报》等清末报纸与日本的特殊关系，在开启日语借词进入汉语的历史进程中扮演了重要角色。因此，凡是清末报纸中出现的四字词，如果能够在早于清末报纸的日方资料中找到对应的同形词，就意味着该四字词很有可能是来自日语的四字词。

以"优胜劣败"为例，在《清议报》中有如下用例："夫世界之初起，其种族之差别，多之不可纪极，而其后日以减少者，此何故乎？凭优胜劣败之公理。"（第 1 册，本馆论说，"续变法通义"，1898.12.23）经检索古汉语以及 19 世纪后期来华传教士等中方资料，均未发现"优胜劣败"的用例。《申报》中的首出例比《清议报》稍晚，见于 1903 年 3 月 31 日刊载的"美儒李佳白先生讲义"一文："际此优胜劣败之秋，而荷比两国虽滨北海间强邻，卒能昂昂然熙熙然自立于雄欧者，岂无以哉乡也？"在日语方面，很容易找到早于《清议报》的用例。例如，加藤弘之在『人権新説』（1882）中首次使用了「優勝劣敗」一词，原文如下：「余ハ此一大定規ヲ称シテ優勝劣敗ノ定規ト云ハント欲ス。」（第 1 章）又如，植木枝盛著『天賦人権弁』（1883）一书中有如下用例：「人間社会ノ運行ハ単ニ優勝劣敗ノミト云ヒテ，言ヒ尽ス可キニアラス。」（第 36 页）对比以上中日双方的用例，可以判断"优胜劣败"是来自日语的四字词。

又如"生存竞争"。《清议报》中有如下用例："澳大利亚者，昔为欧洲罪人流窜之荒岛，今乃为白色种人生存竞争一大富源焉。"（第 14 册，外论汇译，"对东政策"，1899.5.10）在汉语方面，《清议报》的用例是现有的最早用例。《申报》中的首出例见于 1905 年 4 月 5 日刊载的"反天择说"一文："是天择者，仍虚元窅渺之谈，全恃芸芸万众智识日开，以自立于生存竞争抵抗角触之世界，则人事尚矣。"在日语方面，可以查到早于《清议报》的用例，如山县悌三郎著『男女淘汰論』（1887）中有以下用例：「生物ガ自然淘汰ノ作用ニ由テ，漸ク進化スル所以ノ理ヲ知ラント欲セバ，先ヅ左ノ三件ヲ了解セザルベカラズ，即チ遺伝漸化，生存競争トス。」又如有賀長雄著『社会進化論』（1890）中有以下用例：「社会発生の相互要素，即ち生存競争の理に依て協力分労する人類の聚合の起る次第。」根据以上日方用例早于《清议报》的事实，可以判断"生存竞争"是来自日语的四字词。

在《清议报》新出现的 258 个 2+2 型四字词中，属于日方用例早的词共有 183 个，占总词数的 70.9%，这表明 19—20 世纪之交时在汉语里流通的主要是来自日语的四字词。为了了解这部分词中哪些是《清议报》以前已进入汉语的，哪些是随着《清议报》进入汉语的，可以通过检索《申报》（1872—1949）电子版的方法进行判断。按结果可分为 3 种情形：

一是《申报》中的用例早于《清议报》的词。可视为《清议报》之前已经进入汉语的日语四字词，有以下 11 词，占 183 词的 6.0%。

博览大会　大清帝国　地方长官　军部大臣　内地杂居　普通学校　人命保险
上院议员　文部大臣　下院议员　自主独立

二是《申报》中完全没有出现过的词。可视为在《清议报》发行期间进入汉语的日语四字词，但通用性和存活率较低。属于此类情形的有 7 词，即"代议宪法、公武合体、精神开发、适种生存、协力分劳、院外团体、支那保全"，占 183 词的 3.8%。

三是《申报》中的用例晚于《清议报》的词。同样可视为《清议报》发行期间进入汉语的日语四字词，通用性和存活率高于上一类四字词。属于此类情形的共有 165 词，占 183 词的 90.2%。此结果表明，在《清议报》中新出现的日语四字词绝大多数都是首次进入汉语，以下列举其中的一部分：

白色人种　保守主义　财政改革　产业革命　出版自由　地方团体　地方自治
帝国主义　电信事业　独裁政治　对外政策　封建时代　封建制度　高等动物
个人主义　功利主义　共和政体　共和主义　贵族政治　国际公法　国际关系
国际事务　国际问题　国家主权　国家主义　国民教育　国民经济　经济基础
经济竞争　军备扩张　君主政治　君主专制　劳动社会　门户开放　民主政体
民主政治　民主主义　排外思想　贫富悬隔　平等主义　平民主义　普通现象
侵略主义　权力扩张　人类平等　三权鼎立　社会进化　社会组织　神圣同盟
生存竞争　石器时代　示威运动　世界主义　世袭君主　势力范围　思想感情
天赋人权　铁道列车　外交机关　文明进化　无线电信　新陈代谢　新闻记者
行政机关　言论自由　厌世主义　义务教育　政治思想　政治小说　殖民主义
专制主义　自然科学　自然淘汰　自由竞争　自由主义　宗教革命

2.2 未见日方用例的四字词

以"融通市场"一词为例。在《清议报》中有如下用例:"除经常收入之外,尚需八百八十万磅,此金额可由融通市场借入。"(第 81 册,外国近事,"英国近来之财政",1901.6.7)在汉语方面,经查阅 19 世纪的各类资料以及《申报》电子版,均没有发现其他"融通市场"的用例,《清议报》中的用例为目前仅有的孤例。在日语方面,无论是 19 世纪的兰学资料,还是明治以后的各类出版物,从中都找不到「融通市场」一词,而只有「金融市场」的用例。例如,在浜田健次郎著『金融論』(1891)一书中有如下用例:「苟モ金融市場ノ整理ヲ掌ル者ハ能ク各時期ニ応シ事ヲ処スル方法ヲ知ラサルヘカラス。」(第 8 章)事实上,在古汉语中找不到"金融"一词,只有"融通"的用例,比如,南朝任昉所作《齐竟陵文宣王行状》(5 世纪末)中有:"公道识虚远,表里融通。"其实"金融"本身是一个日造新词。根据中日双方以上的情况可以推测:在日语词「金融市场」进入汉语时,为了使国人易于接受被改造成了"融通市场"。

此类四字词的特点是,虽然在日方资料中无法找到同形的四字词,却可以发现与其词形相似者,说明它们多少带有一些模仿日语词的痕迹。19—20 世纪之交,正处于汉语中 2+2 型四字词开始增多的时段,此类词透露出清末国人在自造四字词的初期所采用的方法。在《清议报》新出现的 259 个 2+2 型四字词中,未见日方用例的词共有 38 个,占总词数的 14.7%,这表明清末国人在引进日语四字词的同时,已经开始利用仿造、改造等方式自己造词。通过检索《申报》电子版中的用例发现,这些汉语四字词可以分为两种情形:

一是在《申报》中完全没有出现过的词。可视为《清议报》发行期间新出现的汉语四字词,但因这些词只存在于《清议报》之中,通用性和存活率相对较低。共有以下 9 词,占 38 词的 23.7%:

抽析观念　极东大陆　女权革命　强立主义　融通市场　文弱主义　新陈嬗代
支那保存　资生革命

二是《申报》中的用例晚于《清议报》的词。也可视为《清议报》发行期间开始出现的新词，其通用性和存活率应高于上一类四字词。共有以下 29 词，占 38 词的 76.3%：

白色种人	版权制度	陈陈代谢	法国革命	封建割据	高等社会	革命精神
公民社会	关税法则	过渡人物	黑暗时代	黄色种人	兼善主义	经济膨胀
经验识见	开放门户	劳工社会	门罗主义	日常要务	生理循环	庶民政治
武装列车	物竞天择	乡村社会	野蛮人种	野战练习	中立裁判	专制独断
资本社会						

从成词的方式看，以上汉语四字词大致可以分为仿造词、改造词以及自造词等几类，将在后面第 3 节中做具体分析。

2.3　日方用例晚于清末报纸的四字词

还有一部分四字词，虽然在日方资料中可以找到同形词，但用例的时间明显晚于《清议报》。以"商业竞争"一词为例，《清议报》中有如下用例："然<u>商业竞争</u>又甚激烈，政府遂不得不保护之。"（第 98 册，时论译录，"帝国主义"，1901.11.21）在汉语方面，《清议报》中的用例是现有的最早用例。《申报》中的首出例略晚于《清议报》，见于 1904 年 12 月 13 日刊载的"续录商部参议王奏陈南"一文："庶几于<u>商业竞争</u>之场，犹足徐图抵制，而国家富强之计，亦即于此握其框焉。"在日语方面，现有的最早用例也晚于《清议报》，如 1904 年 11 月 26 日『朝日新聞』（朝刊）上有标题为「清国に於る日独<u>商業競争</u>」的报道。1920 年 12 月 10 日『読売新聞』（朝刊）上刊登有「米国の対外的経済発展」一文，其中有如下用例：「今や米国は諸外国と激しい<u>商業競争</u>を演ずる立場にある。」

在《清议报》新出现的 258 个 2+2 型四字词中，日方用例晚的四字词共有 37 词，占总词数的 14.4%。这些词属于中方造词还是日方造词尚不能确定，通过与《申报》中的用例进行比对，可以了解它们出现时间的早晚。依据检索结果可分为 3 种情形：

一是《申报》中的用例早于《清议报》的词。属于此类情形的有 6 词，占

37 词的 16.2%，很可能是清末的汉语新词。如"万国公法"，因为出自来华传教士丁韪良著《万国公法》（1864）一书，所以在《申报》中出现得很早。其他还有"常备舰队、改正条约、海底电线、全权公使、自由民权"。

二是《申报》中完全没有出现过的词。有"国债偿却、满洲处置、三权分离、市场政策"4 词，占 37 词的 10.8%。可视为在《清议报》发行期间在汉语里出现的四字词，但《申报》中没有，只出现在《清议报》之中，表明使用范围有限，尚不能确定是中方造词还是日方造词。

三是《申报》中的用例晚于《清议报》的词。同样可视为《清议报》发行期间开始在汉语里出现的四字词，其通用性和存活率高于上一类四字词，尚不能确定是中方造词还是日方造词。共有以下 27 词，占 37 词的 73.0%。

财政预算　大陆市场　独善主义　公共精神　孤立主义　国际势力　国民竞争
国民运动　活动舞台　君主立宪　民主立宪　民族工业　民族膨胀　膨胀主义
权力问题　人文思想　商业竞争　社会情报　庶民主义　思想言论　特别现象
野蛮民族　异色人种　原始社会　政治中心　自由公民　自由人权

在此前的各章中，曾将日方用例晚于清末报纸的原因归结为 3 种情形：一是所见的日方资料尚不完全，可能会遗漏更早的例证。二是不能排除清末国人造词在先然后传入日语的可能性。三是由于中日的构词方式相通，有可能分别造词而词形偶然相合。这 3 条推论同样适用于《清议报》的四字词，但是由于四字词的临时组合性较强，目前难以准确地区分出哪些词属于哪一种情形。在需要区分日语借词和非日语借词时，只能依据现有的调查结果，将此类词视为汉语四字词。

3.《清议报》中的汉语四字词

为了观察《清议报》时清末国人自造四字词的情况，本章依据目前的调查结果，将日方用例早的四字词（183 词）视为日语四字词，而将未见日方用例的四字词（38 词）和日方用例晚的四字词（37 词）视为汉语四字词。经过对《清议报》中新出现的 75 个汉语四字词进行逐词分析，认为可将清末国人构成四字词的方法归纳为仿造词（38 词，50.7%）、改造词（29 词，38.7%）和自造词（8 词，10.6%）3 种情形。

3.1 仿造词

指清末国人利用明治时期产生的日语新造词或由日语赋予新义的新义词，通过模仿日语 2+2 型四字词的构词形式而形成的汉语四字词。仿造词的主要特征是可以找到所模仿的日语四字词的词群，其中又以利用日语四字词后部二字语素构成的仿造词最为常见。在《清议报》新出现的 259 个 2+2 型四字词中，仿造词大致有以下 3 种情形：

一是可以在《清议报》中直接找到所模仿的日语四字词词群。例如，以"—社会"为后语素的四字词共有 9 个，经词源考证可知，"劳动社会、下等社会、下流社会"3 词为日语四字词，其余 6 词，即"高等社会、公民社会、劳工社会、乡村社会、资本社会、原始社会"可视为国人仿造的汉语四字词，仿造词和日语四字词一起形成了以"—社会"为后语素的四字词词群。又如，以"—革命"为后语素的四字词共有 6 个，其中"产业革命、政治革命、宗教革命"3 词为日语四字词，其余 3 词，即"法国革命、女权革命、资生革命"可视为国人自造的汉语四字词。

属于同类情形的仿造词还有：(1) 以"—主义"为后语素的"兼善主义、门罗主义、强立主义、文弱主义、独善主义、孤立主义、膨胀主义、庶民主义"。(2) 以"—竞争"为后语素的"国民竞争、商业竞争"。(3) 以"—人种"为后语素的"野蛮人种、异色人种"。(4) 以"—思想"为后语素的"人文思想"。(5) 以"—问题"为后语素的"权力问题"。(6) 以"—政策"为后语素的"市场政策"。(7) 以"—政治"为后语素的"庶民政治"。

二是可以在《清议报》以外找到所模仿的日语四字词词群。例如，"版权制度"属于未见日方用例的四字词，在《清议报》中没有出现以"—制度"为后语素的四字词词群，但检索明治时期的日方资料发现，「制度」在日语中可以作为后语素构成 2+2 型四字词，如「自治制度 1884、国家制度 1889」等①。据此可以推测，"版权制度"是通过模仿以"—制度"为后语素的日语四字词而形成的汉语四字词。又如"经济膨胀、民族膨胀"，虽然在《清议报》范围内没有出现以"—膨胀"为后语素的四字词词群，但在明治时期的日方资料中可以找到「物体膨脹 1879、容積膨脹 1882、漢族膨脹 1898」等日语四字词的用例，据此可将此 2 词视为清末国人的仿造词。

可以在《清议报》以外找到所模仿的日语四字词词群的仿造词还有：（1）日常要务（←日常生活 1898、日常用語 1899、野外要務 1889、一般要務 1891）。（2）野战练习（←野戦作業 1887、野戦工兵 1889、音階練習 1887、実地練習 1887）。（3）极东大陆（←極東問題 1898、極東事件 1899、欧州大陸 1880、支那大陸 1896）。（4）武装列车（←鉄道列車 1886、特別列車 1888）。（5）特别现象（←生物現象 1879、社会現象 1888）。（6）大陆市场（←中心市場 1892、定期市場 1901）。（7）中立裁判（←出訴裁判 1874、終審裁判 1874）。

三是利用日语四字词的前语素构成的仿造词。例如，在《清议报》新出现的 2+2 型四字词中，共有以"自由—"为前语素的四字词 7 个，经词源考证证实"自由竞争、自由开放、自由平等、自由权利"4 词为日语四字词，而属于日方用例晚的 3 词，即"自由公民、自由民权、自由人权"可视为国人模仿日语四字词而形成的仿造词。

3.2 改造词

指清末国人对不符合汉语词法的日语原词略加改造，或改变个别字，或颠倒字序词序等，从而形成与日语原词十分相似的汉语四字词。在《清议报》新出现的 259 个 2+2 型四字词范围内，大致可归纳出以下 5 种改造日语原词的方

---

① 词后的数字是笔者查到的日方现有最早用例的年份，以下同此。

法（括号内为笔者推定的日语原词）：

一是省略日语原文中的助词「の」变为汉语的四字词。例如，《清议报》里出现的"革命精神、公共精神"在明治时期的日方资料中查不到同形的四字词，但是可以查到「革命の精神 1895」和「公共の精神 1891」的用例。据此可推测，此 2 词在通过翻译进入汉语时去除了日语原词中的日语助词「の」，被改造成了汉语四字词。

二是替换日语原词中的一个字变为汉语的四字词。例如《清议报》里出现的"陈陈代谢"在日方资料中查不到同形的四字词，但可以找到「新陳代謝」的用例。如『太陽』1895 年 6 号刊载的长田秋涛撰「仏都巴里」一文中有以下用例：「然れども新陳代謝の理に因り，茲に勃興して昔に劣らぬ今世紀の隆盛を極むるものは，ムーランルージ及びジャルダンドバリーの如き大舞踊場之なり。」据此可认为，"陈陈代谢"是通过替换日语原词中的一个字而形成的汉语四字词。《清议报》中属于此类情形的还有：新陈嬗代（←新陳代謝 1870）、抽析观念（←抽象観念 1893）、关税法则（←関税規則 1890）、国债偿却（←公債償却 1901）、三权分离（←三権分立 1901）、野蛮民族（←野蛮種族 1887）、支那保存（←支那保全 1901）。

三是替换日语原词中的二字词变为汉语的四字词。例如《清议报》中有如下用例："故学风顿衰息，诚有如欧洲之所谓黑暗时代者。"（第 19 册，梁启超，"论中国人种之将来"，1899.6.28）在以往的中方资料中没有"黑暗时代"一词。《申报》中的首出例见于 1907 年 11 月 7 日刊载的"外国商政之沿革"一文："致因有商业之原始状态与夺掠主义相混淆，此为商政最黑暗时代。"在日语方面，明治时期的资料中只有字序颠倒的「暗黒時代」。例如，1895 年出版的日本『太陽』杂志第 8 号中有水谷不倒撰「恋愛小説」一文，其中有如下用例：「殊に後者の文物の暗黒時代を一躍すれば，徳川氏の治世，先づ美文の花の綻びそめしは此の恋愛小説なり。」据此可推断，由于日语的「暗黒」与汉语的表达方式不符，于是将日语的二字词替换为汉语的"黑暗"改造成了汉语的"黑暗时代"。《清议报》中属于此类情形的还有：黄色种人（←黄色人種 1895）、白色种人（←白色人種 1895）、融通市场（←金融市場 1891）。

　　四是利用日语的二字词重新组合成汉语的四字词。此类改造词的前语素和后语素大多是明治时期产生的日语新造词或由日语赋予新义的新义词，而且查不到相关的日语四字词的词群。例如在《清议报》中出现的"活动舞台"，前语素"活动"是在明治日语中产生新义的二字词，可以找到「政治活動 1886、個人活動 1895」等用例，但一般不作为前语素构成四字词。后语素"舞台"是出自古汉语的二字词，但在清末以前的汉语里没有复合构词功能。在日语中可以找到「社会の舞台 1888、世界の舞台 1894」等用例，表明受其他名词修饰时需要前接助词「の」。据此可推测，"活动舞台"是由清末国人利用明治日语的新义词和常用词，经过重新组合而形成的汉语四字词。

　　《清议报》中属于此类情形的四字词较多，其他还有：国民运动、财政预算、生理循环、国际势力、过渡人物、社会情报、君主立宪、民主立宪、常备舰队、民主共和、民族工业、满洲处置。以上这些词的二字语素的双方或一方属于明治日语的新造词（如：财政、国际、舰队、立宪、情报）、新义词（如：共和、过渡、民主、社会、生理、运动、预算）。

　　五是颠倒日语原词的词序变为汉语的四字词。例如《清议报》中的"改正条约、开放门户"在日方资料中查不到同形的四字词，但可以查到词序相反的「条約改正 1872」和「門戸開放 1900」，据此可推断，以上 2 词是通过颠倒日语原词的词序而形成的汉语四字词。

3.3　自造词

　　指中国人利用原有的或新造的汉语词作二字语素，在不参照日语四字词的情况下独自构成的四字词。在构词上大致有以下 3 方面的特点：

　　一是采用日语四字词不使用的二字语素。例如《清议报》中出现的"物竞天择"，由于日语里没有"物竞"和"天择"这两个二字词，因此可以直接从语素层面上判断它不是日语四字词。在日方资料中完全查不到"物竞天择"，它相当于明治日语的新词「優勝劣敗」①。在汉语方面，"物竞天择"的最早用例见于严复 1898 年翻译的《天演论》，原文如下："自禽兽以至为人，其间物竞天择之用，无时而或休。"（导言十二，人群）其后，《清议报》中出现如下用例："智力有优劣，国力有强弱，而物竞天择，优胜劣败之公例出焉。"（第 13 册，外论汇译，"论太平洋之未来与日本国策"，1899.4.30）据此可以认为"物竞天择"是中国人的自造词，而《清议报》的用例将汉语的"物竞天择"和日语的「優勝劣敗」并列在一起使用，表明中日双方的同一概念已经实现了交汇对接。

二是采用日语四字词不使用的语素搭配。例如《清议报》中出现的"经验识见、专制独断"，参与构词的 4 个二字语素均为出自古汉语的中日同形词，因此从语素层面上难以区分是日语造词还是汉语造词。但从词结构方面看，"经验+识见"属于两个近义二字语素组合成的 N+N 并列结构四字词，而"专制+独断"属于两个近义二字语素组合成的 V+V 并列结构四字词。由于日语 2+2 型四字词很少有这样的语素搭配，因此可将以上 2 词视为清末国人的自造词。又如"政治中心"，"政治"和"中心"均为出自古汉语的汉语词，但是"政治"在日语里一般只用作 2+2 型四字词的后语素，如「地方政治 1875、共和政治 1875、立憲政治 1875」，而"中心"在日语里需要以「の＋中心」的形式才能前接修饰成分，如「貿易ノ中心（1890）、国家の中心 1894、製造の中心 1896」等。由于"政治中心"采用了日语四字词所不使用的语素搭配，可将其视为汉语的自造词。

三是利用汉语原有的二字语素且造词在先。以《清议报》中的"封建割据"为例，虽然在日语里可以找到「封建制度 1879、封建時代 1880、封建思想 1897」等以"—封建"为前语素的四字词，也可以找到「群雄割拠 1876、武人割拠 1889」等以"—割据"为后语素的四字词。但"封建"和"割据"都是古汉语原有的二字词，并未由日语赋予新义，清末国人无需参照日语四字词便可将二者组合成"封建割据"。

又如"万国公法、海底电线、全权公使"。来华传教士丁韪良于 1864 年

---

① 具体论述参见本章第 2 节 2.1 处。

翻译了《万国公法》一书，出版后很快便传到日本。该书中虽没有出现"全权公使"，但已有二字词"全权"和"公使"。另一方面，在丁韪良所著《格物入门》(1868)一书中已出现了四字词"海底电缆"和二字词"电线"。而且，"万国公法、海底电线、全权公使" 3 词在《申报》中的首出例均早于日方用例。因此以上 3 词可视为利用汉语原有的二字语素，由汉语首创的自造词。

4. 构词多的前语素与后语素

笔者在概括日语四字词的特点时曾指出："明治时期是日语四字词空前发展的时期，除了涌现出大量新词之外，在构词法方面也有贡献。一是形成了以 2+2 型四字词为主的构词模式；二是充当前语素与后语素的两个二字词都可以单独使用；三是以一些抽象性名词作前语素或后语素进行系列性构词。"[①] 通过《清议报》中的四字词，同样可以观察到以上 3 方面的特点。以下主要利用《清议报》中的四字词，对系列性构词的实际情况进行分析和概括。

在此仍采用与《时务报》相同的方法，把前语素和后语素构成的四字词的词数称为"构词数"，把去除重复后的前语素或后语素的个数称为"语素数"，并把"构词数"分为"4 词及以上"、"3—2 词"以及"1 词" 3 个区间。表 1 以《清议报》中新出现的 258 个 2+2 型四字词为对象，对前语素和后语素在各个构词数区间中的分布情况进行了统计。

表 1 《清议报》2+2 型四字词的前语素和后语素的构词情况

构词数	前语素数（%）	词数合计（%）	后语素数（%）	词数合计（%）
4 词及以上	10（6.0）	56（21.7）	13（9.9）	109（42.2）
3—2 词	37（22.2）	82（31.8）	28（21.4）	59（22.9）
1 词	120（71.8）	120（46.5）	90（68.7）	90（34.9）
合计	167	258	131	258
	（每个前语素平均构词 1.54 个）		（每个后语素平均构词 1.97 个）	

---

① 参见本书第 3 章第 4 节。

表 1 显示，构词"4 词及以上"的前语素和后语素约占语素总数的不到 1 成（6.0% 和 9.9%），构词"3—2 词"的前语素和后语素约占语素总数的 2 成（22.2% 和 21.4%），而构词为"1 词"的前语素和后语素约占语素总数的 7 成上下（71.8% 和 68.7%）。与此前的《时务报》相比，变化主要体现在两个方面：

一是构词"4 词及以上"的语素数和词数合计的增长幅度较大。前语素的占比从《时务报》的 0 上升至《清议报》的 6.0%，所构成的四字词的词数占比则从 0 上升至 21.7%。后语素的占比从 7.0% 上升至 9.9%，所构成的四字词的词数占比从 25.3% 上升至 42.2%。

二是构词仅为"1 词"的语素数和词数合计的变化幅度也很明显。前语素的占比从《时务报》的 84.0% 下降至《清议报》的 71.8%，所构成的四字词的词数占比则从 69.5% 下降至 46.5%。后语素的占比从 74.6% 下降至 68.7%，所构成的四字词的词数占比从 48.8% 下降至 34.9%。

数值的升降表明《清议报》中能够形成四字词词群的语素明显增多，每个语素的平均构词数以及各个词群含有的四字词词数也有提升。具体而言，前语素从《时务报》的平均构词 1.21 个上升到《清议报》的 1.54 个，后语素从平均构词 1.53 个上升至 1.97 个。以上结果表明，到《清议报》时，以同一前语素或后语素为中心进行系列性构词这一日语四字词的特征已经完全进入汉语，开启了大量引进和大量构词的新阶段。

4.1 构词多的前部二字语素

在《清议报》新出现的 258 个 2+2 型四字词中，虽然构词"4 词及以上"的前语素只有 10 个（6.0%），所构成的四字词却有 56 个，占到四字词总数的 21.7%，其重要性不言而喻。在此将构词"4 词及以上"的前语素和后语素视为构词多的二字语素，列出每个语素参与构成的四字词进行重点分析。前部二字语素的构词情况如表 2 所示：

表2 《清议报》2+2型四字词中构词多的前部二字语素

前部二字语素	日方用例早	日方用例无／晚
经济—（7／1）	经济基础、经济竞争、经济生活、经济事情、经济学者、经济政策、经济主义	经济膨胀／
社会—（7／1）	社会改良、社会进化、社会思想、社会体制、社会问题、社会学者、社会组织	／社会情报
自由—（5／3）	自由竞争、自由开放、自由平等、自由权利、自由主义	／自由公民、自由民权、自由人权
国际—（5／1）	国际纷争、国际公法、国际关系、国际事务、国际问题	／国际势力
国家—（5／0）	国家观念、国家思想、国家主权、国家主义、国家组织	
民主—（4／1）	民主共和、民主政体、民主政治、民主主义	／民主立宪
思想—（3／1）	思想变迁、思想感情、思想自由	／思想言论
政治—（3／1）	政治革命、政治思想、政治小说	／政治中心
专制—（3／1）	专制政体、专制政治、专制主义	专制独断／
国民—（2／2）	国民教育、国民经济	／国民竞争、国民运动

从词源分布看，在构词多的前部二字语素中，"国际—"属于明治时期的日语新造词，"自由—、社会—、经济—、民主—、思想—"等属于由日语赋予新义的二字词，它们构成的四字词大量进入汉语，成为向中国社会传递新思维新概念的载体。其他如"国家—、国民—、外交—、政治—、专制—"等虽然是有古汉语出典的二字词，但在古汉语里并没有构成四字词的先例和功能。由它们构成的日语四字词表达了汉语所没有的新概念，因此只要这类四字词进入到汉语中来，同样应当视为日语借词。

在《时务报》的2+2型四字词中尚未出现构词"4词及以上"的前语素，而构词"3—2词"的前语素主要有"地方—、独立—、高等—、陆军—、全权—、生命—、学校—、中央—"等，都不是以抽象性名词为特征的日语新词。这种情况到《清议报》时已经完全改观，如表2所示，构词"4词及以上"的前语素都是明治时期的新造词或常用词。

在表2所列的四字词中，日方用例早于《清议报》的四字词（日语四字词）

占压倒性多数，但同时也有少量在日方资料中未见用例或日方用例晚于《清议报》的四字词（汉语四字词）。这表明中国人在照搬引进日语四字词的同时，已经开始模仿日语四字词的构词形式独自构成新的四字词。

4.2 构词多的后部二字语素

在《清议报》新出现的258个2+2型四字词中，构词"4词及以上"的后语素有13个，仅占后语素总数的9.9%，但这13个后语素构成的四字词多达109个，占四字词总数的42.2%。具体情况如表3所示：

表3 《清议报》2+2型四字词中构词多的后部二字语素

后部二字语素	日方用例早	日方用例无／晚
—主义（32／8）	爱他主义、保全主义、保守主义、帝国主义、独裁主义、放任主义、个人主义、公共主义、功利主义、共和主义、国粹主义、国家主义、进步主义、进化主义、经济主义、开放主义、乐天主义、利己主义、民主主义、民族主义、平等主义、平和主义、平民主义、破坏主义、侵略主义、实质主义、世界主义、文明主义、厌世主义、殖民主义、专制主义、自由主义	兼善主义、门罗主义、强立主义、文弱主义／独善主义、孤立主义、膨胀主义、庶民主义
—社会（3／6）	劳动社会、下等社会、下流社会	高等社会、公民社会、劳工社会、乡村社会、资本社会／原始社会
—问题（7／1）	党派问题、国防问题、国际问题、劳动问题、贫民问题、社会问题、外交问题	／权力问题
—政治（6／1）	独裁政治、贵族政治、合众政治、君主政治、民主政治、专制政治	庶民政治／
—思想（5／1）	东洋思想、国家思想、排外思想、社会思想、政治思想	／人文思想
—政策（5／1）	对外政策、极东政策、经济政策、膨胀政策、平和政策	／市场政策
—革命（3／3）	产业革命、政治革命、宗教革命	法国革命、女权革命、资生革命／

续表

后部二字语素	日方用例早	日方用例无／晚
—时代（4／1）	封建时代、过渡时代、石器时代、野蛮时代	黑暗时代／
—竞争（3／2）	经济竞争、生存竞争、自由竞争	／国民竞争、商业竞争
—人种（3／2）	白色人种、劣等人种、优等人种	野蛮人种／异色人种
—机关（4／0）	行政机关、交通机关、商业机关、外交机关	
—团体（4／0）	地方团体、集合团体、实业团体、院外团体	
—运动（3／1）	对抗运动、革命运动、示威运动	／国民运动

从词源分布看，后语素与前语素十分相像。首先，"—团体、—政策"2词为明治时期的日语新造词，在《清议报》中也有单独使用的例子。此2词构成的四字词进入汉语之初，国人或许曾有过不适应的阶段，但最终得以在汉语中存活下来。其次，数量最多的是由日语赋予新义的二字词，如"—主义、—社会、—问题、—思想、—革命、—机关、—运动"，这些词虽然出自古汉语，但含义已与古汉语大相径庭，甚至被误认为是日语人首创的新词。这些词及其用法进入汉语之初，国人需要像对待纯粹的日语词那样去重新理解它们[①]。此外，还有一些出自古汉语的二字词，如"—政治、—人种、—时代、—竞争"，其词义虽然没有大的改变，但原本在古汉语里只能单独使用，并不具备构成四字词的功能。因此，由这些词构成的日语四字词进入汉语时也应视为日语借词。

从词的类别看，后语素也与前语素很相像。构词"4词及以上"的后语素（包括明治日语的新造词和被赋予新义的古汉语词）基本上都属于抽象性名词，这是明治时期日语新词的特征之一。因为明治日语对新词的需求，主要来自人文科学和自然科学的各个学科领域，这恰好为擅长表达抽象性概念的日语汉字词（即「漢語」）提供了广阔的用武之地。

再从构词能力看，后语素的平均构词数明显超过前语素。单就构词"4词及以上"的语素而言，10个前语素共构成四字词56个，平均构词数为5.6个，而13个后语素共构成四字词109个，平均构词数为8.38个。其中最突出的是后语素

---

① 参见沈国威（2019）第5章第1节"中国社会与新名词"。

"一主义"，共构成四字词 40 个。虽然在《时务报》中系列性构词这一日语四字词的特点已经显现出来，但到《清议报》时语素性质和构词数量都有很大变化，才真正开启了四字日语借词大量进入汉语的阶段。在这种变化的背后，《清议报》在日本编辑发行，以及梁启超对引进日语借词的积极态度等因素发挥了重要作用。

5. 四字词结构类型的中日比较

在区分日语四字词和汉语四字词的基础之上，需要进一步对中日双方 2+2 型四字词的内部结构进行分类和分析。2+2 型四字词是由两个二字词组合而成的，二字词作为构词语素时，可以分别称为名词性二字语素（N）、动词性二字语素（V）和形容词性二字语素（A）等。各种词性的二字语素按一定的语法规则组合在一起，就构成了"N+N 定中结构"、"N+V 主谓结构"等各种结构类型的四字词。为了清楚地表述结构类型，可以先把四字词归并为"以名词为后语素的四字词（○+N）"、"以动词为后语素的四字词（○+V）"、"以形容词为后语素的四字词（○+A）"3 大类，再在每一类之中细分出不同的结构类型。经过以上分类，《清议报》中新出现的 258 个 2+2 型四字词的结构类型和词源分布如表 4 所示：

表 4 《清议报》2+2 型四字词结构类型的中日比较

词性	结构类型	日方用例早	例词	日方用例无／晚	例词	类别合计
○+N 199（77.1）	N+N	86（47.0）	政治+思想	30（40.0）	女权+革命	116（45.0）
	V+N	40（21.9）	示威+运动	13（17.3）	强立+主义	53（20.5）
	A+N	17（9.3）	自由+权利	13（17.3）	下等+阶级	30（11.6）
○+V 53（20.6）	N+V	25（13.7）	实弹+射击	16（21.4）	野战+练习	41（15.9）
	V+V	5（2.7）	优胜+劣败	3（4.0）	专制+独断	8（3.1）
	A+V	4（2.2）	自然+淘汰	0		4（1.6）
○+A 6（2.3）	A+A	1（0.5）	自由+平等	0		1（0.4）
	N+A	5（2.7）	生产+过度	0		5（1.9）
		183（70.9）		75（29.1）		258（100）

表 4 的目的在于，通过观察日方用例早的词（日语四字词）和日方用例无或晚的词（汉语四字词）在各种结构类型中的分布情况，探讨中日双方的四字词在词结构上具有哪些相同点和不同点。根据表 4 的结果可归纳出以下一些特征：

其一，日方用例早的词（日语四字词）占四字词总数的 70.9%，日方用例无或晚的词（汉语四字词）占四字词总数的 29.1%。在各种结构类型中，虽然日语四字词在词数上总是多于汉语四字词，但我们可以比较双方词数所占的比例，以此来观察双方构词能力的强弱。

其二，以名词为后语素的四字词（○+N）占总数的 77.1%，表明定中结构的四字词是《清议报》2+2 型四字词的主体。但这个比例比《时务报》的同类数据 88.5% 低了 11.4 个百分点，而以动词为后语素的四字词（○+V）从《时务报》时的 11.5% 上升至 20.6%，表明《清议报》中以动词为后语素的四字词明显增多[①]。

其三，N+N 结构、V+N 结构、A+N 结构、N+V 结构的词数合计占四字词总数的 93.0%，是 2+2 型四字词最常用的结构类型。从日语四字词和汉语四字词的占比看：在 N+N 结构、V+N 结构中，日语四字词的比例大于汉语四字词的比例。相反，在 A+N 结构、N+V 结构中，汉语四字词的比例大于日语四字词的比例。这表明，日语四字词和汉语四字词的差异并不体现在某种结构类型的有无上，而是体现在同一结构类型的占比大小上。通过对占比大小的深入分析，或许能发现日语四字词和汉语四字词之间的不同倾向。

以下结合具体词例，对《清议报》中新出现的 258 个 2+2 型四字词的 4 种主要结构类型进行概括。

5.1　N+N 类四字词

共有 116 词，占四字词总数的 45.0%，是 2+2 型四字词最常见的类型。N+N 类中又可以按照前部二字语素和后部二字语素的语法关系细分为两种结构类型：一是 N+N 定中结构，即名词性前部二字语素修饰限定名词性后部二字语

---

① 《时务报》的数据参见第 3 章第 5 节的表 5。

素。共有 112 词，占 N+N 类四字词的 96.6%，包括日语四字词 86 个、汉语四字词 30 个。二是 N+N 并列结构，即两个名词性二字语素平行并列。仅有 4 词，占 N+N 类四字词的 3.4%，包括日语四字词 1 个（即：民主+共和）和汉语四字词 3 个（即：经验+识见、思想+言论、自由+民权）。以上情况表明，日语和汉语都可以构成 N+N 类结构四字词，而且构词数在双方都占首位。

在 N+N 定中结构的日语四字词中，前语素方面构词较多的有"经济—（6 词）、国家—、社会—（5 词）、国际—（4 词）、民主—、平和—、外交—、政治—（3 词）"等，都是明治时期的日语常用词。在后语素方面构词较多的有"—主义（12 词）、—问题（7 词）、—思想、—政策、—政治（4 词）、—革命（3 词）"等，同样是明治时期的常用词①。

与此相对，在 N+N 定中结构的汉语四字词中，前语素方面除了"庶民—"有 2 词（即：庶民+政治、庶民+主义）之外，其他均为 1 词。后语素方面除了"—社会"有 4 词（即：劳工+社会、公民+社会、乡村+社会、资本+社会），"—革命"有 3 词（即：法国+革命、女权+革命、资生+革命），"—主义"有 2 词（即：门罗+主义、庶民+主义）之外，其他均为 1 词。

由此可见，虽然日语和汉语都可以构成大量的 N+N 类四字词，但如表 4 所示，日语 N+N 类四字词的占比（47.0%）高于汉语同类四字词的占比（40.0%）。究其原因，在日语 N+N 定中结构四字词中，含有许多以明治日语的常用词为前语素或后语素的四字词词群，而在汉语 N+N 定中结构四字词中，四字词词群的规模还十分弱小，这是汉语方面的占比偏低的主要原因。

5.2 V+N 类四字词

共有 53 词，占四字词总数的 20.5%，内部包含两种结构类型：一是 V+N 定中结构，即动词性前部二字语素修饰限定名词性后部二字语素。共有 51 词，占 V+N 类四字词的 96.2%，其中日语四字词 40 个、汉语四字词 11 个。二是

---

① 前语素和后语素的具体例词可参见本章第 4 节的表 2 和表 3。

V+N 述宾结构，即动词性前部二字语素支配名词性后部二字语素。仅有 2 词，占 V-N 类四字词的 3.8%，均为汉语四字词（即：开放＋门户、融通＋市场）。可见，V+N 类四字词的主体是 V+N 定中结构四字词。

虽然日语和汉语都可以构成 V+N 定中结构四字词，但日语 V+N 定中结构在词数和占比上大大超过汉语的 V+N 定中结构，这表明 V+N 定中结构是日语四字词常用的结构类型，《清议报》中的 V+N 定中结构四字词主要来自日语，汉语的自造词较少。日语 V+N 定中结构四字词的强势，是中日 2+2 型四字词在结构上的主要差异之一。

在 V+N 定中结构的日语四字词中，动词性前语素方面构词较多的有"殖民—、专制—（3 词）、独裁—、共和—（2 词）"，名词性后语素方面构词较多的有"—主义（16 词）、—运动（3 词）、—时代、—政体、—政治（2 词）"，这些前语素和后语素也都是明治日语的常用词。

在 V+N 定中结构的汉语四字词中，由于词数少，没有日语那样的四字词词群，只有模仿日语四字词形式的仿造词（如：孤立＋主义、兼善＋主义、膨胀＋主义、强立＋主义），以及通过修改日语原词（如：抽析＋观念，日语原词为「抽象観念」）或利用日语二字词重新组合的改造词（如：过渡＋人物、革命＋精神、活动＋舞台）。事实上，对汉语而言，V+N 定中结构四字词是一种全新的构词方式，因为直到清末以前，汉语中没有出现过"动词性二字语素＋名词性二字语素"形式的四字词。

5.3 A+N 类四字词

共有 30 词，占四字词总数的 11.6%。只有"A+N 定中结构"一种类型，即形容词性前部二字语素修饰限定名词性后部二字语素。其中日语四字词有 17 个，汉语四字词 13 个。表 4 显示，虽然"A+N 定中结构"汉语四字词的词数不如日语的词数多，但此类型在汉语四字词中的占比（17.3%）明显高于在日语四字词中的占比（9.3%），这表明汉语容易接纳并使用 A+N 定中结构的四字词。

在 A+N 定中结构的日语四字词中，形容词性前语素方面构词较多的有"普通一、下等—、自由—（2词）"。名词性后语素方面构词较多的有"—主义（4词）、—人种（3词）、—学校（2词）"。在汉语四字词方面，形容词性前语素方面构词较多的有"自由—、野蛮—（2词）"。名词性后语素方面构词较多的有"—人种、—社会、—主义（2词）"。通过利用这些与日语四字词相同的前语素和后语素，清末国人仿造出汉语自己的A+N定中结构四字词。

古汉语中原本就有A+N定中结构的二字词，但是直到19世纪末，A+N定中结构的四字词却十分罕见，因为以一个二字形容词修饰另一个二字名词时通常需要用助词"之"相互连接，如"普通（之）现象、自由（之）权力"等。到《时务报》和《清议报》时，A+N定中结构的日语四字词开始进入汉语，于是清末国人也逐渐开始利用该形式造词。

5.4　N+V类四字词

共有41词，占四字词总数的15.9%。N+V类内部还可以细分出3种结构类型，即：N+V主述结构、N+V状中结构、N+V宾述结构。N+V类下属的这3种结构类型大约各占3成上下，日语和汉语都可以利用这3种结构类型构成四字词，具体情况如下：

N+V主述结构，即名词性前部二字语素是动作的主体，动词性后部二字语素是主体的动作或状态。共有16词，占N+V类四字词的39.0%，包括日语四字词10个，汉语四字词6个。其中，日语四字词有"地方+自治、公武+合体、君主+专制、贫富+悬隔、三权+鼎立、社会+进化、适种+生存、思想+变迁、文明+进化、新陈+代谢"，在语素层面上并没有明显的规律性。在汉语四字词方面，有通过改变日语原词而形成的改造词，如"陈陈+代谢、新陈+嬗代、三权+分离"（日语为「新陳+代謝、三権+分立」），还有模仿日语四字词形式的仿造词，如"经济+膨胀、民族+膨胀、生理+循环"。

N+V状中结构，即名词性前部二字前语素修饰限定动词性后部二字语素。共有11词，占N+V类四字词的26.8%，包括日语四字词6个，汉语四字词5个。N+V状中结构四字词是在明治日语中产生的新构词类型，如「電気+通信」一词，在日语里可按语法关系解释为「電気で通信する」。而在清末以前的汉语里，名词一般不能修饰动词，更没有构成2+2型四字词的先例。日语四字词方面有"电气+通信、国际+纷争、经济+竞争、内地+杂居、生存+竞争、实弹+射击"等词。在汉语四字词方面，除了"封建+割据"是纯粹的汉语自造词之外，"国民+竞争、商业+竞争、民主+立宪、君主+立宪"则是模仿以"—竞争、—立宪"为后语素的日语四字词而形成的仿造词。

　　N+V宾述结构，即作宾语的名词性二字语素在前，作述语（或称谓语）的动词性二字语素居后。共有14词，占N+V类四字词的34.2%，包括日语四字词9个，汉语四字词5个。N+V宾述结构是典型的日语式SOV结构，如「財政+改革」一词，在日语里可按语法关系解释为「財政を改革する」。其词序与汉语的V+N述宾结构正相反却进入到汉语之中，因此值得我们重点关注。日语四字词在此类结构中占据大多数，有"财政+改革、精神+开发、军备+扩张、门户+开放、权力+扩张、人命+保险、社会+改良、支那+保全、宗教+改革"。汉语四字词方面有"财政+预算、国债+偿却、满洲+处置、野战+练习、支那+保存"。

　　按照汉语的惯常思路，动词在宾语之后的N+V宾述结构是不易被接纳的，但如果把后部二字语素从动词性语素转化为名词性语素，N+V宾述结构四字词就变成了N+N定中结构四字词，如"财政（的）改革、精神（的）开发、军备（的）扩张"等，这种修饰关系是汉语可以接受的。实现结构类型转换的关键在于后项的动词能否名词化，而实际上现代汉语的"动名兼类"现象已经十分普遍，存在着许多貌似N+V宾述结构的四字词（如：历史研究、资料整理、企业管理），这与日语N+V宾述结构四字词进入汉语的历史是否有关？对此需要深入进行探讨[①]。

　　此外，前文中提到，《清议报》中以动词为后语素的四字词（○+V）比《时务报》时明显增多（11.5%→20.6%）。经比较2报可知，引起这一现象的主要原因在于，与汉语词序相反的N+V宾述结构四字词在《清议报》中首次出

---

① 有关词性转换和结构类型转换的论述，请参见朱京伟（2016a）中的论述。

现，以及在汉语中鲜见的 N+V 状中结构四字词的迅速增多，致使 N+V 类四字词的比例从《时务报》的 5.2% 大幅增长到《清议报》的 15.9%。

通过分析《清议报》四字词的结构类型可以看出，日语四字词对汉语四字词的影响同时体现在语素层面和构词法层面上。在语素层面上，构词数较多的前部二字语素与后部二字语素基本上都是明治日语的常用词，包括日语的新造词和由日语赋予新义的古汉语词，与《时务报》相比情况发生了很大变化。在构词法层面上，中日四字词的结构类型之间是大体相同而局部有别，这种趋同性的形成是与汉语四字词对日语四字词的模仿密切相关的，同时，以相同前语素或后语素为中心进行系列性构词这一日语四字词的特征也已经进入汉语。

6. 小结

本章对《清议报》中新出现的 2+2 型四字词进行了全面分析，目的在于辨别其中的日语借词并对相关的研究方法有所梳理。在此将论述的重点归纳为以下几点：

（1）区分日语四字词和汉语四字词是首要任务，通过检索明治时期的日方资料逐词确认词源，并按照各个词的用例早晚将 258 个 2+2 型四字词分为 3 种情形：一是日方用例早于清末报纸的四字词（183 词，70.9%）；二是未见日方用例的四字词（38 词，14.7%）；三是日方用例晚于清末报纸的四字词（37 词，14.4%）。

（2）为了了解清末国人自造四字词的情况，本文将未见日方用例的四字词和日方用例晚的四字词视为汉语四字词，并做了重点分析。分析结果显示，汉语四字词中属于仿造词的有 38 词（50.7%），属于改造词的有 29 词（38.7%），属于自造词的有 8 词（10.6%）。

（3）在《清议报》的 2+2 型四字词中，构词多的前部二字语素和后部二字语素大多是明治时期的日语新造词、新义词和常用词，此结果与《时务报》相比，可以说二字语素的性质发生了很大变化。同时，以相同语素为中心进行系列性构词这一日语四字词的特征也已经进入汉语（表2、表3）。

（4）在对2+2型四字词的各种结构类型进行分析之后发现，中日四字词的差异并不体现在某种结构类型的有无上，而是体现在同一结构类型的占比大小上（表4）。这种趋同性的形成，与汉语四字词对日语四字词的模仿有直接关系。

（5）在《时务报》中，2+2型四字词共有174词，其中日语四字词有83词（47.7%），汉语四字词有91词（52.3%）。而在《清议报》中，仅新出现的2+2型四字词就有258词，其中日语四字词有183词（70.9%），汉语四字词有75词（29.1%）。可见到《清议报》时，2+2型四字词的总数和日语四字词的比例都有显著的上升，表明四字日语借词大量进入汉语的时期已经到来。

第 7 章 《译书汇编》与中日词汇交流

在近代中日词汇交流的研究资料中，《时务报》因发行时间早，且有日本人古城贞吉翻译的"东文报译"栏而凸显其价值。《清议报》是最早在日本发行的中文报刊之一[①]，加上主笔梁启超的影响力，从而奠定了该报的重要地位。《译书汇编》紧随 2 报之后在日本创刊发行，专门翻译连载政法类的日文书籍。由于这种专业性日汉翻译是日语借词进入汉语的重要途径之一，其研究价值完全可以和上述两种清末报刊相媲美，然而检索"中国知网"却发现有关《译书汇编》的专题研究十分稀少。有鉴于此，在开展词语调查之前，首先从中日词汇交流史的角度对《译书汇编》的总体情况做一些梳理。

1. 出版概况与改版经过

《译书汇编》于 1900 年 12 月 6 日在日本东京创刊，卷首的"简要章程"将译书对象定位为"以政治一门为主，如政治、法律、理财、历史、哲学各门"，并强调"政治诸书乃东西各邦强国之本原，故本编亟先刊行此类"。起初，《译书汇编》由"译书汇编发行所"发行，到第 9 期（1901.9.27）时开始出现"译书汇编社"的名称，同时书末的发行所也改为"译书汇编社"，这或许可以视为译书汇编社成立的准确时间。

《译书汇编》发行一年以后，在第 2 年第 1 期（1902.4.3）上刊出"本编改

[①] 在《清议报》创刊之前，《东亚报》1898 年 6 月在日本神户创刊，是中国人在日最早出版的报刊，但发行时间短，知名度无法与《清议报》相提并论。

良规则",重申了此前的出版方针,即"本编所译辑者,以欧美日本之政治法律为主,尤侧重于外交、财政、教育、警察等类"。同时进行了增版扩容,把每期的页数从100页前后增多至140—170页,并把编排方法改为"以四个月为一结束。第四期之书,不与第五期相连,第八期之书,不与第九期相连。一结束之间,务成全书。厚则二三部,薄则四五部不等"。还首次刊登了由戢翼翚、王植善、陆世芬、杨荫杭、杨廷栋、汪荣宝等14人组成的译书汇编社成员名单,除了王植善的身份是上海育材学堂总理之外,其他人均为在日本各类学校留学的学生。

从创刊到第2年第9期(1902.12.10)之前,《译书汇编》没有开设专题栏目,每期以刊登2—5篇连载译文为主,最后几页在"杂报、杂录、附录"等名目之下,刊登由编辑部选编的各类信息,如"政法片片录、时事漫论、日本学校系统说、留学界"等。

到第2年第9期(1902.12.10),《译书汇编》突然宣布改版,旨在由专门译书向发表自撰文章的期刊过渡。编者在"译书汇编第九期改正体例告白"中称:"译书之事仅能假他人之思想直接映之于吾,而不能即以为吾之思想。纯以吾之思想发表,斯之谓学问独立。今于数年中欲骤脱译书时代而进于学问独立时代,此固程度限之不能骤及,然取他人之思想而以吾之思想融会贯通之,参酌甄别引伸发明,实为二时代过渡之要着。……言念及此,爰拟将本编体例大加改正,以同人数年研究之心得,借本编以发表之。"从这一期起,开始设置"政法通论、政治、法律、经济、历史、杂纂"等栏目,先后刊登了笔名为"攻法子、巅涯生、赤门生、泷川学人、无逸、君武、亚粹、衮父、芙峰"等作者的自撰文章。

仅隔数月之后,《译书汇编》又在第12期(1903.3.13)登出"本编改名政法学报告白",该文称:"本编自第二年第九期以来大加改良,以著述为主编译为副,开学报之先声,冀纵翻译时代进于学问独立时代。……惟是本编命名向取翻译之义,今既改体例一新,未免使读者有名实不符之感,爰自癸卯年(1903)第一期起改名《政法学报》"。

《译书汇编》改名为《政法学报》之后,主要刊登国人自撰的政论文章,致使文章用语的性质与改名前相去甚远。笔者的目的在于利用译自日语的文章调查日语借词进入汉语的情况，就此而言，国人自撰文章的资料价值显然不如翻译文章。因此，笔者将以更名为《政法学报》之前的《译书汇编》为词语调查的范围。

2. 现存本与发行日期

《译书汇编》从 1900 年 12 月创刊到 1903 年 4 月改名为《政法学报》为止共出版 24 期，历时两年有余。多年来，研究晚清历史的人对这本期刊时有提及，却无人去探寻其全貌。最早关注《译书汇编》下落的是吴相湘先生（1914—2007），他从台湾和日本搜集到第 1、2、7、8 期，并于 1966 年在台湾影印出版。据笔者目前查找的结果，第 1 年（1900.12—1901.3）出版的《译书汇编》十分稀缺，仅在上海图书馆藏有齐全的 1—9 期，而第 10、11、12 期虽经多方搜求，至今仍下落不明。因此，笔者目前所用的《译书汇编》文本缺少这 3 期，有待今后补全。第 2 年（1902.4—1903.3）出版的 12 期比较好找，上海图书馆、湖南图书馆、国家图书馆、北大图书馆等处都有收藏。

《译书汇编》创刊号在封面上注明"每月一回华历十五日定期发行"，但实际的发行时间却相差甚远。从 1901 年第 3 期起，每期《译书汇编》的封面上并排写有中国的光绪年月（农历）与日本的明治年月（西历），同时在每期的封底页还有发行日期，封面与封底的日期很少能相互吻合。例如，第 4 期的封面日期为"光绪二十七年三月十五日／明治三十四年五月三日"（即 1901 年 5 月 3 日），而封底日期为"明治三十四年五月廿六日印刷／明治三十四年五月廿七日发行"（即 1901 年 5 月 27 日），二者相差 20 多天。

《译书汇编》发行至第 2 年（1902）以后，封面改为只标中国农历日期，而封面日期与封底日期的差距越拉越大。如第 2 年第 1 期的封面日期为"光绪壬寅正月"（相当于 1902 年 2 月），封底日期为"明治三十五年四月二日印刷／明治三十五年四月三日发行"（即 1902 年 4 月 3 日），二者相差近两个月。事实上，写在封面上的只是按期发行时的设定日期，而封底记载的才是每期印刷和发行的实际日期。在此将登在封面和封底的中国农历年月以及日本明治年月全部转换成西历年月，列表对照如下：

表 1 《译书汇编》的发行日期（封面与封底）

第一年 （1900—1901）	封面日期	封底日期	第二年 （1902）	封面日期	封底日期
第 1 年第 1 期	无	1900.12.6	第 2 年第 1 期	1902.2	1902.4.3
第 1 年第 2 期	1901.1.28	1901.1.28	第 2 年第 2 期	1902.3	1902.5.13
第 1 年第 3 期	1901.4.3	1901.4.7	第 2 年第 3 期	1902.4	1902.6.23
第 1 年第 4 期	1901.5.3	1901.5.27	第 2 年第 4 期	1902.5	1902.8.31
第 1 年第 5 期	1901.6.3	1901.7.14	第 2 年第 5 期	1902.6	1902.7.25
第 1 年第 6 期	1901.7.1	1901.8.8	第 2 年第 6 期	1902.7	1902.7.31
第 1 年第 7 期	1901.7.30	1901.8.21	第 2 年第 7 期	1902.8	1902.9.22
第 1 年第 8 期	1901.8.28	1901.10.13	第 2 年第 8 期	1902.9	1902.11.15
第 1 年第 9 期	1901.9.27	1901.12.15	第 2 年第 9 期	1902.10	1902.12.10
第 1 年第 10 期	（1901.10）？	（1902.1）？	第 2 年第 10 期	1902.11	1902.12.27
第 1 年第 11 期	（1901.11）？	（1902.2）？	第 2 年第 11 期	1902.12	1903.2.16
第 1 年第 12 期	（1901.12）？	（1902.3）？	第 2 年第 12 期	1903.1	1903.3.13

依据封底日期，第 1 年第 9 期出版时已经接近 1901 年年底，如果按此时间推算，其后的第 10、11、12 期应该分别在 1902 年的 1 月、2 月、3 月期间出版。从第 1 年第 9 期所刊登的内容看，"现行法制大意"和"民约论"正好连载完毕，尚有"政治学提纲"、"近时外交史"、"日本外务省及外交官官制"3 种译文待续。而第 2 年第 1 期（1902.4.3）卷首的"本编改良告白"中也提到："本社去年所出十二期，因书类太多而厚，故仅出完现行法制大意、近时政治史、各国国民公私全考、物竞论等……"。据此可证实第 10、11、12 期确已出版发行，只是至今下落不明。

3. 译书汇编社的出版书目

《译书汇编》第 1 年第 1 期卷首的"简要章程"称："是编之外尚需刊刻译成全部之书目录均附于后"，而在第 1 期的末尾确实附有"已译待刊各书目录"，内含 21 种译著。这表明早在《译书汇编》创刊之前，译书工作就已经开始，并积累了相当多的译稿。此外，《译书汇编》还利用每期的卷首、卷尾以及卷中插页等刊登过许多图书广告，栏目标题计有"已译待刊各书目录"、"出版书目"、"发行书目"、"本社新书广告"、"新书告白"等，我们可以通过这些书目更全面地了解译书汇编社的出版活动。

经过对译书汇编社的出版书目进行去重整理，共得各类翻译书籍100种。其中包括"政治法律书类"45种、"历史书类"14种、"经济书类"和"教育书类"各7种、"哲学书类"和"语学书类"各5种，以上各类占到出版图书的8成以上。从原著者的国别来看，日本人的著作有45种，所占比重最大。另有英国人的著作9种、美国人的著作7种、法国人的著作5种、德国人的著作2种。值得关注的是，这些欧美原著究竟是从欧美文字直接翻译成汉语的，还是从日译本转译而来的。

由于这些译本的现存情况难以把握，甚至当初是否真正出版过也不得而知，要想弄清这些欧美原著译成汉语时所依据的底本，不妨调查一下有无明治时期的日译本。如果有与之对应的日译本，意味着在清末日译书盛行的社会背景下，这些欧美原著很可能是从日译本转译成汉语的，反之，则不能排除从欧美文字直接翻译的可能性。

表2 出版书目中的欧美译著及其日译本的情况

中译本名	原著者		日译本情况
自由原理	（英）弥勒约翰著	英国9种	有1871年日译本，名『自由之理』，中村敬太郎译
自助论	（英）斯迈尔著		有1871年日译本，名『西国立志编（原名自助论）』，中村敬太郎译
教育论	（英）斯宾塞尔著		有1880年日译本，名『斯氏教育论』，尺振八译
社会平权论	（英）斯宾塞尔著		有1881年同名日译本，松岛刚译
政法哲学	（英）斯宾塞尔著		有1884年同名日译本，滨野定四郎等译
万国国力比较	（英）默尔化著		有1900年同名日译本，大石熊吉等译
英国国力比较	（英）默尔化著		同上书，「第三章　合众王国」
政治进化论	（英）斯宾塞尔著		未见日文译本
近世二英雄传	（英）格理飞司著		未见日文译本

续表

经济沦	（德）李士德著	德国 2种	有1880年日译本，名『李氏経済論』，大岛贞益译
政党沦	（德）伯伦知理著		有1883年同名日译本，汤目补隆译
欧洲文明史	（法）尼骚著	法国 5种	有1877年日译本，名『欧羅巴文明史』永峰秀树译
理学沿革史	（法）阿勿雷脱著		有1886年同名日译本，中江笃介译
今世国家论	（法）鲍罗著		有1894年同名日译本，八尾书店日新丛书
教育论	（法）卢骚著		有1897年日译本，名『児童教育論』，菅绿荫译
国际法论	（法）罗诺而著		有1900年同名日译本，蜷川新译
平民政治	（美）勃拉司著	美国 7种	有1889年同名日译本，人见一太郎译
美国独立史	（美）姜宁著，章宗元译		有1891年日译本，名『米国独立史』滨中仁三郎译
社会学	（美）吉精颜斯著		有1900年同名日译本，远藤隆吉译
政治泛论	（美）威尔孙著		有1895年同名日译本，高田早苗译
美国民政	（美）莫里著		未见日文译本
教育论	（美）如安诺著		未见日文译本
社会学	（美）如安诺著		未见日文译本

表2显示，大多数欧美原著的中译本都能找到与之对应的明治时期的日译本。其中，英国人原著大多是名家经典，日译本以明治初年出版的居多。德国人、法国人原著的种类虽然有限但日译本比较齐全，美国人原著的日译本偏少而且出版时间较晚。

从历史进程来看，英德法等国的原著出版较早，因此更有可能成为明治初年日本译介西方文明的对象，而进入1890年代以后，日本已经基本上完成了从译介为主到著述为主的历史性过渡。由于美国人原著的出版偏晚，所以日译本也相对较少。与此同时，19—20世纪之交中国人已经能够使用英语并取代欧美来华传教士直接从英语译书，从而使当时日译书独行于世的格局发生了变化[①]。

[①] 严复是用英语译书的早期代表人物，他的8部译著出版于1896—1908年之间，几部早期译著主要使用自己独创的译词，随着日语借词在汉语中落地生根，后期的译著也开始使用日语借词。参见朱京伟（2009a）。

因此，少数没有日译本的译著有可能是从英语直接翻译过来的。

通过分析译书汇编社的出版书目，我们发现译自日本人原著的书约占一半，除此之外，在欧美人原著的译本当中也有 7 成左右可能是从日译本转译成汉语的。前辈学者早已指出过，在 20 世纪初我国借道日本引进西方文明的过程中，日译书占有举足轻重的地位①，而译书汇编社的出版书目同样印证了这一历史事实。

4. 原著者为日本人的文本

《译书汇编》杂志以翻译文章为主，其中日译本所占的比例究竟有多少？日语借词在各个文本中的分布情况究竟如何呢？在《译书汇编》现有的 21 期之中，篇幅长度（页数合计）排在前 20 位的文本以及从中抽出的词语数量如表 3 所示②：

表 3　《译书汇编》中篇长居前 20 位的文本及其抽词情况

文本名（按页数排位）	译书汇编标注的著者和译者	页数合计	抽出词数	抽词排位	连载次数
1. 外交通义	（日）长冈春一著	338	234	2	4
2. 现行法制大意	（日）樋山广业著	190	437	1	4
3. 欧美日本政体通览	巅涯生编辑	167	40	22	3
4. 物竞论	（日）加藤弘之著	125	149	6	3
5. 支那化成论	立法学士解说	104	39	25	3
6. 日本财政之过去及现在	（日）小林丑三郎著，王宰善译	85	48	16	1
7. 近时外交史	（日）有贺长雄著	82	112	7	5
8. 政治学提纲	（日）鸟谷部铣太郎著	80	168	4	4

---

① 参见実藤恵秀（1970）、谭汝谦（1980）。
② 表 3 中所列的 20 种文本以"页数合计"由多到少的顺序排列。"页数合计"是指各篇（连载）文章的页数总和。"抽出词数"是指各篇（连载）文章的抽出词的单计词数。"抽词排位"是指在《译书汇编》的全部 51 篇文章中，按照"抽出词数"由多到少的顺序所做的排位。

续表

9. 欧洲财政史	（日）小林丑三郎著	77	182	3	3
10. 最近俄罗斯政治史	日本专门学校原版	73	86	10	2
11. 警察学	（日）宫国忠吉著	70	96	8	2
12. 近世政治史	（日）有贺长雄著	65	157	5	5
13. 民约论	（法）卢骚著	62	35	28	4
14. 政治学	（美）伯盖司著	61	65	12	4
15. 财政概论	亚粹	61	41	19	4
16. 论理学	（日）高山林次郎著，汪荣宝译	59	96	9	1
17. 万法精理	（法）孟德斯鸠著	48	35	29	3
18. 理财学	（德）李士德著	46	63	13	4
19. 论国家	攻法子	38	29	30	2
20. 法典编纂方法论	赤门生	36	21	35	1

　　按原著者的不同，可以将篇长前20位的文章分成原著者为日本人的文本、原著者为欧美人的文本以及原著者为中国人的文本。表3显示，在篇幅位居前12位的文本中，除去第3种和第5种之外，其余10种的原著者均为日本人，抽词数量位居前10位的也都是原著者为日本人的文本。这表明日本人原著的文本不仅所占比重最大，而且能够抽出的包括日语借词在内的中日同形词也最多。

　　日本人原著的中译本多数译自同名的日文原著，如"外交通义"、"现行法制大意"、"近时外交史"、"欧洲财政史"、"警察学"等①。另有一些中译本部分改变了原著的名称，如"政治学提纲"所依据的日文原著名为『通俗政治汎論』（鸟谷部铣太郎著，博文馆，1898.12），需要通过著者姓名去寻找内容对应的原著。还有少数中译本无法找到与之对应的原著，比如，加藤弘之的著作目录里并没有"物竞论"，估计是按照加藤弘之的有关著述编译而成的。又如，"最近俄罗斯政治史"（日本专门学校原版）也找不到日文原著，当时在日本专门学校就读的中国留学生较多，有可能是利用该校的某教科书编译而成的。

---

　　① 《译书汇编》中刊登的中译本均为连载文章的形式，尚未出版单行本，因此篇名使用引号而不用书名号表示，下同。

日文原著的出版时间与《译书汇编》的译载时间大多十分接近，有些间隔一两年或数年，如"外交通义"的日文原著出版于 1901 年 4 月，而《译书汇编》的译载时间为 1902 年 4 月，二者相差 1 年。有些甚至只相差几个月，如"日本财政之过去及现在"的日文原著出版于 1902 年 7 月，《译书汇编》的译载时间为 1902 年 11 月，二者相差仅 4 个月。由此可知，《译书汇编》所刊登的译文多数是在日本出版不久的新作。此外，表 3 还显示，这些日文原著的中译本在《译书汇编》上刊登时，除少数之外一般都不标注译者姓名，因此难以查明译者的身份。

5. 原著者为欧美人的文本

此类大多是欧美的经典名著，如表 3 排在第 5、13、14、17、18 位的文本。从抽词数量来看，各文本分布在第 12 位到第 29 位之间，表明值得抽取的词语总体偏少。《译书汇编》刊登的中译本只标出原著者而没有译者姓名，因此看不出翻译时所依据的底本。尽管如此，我们仍可通过文本分析，去推断它们并非从英、法、德语直接译成汉语，而是根据日本人的日译本转译而成的。

5.1 "万法精理"

译文之前配有按语（见《译书汇编》第 1 年第 1 期），其中有如下表述："……有何礼之者，遂译为日本文，是为万法精理输入东方之始，今所译者，即何氏本也。"经查日本明治时期的书目，何礼之的日译本出版于明治 8 年（1875）：

『万法精理』孟德斯鸠著，何礼之重訳，東生亀次郎（出版），1875

通过中译本所使用的"投票、议员、特权／发言权／共和政治、民主政治"等日语新词[①]，以及与日译本相同的书名"万法精理"和人名译法"孟德斯鸠"

[①] 例词以二字词、三字词、四字词的顺序排列，中间用／线分隔，下同。

等，都可以判断《译书汇编》刊登的中译本是从日译本转译的。由于日译本成书于明治初年，当时许多日语新词尚未出现，所以从中译本中能够抽取到的日语新词并不多（抽词排位居第 29 位）。

5.2 "民约论"

译文前没有任何关于底本和译者的提示，它与"万法精理"一样是西方的名著，经查阅明治时期的书目，发现有以下两种日译本：

『民約論』戎雅屈・蘆騷著，服部徳訳，有村壮一（出版），1877

『民約論覆義：全』戎雅屈婁騷原著，原田潜訳述，春陽堂，1883

"民约论"中译本的开头录有"卢骚小传"，起首说："盧騷名戎雅屈，匠人某之子也……。"由此可知，中译本的书名《民約論》和人名"戎雅屈・盧騷"与第 1 种日译本完全一致。再从具体的用词来看，日译本出版于明治初年，当时产生的日语新词数量有限，由于受到底本的制约，中译本里所含有的日语新词较少（抽词排位居第 28 位）。即便如此，依据译本中出现的"革命、奇迹、社会、议会、义务／共和国、政治家、自由论"等词，也可证明中译本是从日译本转译而来的。

5.3 "政治学"

中译本没有按语之类可以做判断的依据，但通过检索明治时期的书目，可以找到"伯盖司"（日语音译为「バルゲス」）的如下译本：

『政治学及比較憲法論』バルゲス著，高田早苗・市島謙吉共訳，東京専門学校，1896

经过比对内容，可以认定日译本的「第一編　政治学」就是中译本所用的底本。同时，译本中使用了许多明治时期的日语新词（抽词排位居第 12 位），如"地域、定义、历史、缺点、团体、权利、义务／共和政治、中央政府"等。这些新名词《译书汇编》时刚刚进入汉语，尚未广泛流通，只有从日语翻译的文章才可能出现这些词。

5.4 "理财学"

中译本除了署名"德国李士德著"之外，还注明"原名经济论"。以此为线索，发现明治时期的书目中有如下日译本：

『李氏経済論』フレデリッキ・リスト著，大島貞益訳，日本経済会，1889

译者大岛贞益在卷首"译例"中说：「本書ハ日耳曼経済学士弗勒得力李士徳ノ原著ニシテ，千八百八十五年英国国会議員サムプソン・エス・ロイト氏ノ英語ニ翻訳セルヲ今又茲ニ重訳ス。」可见，中译本的"李士德"是照搬日译本的人名译法，而且中译本与日译本的章节目录也完全一致。据此可判断中译本《理财学》是根据『李氏経済論』翻译而来的。此外，"理财学"中使用了不少日语新词（抽词排位居第 13 位），如"改良、国税、商业、输出、输入／共和国、卒业生／货币交换、自由贸易"等，同样可以证明"理财学"并非直接译自德语而是从日译本转译过来的。中译本把日译本的书名从『経済論』改为"理财学"，大概是因为"经济"一词的新义当时尚未进入汉语，用"理财"代替"经济"更易于为国人理解[①]。

5.5 "支那化成论"

中译本对翻译时所用的底本含糊其辞，著译者的署名只标出"立法学士解说"。然而，查明治时期的书目发现有如下日译本：

『コフーン氏支那化成論』法学士立作太郎解説，東京專門学校出版部，
    1898

中译本把原著者音译为"胡奋"或"胡氏"，与日译本的「コフーン氏」相对应，书名"支那化成论"的译法则与日译本完全一致，而中译本的"立法学士解说"其实是把立作太郎的头衔"法学士"改成了"立法学士"。如果将

---

① 其实，「理财学」也是日本人于明治初年创造的新词，但后来被「経済学」所取代。参见佐藤亨（2007）中的「理财学」词条，该辞典提供的最早书证为『哲学字彙』（1881）中的用例。

日译本与中译本的目录做一对比：

日译本		中译本	
第一章	緒論	第一章	绪论
第二章	支那の政治	第二章	论政治
第三章	支那の社会	第三章	论风俗
第四章	支那の外交	第四章	论外交
第五章	支那の経済	第五章	论经济
第六章	結論	第六章	结论

不难看出二书的内容是一一对应的，中译本把日译本的"社会"译成"风俗"，或可说明"社会"一词的日语新义当时尚未被汉语接纳。此外，中译本还出现了诸如"干线、广告、国防、价格、良港、流域、让步、支店、支线、资源／保守派、导火线、根据地、宣教师、殖民地／世界市场、锁国政策、政治结社"等一批明治时期的日语新词，如果不是从日译本转译，1902年的汉语里不大可能出现这些词。

6. 原著者为中国人的文本

自第2年第9期声明改版之后，中国人自撰的文章迅速增多。在篇长为前20位的文本中，自撰文章有4篇，都刊登在《译书汇编》第2年（1902）的下半年。与翻译文章相比，国人的自撰文章在用词上可以避开那些国人难以接受的日语词。表3显示，自撰文章的抽词排位均比较靠后（第22、19、30、35位），表明其中含有的日语借词不如翻译文本那么多。具体情况简介如下：

6.1 "欧美日本政体通览"

连载于第2年第5、6、8期（1902.7—1902.11）。前两次连载时没有作者署名，而"译书汇编社发行目录"（见第2年第5期卷首）中署名为"巅涯生编辑",到第 3 次连载时署名又改为"赤门外史编辑"。或可据此推测,本书是由《译书汇编》社的两位成员合力编成的。虽然文中没有提及所依据的底本,但通观全文的用词,其中含有日语的专有名词,如"大藏省、内务省、司法省、铁道省"等,还使用了许多明治时期的日语新词,如"国会、机能、领土、基金、年金、任期、议员、职权／参议院、过半数、大统领、旁听席／国际关系"等,所以不难推断此文是依据日文资料编撰而成的。

6.2 "财政概论"

连载于第 2 年第 9—12 期(1902.12—1903.3),署名亚粹,作者的真实姓名与生平不详。从文中可以抽取到不少明治时期产生的日语新词,如"承诺、单位、价格／产出物、经常费、军用品、临时费、生产费、先进国、行政费、间接税、直接税／公共财政、国有财产、殖产兴业、自治团体"等。这些词通过《时务报》《清议报》《译书汇编》以及其他日译书进入到汉语中,许多新概念新事物也随之在中国社会开始出现。根据这些词,我们可以判断此文是在参照日文资料的基础上编成的。文中的日语新词以三字词和四字词偏多,而直到 20 世纪初,汉语中 2+1 型三字词与 2+2 型四字词的数量是十分有限的,可见日语新词对汉语构词法的影响同样值得关注。

6.3 "论国家"

连载于第 2 年第 9—10 期(1902.12—1903.2),署名功法子,真实姓名与生平不详。功法子还在《译书汇编》上发表过"论研究政法为今日之急务"、"政法片片录"、"对外观念之适当程度论"等文章,是后期比较活跃的作者之一。

"论国家"全文没有提及日本,主要介绍西方的学说,并在术语和人名之后频频添加西文原词,表面上看很像一篇从西文翻译成汉语的文章。然而,如果着眼于用词方面,就会发现在为数不多的抽出词中含有相当数量的日语新词,如"法人、客观、主观、缺点、人格、团体、要点、要素／集合体、有机体、自然人／革命运动、民权自由、专制主义"等。如果没有参照日文资料，在当时的汉语里是不会出现这些词的。

6.4 "法典编纂方法论"

刊登于第2年第9期（1902.12.10），作者署名赤门生，真实姓名与生平不详。除此文之外，《译书汇编》还刊登过赤门生撰写的"警醒录"、"法兰西革新之机关"、"拟举骷髅千万级分献天下志士之书"等文章，是后期主要作者之一。

赤门生在正文之前的按语中称："……因译欧洲各国编纂法典最初之模范，以待朝野之有志者。"虽然作者在此处只提到使用了欧洲各国的素材而没有提及日本，但通过观察全文的用词，可以发现许多明治时期的日语新词，如"主观、客观、权利、义务、用语、手续、改良、可决、裁可／纪念碑、修正案、专门家／国家主义、社会主义"等，同时，作者还多次引用了明治时的法学家穗积陈重（1855—1926）的论述。因此，我们有理由推断作者在相当程度上利用了日文资料。

7. 小结

本章从日语借词研究的角度出发，对《译书汇编》的内容做了全面的介绍，目的在于明确《译书汇编》作为词汇史研究资料的价值，以使词语调查和辨别日语借词的工作更具有针对性。主要结论可以概括为以下几点：

（1）《译书汇编》发行的两年之间主要以翻译文章为主，到末期转变为以自撰文章为主。事实上，翻译文章中的日语借词明显多于国人的自撰文章，而日本人原著的译本与欧美人原著的译本相比，前者的日语借词又明显多于后者。这种现象在《译书汇编》所处的时期，即日语借词进入汉语的初期是比较分明的。进入1910年代之后，由于大量日语借词已在汉语里落户生根，即使是译自英文的文章同样会出现日语借词。

（2）通过对译书汇编社的出版书目进行整理，发现在100种翻译书籍中，原著者为日本人的译本高居首位约占一半。同时，原著者为欧美人的译本中约有7成存在与之对应的日译本（第3节）。据此可以推断，这些译本虽然标明是欧美人原著，但并不是从英文原本直接翻译过来，而是清末国人通过日译本转译为汉语的。这表明包括欧美原著的日文转译本在内的日译书在19—20世纪之交的中国占有举足轻重的地位。

（3）从《译书汇编》中篇幅居前20位的文章看，原著者为日本人的译本占绝大多数，而且抽取到的词语也最多（表3）。这些连载文章的内容主要集中在政治、法律、财政、外交等方面，从而决定了这些方面的日语借词进入汉语早且数量偏多的格局。

第 8 章 《译书汇编》中的二字日语借词

1. 词语抽取与分类的概况

《译书汇编》是继《清议报》(1898—1901)之后由中国人在日本创刊发行的另一种定期刊物。关于《译书汇编》的内容以及作为日语借词研究资料的价值，已在第 7 章中做了论述，本章的目的在于说明词语调查的方法，并对《译书汇编》中的二字词做全面分析。

词语调查以《译书汇编》第 1 年与第 2 年出版的全部文本（现存 21 期）为范围。对于二字词，以抽取中日同形词为主，重点关注那些与人文科学、自然科学有关的术语，以及能够反映清末时期新事物新概念的词，而对那些已知是出自古汉语且传入日语后词义并无明显变化的词，则不必一一抽出。对于三字词、四字词以及四字以上的多字词，抽词时不局限于中日同形词的范围。从 19 世纪末到 20 世纪初中日词汇交流的实际情况来看，日语的三字词和四字词不仅为汉语带来新词，而且还对汉语三字词、四字词的构词法产生了直接的影响。考虑到这一点，在抽取三字词和四字词时，以兼顾中日同形词和构词方式为原则，争取最大限地多收集三字词和四字词。至于四字以上的多字词，因数量十分有限，不作为研究的主要对象。

按照以上原则，笔者从《译书汇编》中抽出各类词语 3231 个，这个数目中包含重复抽出的词语，即复计词数。在此基础上，以"只保留首出用例，去除其他重复词"的方法进行二次整理，最终得到单计词数共 1943 个词。将这些词分为二字词、三字词、四字词以及多字词，并按照它们在《译书汇编》各年与各期中的分布情况进行整理，结果如表 1 所示。

表 1 《译书汇编》的抽出词与《时务报》、《清议报》的关系（单计词数）

译书汇编 的抽出词	二字词（884 词／45.5%）				三字词	四字词	多字词	合计
	有典	新义	无典	未收				
时务报 1896— 1898 已出词	218	31	75	4	96	34	0	458
清议报 1898— 1901 已出词	136	18	50	4	91	63	2	364
译书汇编 1900— 1903 新出词	220 (38.3)	21 (30.0)	91 (42.1)	16 (66.7)	347 (65.0)	388 (80.0)	38 (95.0)	1121 (57.7)
抽出词合计	574 (64.9)	70 (7.9)	216 (24.5)	24 (2.7)	534 (27.5)	485 (25.0)	40 (2.0)	1943

在《译书汇编》之前，已有先期出版的清末报纸《时务报》和《清议报》。这 3 种刊物与日本的关系可谓一脉相承，在用词方面也多有相互重合的部分。如表 1 所示，《译书汇编》的抽出词中含有许多《时务报》、《清议报》已经出现的词，通过与 2 报的词语进行比对，便可区分出哪些词是在《时务报》和《清议报》中已经出现过的。除去这些词之后，余下就是《译书汇编》中新出现的词（阴影部分），为了避免词语的重复，此后几章将主要以这部分词作为研究对象。

本章的研究对象是《译书汇编》中新出现的 348 个二字词。表 1 显示，新出现的"新义"和"无典"二字词分别占"新义"和"无典"词总数的 30.0% 和 42.1%。但与此相对，新出现的三字词和四字词分别占三字词和四字词总数的 65.0% 和 80.0%。由此可见，三字词和四字词的增长势头明显超过了二字词。换言之，到《译书汇编》时，日语借词的增长点已经从二字日语借词转移到三字日语借词和四字日语借词方面。以下按照表 1 所示的调查结果，分别对"有典""新义""无典""未收"4 类词进行分析和概括。

2. 有古汉语出典的二字词

此类词可以从《汉语大词典》或《四库全书》中查到古汉语出典，而且古今词义没有发生明显的变化，因此基本上可以认定它们是汉语造词而不是日语借词。在《译书汇编》的二字词中，通过词源考证可以认定为"有典"二字词共有 574 词，占二字词总数的 64.9%。这中间包含《时务报》已出现的 218 词和《清议报》已出现的 136 词，除去这两部分词之外，其余是《译书汇编》中新出现的"有典"二字词共有 220 个，占"有典"词总数的 38.3%。在近代中日词汇交流的大格局之下，厘清"有典"词的意义在于，这部分词是从汉语传入日语的词汇，是中日词汇双向交流的最好例证，同时可以避免对日语借词的误认，纠正社会上以讹传讹的成见。限于篇幅，以下列举其中的一部分词：

本性　比率　裁定　测定　当选　断案　发送　父体　负债　概括　概略
感化　感染　隔绝　归化　国税　检定　教化　解除　禁锢　拘留　军事
开化　抗论　客位　控诉　理性　立论　列席　临席　论断　满员　母体
判定　陪审　评定　亲族　缺员　任用　融合　容受　弱者　食料　实体
实质　视线　速成　泰斗　特例　特赦　特长　天体　宪章　相续　形体
学位　血族　延期　药品　占有　知觉　指针　制度　制药　主位　助手
转化　总体　作战

为了说明词源考证的过程，在此选取"国籍"一词作为避免词源误判的例证，同时以"—定、—化、—体"为后语素的 3 组二字词为例，通过观察古汉语的构词规律和特征，为辨别二字日语借词提供新的思路。

2.1　国籍

"国籍"在古汉语中意为"国家的典籍"，如北齐魏收撰《魏书》（554）中的用例："今求都下乞一静处，综理<u>国籍</u>，以终前志。"（卷 63）又如，宋代王欣若等编《册府元龟》（1005）中的用例："古者衣冠之家书于<u>国籍</u>，中正清议以定品流。"（卷 557）但现代汉语的"国籍"已不再使用古汉语的旧义，现代词义为"个人具有的属于某个国家的身份"。《译书汇编》中出现的用例即是这种用法，如："父母之<u>国籍</u>皆不知，其子生于日本，即为日本人。"（第 6 期，日本樋山广业著，"现行法制大意"，1901.8.8）又如："被保护国之人民必得保有自国之国籍，及仅对自国有忠实之义务。"（第 2 年第 1 期，日本长冈春一原著，"外交通义"，1902.4.3）此 2 例均译自日语的原著，似乎可以证明"国籍"的新义来自日语。

在日语方面，「国籍」一词的历史虽不久远，但可以查到早于《译书汇编》的用例，而且从一开始就表达"个人具有的属于某个国家的身份"。例如，伊藤悌治著『国際私法』（1890）中的用例：「国籍トハ吾人カ住居スル国ノ主権ニ対シ，忠節ヲ尽スヘキ所ノ国家ト吾人トノ間ニ存スル政治上ノ関係ヲ云フ。」（第 1 編第 1 章）又如，福本日南编『海国政談』（1892）一书中的用例：「国籍船に限り，輸出入貨物に関税の減免を与ふるを要す。」（第 2）『太陽』杂志 1895 年第 9 号刊登的大冈育造「新製艦案」一文中也有如下用例：「是に於て余は思ふ，わが国籍にあるもの毎人乃至毎戸に於て，一日一銭づつ醵出して以て製艦費に充てば……。」

如果止步于以上证据，结论应是"国籍"的新义来自日语，然而通过检索《申报》电子版发现了比日方更早的用例。如 1877 年 10 月 1 日刊载的"议民入籍"一文中有以下用例："中国人有入英国籍者，英国例应保护否？如中国人所生者，未出中国之籍而居英国，入英籍后在中国不能保护。"又如 1880 年 8 月 1 日刊载的"私刑罚洋"一文中用例："该洋人又称，我等美国籍，所用之人未便押缴。官谓，如果若此，则中国船上所用之美国人亦皆成中国人矣。"以上 2 例的语境与日本完全无关，不过时间虽早却并非单用"国籍"一词。"国籍"在《申报》中单用的首出例比日方资料稍晚，见于《申报》1894 年 6 月 28 日刊载的"电传法事"一文："阿捺基斯党为普天下人之寇仇，并无国籍。目下巴梨及京外人每逢意国人即恨之刺骨，大有欲得而甘心之意。"依据以上事实，笔者认为"英国籍、美国籍"一类用法的出现，已可以证明"国籍"的近代新义出自清末汉语而不是明治日语，所以应将"国籍"一词视为"有典"词而不是"新义"词。

2.2 裁定、测定、检定、判定、评定

这 5 个词都出现在《译书汇编》中，而且都有古汉语出典。从构词方式看，

它们都是"动词性前语素（V）+定"的形式，这表明"V+定"形式在古汉语中已成为一种构词定式。以下仅以其中的"裁定、测定、检定"为例做具体说明。

关于"裁定",《译书汇编》中有以下用例："裁定法律，并公布及执行之命。"（第 5 期，樋口广业著，"现行法制大意"，1901.6.3）《汉语大词典》中的古汉语书证出自《后汉书》（445）："专心研精，合尚书章句，考礼记失得，庶裁定圣典，刊正碑文。"（卢植传）现代汉语的"裁定"主要用于法律裁判方面，这种词义调整或许与日语的影响有关，但与古汉语相比其基本词义并没有发生变化，因此可视为"有典"二字词。

"测定"一词在《汉语大词典》中未举出古汉语书证，仅有现代人的用例，而通过检索《四库全书》电子版可以找到古汉语的用例。如《元史》（14世纪前半）中的用例："又测用之法，先测定所在北极出地度，即自案地平以上度。"（卷 48）又如清代秦蕙田撰《五礼通考》（1761）中的用例："黄道宿度应岁有增减，故惟测定赤道度，而黄道度则以比例求之。"（卷 182）在日语方面，『現代に生きる幕末・明治初期漢語辞典』（2007）收录的最早用例来自兰学资料，如吉雄南犀著『遠西観象図説』（1823）以及宇田川榕庵译著『舎密開宗』（1837）等。由于日方用例明显晚于中方，可以判断"测定"是"有典"二字词。

"检定"一词在《汉语大词典》中只有鲁迅等现代人的用例，而利用《四库全书》电子版可以检索到古汉语的例证。如《旧五代史》（成书于 10 世纪）中的用例："十月，命左散骑常侍艾颖等三十四人，下诸州检定民租。"（卷 146）又如宋代李焘撰《续资治通鉴长编》（12 世纪后半）中的用例："差官检定所出课利，量多少给之，从包拯议之。"（卷 188）以上用例表明，"检定"在古汉语中意为"检查审定"，这与现代汉语的词义并无二致。在日语方面，『現代に生きる幕末・明治初期漢語辞典』（2007）提供的最早用例出自伊泽修二著『教育学』（1882）一书，而且日语「検定」的词义也与古汉语一脉相承。

除了《译书汇编》中出现的上述 5 个词之外，凡是"V+定"形式的中日同形词，其他如"规定、鉴定、决定、认定、设定、限定、协定"等也都是"有典"二字词。

2.3 感化、归化、教化、开化、转化

这 5 个词都在《译书汇编》中出现，都是以"动词性前语素（V）+化"的形式构成的，而且都有古汉语出典。以下仅以"开化、转化"为例作说明。

"开化"在古汉语中的含义为"开展教化"，如南朝顾愿撰《定命论》(5 世纪) 中的用例："夫建极开化，树声贻则，典防之兴，由来尚矣。"又如唐代玄奘《大唐西域记》(646) 中的用例："迦叶波佛出现于世，转妙法轮，开化含识。"（婆罗痆斯国）在日语方面，明治初年曾作为 civilization 的译词，与「文明開化」、「開化進步」等词语一道在日本风行一时[①]，《译书汇编》中的用例也是从日语照搬过来的，原文如下："然受白人之感化，沐文明之教育，亦有成为开化之民者。"（第 5 期，加藤弘之著，"物竞论"，1901.6.3）与古汉语相比，虽然"开化"的语境变化了，但其基本义仍未脱原有范畴，因此可视为"有典"二字词。

"转化"在古汉语中的词义为"改变、转变"，如汉代桓宽《盐铁论》（前 1 世纪）中的用例："一人之身，治乱在己，千里与之转化，不可不熟择也。"（除狭）又如清代惠栋撰《九经古义》(18 世纪前半) 中的用例："淮南子曰，转化推移，得之道而以少胜多。"（卷 11）《译书汇编》中的用例译自日语，原文如下："今日各国承认之特权中，……大半皆国际礼式及古之惯习中转化之权利也。"（第 2 年第 2 期，日本长冈春一著，"外交通义"，1902.5.13）由此可知，"转化"的词义是古今相通的，没有明显变化。

由"感化、归化、教化、开化、转化"等可知，"V+化"在古汉语中已形成一种构词定式。然而，后语素"—化"在现代汉语中的情况比较复杂，表现为"V+化"形式的二字词既有汉语的造词也有日语的造词。比如，同在《译书汇编》中出现的"进化、退化"，虽然是"V+化"形式却属于"无典"二字词。此外，未在《译书汇编》中出现的"形容词性语素（A）+化"形式的二字词，如"激化、净化、老化、软化、硬化"，以及"名词性语素（N）+化"形

[①] 参见佐藤亨著『現代に生きる幕末・明治初期漢語辞典』(2007) 中关于「開化」一词的解说。

式的二字词，如"电化、赤化、绿化、硫化、酸化"等，多数没有古汉语出典，很可能是日语借词或是现代汉语新词。

至于由"二字语素＋化"构成的三字词，如20世纪初在汉语中出现的"多样化、工业化、国际化、合理化、机械化、近代化、军事化、社会化"等都是日语借词。其后，国人自造的"二字语素＋化"形式的汉语三字词随之出现，日语的造词和汉语的造词融汇在一起，变得难以分辨。

2.4 父体、母体、实体、天体、形体、总体

这6个以"—体"为后语素的二字词都在《译书汇编》中出现，而且都有古汉语出典。利用《四库全书》电子版可以检索到"父体、母体"同时出现的例句，如清代潘思榘撰《周易浅释》（18世纪前半）中有以下用例："水行于地，故一阳往来与坤，火炎于天，故一阴往来于乾，坎寄母体，离藏父体。"（卷2）又如"感则男女生，夫妇之道出矣。男寄母体在下为艮，女寄父体在上为兑。"（卷3）古汉语的"父体、母体"大多出现在与《易经》有关的文章里，后语素"—体"指人的身体，词义与现代汉语相同。

"实体"有古汉语用例，如西晋陆机所作《浮云赋》（3世纪后半）中的用例："有轻虚之艳象，无实体之真形。"又如宋代朱熹著《中庸章句集注》（12世纪后半）中的用例："道之本原出于天而不可易，其实体备于己而不可离。"（第1章题解）再如清代戴震撰《孟子字义疏证》（18世纪中期）中的用例："阴阳五行，道之实体也，气血心知，性之实体也。"（天道）由此可见，古汉语的"实体"与现代汉语的含义是相同的。

在这6个词中，"父体、母体、天体、形体"为"名词性语素（N）＋体"形式，"实体、总体"为"形容词性语素（A）＋体"形式，这表明"N＋体"和"A＋体"在古汉语中已形成构词定式。在《译书汇编》之外，"本体、国体、肉体、身体、气体、文体、物体、政体"等"N＋体"形式的中日同形词也都是"有典"二字词。当然也有例外，如"个体、客体、媒体"等是从日语进入汉语的日语借词。古汉语中还有"动词性语素（V）＋体"形式的二字词，如

"变体、解体、裸体"。但近代以后产生的一些"V+体"形式的二字词却是地道的日语新词,如"垂体、导体、流体、抗体"等。

而在"二字语素+体"形式的三字词方面,日语的构词能力则明显强于汉语,诸如"半导体、编年体、扁桃体、病原体、共同体、绝缘体、立方体、染色体、水晶体、无机体、有机体"等中日同形词,基本上都是出自日本明治时期并于20世纪以后陆续进入汉语的日语借词。以上分析表明,把词源考证、解读古今词义与分析词语结构三个方面有机地结合起来,可以提高词语调查的效率,是辨别日语借词的有效方法。

3. 近代产生新义的二字词

此类词是指那些虽然可以查到古汉语出典,但词义与古汉语原义明显不符,其新义出自日语再反向传入汉语的二字词。在《译书汇编》的二字词中属于此类者共有70词,其中包含此前在《时务报》和《清议报》中已出现过的"新义"词49词,占"新义"词总数的70.0%。具体来看,在《时务报》中已出现的"新义"二字词有以下31词:

参政　出席　干事　革命　工科　工业　公权　共和　关系　机关　教授
经济　警察　理论　理事　普通　起点　社会　世纪　思想　推论　文科
协会　学科　演说　义务　议题　影响　预算　杂志　组织

在《清议报》中已出现过的"新义"二字词有以下18词:

暴动　初期　代表　非难　感情　个人　观念　积极　绝对　科学　领地
谈判　特许　问题　现象　消极　运动　主体

除去以上各词之后,在《译书汇编》中新出现的"新义"二字词,共有以下21词,占"新义"词总数的30.0%。

保守　常识　成年　从物　单位　对当　分子　概论　肯定　命题　内容
亲权　任命　上级　属性　提案　下级　相对　校长　引渡　主席

利用古汉语的既有词去对译西方近代概念，是明治初年日本人在引进西学时曾经常用的方法，结果使旧词产生了新义。要想认定某词是否产生新义，该新义是否出自日语，就必须进行词源考证，探明新义产生的过程。以下仅举数例作为说明。

3.1 成年

在古汉语中"成年"的含义为"丰年、风调雨顺之年"。例如，唐代孙思邈著《备急千金方》（652）中的用例："四时八节，种种施化不同，七十二候，日月运行各别，终其晷度，方得成年，是谓岁功毕矣。"（卷92）又如，清代惠士奇撰《惠氏春秋说》（18世纪初）中的用例："筑邑乃成年之事，而行之于大荒之岁，故公谷二传以为讥。"（卷12）但是现代汉语的"成年"与古汉语的词义大相径庭，已从"成熟之年"的字面义引申为专指"已经发育成熟的人"。

例如，《译书汇编》中有以下用例："贵族院之组织，（一）成年之皇族。（二）满二十五岁以上公侯爵……。"（第5期，樋口广业著，"现行法制大意"1901.6.3）又如："未成年之幼者，民法上无行使法律之能力，……犹之成年之人精神丧失，民法上遂受无能力之宣告。"（第2年第9期，泷川学人，"国际法上之印度观"，1902.12.10）以上2例与明治日语的用法完全一致，受日语影响的痕迹很明显，表明"成年"的新义已经进入汉语。此外，《申报》中的新义首出例见于1906年6月11日刊载的"十五续修律大臣编定刑事诉讼法"一文："第二百四十一条，凡左列各色人等不得许为证人。一、不能辨别是非之未成年者。二、有心疾者。三、有疯疾者。"

在日语方面，「成年」的最早用例出自明治初年[①]。例如，久米邦武著『米欧回覧実記』（1871）：「二十歳以上ノ成年，一千五百十八万三千五百八十八人ニテ……。」（二）又如，植木枝盛『東洋大日本国国憲案』（1881）：「第百五条，皇帝未成年ノ間ハ摂政ヲ置ク。……第百七条，……皇太子成年ナルトキ

[①] 参见佐藤亨著『現代に生きる幕末・明治初期漢語辞典』（2007），第518页。

ハ皇太子ヲ以テ摂政ニ当ツ。」(第 5 編第 8 章)由此可知,日语的「成年」在明治初年就已用于指称"发育成熟的人",在时间上明显早于汉语,据此可认定"成年"的新义来自日语。

3.2 单位

《汉语大词典》中没有举出"单位"的古汉语出典,而利用《四库全书》电子版可以检索到许多用例。"单位"在清代数学书中的含义相当于现代汉语的"个位",如清代梅文鼎撰《历算全书》(1723)中的用例:"所问为每钱若干,故钱数为单位,若问每分若干,则法首钱数为十位。"(卷30)又如,清代允祉等编撰《御制数理精蕴》(1722)中的用例:"凡度量衡,自单位以上则曰十百千万亿兆京垓……。"(下编卷1)

在日语方面,受汉语的影响,以上用法也出现在日本明治初年的算术书中,如「単位乗法,単位除法」(川本知行『改正算術書』1877)即是指"个位乘法、个位除法",同样,「単位数」(福田理轩『和洋普通算法玉手箱』1879)意为"个位数"。值得注意的是,"单位"在明治初年的日语中已经出现了现代语的用法,即表示"计算事物数量的标准"。例如『改訂兵学教程・卷之四』(1880)中有以下用例:「已ニ小単位ノ戦術ヲ講究シタルヲ以テ今ヤ相続テ諸兵種連合ノ大単位運用ノ為メニ法エトル諸則ヲ講究スヘシ。」(第 1 綱,第 1 編)又如,清野勉译『増訂士都華氏物理学』(1887)中的用例:「凡ソ時間ヲ算スルニ秒ヲ以テ単位ト定ムルハ最モ簡便ノ法ニシテ,世上一般ニ行ハルル所ナレバ,今茲ニ喋々スルヲ要セズ。」(第 1 篇,第 1 章)其实,这种用法可以一直追溯到江户兰学时期,如宇田川榕庵译著『舎密開宗』(1837)中有以下用例:「凝流体ノ異重ヲ比例スルニ餾水ヲ単位トシ之ヲ比較ノ原ニ資リ物体受熱ノ度モ亦餾水受熱ノ度ニ比較ス。」(外篇卷1第2章)其中「単位」的含义已与现代日语十分接近了。

"单位"的新义进入汉语里首见于《清议报》,如:"吨数以千吨为单位。"(第 44 册,时论译录,"论日本今日之地位",1900.5.9)其后,《译书汇编》也出现类似用例，如："右表岁出总额之单位为百万弗。"（第2年第9册，亚粹，"财政概论"，1902.12.10）从此2例的出处看，明显带有日语影响的痕迹。《申报》中的新义首出例出自1907年4月22日刊载的"中国之社会问题"一文："盖个人为社会之单位，从未有不明其单位之性质而能理其积数者也。"根据中日双方用例的情况，可以推断"单位"的新义产生于日语，于20世纪初进入汉语。

3.3 提案

《汉语大词典》中没有古汉语出典，只有现代释义"提交会议讨论决定的建议"以及巴金等现代人的书证。其实，晚清19世纪后半期的用例是可以查到的，但几乎都是与诉讼案件有关的语境，且一律是动词用法，可释义为"立案、提堂；提起诉讼"等。如1872年7月23日《申报》曾刊载"诬人诱拐案"一文，其中有以下用例："陈公提案堂讯，其母上堂侃侃数言曰，可兴不肖将货其妹。"这种用法在汉语里一直持续到20世纪初，如清代吴趼人著《二十年目睹之怪现状》（1906）中有以下用例："不知是何事故，连忙叫师爷译了出来。原来是'某寺僧名某某，不守清规，祈速访闻，提案严办，余俟函详'。"

在日语方面，1880年代开始出现「提案」的用例，但与清末汉语不同，并非V+N述宾结构的动词，而是V+N定中结构的名词，词义也相应地变为"提出的议案或建议"。如『伊藤特使全権大使復命書付属書類・天津談判筆記』（1885）中有以下用例：「閣下ハ此提案ニ同意セラルル歟。」[1] 又如折田重任编『日露戦争列国の視線』（1904）中的用例：「ヘイ氏の提案は露国の此野心を防止するに於て、最も有効なる方法なると共に、露国に在りては之に反対する正当の理由を見出すこ能はざるべければなり。」

在汉语方面，"提案"的新义最早见于《译书汇编》中译自日语的文章，原文如下："于是使各邦之司法大臣先会于伯利协议，继使其会合法律学者以咨询之，以其提案交之帝国议会之委员调查四年，始得公布执行。"（第1年第1期，

---

[1] 此例引自佐藤亨著『現代に生きる幕末・明治初期漢語辞典』（2007），第625页。

日本有贺长雄，"近世政治史"，1900.12.6）而《申报》中的新义首出例见于1913 年 1 月 26 日刊载的"蒙古问题"一文："此答复对于俄国之提案有全然不承认之意，俄国以为若仍以该提案继续交涉，是适以堕中国延宕之计。"通过对比中日双方的用例，笔者认为"提案"在日语中产生新义的理由有两条：一是词义转向诉讼案件以外的领域，二是从动词用法转为名词用法。"提案"的新义正是在这样的转变过程中出现的。

3.4 肯定

现代汉语的"肯定"主要有两个用法，一是表示"一定、毫无疑问"，二是"承认事物的存在，与'否定'相对"。《汉语大词典》没有举出"肯定"的古汉语书证，只有现代人的用例。然而，利用《四库全书》电子版可以检索到古汉语出典，如隋代巢元方等撰《诸病源候总论》（610）中的用例："其状似疾，此风身体游游奕奕，心不肯定，肉色变异，以经十年眉睫堕落。"（卷 2）又如，宋代黎靖德所编《朱子语类》（1270）中的用例："孟子或问云，人说性不肯定，说是性善，只是欲推尊性，于性之上虚立一个善字。"（卷 101）古汉语的用例都属于上述第一种用法，而没有出现与"否定"相对的第二种用法。"否定"一词在《四库全书》中根本查不到，它是无古汉语出典的近代新词。

"肯定"的第二种用法，即表示与"否定"相对的逻辑学概念，是明治初期产生的新义。在日语方面，最早见于启蒙学者西周的著作『学原稿本』（1869）之中，原文如下：「命題ヲ得タルトキ再ビ様ト量トノ考ヘニ反ルコトアリ。様ノ考ニテ表肯定ヲ表トイヒ否定ヲ裏トイフ。」由此可知，是西周率先将「肯定」和「否定」作为逻辑学术语一起使用的，「肯定」因此被赋予新义，「否定」则是西周首创的新词。其后，「肯定」和「否定」在井上哲次郎编『哲学字彙』（1881）中分别作为 Affirmation 和 Negation 的译词出现，同时出现的还有「Positive term 肯定名辞、Affirmative proposition 肯定命題」以及「Negative term 否定名辞、Negative proposition 否定命題」等复合词。其后，「肯定」和「否定」被运用到其他领域，如佐藤勉编『新定高等作文』（1896）中的用例：

「否定の文とは前句の意義を打消すの場合に用ふる語なり。……又花咲くと云ふは肯定なれども花咲かずと云ふは否定なり。」随着使用范围的扩大，「肯定」和「否定」逐渐从冷僻的专业术语变为日常词语。

在汉语方面，"肯定"的新义是与"否定"一词同时进入汉语的，现有最早用例见于《译书汇编》，原文如下："积极名词者以或一性质为有而肯定之，消极名词者以为无而否定之者也。"（第 2 年第 7 期，高山林次郎著、汪荣宝译，"论理学"，1902.9.22）《申报》中的新义首出例见于 1908 年 5 月 20 日刊载的"杨度演说要求开设国会文"一文："今中国预备立宪缓以数年之期限，其所藉口者，人民程度不足，为上下官吏之全称肯定断语。余以为，凡系国家皆可立宪，立宪乃最低之程度，此亦所最下之肯定断语也，何程度不足之云乎。"对比中日双方的用例，可判断"肯定"的新义来自日语。

3.5 "新义"的类型和进入汉语的时间

比前曾指出"新义"词常见的两种类型。首先，是因词义转移而产生的新义。以《译书汇编》中新出现的"上级"为例，在古汉语中意为"最上一层台阶"，如北魏郦道元著《水经注》（5 世纪初）中有以下用例："所作台基三层，层高三丈，上级平敞，方二百余步，广五里。"（卷 26）在现代汉语里"上级"转义为"级别高的人或机构"，这个新义是在明治日语里率先出现的。如高桥节夫编『地方裁判書記規則』（1891）中有以下用例：「上級ノ裁判所トシテ裁判シタル刑事部ノ裁判及判事ノ忌避回避ニ付テノ裁判ハ、原本又ハ謄本ヲ特別ノ類聚記録ト為ス。」在此例中，"上级"的古汉语旧义已整体转义为新义。《译书汇编》新出现的 21 个"新义"词中属于此类的还有"保守、成年、单位、对当、分子、肯定、命题、任命、下级、相对、主席"。

其次，是因词性改变而产生的新义。以"概论"为例，在古汉语里用作动词，意为"一概而论"。如南宋陈鹄著《耆旧续闻》（12 世纪初）中有以下用例："今诸郡产茶去处，上品者亦多碧色，又不可以概论。"（卷 8）然而，在明治日本里"概论"从动词用法转变为名词用法，如「教授概論 1875、試験概論 1875、法則概論1878"等，并于20世纪初传入汉语。因此"概论"可视为从动词转变为名词的"新义"词。《译书汇编》中属于此类的还有"常识、内容、属性、提案"。

此外，还有一种很少见的"新义"现象。如"从物"一词，在古汉语里意为"顺从外部事物，随大流"。如三国王肃所辑《孔子家语》（3世纪前期）中有以下用例："见小闇大而不知所务，从物如流不知其所执，此则庸人也。"（卷1）然而《译书汇编》中有以下用例："今将物之种类，别之如左：依关系的性质：（一）主物从物（二）单成物组成物……。"（第7期，日本樋山广业著，"现行法制大意"，1901.8.21）此例中的"从物"是出自明治日语的法律用语，意为"附属于主要物品的次要物品"，与古汉语的原义大相径庭。其实，此2例与其说从旧义转变为新义，不如说二者之间原本没有源流关系，属于中日分别造词而词形偶然相合的情形。又如"亲权"，在古汉语里意为"亲近权势"。如宋祁等撰《新唐书》（1060）中有以下用例："政刊乖舛四肢疾也，亲权猜间心腹患也。"（卷119）但《译书汇编》中的用例是出自日语的法律用语，意为"父母的权利"。原文如下："亲权者，对子之身份财产，有拒与之权。亲权之行使，在家属诸父，若父不在家，则属诸母。"（第7期，日本樋山广业著，"现行法制大意"，1901.8.21）

在《译书汇编》中与上述2词同属一类的还有"校长、引渡"。虽然可以在古汉语里查到字面与日语相同的二字词，但二者之间似乎没有源流关系，应属于中日分别造词而词形偶然相合的情形。不过由于类似的词很少，因此归在"新义"词之中不单独分类[①]。

另一方面，《译书汇编》中新出现的"新义"词，同样可以通过与《申报》中的首出例进行比对而了解其进入汉语的大致时间。根据比对的结果可区分为以下两类情形：

一是《申报》中的用例早于《译书汇编》的词。可视为在《译书汇编》发行之前经由《申报》等途径已进入汉语的"新义"词，共有3词，即"上级、校长、主席"，占21词的14.3%。

二是《申报》中的用例晚于《清议报》的词。可视为《清议报》发行期间

[①] 本书第4章5.4处也有相关的论述，请参照。

新进入汉语的"新义"词，共有以下 18 词，占 21 词的 85.7%。

保守 常识 成年 从物 单位 对当 分子 概论 肯定 命题 内容 亲权
任命 属性 提案 下级 相对 引渡

4. 无古汉语出典的二字词

此类词虽然出现在《译书汇编》之中，但在《汉语大词典》或《四库全书》中查不到古汉语出典，通过《译书汇编》或其他途径进入汉语的日语借词主要包含在此类词之中。在《译书汇编》的二字词中"无典"词共有 216 词，其中包含在《时务报》和《清议报》中已出现过的"无典"词 125 词，占"无典"词总数的 57.9%。在《时务报》中已出现的"无典"词共有 75 词，以下为其中的一部分：

半岛 财政 德育 敌视 肥料 改良 广告 国际 海军 价格 检疫
进化 扩张 美术 民权 权限 人权 特权 特色 特性 特质 体操
投票 退化 学说 议会 哲学 政党 支部

在《清议报》中已出现的"无典"词有 50 词，以下为其中的一部分：

版权 单纯 弹药 对抗 法规 方针 概念 干线 惯例 国防 极端
间接 简单 健全 决算 客体 领土 流域 目的 女权 缺点 让步
任期 弱点 商品 刷新 团体 外债 血统 勋章 要点 要素 元素
原则 证券 制裁

除去已出现过的词之后，其余便是《译书汇编》中新出现的"无典"二字词，共有 91 词，占"无典"词总数的 42.1%。由于清末来华传教士和清末国人创造的汉语新词也属于"无典"词，需要排除这两类词之后，才能得出日语借词的确切数字。根据目前的调查结果，在《译书汇编》新出现的 91 个"无典"二字词中，尚未发现有来华传教士创造的二字词，而清末国人创造的汉语新词有 7 词，即"船员、法语、开会、清算、群学、谓词、债务"。余下的 84 个

"无典"词很有可能是日语借词。

这 84 个日语借词虽然在清末 5 报范围内属于"新出现"之列,但有可能通过其他途径在《译书汇编》之前已进入了汉语。为了弄清这一点,可以通过与《申报》中的首出例进行比对,根据结果将这些词区分为两类:

一是《申报》中的用例早于《译书汇编》的词。可视为在《译书汇编》之前经由《申报》或其他途径进入汉语的二字日语借词,共有以下 22 词,占 84 词的 26.2%。

闭会　出版　出发　动产　法权　服务　公认　公诉　公益　会费　金融
军属　恐慌　脑力　农会　平权　商标　适龄　退场　外资　现金　职工

二是《申报》中的用例晚于《译书汇编》的词。可视为《译书汇编》发行期间新进入汉语的二字日语借词。共有以下 62 词,占 84 词的 73.8%。这表明与《申报》相比,经由《译书汇编》进入汉语的二字日语借词占比更大、密度更高、门类更广。

步调　场所　打消　对象　法定　法人　法廷　贩路　否定　否决　夫权
父系　概要　个体　公安　公敌　公国　公海　故障　机能　基金　科长
客观　联想　领海　论点　名词　母国　母系　年金　排外　期间　起诉
起源　前提　取消　人格　时效　视力　收容　手续　术语　思潮　特点
听力　外延　细胞　细则　学界　疑点　用途　用语　语源　原素　原子
债权　政客　职能　职权　主词　主观　资源

以上这些词是经过词源考证筛选出来的,但要最终认定它们是日语借词,仍需依据具体例证,逐一描述它们在日语中产生以及进入汉语的过程。这种词史描述既耗时又费力,是目前妨碍日语借词研究进展的因素之一,以下仅举数例作为说明。

4.1　否决

《汉语大词典》中没有古汉语出典,仅有释义"否定议案或意见"和现代人的书证。在《四库全书》电子版和清末来华传教士资料中同样查不到"否决"的用例。"否决"在汉语中的最早用例见于《译书汇编》，如日本鸟谷部铣太郎著"政治学提纲"译文中的用例："内阁大臣若于重要之提案为众议院所否决，或众议院有不信任内阁之议，则内阁大臣不得不总辞职。"（第 1 年第 9 期，1901.12.15）又如，日本小林丑三郎著、王宰善译"日本财政之过去及现在"中的用例："提出地租及所得税酒税之增征法案，而遭议会之否决，六月十日议会解散矣。"（第 2 年第 8 期，1902.11.15）此外，《申报》中的首出例见于 1905 年 12 月 15 日刊载的"续江苏学会暂定简章"一文："若经会员多数两次会议否决者，本会期内即不得提议执行。"

在日语方面，「否决」的现有最早用例出自明治 5 年（1872），在小幡笃次郎译述『議事必携』一书中有如下用例：「議長ハ、復夕議員ニ向ヒ、前ニ動議ヲ拒絶シ否决ヲ為セシ者ハ起立シテ手ヲ挙ケヨト言フ。掌記ハ否决ノ数ヲ審ニ之ヲ記載シ終テ、両掌記ハ其所記ノ冊子ヲ議長ニ呈ス。」明治 6 年（1873）出版的日本大藏省编『議事章程』中也出现以下用例：「大藏卿ハ之ヲ点検シテ、自然否决スルモノ三分ノ二ニナルトキハ、之ヲ後会ニ議スヘシ。可决スル者三分ノ二ニナルトキハ、之ヲ可ト見做ス……。」（第 4 節）此用例还显示，「可决」作为「否决」的反义词很可能产生于同一时期。明治初年，启蒙学者西周作为与"肯定"相对的概念创造出"否定"一词（参见 3.4）。而"否决"的构词方式与"否定"相同，依据中日双方用例的情况，可以证实它也是明治初年产生的日语新词。

4.2　基金

经检索《四库全书》电子版等中方资料，确认"基金"一词没有古汉语出典。但究竟是不是日本人创造的近代新词，则需要通过调查 19 世纪后半期的中日双方资料以获取证据。经查明治时期的日方资料，「基金」现有的最早用例出自日本大藏省国债局编『起業基金並事業景況第五回報告』（1883），原文如下：「今度、第五回報告ヨリ此題款ヲ改メ、起業基金並ニ事業景況報告ト称シ……。」又

如，『東京新報』1889 年 4 月 19 日刊登的文章中有以下用例：「基金を寄付其の他に求むるも，幾年の間は必ず補助を帝室費若くは国庫に求めざるべからず。」①

在汉语方面，"基金"的现有最早用例见于《译书汇编》中译自日语的文章，如日本小林丑三郎著"欧洲财政史"译本中有以下用例："英国于千八百十六年以后，设减债基金，且屡行公债之借换。"（第 2 年第 3 期，1902.6.23）又如，巅涯生编辑"欧美日本政体通览"一文中的用例："凡会计检察院、大审院、文部省及管理帝国年金基金之官吏等；又帝国银行之理事等，参议院有选定之权。"（第 2 年第 5 期，1902.7.25）此 2 例均与日本有关，可以窥见"基金"从日语进入汉语的过程。此外，《申报》中的首出例见于 1908 年 7 月 15 日刊载的"论盐斤加价"一文："夫以日用必需之故，而至牵动其有用必要之基金，则是国家岁取其一部分，既人民少其一部分。"根据以上情况，可以判断"基金"是一个日语借词。

4.3　人格

《汉语大词典》中没有古汉语出典，只有现代释义以及梁启超、蔡元培等人的书证，在《四库全书》电子版中同样查不到任何用例。其词源需要在 19 世纪中日双方的资料中查找。在日语方面，"人格"起初是法学名词，出自 1880 年代的日本法学译著，意为「権利・義務の主体となる人間の資格」。如大桥素六郎译『法理学汎論』（1888）中有以下用例：「権利ノ第二大別ハ対手人ノ人格常態ナルト変態ナルトノ別ニ基由ス。」（第 1 篇第 9 章）又如，穗积八束著『行政法大意』（1896）中的用例：「人格ハ自主ノ権能ナリ。自主ハ自存目的ノ存在ニシテ，権能ハ之ヲ実行スルノ力ナリ。」（第 2 章第 1 節）后来使用范围扩大，词义也变为指人品与性情。如教育学术研究会编『教育辞典』（1903）中的用例：「訓練事業をして真に教育的効果の域に達せしめんとせば，一に教師の精神品性，為人，人格に望む所なかるべからず。」（第 1 冊，教師の人格）

---

① 此例引自佐藤亨著『現代に生きる幕末・明治初期漢語辞典』（2007），第 148 页。

在汉语方面，现有的最早用例出自《译书汇编》中的日本人法学原著的译文。如日本樋山广业著"现行法制大意"中的用例："人者何？权利之主体。法律上一则曰人格，一则曰能力，是也。"（第1年第7期，1901.8.21）又如，日本长冈春一原著"外交通义"的译文中有以下用例："人格及法人，皆法学上专门语。人格者，有自主自存之权利，非牛马奴隶比也。法人者，非人而拟之为人，法律上当以人格待之者也。"（第2年第1期，1902.4.3）通过此2例，可以清楚地了解"人格"从日语进入汉语的路径。此外，《申报》中的首出例见于1903年8月2日刊载的"兴学小启"一文："以方创之善举成为画饼，固有负于李君拳拳之苦心，而于中国国体，华人人格尤有关系。"黄河清编《近现代辞源》（2010）所列举的王鸿年《宪法法理要义》（1902）、汪荣宝等编《新尔雅》（1903）等，也是"人格"进入汉语的早期用例。以上中日双方的用例可以证明，"人格"一词是20世纪初进入汉语的日语借词。

4.4 主观、客观

在《汉语大词典》中，2词均无古汉语出典，"主观"释义为"指人的意识、精神。与'客观'相对"。"客观"释义为"在意识之外，不依赖主观意识而存在的"。检索《四库全书》电子版也查不到任何用例。词汇史研究的成果表明，"主观、客观"是日本启蒙学者西周于明治初年创造的一对日语新词。

在日语方面，早在明治3—6年（1870—1873），西周在他的哲学笔记中就曾使用过「主観」和「客観」。明治11年（1878）由文部省正式出版的西周译『心理学』合订本中有以下用例：「致知家ノ術語：観念・実在・主観・客観・帰納・演繹・総合・分解等ノ若キニ至リテハ、大率新造ニ係ハルヲ以テ、読者或ハ其意義ヲ得ルヲ難ンスル者アラン。」（翻訳凡例）其后，明治14年（1881）出版的井上哲次郎编『哲学字彙』则以「Subject 主観、Object 客観」的形式，明确了英文原词与日文译词之间的对译关系。「主観」和「客観」先在学界流行，并逐渐在日语中固定下来。

在汉语方面，"主观、客观"的现有最早用例见于《译书汇编》，如赤门生撰"法典编纂方法论"一文中有以下用例："<u>主观</u>言之则是权利，<u>客观</u>言之则是法律。二者虽有内外之别，实质无不同。"（第 2 年第 9 期，1902.12.10）《申报》中的首出例见于 1906 年 9 月 19 日刊载的"说我"一文："我为原动，而万物皆为被动，我为<u>主观</u>，而万事皆为<u>客观</u>。"此外，黄河清编《近现代辞源》（2010）列举的张云阁译《心理学教科书》（1903）中的用例，以及汪荣宝等《新尔雅》（1903）中的用例，也属于汉语的早期用例。

5.《汉大》未收的二字词

《汉语大词典》没有收录的词，一般可视为现代汉语里不存在的词。即便大前提如此，仍需对具体情况做具体分析。《译书汇编》中共有此类词 24 个，其中，在《时务报》中已出现的有"良港、米突、物权、支线"，在《清议报》中已出现的有"抗抵、可决、欠点、支店"，除去以上两部分词之后，在《译书汇编》中新出现的《汉大》未收二字词共有以下 16 个，占"未收"词总数的 66.7%。

出板　德语　僚员　民种　母权　权原　群一　容认　视点　所长　退社
英语　原力　越权　证书　主物

如果对照中方的《汉语大词典》和『日本国语大辞典』（第 2 版）的收录情况进行区分，这些词可以分为以下两大类：

一类是中方的《汉语大词典》没有收录，但日方的『日本国语大辞典』（第 2 版）有收录的词。属于这种情形的词共有 12 个，又分为两种情形：一是中日双方资料的调查结果显示，日方用例早于中方用例的词，共有 11 个，即"出板、母权、权原、容认、视点、所长、退社、原力、越权、证书、主物"。这些词应是明治时期产生的日语新词，通过《译书汇编》等途径进入汉语后，有的未能在汉语里存活下来，有的现代汉语仍在使用，如"母权、视点、越权、证书"等，属于《汉语大词典》应该收录而被遗漏的词。二是中方用例早于日方用例的词，只有1个，即"英语"。此词在来华传教士资料中率先出现，其后传入日语成为中日同形词，是清末产生的汉语新词[①]。

另一类是中方的《汉语大词典》和日方的『日本国語大辞典』（第2版）都没有收录的词。属于这种情形的词共有4个，也分为两种情形：一是中日双方资料的调查结果显示，日方用例早于中方用例的词，有2个，即"僚员、民种"。它们应是明治时期产生的日语新词，但在日语中未能存活下来，因此『日本国語大辞典』（第2版）没有收录。清末时也曾通过《译书汇编》等进入过汉语，但在汉语中同样未能存活下来。二是完全没有日方用例的词，有2个，即"德语、群一"。它们属于清末产生的汉语新词，"德语"使用至今，而"群一"早已消亡了。

6. 小结

本章从词汇史研究的角度，对《译书汇编》中的二字词做了全面的分类与分析。词源考证是辨别日语借词的最基本方法，但并非唯一的方法。把词源考证与词结构分析有机地结合起来可以减少盲目性，从而提高辨别日语借词的效率。本章所举的词源考证实例，正是为了具体说明这一方法的有效性。在此将要点归纳如下：

（1）对于"有典"二字词，本章分析了两种类型。一类以"国籍"为例。此词的古今词义变化很大，如果其近代新义产生于明治日语，则应归属于"新义"二字词。但是通过词源考证发现，"国籍"的新义在清末汉语中出现得更早，因此将它归入"有典"二字词之中。另一类是在《译书汇编》中出现的以"一定、一化、一体"为后语素的二字词。这些词在古汉语中已经形成了诸如"V+定、V+化、N+体、A+体"等构词定式，从词结构的角度进行分析，可以更好地发现中日之间在构词上的规律性。

---

① 参见田野村忠温（2018）。

（2）对于"新义"二字词，本章举出 4 个案例进行说明。"成年、单位"是词义发生转移，旧义被新义所取代，但词性未变。"提案"是词义发生转移的同时，词性也从动词变成了名词。"肯定"是因为与"否定"构成一对学术概念而出现词义变化，但还保留着古汉语的原有用法。此外，还提到中日分别造词而词形偶然相合的情形。

（3）对于"无典"二字词，在新出现的 91 个"无典"词中，除了 7 个清末产生的汉语新词之外，其余 84 个可初步认定为日语借词。写出每一个日语借词的词史，是本领域研究的努力方向之一，然而要追根寻源找到真正的首出用例是十分困难的。笔者在文中使用的"现有最早用例"虽可以满足判断日语借词与非日语借词的要求，但要记述完整的词史尚需补充例证。

（4）对于"未收"二字词，首先将其分成两类：一类是中方的《汉语大词典》没有收录，但日方的『日本国語大辞典』收录的词，另一类是中方的《汉语大词典》和日方的『日本国語大辞典』都没有收录的词。其次再在以上两类词之中，参照中方用例和日方用例的早晚情况，判断它们是明治日语的新造词还是清末汉语的新造词。

第 9 章 《译书汇编》中的三字日语借词

1.《译书汇编》三字词的概况

　　本章的目的是对《译书汇编》中的三字词做全面的梳理和分析。笔者从《译书汇编》中共抽出三字词 534 个（见第 8 章表 1），其中包括 2+1 型三字词 486 个（91.0%）和 1+2 型三字词 48 个（9.0%）。经过比对发现，其中含有《时务报》已出现过的三字词 96 个和《清议报》已出现过的三字词 91 个，共计 187 词，占三字词总数的 35.0%。在 2 报中已出现过的三字词有两个特点：一是几乎都是日语三字词，表明日语三字词在数量和使用频率上均占有绝对优势。二是在 2 报已出现过的三字词之间有许多由相同后部一字语素形成的三字词词群。从表 1 可以直观地看出这一点（括号内数字为词数）：

表 1 《时务报》和《清议报》已出词之间共有的三字词词群

	时务报已出词	清议报已出词
一国	保护国、独立国、共和国、合众国、交战国、民主国、同盟国、中立国、最惠国（9）	君主国、立宪国、文明国、先进国、主权国（5）
一家	慈善家、工业家、教育家、外交家、哲学家、政治家、制造家、资本家（8）	企业家、商业家、专门家、宗教家（4）
一党	保守党、革命党、共和党、急进党、社会党、虚无党、政府党（7）	反对党、改革党、国民党（3）
一学	经济学、理财学、生理学、物理学、行政学（5）	财政学、国家学、伦理学、人类学、社会学、政治学（6）

续表

	时务报已出词	清议报已出词
一权	参政权、所有权、选举权、自主权（4）	财政权、发言权、行政权、警察权、立法权、司法权、专卖权、自由权、宗主权（9）
一上	法律上、贸易上、政治上（3）	财政上、经济上、社会上、宗教上（4）
一品	美术品、输出品、制造品（3）	禁制品、输入品、消耗品、原料品（4）
一所	裁判所、造船所（2）	讲习所、事务所、研究所（3）

如表1所示，以"一国、一家、一党、一学、一权、一上、一品、一所"为后语素的三字词在《时务报》和《清议报》中都比较多，而由这些后语素形成的三字词词群又在《译书汇编》之中出现。除去187个已出现的三字词之外，其余347个则是在《译书汇编》中新出现的三字词，占三字词总数的65.0%，这表明在《译书汇编》中继续有大量的新三字词涌现出来。

在347个新出现的三字词中，含有2+1型三字词314个（90.5%）和1+2型三字词33个（9.5%）。后者中包括以"总—"为前部一字语素的三字词3个，即"总+辞职、总+决算、总+预算"；以"公—"为前部一字语素的三字词3个，即"公+权力、公+权利、公+义务"；以"轻—"为前部一字语素的三字词3个，即"轻+禁狱、轻+惩役、轻+禁锢"；以"重—"为前部一字语素的三字词3个，即"重+禁锢、重+禁狱、重+惩役"。

还有以"半—"为前部一字语素的三字词2个，即"半+开国、半+制品"；以"单—"为前部一字语素的三字词2个，即"单+能力、单+本位"；以"———"为前部一字语素的三字词2个，即"一+分子、一+个人"。此外，还有一些前部一字语素仅构成1词的1+2型三字词，如"复+本位、银+本位、内+竞争、外+竞争、前+半期、后+半期、反+措定、继+父母、禁+治产、私+法人、岁+入出、未+成年、正+反对、中+世纪、主+物权"。

在以上1+2型三字词中，未见日方用例的有5个，即"单+能力、反+措定、内+竞争、外+竞争、主+物权"；日方用例晚于《译书汇编》的有2个，即"一+分子、私+法人"；其余均为日方用例早于《译书汇编》的三字词。日语1+2型三字词对汉语构词法的影响是值得关注的，但由于词数很少，本章将以《译书汇编》中新出现的314个2+1型三字词作为研究对象。

2. 区分不同来源的三字词

19—20世纪之交正值日语借词大量进入汉语、国人开始自造三字词的时段，而二者的交汇混淆也始于此时，因此区分日语三字词和汉语三字词是首要任务。与《时务报》、《清议报》一样，《译书汇编》中的 2+1 型三字词表达的都是近代以来的新事物和新概念，因此无法在清末以前的汉语中找到出处。至于清末时期有关新词的资料，可资利用的仅有 19 世纪后半期来华传教士的中文著述。由于《译书汇编》等清末报刊与日本有密切的关系，探寻三字词词源的唯一方法，便是到明治时期的日方资料中去查找例证[①]。

根据检索的结果，可将《译书汇编》中新出现的 314 个 2+1 型三字词区分为 3 种情形：一是日方用例早于清末报纸的三字词（252 词，80.3%）；二是未见日方用例的三字词（29 词，9.2%）；三是日方用例晚于清末报纸的三字词（33 词，10.5%）。以下分别举例说明。

2.1 日方用例早于清末报纸的三字词

如果某词在早于《译书汇编》的日方资料中可以找到用例，即可初步判断该词是日语三字词。以"公证人"一词为例，《译书汇编》中有如下用例："代言人与公证人之权，法国澳国均有明文，以内国人为限。"（第 1 年第 8 期，日本井上毅著，"各国国民公私权考"，1901.10.13）在汉语方面，《汉语大词典》中只列出"公证"的词条而没有古汉语的书证，查《四库全书》也没有任何用例，这表明古汉语中没有"公证"一词。"公证"的现有最早用例可上溯至黄遵宪所撰《日本国志》（1887），原文如下："医师、药商、稳婆及代言辩护、代书公证诸人，或神官僧侣，其所职业系受人密托者，不在前项之列。"（卷 28）而"公证人"的现有最早用例则见于《申报》1893 年 2 月 1 日刊载的"再讯吕商

---

① 参见书末参考文献中"日文资料、词典与数据库"处所列的电子数据库和网上电子资料。

控案"一文:"盖此事因帐情不合起,见公议时,如何并不查阅唐之华文帐,且公证人均已到堂供认,并不阅唐帐。"

在日语方面,「公証人」的现有最早用例见于日本司法省翻译课译『教師質問録・初篇』(1872)一书:「公証人ハ公ケナル官員ニシテ法律上ニ於テ〈フヲルムヲータンテイック〉(確実ナル方法)ニテ録スヘク……。」又如,大井宪太郎译『仏国政典』(1873)中也有如下用例:「公証人ノテールハ一ノ役員ニシテ……公正ノ証書ヲ作為シ……。」(三・総論)可见「公証人」在日语中出现的时间明显早于汉语,可以据此判断"公证人"是来自日语的三字词。

有时也会遇到日方用例虽早,但难以确认是否日语借词的情形。以"人力车"为例,《译书汇编》中有如下用例:"若地方之管理人力车规例,其车夫之衣服与车体之格式,俱有定制。"(第2年第3期,日本宫国忠吉著,"警察学",1902.6.23)其中,"人力车"译自日语文章,照搬日语原词的可能性较大。汉语方面现有的最早用例出自清人李圭的《环游地球新录》(1876),原文如下:"午初,梁君导游万寿山,乘人力车(即上海所谓东洋车),价极廉。"又如,傅兰雅编《格致汇编》(1877)中的用例:"数年前,上海跨苏州河口之大桥造成时,每来往之华人必纳钱三文,西人则纳洋银一分,轿与人力车、马车收费更多。"(第2册)①《申报》中的首出例见于1878年11月7日刊载的"日本琐志接录"一文:"其次,以住吉庙为最盛。住吉大庙在大坂城南十余里,以人力车两点钟可到。"

在日语方面,现有的最早用例出自1871年。例如,外史局编纂『明治辛未五月・布告全書』(1871)中有以下用例:「在府ノ諸官員及ヒ華族士族卒タリ共,馬車,人力車所持致シ候者,右定額ニ准シ入費可差出事。」又如,1871年5月出版的『新聞雑誌』(1号)中的用例:「東京人力車発明ノ当分ハ」。再如,假名垣鲁文的小说『西洋道中膝栗毛』(1872)中也有如下用例:「すぐに乗地の人力車,ちょんきなホイ駕籠。」(四・下)②

---

① 此2例引自黄河清编《近现代辞源》(2010)。
② 此2例引自佐藤亨著『現代に生きる幕末・明治初期漢語辞典』(2007)。

如上所述，中日的早期用例在时间上相差无几。虽然日方用例稍早几年，但中方的最早用例并非全与日本有关联，因此很难断言中方用例是在日方用例的影响下产生的。要最终判断"人力车"究竟是日语三字词还是中日分别造词而词形偶然相合的产物，尚需更为深入细致的考证。

在《译书汇编》新出现的 314 个 2+1 型三字词中，属于日方用例早的三字词共有 252 词，占总词数的 80.3%，表明新的三字日语借词仍在源源不断地进入汉语。为了区分哪些词是在《译书汇编》之前已进入汉语，哪些词是在《译书汇编》发行期间进入汉语的，我们可以借助《申报》中的用例进行判别。根据检索的结果可区分为 3 种情形：

一是《申报》中的用例早于《译书汇编》的词。可视为在《译书汇编》之前已进入汉语的日语三字词，与《时务报》《清议报》时相比，表达机构和职务名称等的专有名词已经很少，主要是反映抽象事物的概念名词。共有以下 46 词，占 252 的 18.2%，列举如下：

报告书　辩护士　博物家　补助金　参议院　大审院　代言人　嫡出子　地方税
独立权　发起人　犯罪人　犯罪者　改正案　公民权　公证人　功名心　管理法
机关炮　警察费　警视厅　控诉院　联邦国　纳税者　旁听席　取引所　人力车
审判官　实业界　试验场　受验者　赎罪金　说明的　私生子　诉讼法　特许局
天文学　调查所　外交上　委任状　信任状　修正案　野蛮国　饮食店　占领地
支配人

二是《申报》中完全没有出现过的词。可视为《译书汇编》发行期间新进入汉语的日语三字词，仅有 9 词，即"党派心、复杂国、公共体、国政学、没收金、民权家、推理派、维持权、沿革派"，占 252 词的 3.6%。

三是《申报》中的用例晚于《译书汇编》的词。也属于《译书汇编》发行期间新进入汉语的日语三字词，共有 197 词，占 252 词的 78.2%。这表明与《申报》相比较，经由《译书汇编》进入汉语的日语三字词的数量多出许多。同时，由于此类词在 2 报中都有用例，其使用范围和存活率应高于上一类三字词。举例如下：

保证金	保证人	不动产	裁判权	参考书	出版物	出发点	粗制品	当选者
导火线	动物界	发动机	法律的	附加税	附加刑	附属国	附属物	个人的
公务员	共产党	购买力	归纳法	国际的	过半数	行政法	后进国	积极的
间接税	戒严令	就学中	军用品	科学的	客观的	论理学	履历书	目的上
破产法	请愿书	人事局	认识论	社交性	生产物	生物界	生殖力	实验派
市民权	手工业	私有林	所在地	天然物	投票数	唯物论	委托人	卫生费
现行法	现行犯	消费税	消火栓	消极的	心理学	形式上	性质上	选举人
演绎法	药剂师	印刷术	有效期	预备役	战败国	战利品	战胜国	支出额
直接税	制造力	制造业	仲裁人	主观的	著作权	资产者	自然界	自然人
自卫权	自治体	自尊心						

2.2 未见日方用例的三字词

如果某词在早于《译书汇编》等清末报纸的日方资料中找不到用例，则该词很可能是清末国人创造的汉语三字词。大多数情况下这样判断是符合事实的，但难免会有偏误。因为在现有条件下，即使利用电子语料库也无法覆盖明治时期的全部资料，所以不能断言绝对没有日方用例。在《译书汇编》新出现的 314 个 2+1 型三字词中，未发现日方用例的词共有 29 词，占总词数的 9.2%。经过与《申报》电子版中的用例进行比对，可将这些词区分为以下 3 种情形：

一是《申报》中的用例早于《译书汇编》的词。可视为在《译书汇编》之前已存在的汉语三字词，仅有 4 词，即"公断人、铁甲舰、新式船、治人者"，占 29 词的 13.8%。

二是《申报》中完全没有出现过的词。可视为《译书汇编》发行期间新出现的汉语三字词，由于这些词比较生僻，使用范围有限，因此只在《译书汇编》中出现。共有以下 14 词，占 29 词的 48.3%。

粗成品　单成物　共存上　立君政　列国法　靡费品　民数论　判决所　漂流品
轻视派　世袭金　写真权　政法界　制限期

三是《申报》中的用例晚于《译书汇编》的词。同样可视为《译书汇编》发行期间新出现的汉语三字词，这些词在2报中都有用例，表明其通用性和存活率应高于上一类三字词。共有以下11词，占29词的37.9%：

担保国　俄国的　换言之　均产党　留学界　桥梁税　赎身金　属地品　天演界
印花税　资格上

未见日方用例的三字词的数量少，正好从反面印证了当时日语三字词的势力强大。我们可以通过《译书汇编》中这些汉语三字词去分析当时清末国人的造词方法，大致可归纳为以下3种方法：

（1）仿造词

指清末国人通过模仿日语三字词的形式而构成的三字词。例如，"一品"是明治日语中构词能力较强的后部一字语素，《译书汇编》中以"一品"为后语素的三字词大多数都是有据可查的日语三字词，如"沉没品、粗制品、禁止品、军用品、外国品、饮料品、战利品、自用品"等，但也有少数词属于未见日方用例的三字词。以"漂流品"为例，《译书汇编》中的用例如下："漂流品、沉没品悉存诸市町村长处，以备失主之领归，惟应酬拾得者之谢金。"（第1年第6期，樋山广业著，"现行法制大意"，1901.8.8）经查日文原著，与这段译文对应的日语原文为：「漂流物又沈没品ハ、市町村長ニ引渡シ、所有者ヨリ報酬金ヲ受ク。其ノ引渡ヲ求メサルトキハ、拾得者ノ所有ニ帰ス。」（樋山広業著『現行法制大意』大日本図書，1900）据此可知，译文中的"漂流品"是通过修改原文的「漂流物」而形成的汉语三字词。由于"漂流品"是在众多以"一品"为后语素的日语三字词进入汉语的背景之下产生的，可将其视为清末国人模仿日语"二字词＋品"的形式而造出的三字词。其他如"粗成品、靡费品、属地品"也属于同类情况。

又如，以"一界"为后语素的三字词也是日语三字词居多，如"动物界、教育界、人类界、生物界、实业界、自然界"等。与此相对，《译书汇编》中的

"留学界、天演界、政法界" 3 词未见日方用例，而它们可视为模仿以 "一界" 为后语素的日语三字词而形成的仿造词。此外，可视为利用日语三字词的后部一字语素而形成的仿造词还有 "世袭金、赎身金、均产党、轻视派、写真权、共存上、资格上" 等。

（2）改造词

指清末国人对不符合汉语习惯的日语原词略加改造，形成与日语原词相近的新词。例如 "新式船"，《译书汇编》中有以下译文："而有速力十九米突以上之新式船，英国只有七艘，德国共有九艘。"（第 1 年第 8 期，有贺长雄著，"近世政治史"，1901.10.13）文中的 "新式船" 是不是日语三字词呢？经查阅日文原著，与上述译文对应的日语原文为:「十九ノット以上の速力を有する新形船に至りては，独逸は却て英国よりも多く之を有せり。即ち独逸の九艘に対し英国は七艘を有する比例なり。」（有賀長雄著『近時政治史』東京専門学校，1890 頃）由此可知，"新式船" 是在日语原词的基础上略加改造而形成的三字词。

又如 "公断人"，《译书汇编》中有以下用例："不但此也，即陪审、参审、公断人，及其他裁判附属之公吏等类，亦必以内地公民为限。"（第 1 年第 8 期，日本井上毅著，"各国国民公私权考"，1901.10.13）由于找不到井上毅的同名译作，无法直接确认日语原文是否使用了 "公断人" 一词，但在其他日方资料中也找不到 "公断人" 的用例，因此推断 "公断人" 是清末国人对当时日语常用的「公証人」一词进行了改造①。

再如 "立君政"，日方资料里没有这个三字词，只能找到与之词形相近的「立君政治、立君政体」等四字词，由此推断 "立君政" 是对日语原词加以改造而形成的三字词。此外，可视为改造词的还有：粗成品（←粗製品）、制限期（←制限期間）、判决所（←裁判所）、换言之（←換言すれば）②。

（3）自造词

指清末国人利用原有或清末新造的汉语词作语素，在不参照日语词的情

---

① 关于 "公证人" 一词的词源考证，参见本章 2.1 处。
② 括号内为经过笔者验证过的日语原词。

况下自行构成的三字词。以"印花税"为例,《译书汇编》中有以下用例:"本年虽重定报馆章程而免其印花税及保险税,然妄攻政府则处以重罚。"(第 1 年第 2 期,有贺长雄著,"近世政治史",1901.1.28)经查看日文原著有贺长雄著『近時政治史』(1890),日语原文为:「同年に新聞条例を改正して印紙及保証金を廃したるも政府攻撃の言論を為す者に対し重罰を設けたる如き……」两相对照可知,中译本没有照搬日语的「印紙」,而是以汉语原有的"印花税"一词与之对应,这是自造词的一种类型。

此外,"担保国、单成物、俄国的、列国法、民数论、桥梁税、铁甲舰、治人者"等词的后部一字语素虽带有日语三字词的特征,但这些词的前部二字语素几乎都是日语不使用的。由于国人自造的成分多于模仿日语的成分,可将它们视为自造词。

有时,仿造词、改造词和自造词在译文中同时出现,例如《译书汇编》中有以下用例:"常年经费则有经常税,平时需用则征特别税,临时急需则课附加税。经常税课之于靡费品(如烟酒及食物等)及交换事业(如各种商业)。"(第 2 年第 1 期,小林丑三郎原著,"欧洲财政史",1902.4.3)经查阅小林丑三郎著『欧州財政史』(1901),与这一段对应的日语原文如下:「時々の需要に応じて特別税を徴課し,永久に増進すべき経費に対しては経常的課税をなし,臨時の必要に接すれば,忽ち付加税を設け,経常課税は主として間接税の性質を有し,消費物及交換行為に之を課し,……此の臨時付加税も多くは経常税となりしのみならず,……」通过对照原文发现,译文除了有语句颠倒和内容删减之外,采用了 3 种不同的翻译方法。一是照搬原词,如"特别税、附加税"。而"经常税"的出处虽与原文不对应,但原文中毕竟有「経常税」,可视为照搬日语原词。二是完全改译,如"靡费品"应是原文「消費物」的对译词但已经面目全非,可视为清末国人的自造词[①]。三是部分改译,如"交换事业"还部分保留着日语原文的语素,可视为改造词。

---

① 仿造词、改造词和自造词并非绝对的划分,有时会出现两种因素并存的情形。如果不考虑与日语原文的对译关系,"靡费品"也可视为模仿以"一品"为后语素的日语三字词而形成的仿造词。

2.3 日方用例晚于清末报纸的三字词

通过词源考证发现，有些三字词只能找到晚于《译书汇编》的日方用例。以"单纯国"为例，《译书汇编》中有以下用例："从其组织上论之，可分<u>单纯国</u>及复杂国之二种。<u>单纯国</u>盖不与他国相联合之国，如今英法等国是也。"（第2年第1期，"外交通义"，1902.4.3）查看日文原著长冈春一著『外交通义』（1901）一书，与这段译文对应的日语原文为：「其組織ノ点ヨリ之ヲ<u>単独国</u>及ヒ複雑国ノ二種トナス。<u>単独国</u>トハ単純ナル国家ヲ云ヒ，他国ト連結セサルモノニシテ近世国家ノ普通状態ナリ。」由此可知，译文中的"单纯国"是对原文的「単独国」进行改译的结果，并没有照搬日语原词。

然而，在晚于《译书汇编》的日方资料里却可以查到「単純国」的用例，如三潴信三著『近世法学通论』（1918）中的用例：「複数ノ国家力或点ニ於テ結合セルヤ否ヤ，即チ国家ノ組織ヲ標準トシテ分類スルトキハ，<u>単純国</u>（英 simple state，…）及合同国（複成国）（英 compound state，…）ノ二トカスコトヲ得ヘシ。」由此看来，「単独国」和「単純国」有可能是同一国际法概念的不同译词，既然在日语里存在不同译法，便不能排除在《译书汇编》之前日语已存在「単純国」一词的可能性。

在《译书汇编》新出现的 314 个 2+1 型三字词中，属于日方用例晚的三字词共有 33 词，占总词数的 10.5%。从语素层面看，由于中日词汇的交流融合，前部二字语素基本上都是中日同形词，如"爆发—、参审—、从属—、单纯—、革命—、国防—"等，而后部一字语素也都是中日共用的，如"—力、—权、—派、—品、—所、—性"等。即是说，从语素层面上无法区分三字词的词源归属。通过与《申报》中的用例进行时间早晚的比对，可区分为以下 3 种情形：

一是《申报》中的用例早于《译书汇编》的词。可视为《译书汇编》之前已存在于汉语之中的三字词，共有 6 词，即"当事者、地理学、革命家、合格者、立宪党、门外汉"，占 33 词的 18.2%。其中，"门外汉"为出自古汉语的三字词。"地理学"（麦都思《遐迩贯珍》1853）为出自来华传教士中文资料的三字词。其余各词有可能是清末国人造词在先，也有可能是中日分别造词而词形偶然相合。

二是《申报》中完全没有出现过的词。可视为《译书汇编》发行期间在汉语中新出现的三字词，共有 7 词，即"参审权、从属国、单纯国、横观的、支那观、主观派、纵观的"，占 33 词的 21.2%。这些词只在《译书汇编》中出现的原因，与表达的概念比较生僻，使用范围狭窄有关系。这些词都是很少用到的生僻词，由汉语造词在先而后传入日语的可能性极小。因此不妨推测，《译书汇编》当初照搬了日语原词，但因检索条件的制约，目前很难找到早于《译书汇编》的日方用例。

三是《申报》中的用例晚于《译书汇编》的词。同样可视为《译书汇编》发行期间在汉语中新出现的三字词，共有以下 20 词，占 33 词的 60.6%。这些词在 2 报中都有用例，表明其通用性和存活率相对较高。而且这些词大多不是固定概念，语素的通用性较强，中日双方都有可能造词。因此，在缺乏例证的情况下很难判定其词源归属。

爆发性　动产的　革新派　国防权　急激派　监理所　经常的　决算案　客观派
理事所　强制力　燃烧性　人权论　思索力　特异点　停滞的　完成品　要偿权
政治权　助成品

3.《译书汇编》中新出现的后语素

按照后部一字语素的不同性质，可将 2+1 型三字词进一步细分为 3 种结构类型：一是当后部一字语素是可以单独使用的实义语素时，属于前偏后正式的定中结构，如"附加+税、公民+权"。二是当后部一字语素是不能单独使用的类词缀时，属于前正后偏式的补充结构，如"公务+员、当选+者"。三是当后部一字语素是含义明显虚化的纯词缀时，属于前正后偏式的从属结构，如"社交+性、社会+的"。其中，第 1 种结构的三字词占绝对多数，而第 2 种和第 3 种结构的三字词很少。由此可见，2+1 型三字词的后部一字语素通常是词义和结构的重心所在。

在《译书汇编》新出现的 314 个 2+1 型三字词中，共含有后部一字语素 67 个（单计个数），大部分已在《时务报》《清议报》中出现过，新出现的后部一字语素只有 14 个，而且构词数均为 2 词或 1 词。其中，构词数为 2 词的后部一字语素有 5 个，即：—林（公有+林、私有+林）、—数（过半+数、投票+数）、—役（取缔+役、预备+役）、—政（共和+政、立君+政）、—子（嫡出+子、私生+子）。构词数为 1 词的后部一字语素有 9 个，即：—产（不动+产）、—观（支那+观）、—汉（门外+汉）、—术（印刷+术）、—栓（消火+栓）、—席（旁听+席）、—刑（附加+刑）、—罪（违警+罪）、—之（换言+之）。这表明在《时务报》《清议报》之后，新出现的三字词后部一字语素已经明显减少。以下选取以"—观"为后语素的三字词和特殊用法"换言之"进行重点分析。

3.1 以"—观"为后语素的三字词

《译书汇编》中有一篇文章题为"日本人之支那观"（第 2 年第 10 期，赤门生，"警醒录"，1902.12.27），这是以"—观"为后语素的三字词首次在清末报纸中出现。经查《申报》电子版，其中未出现"支那观"一词。在日语方面，"支那观"是否来自日语尚不能定论，因为现有的日方用例都晚于《译书汇编》。例如，1913 年日本曾出版过内田良平著『支那觀』一书。又如，1913 年 5 月 23 日『朝日新聞』（朝刊 2 页）上刊登过「加藤男の支那觀」一文。再如，『太陽』杂志 1917 年第 8 号上刊登的浅田江村「時局の印象」一文中有如下用例：「寺内首相の性格と従来世間に流伝せらるる彼の支那觀とは往々にしてかかる誤解を招き易い。」

在古汉语里，以"—观"为后语素的二字词比较多见，如"旁观、直观、概观、美观、乐观"等。但后语素"—观"通常是动词性语素（V），它与名词性（N）、副词性（M）或形容词性（A）的前语素一起构成"N+V、M+V、A+V 状中结构"二字词。以"—观"为后语素的二字词也有来自日语的，如"主观、客观"①。不过此 2 例中的"—观"是名词性语素，含义为"对事物的认识或看法"，属于"N+N 定中结构"二字词。此外，后语素"—观"在"人生

---

① 此 2 词出自《译书汇编》1902 年第 9 期赤门生的文章《法典编纂方法论》。

观、世界观"等日语三字词中也是名词性语素。

古汉语的"—观"究竟有没有名词性用法？参照《汉语大词典》对"观"字的释义，其中义项⑫的内容如下：对事物的认识或看法。《后汉书·文苑传上·黄香》："帝会中山邸，乃诏香殿下，顾谓诸王曰：此'天下无双江夏黄童'者也。左右莫不改观。"汉阮瑀《为曹公作书与孙权》："夫似是之言，莫不动听，因形设象，易为变观。"如：人生观、幸福观。以上书证中的"改观"和"变观"可视为"V+N述宾结构"，因此其中的"—观"应属于名词性用法。

笔者经调查发现，在古汉语里，以"—观"为后语素的三字词虽然稀少但确实存在，所表达的都是佛法概念。例如，唐代道世著《法苑珠林》（668）中的用例："以不净观除贪欲二万一千烦恼，以慈悲观除瞋恚二万一千烦恼，以因缘观除愚痴二万一千烦恼。"（卷114）句中的"不净观、慈悲观、因缘观"均可视为以"—观"为后语素的三字词，而后语素"—观"的含义和用法也应与现代语相近。又如，明代梅鼎祚编《释文纪》（1631）中的用例："声闻以坏缘观观生灭空，缘觉以因缘观观法性空，菩萨以无生观观毕竟空。"（卷20）其中的"坏缘观、因缘观、无生观"也都是以"—观"为后语素的三字词，而后语素"—观"显然是名词性用法。再如，宋代晁迥著《道院集要》（11世纪初）中的用例："华严法界，其间三观尤为要妙，其一曰摄境归心真空观。盖言三界所有法，唯是一心作，内心不起，外境本空。"（卷3）此例中除了含有"真空观"一词，还清楚地表述了"—观"的名词性用法。

以上各例足以证明古汉语中存在以"—观"为后语素的三字词，但是这些表达佛法概念的三字词都没有传承下来，现代汉语经常使用的"人生观、世界观、宇宙观、历史观、自然观"等均为日本人创造的三字词，因此还需要了解日语方面的情况。

在日语方面，明治初年开始出现以"—观"为后语素的三字词。例如，近代启蒙学者西周在他留下的哲学笔记（1870—1873）里曾使用过「度量観、形質観、交互観、因縁観」等三字词[①]。西周『致知啓蒙』（1874）中也有相同的

---

① 参见大久保利謙編『西周全集』第1卷·哲学篇（宗高書房，1960），第176页。

用例：「コハ，度量観（quantity）ニ就テ，概念（notion）トイヒ，又一種，直チニ直覚ヨリ来リ，重ニ其外形内質ニ係ハリ，其物ノ形，面リニ，心ニ浮ヘル者ハ，形質観（quality）ニ係ハリテ，想念（idea）トイフ。」[①]其后出版的井上哲次郎编『哲学字彙』（1881）则将 Infinite vision 译为「無限観」，将 Qualification 译为「形質観」。这些用例表明，在明治初年的日语中，「一観」已经转变为名词性语素，并可以构成以「一観」为后语素的三字词。笔者认为，西周等人熟读汉籍，又精通东西方哲学，日语「一観」的用法与古汉语中的佛法概念如出一辙，其源头应出自古汉语。

然而，如今中日双方都在使用的「人生観、歴史観、宇宙観、世界観」等以"一观"为后语素的三字词，要到19世纪末至20世纪初才在日语中出现，现有的日方最早用例如下所示：

世界観（梅原薫山著『釈迦牟尼』1894）
人生観（『太陽』雑誌1895年3号「文学・文界雑俎」）
宇宙観（コフート著『トシテノモルトケ伯将軍の半面』1897）
歴史観（堺利彦编『社会主義研究』月刊雑誌1906）

这几个词进入汉语的时间也先后不一，在梁启超主办的《新民丛报》（1902—1907）中可以找到"人生观、世界观、国家观、生死观"等，而"宇宙观、历史观"等进入汉语的时间更是晚于1915年。各词的词史有待进一步探明，本小节的结论是：现代汉语中以"一观"为后语素的三字词几乎都来自日语，但是"一观"属于语素义和构词功能均未变化的后语素。

3.2 关于"换言之"的来源

"换言之"既不是2+1型三字词，也不是从日语照搬来的日语借词，把它按三字词归类是为了查明其来历。"换言之"形似古汉语，但《汉语大词典》中并没有"换言之"或"换言"的词条，甚至检索《四库全书》也找不到"换言之"和"换言"的用例。这表明古汉语里原本没有"换言"一词，也没有"换

[①] 参见大久保利谦编『西周全集』第1卷・哲学篇（宗高書房，1960），第398页。

言之"这样的说法。然而,"换言之"在现代汉语中时有出现,《现代汉语词典》（第 6 版）将其列为词条,释义为"换句话说"。

在汉语方面,现有的最早用例出自《译书汇编》,原文如下:"余辈区别论之,指裁判权之执行以外,身体名誉之不可侵而言。换言之,驻劄国政府对使臣不加暴行,不擅行使权力之谓。"（第 2 年第 2 期,"外交通义",1902.5.13）《申报》中有许多"换言之"的用例,首出例见于 1906 年 5 月 17 日刊载的"论地方自治主义之大义"一文:"团体以处理公共之事件为其目的者,则处理公共事务为进国家之利益,同时即进团体自己之利益。换言之,则公共团体以国家之事务为自己之事件者也。"又如,1907 年 7 月 29 日刊载的"上海商界会议参与商约演说词"一文中有以下用例:"对于国家有权利之始,换言之,即商人对于国家负责人之始。"

在日语方面,日语有「換言」一词,通常以「換言すれば」的形式出现,在前后句之间起串联作用。关于「換言」的词源,『日本国語大辞典』列举的最早书证来自夏目漱石的小说『吾輩は猫である』（1905—1906）,原文如下:「換言すると,免職は主人にとって死の遠因になるのである。」据笔者调查,现有的最早用例出自 1890 年 6 月 4 日『朝日新聞』（朝刊 1 頁）,在题为「德育問題」的社论中有以下用例:「是れ即ち德育ならずや,人生の当に守るべき,換言すれば所謂道德の目安なるもの。」此外,『太陽』杂志 1895 年 1 号刊登的久米邦武「学界の大革新」一文中有如下用例:「之を換言すれば,平民の労力を奪ふて坐食し,上等民の品位品行を養ひ,利益競争の痛痒を感ぜざりし者が……。」

据笔者统计,在『太陽』杂志的语料库中共有「換言」213 例[①],在『太陽』杂志发行的头一年 1895 年 1—12 号中「換言」共出现 26 例,其中包括「換言すれば」18 例、「換言せば」7 例、「換言すべきか」1 例。由此可见,「（之を）換言すれば」的用法出自明治中期的日语,"换言之"则是清末民初时受到日语的影响而在汉语中生成的一个短语。日语的「換言すれば」在进入汉语时,被改造成形似古汉语的"换言之"并沿用至今。

---

① 取自国立国語研究所資料集 15『太陽コーパス』博文館新社,2005。(内含 CD 数据库)

4. 后语素的语素义和构词功能

在分析日语 2+1 型三字词的特点时，笔者曾将后部一字语素的变化归纳为 3 种情形：一是语素义和构词功能均未发生变化；二是语素义未变而构词功能发生变化；三是语素义和构词功能均发生变化。总体上，属于第 1 种情形的后语素较多，属于第 2 种情形的后语素较少，属于第 3 种情形的后语素最少①。本节在前文论述的基础上，结合《译书汇编》中的实例，对属于第 1 种情形的以"—线"为后语素的三字词，以及属于第 2 种情形的以"—物"和"—金"为后语素的三字词进行说明。

4.1 以"—线"为后语素的三字词

在汉语和日语中，"—线"都可以作为后部一字语素构成三字词。例如，日方兰学资料中的三字词有：「離心線、斜交線、正横線」（志筑忠雄『暦象新書』1798），「反射線、下降線」（帆足万里『窮理通』1836），「直射線、視角線、斜角線」（川本幸民『気海観瀾広義』1850），「直角線、重心線、合角線」（広瀬元恭『理学提要』1852），「甲状腺」（緒方洪庵『扶氏經驗遺訓』1857）等②。与此相对，中方传教士资料中的三字词有："经纬线、地平线、抵力线"（伟烈亚力《六合丛谈》1857），"抛物线、对角线"（丁韪良《格物入门》1868），"曲折线"（伟烈亚力、王韬《西国天学源流》1890），"平行线、金质线"（艾约瑟《格致质学启蒙》1898）等③。由此可见，与古汉语相比较，"—线"的语素义和构词功能均未发生变化。不过，虽然中日双方都可以构成以"—线"为后语素的三字词，但确实有一些明治和大正时期产生的日语三字词进入了汉语。

以"导火线"为例，在汉语方面，《汉语大词典》只有释义和萧军、夏衍

---

① 参见本书第 5 章第 4、5、6 节。
② 参见朱京伟（2011a）。
③ 参见朱京伟（2011b）。

等现代人的书证，经检索《四库全书》也确认古汉语中确实没有出现过，而且在 19 世纪来华传教士的中文译著中也没有这个词。"导火线"的现有最早用例出自《译书汇编》，其中有如下用例："忍耻日久，其势安得不破裂？彼阿尔娄号之拿捕案，其为导火线欤。"（第 2 年第 6 期，立法学士解说，"支那化成论"，1902.7.31）此例出现在译自日语的文章里，因此有理由推测"导火线"是日语三字词。《申报》中的首出例稍晚，见于 1906 年 1 月 8 日刊载的"梁启超记东京学界公愤事并述意见"一文："其恶感情磅礴郁积于胸中者既久，如炸药遍地待热度而爆发。此规则之发布，则无端而忽予之以导火线耳。"

在日语方面，「導火線」的现有最早用例出自日本的第一本军事用语词典『五国対照兵語字書』（1881）之中：「Mèche de communication…導火線」。在『伊藤特派全権大使復命書付属書類』（1885）中也有如下用例：「地雷火ノ導火線ノ端ニ二振リノ日本刀アルヲ発見セリ。」（天津談判・上）① 随着时间的推移，开始出现引申的用法，如泽龟治郎著『対総選挙準備論策』（1898）一书中有以下用例：「況んや，天下矯風の端緒を開き，社会改善の導火線となるに於てをや，是れ究竟選挙者自ら権利を重んじ，責務を厚ふして，天下を風靡せしむ所以の道なり。」（第 5 章）由此可证实「導火線」是明治初期产生的日语三字词。

除此之外，还有"补给线、磁力线、等高线、等温线、等压线、海岸线"等，这些词既没有古汉语出典，也不曾在来华传教士的中文译著中出现过，而且日方用例早于中方用例，因而可初步判断为日语借词。

4.2 以"一物"为后语素的三字词

清末以前汉语里只有以"一物"为后语素的二字词，如"动物、格物、怪物、货物、人物、生物、植物"等。直到 20 世纪初，在日语的影响下才出现以"一物"为后语素的三字词。比照古汉语，"一物"的语素义未变但构词功能发生了变化。

以"一物"为后语素的三字词并非首见于《译书汇编》，《时务报》中已

---

① 此 2 例引自佐藤亨著『現代に生きる幕末・明治初期漢語辞典』（2007）。

出现过"矿产物、海产物、农产物、微生物",《清议报》中也有"产出物、农产物、邮便物、制造物"。经调查证实,这些都是明治时期产生的日语三字词。到《译书汇编》时,以"—物"为后语素的三字词大幅增至18词,其中《译书汇编》新出现的三字词有15个。这些词的日方用例均早于清末报纸,因此可视为日语三字词。现有的日方最早用例如下所示:

  生産物 （ブーツウェル著『合衆国収税法』, 1872）
  遺失物 （村田保訳『英国刑律撮要』, 1874）
  建造物 （明法寮編『類聚仏国刑法』, 1875）
  埋蔵物 （鶴田皓編『日本刑法草案』, 1877）
  特定物 （井上操訳『質問答書訳文』, 1877）
  出版物 （松方正義編『仏蘭西巴里万国大博覧会報告書』, 1879）
  有機物 （佐藤方朔訳『満氏生理書』, 1879）
  天然物 （乗竹孝太郎訳『社会学之原理』, 1884）
  目的物 （森順正著『民法精理』, 1886）
  付属物 （石黒宇宙治訳『朱氏産科学』, 1887）
  可分物 （江木衷講述『日本民法財産編・物権之部』, 1891）
  消費物 （江木衷講述『日本民法財産編・物権之部』, 1891）
  融通物 （江木衷講述『日本民法財産編・物権之部』, 1891）
  単成物 （樋山広業著『現行法制大意』, 1900）
  組成物 （樋山広業著『現行法制大意』, 1900）

从各词的出处看,以"—物"为后语素的三字词大多出自法律类书籍,表明最初是作为法律术语生成的。明治时期的2+1型三字词有三个主要特征:一是以相同的后部一字语素为中心进行系列性构词;二是后部一字语素以表达抽象概念的名词居多;三是多数词带有专业术语的性质。以"—物"为后语素的三字词充分体现了这些特征。

4.3　以"—金"为后语素的三字词

  清末以前的汉语里只有以"—金"为后语素的二字词,如"罚金、镀金、聘金、佣金、资金、租金"等，而汉语里出现以"—金"为后语素的三字词则与日语三字词的影响直接有关。比照古汉语，后语素"—金"的语素义没有明显的变化但构词功能得到了扩展。

仅就清末 5 报而言，《时务报》、《清议报》中已出现"资本金、赔偿金"，经调查证实此 2 词的日语用例明显早于清末报纸，可以认定为日语三字词。到《译书汇编》时，以"—金"为后语素的三字词大幅增至 11 词，其中在《译书汇编》中新出现的三字词有 10 词，除了"世袭金、赎身金"未见日方用例之外，以下 8 词均属于日方用例早于《译书汇编》的情形，可认定为明治时期产生的日语三字词。

　　補助金（田中不二麿著『理事功程・卷六』，1875）
　　扶助金（田中不二麿著『理事功程・卷六』，1875）
　　贖罪金（近藤圭造編『聴訟指令二篇』，1875）
　　予備金（目賀多信順編『官省布告類纂』，1875）
　　準備金（大蔵省編『国立銀行条例』，1876）
　　保証金（井内寿継編『公私必携明治要文章』，1878）
　　没収金（大蔵省編『新法纂用・第五』，1892）
　　剰余金（久松義典著『北海道新策』，1892）

从各词的出处看，虽不像以"—物"为后语素的三字词那样集中于某个专门领域，但可看出以"—金"为后语素的三字词在明治初年就已经出现，并多用于财务行政方面。这些词大多是通过《译书汇编》进入汉语的。

5. 后语素与新词增长的幅度

2+1 型三字词从江户兰学到明治期间在日语中大量生成，后部一字语素的一些构词特征随之显现出来，如：抽象性名词居多，数目较少但重复使用率高，系列性构词能力强等。这些构词特征与日语三字词一道，通过清末报纸等途径很快进入了汉语。为了观察日语三字词的后部一字语素进入汉语的时间早晚和速度快慢，在此以《译书汇编》中出现的全部 486 个 2+1 型三字词为对象，将构成 2+1 型三字词 10 词以上的后部一字语素全部列出，结果如表 2 所示：

表 2　从《译书汇编》中的后部一字语素看新词的增长

	后语素	A《译》抽出的三字词总数	B《时》《清》已出现的三字词	C《译》新出现的三字词（%）	例　词
新词大幅增长	—的	42	7	35（83.3）	解释的、批判的
	—人	20	3	17（85.0）	公证人、委托人
	—物	18	3	15（83.3）	建造物、目的物
	—税	16	3	13（81.3）	保险税、间接税
	—法	14	2	12（85.7）	保护法、诉讼法
	—界	11	2	9（81.8）	动物界、教育界
	—金	11	1	10（90.9）	保证金、补助金
新词增幅较大	—权	33	13	20（60.6）	裁判权、独立权
	—品	21	7	14（66.7）	军用品、饮料品
	—上	20	7	13（65.0）	教育上、事实上
	—力	13	4	9（69.2）	购买力、思想力
	—所	13	5	8（61.5）	管理所、监理所
	—派	11	3	8（72.7）	急激派、实验派
新词增幅较小	—国	25	14	11（44.0）	从属国、大公国
	—学	22	12	10（45.5）	地理学、国法学
	—家	16	12	4（25.0）	博物家、革命家
	—者	16	7	9（56.3）	当选者、犯罪者
	—党	15	10	5（33.3）	共产党、立宪党

A 栏为各后部一字语素在《译书汇编》中构成三字词的总词数，B 栏为《时务报》、《清议报》时已出现的三字词词数，C 栏为《译书汇编》中新出现的三字词词数，以及在三字词总数中所占的比例。在《译书汇编》中构成 2+1 型三字词 10 词以上的后部一字语素共有 18 个，全都在《时务报》或《清议报》中出现过。通过与《时务报》、《清议报》的三字词做比对，可以看出这些后部一字语素在《译书汇编》中构成新词的比率有大有小。按照 C 栏新词数在 A 栏总词数中的占比大小，可以将后部一字语素区分为新词大幅增长、新词增幅较大、新词增幅较小 3 种情形，以下分别加以论述[①]。

---

① 由于"—的"和"—上"的性质不同，将放在后面第 6 节中专门论述。

5.1 新词大幅增长的后语素

在以"一人、一物、一税、一法、一界、一金"为后语素的2+1型三字词中,《译书汇编》新出现的词占80%以上,可视为新词大幅增长的后部一字语素[①]。其中,以"一物、一金"为后语素的三字词已在本章4.2和4.3分析过,以下对其余后部一字语素的情况进行概括。

(1)以"一人"为后语素的三字词

《译书汇编》中共有20词,其中《时务报》、《清议报》中已出现的有3词,在《译书汇编》中新出现的有17词(85%),新词的增长幅度相当大。这17词中除"公断人"未见日方用例之外,其余如"保证人、代讼人、代言人、多数人、发起人、犯罪人、公证人、后见人、委托人、相续人、选举人、野蛮人、运送人、支配人、仲裁人、自然人"都是来自日语的三字词。

(2)以"一税"为后语素的三字词

《译书汇编》中共有16词,其中《时务报》、《清议报》中已出现的有3词,在《译书汇编》中新出现的有13词(81.3%),表明仍有许多新词涌现出来。在新词当中,除"桥梁税、印花税"未见日方用例之外,其余如"保险税、登录税、地方税、附加税、间接税、经常税、输出税、输入税、特别税、消费税、直接税"都是日语三字词。

(3)以"一法"为后语素的三字词

《译书汇编》中共有14词。其中《时务报》、《清议报》中已出现的有2词,《译书汇编》中首次出现的新词共有12个(85.7%),除"列国法"未见日方用例之外,其余如"保护法、管理法、归纳法、破产法、手续法、诉讼法、现行法、行政法、演绎法、治罪法、自然法"都是日语三字词。

(4)以"一界"为后语素的三字词

《译书汇编》中共有11词,其中《清议报》中已出现的有2词,《译书汇编》

[①] 这里所说的"新出现"和"新词"是就清末5报范围内而言,不涉及通过清末5报以外的途径(如《申报》等)进入汉语的情形。

中新出现的有 9 词（81.8%），表明新词仍在快速增长。其中"动物界、教育界、人类界、生物界、实业界、自然界"6 词的日方用例早于中方，可认定为日语三字词，而"留学界、天演界、政法界"未见日方用例，可视为清末国人自造的三字词。

5.2　新词增幅较大的后语素

在以"—权、—品、—力、—所、—派"为后语素的 2+1 型三字词中，《译书汇编》首次出现的新词占比均在 60% 到 80% 之间，可视为新词增幅较大的后部一字语素。

（1）以"—权"为后语素的三字词

《译书汇编》中共有 33 词，其中《时务报》、《清议报》中已出现的有 13 词，《译书汇编》中新出现的有 20 词（60.6%）。其中，"写真权"未见日方用例，"参审权、国防权、要偿权、政治权"的日方用例晚于《译书汇编》，其余 15 词，即"裁判权、独立权、公民权、留置权、平等权、市民权、同等权、统治权、维持权、刑罚权、占有权、至高权、著作权、自卫权、最上权"都是来自日语的三字词。

（2）以"—品"为后语素的三字词

《译书汇编》中共有 21 词，其中《时务报》、《清议报》中已出现的有 7 词，《译书汇编》中新出现的有 14 词（66.7%），其中"粗成品、糜费品、漂流品、属地品"未见日方用例，属于清末国人自造的三字词，"完成品、助成品"的日方用例晚于《译书汇编》。其余 8 词，即"沉没品、粗制品、禁止品、军用品、外国品、饮料品、战利品、自用品"都是日语三字词。

（3）以"—力"为后语素的三字词

《译书汇编》中共有 13 词，其中有 4 词已在《清议报》中出现过，《译书汇编》中新出现的有 9 词（69.2%）。其中除"强制力、思索力"的日方用例晚于《译书汇编》，可能是清末国人自造的三字词之外，其余 7 词，即"购买力、生殖力、思想力、天然力、制造力、自然力、执行力"均为日语三字词。

（4）以"—所"为后语素的三字词

《译书汇编》中共有 13 词，其中《时务报》、《清议报》中已出现的有 5 词，在《译书汇编》中新出现的有 8 词（61.5%）。其中"判决所"未见日方用例，"监理所、理事所"的日方用例晚于《译书汇编》。其余 5 词，即"调查所、管理所、取引所、试验所、制作所"都是来自日语的三字词。

（5）以"—派"为后语素的三字词

《译书汇编》中共出现 11 词，其中《时务报》、《清议报》中已出现的有 3 词，新出现的有 8 词（72.7%），表明新词的增长速度依然较快。其中"轻视派"未见日方用例，"革新派、急激派、客观派、主观派"的日方用例晚于《译书汇编》，以上 5 词有可能是清末国人自造的三字词。其余 3 词，即"实验派、推理派、沿革派"是来自日语的三字词。

5.3　新词增幅较小的后语素

在《译书汇编》中，以"—国、—学、—家、—者、—党"为后语素的三字词虽然词数不少，但其中首次出现的新词占比在 30% 到 60% 之间，可视为新词增幅较小的后部一字语素。由此类后部一字语素构成的三字词进入汉语的时间相对较早，在《时务报》、《清议报》中已经有可观的数量，但是到《译书汇编》时新词的增幅则有所放缓。

（1）以"—国"为后语素的三字词

《译书汇编》中共有 25 词，其中《时务报》、《清议报》中已出现的有 14 词，而《译书汇编》中新出现的三字词只有 11 个（44%）。其中"担保国"未见日方用例，"从属国、单纯国"的日方用例晚于《译书汇编》，有可能是清末国人自造的三字词。其余 8 词，即"大公国、附属国、复杂国、后进国、联邦国、野蛮国、战败国、战胜国"均为日语三字词。

（2）以"—学"为后语素的三字词

《译书汇编》中共有 22 词，其中在《时务报》、《清议报》中已出现的有 12

词，在《译书汇编》中首次出现的新词有10个（45.5%）。其中"地理学"在江户兰学资料和来华传教士资料中都有早期的用例，情况比较特殊①。其余9词，即"国法学、国政学、货币学、历史学、论理学、天文学、人种学、心理学、言语学"都是日语三字词。

清末时期，来华传教士确实创造了一些以"—学"为后语素的三字词，如"地理学、电气学、格物学、格致学、光质学、身理学、数理学、吸铁学、植物学"等，但只有少数传承下来。如果清点一下现代汉语里以"—学"为后语素的三字词，会发现日语借词所占的比重相当大。

（3）以"—家"为后语素的三字词

《译书汇编》中共有16词，其中在《时务报》、《清议报》中已出现的多达12词，而在《译书汇编》中首次出现的新词仅有4词（25.0%）。其中"革命家"的日方用例晚于《译书汇编》，有可能是清末国人自造的三字词。其余的"博物家、民权家、演说家"为日语三字词。

（4）以"—者"为后语素的三字词

《译书汇编》中共有16词，其中在《时务报》、《清议报》中已出现的有7词，在《译书汇编》中新出现的有9词（56.3%）。其中"治人者"未见日方用例，"当事者、合格者"的日方用例晚于《译书汇编》，可能是清末国人自造的三字词。其余6词，即"当选者、犯罪者、纳税者、受验者、速记者、资产者"均为日语三字词。

后语素"—者"在古汉语里有多种用法，用于动词与形容词之后表示人或事物时，既可以构成二字词（如：长者、学者、儒者），也可以构成三字词（如：劳心者、劳力者、好事者），乃至构成四字以上的多字词，而明治日语的"—者"主要用于构成三字词。

（5）以"—党"为后语素的三字词

《译书汇编》中共有15词，其中《时务报》、《清议报》中已出现的有10

---

① "地理学"的日方现有最早用例为1802年，而中方的现有最早用例为1853年。由于江户兰学家与清末来华传教士之间没有词汇交流，因此"地理学"有可能是一个中日双方分别造词而词形偶然相合的个案。

词，而在《译书汇编》中新出现的仅有 5 词（33.3%）。其中"均产党"未见日方用例，"立宪党"的日方用例晚于《译书汇编》。其余的"共产党、人民党、中央党"为来自日语的三字词。以"一党"为后语素的三字词从日语进入汉语的时间相对较早，到《译书汇编》时，新词的增幅已明显放缓。

6. 日语「—的」、「—上」进入汉语的过程

"二字词+的"和"二字词+上"并非三字词，但事关日语对汉语的影响，值得专门加以探讨。此前曾利用《清议报》中的实例论述了日语「—的」、「—上」对汉语的影响（参见第 5 章第 7 节），到《译书汇编》时"二字词+的"和"二字词+上"的用例进一步增多，表明这两种用法正处在从日语进入汉语的进程之中。

6.1　关于"二字词+的"的用例分析

在《译书汇编》中共收集到"二字词+的"的用法 42 例，其中在《清议报》中已出现过的有 7 例，即"国家的、国民的、绝对的、历史的、世界的、外交的、政治的"，其余 35 例是在《译书汇编》中新出现的，可见增幅相当可观。其中，日方用例早于《译书汇编》，可视为来自日语的"二字词+的"有 29 例，占据着压倒性多数（82.9%）。未见日方用例的"二字词+的"有 1 例，日方用例晚于《译书汇编》的"二字词+的"有 5 例，此 6 例可视为清末国人自创的"二字词+的"用法。《译书汇编》中新出现的 35 例及其出处如表 3 所示，其中有下横线标记的是未见日方用例和日方用例晚的"二字词+的"。

表3 《译书汇编》新出现的"二字词+的"及其出处

"二字词+的"的例词	出版期号及年月、原著作者及编译者
法律的、附属的、个人的、关系的、阶级的、物理的、相对的（7）	第1年第7期，樋山广业著，译者不详《现行法制大意》1901.8.21
辩论的、解释的、批判的、说明的、自然的（5）	第2年第1期，户水宽人著，译者不详《法律学纲领》1902.4.3
积极的、消极的（2）	第2年第3期，宫国忠吉著，译者不详《警察学》1902.6.23
革命的、国际的、批评的、社会的（4）	第2年第5期，译者不详《最近俄罗斯政治史》1902.7.25
后天的、科学的、客观的、理性的、先天的、形式的、主观的（7）	第2年第7期，高山林次郎著，汪荣宝译《论理学》1902.9.22
实质的、经常的（2）	第2年第8期，小林丑三郎著，王宰善译《日本财政之过去及现在》1902.11.15
发达的、进化的、退化的、停滞的（4）	第2年第12期，君武编译《社会主义之鼻祖德麻司摩儿之华严界观》1903.3.13
动产的（1）	第2年第3期，译者不详《欧洲财政史》1902.6.23
俄国的（1）	第2年第6期，立法学士解说《支那化成论》1902.7.31
横观的、纵观的（2）	第2年第9期，衮父编译《史学概论》1902.12.10

日方用例早于《译书汇编》的"二字词+的"都与日文原著做过核对，或在其他日方资料中有相同的用例，可以证明是日语率先使用的。例如"个人的"，《译书汇编》中有如下用例："国家行政之区画，是为公法人；个人的团体，是为私法人。法律上又别之曰社团法人，曰财团法人。"（第1年第7期，日本樋山广业著，"现行法制大意"，1901.8.21）经查阅日文原著樋山广业著『现行法制大意』（1900）一书，与上述译文对应的日语原文为：「国ノ行政区画ヲ公法人トセヒ，個人的団体ヲ私法人ト称ス。法律上之ヲ社団法人（一），財団法人（二）トス。」（第148页）由此可知"个人的"是从日语照搬来的。

又如"辩论的"，《译书汇编》中的用例如下："辩论的法律学者，法律之原理及运用相关之理，尚为世间未决之问题。"（第2年第1期，日本户水宽人著，"法律学纲领"，1902.4.3）经查日文原著户水宽人著『法律学綱領』（1901）一

书，与以上内容对应的日语原文为：「弁論的法律学トハ法律ノ原理及ビ其応用ニ関シテ世間未決ノ問題ヲ論スル学ニシテ……。」(第 5 页)据此可知"辩论的"是照搬了日语原文的用法。

对于未见日方用例和日方用例晚的"二字词+的"，则需要结合上下文进行具体分析。例如"横观的、纵观的"，《译书汇编》中的用例如下："今举其最简单之方法，大别之为二，曰纵观的研究，曰横观的研究。"(第 2 年第 9 期，衮父编译，"史学概论"，1902.12.10)编译者在文章开头自述："本论以坪井九马三史学研究法为粉本，复参以浮田和民、久米邦武诸氏之著述，及其他杂志论文辑译而成。"以此为线索，笔者在久米邦武著『日本古代史講義』(1900)中找到了以下文字：「社会の顕象が蒙より明に進みたる順序を観察するに，縦観横観の両法あり。……其順序は古今の歴史にて観察さるる，是を縦観法となす。又現時の社会に於ても，……これを観察するを横観法となす。」(第 1 章第 2 節)由此可知，日文原著中出现的是「縦観、横観」以及「縦観法、横観法」，而中文译文的"横观的、纵观的"是经过编译者加工改造后的个人用法。

又如"俄国的"，《译书汇编》中的用例如下："盖俄国之志甚大，……其鲸吞之策尤为卓越，所取之地必欲使之同化，所谓俄国的殖民地是也。"(第 2 年第 6 期，英人胡奋著，译者不详，"支那化成论"，1902.7.31)日语中原本没有"俄国"一词，因此可直接判断"俄国的"是清末国人自创的用法。然而，在此例的上下文中，其他地方都用结构助词"一之"，只有"俄国的"是例外。而且只有按日语后缀「一的」去理解，即把"俄国的殖民地"理解为"俄国式的殖民地"句意才通顺。因此，虽然"俄国的"不是出自日语，但其中的"一的"仍是日语式的用法。

再如"停滞的"，《译书汇编》中的用例如下："人群之大患，莫甚于局于现在而不思将来，蔽于一方而不见八面。失此世界之事事物物乃常进化的而非退化的也，乃常发达的而非停滞的也。"(第 2 年第 12 期，君武，"社会主义之鼻祖德麻司摩儿之华严界观"，1903.3.13)句中共出现了 4 例"二字词+的"，只要略加分析，便可察觉其中"一的"的日语色彩：一是通篇使用的都是结构助词"一之"，仅在个别地方出现"一的"，显然有特殊性。二是"停滞的"和其他"二字词+的"均在句中充当谓语成分,此时"—的"不能用"—之"替换,也有特殊性。三是"进化的、退化的、发达的"均为来自日语的"二字词+的",而"停滞的"与它们的用法完全相同,因此同属于日语式的用法。

通过以上分析可知,《译书汇编》中8成以上的"二字词+的"直接来自日语,而国人自创的"二字词+的"也带有日语的色彩。由此想到,贺阳(2008)在论及"N的V"结构(如:货币的保存、目标的实现)的兴起时,认为起因在于汉语受到了英语的影响,但该书所提供的用例却出自五四运动前后[①],在时间上大大晚于《译书汇编》中的"二字词+的"。因此笔者认为,在讨论"N的V"结构的产生时,应当考虑受日语影响的因素。比如:在白话文的结构助词"—的"取代传统文言文的结构助词"—之"的过程中是否存在日语的影响?对此问题,《清议报》、《译书汇编》中出现的"二字词+的"或许可以提供新的思路。

6.2 关于"二字词+上"的用例分析

在《译书汇编》中共收集到"二字词+上"的用法20例,其中在《时务报》、《清议报》中已出现过的有7例,即"财政上、法律上、经济上、贸易上、社会上、政治上、宗教上",其余13例是在《译书汇编》中新出现的。在这13例中,日方用例早于《译书汇编》,可视为来自日语的"二字词+上"用法有11例,即"法则上、教育上、目的上、事实上、外交上、卫生上、宪法上、形式上、性质上、学术上、职务上"。而未见日方用例,可能是清末国人自创的"二字词+上"有2例,即"共存上、资格上"。这表明在《译书汇编》新出现的"二字词+上"用法中8成以上来自日语。

通过分析用例发现,凡是可以查到日文原著的"二字词+上",基本上都是照搬了日语原词。例如"宪法上",《译书汇编》中的用例如下:"卑思麦克当创建帝国之先,欲免宪法上之轧轹,故与保守党相合。"(第1年第2期,日

[①] 参见贺阳(2008)第2章的2.2节,"N的V"结构的兴起与发展,第44—52页。

本有贺长雄著，"近世政治史"，1901.1.28）经查有贺长雄著『近時政治史』（1900）一书，其中与这段译文对应的日语原文为：「ビスマルクは帝国建設に先き立つ<u>憲法上</u>の軋轢に於ては，保守党に依頼し……。」（第 21 页）

又如"外交上"，《译书汇编》中的用例如下："而要之<u>外交上</u>之感情，则有藉此而转生反动者，如澳大利亚相媚德耳宜裔传中所载是矣。"（第 1 年第 3 期，日本有贺长雄著，"近世外交史"，1901.4.7）经查日文原著有贺长雄著『近時外交史』（1898）一书，其中与这段译文对应的日语原文为：「就中，<u>外交上</u>の参考と為る所は，夫の反動政略の張本たる墺国宰相メッテルニヒ公の伝記なり。」（第 15 页）中译本虽有些辞不达意，但"外交上"明显是照搬原文的译法。

再如"事实上、目的上"，《译书汇编》中的用例如下："于是，于<u>事实上</u>虽为不必然，而于<u>目的上</u>则见为当然焉"。（第 2 年第 7 期，高山林次郎著，"论理学"，1902.9.22）在日文原著高山林次郎著『論理学』（1898）中，与这段译文对应的日语原文为：「故に<u>事実上</u>には必ずしも然らざるも，<u>目的上</u>には当に然るべき事を示めす所の法則なり。」（第 5 页）此例中的"事实上、目的上"同样是从日语原文照搬来的。

此外，有少数"二字词 + 上"与日文原著不一致或查不到日文原著，但是却可以在其他日方资料中找到相同的用例。例如"性质上"，《译书汇编》中的用例如下："公法与私法，其<u>性质上</u>主要之不同有二。"（第 1 年第 1 期，德国海留司烈著，"社会行政法论"，1900.12.6）中译本只标出德国人原著，似乎是国人直接从德文翻译的。其实，"社会行政法论"是先有日译本，再由国人从日文转译成汉语的。所依据的日译本为江木衷译『社会行政法論』（1885），其中与上述译文对应的日语原文为：「国法ト私法ト異ナル<u>性質</u>，其ノ主ナル者二アリ。」（第 13 页）虽然「性質上」并未在日语原文中出现，但是其他资料可以提供早于《译书汇编》的日方用例，如太田松次郎著『自由権理論』（1881）中的用例：「<u>性質上</u>ノ天然ノ自由トハ何ゾヤ。人間生活上百般ノ所業，脳裏ノ支配ニ任シ，法ヲ以テ恐レズ……。」（第 40 页）用这种方法同样可以证明日方用例早于《译书汇编》。

通过调查发现，只有"共存上、资格上"属于未见日方用例的"二字词 +

上"。此 2 例也出现在"社会行政法论"中,"共存上"的用例如下:"社会者,指民众诸种之等级种类之共存上之状态言之也。"(第 1 年第 1 期,德国海留司烈著,"社会行政法论",1900.12.6)日译本中与此对应的日语原文为:「社会トハ民衆諸種ノ等級種類ノ共存セル有様ヲ云フ。」(第 5 页)日译本中只有「共存」而没有「共存上」,而在其他日方资料中也未发现有「共存上」的用例。再看"资格上"的用例:"国家者为无形之一个人,国家之一体,资格上有权务有义务,社会则广漠无涯之人众。"(第 1 年第 1 期,德国海留司烈著,"社会行政法论",1900.12.6)日译本中与此相对的日语原文为:「国家ハ無形ノ一個人ニシテ,国家一体ノ資格ニ於テ権利義務アルモノナレトモ,社会ハ只タ文化発達ヲ目的トスル広漠ナル人衆ナル……。」(第 16 页)不单日译本没有使用「資格上」,而且在其他日方资料中也未发现「資格上」。

由此可知,"共存上、资格上"是清末国人在日语影响之下自创的"二字词+上"。经过这种从照搬引进到改译自创的过程,"二字词+上"的用法很快便融入了汉语。

7. 小结

本章利用词汇史研究的方法对《译书汇编》中新出现的 2+1 型三字词做了梳理,重点分析了后部一字语素的特征和用法,在此将要点归纳如下:

(1)《译书汇编》中的许多文章是从日文原著翻译过来的,在判断是否日语三字词时可以和原著进行对照,这一点是《译书汇编》作为词汇史研究的语料文本有别于其他清末报纸的特色。

(2)在《译书汇编》中,日方用例早于清末报纸的三字词共有 252 词,占总词数的 80.3%;未见日方用例的三字词有 29 词,占总词数的 9.2%;日方用例晚于清末报纸的三字词有 33 词,占总词数的 10.5%。从日语三字词占 8 成的结果来看,《译书汇编》仍处于日语借词大量进入的高峰时段。

(3)在《译书汇编》新出现的 314 个 2+1 型三字词中,共有后部一字语素

67个（单计个数），其中大多数是《时务报》《清议报》已出现过的，而《译书汇编》中新出现的只有14个，且构词数均少于2词。这表明在《时务报》、《清议报》之后，新出现的后部一字语素已经很少。

（4）本章从后部一字语素的角度观察新词的增长情况，将2+1型三字词的后部一字语素区分为3类，即：新词占80%以上的属于新词大幅增长的后语素，共有6个，即"—人、—物、—税、—法、—界、—金"。新词占60%到80%之间的属于新词增幅较大的后语素，共有5个，即"—权、—品、—力、—所、—派"。新词占30%到60%之间的属于新词增幅较小的后语素，共有5个，即"—国、—学、—家、—者、—党"。

（5）"二字词＋的"和"二字词＋上"虽不属于三字词的范围，但这两种来自日语的用法曾引起汉语的变化。由于清末国人在书面翻译时照搬日语的"二字词＋的"，从而开启了白话文结构助词"—的"取代文言文结构助词"—之"的进程。另一方面，后缀"—上"在古汉语里只有"具象名词＋上"表示方位的用法，而"抽象名词＋上"表示"在……方面"则是来自明治日语的新用法。

第 10 章 《译书汇编》中的四字日语借词

1.《译书汇编》四字词的概况

　　本章的目的是对《译书汇编》中的四字日语借词进行分类和整理,并通过对四字日语借词的分析,力求能找到新的研究方法。如第 8 章表 1 所示,从《译书汇编》中共收集到四字词 485 词,其中包括 2+2 型四字词 474 词,3+1 型四字词 10 词,1+1+1+1 型四字词 1 词。经过与此前出版的《时务报》和《清议报》中的词语进行比对,发现有 97 个四字词已经出现过,占四字词总数的 20.0%。已出现过的四字词中包含不少以 "地方—、民主—、自由—" 等为前语素的四字词,例如①:

地方—(4)	地方分权	地方团体	地方长官	地方自治
民主—(4)	民主共和	民主政体	民主政治	民主主义
自由—(4)	自由竞争	自由贸易	自由民权	自由主义
封建—(3)	封建割据	封建时代	封建制度	
共和—(3)	共和政体	共和政治	共和主义	
社会—(3)	社会改良	社会进化	社会主义	
专制—(3)	专制政体	专制政治	专制主义	

　　同时,还包含许多以"—主义、—政体、—政治"等为后语素的四字词,例如:

---

① 括号内数字为二字语素的构词数。

—主义（14）民主主义 自由主义 共和主义 社会主义 帝国主义 个人主义
—政体（5）民主政体 共和政体 专制政体 立宪政体 代议政体
—政治（5）民主政治 共和政治 专制政治 立宪政治 贵族政治
—机关（4）行政机关 交通机关 外交机关 蒸汽机关
—政策（4）经济政策 保护政策 对外政策 殖民政策

这些前语素和后语素多数是由明治日语赋予新义的古汉语词，反映出由"新义"二字词构成的四字词已成为清末社会的常用词。此外，在已出现过的四字词当中只有3个词是国人自造的汉语四字词（即"封建割据、物竞天择、通商口岸"），其他均为日语四字词，表明日语四字词不但使用范围广而且具有稳定性。

在以上97词之外，《译书汇编》中新出现的四字词共有388个，占四字词总数的80.0%。此数值高于新出现的三字词的占比（65.0%），表明《译书汇编》发行时新词的增长点主要在四字词上，其次是三字词。在388个新出现的四字词中，3+1型四字词有9个（即：半主权+国、被保护+国、被相续+人、被选举+权、不可分+物、不融通+物、不特定+物、不消费+物、无恒产+者），1+1+1+1型四字词有1个（即：士+农+工+商），其余的378个均为2+2型四字词，占新出现的四字词的97.4%。本章将以新出现的378个2+2型四字词作为研究对象。

2. 区分不同来源的四字词

此前的研究表明，《时务报》和《清议报》是19世纪末至20世纪初日语借词大量进入汉语的重要起点和主要路径。《译书汇编》与《时务报》和《清议报》的不同之处在于，其中刊登的主要是译自日语的长篇译文，由于能够查到日文原著的译文，可以对照日文原著直接确认四字词的来源。为了区分日语四字词和汉语四字词，需要利用明治时期的日语资料对378个2+2型四字词进行了逐词检索①，并按照各词在日方资料中的出现情况分为以下3类：一是日方用例早于清末报纸的四字词（248 词，65.6%）；二是未见日方用例的四字词（70 词，18.5%）；三是日方用例晚于清末报纸的四字词（60 词，15.9%）。以下对这 3 类词进行具体的分析。

2.1 日方用例早于清末报纸的四字词

此类词可以判断为借自日语的四字词。以"共产主义"一词为例，《译书汇编》中有如下用例："德麻司摩儿实共产主义之开辟大师祖也。彼所处之时，社会改革之思想尚未萌动而独首起发机。"②（第 2 年第 12 册，君武，"社会主义之鼻祖德麻司摩儿之华严界观"，1903.3.13）此例是"共产主义"在汉语中出现的最早用例之一③，日方用例可追溯至民友社编『現時之社会主義』（1893），其中有如下用例：「公有主義は共産主義を去ると遠からずと雖も，両者全然同一に非ず。」（第 1 章）

又如"立法机关"，在《译书汇编》中有如下用例："立法机关必先于个人行为发生之危害、其性质轻重一一确定之，然后警察权之制限，亦得确定其范围矣。"（第 2 年第 3 期，日本宫国忠吉著，"警察学"，1902.6.23）尽管前语素"立法"和后语素"机关"都出自古汉语，但它们在古汉语里没有构成复合词的功能，且"机关"已在明治日语中被赋予了新义。检索日方资料，可以查到比日文原著（1901）更早的用例，如冈野宽著『日本政治要論』（1890）中的用例：「選挙権を利用して適当なる議員を出し，以て立法機関に当らしむるは，正さに公民即ち選挙者の政治徳義に対するの義務なりと言ふ可へ。」（第 2 章第 3 節）这足以证明"立法机关"是来自日语的四字词。

再如"正统主义"，《译书汇编》中的用例如下："一曰正统主义，谓国境分界与国权大小，皆宜以法兰西革命战以前之史记为定。"（第 1 年第 1

---

① 参见书后"日文资料、词典与数据库"处所列的电子资料。
② "德麻司摩儿"为人名 Thomas More 的译音，今译"托马斯·莫尔"，英国空想社会主义者。
③ 此外，1902 年梁启超曾在《新民丛报》的文章中也使用过"共产主义"一词。

期，有贺长雄著，"近时外交史"，1900.12.6）经与有贺长雄著『近時外交史』(1898) 核对，确认日语原文如下：「第二は正統主義（Legitimacy）なり。即ち国境の分界，国権の大小は宜しく仏国革命の擾乱以前に於ける歴史に依りて之を定め……。」（第1章）据此可断定"正统主义"是照搬来的日语四字词。

日方用例早于清末报纸的四字词共有248词，在新出现的2+2型四字词中占65.6%。此数值与《清议报》同类词的占比（71.0%）相比虽有所下降，但日语四字词依然占有明显优势。为了了解这部分词哪些是在《译书汇编》以前进入汉语的，哪些是《译书汇编》发行期间新进入汉语的，可以通过检索《申报》(1872—1949)电子版来加以区分。依据检索结果可区分为3种情形：

一是《申报》中的用例早于《译书汇编》的词。可视为1900年之前已经进入汉语的日语四字词，有以下19词，占248词的7.7%。

财政紊乱　地方警察　帝国宪法　帝国议会　秘密结社　民权自由　民选议员
普通教育　全权大使　生命保险　手数料金　私立学校　调查委员　外交内政
无期徒刑　宪法改正　刑事裁判　野战炮兵　知觉运动

二是《申报》中完全没有出现过的词。可视为经由《译书汇编》首次进入汉语的日语四字词，其中专业术语较多，通用性和存活率相对较低。有以下16词，占248词的6.4%。

差押物件　单称命题　否定命题　工事施行　固定公债　货币贷借　间接推理
结局原因　肯定命题　立君政治　期成原因　全称命题　书类作成　特称命题
预金银行　株式总会

三是《申报》中的用例晚于《译书汇编》的词。同样可视为经由《译书汇编》首次进入汉语的日语四字词，由于在《申报》和《译书汇编》中都有用例，其通用性和存活率应高于上一类词。共有213词，占248词的85.9%，以下是其中的一部分：

百科丛书	哺乳动物	抽象名词	慈善事业	道德教育	地方行政	地方政府
地方支部	独立运动	反射作用	革命政府	个人行为	公共财产	共产主义
固定资本	国防政策	国际会议	国际社会	国际条约	国家财政	行政改革
行政命令	会计年度	货币交换	货币流通	脊椎动物	减债基金	经济思想
军国主义	立法机关	立法手续	立宪国家	流动资本	民事裁判	名誉会员
排外主义	人口减少	人类社会	人权自由	社会改革	社会革命	社团法人
世界文明	正统主义	政体变革	政治教育	政治团体	实物经济	适者生存
司法机关	司法制度	私有财产	外交谈判	正当防卫	中央机关	中央行政
自由言论	自治团体	宗教信仰				

2.2 未见日方用例的四字词

以"相对责任"为例,《译书汇编》中有如下用例:"本科目不独涵养国家的观念,亦即知国家与人民相对责任之要领……。"(第1年第9期,樋山广业著,"现行法制大意",1901.9.27)此词在清末时期的中方资料和明治时期的日方资料中均查不到下落,说明其流通范围十分有限。经与樋山广业著『现行法制大意』(1900)核对,日语原文如下:「国家的観念ヲ本科目ニ依リテ涵養エムコトヲ希フノミナラズ,殊ニ修身科トハ相俟テ臣民ガ国家ニ対スル責任ノ要領……。」(凡例)由此可知,原文中并没有对应的词句,"相对责任"是译者在翻译过程中自造的四字词。

又如"游牧团体",《译书汇编》中有如下用例:"古代游牧团体,当具备国家诸要素之时,其国家之成立,出于自然出于平和。"(第2年第1期,长冈春一原著,"外交通义",1902.4.3)此词在清末时期的中方资料和明治时期的日方资料中均无下落,可见使用范围很有限。经查阅长冈春一的同名原著(1901)后,确认日语原文如下:「在来ノ遊牧人民ガ国家ノ要素ヲ具備シタル場合ノ如キ,自然的平和的国家ノ成立ヲ承認スルハ甚ク難事ニ非ズ……。」(本論·第1編·第2章)原著中使用的是"游牧人民"而非"游牧团体",可以证实后者是译者自造的四字词。

在《译书汇编》新出现的 378 个 2+2 型四字词中，未见日方用例者共 70 词占 378 词的 18.5%，这些词可初步判断为清末国人自造的汉语四字词。通过与《申报》中的用例做比对，可进一步区分为以下 3 种情形：

一是《申报》中的用例早于《译书汇编》的词。可视为在 1900 年之前已存在的汉语四字词，共有 6 词，即"出口贸易、国计民生、入学考试、无期流刑、性命财产、有期流刑"，占 70 词的 8.6%。

二是《申报》中完全没有出现过的词。可视为《译书汇编》发行期间新出现的汉语四字词，但临时成词的可能性大，通用性和存活率相对较低。有以下 35 词，占 70 词的 50.0%。

兵权政治	单独名词	当然法则	定期通信	对内主权	共同政权	国际礼式
国民资性	行为警察	合体名词	货币商业	机关世界	积极名词	简易税法
交格对当	绝对名词	开拆书信	亢极对当	刻书自由	谋生自由	偏曲对当
时宜主义	事业警察	书信开拆	特命公使	无偿公债	物件警察	相对发生
消极名词	形式原因	游牧团体	原本调查	智能教育	字书编纂	族长主义

三是《申报》中的用例晚于《译书汇编》的词。此类词也属于《译书汇编》发行期间新出现的汉语四字词，但因《申报》和《译书汇编》中都有用例，其通用性和存活率应高于上一类词。有以下 29 词，占 70 词的 41.4%。

财产毁坏	独立政体	对待名词	分业工作	革命风潮	各个名词	共同事务
合理制度	积极作用	交际自由	具体名词	具体组织	绝对发生	均势主义
立宪机关	拼音字母	强权竞争	人口灭绝	生存进化	搜索家宅	天择物竞
同盟国家	外交礼式	相对责任	消极作用	野蛮部落	在野议员	中等公民
自由婚姻						

2.3 日方用例晚于清末报纸的四字词

此类词只能查到晚于清末报纸的日方用例，目前尚难以确定是不是日语四字词。以"生活目的"为例，《译书汇编》中有如下用例："无论何物，不能出

必然之法则以外，虽然吾人有一定之生活目的。"（第 2 年第 7 期，高山林次郎著，汪荣宝译，"论理学"，1902.9.22）经查阅高山林次郎的同名原著（1898），确认日语原文如下：「何物も必然の法則以外に出づること能はず。然れども吾人には一定の生活の目的あり。」（第 1 章）由此可知，译者将原文的「生活の目的」改译成了四字词的形式。然而相隔几十年之后，在柳田国男著『郷土生活の研究法』（1935）中有如下用例：「以上言った知識と技術とのすべては，実はこの第三門の第三類の生活目的への橋になっていたものである。」（五）即是说，日语中也存在"生活目的"一词。

又如"思想原理"，《译书汇编》中有如下用例："若于政治上之思想原理，则概乎未之闻也"。（第 1 年第 2 期，美国伯盖司著，"政治学"1901.1.28）此词在清末中方资料和明治日方资料中均找不到出处，经查阅原著的日译本，即バルゲス著『政治学及比較憲法論』（1896），确认原文如下：「決して政治原理に関し，其智識を示したるを見ず。」（第 3 章）对照日译本看，"思想原理"并非日语原词，而是在日译汉过程中生成的汉语四字词。然而，菊池启一郎著『若き日本を嚮導すべき思想原理』（1926）一书中有如下用例：「かくの如き思想原理は，文化原理を直観的に覚るといふことは凡人には困難であります。」（五）此例虽大大晚于《译书汇编》的年代，但可以证明日语中也存在"思想原理"一词。

在《译书汇编》新出现的 378 个 2+2 型四字词中，日方用例晚的四字词共有 60 词占 378 词的 15.9%。如果与《申报》中的用例相比较，同样也可以分为 3 种情形：

一是《申报》中的用例早于《译书汇编》的词。这些词 1900 年之前已存在于汉语之中，虽然有的词尚不能确定是日语四字词还是汉语四字词，但成词时间较早，通用性和存活率也较高。共有 8 词，即"不法行为、电气机关、极乐世界、临时通信、全权委员、一夫数妻、一夫一妻、有期徒刑"[1]，占 60 词的 13.3%。

---

[1] 其中"极乐世界"在唐代《华严经》中，"一夫一妻"在明代《西游记》中已出现，是无可争议的古汉语词。但由于古汉语中的 2+2 型四字词十分稀少，没有设置相应的分类，在此归入"日方用例晚"一类中。

二是《申报》中完全没有出现过的词。这些词仅存于《译书汇编》之中，表明其使用范围有限，临时成词的可能性较大。共有4词，即"典籍出版、规范科学、国情调查、思想原理"，占60词的6.7%。

三是《申报》中的用例晚于《译书汇编》的词。可视为《译书汇编》发行期间首次出现的四字词，但尚不能确定其属于日语四字词还是汉语四字词。由于《申报》和《译书汇编》中都有用例，表明通用性和存活率相对较高。共有以下48词，占60词的80.0%。

必然法则	防卫区域	封建贵族	个人财产	公共秩序	共和国体	共同团体
古典教育	国民利益	国民能力	国民生计	行为自由	家族团体	间接监督
阶级竞争	进化发展	经济实力	经济学界	精神文明	联邦国家	联带责任
论文出版	民主国家	民主国体	民族国家	民族统治	民族团结	民族政治
普通公债	三权分立	上级机关	社会原理	社会秩序	神权政治	生活目的
特别行为	投票公选	团体自治	无上主权	物质文明	下级社会	消极主义
永久中立	政治结社	政治能力	直接监督	主权行使	自由保险	

对于"日方用例晚"的四字词，笔者此前曾指出3种可能性：一是所见的日方资料尚不完全，可能会遗漏更早的例证。二是不能排除清末国人造词在先然后传入日语的可能性。三是由于中日的构词方式相通，有可能双方分别造词而词形偶然相合。以上原则同样适用于《译书汇编》，但由于四字词的临时组合性较强，目前难以区分哪些词属于哪一种可能性。

3.《译书汇编》中的汉语四字词

在《译书汇编》新出现的378个2+2型四字词中，"日方用例无"的四字词可视为国人自造的汉语四字词，而对于"日方用例晚"的四字词，暂且依据目前的调查结果将它们归入汉语四字词一边。这两部分词合计共130词，占总词数的34.4%。通过对这些词的分析，可以了解清末国人自造四字词的情况。

笔者曾将清末时汉语四字词的造词方法归纳为仿造词、改造词和自造词，以下结合《译书汇编》中的四字词实例做具体说明。

3.1 仿造词

清末国人在自造四字词时，经常利用明治日语的新造词或由日语赋予新义的古汉语词作语素，如"国际、经济、警察、名词、命题、普通、社会、时代、团体、运动、主权、主义、自由"等。同时还经常模仿日语四字词的构词形式，如在《译书汇编》中出现的"独立<u>政治</u>、平民<u>政治</u>、宪法<u>政治</u>、立君<u>政治</u>、代议<u>政治</u>"是日语四字词，而"兵权<u>政治</u>、民族<u>政治</u>、神权<u>政治</u>"则是清末国人通过模仿造出的汉语四字词，在日语的直接影响下，中日四字词共同形成了以"—政治"为后语素的四字词词群。

又如，《译书汇编》中出现的"相对责任、相对发生"是未见日方用例的四字词，经检索明治时期的日方资料，日语的「相对」作为前语素可以构成「<u>相对</u>主義1888、<u>相对</u>義務1893」等四字词。日语的「責任」作为后语素可以构成「民事<u>責任</u>1882、証明<u>責任</u>1891」等四字词。「発生」作为后语素可以构成「体温<u>発生</u>1877、系統<u>発生</u>1891」等四字词[①]。而在清末以前的汉语里，没有出现过以"相对"为前语素或以"责任"为后语素的四字词。因此可认为，"相对责任、相对发生"2词是利用明治日语的常用词作前语素，模仿日语四字词的形式而构成的汉语四字词。

在《译书汇编》新出现的2+2型四字词中，前语素和后语素双方或一方能够在日方资料中找到早于清末报纸的四字词例证，可视为仿造词的共有66词，占130词的50.8%。由于2+2型四字词以定中结构居多（参见本章表7），因此以模仿日语四字词的后语素而形成的仿造词最为常见，列举如下：

—主义　均势主义　时宜主义　消极主义　族长主义
—机关　立宪机关　上级机关　电气机关

[①] 括号内数字表示日方现有最早用例的年份。

—警察	事业警察	物件警察	行为警察		
—政治	兵权政治	民族政治	神权政治		
—国家	联邦国家	民主国家	民族国家		
—自由	交际自由	行为自由	—团体	共同团体	家族团体
—公债	普通公债	无偿公债	—出版	典籍出版	论文出版
—行为	不法行为	特别行为	—竞争	阶级竞争	强权竞争
—监督	间接监督	直接监督	—作用	积极作用	消极作用
—通信	定期通信	临时通信	相对—	相对责任	相对发生
民族—	民族统治	民族团结	自由—	自由保险	自由婚姻

还有一些没有形成四字词词群的单个仿造词，如在《译书汇编》中出现的"结局<u>原因</u>、期成<u>原因</u>"是日语四字词，而一起出现的"形式原因"没有日语出处，则可视为仿造词。又如在《译书汇编》中出现的"永久<u>中立</u>"没有日语出处，但在其他日方资料中可查到日语四字词"局外<u>中立</u>"，因此可将"永久<u>中立</u>"视为仿造词。以下列举的是单个仿造词：

独立政体	对内主权	分业工作	革命风潮	个人财产	国际礼式	极乐世界
进化发展	经济实力	具体组织	民主国体	全权委员	社会原理	生存进化
团体自治	原本调查	在野议员	政治结社	政治能力	智能教育	主权行使
字书编纂	绝对发生	联带责任	永久中立	形式原因		

3.2 改造词

在《译书汇编》中可视为改造词的共有 51 词，占 130 词的 39.2%。由于《译书汇编》以译自日语的连载文章为主，正好可以观察从日语原词到汉语译词的变化过程。通过与日文原著核对，发现主要有 5 种改造日语原词的方法，以下采用"改造词（←日语原词）"的形式进行说明。

一是省略日语原文中的「の」或「的」变为汉语的四字词。例如，省略

「の」的用例：必然法则（←必然の法则）、当然法则（←当然の法则）、国民利益（←国民の利益）、国民资性（←国民の资性）、三权分立（←三権の分立）、社会秩序（←社会の秩序）、生活目的（←生活の目的）。又如，省略「的」（てき）的用例：国民能力（←国民的能力）、合理制度（←合理的制度）、精神文明（←精神的文明）、物质文明（←物质的文明）、无上主权（←绝对的主权）。

二是替换或增加日语原词中的一个字变为汉语的四字词。例如，替换一个字的用例：一夫一妻（←一夫一妇）、一夫数妻（←一夫数妇）、性命财产（←生命财产）、单独名词（←单独名辞）、具体名词（←具体名辞）、消极名词（←消极名辞）、积极名词（←积极名辞）、下级社会（←下等社会）。又如，增加一个字的用例：经济学界（←经济界）、共和国体（←共和国）、同盟国家（←同盟国）、无期流刑（←无期刑）、有期流刑（←有期刑）、有期徒刑（←有期刑）。属于同类的还有：各个名词、合体名词、绝对名词、简易税法。

三是替换日语原词中的二字词变为汉语的四字词。例如：出口贸易（←输出贸易）、共同事务（←共通事务）、规范科学（←标准科学）、交格对当（←矛盾对当）、对待名词（←相对名辞）、防卫区域（←予防区域）、国民生计（←国民经济）、入学考试（←入学试验）、游牧团体（←游牧人民）。其中，「输出、予防、经济、相对、试验」等日语二字词如今已成为现代汉语的常用词，但在当时尚属于刚刚进入汉语的日语新造词或新义词。属于同类的还有：亢极对当、偏曲对当、思想原理。

四是把日语原文的短语转变为汉语的四字词。通过《译书汇编》中的四字词去查阅日文原著中的对应词句，可以找到以下例证。如：外交礼式（←外交上ノ礼式）、公共秩序（←公ノ秩序）等。日语式的宾述短语变为汉语四字词时，既有不改变语序保持"N+V宾述结构"的情形，如：国情调查（←国情ヲ调查シ）、书信开拆（←信书ヲ开キ），财产毁坏（←财产ヲ毁坏シ）。也有转变为汉语式"V+N述宾结构"的情形，如：搜索家宅（←家宅ヲ搜索シ）、开拆书信（←信书ヲ开披シ）。

五是颠倒或省略日语原词的一部分变为汉语的四字词。例如：投票公选

（←公選投票）、特命公使（←特命全権公使）。

3.3 自造词

此类词数量不多，在《译书汇编》中共有 13 词，占 130 词的 10.0%。在构词上大致有两方面的特点：

一是采用日语四字词不使用的二字语素，如"天择物竞、拼音字母、刻书自由、谋生自由"4 词。其中，"天择物竞"是由两个"N+V 主述结构"二字动词构成的"V+V 并列结构"四字词。在日语里，像"天择、物竞"这类"N+V 主述结构"的二字动词很少见，属于汉语的特色。此外，"拼音—、刻书—、谋生—"等均为日语中不存在的二字词，含有此类二字语素的四字词显然是汉语的自造词。

二是采用日语四字词不使用的语素搭配，如"封建贵族、共同政权、国计民生、古典教育、货币商业、机关世界、人口灭绝、野蛮部落、中等公民"9 词。虽然各个二字语素都是中日共有的（即中日同形词），但在日语里很少直接以"封建—、国计—、古典—、货币—、机关—、中等—"为前语素构成 2+2 型四字词（一般需要后接助词「の」），同时也很少有以"—贵族、—民生、—灭绝、—落、—商业、—公民"为后语素的 2+2 型四字词（一般需要前接助词「の」）。由于以上语素搭配难以在日语里实现，因而很可能是国人自造的四字词。

通过以上分析可知，《译书汇编》中的汉语四字词以仿造词和改造词居多，这些词或多或少、直接或间接都与特定的日语四字词有关联，而完全由国人自行构成的自造词仅占 1 成左右。

4. 构词多的前语素与后语素

在清末以前的汉语里，四字词主要是没有能产性的成语和熟语（如：四面楚歌、见多识广、难兄难弟、手到病除），而少有两个二字语素可以自由组合的 2+2 型四字词。19—20 世纪之交一大批日语四字词进入汉语，为汉语构词法的进化提供了重要契机。

日语四字词的构词法形成于江户兰学时期（18 世纪中后期至 19 世纪中期），成熟于明治时期（19 世纪后期）[①]，其主要特征为：由两个二字词以 2+2 的形式复合而成；充当前语素和后语素的二字词均可单独使用并可与其他二字词自由组合；经常以前语素（即前部二字语素）或后语素（即后部二字语素）为中心通过系列性构词形成四字词词群。这些构词特征都是清末以前的汉语四字词所不具备的。以下以《译书汇编》中新出现的 378 个 2+2 型四字词为对象，通过分析二字语素及其构成四字词的情况，进一步了解日语四字词对汉语四字词的影响。

表1 《译书汇编》2+2 型四字词的前语素和后语素的构词情况

构词数	前语素数（%）	词数合计（%）	后语素数（%）	词数合计（%）
4 词及以上	15（5.9）	77（20.4）	22（11.5）	142（37.6）
3—2 词	53（21.0）	116（30.7）	51（26.5）	117（30.9）
1 词	185（73.1）	185（48.9）	119（62.0）	119（31.5）
合计	253	378	192	378
	（每个前语素平均构词 1.49 个）		（每个后语素平均构词 1.97 个）	

如表 1 所示，将二字语素构成四字词的词数（构词数）分为 "4 词及以上" 等 3 个区间，前语素和后语素在各区间中的构词情况可归纳如下：

一是构成四字词 "4 词及以上" 的二字语素数量不多，前语素方面只占语素总数的 5.9%，后语素方面占语素总数的 11.5%。但它们构成的四字词却占较大比例，前语素方面占四字词总数的 20.4%，后语素方面占四字词总数的 37.6%，凸显出四字词词群的作用。

二是构词数 "3—2 词" 的二字语素与 "4 词及以上" 一样，都是形成了四字词词群的语素。这两类语素构成的四字词加在一起，便可得出四字词词群

---

① 参见朱京偉（2015a）。

在四字词总数中所占的比例：在前语素方面占 51.1%，在后语素方面占 68.5%。即是说，在《译书汇编》新出现的 378 个 2+2 型四字词中，形成四字词词群的四字词约占总词数的 5—7 成。

三是构词数"1 词"的二字语素是在《译书汇编》中没有形成四字词词群的语素。此类二字语素虽然数量很多（占前语素和后语素的 73.1% 和 62.0%），但构成的四字词却相对较少（占前语素和后语素构词数的 48.9% 和 31.5%）。换言之，没形成四字词词群的四字词约占总词数的 3—5 成。

四是在《译书汇编》新出现的 378 个 2+2 型四字词中，前语素有 253 个，后语素有 192 个。由此可知，每个前语素平均构成四字词 1.49 个，而每个后语素平均构成四字词 1.97 个，后语素的平均构词数多于前语素。

4.1 构词多的前部二字语素

构成四字词"4 词及以上"的前语素有 15 个，虽然只占前语素总数的 5.9%，但由这些前语素构成的四字词共有 77 个，占四字词总数的 20.4%。这些前语素不仅构词能力强，而且大多是日本明治时期的常用词，由它们构成的四字词进入汉语后，为中国社会带来了许多全新的概念。通过表 2 可以看出构词数"4 词及以上"的前语素所形成的四字词词群，以及日语四字词（日方用例早）和汉语四字词（日方用例无／晚）的分布情况。

表 2 《译书汇编》2+2 型四字词中构词多的前部二字语素

前部二字语素	日方用例早	日方用例无／晚
国际—（6／1）	国际会议、国际贸易、国际社会、国际私法、国际条约、国际团体	国际礼式／
政治—（5／2）	政治机关、政治教育、政治世界、政治团体、政治主义	／政治结社、政治能力
行政—（6／0）	行政改革、行政警察、行政命令、行政事务、行政刷新、行政诉讼	
普通—（5／1）	普通方式、普通教育、普通警察、普通名词、普通选举	／普通公债

续表

前部二字语素	日方用例早	日方用例无／晚
自由—（4／2）	自由独立、自由思想、自由言论、自由运动	自由婚姻／自由保险
国民—（2／4）	国民生活、国民主义	国民资性／国民利益、国民能力、国民生计
货币—（4／1）	货币贷借、货币交换、货币经济、货币流通	货币商业／
经济—（3／2）	经济市场、经济思想、经济问题	／经济实力、经济学界
共同—（2／3）	共同社会、共同生活	共同事物、共同政权／共同团体
地方—（4／0）	地方警察、地方行政、地方政府、地方支部	
中央—（4／0）	中央本部、中央机关、中央行政、中央银行	
独立—（3／1）	独立运动、独立战争、独立政治	独立政体／
外交—（3／1）	外交关系、外交内政、外交谈判	外交礼式／
社会—（2／2）	社会改革、社会革命	／社会原理、社会秩序
民族—（0／4）		／民族国家、民族统治、民族团结、民族政治

这些前语素中既有产生于明治时期的日语新词（如：国际—、普通—），也有被日语赋予新义的古汉语词（如：经济—、社会—、自由—），还有许多古今词义变化不大的古汉语词（如：地方—、独立—、共同—、国民—、货币—、民族—、行政—、外交—、政治—、中央—）。后者在古汉语里原本只能作为二字词单独使用，没有与其他二字词构成复合词的先例，由于日语四字词的影响而扩展了构词功能。

从日语四字词和汉语四字词的分布情况看，仍然是日语四字词占有显著优势。这些四字词词群或全部由日语四字词构成（如：地方—、行政—、中央—），或以日语四字词为主加上少量的汉语仿造词（如：独立—、国际—、货币—、经济—、普通—、社会—、外交—、政治—、自由—），而像"共同—、国民—、民族—"这样汉语四字词居多或全部由汉语四字词构成的词群比较少见。

4.2 构词多的后部二字语素

构成四字词"4 词及以上"的后语素有 22 个，占后语素总数的 11.5%，由这些后语素构成的四字词多达 142 个，占四字词总数的 37.6%。构词数"4 词及以上"的后语素明显多于同范围的前语素，而且如表 3 所示，后语素形成的四字词词群的数量以及各个词群含有的四字词的词数也多于前语素。

表 3 《译书汇编》2+2 型四字词中构词多的后部二字语素

后部二字语素	日方用例早	日方用例无／晚
一主义（12／4）	博爱主义、复古主义、共产主义、国民主义、积极主义、军国主义、欧化主义、排外主义、神权主义、虚无主义、正统主义、政治主义	均势主义、时宜主义、族长主义／消极主义
一机关（8／3）	立法机关、生产机关、司法机关、特别机关、统治机关、政治机关、制造机关、中央机关	立宪机关／电气机关、上级机关
一名词（3／8）	抽象名词、固有名词、普通名词	单独名词、对待名词、各个名词、合体名词、积极名词、具体名词、绝对名词、消极名词／
一警察（6／3）	保安警察、地方警察、普通警察、司法警察、行政警察、治安警察	事业警察、物件警察、行为警察／
一政治（5／3）	代议政治、独立政治、立君政治、平民政治、宪法政治	兵权政治／民族政治、神权政治
一自由（4／4）	民权自由、人权自由、天赋自由、宗教自由	刻书自由、交际自由、谋生自由／行为自由
一团体（4／3）	国际团体、联合团体、政治团体、自治团体	游牧团体／共同团体、家族团体
一运动（6／0）	独立运动、民权运动、天体运动、物质运动、知觉运动、自由运动	
一财产（4／2）	公共财产、国有财产、基本财产、私有财产	性命财产／个人财产
一国家（2／4）	封建国家、立宪国家	同盟国家／联邦国家、民主国家、民族国家

续表

后部二字语素	日方用例早	日方用例无／晚
一命题（5／0）	单称命题、否定命题、肯定命题、全称命题、特称命题	
一时代（5／0）	帝政时代、共和时代、平和时代、全盛时代、专制时代	
一政府（5／0）	地方政府、帝国政府、反动政府、革命政府、共和政府	
一社会（4／1）	共同社会、国际社会、人类社会、上等社会	／下级社会
一教育（3／2）	道德教育、普通教育、政治教育	智能教育／古典教育
一公债（3／2）	固定公债、流动公债、确定公债	无偿公债／普通公债
一事业（4／0）	保险事业、慈善事业、营利事业、制造事业	
一推理（4／0）	归纳推理、间接推理、演绎推理、直接推理	
一政策（4／0）	对内政策、国防政策、世界政策、锁国政策	
一政体（3／1）	贵族政体、君主政体、平民政体	独立政体／
一制度（3／1）	裁判制度、贸易制度、司法制度	合理制度／
一主权（2／2）	对外主权、人民主权	对内主权／无上主权

　　后语素的性质、来源以及中日四字词的分布等与前语素的情况基本相似，但与前语素相比，明治时期的日语新词（如：一公债、一名词、一团体、一政策）以及由日语赋予新义的古汉语词（如：一机关、一警察、一命题、一社会、一推理、一运动、一主权、一主义、一自由）所占的比例更大。同时，也有不少古今语义变化不大而构词功能得到扩展的古汉语词（如：一财产、一国家、一教育、一时代、一事业、一政府、一政体、一政治、一制度）。

　　表3中以"一名词"为后语素的四字词共有11词，全部出现在《译书汇编》1902年第7期高山林次郎原著、汪荣宝翻译的"论理学"这篇译文里。经查阅高山林次郎的同名原著（1898），发现日语原文中所有的「一名辞」都在中文译本里被修改为"一名词"，这就是大部分以"一名词"为后语素的四字词被归入汉语四字词的原因。但"抽象名词、固有名词、普通名词"3词可以在日方资料中查到早于高山林次郎原著的其他用例，因此列为日语四字词。

5. 二字语素的词性与结构类型

要弄清日语四字词和汉语四字词在结构上各有哪些特点，就必须在区分二者的基础之上，从结构类型的角度进行比较。研究表明，汉语四字词和日语四字词的结构类型基本相通，是可以进行对照比较的①。

在划分 2+2 型四字词的结构类型时，需要先确定二字语素的词性，而利用词典确定词性时，会发现中日同形词在两国词典中的词性有时不一致，因而需要定出一些可以兼顾中日双方的原则。以"保险事业"一词的前语素"保险—"为例，《现代汉语词典》（第 6 版）给出"动词、名词"两种词性，《现代汉语规范词典》共给出"动词、形容词、名词"3 种词性，而日本的"国语辞典"却只有"名词"1 种词性②。又如"消极作用"的前语素"消极—"，《现代汉语词典》（第 6 版）和《现代汉语规范词典》均标注为"形容词"，而日本的"国语辞典"标注为"名词"。"保险—"代表的是中日词典之间虽有出入但存在共同词性的二字语素，而"消极—"代表的则是中日词典之间没有共同词性的二字语素。

5.1　中日双方有共同词性的语素

对于中日之间有共同词性的二字语素，应参照 2+2 型四字词的词义和结构类型，尽量选取中日之间共同的词性。下面利用表 5 的例词①—⑬做具体说明。

---

① 参见朱京偉（2016a），此文专门论述汉语词和日语「漢語」的结构类型。
② 文中列举的日本"国语辞典"的词性，取自以下 3 种辞典：『スーパー大辞林』（松村明编，三省堂，1995）、『新明解国語辞典（第 5 版）』（金田一京助编，三省堂，2000）、『三省堂国語辞典（第 5 版）』（見坊豪紀编，2001）。

表 5　中日双方有共同词性时的二字语素词性

例词	现汉	规范	日语 3 辞典	选定的词性	结构类型
① 生存+权利	动	动	名/动	动	V+N 定中结构
② 判决+执行	动	动/名	名/动	动	V+V 并列结构
③ 抽象+名词	动/形	动/形	名/动	动	V+N 定中结构
④ 知觉+运动	名	名	名/动	名	N+N 定中结构
⑤ 反动+政府	形/名	形/名	名	名	N+N 定中结构
⑥ 国际+会议	形/名	形/名	名	名	N+N 定中结构
⑦ 直接+监督	形	形	名/形动/副	形	A+V 状中结构
⑧ 绝对+发生	形/副	形/副	名/形动	形	A+V 状中结构
⑨ 相对+责任	动/形	动/形	名/动	形	A+N 定中结构
⑩ 相对+发生	动	动	名/动	形	A+V 状中结构
⑪ 民族+统治	动	动/名	名/动	动	N+V 宾述结构
⑫ 判决+执行	动	动/名	名/动	名	N+V 宾述结构
⑬ 文化+争斗	动	动	名/动	动	N+V 状中结构

例词①②③中的"生存—、判决—、抽象—",中日双方词典的共同词性是"动词",将它们视为动词性语素(V),正好可以兼顾中日双方的词性。同样,例词④⑤⑥中的"知觉—、反动—、国际—",中日双方词典的共同词性是"名词",因此可将此 3 词视为名词性语素(N)。例词⑦⑧中的"直接—、绝对—",中日之间的共同词性是"形容词",则可将此 2 词视为形容词语素(A)。

需要注意的是,例词⑨⑩中的"相对—",虽然中日之间的共同词性是"动词",但无论汉语和日语,用作动词时意思均为"相互朝着对方,或性质上相互对立"(日语释义为「向かい合っていること。また,対立すること」),这与"相对—"在"相对责任、相对发生"中的含义不符。因此按照汉语词典的词性,把"相对—"定为形容词性语素。

此外,例词⑪中的"—统治",中日之间的共同词性可以是"动词"或"名词"。但从词义角度看,只有按照日语式的 N+V 宾述结构,把"民族统治"解释为「民族を統治すること」才能讲得通,因此将"—统治"视为动词性语素是合理的。而例词⑫中的"判决—",中日共同词性也有"动词"和"名词"

两种可能性，如果将"判决—"视为动词性语素，"判决执行"就成为 V+V 并列结构，但是汉语和日语释义为"判决与执行"和「判決し執行する」都比较牵强。只有把"判决执行"解释为汉语的"判决的执行"或日语的「判決の執行」时，中日双方的词义才能相吻合，因此将"判决—"定为名词性语素。

最后看例词⑬"文化争斗"，从日语分析词义，可以是「文化の面で争闘する」或「文化における争闘」，前者是 N+V 状中结构，后者则是 N+N 定中结构。由于中日之间的共同词性是"动词"，于是按照前者的结构，将"—争斗"视为动词性语素。

5.2 中日双方无共同词性的语素

对于中日之间没有共同词性的二字语素，需要分析双方词性不一致的原因，把词义、词性与结构类型三者结合起来考虑，按照以一方为主兼顾双方的原则选择词性。下面利用表 6 的例词①—⑩做具体说明。

表 6 中日之间没有共同词性时的二字语素词性

例词	现汉	规范	日语 3 辞典	选定的词性	结构类型
① 立宪 + 国家	动	动	名	动	V+N 定中结构
② 排外 + 主义	动	动	名	动	V+N 定中结构
③ 司法 + 机关	动	动	名	动	V+N 定中结构
④ 团体 + 自治	动	动	名	动	N+V 主述结构
⑤ 政治 + 结社	动	动	名	名	N+N 定中结构
⑥ 公共 + 财产	形	形	名	形	A+N 定中结构
⑦ 临时 + 通信	形/副	形/副	名	形	A+V 状中结构
⑧ 财政 + 紊乱	形	形	名/动	形	N+A 主述结构
⑨ 刑事 + 裁判	形	形	名	名	N+N 定中结构
⑩ 民事 + 裁判	形	形	名	名	N+N 定中结构

例词①②③中的"立宪—、排外—、司法—"，汉语词典标注为"动词"，日语词典标注为"名词"，中日之间没有共同词性。在汉语方面，这 3 个二字词都是 V+N 述宾结构，本身具有动词性。而在日语方面，这 3 个词一般不能单

独使用，主要有以下 3 种功能：一是构成复合词，如「立憲主義、立憲国家／排外主義、排外発言／司法試験、司法制度」等；二是以「○○＋の」的形式修饰名词，如「立憲の精神、立憲の研究／排外の思想、排外の風潮／司法の独立、司法の未来」等；三是以「○○＋的」的形式修饰名词，如「立憲的平和主義、立憲的民主統治／排外的発言、排外的主張／司法的手続、司法的機能」等。

在日语里，不能单独使用但具有复合功能的「二字漢語」不在少数，此类词日本现有的"国语辞典"一般都标注为"名词"。然而，如果都按照日语的原则视为名词的话，原本数量最多的 N+N 定中结构四字词的比例会进一步扩大，不利于细致区分四字词的内部结构。因此在遇到类似例词①②③的情形，即汉语的"动词"对应日语的"名词"，双方的词性不一致时，笔者优先将其视为动词性语素。

例词④中的"—自治"，虽然词结构与"立宪—"等不一样，但同属于汉语的"动词"对应日语的"名词"，因而可参照例词①②③的处理方式，将其视为动词性语素。与此相反，例词⑤中的"—结社"，古汉语时是 V+N 述宾结构的动词，但在现代汉语里一般不单独使用，只有复合用法，如"政治结社、秘密结社、结社自由"等。《现代汉语词典》等给出的"动词"词性，可能是将"结社"视为 V+N 述宾结构的结果，其实并没有反映"结社"一词的实际功能。因此，笔者按照日语词典的标注，将其定为名词性语素。

此外，汉语的"形容词"和日语的"名词"互不对应的现象也比较多见。如例词⑥⑦中的"公共—、临时—"，汉语词典标注为"形容词"并注明为"属性词"（一般只能作定语修饰成分，亦称"非谓形容词"）。在日语方面，此 2 词不能单独使用，主要有 3 种功能：一是构成复合词，如「公共施設、公共料金／臨時列車、臨時国会」等；二是以「○○＋の」的形式修饰名词，如「公共の福祉、公共の場／臨時の組織、臨時のお知らせ」等；三是以「○○＋的」的形式修饰名词，如「公共的活動、公共的団体／臨時的任用、臨時的措置」等。如前所述，日本现有的"国语辞典"一般将具有这 3 种功能的词归入名词。近年来日本学者村木新次郎提出，既然主要功能是作定语修饰，应该不拘泥于词的形态，而将它们视为形容词的一种，称之为「第三形容詞」①。

从中日词汇对比的角度出发，笔者十分赞同村木新次郎划分「第三形容詞」的观点，因为在形容词和名词之间，确实存在着一些语法特征不完全的形容词。日语的「第三形容詞」和汉语的"属性词"都具有形容词的一部分特征，二者应可以大致对应。因此笔者认为，对于例词⑥⑦中的"公共—、临时—"之类只能作定语修饰成分的中日同形词，汉语应将它们视为形容词性语素（亦可称"属性词"），而日语应将它们视为「第三形容詞」。

例词⑧中的"—紊乱"，其实在现代日语中极少出现动词用法「紊乱する」，常用的是复合用法，如「風紀紊乱、治安紊乱」等，或是「○○＋の」的形式，如「紊乱の政局」等，因此可以和"公共—、临时—"同样看待。

例词⑨⑩中的"刑事—、民事—"有所不同。此2词在现代汉语里只作定语修饰成分而不能单独使用，因此《现代汉语词典》将之标注为形容词，同时注明是"属性词"，其实此2词的形容词属性很弱。在日语方面，此2词除了构成复合词、以「○○＋の」或「○○＋的」形式修饰名词之外，还可以单独作句子成分，如「民事が裁判所、刑事が警察に訴える」、「刑事で有罪，民事で無罪になる」等，属于比较典型的名词。因此，为了兼顾中日双方的词性差异，此处按照日语的词性，将"刑事—、民事—"视为名词性语素。

6. 四字词结构类型的中日比较

为了观察中日四字词在构词方式上的差异，按照上一节所述的操作方法，先确定前部二字语素和后部二字语素的词性，再根据二者组合时的语法关系划分结构类型，并在各结构类型内分别统计出日语四字词和汉语四字词的词数和占比，结果如表7所示。

---

① 参见村木新次郎（2012）的「第2部　形容詞をめぐる諸問題」。

表 7 《译书汇编》2+2 型四字词结构类型的中日比较

语素词性	结构类型	日方用例早		日方用例无／晚		词数合计（%）
		词数（%）	类别小计	词数（%）	类别小计	
N+N	N+N 定中	121（48.4）	123（49.2）	54（42.2）	56（43.8）	179（47.4）
	N+N 并列	2（0.8）		2（1.6）		
V+N	V+N 定中	57（22.8）	58（23.2）	12（9.3）	14（10.9）	72（19.0）
	V+N 述宾	1（0.4）		2（1.6）		
A+N	A+N 定中	23（9.2）	23（9.2）	28（21.9）	28（21.9）	51（13.5）
N+V	N+V 主述	6（2.4）	33（13.2）	4（3.1）	15（11.7）	48（12.7）
	N+V 状中	2（0.8）		0		
	N+V 宾述	25（10.0）		11（8.6）		
V+V	V+V 并列	3（1.2）	4（1.6）	3（2.3）	4（3.1）	8（2.1）
	V+V 状中	1（0.4）		1（0.8）		
A+V	A+V 状中	5（2.0）	5（2.0）	7（5.5）	7（5.5）	12（3.2）
N+A	N+A 主述	4（1.6）	4（1.6）	4（3.1）	4（3.1）	8（2.1）
词源分类合计		250（66.1）		128（33.9）		378（100）

从日语四字词（日方用例早）和汉语四字词（日方用例无／晚）的比例看，在《译书汇编》新出现的 378 个 2+2 型四字词中，日方用例早的四字词占 66.1%，日方用例无或晚的四字词占 33.9%。从结构类型看，前语素和后语素的词性搭配可分为 7 大类，其中前 4 类（N+N、V+N、A+N、N+V）为主要类型，如"词数合计"栏所示，每类的占比均在 10% 以上，词数合计占总词数的 92.6%。在主要类型的内部还可细分出若干种不同的结构类型，以下从中选取 4 种主要结构类型（表 7 阴影部分），对中日四字词的构词情况进行对比。

6.1 N+N 定中结构四字词

此类词约占总词数的近一半，是 2+2 型四字词最主要的构词形式。为了从语素层面对中日双方的构词情况进行比较，以下选取在《译书汇编》中构成四字词 2 词以上的前语素和后语素作为分析对象。构成四字词 2 词以上的语素，即形成了四字词词群的语素，如"<u>个人</u>财产、<u>个人</u>行为"是前语素相同的词群，

"地方行政、中央行政"是后语素相同的词群。

如表 8 所示，这些语素形成的词群可以分为 3 类：一类是"全部为日语四字词"，指该二字语素构成的四字词全部来自日语，没有国人自造的；另一类是"既有汉语词也有日语词"，指该二字语素构成的四字词既有来自日语的，也有国人自造的；还有一类是"全部为汉语四字词"，指该二字语素构成的四字词全部为国人自造，没有来自日语的。括号内的数字为构成四字词的词数。

表 8　N+N 定中结构四字词中的四字词词群

	前部二字语素	后部二字语素
全部为日语四字词	地方、行政、中央（4）、帝国、世界（3）、国家、君主、贸易、民事、平民、实业、天赋、行为、自由（2）	运动、政府（5）、命题、时代、思想、政体（3）、裁判、工业、关系、会议、经济、贸易、市场、诉讼、问题、行政、学校、政策（2）
既有汉语词也有日语词	国际、政治（7）、国民（6）、经济（5）、外交（4）、共和、社会（3）、封建、革命、个人、货币、精神、联邦、全权、神权、生活、无期、物质、行为（2）	主义（9）、警察（7）、国家、政治（5）、机关、教育（4）、国体、能力、社会、世界、团体、文明、原因（3）、财产、徒刑（2）
全部为汉语四字词	民主、民族、有期（2）	对当、礼式、流刑、名词、原理（2）

"N+N 定中结构"四字词有以下特点：

其一，日语四字词和汉语四字词的词数虽然相差悬殊（121∶54），但从构词的占比看，双方在各自的类别中均占 4 成以上（48.4%∶42.2%），这表明"N+N 定中结构"在中日四字词中都具有很强的构词能力。

其二，许多语素都是 20 世纪初开始在汉语中出现的日语借词。其中既有明治日语的新词，如"国际＋团体、个人＋财产、社团＋法人"；也有被日语赋予新义的古汉语词，如"单称＋命题、社会＋革命、治安＋警察"；还有因明治日语率先使用而被激活的古汉语词，如"民族＋国家、无期＋流刑、政治＋结社"等。这些二字词如今已成为汉语和日语共用的"中日同形词"而难辨彼此了。以上特点并不限于"N+N 定中结构"的二字语素，其他结构类型也同样如此。

其三，在"N+N 定中结构"四字词中，"全部为日语四字词"的词群相当多。如前语素"地方—"构成的4个词"地方警察、地方行政、地方政府、地方支部"均为日语四字词。又如后语素"—关系"构成的2个词"权力关系、外交关系"均为日语四字词。此类词群充分体现了"系列性构词"的特征。

其四,"既有汉语词也有日语词"的词群也相当多。如在"国民—"构成的6个词中,"国民生活、国民主义"是日语四字词,而"国民利益、国民能力、国民生计、国民资性"是汉语自造的四字词,后者一般是以模仿或修改日语原词的方式生成的。

其五,"全部为汉语四字词"的词群很少,构词数也比前两类少。如"民族—"构成的"民族国家、民族政治",以及"—对当、原理"构成的"交格对当、亢极对当"和"社会原理、思想原理"均为汉语自造的四字词。

6.2 V+N 定中结构四字词

此类词大大少于 N+N 定中结构,但仍在 2+2 型四字词中位居第二。如表 7 所示,在 V+N 定中结构四字词中,日语四字词的占比远大于汉语四字词的占比(22.8% : 9.3%),这表明《译书汇编》中的日语四字词较多采用 V+N 定中结构,而汉语四字词却很少采用这种结构。主要原因在于,汉语属于 SVO 类型的语言,词和短语向来都以"V+N 述宾结构"为主,但"V+N 定中结构"有时会与"V+N 述宾结构"相混淆而产生歧义。如"出口商品"既可以是"V+N 定中结构"也可以是"V+N 述宾结构",结构变了词义也随之改变,容易产生歧义。

表 9　V+N 定中结构四字词中的四字词词群

	前部二字语素	后部二字语素
全部为日语四字词	司法（3）、比较、固定、开业、立法、流动、制造（2）	主义（4）、公债、政治（3）、命题、事件、事业、证书、政策、制度、资本（2）
既有汉语词也有日语词	独立（4）、对内、立宪、入学（2）	机关（6）、团体（3）、名词、议员、主权（2）
全部为汉语四字词		

"V+N 定中结构"四字词有以下特点：

其一，"全部为日语四字词"的词群最多。动词性前语素在"V+N 定中结构"四字词中起定语修饰作用，主要是出自古汉语的动词。如"立法—"是古汉语动词，所构成的 2 个词"<u>立法</u>机关、<u>立法</u>手续"都是日语四字词。关键在于，"立法—"在古汉语中并无作定语修饰而构成复合词的功能，这一点与日语「サ变動詞」的功能明显不同。由于古汉语的二字动词一般不作为定语去直接修饰名词，因此可将"V+N 定中结构"视为具有日语特色的四字词结构。

另一方面，名词性后语素是"V+N 定中结构"四字词的中心语素，多半为明治日语的新词或由日语赋予新义的古汉语词。如名词性后语素"—公债"是日语新词，"—公债"所构成的 3 个词"固定<u>公债</u>、流动<u>公债</u>、确定<u>公债</u>"都是日语四字词。又如名词性后语素"—命题"是由日语赋予新义的古汉语词，"—命题"所构成的 2 个词"否定<u>命题</u>、肯定<u>命题</u>"都是日语四字词。

其二，"既有汉语词也有日语词"的词群很少，"全部为汉语四字词"的词群一个都没有。如在动词性前语素"独立—"构成的 4 个词中，"<u>独立</u>运动、<u>独立</u>战争、<u>独立</u>政治"是日语四字词，"<u>独立</u>政体"是仿造的汉语四字词。又如在名词性后语素"—团体"构成的 3 个词中，"联合<u>团体</u>、自治<u>团体</u>"是日语四字词，"游牧<u>团体</u>"是国人仿造的汉语四字词。可见，除了少数仿造词之外，清末国人很少利用"V+N 定中结构"构成四字词。

6.3　A+N 定中结构四字词

如表 7 所示，汉语四字词的占比（21.9%）明显多于日语四字词的占比（9.2%），这与前述"V+N 定中结构"的情形正好相反，表明在《译书汇编》中汉语四字词较多采用"A+N 定中结构"。究其原因，"A+N 定中结构"（即以形容词修饰名词的偏正式）是汉语和日语共有的词序，因此当"A+N 定中结构"的日语四字词进入汉语时，汉语方面很容易接纳，同时也容易生成国人仿造的四字词。

表 10 A+N 定中结构四字词中的四字词词群

	前部二字语素	后部二字语素
全部为日语四字词		财产、方式、社会（2）
既有汉语词也有日语词	普通（6）、共同（5）、积极、特别、自由（3）、单独、公共（2）	名词（7）、主义（3）、责任（2）
全部为汉语四字词	消极（3）、具体（2）	法则、公债、行为、作用（2）

"A+N 定中结构"四字词有以下特点：

其一，"既有汉语词也有日语词"的词群最多。从语素层面看，"A+N 定中结构"四字词的主要特色体现在形容词性前语素上。如"普通—、积极—、消极—、自由—、公共—、具体—"等，基本上都是明治日语的新词或是由日语赋予新义的古汉语词。由于"A+N 定中结构"的日语四字词正好与汉语的偏正式结构相吻合，在汉语里容易出现仿造词，于是形成了不少"既有汉语词也有日语词"的四字词词群。例如，在"普通—"所构成的 6 个词中，"普通方式、普通教育、普通警察、普通名词、普通选举"是日语四字词，"普通公债"是仿造的汉语四字词。又如在"自由—"所构成的 3 个词中，"自由言论"是日语四字词，"自由保险、自由婚姻"是仿造的汉语四字词。

另一方面，名词性后语素是"A+N 定中结构"四字词的中心语素，其性质与前述"N+N 定中结构、V+N 定中结构"的名词性后语素基本相同，一般都由抽象性名词充当。例如，在"—责任"构成的 2 个词中，"单独责任"是日语四字词，"相对责任"是仿造的汉语四字词。

其二，"全部为汉语四字词"的词群多于"全部为日语四字词"的词群。这表明"A+N 定中结构"四字词是汉语最容易接纳的构词方式，也最容易生成国人仿造的四字词。从语素层面看，在"全部为汉语四字词"的词群中出现的前语素和后语素，几乎全都是明治日语的常用词。例如，形容词性前语素"消极—、具体—"均为由日语赋予新义的二字词。而名词性后语素"—法则、—公债、—行为、—作用"虽然出自古汉语，但在清末以前的汉语里不具备构成复合词的功能，以这些后语素构成的四字词最初也出自明治日语。因此，以"—法则"构成的"当然法则、必然法则"，以"—公债"构成的"无偿公债、普通公债"，以"—行为"构成的"不法行为、特别行为"，以"—作用"构成的"积极作用、消极作用"都可视为国人仿造的四字词。

其三，"全部为日语四字词"的词群最少，仅出现在以后语素为中心形成的词群之中。例如，以"—财产"构成的"公共财产、国有财产"，以"—方式"构成的"普通方式、特别方式"，以"—社会"构成的"共同社会、上等社会"，以上后语素均为抽象性名词，同时也是明治日语的常用词。而修饰这些后语素的形容词性前语素（即"公共—、国有—、普通—、特别—、共同—、上等—"）也都是抽象性形容词，带有明治日语的特色。

6.4　N+V 宾述结构四字词

"N+V 宾述结构"是典型的日语式结构类型。在"N+V 宾述结构"四字词中，名词性前语素是受事（宾语），动词性后语素是施事（述语），如"宪法改正、财产管理"等。由于其词序与汉语传统的"V+N 述宾结构"相反，故称其为"N+V 宾述结构"。表 7 显示，在《译书汇编》的"N+V 宾述结构"四字词中，日语四字词有 25 个，占日语四字词总数的 10.0%，汉语四字词有 11 个，占汉语四字词总数的 8.6%。值得关注的是，这种词序与汉语相反的结构类型为何能进入汉语并产生汉语自造的四字词。

表 11　N+V 宾述结构四字词中的四字词词群

	前部二字语素	后部二字语素
全部为日语四字词	货币、行政（2）	改革（2）
既有汉语词也有日语词	财产（3）	出版（3）、竞争（2）
全部为汉语四字词		调查（2）

"N+V 宾述结构"四字词有以下特点：

其一，与其他结构类型相比，"N+V 宾述结构"的前语素和后语素并无独特之处，主要特点在于述宾倒置的词序。如表 11 所示，出现"全部为日语四字词"的词群是合情合理的，而"既有汉语词也有日语词"和"全部为汉语四字词"的词群也同时存在，表明汉语是可以接纳"N+V 宾述结构"的。例如，在"财产—"构成的 3 个词中，"财产处分、财产管理"是日语四字词，"财产毁坏"是汉语的改造词。在"—出版"构成的 3 个词中，"图书出版"是日语四字词，"典籍出版、论文出版"是汉语的仿造词。又如，"—调查"构成的"国情调查、原本调查"2 词都是汉语自造的四字词。可以说，以上这些汉语四字词都是通过模仿日语式的词序而形成的。

其二，汉语接纳"N+V 宾述结构"四字词的前提条件，是颠倒词序后能按照汉语的"V+N 述宾结构"去理解词义。经验证，《译书汇编》中的 25 个"N+V 宾述结构"日语四字词都满足这个条件，如"财产处分（→处分财产）、公权剥夺（→剥夺公权）、货币贷借（→贷借货币）、名簿登录（→登录名簿）、政体变革（→变革政体）"等①。同样，国人模仿日语"N+V 宾述结构"的四字词也满足这一前提条件，如"财产毁坏（→毁坏财产）、典籍出版（→出版典籍）、论文出版（→出版论文）、民族统治（→统治民族）、强权竞争（→竞争强权）、人口灭绝（→灭绝人口）、书信开拆（→开拆书信）、主权行使（→行使主权）、字书编纂（→编纂字书）"等。

其三，"N+V 宾述结构"四字词能够进入汉语还有另一种可能性，即按照汉语"N+N 定中结构"的词序去解释日语式的"N+V 宾述结构"。例如，将"财产处分"中的动词"处分"视为名词，按照汉语"N+N 定中结构"的词序解释为"财产（的）处分"。当然，只有动词"处分"兼有名词的用法，才能实现结构类型的转换。如果这种推测可以成立，就应当仔细探讨日语式"N+V 宾述结构"四字词对汉语动词的"动名兼类化"所起过的推动作用。

清末以前，汉语二字动词一般不能兼作名词使用，而日语的「漢語サ変動

---

① 括号外为日语式"N+V 宾述结构"，括号内为汉语的"V+N 述宾结构"，下同。

詞」却大多兼有名词用法。仍以"财产处分"为例，后语素"—处分"在日语里既可以用作动词（財産を処分する），也可以用作名词（財産の処分），前者是"N+V 宾述结构"，后者则是"N+N 定中结构"。由此可见，只要具备"动名兼类"这一前提条件，动词和名词之间便可以互相转换。因此笔者认为，由于日语式"N+V 宾述结构"四字词的进入，致使许多汉语动词兼有了名词用法。

日语借词对汉语中的"动名兼类"现象是否起过诱发和推动作用？这是一个值得深入探讨的问题[①]。名词和动词之间的词性转换是常见的日语词法，汉语经历了清末日书汉译的语言接触，难免不受其影响。曾有汉语学者认为，汉语动词的"动名兼类化"是在英语等印欧语言的行为名词用法的影响下产生的[②]，事实上，日书汉译的热潮兴起于19—20世纪之交，不但时间上早于英书汉译，而且与英语等欧美语言相比，日语的"N+V 宾述结构"和"动名兼类"对汉语的影响更为直接，也更容易证明。因此，在探讨汉语的"动名兼类"问题时不应只着眼于英汉翻译而忽略日语的影响。

7. 小结

本章重点分析了在《译书汇编》中新出现的 2+2 型四字词，现将要点归纳如下：

（1）《译书汇编》中译自日语的文本较多，可以通过查阅日文原著来确认某词是不是日语四字词，这一点与其他清末报纸有所不同。如"正统主义"一词，在明治时期的各种资料中均查不到下落，而按照《译书汇编》的中译本所提供的出处直接去查阅有贺长雄的日文原著『近時外交史』（1898），便可确认该词是从日语照搬来的日语四字词。

（2）《译书汇编》中的汉语四字词可分为仿造词、改造词和自造词。由于一

[①] 本书第 6 章 5.4 处也有相关的论述，请参照。
[②] 参见贺阳（2008）第 2 章的 2.3 节，第 52—58 页。

部分翻译文本可以查到日文原著，可以从中归纳出 5 种"改造词"的方法：一是省略日语原文中的「の」或「的」变为汉语的四字词；二是替换日语原词中的一个字变为汉语的四字词；三是替换日语原词中的二字词变为汉语的四字词；四是把日语原文的短语转变为汉语的四字词；五是颠倒或省略日语原词的一部分变为汉语的四字词。

（3）在对中日四字词的结构类型进行比较时，需要利用中日双方的词典确认二字语素的词性。为此制订了具体的操作方法，即：对于中日之间有共同词性的二字语素，尽量采用中日共同的词性。对于中日之间没有共同词性的二字语素，可以把词性、词义与结构类型三者结合起来考虑，按照以一方为主兼顾双方的原则选择词性。

（4）在区分语素词性和结构类型的基础上，选取了 4 种主要结构类型，即：N+N 定中结构、V+N 定中结构、A+N 定中结构、N+V 宾述结构，对中日双方构成 2+2 型四字词的情况进行了比较。其中前 3 种均为"定中结构"，名词性后语素具有基本相同的性质，而各自的特色体现在前语素上。对于与汉语词序相反的"N+V 宾述结构"，重点探讨了其对汉语"动名兼类"现象的影响。

第 11 章 《新民丛报》与中日词汇交流

戊戌变法失败后梁启超出走日本，不久便于 1898 年 12 月在横滨创办了旬刊《清议报》，到 1901 年 12 月因社址失火而停刊，历时 3 年恰好出满 100 期。在《清议报》停刊仅一个多月之后，梁启超又于 1902 年 2 月 8 日创办了半月刊《新民丛报》，历时近 6 年共出版 96 期，最终于 1907 年 11 月停刊。《新民丛报》页数多内容广，在清末 5 报中部头最大。

据笔者所见，迄今有两部研究《新民丛报》的专著：一是香港学者周佳荣（2005）的专著《言论界之骄子——梁启超与〈新民丛报〉》（香港中华书局）；二是刘珊珊（2010）的博士论文《新民·新知·新文化:〈新民丛报〉研究》（南开大学历史学院）。这两部专著在内容上各有侧重，颇有参考价值。此外，在"中国知网"上可以检索到有关《新民丛报》的研究论文 70 余篇，视点涵盖思想史、社会史、科学精神以及编辑方法等各个方面，但是尚未看到对《新民丛报》中的日语借词进行研究的论文。本章的目的是从词汇史研究的角度出发，对《新民丛报》中与日语借词有关的内容进行梳理，探明《新民丛报》在引进日语借词过程中的历史作用。

1. 主要作者与主要栏目

《新民丛报》是梁启超继《清议报》之后在日本主编的第二种杂志，因为栏目设置和文章体裁别开生面，赢得了世人的赞誉。与梁氏同时代的黄遵宪曾说过："《清议报》胜《时务报》远矣，今之《新民丛报》又胜《清议报》百倍矣。"① 然而从日语借词研究的角度来看，应该说《清议报》和《新民丛报》各具特色。《清议报》发行在先，利用了大量日语资源，因而引进日语借词的时间早且数量多，而《新民丛报》的特点是梁启超的个人色彩浓重，用词方面不局限于日语借词，国人自造词的数量明显增多。

从作者看，在《新民丛报》上发表过署名文章的作者共有 80 余人，但发表过重头文章且达到一定篇数的主要作者则屈指可数。据笔者统计，梁启超使用"中国之新民、少年中国之少年、饮冰、饮冰室主人、饮冰子、任公"等笔名，共发表各类文章 335 篇次②，论质论量均遥遥领先。蒋智由以"观云"的笔名共发表文章 97 篇次位居第二③。其他主要作者还有：康有为（明夷）29 篇次，麦孟华（蜕庵、佩弦生）19 篇次，许定一（定一、咀雪）14 篇次，罗普（批发生）13 篇次，马君武（君武、马贵公、贵公）12 篇次，吴仲遥（仲遥）10 篇次等④。可见《新民丛报》的主要作者不但人数有限，而且他们的文章数量加起来也抵不过梁启超一个人。从文章的篇次看，梁启超几乎是在独力支撑《新民丛报》，这种绝对的中心作用是在其他清末报纸中见不到的。

在栏目方面，《新民丛报》先后开设过 50 余个栏目，既有"论说、学说、学术"等刊登长篇大作的主要栏目，也有"附录、杂录、寄书、名家谈丛、政界时评"等刊登短篇杂文的次要栏目。日语借词通常包含在中日同形词以及各学科术语之中，以此为目标进行抽词的结果，抽取到 50 词以上的栏目如表 1 所示⑤：

---

① 此言出自光绪二十八年（1902）4 月黄公度"致饮冰主人书"，参见郑海麟、张伟雄编校（1991），第 194 页。
② 篇次即连载文章按照连载次数计算的篇数，未署名文章不在统计之列。
③ 蒋智由（1866—1929）字观云。甲午战后，力言变法。1902 年冬渡海赴日本，参加《新民丛报》的编辑工作。1903 年 2 月梁启超去美洲游历，同年 11 月才返回日本。梁氏游历期间无法兼顾editorial务，委托蒋智由担任主编。
④ 括号内为各位作者在《新民丛报》上刊文时所用的笔名。
⑤ 表中所列均为《新民丛报》原有的栏目名称。

表 1 《新民丛报》中抽取到 50 词以上的栏目及其主要作者

栏目	抽词数	各栏目的主要作者
学说	282	梁启超（中国之新民）、蒋智由（观云）、马君武（君武）
译述	140	梁启超（饮冰）、渊生、遇虎、光益、陈焕章（重远）、吴仲遥（仲遥）、熊知白
教育	132	梁启超（中国之新民）、蒋智由（观云）、麦孟华（蜕庵）、曾志忞、馨心
论说	131	梁启超（中国之新民）、蒋智由（观云）、夏曾佑（别士）
学术	111	梁启超（中国之新民）、马君武（贵公）、章太炎（章氏学）
历史	108	梁启超（中国之新民）、蒋智由（观云）、麦孟华（佩弦生）
论著	90	梁启超（饮冰）、希白、熊知白（知白）、陈焕章（重远）、吴仲遥（仲遥）
时局	76	梁启超（中国之新民）、蒋智由（观云）
地理	68	梁启超（中国之新民）、许定一（咀雪、定一）
传记	62	梁启超（中国之新民）
政治	58	罗普、康有为（明夷）、雨尘子
生计	56	梁启超（中国之新民）、许定一（咀雪）、雨尘子

表 1 显示，"学说、译述、教育、论说、学术、历史"等是含有日语借词较多的栏目，这些栏目的主要作者自然也是《新民丛报》中使用日语借词较多的人。尤其是梁启超的名字几乎出现在所有的栏目中，足以证明他是引进日语借词的核心人物。

2. 梁启超的文章与日语借词

梁启超在为《清议报》撰稿时就开始大量使用日语借词，《新民丛报》中梁氏的署名文章最多，因此有可能具体地描述他究竟使用了哪些日语借词[①]。此外，《清议报》里很少有正面谈论译词或日语借词的文字，而《新民丛报》则不同，其中有梁启超、严复等人对译词和译书问题发表看法的言论，甚至还设有专门讨论译词的栏目，通过这些文字可以窥见清末国人是如何看待日语借词的。

[①] 笔者曾利用《饮冰室文集》收集整理过梁启超使用的日语借词，参见朱京伟（2007a）。

2.1 梁文中借词的含有量

对抽出的词语进行词源考证之后，便可大致把握《新民丛报》里日语借词的轮廓。如果对含有日语借词10词以上的文章进行排序的话，结果如表2所示。在28篇文章中有16篇（近6成）是梁启超的文章，而在日语借词最多的前13篇文章中，除去排在第10位的一篇之外，作者都是梁启超。这足以证明，梁启超是《新民丛报》所有作者中使用日语借词最多的一位。

表2 《新民丛报》中含有日语借词10词以上的文章及其作者

作者／文章题目／连载次数	栏目	借词数
1. 梁启超"论教育当定宗旨"，刊登于第1、2号，连载2次	教育	43
2. 梁启超"新民说"，刊登于第1—72号之间，连载25次	论说	36
3. 梁启超"新史学"，刊登于第1、3、11、14、16、20号，连载6次	历史	35
4. 梁启超"生计学学说沿革小史"，刊登于第7—51号之间，连载7次	学说	31
5. 梁启超"论民族竞争之大势"，刊登于第2、3、4、5号，连载4次	时局	25
6. 梁启超"论中国学术思想变迁之大势"，刊登于第3—58号之间，连载14次	学术	23
7. 梁启超"格致学沿革考略"，刊登于第10、14号，连载2次	学说	22
8. 梁启超"论学术之势力左右世界"，刊登于第1号	学术	21
9. 梁启超"近世文明初祖二大家之学说"，刊登于第1、2号，连载2次	学说	19
10. 日本育成会"欧美公德美谈"，刊登于第30、31、32号，连载3次	译丛	19
11. 梁启超"地理与文明之关系"，刊登于第1、2号，连载2次	地理	18
12. 梁启超"法理学大家孟德斯鸠之学说"，刊登于第4、5号，连载2次	学说	15
13. 梁启超"意大利建国三杰传"，刊登于第9—19号之间，连载6次	传记	15
14. 蒋百里"军国民之教育"，刊登于第22号	军事	14
15. 蒋智由"华赖斯天文学新论"，刊登于第33、34号，连载2次	学说	13
16. 梁启超"进化论革命者颉德之学说"，刊登于第18号	学说	13
17. 蒋智由"中国人种考"，刊登于第35、42—43号，连载2次	历史	13
18. 光益"人格论"，刊登于第95号	译述	12
19. 梁启超"教育政策私议"，刊登于第8号	教育	11
20. 梁启超"再驳某报之土地国有论"，刊登于第90、91、92号，连载3次	论著	11

续表

作者／文章题目／连载次数	栏目	借词数
21. 梁启超 "中国专制政治进化史"，刊登于第 8、17 号，连载 2 次	政治	11
22. 陈焕章 "近世英国商业政策之发展"，刊登于第 95 号	译述	11
23. 遇虎 "英国国民之特性"，刊登于第 88 号	译述	11
24. 无署名 "新智识之杂货店"，刊登于第 1、18、25 号，连载 3 次	杂俎	11
25. 知白 "教育行政法制基本概念"，刊登于第 88 号	译述	10
26. 馨心 "中国新教育案"，刊登于第 3、5 号	教育	10
27. 无署名 "日本国情"，刊登于第 44—45 合刊号	战记	10
28. 许定一 "论托拉斯之利害"，刊登于第 69 号	生计	10

早在《时务报》时期，梁启超就在"论学校七·译书"（1896）一文中提倡翻译日文书籍。他流亡日本并创办《清议报》以后，便开始学习日文，编写了《和文汉读法》（1900），同时博览日文书籍，依据日译本翻译学术著作。梁启超充分利用日语汉字词易懂易记的便利条件，尤其注重吸收日文书中那些表达学术概念的名词。在他撰写的文章中，此类学术名词经常出现，成为梁氏新文体的特色，表 2 可以印证这一点。

2.2 梁文中的新日语借词

《新民丛报》中的日语借词可以区分为两类：一类是之前在《时务报》、《清议报》、《译书汇编》中已经出现过的，即先期已进入汉语的日语借词；另一类是在《新民丛报》中新出现的，即新进入汉语的日语借词[①]。在区分以上两类的基础上，按照含有日语借词的多少列出词数居前 10 位的文章，其结果如下：

表 3 《新民丛报》中含有新日语借词居前 10 位的文章

作者／文章题目	新出现的日语借词（二字词／三字词／四字词）
1. 梁启超 "生计学学说沿革小史"（13 词）	硬货／改革案、贵金属、货币论、建筑物、民约说、私有权／贸易机关、信用证券、重农学派、重农主义、重商主义、主权在民

---

① 这里所说的 "已出现" 和 "新出现" 是指清末 5 报范围内的出现情况。笔者的目的是区分日语借词和非日语借词，而不是寻找某个词的最早用例。

续表

作者／文章题目	新出现的日语借词（二字词／三字词／四字词）
2. 梁启超"新史学"（13 词）	空间、群体、时间、实现、缩图／航海术、金字塔、历史上、墓志铭、文学史、一元说、宗教史／国家政治
3. 梁启超"格致学沿革考略"（12 词）	惯性、力学、弹性／磁气学、加速度、解剖学、椭圆形、植物园／动物标本、形而上学、形而下学、直线运动
4. 梁启超"论中国学术思想变迁之大势"（11 词）	地理上、立脚点、世界观、政治史／烦琐哲学、干涉主义、怀疑主义、下等动物、学术思想、哲学思想、自由政策
5. 日本育成会"欧美公德美谈"（11 词）	便所、政见／动物园、孤儿院、候补者、疗养所、落选者、食料品、实验所、养育院、阅览室
6. 蒋百里"军国民之教育"（10 词）	国防上、记忆力、结晶体、军国民、忍耐力、商业国／农业立国、社会活动、实力竞争、野外演习
7. 蒋智由"华赖斯天文学新论"（9 词）	冰点、星云、液体／沸腾点、冰结点、排气器、社会中、双曲线、太阳系
8. 知白"教育行政法制基本概念"（9 词）	财务行政、军务行政、立法作用、师范教育、司法行政、司法作用、行政作用、外务行政、专门教育
9. 梁启超"新民说"（9 词）	公德、私德／反抗力、方位角、化合物、探险家、一箇人、自由国／废藩置县
10. 梁启超"近世文明初祖二大家之学说"（7 词）	代表人、反对派、诡辩家、怀疑派、天然界、学术界、自主的

表 3 显示，在含有新日语借词居前 10 位的文章中，梁启超有 6 篇且占据了前 4 位，表明在引进新日语借词方面梁启超同样最积极主动。从词语类别看，梁启超使用的日语借词以学术名词为主，涵盖的学科面较广，既有二字词也有三字词和四字词，而其他作者使用的日语借词往往局限于某一专门领域。这些特点反映了梁启超博览和钻研并重的学术态度，比如梁启超在"乐利主义泰斗边沁之学说"（第 16 号，1902.9.16）一文的末尾留有以下附言和参考书目：

边氏之说博大精深，其著书浩如烟海，……兹将所引用书目列后，学者欲窥全豹，请更就左记各籍而浏览之：

陆奥宗光译《利学正宗》（边沁原著 Theory of Legislation）

中江笃介译《理学沿革史》　　　　纲岛荣一郎著《西洋伦理学史》

纲岛荣一郎著《主乐派之伦理说》　山边知春译《伦理学批判》

竹内楠三著《伦理学》　　　　　　田中泰麻吕译《西洋哲学者列传》

杉山藤次郎著《泰西政治学者列传》　小野梓著《国宪泛论》
冈村司著《法学通论》　　　　　　有贺长雄著《政体论》

由以上书目可知，梁启超平时研读的都是日本人的原著或转译成日文的西方名著，而这些日文书籍中的学术名词正是梁氏摄取日语借词的主要来源。

3. 梁启超论"东籍"与"东学"

梁启超曾为提倡学日文译日书发表过几篇著名文章，如刊登在《时务报》上的"论学校七·译书"（第 27、29、33 册，1896.5.22—7.20）和"读日本书目志书后"（第 45 册，1897.11.15），还有刊登在《清议报》上的"论学日本文之益"（第 10 册，1899.4.1）。继 2 报之后，梁氏在《新民丛报》上又发表了这方面的新作"东籍月旦"和"释革"。

3.1 "东籍月旦"提倡读"东籍"而通"东学"

"东籍月旦"刊登在《新民丛报》第 9 号（1902.6.6）和第 11 号（1902.7.5）上，"月旦"一词在古汉语里有品评之意，梁启超以此为题的用意，似乎是想向读者推介"东籍"（即日文书籍）。第 9 号上刊登了"第一编普通学"的"第一章伦理学"，第 11 号上刊登了"第二章历史"，然而不知何故连载 2 次后便告中断，日后也未见汇编成单行本问世。

"东籍月旦"的主旨在于提倡"东学"（即东洋日本的学问），梁氏在文章开头说："我中国英文英语之见重既数十年，学而通之者不下数千辈，而除严又陵外，曾无一人能以其学术思想输入于中国。……直至通商数十年后之今日，而此事尚不得不有待于读东籍之人，是中国之不幸也。"[①]

对于"西学"成效不如"东学"的原因，梁氏指出两点："（一）由治西学者大率幼而就学，于本国之学问一无所知，……若治东学者，大率皆在成童弱

---

① 见《新民丛报》第 9 号，原本第 109 页。

冠以上,其脑中之自治力别择力渐以发达,故向学之心颇切,而所获较多也。(二)由欲读西文政治经济哲学等书而一一诠解之,最速非五六年之功不能。……若治东学者,苟于中国文学既已深通,则以一年之功,可以尽读其书而无隔阂,……故其效甚速也。"①

梁氏提倡"东学",主要基于以上两个原因。与此同时,梁氏也知道"东学"有其局限性,因而把"东学"视为"急就之法"。他指出:"东学之不如西学,夫人而知矣。何也?东之有学,无一不从西来也。……然则以求学之正格论之,必当于西而不于东,而急就之法,东固有未可厚非者矣。"②既然"东学"对国人来说是"急就之法",于是梁启超提出了速成日语之策,他说:"东语虽较易于西语,然亦非居其地接其人,以岁余之功习之不能。若用简便之法以求能读其书,则慧者一旬,鲁者两月,无不可以手一卷而味津津矣。故未能学语而学文,不学作文而专学读书,亦一急就之法,殊未可厚非也。"③

在"东籍月旦"中,梁启超除了列出31种伦理学专著和50种历史专著之外,还对部分著作做了点评。例如,在评价美国人札逊著《十九世纪列国史》的两个日文译本时,梁氏说:"福井与大内所译同一原书,然因文字之优劣,几使人截然不知其为雷同。读大内所译,觉其精神结撰、跃跃欲飞;而福井之本,乃厌厌无生气焉。"④可见梁氏有足够的日文阅读能力,能够品鉴评判译文的优劣。

又如,在谈到有关日本史的书籍时,梁氏说:"国民教育之精神,莫急于本国历史。日本人之以日本历史为第一重要学科,自无待言,但以华人而读东籍,则此科甚为闲著,因其与数千年来世界之大势毫无关系也。故我辈读日本史,第一义欲求知其近今之进步,则明治史为最要。第二义欲求知其所以得此进步之由,则幕末史亦在所当读。"⑤梁氏着眼于世界大势,从为我所用的思路出发,主张先读明治史,再去读幕末史。在20世纪之初能做出如此点评,充分体现了梁启超以实用为先的治学态度。

---

① 见《新民丛报》第9号,原本第109—110页。
② 见《新民丛报》第9号,原本第109页。
③ 见《新民丛报》第9号,原本第111页。
④ 见《新民丛报》第11号,原本第110页。
⑤ 见《新民丛报》第11号,原本第118页。

3.2 从"释革"看清末国人眼中的日语借词

梁启超在第 22 号（1902.12.15）上发表的"释革"，看似为了厘清词语概念，其实是借题发挥，提出自己的政治见解。文章从讨论 Revolution 的译法切入，指出"革命"一词的用法来自日语，同时辨析了"革命、改革、变革"的词义，全文的中心论点是："革命"并不意味着暴力和改朝换代，所以不要惧怕"革命"，中国需要大变革。

梁氏认为，英语 Reform 与 Revolution 的含义不同，前者是维系改进，后者是彻底推翻。日本人将前者译为"改革、革新"尚可，但将后者译为"革命"则欠妥，因为"革命"源自古汉语，原义是改朝换代。此段的原文如下：

> "革"也者，含有英语之 Reform 与 Revolution 如之二义。Reform 者，因其所固有而损益之，以迁于善，英国国会一千八百三十二年之 Revolution 是也，日本人译之曰"改革"曰"革新"。Revolution 者，若转轮然，从根底处掀翻之而别造一新世界，如法国一千七百八十九年之 Revolution 是也，日本人译之曰"革命"。"革命"二字非确译也。"革命"之名词始见于中国者，其在《易》曰："汤武革命，顺乎天而应乎人。"其在《书》曰："革殷受命。"皆指王朝易姓而言。①

梁启超还指出：几年前，中国的仁人志士曾把自己的社会活动称为"改革"，随着内忧外患的加剧，他们认识到只有"变革"才能救中国。所谓"变革"其实含义与英语 Revolution 一样，但是提倡 Revolution 的人多半是从日本学来的，由于日本人将 Revolution 译为"革命"，因此国人也人云亦云地跟着喊"革命、革命"。梁氏的原文如下：

> 中国数年以前，仁人志士之所奔走所呼号，则曰"改革"而已。比年外患日益剧，内腐日益甚，民智程度亦渐增进，……于是咸知非"变革"不足

---

① 见《新民丛报》第 22 号，原本第 1 页。

以救中国。其所谓"变革"云者，即英语 Revolution 之义也。而倡此论者多习于日本，以日人之译此语为"革命"也，因相沿而顺呼之曰"革命、革命"。①

针对有些人一提"革命"就联想到流血暴力，梁启超说：其实"革命"可以涉及方方面面，日本人有"宗教革命、道德革命"等，中国的进步青年也把"经学革命、史学革命"之类挂在嘴边，其实"革命"的本义就是"变革"，不必害怕。梁氏在这一段中列举了许多日语和汉语中有关"革命"的复合词，摘录原文如下：

夫"淘汰"也"变革"也，岂惟政治上为然耳。以日人之译名言之，则宗教有宗教之"革命"，道德有道德之"革命"，学术有学术之"革命"，文学有文学之"革命"，风俗有风俗之"革命"，产业有产业之"革命"。即今日中国新学小生之恒言，固有所谓"经学革命、史学革命、文界革命、诗界革命、曲界革命、小说界革命、音乐界革命、文字革命"等种种名词矣。……闻"革命"二字则骇，而不知其本义实"变革"而已。"革命"可骇，则"变革"其亦可骇耶？②

以上内容与词汇史研究也有关联，梁氏在文中举出的一连串说法是不是真实存在的日语词呢？经笔者检索明治时期的资料，确认"宗教革命，产业革命"是当时明治日语里存在的，但"道德革命、学术革命、文学革命、风俗革命"则查不到出处，有可能是清末国人自造的四字词。在"释革"一文的最后，梁启超疾呼："呜呼，中国之当大变革者岂惟政治！然政治上尚不得变不得革，又遑论其余哉！呜呼。"

4.《新民丛报》的夹注与日语借词

《新民丛报》刊载的政论文章中有不少夹注，主要是对重要词句作注解。原

---

① 见《新民丛报》第 22 号，原本第 2 页。
② 见《新民丛报》第 22 号，原本第 4 页。

本的正文为大字单行竖排，而夹注为小字双行竖排形式，也有少量夹注为大字单行加括号的形式（本书示例时一律使用单行加括号的形式）。梁启超撰写的文章最多，使用的夹注也最多，其中许多与日语借词直接相关。夹注大致可以分为以下几类。

4.1　正文使用日语「漢語」在夹注中作说明

明治日语的汉字新词（即「漢語」）因其构造与汉语词基本一致，很容易被中国人接纳。梁启超经常利用夹注形式介绍和引进日语的汉字新词。这种夹注形式可以细分成两类：一类是正文中使用某个日语新词，利用夹注说明该词是日语词。例如在以下各句中针对"论理学、金融、债权者、债务者"的夹注。

然非如阿里士多德论理学之三句法也（按英语 Logic 日本译之为论理学，中国旧译辨学，侯官严氏以其近于战国坚白异同之言译为名学，然此学实与战国诡辩家言不同，故从日本译）。（第 1 号，中国之新民，"近世文明初祖二大家之学说"，1902.2.8）

遂为全地球金融（谓金银行情也。日本人译此两字，今未有以易之）之中心点。（第 3 号，中国之新民，"论民族竞争之大势"，1902.3.10）

而古代法律所以保护债主权利者特重，债权者得没收债务者之财产、子女及其本身（债权者谓有索债之权利者也，即债主也。债务者谓有偿债之义务者也，即负债人也。此二语为日本法律上之名词，今以其确切，故采用之）。（第 19 号，中国之新民，"雅典小志"，1902.10.31）

另一类是正文中使用某个被日语赋予新义的古汉语词，利用夹注说明该词的新义出自日语。例如，古汉语的"生理"通常意为"生计、生意"，在日语中转指"人体器官的机能"，因此需要用夹注作说明。以下例句中"经济、空间、时间"的夹注也属于此类。

虽然不过生理上（人物体质生生之理，日本人译为生理学）自然之数而已。（第1号，中国之新民，"论教育当定宗旨"，1902.2.8）

于是经济上（日本人谓凡关系于财富者为经济）之势力范围，遂寖变为政治上之势力范围。（第2号，中国之新民，"论民族竞争之大势"，1902.2.22）

天下万事皆在空间又在时间（空间时间，佛典译语，日本人沿用之。若依中国古义，则空间宇也，时间宙也。其语不尽通行，故用译语），而天然界与历史界实分占两者之范围。（第3号，中国之新民，"新史学二"，1902.3.10）

4.2　正文使用日语「和語」在夹注中作说明

日语的「和語」虽然也用汉字书写，但构词方法却与汉语词大相径庭，如果不做说明，中国人难以通过字面理解。此类夹注为解释「和語」而设，如以下例句中针对"叠敷、辨当、手续、时计、但书"的夹注。

尝有政府所派侦探自匿于某家叠敷（日本席地坐，其室中之席名曰叠）之下七日，夜持辨当（日本有以小薄木匣盛冷饭宿馔以备旅行及工人用者，名曰辨当）以充饥。（第59号，"饮冰室自由书"，1904.12.21）

今此规则既以省令布之，苟欲撤回则非履行此手续（日语手续之义，言办事照例循行之规矩也）不可。（第71号，中国之新民，"记东京学界公愤事并述余之意见"，1905.12.26）

身着美丽之西洋服，胸带灿烂之金时计（日本谓表钟为时计，取意甚佳故用之）。（第71号，定一，"论道德与法律之区别"，1905.12.26）

则"若"字以下，应云后段，如同但书（日本法文，其后段常有用但字者，此名为但书。汉文若但二字，其意亦相仿佛）之规定也。（第75号，希白，"上海领事裁判及会审制度"，1906.2.23）

当然《新民丛报》中也有正文使用了「和語」却在夹注中不说明是日语词的情况，如以下例句中针对"觉书"的夹注：

> 有英俄德法美五国调印（画押也）之<u>觉书</u>（觉书者，条约名称之一种，所以证明权利义务互志不忘之意）。（第73号，希白，"上海领事裁判及会审制度"，1906.1.25）

4.3 正文使用日语词但在夹注中不作说明

如果《新民丛报》在使用日语词的地方都附上夹注的话，就没必要费力去辨别日语借词了，然而实际情况却是大多数日语词没有夹注，还有一部分日语词虽然附有夹注，但没有说明该词来自日语。此类夹注非但对辨别日语借词没有帮助，甚至会增加误判的危险，如以下附在"硬货、信用证券、会社、号外"等之后的夹注。

> 由不知易中之物不必专在<u>硬货</u>（指金银铜等货币），而更有所谓<u>信用证券</u>（指钞币及银行小票等）者。（第13号，中国之新民，"生计学学说沿革小史"，1902.8.4）
>
> 故从卢氏之说，仅足以立一<u>会社</u>（即中国所谓公司也，与社会不同），其会社亦不过一时之结集。（第38—39号合本，中国之新民，"政治学大家伯伦知理之学说"，1903.10.4）
>
> 每逢捷音至，则卖<u>号外</u>（新闻社于日报以外临时得信，则印刷号外发卖，以供众览）之声铮鎗聒耳于户外。（第46—48号，观云，"日俄战争之感"，1904.2.4）
>
> 市内之警察<u>出张所</u>（街中小屋警察休憩之地）悉为灰烬，无一存者。……同日颁行新闻纸杂志<u>取缔</u>规则（取缔者管理之意）。……遍请上下两议院议员之<u>有力者</u>（两大政党首领等）。（第69号，饮冰，"日俄和议纪事本末"，1905.5.18）

4.4 正文使用非日语词在夹注中作说明

《新民丛报》的夹注并不只针对日语词，也有在非日语词之后附夹注的情形。此类例句一般出现在译自日语的文章里，正文中使用了与日文原著不一样的译词，于是在其后的夹注中特意对日语原词加以介绍，如以下附在"工群问题、乐利主义、租、息、庸"之后的夹注。此类夹注大多出现在梁启超的译文中，因为他通达日语并关注学术名词的翻译，而且对选择译词有自己的见解。

> （六）工群问题（日本谓之劳动问题或社会问题），凡劳力者自食其力……。（第7号，中国之新民，"新民说七"，1902.5.8）
>
> 于是乎乐利主义 Utilitarianism 遂为近世欧美开一新天地（此派之学说，日本或译为快乐派，或译为功利派，或译为利用派。西文原意则利益之义也。吾今概括本派之梗概，定为今名）。（第15号，中国之新民，"乐利主义泰斗边沁之学说"，1902.9.2）
>
> 若是者名曰租（日本谓之地代），……若是者谓之息（日本谓之利润），……若是者谓之庸（日本谓之赁银）。租息庸三者，物价之原质也。（第19号，中国之新民，"生计学学说沿革小史"，1902.10.31）

不过，也有正文中使用了与日文原著不同的译词，但是在夹注里不提及日语原词的情况。例如，以下例句中的"利用价格、交易价格"是严复或梁启超自己的译词，日文原著中与之对应的日语原词应该是"使用价值、交换价值"，但在夹注里并没有提及。

> 斯密论物之价格分为二种，一曰利用价格（物每有利用甚宏，生事所不可无，而不可以相易。空气水土是已），二曰交易价格（物有利权甚大，而利用盖微。珠玑宝石是已）。（第19号，中国之新民，"生计学学说沿革小史"，1902.10.31）

5. 与日语借词有关的栏目

日语借词开始进入汉语的时间，大约在《申报》创刊（1872）到《时务报》创刊（1896）之间，而进入20世纪后国人才逐渐感受到日语借词的大量涌入。正如《辞源》（1915）卷首的"辞源说略"所说："癸卯甲辰（即1903—1904）之际，海上译籍初行，社会口语骤变，报纸鼓吹文明，法学哲理名词稠叠盈幅。"《新民丛报》创刊的时间正处在这个节点上，梁启超和部分读者已经意识到译词问题的重要性，因此，在《新民丛报》中出现了评论日语借词的栏目。

5.1 "问答"栏

此栏目在《新民丛报》第3—39号期间先后刊出14次，其中前6次（第3—11号）有涉及译词的内容，如"社会、经济学"的译法，"金融、要素"的词义，"学说"和"学术"、"民权"和"人权"的区别等。梁启超认为："日本所译诸学之名多可仍用，惟'经济学、社会学'二者，窃以为必当更求新名。"[①] 为此，《新民丛报》曾多次讨论"社会"和"经济"这两个日语词的译法，不过梁氏与读者各抒己见之后仍然难有定论。从"问答"栏的讨论可以看出，严复、梁启超等人刻意到古汉语中去寻找译词的复古思路，并不能有效地解决译词问题。笔者认为，在"问答"栏的诸多议论之中，有一位普通读者的提问倒是点出了译词问题的要害处，是此栏目的一处亮点。这位署名"东京爱读生"的读者说：

> 读贵报第一号"绍介新著"一门《原富》条下，于英文之 Political Economy 欲译为"政治理财学"，比之日本所译"经济学"，严氏所译"计学"，虽似稍确赅，然用四字之名（笔者注：指"政治理财"四字）未免太冗，称述往往不便。如日本书中有所谓"经济界、经济社会、经济问题"等

---

① 《新民丛报》第8号，"问答"栏之"（七）答"，原本第99页。

文，以"计"字易之固不通，以"政治理财"字易之亦不通也。①

这位读者指出，"政治理财学"和"计学"单用尚可，但是不能用于构成复合词。比如，"经济界、经济社会"不宜说成"政治理财界、政治理财社会"，也不宜说成"计界、计社会"。即是说，拟定译词时不应孤立地只看单独一个词是否合适，还要考虑到复合词甚至一组词。这个提问关乎译词的系统性，即使从现代词汇学的角度看也十分到位。

明治时期的日本人虽然没有严复、梁启超那样深厚的汉学素养，但是对汉字的构词规律却能心领神会，他们选择了一条如今看来颇具远见的路径，即：对于来自欧美的学术性基本概念，不论是借用古汉语的旧词还是另造新词，一般都以二字词去翻译。例如，借用古汉语的"经济"去对译 Economy，或另造新词"哲学"去对译 Philosophy 等。而对于从基本概念派生出的下位概念，则以表达基本概念的二字词为构词成分，利用复合的方式构成 2+1 型三字词或 2+2 型四字词。例如"经济＋界、经济＋学／经济＋社会、经济＋问题"等。

明治时期的日语按照这种梯次复合的构词方式，形成了以表达基本概念的二字词为中心，在周边派生出三字词词群和四字词词群的格局。反观清末时期的术语翻译，不论来华传教士的自然科学翻译，还是严复和梁启超等人的人文科学翻译，几乎无人留意译词的体系性。可以说，清末国人的在学术翻译方面的最大弱点，就是缺乏译词的系统性和构词的梯次性，这也是导致汉语在 20 世纪初无力阻挡日语借词大举进入的重要原因。

5.2 "新释名"栏

此栏目在《新民丛报》第 49、50、51 号上刊出过 3 次，编者在"新释名叙"（第 49 号）中称："本编由同学数子分类担任。……本编杂采群书，未经精细审定，……但所采必择名家之书。……本编每条，必将所据某书或参考某书

---

① 《新民丛报》第 3 号，"问答"栏之"（一）问"，原本第 103 页。

注出。……本编所译诸名，随手译述，未尝编次。……本编于各名词皆附注英文，其非采用日文者则并注之，以便参考。"据此可知，此栏目由几名留日学生编辑，旨在收集和解释各学科的术语。收集译词的方法是以各类日文学术书籍为底本，从中摘译与术语有关的内容。编者原计划要收集"哲学类、生计学类、法律学类、形而下诸科学类"的名词，但只刊出两次（第50、51号），解释了3个名词（社会、形而上学、财货）之后便再无下文。

从日语借词研究的角度看，"新释名"栏目有两个特点：一是词条均表明出处。如"社会"条标明"英 Society、德 Gesellschaft、法 Societe，采译日本建部遯吾《社会学序说》及教育学术研究会之《教育辞典》"。"形而上学"条标明"英 Metaphysics，采译《教育辞典》"。"财货"条标明"英 Goods、德 Guter，采译日本金井延《社会经济学》"。二是词条的篇幅长。编者从日文原著中摘译的内容相当多，如"社会"条的释义有3页，"财货"条更是长达8页，而每个词条的释义长文中也含有不少日语词。例如，在"社会"条中出现了"个人、观念、人格、物体、意识、义务／刺激的、化合物、集合体、收缩性、有机体／代谢机能、社会意识、下等动物"等。在"财货"条中可以找到"法人、商品、团体／绝对的、美术品、食用品、所有权、相对的"等。当时，汪荣宝、叶澜编《新尔雅》（1903）刚刚面世不久，"新释名"的编者或许受到该书的启发也想如法炮制，但很快便夭折了。

5.3 "绍介新著"栏

此栏目先后用过"绍介新著"（第1、4、6、18、22号）、"绍介新刊"（第20号）和"绍介新书"（第25、30、32、36、38—39、40—41号）这3个名称，在《新民丛报》上刊出过12次。其中，"绍介新著"的5次由梁启超执笔，每次篇幅在3.5页至9页之间，共介绍了18本书（日文翻译书7本，国人自撰书11本）。"绍介新刊"仅出现过1次，撰稿人应该也是梁启超，可能是因为该号介绍的《新小说》《游学译编》和《速成师范讲义丛录》更适合用"新刊"来称呼，所以更换了栏目名称。"绍介新书"的6次刊登于1903年2月至

11月之间，正好与梁启超出访美洲到返回日本的时间相吻合。梁氏出国期间委托蒋智由主持编务，自第25号起实行改版，于是更名为"绍介新书"。栏目的篇幅压缩到每次1.5页至4页，变成了单纯的图书广告，6次共介绍了27本书（日文翻译书11本，国人自撰书16本）。

本栏目的亮点在梁启超执笔的"绍介新著"部分，其实是梁启撰写的书评，尤其以谈译书和译词的两篇最有分量。一篇是评介严复翻译的《原富》（第1号），梁氏对严译所做的评论直言不讳，至今仍被人津津乐道，摘录原文如下：

> 严氏在翻译之外，常自加案语甚多，大率以最新之学理，补正斯密所不逮也。其启发学者之思想力别择力，所益实非浅鲜。至其审定各种名词，按诸古义，达诸今理，往往精当不易。后有续译斯学之书者，皆不可不遵而用之也。……但吾辈所犹有憾者，其文笔太务渊雅，刻意模仿先秦文体，非多读古书之人，一翻殆难索解。夫文界之宜革命久矣。欧美日本诸国文体之变化，常与其文明程度成比例，况此等学理邃赜之书，非以流畅锐达之笔行之，安能使学童受其益乎？著译之业，将以播文明思想于国民也，非为藏山不朽之名誉也。

另一篇书评刊登在第4号上，内容是对译书汇编社编译的《和文奇字解》（1902）的评介。通过这篇书评，可以看出梁氏对日语的语言特点是有足够认知的。在书评的开头，梁氏言简意赅地概括了日语音读和训读的历史，原文如下：

> 日本古代，或曰有文字，或曰无之。自隋唐以来，始假用中国文字，以傅会其固有之言语。故分为音训二种：音者照中国本音读之，训者以土音注之，使读者望文生义。故中国文字异声异形而义同者，彼读之皆为一音（笔者注：此处改为"一训"更准确），不复辨别。故日本文中之汉文，往往有不可解者，然细案之，义亦可通，职此故也。

梁氏认为，日语中之所以存在中国人难以理解的汉字用法，其原因有二：

一是日本人将汉语中的异形同义字都读成同一个训（如"初"和"始"在日语都读「はじめ」）。二是日本人借用中国汉字的音去书写记录日语固有的「和语」，因为只用中国汉字的字音而不用字义，中国人看到就不能理解。事实上，汉语的"音"和"训"与日语的"音读"和"训读"内涵不同，但梁氏没能清晰地理解和区分彼此，致使部分语句含混不清，辞不达意。

虽说梁启超是赴日后才开始用速成法学习日语，但是凭借其超强的求知欲和领悟力，短期内就取得了长足进步，甚至还编过一本《和文汉读法》（1900）[①]。而这篇《和文奇字解》的书评也让我们看到，梁氏对日语的历史和音形义的构造有比较深入的了解。

6. 小结

词汇史研究需要既关注词语本身，同时也关注词语与使用者的关系以及使用者对待词语的态度，而后者是本章论述的重点所在。从中日词汇交流这一特定的角度去观察《新民丛报》，可以尽量把注意力集中到与日语借词相关的内容上来。

在本章 5.1 处，笔者谈到清末国人的学术翻译很少考虑译词的系统性。在此问题上，作为清末学术翻译领军人物的严复和梁启超都缺乏明确的意识，我们可以通过《新民丛报》的文章了解这一点。例如，当有《新民丛报》的读者提到佛经中多用二字词时，严复在"尊疑先生复简·壬寅四月"（1902）一文中回答道：

来教谓佛经名义多用二文，甚有理解。以鄙意言之，则单字双字各有所宜。如 Economies 一宗，其见于行文者，或为名物，或为区别，自当随地斟酌，不必株守"计学"二字也。此如"化学"有时可谓"物质"，"几何"有时可翻"形学"。则"计学"有时自可称"财政"，可言"食货"，可言"国计"，但求

[①] 参见高宁（2002）、石云艳（2004）、王志松（2012）。

名之可言而人有以喻足矣①。

由此可知，严复认为翻译时采用一字词或二字词都可以，译词也可以随语境而变化。可见他关注的对象仅限于单个译词，而不大顾及译词的体系性。另一方面，梁启超则对译词采取"择善而从"的实用主义态度。例如，在"墨子之论理学"（1904）一文中，梁启超谈到英语 Logic 的翻译时说：

Logic 之原语，前明李之藻译为"名理"，近侯官严氏译为"名学"，此实用九流名家之旧名，惟于原语意似有所未尽，今从东译流行语作"论理学"。本学中之术语，则东译严译择善而从，而采东译为多。吾中国将来之学界，必与日本学界有密切之关系，故今毋宁多采之，免使与方来之译本生参差也。②

可见，梁启超对日语借词的容纳态度并非出于对译词系统性的认识，而是相当主观随意的。应该说，直接关注有关译词的话题是《新民丛报》的特色之一，但是从具体内容看，当时国人的认识还处在讨论个别译词的优劣取舍这样的初级水平上。

---

① 此文刊登在《新民丛报》第 12 号"名家谈丛"栏中，虽无署名但从内容可知为严复所作。
② 此文刊登在《新民丛报》第 49 号"饮冰室读书录"中。

第 12 章 《新民丛报》中的二字日语借词

1. 词语抽取与分类的概况

《新民丛报》是梁启超在日本主办的第二份报刊。到创办《新民丛报》时，梁氏已在日本生活了 3 年有余，不但掌握了速读日文的方法，阅读了许多日文学术书籍，使用日语借词也更加频繁自如。上一章对《新民丛报》内容做了概述，本章将对《新民丛报》中的二字词进行梳理和分析。

根据日语借词的特点，二字词的抽取对象主要是中日同形词、清末时短期进入汉语的日语词以及清末国人自造的汉语词。对于三字词和四字词，则不限于中日同形词，尽量全数收集。本着以上原则，从《新民丛报》中共抽取到各类词语 2720 个，去除重复词之后，最终得到单计词数 1740 词。其中含有许多在《时务报》、《清议报》、《译书汇编》已出现过的词，如果只计算在《新民丛报》中新出现的词，词数和在同类词中的占比如表 1 阴影部分所示：

表 1 《新民丛报》的抽出词与其他 3 报的关系（单计词数）

新民丛报的抽出词	二字词（769 词／44.2%）				三字词	四字词	多字词	合计
	有典	新义	无典	未收				
时务报 1896—1898 已出词	153	26	68	8	85	31	0	371
清议报 1898—1901 已出词	111	20	58	1	85	78	0	353
译书汇编 1900—1903 已出词	27	13	46	2	60	46	1	195

续表

新民丛报 1902—1907 新出词	107（26.9）	18（23.4）	67（28.0）	44（80.0）	346（65.0）	222（58.9）	17（94.4）	821（47.2）
抽出词合计	398（51.7）	77（10.0）	239（31.1）	55（7.2）	576（33.1）	377（21.7）	18（1.0）	1740

表1显示，《新民丛报》中新出现的二字词有236词（4类词合计），占二字词总数的30.7%，而新出现的三字词和四字词在各自类别中分别占65.0%和58.9%。这表明到《新民丛报》时，包括日语借词在内的新词的增长点已经转移到了三字词和四字词方面。为了避免与此前各报的词语相重复，本章将以《新民丛报》中新出现的236个二字词作为研究对象。

经过词源考证，可将这些二字词区分为表1所示的4类。"新义"词和"无典"词是二字日语借词的主要来源，然而《新民丛报》新出现的"新义"词和"无典"词分别只占同类词总数的23.4%和28.0%。此数值明显低于《清议报》的47.3%和61.6%，也低于《译书汇编》的30.0%和42.1%，可见新出现的二字日语借词正在逐渐减少。

2. 有古汉语出典的二字词

在《新民丛报》新出现的107个"有典"二字词中，8成以上都是汉语和日语至今都在使用的中日同形词。厘清这部分词的来龙去脉对中日双方的词源考证都十分重要。在汉语方面，既可以作为中日词汇双向交流的证据，同时也可以纠正和避免对日语借词的误认。而在日语方面，同样是区分古汉语旧有词和明治时期新造词时最基本的出发点。与此同时，在《新民丛报》的"有典"中还有少量现代日语和现代汉语都不存在的词，如"分利、名学、平准、泉币、群力、群智、摄力、生货、生利"等，通过这次词语调查，也确认了它们是古汉语词而不是清末的汉语新词。以下列举的是一部分《新民丛报》中新出现的"有典"词：

爱情	保安	悲观	北极	变异	表象	表征	参照	常态	潮汐	持论
赤道	纯粹	单身	淡水	导师	德性	电波	定性	断定	对立	法式
放弃	风力	感想	感应	公式	公园	观测	观察	官费	寒带	恒星
火力	机要	计划	健儿	矫正	精密	境遇	连锁	滤过	耐性	南极
凝固	牵引	球体	燃烧	人力	容积	肉食	世界	诉讼	卫星	小队
形状	学费	学制	要职	臆测	造反	榨取	战争			

进行词语调查是为了辨别日语借词,但在抽词阶段往往无法直接辨认出哪些词是日语借词,因此为了避免遗漏,需要将抽词范围扩大到全部中日同形词和清末新词。经过词源考证后会发现,在抽出的二字词中,往往半数以上是有古汉语出典的二字词。此类二字词虽然不属于日语借词,但在词源考证时如果处理不当,很容易出现误判[1],以下仅举数例说明。

2.1 长期

《汉语大词典》的书证出自清代吴趼人著《二十年目睹之怪现状》(1906):"短期你不肯,我就约你的长期,三年五年,随便你说罢。"(第 96 回)比这稍早的清末用例,如黄遵宪著《日本国志》(1887)中有以下表述:"减禁锢罚金,短期至十日以下,……长期多数仍在轻罪内,而短期、寡数既入违警罪内,则判官得以权进退之。"(卷 30)又如《新民丛报》中有以下用例:"英国长期国会之革命,实查理士第一之伪改革为之也。"(第 18 号,梁启超,"敬告当道者",1902.10.16)

日语方面有早于清末报纸的用例。如明治政府出版的司法省译『荷蘭国民法』(1882)中有以下用例:「長期ノ賃貸トハ,他人ニ属シタル不動産ヲ当然ニ使用スルコトヲ得可キ対物権ヲ云フ。」(第 2 篇・第 7 卷・第 767 条)又如日本人鸟居正功译『英国憲法史要』(1883)中的用例:「俗ニ長期国会ノ称ヲ

---

[1] 如《汉语外来词词典》(1984)中就存在不少把汉语词误判为日语借词的情况,参见朱京伟(1994)。

以テ知ラレタル国会ハ，一千六百四十年十月三日ニ集会シ，一千六百五十三年四月二十日ニ至リテ，クロムウエルノ解散スル所トナレタル……。」（長期国会）

　　如果只比较以上用例，或许就此认为"长期"是日语借词，其实通过检索《四库全书》电子版是可以查到古汉语出典的。如北宋李昉等编《太平御览》（977）中的用例："此天地之长期，符历之大数也。"（卷16）又如，南宋居简撰《北磵集》（约12世纪）中的用例："此法特严，长期短期各有常轨。"（卷4）据此可判断"长期"是古汉语有典的二字词。

2.2　持续

　　《汉语大词典》中没有古汉语书证，只列举了鲁迅等人的用例。《近现代辞源》（2010）中的最早用例出自觉迷编著《西药指南》（1918）。据笔者所见，汉语方面现有的最早用例见于《新民丛报》，如日本小野塚原著、梁启超译"国家原论"一文中有以下用例："国家各分子，恒有共同目的以相持续，即以此证国家为独立实在相。"（第75号，梁启超译，"国家原论"，1906.2.23）而在日语方面，「持続」的最早用例可以追溯到明治初年，在时间上明显早于中方用例。例如，小幡笃次郎译『上木自由之論』（1873）中的用例：「米国ノ人ハ永世ニ持続スルノ見込有テ憲章ヲ設ケ……。」[①]（合衆国ニテ印書ノ自由アル事）又如，福泽谕吉著『文明論之概略』（1875）中的用例：「全国ノ智力ヲ以テ国権ヲ維持シ，国体ノ基初テ定ルトキハ又何ゾ患ル所カアラン。皇統ノ連綿ヲ持続スルガ如キハ易中ノ易ノミ。」（卷1・第2章）

　　如上所述，清末汉语中的"持续"晚于日方用例，似乎是通过翻译从日语照搬来的。因此，能否找到古汉语用例，是判断"持续"究竟是否日语借词的关键。然而"持续"的特殊性在于，它在古汉语中十分稀少但并未绝迹。笔者检索了北京大学中国语言学研究中心CCL语料库的古汉语部分，结果显示没有

---

① 此例引自佐藤亨著『現代に生きる幕末・明治初期漢語辞典』（2007），第370页。

用例，但是在《四库全书》电子版中可以查到唐代刘知几撰《史通》（710）的如下用例："如班书地理志，首遂全写禹贡一篇，降为后书，持续前史。"（卷4）然而，仅凭这一个用例就判断"持续"有古汉语出典显得证据不足，需要发现新的例证才能最终解决此类个案。

3. 近代产生新义的二字词

在辨别日语借词时，由于对何谓新义的理解因人而异，此类词的认定最容易出现分歧。笔者认为，"新义"词应具有3方面特征：一是虽然有古汉语出典但词义与古汉语原义明显不符；二是可以证明新义首先出现在明治日语中；三是新义传入汉语后古汉语的旧义随之被取代不再使用。从清末5报的词语调查来看，各报中的"新义"词通常只有几十个，但这些词在清末报纸中反复出现，大多属于常用词。在《新民丛报》中，符合上述条件的二字词共有77词，其中包含在此前各报中已出现过的59词，占"新义"词总数的76.6%。具体来看，在《时务报》中已出现的"新义"二字词有以下26词：

大将　代表　发明　干事　革命　公权　机关　警察　军团　理论　起点
少将　少尉　社会　世纪　推论　协会　学科　演说　义务　影响　预算
杂志　中将　中尉　组织

在《清议报》中已出现的"新义"二字词有以下20词[①]：

暴动　初期　非难　感情　个人　個人　箇人　关系　观念　积极　绝对
科学　恋爱　谈判　现象　消极　原人　运动　中佐　主体

在《译书汇编》中已出现的"新义"二字词有以下13词：

保守　常识　单位　分子　肯定　命题　内容　属性　提案　问题　相对
引渡　印象

[①] 其中，"个人"一词在《新民丛报》中有"个人、個人、箇人"3种词形，为客观反映当时情况在此按3个词计算。

除去各报已出现过的词之后，余下的 18 词便是在《新民丛报》中新出现的"新义"二字词，占"新义"词总数的 23.4%。经过与《申报》中的首出例进行比对，可将这些词进入汉语的大致时间区分为两种情形：

一是《申报》中的用例早于《新民丛报》的词。可视为在《新民丛报》发行之前已进入汉语的"新义"词，共有 4 词，即"风琴、空间、缩图、星云"，占 18 词的 22.2%。

二是《申报》中的用例晚于《新民丛报》的词。可视为《新民丛报》发行期间新进入汉语的"新义"词，共有以下 14 词，占 18 词的 77.8%。

成分　个性　密度　内包　气体　群体　升华　实现　时间　私德　特征　推理　外勤　性欲

以下选取其中的 5 个词，对它们产生新义的情况进行说明。

3.1　成分

古汉语的"成分"意为"既定的身份、尺度、程度等"。如南朝罗含撰《更生论》（4 世纪中期）中的用例："是则人物有定数，彼我有成分，有不可灭而为无，彼不得化为我。"又如唐代张说等编《唐六典》（738）中的用例："若边要州都督刺史及诸州水旱成分，则佗官代焉。"（卷 3）再如北宋王钦若等编《册府元龟》（11 世纪前半期）中的用例："租庸每载加数成分者，特赐以中上考，如三载之内皆成分，所司录奏，超资与处分。"（卷 86）然而在现代汉语中，古汉语的原义已消亡，"成分"的新义为"构成事物的各种不同的物质或因素"。《汉语大词典》在此义项下只列举了现代人的用例，而且新义的来源不明。

在日语方面，早期用例出自江户末期兰学家的译著，如宇田川榕庵译著『舎密開宗』（1837）中的用例：「按ニ大気ノ成分，諸家ノ測量小異同アリ，蘇氏舎密ニ拠レバ，容ヲ以テ測ルニ，酸素瓦斯二十一分，窒素瓦斯七十五分」。（卷 2）又如川本幸民译『気海観瀾広義』（1851）中的用例：「終ニ物質原始ノ成分トナル者カ尚ホ未タ知ルベカラズ」。（卷 1）此 2 例中的「成分」与古汉

语的词义不同，专指「物を構成している要素・物質」。明治以后，始自兰学译著的这一用法被全面继承，在井上哲次郎编『哲学字彙』（1881）中「成分」作为 constituent 的译词出现，通过确立对译关系使词义更加明确。

到清末，当"成分"在汉语里重新出现时已经转变为新义。例如《新民丛报》中的用例："盖多有旋光质，其分子之<u>成分</u>不变，而可变为非旋光质。"（第42—43号，"有机化学与物理学相关之事"，1903.12.2）又如汪荣宝等编《新尔雅》（1903）中的用例："岩石不一，自其<u>成分</u>而别之为动物岩、植物岩、矿物岩。"（释地，第4篇）此外，《申报》中的首出例见于1903年3月8日刊载的"制磁说略"一文："磁之美劣全视料之粗细，料之粗细全视配合之<u>成分</u>。"从时间先后和传播途径看，可认为来自日语的影响是"成分"产生新义的原因所在。

3.2 升华

古汉语的"升华"意为"升官"。如南宋徐梦莘编《三朝北盟会编》（1194）中的用例："浑浑忠义之气，宪宪文武之资，为时显人，宜膺大任，亟<u>升华</u>与右揆，仍兼秩于西台。"（卷51）又如南宋徐自明撰《宋宰辅编年录》（1256）中的用例："敦简廉之风，赋庄厚之体，早<u>升华</u>于政路，遂长议于枢庭。"（卷6）另有元代王士点等撰《秘书监志》（1342）中的用例："臣某等著述罔功，际逢有幸，<u>升华</u>东观，忝陪清峻之班。"（卷8）然而现代汉语的"升华"已不复旧义，主要有两个义项：一是专业术语，即"固态物质不经过液态阶段而直接转变为气体的现象"；二是引申的用法，即"比喻事物的提高和精炼，由低级转为高级"。在这两个现代新义上，《汉语大词典》没有举出古汉语书证，只有现代人的用例。

在日语方面，江户末期的兰学著述中尚未出现「昇華」一词，据笔者所见，现有的最早用例出自明治初年细川润次郎编『新法須知』（1869）：「蒸留及ヒ<u>昇華</u>ノ装置ニ用ユル塗料〈リュチュム〉ト称スル者ハ，其器具受ル所口ノ熱ニ耐エ，及ヒ湿物或ハ乾物ノ抵触ニ耐ユ可キヲ要スルヲ以テ……。」（第176页）又如中司正朔编『受験必携理学問答』（1890）中的用例：「温度昇ルトキ，固体・液体ノ状ヲナサズシテ直ニ気体ニ化スルモノヲ昇華トムフ。」(103 問)这些用例中的「昇華」与古汉语的旧义相去甚远，表达的是"固态物质不经过液态阶段而直接转变为气体的现象"这一全新的意思。

汉语里出现这一新义是在 20 世纪初，最早如汪荣宝等编《新尔雅》(1903)中的用例："加热于固体，使变为气体，而此气体至冷处复凝为固体者，谓之升华。"(释化)又如《新民丛报》中的用例："又化学中诸法，如升华、滤过、结晶、蒸馏等，亦由氏而起一大革新。"(第 75 号，日本藤井乡三原著、红溪生译，"化学沿革史"，1906.2.23)此 2 例均与日语有关，可见汉语中"升华"的新义是在日语影响下产生的。此外，"升华"的新义在《申报》中出现较晚，首出例见于 1917 年 7 月 13 日刊载的"摄影术"一文："将中油中之结晶物榨出，以苛性钠硫酸顺次洗涤后，使之升华或蒸馏之。"

3.3 实现

《汉语大词典》没有古汉语书证，查《四库全书》电子版也仅有几条似词非词的用例。其中，"实现"可以视为二字词的用例，见于清代吴绮撰《林蕙堂全集》(17 世纪中期)："虽地经桑下不成三宿之情，而坐诵花中实现六道之果。"(卷 11)此句中的"实现"应与现代汉语的词义（即"使成为事实"）相近。另有一些"实现"更像一个短语，如明末梅鼎祚撰《释文纪》(1631)中的用例："故法华接唱显一除三，顺彼求实之心，去此施权之名，六也。虽权开而实现，犹掩常住之正义，在双树而临崖，乃易我净之玄音，七也。"(卷 19)句中的"权开"与"实现"彼此呼应，如果"权开"是 N+V 主述结构短语的话，通常"实现"也应该是同样结构的短语，可释义为"事实显现出来"。又如，明末毛晋撰《陆氏诗疏广要》(17 世纪前半)中的用例："虽生于水，水不能没；虽在淤泥，泥不能污。即华时有实，然华事始则实隐，华事已则实现。"最后一句可释义为"花开完之后果实便显现出来"，其中"实"是果实之意，"实现"是 N+V 主述结构的短语。

在日语方面，『改訂増補哲学字彙』(1884)率先将 realization 译为「実

现」，英日对译关系的建立使「実現」的含义变得明确，即「事実となって現れる」（动词），「実際に現れること」（名词）。这一词义变化其实伴随着词结构的转变，即日语的「実現」已从 N+V 主述结构转变为 M+V 状中结构。1890年代以后，「実現」的用例开始增多，如高瀬武次郎著『陽明学階梯・精神教育』（1899）中的用例：「若し此の太虚の気と理が物に著はれて，春に花咲き，秋に実る等実現するときは，愚夫愚婦の心眼と雖も，猶ほ之を覗て認識するを得れども……。」又如乙竹岩造著『新倫理学大意』（1899）中的用例：「是故に，吾人自我の実現は，他の同胞の補助を要し，他人の理想の実現は，亦吾人の助力を求む。」（第 11 章・第 26 節）

综上所述，清末以前汉语的"实现"用例稀少且没有固化为词。与此相对，明治以后「実現」在日语里成为英语 realization 的译词，而且既有动词用法也有名词用法。清末时，日语的「実現」通过书面翻译等途径传入汉语，取代了古汉语的旧义。在现代汉语里，"实现"与"重现、再现"等一样，属于 M+V 状中结构的二字词。反映"实现"新义的用例最早见于《新民丛报》中梁启超的文章，例如："埃及文明之花，实现于距今四五千年以前，于金字塔观其工艺之伟大，于木乃伊想其化学之发明"。（第 14 号，梁启超，"新史学四"，1902.8.18）此外，《申报》中的新义首出例出现较晚，见于 1910 年 12 月 11 日刊载的"橄新法官"一文："法者何？即哲学实现之一状态也。希腊法学导源哲学，柏拉图以调和克己主义说明正义，而正义之实现者即法律。"

3.4 时间

查《汉语大词典》主要有两个义项，一是"眼下、一时、立即"。古汉语书证如《水浒传》（14 世纪前半期）中的用例："原来是本官高太尉的衙内，不认得荆妇，时间无礼。"（第 7 回）又如《西游记》（1592）中的用例："如若不依，时间就打上灵霄宝殿，教他龙床定坐不成。"（第 4 回）二是"对空间而言，由过去、现在、将来构成的连续不断的系统"。此义项下没有古汉语书证，只有现代人的用例。笔者通过检索《四库全书》电子版发现，古汉语里用得较多的是"一时间、霎时间",单用"时间"的例句很少,但除了表达"眼下、一时、立即"等含义外,也有少数用例接近现代的词义。如宋代黎靖德编《朱子语类》(1270)中的用例:"世间岂有无事底人,但十二时看那个时间,一时闲便做一时工夫,一刻闲便做一刻工夫。"(卷121)又如孟祺等编《农桑辑要》(1273)中的用例:"至四五月内晴天,巳午时间,横条两边取热塘土,拥横条上成垅。"(卷3)

在日语方面,「時間」的用例最早出现在江户时期的兰学译著之中,如帆足万里著『窮理通』(1836)中的用例:「光線,大気を映し,大気伝はりて人目に至る。固に時間を費す。」(卷1・大界第2)又如广濑元恭译『理学提要』(1852)中的用例:「其ノ時間ヲ以テ其ノ動ノ遅速ヲ定ム可シ,又夕此ノ二ノ者ヲ以テ動ノ大小ヲ定ム可シ也。」(首卷・総論)这些用例中的「時間」没有古汉语"眼下、一时、立即"之类的含义,而是专指"时刻的长度"。明治以后,井上哲次郎编『哲学字彙』(1881)以「時間」对译英语 time,使「時間」的含义通过对译关系得以确立,进而成为与「空間」相对的学术概念。例如,雨仓子城译『論法講義』(1886)中的用例:「然レトモ,時間(タイム),空間(スペース),原因(コウース),本質(サブスタンス)ノ四者ニ至リテハ猶執テ動カズ。大ニ争論ヲ起セリ。」(第2章)

在汉语里"时间"与"空间"一起用于新义,最早见于《新民丛报》中梁启超的文章:"天然界与历史界实分占两者之范围,天然学者研究空间之现象者也,历史学者研究时间之现象者也。"(第3号,梁启超,"新史学二",1902.3.10)汪荣宝等编《新尔雅》(1903)中也有"时间"的用例:"流星之见,大抵仅瞬息间,反之而常现数分时间者,谓之火球。"(释天)以上2例均有受日语影响的痕迹,可以证明"时间"的新义来自日语。《申报》中的新义首出例见于1905年7月8日刊载的"论暑中休暇"一文,此文标明"译自日本台南新报",同样有日语影响的痕迹:"夫制限儿童就学之年龄与授业之时间者,专为儿童之健康及能力之发达计。……可适宜配置其时间或减少其时间,而多运动少学科。"

3.5 空间

在汉语方面，《汉语大词典》没有举出古汉语书证，只有现代人的用例，释义为"物质存在的一种客观形式，由长度、宽度、高度表现出来。与'时间'相对"。其实，这是"空间"的现代新义，而利用《四库全书》电子版可以检索到古汉语的用例。例如，宋代李焘编《续资治通鉴长编》（1177）中的用例："西贼境中生聚，牛羊皆迁徙远去，惟空间族帐，守者二三百人。"（卷131）又如清代纳兰性德撰《陈氏礼记集说补正》（17世纪后半期）中的用例："彼之野，盖谓国门外之郊野，此之野，盖谓稍远于寝门外空间之地。"（卷4）再如清代阿贵等撰《平定两金川方略》（1781）中的用例："如有空间田地酌量拨给安插，务使金川番众闻知咸思远害。"（卷3）在这些用例中"空间"可释义为"空、空闲、空白"等，与现代汉语的含义有所不同。这或许与古汉语的繁体字"空間"和"空间"字体相近有关。

在日语方面，最早的用例出自江户末到明治初期。例如，在堀达之助等编『英和対訳袖珍辞書』（1862）中"空间"作为vacuity的译词出现：「vacuity,空シキコト，空間ナルコト，欠乏。」又如中村正直译『西国立志編』（1871）中的用例：「一ニハ工事，或ハ職務ノ空間欠乏ナルコト，二ニハ疾病，三ニハ身故ナリ。」（十・十五）① 这时期的「空間」可释义为「物がなく，空いている所」，还保留着古汉语"空、空闲、空白"的意思。然而，在井上哲次郎编『哲学字彙』（1881）中「空間」作为英语space的译词出现，以此为开端显现出新义，成为与「時間」相对的学术概念。如山本信实编『代数幾何学』（1882）中有如下用例：「凡ソ三軸ヲ用キテ空間内ノ諸図ヲ顕ハス其法ノ要，只タ前已ニ詳論スルトコロ，平面図ノ二軸法ヲ以テ基本トナス。」（下册・第2篇）又如，日本雨仓子城译『論法講義』（1886）中的用例：「空間トハ即チ物質ニ属シテ此ノ一物ト彼ノ一物トノ間ヲ云フ。」（第2章）

在汉语方面，"空间"用于新义的最早用例出自《新民丛报》中梁启超的

---

① 此2例引自佐藤亨著『現代に生きる幕末・明治初期漢語辞典』（2007），第212页。

文章:"天下万事皆在空间又在时间(空间时间,佛典译语,日本人沿用之。若依中国古义,则空间宇也,时间宙也。其语不尽通行,故用译语)。"(第 3 号,梁启超,"新史学二",1902.3.10)从梁启超所加的夹注(括号内文字)可知,他认为"空间、时间"2 词出自汉译佛经,而日本人借去表达"宇宙"之意。又如汪荣宝等编《新尔雅》(1903)中的用例:"万有物体充塞于空间者,谓之物质。"(释格致)以上 2 例都与日语直接有关,恰好证明"空间"的新义来自日语。此外,进入 20 世纪之前《申报》中的"空间"也都是表示"空白、空闲"的用法,但仅有 1 例与新义很相似,出自 1881 年 7 月 12 日刊载的"谈天"一文:"夫奎光阁之亮光,大约是电气光发聚于空间薄云中所致,即中国俗谓天开眼者。"确定无疑的新义首出例则见于 1909 年 12 月 29 日刊载的"汽机与电机之发明"一文:"如现在通行之电车,以一铁条钩于架设空间之电线上,电气即能由此达于电车。"

通过 3.4 和 3.5 的分析可知,"时间"和"空间"在古汉语里原本是互不搭界的两个词,近代以后在日语里产生了新义并成为一对彼此契合的学术概念。其实它们产生新义的进程并不同步:"时间"在江户末期的兰学著述中已获得新义,而"空间"要到明治时期的 1880 年代才显现出新义。而且两个词从旧义到新义的变化幅度也不同:"空间"从"空白、空闲"之意转为"由长宽高构成的场所",词义的变化幅度较大。"时间"从"时刻的一点"(一时、立即)转指"时刻的长度",词义的变化幅度较小。对现代汉语而言,两个词都属于由日语赋予近代新义的二字词。

4. 无古汉语出典的二字词

《新民丛报》中共有 239 个"无典"二字词,其中在《时务报》、《清议报》、《译书汇编》中已出现过的合计有 172 词,占"无典"词总数的 72.0%。除去这部分词之后,在《新民丛报》中新出现的"无典"二字词共有以下 67 词,占"无典"词总数的 28.0%。

本能	便所	辨学	表决	宾词	冰点	惨剧	触觉	代价	弹性	沸点
副业	感官	感性	公德	公转	股东	股份	股票	固体	惯性	号外
幻觉	集体	假定	见习	焦点	教皇	结晶	快感	狂剧	力学	落选
美学	母财	奴性	情操	取缔	热度	认知	溶解	溶液	肉欲	神权
视觉	熟货	速度	天演	听觉	通性	味觉	温度	物观	喜剧	纤维
小词	性能	嗅觉	选手	雪线	液体	硬货	优点	杂质	折光	政见
质学										

在此结合《新民丛报》中的实例，特别着眼于构词特点，以其中3组后语素相同的"无典"二字词为例，简述词源考证的过程。

4.1 冰点、焦点、优点

在19世纪后半期来华传教士资料和日本兰学资料中，都能找到以"—点"为后语素的二字词，说明中日双方都可以造词，不过以日方造词居多。例如，从《新民丛报》抽出的"地点、论点、缺点、融点、弱点、视点、特点、污点、疑点"等都可认定为日语借词。在此仅对在《新民丛报》中新出现的"焦点、冰点、优点"进行词源考证[①]，此3词在古汉语和清末来华传教士资料中寻不到踪迹，因此有理由怀疑它们来自日语。

（1）冰点

在日语方面，现有最早用例见于日本兰学家的译著，如川本幸民译『気海観瀾広義』（1851）中的用例:「意太里亜国ニ於テ，験温管ヲ改正スト雖，氷点沸湯点ヲ定メザルガ故ニ，宜シカラズ。」（卷10）兰学家创造的新词被直接传承到明治时期，如明治初年须川贤久译『具氏博物学』（1875）中的用例:「大気ノ温度氷点以下ニアルトキハ水蒸気凍沍シテ雪トナリ」。（卷1・霜雪及ビ氷ノ論）

---

① 此处所说的"新出现"是就笔者调查的清末5报范围内而言，下同。

在汉语方面，"冰点"的现有最早用例见于陈家麟著《东槎闻见录》（1887）一书："北陆道诸国寒时寒温仪下冰点五六度，而热时至九十度以上。"清末传教士傅兰雅编《热学须知》（1898）中也有以下用例："瑞典人珊细荷司所创寒暑表与法伦表法同，惟以冰点为0度，以沸点为百度。"[①] 前一例出自访日见闻，有可能受到日语影响，然而傅兰雅著述中的"冰点、沸点"则应排除日语因素，视为他自己的造词。《新民丛报》中的"冰点"出自蒋智由（观云）的文章："今考宇宙空间之温度，在摄氏之冰点下二百七十三度，而太阳之表面，约九千度。"（第34号，观云，"华赖斯天文学新论"，1903.6.24）虽然作者未做任何说明，但该文中含有不少日语借词（其他如"星云、液体、沸腾点、冰结点、太阳系"等），很可能参照了日文资料。《申报》中的首出例稍早于《新民丛报》，见于1902年12月16日刊载的"欧洲奇冷"一文："奥京维也纳寒暑表退至冰点下二十度，亦历年所罕见者也。"

如此看来，"冰点"最早出自日本的兰学资料，但来华传教士也曾造出同样的词。因此汉语中的"冰点"可能存在两个传播途径，一是从来华传教士的汉文著述传承下来；二是通过翻译日文书籍进入汉语。

（2）焦点

在日语方面，早期用例见于幕末天文学家山路彰常等编『望遠鏡図説』（1856）一书，原文如下：「その十字線は見口玉の焦点に設るを製式とす。然るに前条凸凹の順鏡は筒中に焦点なき故，この十字線を施すこと能はす。」但「焦点」并没有马上稳固下来，而是销声匿迹了许多年，其间由同义词「焼点、聚光点」等占据上风。直到1878年（明治11年），在『英和数学辞書』中，Focus of a conic 被译为「截円錐曲線ノ焦点」，「焦点」再次浮现出来。1888年（明治21年）以后，术语辞典已大多采用「焦点」作译词，在专业书籍中的出现次数也逐渐增多，如桥本奇策译『实用应用写真术』（1895）中的用例：「此顕微鏡は，先つピント板の濃厚に焦点を採るを要す。」（第4章）总之，历经

[①] 此2例引自黄河清（2010）。

多年「焦点」才逐渐取代「烧点」成为 focus 的唯一译词[①]。明治以后「焦点」一直用在摄影、物理或数学等专业领域,至于"引人注目的集中点"这一引申义何时在日语里开始出现,有待进一步调查。

在汉语方面,汪荣宝等编《新尔雅》(1903)中使用了"烧点"一词:"轴半径之中点谓之烧点,烧点与凹面镜之距离,谓之烧点距离。"(释格致)"焦点"的现有最早用例出自《新民丛报》中梁启超的文章,而且是引申义的用法:"托辣斯能节制生产毋使有羡不足,且免物价之涨落无定也。此实托辣斯之最大利益,而亦左右袒者剧争之焦点也。"(第42—43号,中国之新民,"二十世纪之巨灵托辣斯",1903.12.2)颜惠庆编《英华大辞典》(1908)的 Focus 词条列出"光心、聚光点、烧点、焦点"作为译词,这与当时日本出版的英和辞典十分相像,显然是颜惠庆参照英和辞典的结果。此外,《申报》中的首出例见于1908年5月8日刊载的"科学之新发明·新灯台"一文:"其花岗石之部分高百四十七英尺,光线之焦点平面,当满潮时拔出水面有百五十九英尺。"总之,"焦点"从日语传入汉语的过程尚不够清晰,有待更加完整的描述。

(3)优点

在日语里,「優点」一词迟至明治20年(1887)以后才出现且用例相当稀少,早期用例见于有贺长雄译『麟氏教授学』(1891)一书:「学校教育ノ優点,学校教授ハ之ヲ単独教授ト区别スヘキ数人教授ナリト看做ストキハ……。」(56節)又如劲林园主人编『ナイチンゲール』(1901)中的用例:「日本赤十字なる雑誌第四十号に記載せる有賀長雄氏が我国赤十字社の優点について論せられたるものは,よく我赤十字組織の区別を明にしあれば,即之を左に転載せん。」(第162頁)此2例均与明治初年的著名学者有贺长雄有关,或可推测「優点」是由他首创的。然而,现在的日本国语辞典,包括最大型的『日本国語大辞典』(第2版)都没有收录「優点」一词,表明它已从现代日语词汇中消亡了。

在汉语方面,"优点"的现有最早用例见于《新民丛报》中梁启超的文章:"而绝大之学者,绝大之政治家,绝大之国民出焉,何也。其教育之优点,不在

[①] 关于"焦点"的发生与演变过程,参见木村一(2004)。

形质而在精神。"(第1号,中国之新民,"论教育当定宗旨",1902.2.8)梁氏此文虽非译文,但文中的日语借词不在少数。《申报》中的首出例见于1906年7月8日刊载的"醴陵磁业学堂之进步"一文:"其磁质之佳美虽目前不能与外洋比较,而较之江西景镇则可争一优点。"总之,"优点"是一个汉语借自明治日语而现代日语已不再使用的词,不过仅凭现有资料,尚不能描述其存废的历史以及进入汉语的过程,有待深入调查。

4.2 弹性、通性、惯性、感性

以"一性"为后语素的二字词既有古汉语词也有日语借词。仅以《新民丛报》中的词为例,"德性、定性、耐性、天性、知性"是古汉语词,"男性、女性、特性、弹性、通性、惯性、感性"则是日语借词。而且从词结构看,中日双方都有"N+N定中结构"和"V+N定中结构",因此要辨别中日哪一方造词,只能依靠词源考证。以下对《新民丛报》中新出现的"弹性、通性、惯性、感性"的词源进行探讨。此4词既没有古汉语出典,也没有在来华传教士汉文著译中出现过,与日语之间的关系值得关注。

(1)弹性

在日语方面,早期用例出自江户兰学家的译著,如川本幸民译『気海観瀾広義』(1851)中有以下用例:「温素ハ常ニ気中ニアリテ其機用ヲ司ル。実ニ弾性アル流体ノ精神ト称スベキ者ナリ。」(卷8)进入明治以后,兰学家的造词被沿用下来,如原多摩译述『理科新説』(1870)中有以下用例:「弾性,凡万物皆多少の弾性あり。」(卷2)又如,久米邦武著『米欧回覧実記』(1872)中的用例:「温火ノ竃上ニ展転シテ烘煉スレハ,其質又堅靭トナリ,弾性ヲ生ス。」[①](卷38)

在汉语方面,"弹性"的早期用例出自梁启超在《新民丛报》中撰写的文章:"其动力平行四边形亦其所创见,……海京士1629—1695不惟能造成悬摆

---

① 此2例引自佐藤亨著『現代に生きる幕末・明治初期漢語辞典』(2007)。

时表，而更研究弹性之作用，创为法条之时表。"（第 14 号，中国之新民，"格致学沿革考略"，1902.8.18）梁氏的这篇文章有否参照过日文资料，尚待进一步取证。汪荣宝等编《新尔雅》（1903）中有以下用例："物体受外力而变，外力一去即复原形者，谓之弹性。"（释格致）《申报》中的首出例见于 1912 年 10 月 26 日刊载的"程雪楼覆张国淦书"一文："号曰信，则其性绝严，不可轻犯，否则失其所以为党。党既发生，而智能发育之弹性必致大失。"综上所述，"弹性"应是日语借词，但其进入汉语的过程尚需详查。

（2）通性

「通性」也出自兰学译著，如广濑元恭译『理学提要』（1852）中的用例：「凡万有形ノ者皆ナ此ノ性ヲ具フ故，又タ之ヲ通性ト謂フ。毎物此ノ性ヲ通有スルノ義ナリ。」（総論）兰学家的造词直接传入明治时期，如内务省卫生局译『医学七科問答・理化学』（1879）中的用例：「（問）鉱属ノ重ナル通性ハ何如。（答）凡ソ鉱属ハ温熱及電気ノ好導体ナリ。」（化学各論・鉱属元素）而后，「通性」作为 Generic property 的译词在『哲学字彙』（初版，1881）中出现，使词义更为明确。又如山田董编『物理学粋』（1889）中有以下用例：「物体ノ通性中，万体普通ニ具有スルモノト或ハ時トシテ之ヲ欠如スルコトアルモノアリ。」（第 1 章）

在汉语方面，"通性"的早期用例出自《新民丛报》中梁启超编译的文章："所加形容词不过于诸有机体通性之外，而更举其特性，以示别于他种有机体焉。"（第 75 号，日本小野塚原著、饮冰译，"国家原论"，1906.2.23）此例句中的"通性"以及"特性、形容词、有机体"都是日语借词。《申报》的首出例与《新民丛报》时间相同，见于 1906 年 1 月 7 日刊载的"清国留学生问题"一文："译廿四日报知新闻，……得陇望蜀为彼等之通性，不仅无少改悛，至今尚无一人出校上课。"《申报》的次出例见于 1907 年 9 月 13 日刊载的"沈家本调查日本监狱情形清单"一文："其通性不外以监狱之囚徒托于一私人，听其使囚徒从事种种作业。"以上各例均与日本有关，可证明"通性"来自日语的事实。

（3）惯性

「慣性」是明治初年产生的新词，早期用例见于尺振八译『斯氏教育論』

(1880) 一书:「粗悪ノ器械ヲ使用セル製造者ハ,慣性及摩擦ノ為メニ,多クノ耗損セザル器械ヲ用キル所ノ製造者ト,固ヨリ勝ヲ争フコトヲ得ズ。」(卷1) 又如『砲兵教程・卷之三』(1882) 中的用例:「慣性着発信管ニ於テハ,擊発子必ス遊動ヲ為ス弹丸物ニ激触スルトキハ為メニ,殆シト其速力ヲ失ス。」(第 10 篇) 在明治日语里,「習慣性」一词似乎比「慣性」用得更多,而且「慣性」与近义词「惰性」长期并存。「慣性」作为 Inertia 的唯一译词被收入野村龙太郎编『工学字彙』(1886),其后一直被用于力学等专业领域,而「惰性」则有向其他领域转移的倾向。

在汉语方面,"惯性"的现有最早用例出自《新民丛报》中梁启超的文章:"其动力平行四边形亦其所创见,与葛珊智 1592—1655、笛卡尔 1596—1650 所谓惯性定例共为力学基础。"(第 14 号,中国之新民,"格致学沿革考略",1902.8.18)《申报》中的首出例见于 1906 年 2 月 17 日刊载的"派遣翰林游学之利病观"一文:"喜功名图上进,乃普通人之惯性,况翰林自束发受书,迄乎通籍。" 由此可见,"惯性"的日方用例早于中方是客观事实,但其进入汉语的路径尚不清晰,需要细致的描述。

(4) 感性

「感性」也是明治初年产生的新词,最初作为 Sensibility 的译词在『哲学字彙』(初版,1881) 中出现,之后如陆奥宗光译『利学正宗』(1884) 中有以下用例:「何人ヲ論セス。皆ナ一定ノ勢力ヲ具有スル某々ノ原因ニ遭遇スル時ハ,必ス或ル苦楽ノ分量ヲ感受スルノ気質ヲ有ス故ニ,今マ此気質ヲ名ツケテ,其人ノ感性ノ度数若クハ額数ト云フ。」(第 6 篇) 又如西村茂树著『心学講義・第五冊』(1886) 中的用例:「人ノ性能ノ第二類ハ感性ナリ。……西国ニテモ古代ハ感性ヲ論ズルコト識性ノ如ク切ナラズ……。」(第 16 篇)

在汉语方面,古汉语中貌似有"感性"出现,如南宋李杞《用易详解》(12 世纪末) 中的用例:"以性感性,以情感情,天地万物之常理也。"(卷 7) 其实这些"感性"均为"V+N 述宾结构"的短语,而明治日语的「感性」是"V+N 定中结构"的名词,二者之间并无渊源关系。名词"感性"的现有最早用例出自《新民丛报》中的一篇译文:"至此自识之成立,则本乎知性的统一与感性的统一之二者。"(第 95 号，光益译，"人格论"，1907.11.6）这篇译文虽然没有提及所依照的底本，但标题中的"人格"就是日语借词，而且经检索日方资料发现，1907 年以前出版的同名日方文献就有 6、7 种之多。由此可推测"人格论"一文与日语不无关系。此外，《申报》中的首出例相当滞后，见于 1926 年 1 月 20 日刊载的"贝多芬"一文："贝多芬名曲的成功都具有一种神性，……可见他确有优越的天才，热烈真挚之感性。"

4.3　触觉、视觉、听觉、味觉、嗅觉、幻觉

此 6 词都是汉语和日语仍在使用的中日同形词。首先，在中方的《汉语大词典》和《四库全书》电子版中查不到古汉语出典，而在日方的『日本国语大辞典』（第 2 版）也查不到古日语出典，说明它们很有可能是 19 世纪中期以后产生的新词。其次，在 19 世纪中后期的日本兰学资料和来华传教士资料中同样查不到此 6 词，表明它们并非由江户兰学家或来华传教士所造。经过以上步骤，词源考证的范围缩小至明治时期的日方资料。

明治初年，启蒙学者西周曾在私下的哲学笔记（1870—1873）中使用过「触觉」一词，另外还能见到「感觉、视官、聴官、味欲、臭欲」等词，以及「音色臭味寒熱ノ覚，病痛ノ覚」等词句①，这显示表达五官功能的词语已处于酝酿阶段。到井上哲次郎编『哲学字彙』（初版，1881）时，「Sight 视觉、Touch 触觉、Taste 味觉」作为译词率先出现，在 3 年后的『哲学字彙』（再版，1884）中「Sense of hearing 聴觉、Sense of sight 视觉、Sense of smell 嗅觉、Sense of taste 味觉、Sense of touch 触觉」等词一起出现②，因此可以说，表达五官功能的系列词语是 1880 年前后在日语中生成的。

以"－觉"为后语素的古汉语词可举出"感觉"和"知觉"。前者如元代吴海撰《闻过斋集》（14 世纪后半）中的例句："子方治北装，将省其亲，有数

---

① 参见大久保利謙编『西周全集』第 1 卷・哲学篇（宗高書房，1960），第 173—196 页。
② 其中的"嚊"字为"嗅"的异体字，音义相同。

千里之行，来别复触之，而感觉向来之癖未尽去。"（卷 2）又如，明代崔铣撰《洹词》（16 世纪前半）中的例句："在彼则塞，或敢于大，至细则疏。吾则兼有之，以迹之动，感觉之昭，以容之虚，纳见之实。"（卷 12）后者如南宋朱震撰《汉上易传》（12 世纪初）中的例句："仁义根于太虚，见于气体而动于知觉者也。"（卷 9）又如，南宋林栗撰《周易经传集解》（12 世纪中期）中的例句："何者与心相背而不相得也。块然居上而无所知觉也。"（卷 16）

然而需要注意的是，古汉语的"感觉"和"知觉"是"V+V 并列结构"的动词，而"视觉、听觉、味觉、嗅觉、触觉"等日语借词都属于"V+N 定中结构"的名词。明治以后，"感觉、知觉"在日语里实现了从动词用法到名词用法的转变，有了这一前提条件，"—觉"便可以作为名词性语素去自由构成以"—觉"为后语素的名词了。以下列举一些中日双方的用例，作为撰写词史个案的素材。

（1）触觉

在日语方面，继『哲学字彙』（1881）之后，奈良坂源一郎著『解剖大全·卷三』（1883）中有以下用例："マイスネル氏及ビワグネル氏，曾テ皮膚中ニ一定ノ部ニ於テ其乳頭中ニ触覚小体アルコトヲ発見セリ。実ニ一千八百五十二年ナリ。"（第 7 篇）又如有贺长雄著『教育適用·心理学』（1886）中的用例："之ヲ要スルニ，触覚ハ吾人ト外界トノ関係ヲシテ最モ親密ナラシムル者ナリ。"

在汉语方面，早期用例出自《新民丛报》："触觉者概为悲惨之梦。如心脏、肺等各部分，受强压而寝之时，多数机官，皆感其苦痛，则多惊慌悲叫之梦云。"①（第 34 号，观云，"华年阁物语"，1903.6.24）《申报》中的首出例见于 1907 年 9 月 27 日刊载的"论发给旗丁十年口粮之害"一文："然道路以目，吴越之见将由是而固结，一遇触觉，挺戈揭竿之事可翘足待。"次出例见于 1909

---

① 黄河清编《近现代辞源》（2010）举出的"触觉"用例出自森本藤吉述、陈高第译《大东合邦新义》（1898），唯独此例早于《新民丛报》。除此之外，该词典列举的"听觉、味觉、嗅觉"用例均出自 1903 年出版的《心理学教科书》，但笔者只在国家图书馆网站上查到日本人福来友吉撰、朱锡真译的同名抄本，且没有出版年。而日本国立国会图书馆的书目显示，福来友吉著『心理学教科書』在日本的出版时间为 1905 年。因此，《近现代辞源》的书证时间有待确认。

年 6 月 13 日刊载的 "论政府不宜专守秘密主义" 一文："政府以少数人的都俞吁咈当其冲，一无触觉，民亦日处于黑暗。"此 2 例中的"触觉"与现代的语感尚有隔阂，反映出当时食洋不化的情况。

（2）视觉

在日语方面，继『哲学字彙』(1881) 之后，饭盛挺造编译『物理学・中编』(1880) 中有如下用例：「凡ソ視覚ニ由テ物体ヲ判別スルニハ只其物体ヨリ発射シ来レル光線ノ網膜上ニ到達スルノミヲ以テ足レリトセズ……。」（第 6 章）又如有贺长雄著『教育適用・心理学』(1886) 中的用例：「視覚上ノ知覚ハ稍々間接ニ属スルモ範囲ノ広大ナル事，遥ニ触覚上ノ知覚ノ上ニ出ツ。」

在汉语方面，现有最早用例出自《新民丛报》："其成梦也，则于视觉上改换其物体例，则受蔷薇花香而梦者梦见其花，味甘糖者梦见甘糖之物。"（第 34 号，观云，"华年阁物语"，1903.6.24）《申报》中的首出例见于 1908 年 7 月 2 日刊载的 "法政绅班不限定额" 一文："此等学生不比中小学堂，但使课堂宽大，视觉听觉所及，每班八十人乃至百人不嫌其多。如日本各高专大学，每班至少亦八十人也。"

（3）听觉

在日语方面，早期用例见于有贺长雄著『教育適用・心理学』(1886) 一书：「聴覚ノ直接ニ伝フル所ハ音声ニシテ，音声ハ亜質ニ属スレバ，知識ノ上ヨリ言ヘバ価格薄キ者ナリ。」（第 7 章）又如松本驹次郎编译『理化入門・卷二』(1887) 中有以下用例：「蓋シ其肝要ナル部分ハ，外部ニアラスシテ内部ノ聴覚ヲ主トル処ニアルカ故ニ，此部ヲ囲ム所ノ骨ハ全身中最モ堅固ナルモノトス。」（第 8 章）

在汉语方面，现有最早用例出自《新民丛报》："受外部刺激者，如视觉官，于睡眠中与外界隔绝，……当睡眠时，听觉官之于音响亦然"（第 34 号，观云，"华年阁物语"，1903.6.24）《新民丛报》中还有以下用例："（丙）听觉：1、机关：听神经者分布于内耳之迷路中，受其刺戟而生之感觉也。"（第 83 号，祖武译述 "心理学剖解图说"，1906.7.21）《申报》中的首出例见于 1908 年 7 月 2 日刊载的 "法政绅班不限定额" 一文："此等学生不比中小学堂，但使课堂宽大，视觉听觉所及，每班八十人乃至百人不嫌其多。如日本各高专大学，每班至少亦八十人也。"

（4）味觉

在日语方面，早期用例见于松本驹次郎编译『理科入門・卷二』（1887）一书：「味覚モ亦人ニ快楽ヲ与フル具ニシテ味神経ハ一面舌分布シ，……其味ヲ一々精神ニ報スルモノナリ。」（第9章）又如夕雾丹治著『粋』（1888）中有以下用例：「関係を有するものと断定する標準を見出さんと欲せば，五感覚中，味覚に拠て之を求めさるべからず。」（第2章）

在汉语方面，现有最早用例出自《新民丛报》："味觉嗅觉之成梦者盖少。如吾人所经验，罕闻有嗅芳香而梦，味甘糖而梦者。"（第34号，观云，"华年阁物语"，1903.6.24）《申报》中的首出例见于1907年7月5日刊载的"中州通函"一文："今俞君捐款，提倡按照农林会社章程制造成茶，色泽尚可，惟味觉苦涩，须再讲求焙炼之法方可通行。"

（5）嗅觉

在日语方面，早期用例见于松本驹次郎编译『理科入門・卷二』（1887）一书：「嗅覚ハ大ニ人ニ快楽ヲ与フルモノニシテ，天造ノ物ニハ芳香ヲ保ツモノ頗ル多シ。」（第9章）又如西村正三郎译『心理学之応用』（1888）中有以下用例：「一ノ薰気物アリテ，嗅神経上ニ適宜ノ印象ヲ為ストキハ，心意ハ直ニ所謂嗅覚ト称スル状況ヲ生出スベシ。」（第16章）

在汉语方面，现有最早用例出自《新民丛报》："味觉嗅觉之成梦者盖少。如吾人所经验，罕闻有嗅芳香而梦，味甘糖而梦者。"（第34号，观云，"华年阁物语"，1903.6.24）《申报》中的首出例见于1915年1月19日刊载的"北京创办警犬研究所"一文："每一警犬训练毕业须在一年以上，而其功能则在嗅觉灵敏，能听主人之命令，忠于其事。"

（6）幻觉

在日语方面，「幻覚」一词最晚出现，早期用例出自川原泛编译『精神病学提綱』（1894）一书：「多数ノ実験的事実ニ由テ分明ナルガ如ク，幻覚ハ皮質的刺戟ノ結果ト看做サザル可カラズ。」（第1編・第1章）又如井上圆了著『妖怪学講義』（1896）中的用例：「既に内外の諸事情によりて……心内の想像その力を逞しうして，幻覚妄覚を生ずるに至るべし。」（第 3 講・第 28 節）

在汉语方面，《申报》中的首出例是现有的最早用例，见于 1905 年 11 月 27 日刊载的"观感灵术实验记"一文："遂试以各种幻觉，如以茶为酒，以纸为瓜子。与之乘马车状，作观剧状，皆能历举所见以对。"《新民丛报》中的用例也较早，原文如下："凡一切之知觉，往往有生幻觉之顷，绘画雕刻之术，皆利用其幻觉。"（第 83 号，汤祖武编译，"心理学解剖图说"，1906.7.21）这篇文章虽然没有提及所依据的底本，但该文章在"幻觉"之外还使用了"视觉、听觉、味觉、嗅觉、触觉"等，甚至还出现了已被汉语废弃的"筋觉、压觉、温觉"。由于这几个词只能在明治时期的日方资料里找到，据此可证明汤文与日语的关系。

以上分析表明，现代汉语中以"—觉"为后语素的二字词，基本上都是从日语引进的近代新词。

4.4 来华传教士和清末国人的新词

"无典"词是指在《汉语大词典》和《四库全书》中查不到古汉语出典的二字词。但并不全都是日语借词，其中还包含着少量 19 世纪后半期来华传教士和清末国人创造的汉语新词。需要将这部分词排除之后，才能最终确定哪些词是日语借词。

在《新民丛报》新出现的 67 个"无典"词中，经过进一步的词源考证，确认在来华传教士中文资料中可以查到用例的有以下 6 词，即：教皇（郭实猎《东西洋考每月统记传》1837）、热度（麦都思《遐迩贯珍》1853）、力学（丁韪良《格物入门》1868）、杂质（丁韪良《格物入门》1868）、质学（艾约瑟《格致质学启蒙》1898）、沸点（傅兰雅《热学须知》1898）。此外，还有 14 词属于未见日方用例，可视为清末国人创造的汉语新词，即"辨学、宾词、股东、股份、股票、集体、母财、奴性、认知、熟货、天演、物观、小词、折光"。

去除以上 20 词之后，余下的 47 词可初步认定为《新民丛报》中新出现的二字日语借词，占 67 词的 70.1%。为了把握这些词进入汉语的大致时间，经过与《申报》中的首出例进行比对，按照结果区分为以下两种情形：

一是《申报》中的用例早于《新民丛报》的词。可视为在《新民丛报》之前经由《申报》或其他途径进入汉语的二字日语借词，共有 11 词，即"冰点、代价、号外、幻觉、假定、结晶、取缔、溶解、速度、温度、选手"，占 47 词的 23.4%。

二是《申报》中的用例晚于《新民丛报》的词。可视为《新民丛报》发行期间新进入汉语的二字日语借词。共有以下 36 词，占 47 词的 76.6%。

本能	便所	表决	惨剧	触觉	副业	感官	感性	公德	公转	固体
惯性	见习	焦点	快感	狂剧	落选	美学	情操	溶液	肉欲	神权
视觉	弹性	听觉	通性	味觉	喜剧	纤维	性能	嗅觉	雪线	液体
硬货	优点	政见								

5.《汉大》未收的二字词

在《新民丛报》新出现的二字词中，属于《汉语大词典》未收的词共有 44 词，占"未收"词总数的 80.0%。通过查阅这些词在中方《汉语大词典》和日方『日本国語大辞典』中的收录情况，可区分为两类词：

一类是中方的《汉语大词典》没有收录，而日方的『日本国語大辞典』有收录的词。属于此类情形的共有 36 词，占 44 词的 81.8%。又可将它们区分为两种情形：一是中方用例早于日方用例的词，只有"教权、悬绝、洋乐"3 词。其中"悬绝"是古汉语词，传入日语后使用至今，而在现代汉语里已经消亡。"教权、洋乐"可能是清末国人创造的新词，但如今已被废弃。二是日方用例早于中方用例的词，共有以下 33 词：

癌肿	财界	乘员	触官	磁气	粗品	基线	见本	觉书	筋觉	类化
旅团	名辞	内界	起业	情育	取引	融点	软质	射角	视官	酸素
碳素	听官	味官	温觉	污点	现品	星群	星体	压觉	演坛	争点

这些词绝大多数属于清末时一度进入汉语但未能存活下来的日语词，但也有少数词是现代汉语还在使用的。例如"乘员、基线、污点、星体"4词虽然《汉语大词典》没有收录，其实《现代汉语词典》从试用本（1960）起就一直收有"基线、污点、星体"，自第3版（1996）起又增加了"乘员"，显然是《汉语大词典》将它们遗漏了。

另一类是中方的《汉语大词典》和日方的『日本国語大辞典』都没有收录的词。共有8词，即"大词、单质、汇价、媒词、群德、心观、嗅官、涨性"，占44词的18.2%。这些词几乎都属于清末时曾使用一时但未能存活下来的汉语词，只有"汇价"是不同的个例。《现代汉语词典》试用本（1960）中没有收录"汇价"，直到第5版（2005）后才被重新增补进《现代汉语词典》。

6. 小结

本章通过词源考证将《新民丛报》中的二字词分为"有典"、"新义"、"无典"、"未收"4类，并选取若干个案例进行了词史描述，现将要点归纳如下：

（1）对于"有典"二字词，本章论述的"长期"因《汉语大词典》的书证滞后，需要通过《四库全书》确认其古汉语出典。"持续"属于用例稀缺的古汉语词，此类词的考证难度较大，尚需进一步补充例证。

（2）对于"新义"二字词，5个案例的视角各有不同。"成分"和"升华"属于因词义转移而产生新义的类型。"时间"和"空间"虽然也属于词义转移，但特色在于，原本互不搭界的两个词在日语中转变为一对词形和词义彼此契合的概念。而"实现"则属于词义变化伴随结构变化的案例。

（3）对于"无典"二字词，本章选取了以"一点、一性、一觉"为后语素的二字词作为案例。结果显示，以"一觉"为后语素的二字词都是表达五官感觉的，形成了一个集中生成的词群。但是以"一点、一性"为后语素的二字词分别属于不同的领域，因而各有不同的成词时间和路径。可用表2整理如下：

表 2　以"一点、一性、一觉"为后语素的二字词在日语中的成词时期

后语素	1850—1867（江户兰学）	1868—1876（明治 1—9 年）	1877—1886（明治 10—19 年）	1887—1896（明治 20—29 年）
一点	冰点、焦点			优点
一性	弹性、通性		惯性、感性	
一觉			触觉、视觉、听觉、味觉、嗅觉	幻觉

（4）对于"未收"二字词，按照各词在中日双方大型辞书中的收录情况可分为两类，一类是清末曾存在一时但中途夭折的汉语词，另一类是清末时一度进入汉语但未能存活下来的日语词。在《新民丛报》中后者占 7 成以上，其中"基线、污点、乘员"3 词被《汉语大词典》所遗漏，有可能是日语借词。

第 13 章 《新民丛报》中的三字日语借词

1.《新民丛报》三字词的概况

从《新民丛报》中共抽出三字词 576 个，占抽出词总数的 33.1%（见第 12 章表 1）。此数值与《清议报》和《译书汇编》的三字词占比（23.2% 和 27.5%）相比较是最高的，可视为 20 世纪初汉语中三字词迅速增多的缩影。576 个三字词中包括 2+1 型三字词 536 个（93.1%），1+2 型三字词 39 个（6.8%），音译词 1 个（虎列拉，0.1%）。

经过与其他报纸进行比对，发现《新民丛报》的 576 个三字词中含有此前已出现过的三字词 232 个，占三字词总数的 40.3%。这些词大多是进入汉语较早且使用率较高的三字词，如果从 2+1 型三字词的后部一字语素进行统计，其中构词多的后部一字语素有：—力、—学（13）、—的、—权（12）、—国（10）、—党（9）、—家、—界、—品（8）、—法（7）、—人、—上、—税（6）、—派（5）、—兵、—会、—物（4）[①]，几乎都是明治日语里大量构成三字词的后部一字语素。除去已出现过的三字词之后，《新民丛报》中新出现的三字词共有 344 个，占三字词总数的 59.7%。其中含有 2+1 型三字词 318 个（92.4%），1+2 型三字词 26 个（7.6%）。

26 个 1+2 型三字词 8 成以上是日语三字词。从语素层面看，后部二字语素全部为名词，而前部一字语素则具有多种词性。既有形容词性的（如：大+前

---

① 括号内为各后部一字语素的构词数。

提、小+册子、新+思潮、贵+金属、双+曲线、副+产品、正+比例、主+动力），也有名词性的（如：南+纬度、北+半球、肺+结核），还有动词性的（如：动+神经、视+神经、活+火山、死+火山、加+速度、异+民族、准+士官），以及副词性的（如：极+左端、再+选举）。其中有些前部一字语素在古汉语里是不能构成 1+2 型三字词的，日语借词进入汉语后带来了新的构词功能。这些问题值得深入探讨，但由于 1+2 型三字词的数量很少，本章将以《新民丛报》中新出现的 318 个 2+1 型三字词作为研究对象。

2. 区分不同来源的三字词

在词源考证的基础上，可将 318 个 2+1 型三字词区分为以下 3 种情形：一是日方用例早于清末报纸的三字词（209 词，65.7%）；二是未见日方用例的三字词（44 词，13.8%）；三是日方用例晚于清末报纸的三字词（65 词，20.5%）。与《译书汇编》三字词的同类数值（80.3% ：9.2% ：10.5%）相比较[①]，《新民丛报》日方用例早的三字词的占比降低了 14.6 个百分点，而未见日方用例和日方用例晚的三字词的占比则分别上升了 4.6 个和 10.0 个百分点。这表明到《新民丛报》时，日语三字词的占比下降，汉语三字词的占比上升，这种趋势已经变得相当明显。以下结合实例对 3 种情形分别进行说明。

2.1　日方用例早于清末报纸的三字词

包括《新民丛报》在内的清末 5 报是日语借词大量进入汉语的早期通道，因此，某三字词的日方用例早于清末报纸，便可初步判断该词是来自日语的三字词。为了突出日语 2+1 型三字词的构词特点，下面以 4 组后部一字语素相同的三字词为例，对各词的词源做一概括。

---

① 参见第 9 章第 2 节。

（1）忍耐力、记忆力、理解力、想象力

在《新民丛报》新出现的三字词中，以"—力"为后语素的三字词共有10个，其中"反抗力、记忆力、理解力、忍耐力、想象力、消费力"为日方用例早的三字词，标题所示的4词日语和汉语至今仍在使用。

"忍耐力、记忆力"的用例出自同一篇文章，原文如下："故所谓<u>忍耐力</u>者，在平日之口说易，在临时之实际难，在思想之所及于虚者易，在气魄之直任于事者难，是贵养之也。……今以小学校卒业之年龄自十二乃至十四岁为假定，则以彼敏锐之<u>记忆力</u>，习最快乐之军事。"（第22号，蒋百里，"军国民之教育"，1902.12.15）作者蒋百里1901年起在日本陆军士官学校留学，据笔者对《新民丛报》各类文章的调查，此文在日语借词最多的28篇文章中列第14位①。因此有理由推测"忍耐力、记忆力"是日语三字词。

在日语方面，「忍耐力」的早期用例见于石田为武编『英国ドクトルドレッセル同行报告书』（1887），原文如下：「斯ノ如ク，スルコト数年ノ久ヲ歴テ，其製出ノ物品，終ニ自整ヲ得ヘク，因テ次第ニ広売ノ道ヲ得ルニ至ルモノトス。是レ<u>忍耐力</u>ノ存スルト否トニ由テ然ルナリ。」「記憶力」的早期用例见于田中周平著『記憶法』（1887），原文如下：「身体疲労スルトキハ記憶モ亦随テ薄シ故ニ，<u>記憶力</u>ヲ強カラシメント欲スルハ，必ス先ツ全体ヲシテ健全ナラシムルニ在リトス。」

"理解力、想象力"在《新民丛报》中的用例出自梁启超的同一篇文章："殆时势产英雄，而非种姓之所能为力也。稍长，受寻常社会之教育，虽然彼以绝世天才，富于<u>理解力</u>、<u>想象力</u>……。"（第17号，中国之新民，"近世第一女杰罗兰夫人传"，1902.10.2）而在日语方面，土屋政朝译『删订教育学・卷之二』（1883）中有「想像力」的早期用例：「記性ハ既往ヲ蹤跡シ，<u>想像力</u>ハ将来ヲ懐想ス。」高须治辅译『露国教育法』（1891）中有「理解力」的用例：「懇切ニ説明シテ，<u>理解力</u>ヲ発達セシムルコト肝要ナリ。」综上所述，以上4词的日方用例均早于清末报纸，可认定为日语三字词。

---

① 参见本书第11章第2节表2。

（2）文学史、宗教史、古代史、教育史

在《新民丛报》新出现的三字词中以"一史"为后语素的三字词共有 9 个，其中有 8 词，即"古代史、教育史、今代史、时代史、文学史、政治史、中代史、宗教史"为日方用例早的三字词，在此选取中日双方最常用的 4 个词，简述各词的词源情况。

《新民丛报》中有"文学史、宗教史"的如下用例："中国数千年惟有政治史，而其他一无所闻。梨洲乃创为学史之格，使后人能师其意，则中国文学史可作也，中国种族史可作也，中国财富史可作也，中国宗教史可作也。诸类此者，其数何限。"（第 1 号，中国之新民，"新史学"，1902.2.8）查看古汉语资料，"文学史"曾用作古代官名但词义与现代语无关，而"宗教史"全无出处。在日语方面，早于清末报纸的用例较多，例如三上参次等著『日本文学史』（1890）中有「文学史」的如下用例：「文学史は，文学の起源発達を叙すると共に，つとめて，其中に潜伏せる元気の活動せし跡を示すべし。」又如姉崎正治著『印度宗教史』（1897）中有「宗教史」的如下用例：「今其大勢の遷移に従て印度宗教史の時代を区分せんか左の如くすべし。」

"古代史"在《新民丛报》中的用例如下："事实之以时代分次者，谓之时代史，其类有三，曰古代史、中代史、今代史。"（第 33 号，贵公，"法兰西文学说例"，1903.6.9）"古代史"一词在古汉语资料中无出处，而在日语方面，此例中的"古代史、中代史、今代史"均有早于清末报纸的用例，如岩崎铁次郎编『受験予備万国歴史』（1889）中有「古代史」的如下用例：「第一ハ古代史ニシテ埃及印度等，上世東洋諸国ノ歴史ヨリ降リテ，紀元四百七十六年西羅馬滅亡ニ至ル。」

"教育史"在《新民丛报》中的用例如下："教育史中之位置，罗马不足望希腊之后尘也。然罗马承希腊文美之余风，独标一实用主义，辟新国土于教育界中……。"（第 35 号，蜕庵（麦孟华），"泰西教育学沿革小史"，1903.7.8）查清末以前的中方资料未见此词，而在日语方面，「教育史」的用例可追溯至明治初年，如西村茂树译『教育史』（1875）中的用例：「蓋シ教育史ノ田野ハ今日ニ至ルマデ，未タ英国ノ語ヲ以テ之ヲ踏開セシコトナシ。」综上所述，"古代史、

教育史、文学史、宗教史"的日方用例均早于清末报纸，可认定为日语三字词。

（3）神经质、有机质

《新民丛报》中共有以"—质"为后语素的三字词8个，其中有6个，即"胆汁质、多血质、神经质、营养质、有机质、粘液质"为日方用例早于清末报纸的三字词，标题所示的2词是中日双方最常用者。

《新民丛报》中有"神经质"的如下用例："人之性质，据服度氏之说，分为四种，即强而速、强而迟、弱而速、弱而迟之四种也。分列如下：……沉郁性（神经质）Melancholic……。"（第30号，观云，"华年阁杂录"，1903.4.26）在日语方面，「神経質」的词源可追溯至江户兰学时期，在川本幸民译『気海観瀾広義』（1851）和绪方洪庵译『扶氏経験遺訓』（1857）中均有用例[①]。明治以后，如今泉六郎编『家畜衛生要論』（1887）中有如下用例：「凡ソ神経質ノ動物ニ在テハ四肢細クシテ甚タ動移スベキ筋織ニ被ハル……。」

"有机质"在《新民丛报》中的用例如下："其后，法国人卑儿退娄Berthelot造成多种复杂之有机质，即动植物体内所含者，皆可以人工造之。"（第52号，春水，"有机化学通论"，1904.9.10）在日语方面，「有機質」的用例明显早于清末报纸，如在石冢左玄著『飲水要論』（1880）中有如下用例：「有機質ノ塩類中ニ挟雑スルノ量毎，水一貫匁中五厘以下タルトキハ，日常ノ用ニ供スヘシト雖トモ……。」由此可见，"神经质、有机质"的日方用例均早于清末报纸，足以认定为日语三字词。

（4）反对派、怀疑派

在《新民丛报》新出现的三字词中以"—派"为后语素的三字词共有6个，其中有5词，即"反对派、过激派、怀疑派、立宪派、秩序派"为日方用例早于清末报纸的三字词。标题所示的2词为中日双方最常用者，用例出自梁启超的同一篇文章，原文如下："笛卡儿Descartes怀疑派之学说（亦名穷理派）。笛卡儿，法国人，生于一千五百九十六年……。倍根与笛卡儿两派，自其外形论之，实两反对派也。"（第2号，中国之新民，"近世文明初祖二大家之学说"，1902.2.22）

[①] 参见朱京偉（2011a）的7.2（3）。

在日语方面，可以找到早于清末报纸的用例，如黑田长成著『菅相公』(1901) 中有「反対派」的如下用例：「公ノ如ク，反対派ノ為メニ痛ク忌憚セラレ，嫉視セラレ，陥擠セラルヘキ筈モアラサリシナラン。」伊藤银月著『詩的東京』(1901) 中有「懐疑派」的如下用例：「其教科参考書は古代希臘の末期に跋扈したる懐疑派（Skepticism）の哲学にして……。」据此可认定"反对派、怀疑派"为日语三字词。

在《新民丛报》中新出现的 318 个 2+1 型三字词中，属于日方用例早的三字词共有 209 词，占总词数的 65.7%。但这些词不一定全都是《新民丛报》发行期间进入汉语的。通过与《申报》中的首出例进行比对，可以了解这些日语三字词进入汉语的大致时间。有以下 3 种情形：

一是《申报》中的用例早于《新民丛报》的词。可视为在《新民丛报》之前已进入汉语的日语三字词，有以下 35 词，占 209 词的 16.7%。《申报》是一份重时效而受众广的报纸，经由《申报》最先进入汉语的日语三字词主要是表达具象事物的称谓名词，如"电话机、动物园、派出所"，也有表达抽象事物的概念名词，如"保险金、航海术、统计学"。

保护税	保险金	裁判长	地动说	电话机	电气车	动物园	改革案	贵重品
航海术	花柳病	集会所	奖励金	解剖学	精神病	离心力	理化学	练习所
美术馆	派出所	评议员	社会中	神经病	事业费	水蒸气	司令部	天然的
统计学	养育院	邮便局	运送船	展览会	蒸馏法	植物园	制造费	

二是《申报》中完全没有出现过的词。可视为《新民丛报》发行期间新进入汉语的日语三字词，有 10 词，即"差异法、出立点、国防上、接近律、经度线、类似律、立君国、排气器、绍介状、一元说"，占 209 词的 4.8%。这些词专业性强，使用范围狭窄，因此只在《新民丛报》中出现。

三是《申报》中的用例晚于《新民丛报》的词。也属于《新民丛报》发行期间新进入汉语的日语三字词，共有 164 词，占 209 词的 78.5%。这些词在 2 报中都有用例，可推测其使用范围和存活率应高于上一类三字词。同时，此类词的占比高达近 8 成的结果也表明，经由《新民丛报》等清末 5 报进入汉语的日语三字词，通常在时间上比《申报》更早，数量上也比《申报》更多。举例如下：

白垩纪	哺乳类	陈列品	成文法	冲突点	抽象的	传染性	代名词	胆汁质
道德性	二元论	反对派	方位角	沸腾点	风云儿	孤儿院	古生代	诡辩家
过激派	化合物	怀疑派	回归线	记忆力	间歇性	建筑物	结晶体	金字塔
进化论	精神上	具体的	具象的	军需品	科学家	理解力	理论的	立脚点
疗养所	盲肠炎	毛细管	评议会	普遍性	人生观	忍耐力	三叠纪	社会性
神经质	生理上	生死观	石炭纪	世界观	思想家	太阳系	探险家	唯心论
文学史	无风带	无机物	想象力	形容词	学术界	游击队	有机质	阅览室
运动场	占领军	政治史	支配权	中生代	侏罗纪	子午线		

2.2 未见日方用例的三字词

对于在明治时期的日方资料中找不到用例的三字词，有理由怀疑它们是清末国人创造的汉语三字词。在《新民丛报》新出现的 318 个 2+1 型三字词中，属于此类者共有 44 词，占总词数的 13.8%。通过与《申报》中的首出例进行比对，可区分为以下 3 种情形：

一是《申报》中的用例早于《新民丛报》的词。可视为在《新民丛报》之前已存在的汉语三字词，仅有 6 词，即"保卫局、丁口税、房屋税、歌舞剧、田亩税、椭圆形"，占 44 词的 13.6%。

二是《申报》中完全没有出现过的词。可视为《新民丛报》发行期间新出现的汉语三字词，这些词大多是生僻的专业术语，因使用范围有限，仅在《新民丛报》中出现。共有以下 15 词，占 44 词的 34.1%。

独体物　反对律　高等性　集体物　继续律　俱在律　类同法　能受性　平准界
平准学　原发点　知觉派　秩序派　自定性　自利性

三是《申报》中的用例晚于《新民丛报》的词。同样可视为《新民丛报》发行期间新出现的汉语三字词，这些词在 2 报中都有用例，表明其通用性和存活率应高于上一类三字词。共有以下 23 词，占 44 词的 52.3%：

代表人　格致界　记念场　记事的　竞争点　静止性　立宪派　立足点　练兵权
劣根性　领海权　名誉的　奴隶性　商务权　生计学　天演学　物质学　现役期
忧郁质　种族史　筑路权　自保性　自立权

　　从构词方法看，以上这些未见日方用例的三字词以仿造词和自造词居多。所谓仿造词，是指由清末国人模仿日语三字词的构词形式而造出的三字词。例如，明治日语常见以"—性、—权、—点、—力、—物、—质、—学、—界、—律"等为后语素的2+1型三字词，而国人仿造的三字词也经常采用相同的后部一字语素。在以上44词中，除了"代表人、歌舞剧、记念场、椭圆形、现役期"5词之外，其他词都可以在《新民丛报》新出现的2+1型三字词范围内找到具有相同后部一字语素的日语三字词的词群。如表1所示，中栏为日语三字词的词群，右栏则可视为国人利用日语三字词常用的后部一字语素所造出的仿造词。

表1　《新民丛报》中的日语三字词与国人仿造词的对照

后部一字语素	日方用例早（日语词）	日方用例无（仿造词）
—性（14／8）	传染性、道德性、感动性、固定性、国民性、间歇性、连续性……	高等性、静止性、劣根性、能受性、奴隶性、自保性、自定性、自利性
—的（19／2）	比较的、抽象的、道德的、分析的、孤立的、具体的、具象的……	记事的、名誉的
—权（6／5）	布设权、行法权、交通权、私有权、运输权、支配权	练兵权、领海权、商务权、筑路权、自立权
—史（8／1）	古代史、教育史、今代史、时代史、文学史、政治史、中代史、宗教史	种族史
—质（7／1）	胆汁质、多血质、粘液质、神经质、营养质、有机质、运动质	忧郁质
—点（5／3）	冰结点、冲突点、出立点、沸腾点、立脚点	竞争点、立足点、原发点
—物（5／3）	化合物、混合物、纪念物、建筑物、无机物	独体物、集体物、印刷物
—学（4／4）	磁气学、解剖学、理化学、统计学	平准学、生计学、天演学、物质学
—法（6／1）	差异法、成文法、国内法、升华法、蒸馏法、专卖法	类同法

续表

后部一字语素	日方用例早（日语词）	日方用例无（仿造词）
一派（3／3）	反对派、过激派、怀疑派	立宪派、知觉派、秩序派
一界（3／2）	人事界、天然界、学术界	格致界、平准界
一律（2／3）	接近律、类似律	反对律、继续律、俱在律
一税（1／3）	保护税	丁口税、房屋税、田亩税
一局（2／1）	邮便局、邮电局	保卫局

所谓自造词，是指清末国人利用汉语原有的或清末新造的语素自行构成的三字词，一般找不到与之对应的日语词。例如在以上44词中，"丁口税、独体物、房屋税、格致界、俱在律、练兵权、劣根性、能受性、平准界、平准学、天演学、田亩税、忧郁质、照像器、筑路权、自保性、自定性、自利性"等词既可以从后部一字语素的角度视之为仿造词，同时，也可以从前部二字语素的角度视之为自造词，因为这些词的前部二字语素是汉语单有的，日语中不存在，可以直接判断它们是汉语三字词。

2.3 日方用例晚于清末报纸的三字词

虽然能在日方资料中找到同形词的用例，但现有最早用例的时间晚于清末报纸。在《新民丛报》新出现的318个2+1型三字词中，属于这种情形的共有65词，占总词数的20.5%。与《清议报》和《译书汇编》中同类词的占比14.0%和10.5%相比，日方用例晚的三字词在《新民丛报》中的占比明显扩大。

19—20世纪之交正值日语借词大量进入汉语的高峰期，因而此类情形不能简单地理解为汉语三字词向日语的反向输出。最大的可能性是受资料条件的限制尚未发现更早的日方用例，此外，也不能排除中日双方分别造词而词形偶然相合的可能性。此类词增多的根本原因在于，随着日语三字词的大量进入和清末国人仿造词的不断增多，中日三字词之间的趋同性越来越明显，词源归属难以判断的概率也相应地增加。

日方用例晚的三字词一般具有3方面的特征：首先，前部二字语素基本上都是中日同形词，即中日双方都可以用来造词的共同语素。其次，后部一字语素多半带有日语三字词的构词特征，如"一性、一点、一的、一力、一权、一家、一员、一观"等是日语三字词常用的后部一字语素，随着日语借词的进入，中国人也开始利用它们构成三字词了。再者，日方用例晚的三字词往往是通用度低、临时性强、用例稀少的词。所以要想判断此类词究竟是汉语造词还是日语造词确实有难度。为了对具体词做具体分析，通过与《申报》中的首出例进行比对，将此类词区分为以下 3 种情形：

一是《申报》中的用例早于《新民丛报》的词。可视为《新民丛报》之前已存在于汉语之中的三字词，共有以下 22 词，占 65 词的 33.9%。其中"墓志铭、一个人、主人翁"是出自古汉语的三字词。还有出自来华传教士中文资料的三字词，如：救世主、千里镜、造物主（麦都思《遐迩贯珍》1853）、造化主（合信《内科新说》1858）、煤气灯（丁韪良《格物入门》1868）、向心力（韦廉臣《格物探原》1876）。其余的词也有可能是清末国人造出的三字词。列举如下：

裁判员　东方人　候补者　救命衣　救世主　煤气灯　墓志铭　陪审员　千里镜
守备兵　向心力　一箇人　遗传性　印刷物　英国式　杂货店　造化主　造物主
照像器　中立性　主人翁　最高点

二是《申报》中完全没有出现过的词。可视为《新民丛报》发行期间在汉语中新出现的三字词，共有 6 词，即"测尘器、多元说、共有性、模拟性、思考性、运送料"，占 65 词的 9.2%。这些词均带有日语三字词的构词特征，"测尘器、多元说、运送料"有可能尚未发现更早的日方用例，"共有性、模拟性、思考性"则不能排除中日分别造词而词形偶然相合的可能性。

三是《申报》中的用例晚于《新民丛报》的词。同样可视为《新民丛报》发行期间在汉语中新出现的三字词，共有 37 词，占 65 词的 56.9%。2 报都有用例的词一般使用范围较大，存活率也较高，但因表达固定概念的专有名词不多，词语的稳定性较低而临时性较高。除了"近生代、落选者、容疑者"等较有可能是日语三字词之外，其他如"服从性、共同性"等以"一性"为后语素的三字词有 9 个；"纯粹的、广义的"等以"一的"为后语素的三字词有 7 个；"差异点、矛盾点"等以"一点"为后语素的三字词有 4 个；"平等国、原产国"

等以"一国"为后语素的三字词有 3 个。这些词的前部二字语素是中日同形词，而后部一字语素也是中日共同使用的，因此只能依据用例的时间早晚而不能通过词结构去判断词源归属。列举如下：

差异点　创作力　纯粹的　东洋风　反抗力　服从性　共同性　贯通性　广义的
国家观　进取性　近生代　军事家　军事员　落选者　矛盾点　描写的　民主制
民族上　模仿性　农业品　片面的　平等国　普及性　人格化　容疑者　试验案
选择性　沿革的　异同点　原产国　债务国　重要点　主动的　自动性　自杀的
自尊性

3. 语素义和构词功能均未变化的后语素

后部一字语素既是 2+1 型三字词的构词重心，也是研究日语借词如何影响汉语的重点。在《新民丛报》中新出现的 318 个 2+1 型三字词中，共有后部一字语素 86 个（单计个数），其中在《新民丛报》之前已出现的有 67 个（77.9%），在《新民丛报》中新出现的有 19 个（22.1%）。后部一字语素有的能在古汉语里构成三字词，有的出现了不同于古汉语的新义，还有的则不能构成三字词，而发生变化的主因是日语三字词的影响。从语素义和构词功能出发，可将后部一字语素的变化分为 4 种情形：一是语素义和构词功能均未变化；二是语素义未变而构词功能变化；三是语素义变化而构词功能未变；四是语素义和构词功能均有变化[①]。本章将以《新民丛报》新出现的 19 个后部一字语素为对象，对 4 种情形进行案例分析。

在《新民丛报》新出现的 19 个后部一字语素中，与古汉语相比较，语素义和构词功能均未发生变化的后部一字语素共有 11 个。从语素义的范畴看，具象名词居多，如"—说、—儿、—角、—铭、—塔、—翁、—衣"，抽象名词偏

---

① 本书第 5 章第 3 节将后部一字语素的变化分为 3 种情形，这里新增了 1 种，即"语素义变化而构词功能未变"的后语素。

少，如"一类、一术、一形、一炎"。这表明，从 20 世纪初的《译书汇编》开始，新出现的典型性后部一字语素已经很少。从构成三字词的数量看，除"一说"为 4 词，"一术"为 2 词之外，其余的只有 1 词。在此以"一说、一炎、一术、一儿"为例做具体分析。

3.1　以"一说"为后语素的三字词

在《新民丛报》中出现的有"地动说、民约说、一元说、多元说"，此 4 词均出自梁启超执笔的文章。"地动说"的用例如下："耶稣教徒视之如仇，如数百年前反对地动说之故事，出全力以抗之。"（第 3 号，中国之新民，"天演学初祖达尔文之学说及其略传"，1902.3.10）"民约说"的用例如下："个人主义渐得势力，所谓民约说、人权论等渐风靡一世。"（第 17 号，中国之新民，"生计学说沿革小史"，1902.10.2）"一元说、多元说"的用例出自同一篇文章，原文如下："近世言人种学者，其论不一。或主张一元说，而以为世界只有一人种。或主张多元说，而区分为四种（康德），为五种（布伯曼），为六种（巴安科）……。"（第 14 号，中国之新民，"新史学四"，1902.8.18）查中方资料，古汉语至清末无此 4 词。

在日语方面，「地動説」一词的现有最早用例见于糟川润三编『西洋今昔袖鑑』(1872)，「民約説」的最早用例见于松永道一著『地方自治論』(1887)，此 2 词的日方用例早于清末各报，可初步认定为日语三字词。「一元説、多元説」的情况则不同，由于日方用例在时间上晚于《新民丛报》，2 词的来源难以断言。经调查发现，日语里最早出现的是「一元論」，词源可追溯至西周『哲学断片』(1870)，后被收入井上哲次郎编『哲学字彙』（初版 1881）。「多元論」的现有最早用例见于桧山锐著『対外日本歴史』(1904) 以及朝永三十郎编『哲学辞典』(1905) 等。据此笔者认为，明治日语的主流用语应是「一元論、多元論」，而「一元説、多元説」既有可能是日语的非主流用语，也有可能是梁启超对「一元論、多元論」进行修改后形成的汉语三字词。

在汉语方面，"一说"在清末以前的汉语里可以构成二字词，如"邪说、异说、臆说、演说"。同时也可以构成三字词，如清代陈元龙编《格致镜原》（18世纪初）中的用例："九天说见《淮南子》，一说云东方。"（卷1）又如，清代王士俊监修《河南通志》（1731）卷77中收有《皇清王汇河工说》和《俞森种树说》等文章。19世纪后半期的欧美来华传教士汉文著述中也有"西学说"（伟烈亚力《六合丛谈》1857）、"灵魂说"（韦廉臣《格物探原》1876）、"远近说"（伟烈亚力、王韬《西国天学源流》1890）等三字词出现。由此可知，尽管汉语借用了来自日语的"地动说、民约说"等词，但在《新民丛报》中作为2+1型三字词的后语素出现的"—说"，其语素义和构词功能均未发生变化。

3.2　以"—炎"为后语素的三字词

《新民丛报》中有"盲肠炎"的以下用例："往年今皇举戴冠式时，适其数日前患盲肠炎疾。其时适有同负此病者，每以已与其国皇同一病自喜。"（第88号，遇虎，"英国民之特性"，1906.10.2）虽然仅有1词，但事关后语素"—炎"的来源，值得探讨。在古汉语里，"炎"与"燄"近义但一般不通用，由"—炎"构成的二字词很少，只能举出"景炎（光芒）、炎炎（灼热貌）"等，而以"—炎"为后语素的三字词更是无处可寻。同时，古汉语的"炎"不论作为单词还是作为语素，都没有表达"炎症"的用法。

"—炎"用于医学方面始自英国来华传教士合信，他在1857—1858年间编译出版了《西医略论》、《内科新说》和《妇婴新说》等汉文医学书，其中使用了"—炎"和"炎证"等新词①。如《内科新说》（1858）中有以下用例："热痛红肿谓之<u>炎</u>，番语炎法美顺，与华语烧字略同。……<u>炎</u>证各部位俱有，……<u>肺炎</u>初起痰少，久后痰多。……<u>心炎</u>跳数而痛。<u>胃炎</u>食物呕吐，左肋下痛。<u>大小肠炎</u>、便秘或泻利急痛，摸试更痛。<u>膀胱炎</u>小便频数。<u>肾炎</u>腰痛，内部全炎。"（卷上·炎证论）从以上叙述可知，"炎"用于医学，缘于合信将 inflammation 音

---

① 沈国威（2010）曾论述合信在《西医略论》中使用"—炎、炎症"的情况，参见该书第124页。

译为"炎法美顺"。在古汉语里"炎"和"焰、烧"近义，而英文 inflammation 也同时有"炎症"和"燃烧"之义，因此将"炎"字转用于医学，称病患为"炎证"。至于以"—炎"结尾的病名，合信所用的既有二字词（肺炎、心炎、胃炎、肾炎），也有三字词（膀胱炎）和四字词（大小肠炎）。

在日语方面，19 世纪后期的兰学资料尚未出现以"—炎"为后语素的二字词和三字词。据笔者调查，日语里「炎症」一词的最早用例见于奥山虎章编译『医語類聚』（1872 初版，1877 增訂），这部日本近代最早的医学用语词典，以英日对译的形式收集了近 7000 个医学术语，其中有许多译词一直沿用至今。在该词典中，「炎症」作为英文 Inflammation 的译词首次出现，同时出现的还有其他一些以「—炎」为后语素的二字词、三字词和四字词。例如，以「—炎」为后语素的二字词有「Cephalitis 脳炎、Enteritis 腸炎、Gastritis 胃炎、Hepatitis 肝炎、Nephritis 腎炎、Pneumonitis 肺炎」；以「—炎」为后语素的三字词有「Arteritis 動脈炎、Bronchitis 気管炎、Caecitis 盲腸炎、Ceratitis 角膜炎、Cystitis 膀胱炎」；以「—炎」为后语素的四字词有「Amygdalitis 扁桃核炎、Blepharitis 粘液腺炎」等。

综上所述，"炎、炎证"用于医学，始自来华传教士合信，明治初年传入日本①，出现在奥山虎章编译『医語類聚』（1872）中，编译者将合信的"炎证"改为"炎症"，日后再反向传入汉语使用至今。以"—炎"为后语素的二字词、三字词及四字词均为合信率先使用，其后传入日语并生成新词。由于语素义和构词功能的变化始自来华传教士，因此可将"—炎"视为语素义和构词功能均未发生变化的后语素。

3.3 以"—术"为后语素的三字词

在《新民丛报》中出现的有"催眠术、航海术"。"催眠术"的用例如下："人为的人格变换者，有起于受催眠术之时者。"（第 95 号，光益，"人格

---

① 明治初年日本曾翻刻出版过合信的著作，如山本義俊訳『西医略論訳解』（1877）。

论"，1907.11.6）"航海术"的用例如下："腓尼西亚之政体，纯然共和政治，为希腊所取法，其商业及航海术亦然。"（第14号，中国之新民，"新史学四"，1902.8.18）查中方资料，古汉语至清末无此2词。在日语方面，「催眠術」最早作为Hypnotism的译词出现在井上哲次郎编『哲学字彙』(初版1881）之中，「航海術」的词源也可以追溯到明治初年（如文部省编译『百科全書』1885）。这表明"催眠术、航海术"均为日语三字词。

在古汉语里，"—术"既可以构成二字词，如"法术、技术、权术、算术"，也可以构成三字词，如"丹青术、炼丹术、养生术"。19世纪后半期来华传教士出版的中文期刊，如伟烈亚力《六合丛谈》（1857—58）中也有三字词的用例："欲知此器之大用，当先明代数术。"（2卷2号，新出算器）据此可认为，虽然"催眠术、航海术"是日语三字词，但"—术"作为2+1型三字词的后部一字语素，其语素义和构词功能均未发生变化。

3.4 以"—儿"为后语素的三字词

《新民丛报》中有"风云儿"一词，用例如下："而欧陆中心之风云儿葛苏士，亦以其年四月二十七日，生于匈加利北方之精布棱省。"（第4号，中国之新民，"匈加利爱国者葛苏士传"，1902.3.24）查中方资料，古汉语至清末无此词。在日语方面，现有最早用例见于铃木芳太郎著『活精神』（1900）：「起てや風雲児，万丈の気焰を吐いて起て，満腔の経綸を施して縦横無尽に闊歩せよ。」（二十・風雲児）据此可初步判断"风云儿"是日语三字词。此外，进入汉语的以"—儿"为后语素的日语三字词还可以举出"混血儿、幸运儿"。

在古汉语里，"—儿"作为后语素可以构成二字词，如"宠儿、健儿、孤儿、婴儿"。同时也可以构成三字词，如宋代施宿编《（嘉泰）会稽志》（1202）中有"弄潮儿"一词："而天色尚寒，弄潮儿难以久狎于水，故是月之潮无所称道。"（卷7）又如《御定佩文韵府》（1711）卷4中汇集了历代诗文中出现的以"—儿"为后语素的三字词，除"弄潮儿"之外还有"边塞儿、豪杰儿、黄口儿、麒麟儿、轻薄儿、游侠儿"等。可见，"—儿"作为2+1型三字词的后部一字语素，在古今汉语里其语素义和构词功能均未发生变化。

在《新民丛报》中，与上述"一说、一炎、一术、一儿"性质相同的后部一字语素还有 7 个。其中"墓志铭、主人翁、方位角、椭圆形、救命衣"5 词均有古汉语或清末时期的汉语出典，表明后语素"一铭、一翁、一角、一形、一衣"在汉语里本来就具有构成三字词的功能。此外，"金字塔、哺乳类"2 词是来自日语的三字词，但后语素"一塔、一类"在汉语里原来就可以构成三字词。例如，古汉语里有"藏经塔、多宝塔、舍利塔"等，清末来华传教士资料中也有"定质类"（麦都思《遐迩贯珍》1853）、"动物类、植物类"（韦廉臣《格物探原》1876）等。

4. 语素义未变而构词功能变化的后语素

指与古汉语相比较，2+1 型三字词的后部一字语素在语素义上没有变化而构词功能发生变化的情形。在《新民丛报》新出现的 19 个后部一字语素中，属于此类者有"一代、一化、一系"，均属于抽象性名词。

4.1 以"一代"为后语素的三字词

在《新民丛报》中出现的有"古生代、中生代、近生代"，用例均出自蒋智由（观云）撰写的"中国人种考"一文，原文如下："自始原代片麻岩纪之麻内赖与步赖独代斯时代，进而为古生代石炭纪，有脊椎动物之时代，又进而为中生代三叠纪、侏罗纪，有哺乳类之时代。……又进而为近生代白垩纪，有胎盘类之时代。"（第 35 号，1903.7.8）蒋氏的文章一般不注明是否参照过日文资料，但词语调查的结果显示，他所用的日语借词在数量上仅次于梁启超[①]。

在日语方面，「古生代、中生代」的现有最早用例见于横山又次郎著『前世

---

① 参见本书第 11 章第 1 节。

界』（金港堂，1898），原文如下：「前世界は、地質学者に由りて四代に大別せられ、而して各代は、又数紀に細別せられたり。其の名称は左の如し：太古代（片麻岩紀、結晶片岩紀），古生代（前寒武利亜紀、寒武利亜紀、志留利亜紀、泥盆紀、石炭紀、二畳紀），中生代（三畳紀、侏羅紀、白堊紀），新生代（第三紀、第四紀）。」由此可认定「古生代、中生代」是日语三字词，但日语原文中没有「近生代」一词。由于「近生代」的日方用例晚于《新民丛报》，迟至1920年代才出现，因此其词源归属尚有悬念。它有可能是与「新生代」并存的一个非主流用语，然而有待发现更早的日方用例。

在古汉语里，"—代"作为后语素可以构成二字词，如"时代、当代、历代、古代、近代"等，但没有发现"古生代、中生代、近生代"或以"—代"为后语素构成其他三字词的证据。可以说，与古汉语相比较，后语素"—代"的语素义没有变化，但构词功能在日语的影响下得到了扩展。

4.2 以"—化"为后语素的三字词

《新民丛报》中有"人格化"一词，原文如下："虽然人格化之实在，不论何时不限何所，不可忘其人格化，非然者。"（第38—39号，内明，"无神无灵魂说之是非如何"，1903.10.4）作者在文章开头称："是篇为日本文学博士井上哲次郎所撰，特译述之以绍介于我学界。"或可据此推测"人格化"是日语借词，但未见作者的原著，且现有的日方用例（出自1908年）又晚于《新民丛报》，因此无法证实。

在古汉语里，后语素"—化"可以构成二字词，但不能构成三字词。构成二字词时，一般限于"动词性语素（V）+化"（如"感化、归化、教化、开化、转化"），而"形容词性语素（A）+化"（如"激化、净化、老化、软化、硬化"）和"名词性语素（N）+化"（如"电化、赤化、绿化、硫化、酸化"）则没古汉语出典，大多是日语借词[①]。

---

① 参见第8章2.3的内容。

在日语方面，可以找到早于清末报纸的以"—化"为后语素的三字词。例如，『太陽』杂志1895年3号刊载了宫岛春松「日本の音楽」一文，其中有「日本化」的如下用例：「中古は最も盛に行はれ，既に日本化して外国のものとは思はれざりし有様にて……。」又如，『太陽』杂志1895年12号"教育"栏刊载了「将来の教育調査」一文，其中有「内地化」的如下用例：「特別制度を設けて，一刻も早く台湾土人の言語風俗又は其精神が内地化せんを勉むべく……。」再如，市川源三译『社会学提綱』(1901)中有「社会化」的用例：「社会化に関する学説は，社会学の理論中，最も重要なる部分を占むるものなり。」以上各例均早于清末报纸，可以证明汉语中出现以"—化"为后语素的三字词是由于受到日语的影响。

此外，笔者利用日方资料对以"—化"为后语素的三字词做了词源普查，结果显示：1900—1909年间在日语中出现的词有「一般化、社会化、女性化、人格化、男性化、東京化、特殊化、理想化」，1910—1919年间出现的词有「機械化、具象化、具体化、国際化、自由化、実用化、制度化、民主化」，而且1920年以后词数有进一步递增的趋势。

4.3 以"—系"为后语素的三字词

《新民丛报》中有"太阳系"一词，用例如下："吾等之太阳、吾等之太阳系，其在天空间不过一些小之物。由是意宇宙间，或有优于吾等之地球，而可以为生物存在之处者在。"（第33号，观云，"华赖斯天文学新论"，1903.6.9）作者未提及是否参照过日文资料，但在古代至清末的汉语资料中找不到"太阳系"或其他以"—系"为后语素的三字词。

在古汉语里，后语素"—系"可以构成二字词，如"嫡系、干系、根系、关系、联系、派系、世系、统系、维系"等。但问题在于古时"系"字与"係、繋"不能完全互通，如"干系、关系"多用"係"字，"联系、世系"多用"繋"字。"係、繋"一般为动词，而"系"似乎可以既作动词又作名词。现代汉语将3个汉字合并成1个"系"字，给词源判断增加了难度。若从"嫡系、根系、派系"等古汉语词分析，后语素"一系"的语素义在古今汉语中似乎并无显著变化，但有一点可以肯定，即古汉语的后语素"一系"没有构成三字词的功能。

　　在日语方面，「系（けい）、係（かかり）、繋（つなぐ）」三个汉字及其含义一直是相互区分的。其中，「一系（けい）」作后语素时是名词性的，含义为"系统"，如「山系、水系、体系、直系、父系、母系」等均为明治时期产生的日语二字词。更重要的是，在江户时期的兰学著述中，就已经出现了「太陽系」和以"一系"为后语素的三字词。如川本幸民译『氣海観瀾広義』（1851）中有「太陽系」和「遊星系」的用例，原文如下：「此引力ハ啻我ガ<u>太陽系</u>ノミ相達スルニアラズ，他ノ<u>太陽系</u>恒星ニモ亦相及ボス者ニシテ，……此諸遊星ハ我ガ地球ノ一類ニシテ，皆太陽ヲ巡周ス故ニ，コレヲ<u>遊星系</u>又<u>太陽系</u>トイフ。」（卷4）

　　同时，在绪方洪庵译『扶氏経験遺訓』（1857）中也出现了以"一系"为后语素的三字词，如「神経系、血管系」的用例：「而シテ素因ハ特ニ<u>血管系</u>（心臓及ヒ動静二脈ノ総称）ニ在テ，<u>神経系</u>（脳髄脊髄及ヒ神経ノ総称）ニ拘ラズ故ニ……。」（卷1）又如「水脈系」的用例：「即チ瘰癧性悪液ノ如キハ，<u>水脈系</u>ノ変常ニ原シ……。」（卷21）

　　这些用例表明，以"一系"为后语素的三字词率先出现在日语中，并于20世纪初通过清末报纸等路径进入了汉语。据此可以认为，与古汉语相比较，"一系"属于语素义未变，但构词功能在日语的影响下发生变化的后语素。

5. 语素义变化而构词功能未变的后语素

　　指与古汉语相比较，2+1型三字词的后部一字语素在语素义上发生变化而构词功能没有变化的情形。此前已归纳出后部一字语素发生变化的3种情形（即：语素义和构词功能均未变化，语素义未变而构词功能变化，语素义和构词功能均有变化）①，这是新出现的第4种情形。在《新民丛报》新出现的后部一

---

① 参见第5章第3节。

字语素中,属于此类者有"一词、一律、一纪",均为抽象性名词。

5.1 以"一词"为后语素的三字词

在《新民丛报》中出现的有"代名词、形容词"。"代名词"的用例如下:"曰某国属地之代名词者,为全国土为无主之物也。"(第29号,观云,"中国兴亡一问题论",1903.4.11)"形容词"的用例如下:"盖音乐二字,但一普通名词耳,若不加以形容词,又安知其为何音何乐?"(第62号,志忞,"音乐教育论",1905.2.4)此2词在古汉语至清末的中方资料中查不到出处,其实,它们与"名词、动词、副词、冠词、前置词"等其他词类称谓术语一样,都是20世纪初进入汉语的日语借词。

在日语方面,据日本学者杉本つとむ先生的研究,日本最早的英和词典本木正荣编『諳厄利亜語林大成』(1814)中收有「代名詞、冠詞、動詞」等词,其后经过吉雄权之助译『道訳法爾馬』(1816)与桂川甫周校订『和蘭字彙』(1855)等荷日对译词典的传承,到饭泉士让编『和蘭文典字類』(1856)时,「形容詞、代名詞、動詞、副詞、冠詞、前置詞」等词类称谓术语已经初具规模①。到江户末期,这些出自兰学著述的术语又被转用到英和词典之中,例如,收入堀达之助编『英和対訳袖珍辞書』(1862)中的词类称谓术语有:「Adjective 形容詞、Adverb 副詞、Article 冠詞、Noun 名辞、Preposition 前置詞、Pronoun 代名詞、Verb 動詞」。

在古汉语里,"一词"作为后语素可以构成二字词,如"贬词、答词、供词、歌词"等。同时也可以构成三字词,如《御定佩文韵府》(1711)中汇集了不少以"一词"结尾的三字词,如"霓裳词、竹枝词、踏歌词、惜春词、大风词"等(卷4之5)。但这些三字词都是诗词的题名,"一词"的含义为"诗词",与表达词类称谓(如"代名词、形容词")的用法大相径庭。由此可见,"一词"属于语素义发生变化而构词功能未变的后语素,而语素义发生变化的原

---

① 参见杉本つとむ(1967)文后第75—77页附表(附Ⅰ、附Ⅱ)。

因就在于受到了日语借词的影响。

《新民丛报》中的用例是"代名词、形容词"的引申用法。与此同时，汪荣宝等编《新尔雅》（1903）中也出现了作为逻辑学术语使用的"名词、形容词"，原文如下："言语文字之所以表概念者，谓之端，亦谓之名词。……各附以同一之形容词或与形容词等量之字句，而转为他命题者，谓之附性法。"（释名）除了引申用法，汉语是何时开始使用这些词来称呼汉语词类的？此问题有待探讨。

5.2　以"一律"为后语素的三字词

《新民丛报》中有"接近律、类似律、反对律、继续律、俱在律"。这5个词全都出自汤祖武编译"心理学剖解图说"（第83号，1906.7.21）一文，作者并未提及是否参照过日文资料。经查看明治时期资料，"接近律、类似律"（1887）的日方用例早于清末报纸，可认定为日语三字词，而"反对律、继续律、俱在律"未见日方用例，有可能是当时日语的非主流用语，或是中方编译者修改了日语原词。

在古汉语里，"一律"作为后语素可以构成二字词，大致有以下4种语素义：一是指乐曲的音律，如"音律、乐律、定律"；二是指诗词的格律，如"格律、节律、韵律"；三是指刑法条文，如"法律、纪律、规律"；四是指佛教的教规，如"戒律"。同时，"一律"也可以构成三字词，语素义与二字词时相似。例如，表达乐曲音律之意，有宋代蔡元定著《律吕新书》（12世纪后半期）中的用例："祖孝孙云，平陈后废周玉尺律，便用此铁尺律，以一尺二寸即为市尺。"（卷2）表达诗词格律之意，有宋代王应麟著《通鉴答问》（13世纪后半期）中的用例："……张汤越宫律二十七篇，赵禹朝律六篇，合为六十篇，此秦汉律之大略也。"（卷4）表达刑法条文之意，有唐代房玄龄等著《晋书》（648）中的用例："有毁伤亡失县官财物，故分为毁亡律、囚律。……有告反逮受科，有登闻道辞，故分为告劾律、囚律。……而免坐繁多，宜总为免例，以有科文，故更制定其由例，以为免坐律。"（卷30）表达佛教教规之意，可以举出"大乘律、小乘律、四分律"等。

在明治以后的日语中，"一律"作为三字词的后语素具有一定的能产性，例如，在渡边彰平编『直観記憶法講義』（1929）一书中，对"联想"的方法进行分类时使用了一连串以"一律"为后语素的三字词：「表現律聯想、部分律聯想、因果律聯想、順序律聯想、对比律聯想、類同律聯想、接近律聯想、関係律聯想、擬制律聯想、想定律聯想」。由于用途有限，这些词多半已从日语中消失。值得注意的是，「一律」作为日语三字词的后语素，其所指并非"法律、格律"，而是"事物的规律"，这有别于古汉语的"一律"。因此，可将20世纪初随日语借词进入汉语的"一律"，定位为语素义发生变化而构词功能未变的后语素。

5.3 以"一纪"为后语素的三字词

在《新民丛报》中出现的有"白垩纪、三叠纪、石炭纪、侏罗纪"，这4个词均出自蒋智由（观云）所撰"中国人种考"（第35号，1903.7.8）一文，例句的原文请参照前面4.1以"一代"为后语素的三字词处。以"一纪"为后语素的三字词专门用来表示地质年代，有关术语全都是20世纪初进入汉语的日语借词。仅以横山又次郎著『前世界』（1898）一书为例，其中有以下地质学术语：「前世界は，地質学者に由りて四代に大別せられ，而して各代は，又数紀に細別せられたり。その名称は左の如し：太古代（片麻岩紀、結晶片岩紀），古生代（前寒武利亜紀、寒武利亜紀、志留利亜紀、泥盆紀、石炭紀、二畳紀），中生代（三畳紀、侏羅紀、白垩紀），新生代（第三紀、第四紀）。」（第34页）

在古汉语里，后语素"一纪"构成二字词时主要有3种含义：一是史书的一种体裁，特指帝王的传记，如"本纪、世纪"；二是指纲领、法度、纪律，如"法纪、风纪、纲纪"；三是纪年的单位，如"年纪"。此外，"一纪"也可以构成三字格式，不过仅见于诗文和书名。如宋代李昉、徐铉等编《文苑英华》（986）中的诗句："霞光照双阙，纷纶文物纪"，此处应是指史书。又如南宋范晔编《后汉书》（5世纪前半期）中的用例："乃连缀其名，录为状人纪，又论当时行事，著中汉辑序。"（卷78）句中"状人纪"应为传记类的书名。清代沈起元撰《周易孔义集说》（18世纪中期）中的用例："陆公纪曰：礼以文为主，在礼之初未离于质。"（卷3）句中"陆公纪"同样也是书名。再如宋代赵子栎撰《杜工部年谱》（13世纪初）中的用例："上韦左相诗云，凤历<u>轩辕纪</u>，龙飞四十春。"句中"轩辕纪"与"四十春"相对，含义应与时间纪年有关。

综上所述，随日语借词进入汉语的后语素"—纪"，其含义与古汉语的"史书体裁"或"法度纪律"之类完全无关，仅用于构成表示地质年代的三字词。因此可以说，与古汉语相比较，"—纪"属于语素义发生变化而构词功能未变的后语素。

6. 语素义和构词功能均有变化的后语素

指与古汉语相比较，2+1型三字词的后部一字语素在语素义和构词功能方面都发生变化的情形。在《新民丛报》新出现的后部一字语素中，属于此类者有"—料、—祭"，均为抽象性名词。

6.1 以"—料"为后语素的三字词

《新民丛报》中出现的有"使用料、手数料、保险料、运送料、授业料"。其中的后语素"—料"并非汉语通常的"材料"之意，而是取自日语「料金、給料」中的语素义"费用"。经查看日方资料，「使用料、手数料、授業料、保険料」的日方用例明显早于清末报纸，可以认定为日语三字词，而"运送料"的日方用例极少且迟至1937年才出现。

"使用料、手数料"在《新民丛报》中的用例如下："一为财产营造物之收入，二为<u>使用料</u>暨<u>手数料</u>。"（第92号，渊生，"论地方自治之定义"，1906.11.30）此文作者自述是译自"日本渡边廉吉氏之'论地方自治之定义'一文"，据此可推测"使用料、手数料"是照搬了原文的日语词。"授业料"的用例如下："既为国民义务教育，则不应收纳<u>授业料</u>。"（第25号，方屠龙，"论全国小学教育普及之策及其筹款方略"，1903.2.12）此文作者没有提及是否参照过日文资料，但例句中的"授业料"和"国民义务教育"均能查到早于清末报纸的日方用例，可认定为日语三字词。

"保险料、运送料"的用例如下："输出品之运送费，是包括运费及保险料二者而言之也。凡货物之运送料，必取给于输出国。"（第93号，重远，"外国贸易论"，1906.12.16）虽然作者未提及是否参照过日文资料，但例句中的"输出品、运送费、保险料、输出国"均可查到早于清末报纸的日方用例，可作为受日语影响的佐证。不过，日语三字词"运送费"和非日语三字词"运送料"同时出现在例句中实在令人费解，"运送料"有可能是模仿日语三字词而形成的仿造词。

在古汉语里，"—料"作为后语素可以构成二字词。作名词性后语素时含义为"材料、原料"，如"材料、草料、染料、香料"；作动词性后语素时含义为"估量、料理"，如"意料、预料、照料"。但古今汉语的"—料"从来没有表达"费用"的用法，同时也未发现任何以"—料"为后语素的三字词。因此可以说，与古汉语相比较，"使用料、手数料、保险料"等词中的"—料"，其语素义与构词功能均发生了变化。当然，从汉语发展的结果看，日语化的后语素"—料"最终并未真正进入到汉语中来。

6.2 以"—祭"为后语素的三字词

后语素"—祭"与前述"—料"的性质相似。《新民丛报》中有"纪念祭"一词，用例如下："西历九月十九日，匈加利人举行独立'国父'诞生百年纪念祭于其布打彼斯得京城，实匈加利独立以来最大之祝典也。"（第21号，国闻短评，"匈牙利国父百年纪念祭"，1902.11.30）在古汉语里，"祭"很少用作名词，以"—祭"为后语素的二字词仅有"公祭、路祭、陪祭、主祭"等，"—祭"的含义为祭奠祖先或神佛的仪式，一般不用于世俗的节庆活动。同时，尚未发现任何以"—祭"为后语素的三字词。

在日语方面，汉字「祭」的训读为「まつり」，音读为「さい」，既可以表达神道教的祭祀活动（如「新嘗祭、遷宮祭」等），也可以表达世俗性的节庆活动（如「雛祭り、夏祭り」或「映画祭、文化祭」等）。"纪念祭"的日方用

例早于《新民丛报》等清末报纸，是地道的日语词，如西村义民著『京都记念祭一斑』（1895）中的用例：「桓武天皇平安遷都千百年記念祭は，本年四月一日より七月三十一日に至る百二十余日の間に於て執行し……。」

由"纪念祭"一词可知，后语素"—祭"与古汉语相比，语素义和构词功能均发生了变化。事实上，在汉语里出现的以"—祭"为后语素的三字词都是从日语照搬来的，因为现代日语的「—祭」可以广泛用于表达世俗性的节庆活动，而古今汉语的"—祭"一般只能表达宗教性的典礼仪式。语素义之间的差异，是阻碍日语的「—祭」进入汉语的主要原因。

7. 小结

本章辨别区分了《新民丛报》中的日语三字词和汉语三字词，分析了后部一字语素的性质，现将要点归纳如下：

（1）通过检索明治时期的日方资料，将《新民丛报》中新出现的318个 2+1 型三字词区分为3种情形：一是"日方用例早"的三字词（209词，65.7%）；二是"未见日方用例"的三字词（44词，13.8%）；三是"日方用例晚"的三字词（65词，20.5%）。

（2）对于"日方用例早"的三字词，通过4组词语描述了词源考证的过程。对于"未见日方用例"的三字词，举出实例对仿造词和自造词做了具体说明。对于"日方用例晚"的三字词，归纳出3个特征，即：前部二字语素基本上都是中日同形词；后部一字语素多半带有日语三字词的构词特征；大多是通用度低、临时性强、用例稀少的词。

（3）对《新民丛报》新出现的19个后部一字语素做了重点分析。日语三字词的后部一字语素究竟在多大程度上对汉语三字词产生了影响？对这种影响能否进行具体的描述？为回答以上问题，本章将后部一字语素的变化分为4种情形，即：语素义和构词功能均未变化；语素义未变而构词功能变化；语素义变化而构词功能未变；语素义和构词功能均有变化。

第 14 章 《新民丛报》中的四字日语借词

1.《新民丛报》四字词的概况

　　本章的目的是对《新民丛报》中的四字日语借词进行调查与分析。如第 12 章表 1 所示，在《新民丛报》中共收集到四字词 377 词，其中包括 2+2 型四字词 370 词和 3+1 型四字词 7 词。经过与此前出版的《时务报》、《清议报》、《译书汇编》中的词语进行比对，发现有 155 个四字词已出现过，占四字词总数的 41.1%，其余的 222 个四字词是在《新民丛报》中新出现的，占四字词总数的 58.9%。

　　对于已出现过的 155 个四字词，如果从相同后语素形成的四字词词群进行观察，更容易看出各个词之间的共性。例如，构词 4 词以上的后语素有 10 个，共构成四字词 71 词，占已出现过的四字词的 46.1%，在《时务报》、《清议报》、《译书汇编》中的分布情况如表 1 所示：

表 1 《新民丛报》中与此前 3 报相重合的 2+2 型四字词

后部二字语素	时务报	清议报	译书汇编	重合词合计
一主义	1	14	5	20
一社会	1	5	1	7
一时代	0	5	2	7
一学校	4	2	1	7
一政体	2	3	2	7
一政治	2	3	2	7
一机关	0	2	2	4

续表

后部二字语素	时务报	清议报	译书汇编	重合词合计
—教育	1	2	1	4
—竞争	0	4	0	4
—自由	0	3	1	4
合计（%）	11（15.5）	43（60.6）	17（23.9）	71（100）

从表1可获得两方面的信息：一是以"—主义、—社会、—时代"等为后语素的2+2型四字词是19—20世纪之交的热门词，不仅使用范围广而且地位稳固。二是《清议报》和《新民丛报》之间四字词的重合率高达60.6%，这与梁启超先后担任此2报的主编并发表过大量文章有直接关系。相反，《时务报》和《新民丛报》之间的词语共有率仅为15.5%，这反映出《时务报》中的一些四字词已经时过境迁不再使用，而与《新民丛报》重合的主要是专有名词和基本概念词，如"商业社会、高等学校、师范学校、士官学校、专门学校、代议政体、立宪政体、共和政治、立宪政治"等。

此外，新出现的222个四字词占四字词总数的58.9%。此数值与同类词在《清议报》和《译书汇编》中的占比89.1%和80.0%相比有很大落差，表明《新民丛报》发行期间新四字词的增长速度已经明显放缓。在新出现的222词中，除了4个3+1型四字词（即：形而上+学、形而下+学、银本位+制、子午圈+线）之外，其余218词（98.2%）均为2+2型四字词，本章将以后者作为研究对象。

2. 区分不同来源的四字词

2+2型四字词起源于江户兰学家的翻译著述之中，进入明治时期以后迅速成为日语四字词（即「四字漢語」）的主要构词形式之一[①]。甲午战争后，随着中国人赴日留学和翻译日书的热潮，日语中的2+2型四字词很快通过各种书面

---

① 参见朱京伟（2015a）。

媒介进入到汉语里，与此同时，清末国人也开始模仿日语四字词的形式自造四字词。因此要辨别日语四字词和汉语四字词，只能到明治时期的日方资料中去寻找原始用例。通过对《新民丛报》中新出现的 218 个 2+2 型四字词进行词源考证，可将它们区分为 3 种情形：一是日方用例早于清末报纸的四字词（128 词，58.7%）；二是未见日方用例的四字词（69 词，31.7%）；三是日方用例晚于清末报纸的四字词（21 词，9.6%）。以下分别进行具体分析。

2.1　日方用例早于清末报纸的四字词

此类词可初步判断为日语四字词，共有 128 词，在新出现的 218 个 2+2 型四字词中占 58.7%。此数值与同类词在《译书汇编》中的占比 65.6% 相比，降低 6.9 个百分点，表明新出现的日语四字词正在减少。尽管如此，日语四字词的含有量仍有近 6 成，明显多于国人自造的汉语四字词。在进行词源考证时，既要查明各个日语四字词进入汉语的过程，还应当关注日语四字词对汉语构词法的影响，以下主要从这两个方面选取数例进行分析。

（1）工业革命

在日语方面，可以找到早于清末报纸的用例，如桐生政次著『世界商工业史』（1901）中的用例：「其革命とは何ぞ。問はでもしるき仏国大革命と英国の工業革命と是也。……同年又ワットの蒸気機関は機業，紡績業に等しく用ひられたり。茲に於てか，所謂工業革命の第一期は到達しぬ。」在汉语方面，现有的最早用例出自《新民丛报》："工业革命者，使商工业家与地主势力消长之大机关也。"（第 29 号，无名氏，"英国商工业发达史"，1903.4.11）《申报》中的首出例见于 1912 年 12 月 3 日刊载的"浦东中学校附设工业班宣言"一文："斯工业革命时代，事前既无主张，事后又乏预备，求所谓学问深远、识见高卓之技师固不多见。"

在《新民丛报》中，共有 8 个以"—革命"为后语素的 2+2 型四字词。其中，此前已出现的"产业革命、社会革命、政治革命"以及新出现的"工业革命"是日语四字词。而新出现的"秘密革命、史界革命、种族革命、民主革命"

则属于"未见日方用例"或"日方用例晚"的情形，可视为国人自造的汉语四字词。这表明，汉语在引进以"—革命"为后语素的日语四字词之后，通过模仿已形成了自行构成四字词的能力。

梁启超曾在《新民丛报》上发表过题为"释革"的文章，其中描述了"革命"词语流行一时的现象："以日人之译名言之，则宗教有宗教之革命，道德有道德之革命，学术有学术之革命，文学有文学之革命，风俗有风俗之革命，产业有产业之革命。即今日中国新学小生之恒言，固有所谓经学革命、史学革命、文界革命、诗界革命、曲界革命、小说界革命、音乐节革命、文字革命等种种名词矣。"[①] 通过梁氏的描述也可以了解到，与"革命"相关的词语最初来自日本，其后中国社会群起跟风，仿造出许多以"—革命"为后语素的四字词。

（2）社会活动

在日语方面，可以查到早于清末报纸的用例，如田中健士译『法律経済交渉論』(1888)中的用例:「経済ハ社会活動ノ本原ト弾力トヲ論シ，法律ハ其条件ノミヲ定ム。」(上卷)又如，十时弥著『社会学撮要』(1902)中有如下用例:「すべて社会活動は，之を遡れば個人の感ずる動機に本づく。而して其活動の性質，及び，強度は之を生起する激因の如何による。」在汉语方面，现有的最早用例出自《新民丛报》："其最终则共同之精神，而缓急相援之义侠心是也。以此心为社会活动之动机之中枢。"（第22号，蒋百里，"军国民之教育"，1902.12.15）《申报》中的首出例见于1912年10月27日刊载的"关外改土归流策"一文："俾苏民困，尊崇人道，债务债权为社会活动机关，边地息率太重，贫富悬殊。"

根据《汉语大词典》的解释，"活动"的古汉语基本义是"物体运动"（动词），或表达"言行灵活、想法动摇"（形容词）等引申义。现代汉语最常用的词义是"为达到某种目的而从事的行动"，这种作名词的用法古汉语里没有过，其实是19—20世纪之交从日语传入的新义，"社会活动"一词中的"—活动"就是这种用法。

日语的「—活動」可以作为后语素构成许多四字词，如「政治活動1886、自発活動1899、事業活動1900、文化活動1900、精神活動1901」等，其中有

---

① 原文刊载于《新民丛报》第22号（1902.12.15），参见本书第11章第3.2节的论述。

不少进入到汉语之中。由于在古汉语里"—活动"既没有作名词的用法，也不能受其他二字名词或动词的修饰而构成四字词，因此最初在汉语中出现以"—活动"为后语素的四字词词群，也应视为日语的影响。如今，现代汉语早已能够独立构成以"—活动"为后语素的四字词了，诸如"促销活动、户外活动、集体活动、区域活动"等均为汉语单有的四字词，而"产业活动、市民活动、特别活动、体验活动、体育活动、团体活动、心理活动、学术活动"等则是中日共有的四字词。对于后一类四字词，仍需要通过词源考证才能准确区分出日语四字词和汉语四字词。

（3）教育事业、公共事业、独占事业

在日语方面，此3词均可找到早于清末报纸的用例。例如，小宫山弘道译『奎氏学校管理法』（1888）中有「教育事业」的如下用例：「斯ノ如キ貴重ナル教育事業ヲ以テ，一般ニ之ヲ賎視スル者ハ抑又故アリ。」又如，法国人波留原著（译者不详）『今世国務論』（1894）中有「公共事業」的如下用例：「公共事業は先つ別ちて二大種類と為すを得べし。即ち平和的公共事業及び軍事的公共事業是れなり。」（上）再如，佐藤昌介译『威氏経済学』（1891）中有「独占事業」的如下用例：「人為の独占事業に就ては唯略言し置く可し事業にして，人為の独占事業たるは其特性ありて然るにあらず。」

在汉语方面，此3词的现有最早用例均出自《新民丛报》。"教育事业"的用例如下："综一国之教育事业，血脉流通元气充溢，形成一有机体。"（第3号，馨心，"中国新教育案"，1902.3.10）"公共事业"的用例如下："故定教育为公共事业，凡一国之儿童，皆有受教育于国家之权利，凡一国之父兄，皆有为国家教育儿童之义务。"（第5号，馨心，"中国新教育案"，1902.4.8）"独占事业"的用例出自梁启超的文章："若如彼报言，谓不必望民间有大资本，岂谓惟独占事业需大资本，而非独占事业，则不需大资本耶。"（第91号，饮冰，"再驳某报之土地国有论"，1906.11.16）

《申报》中也有年代相近的用例，如"教育事业"的用例见于1905年5月15日刊载的"日本经营福建之手段"一文："今查福建省内教育事业，成于日人之手者，所已设之学校不过四五处，规模狭小。"又如"公共事业"的用例见于1903年4月2日刊载的"京报全录"之中："交通水道等公共事业，只许中国自筹资本建筑，若外国人建筑时须商之日本。"再如"独占事业"的用例见于1910年1月28日刊载的"论我国古代理财政策之进步"一文："其专卖之法如何？盖非由政府自为煮盐，而以煮盐所需之器贷之于民，以此为政府之<u>独占事业</u>也。"

日语里出现以"—事业"为后语素的四字词早于汉语，并在20世纪初开始进入汉语。如今，现代汉语里以"—事业"为后语素的四字词可分为两类：一类是汉语单有的，如"革命<u>事业</u>、国防<u>事业</u>、环保<u>事业</u>、航天<u>事业</u>、外交<u>事业</u>"等，这表明汉语在引进以"—事业"为后语素的日语四字词之后，已形成自行构成新词的能力。另一类是中日双方共有的，如"公共<u>事业</u>、航空<u>事业</u>、健康<u>事业</u>、科学<u>事业</u>、绿化<u>事业</u>、民生<u>事业</u>、水利<u>事业</u>、卫生<u>事业</u>"等。对于后一类四字词，尚需通过词源考证才能区分出日语四字词和汉语四字词。

（4）立法作用、司法作用、行政作用、心意作用

在《新民丛报》中，共收集到6个以"—作用"为后语素的四字词，其中标题所示的4词为日方用例早于清末报纸的四字词。"立法作用、司法作用、行政作用"3词均出自日本祷代田著、知白辑译"教育行政法制基本概念"一文，原文如下："其他为上奏、受请愿，性质上之<u>行政作用</u>也。议员资格审查决定，性质上之<u>司法作用</u>也，而皆属之议会权限，是不独有<u>立法作用</u>明矣。"（第88号，1906.10.2）经查阅日方资料，证实该文的日文原著为祷苗代著『日本教育行政法述義』（1906），此书当年4月刚在日本出版，其"第一编"便被译成中文刊登在《新民丛报》上。原著中的日语原文如下：「其他上奏をなし請願を受くるも其性質は<u>行政作用</u>にして，議会の権限に属す。又憲法は其性質上，<u>司法作用</u>たる議員の資格審査決定をも議会の権限に属せしめたり。如斯憲法は議会の権限の権限を独り<u>立法作用</u>のみならず，行政司法の作用をもなさしめ……。」中文译文虽有误译之处，但3个四字词完全照搬了日语原词。

"心意作用"在《新民丛报》中的用例如下："心身之密相联络，基乎神经系统与<u>心意作用</u>之关系。"（第46—48合刊号，内明，"心理学纲要"，1904.2.4）在明治时期的日方资料中可以查到早于清末报纸的用例，如大野千亩著『教育要論・上』（1893）中有以下用例：「<u>心意作用</u>ノ現象ハ種々ニシテ複雑ナルモノナレバ，之ヲ研究スルニ便センガ為メ，通常之ヲ分解類聚シテ三大区分トナス。曰ク智力，

曰ク感情，曰ク意志之ナリ。」此例可证明"心意作用"是来自日语的四字词。

在《申报》中可以找到"立法作用、行政作用、心意作用"3词的用例，但出现的时间较晚。例如"立法作用"的首出例见于1923年3月8日刊载的"立法司法行政三权相互之作用"一文："然而行政机关亦制定各种之命令而发布之，已涉及立法作用之范围。"又如"行政作用"的首出例见于1909年4月5日刊载的"论我国卫生机关之缺"一文："人民愈健康，则人民之总体即国家，其势亦日以强盛。故行政作用以发展国家之势力为目的。"再如"心意作用"的首出例见于1909年11月17日刊载的"论教育与宗教不可混而为一"一文："精神之活动胥由心意作用积种种经验而来，而其根源则在肉体。"

在清末以前的汉语里，"作用"一般只有动词用法，而鲜有名词用法，更没有受动词或名词的修饰而构成四字词的先例。然而在明治日语里，以"—作用"为后语素的四字词比较常见，已形成规模可观的词群。在《译书汇编》中出现过"积极作用、消极作用、反射作用"3个日语四字词。在《新民丛报》中又新出现了以上4个日语四字词。同时，还产生了国人仿造的四字词"考察作用、视听作用"。这表明以"—作用"为后语素的四字词正在逐步进入汉语。

现代汉语里以"—作用"为后语素的四字词同样也可以分为两类：一类是汉语单有的，如"表达作用、防伪作用、腐蚀作用、警示作用、氧化作用、装饰作用"等；另一类是中日双方共有的，如"刺激作用、反向作用、风化作用、管理作用、抗菌作用、生理作用、修饰作用"等。对于后一类四字词，需要通过词源考证才能辨别日语四字词和汉语四字词。

《新民丛报》中新出现的四字词，是指在清末5报的范围内的"新出现"，其实这些词进入汉语的时间既有可能是《新民丛报》发行期间，也有可能是《新民丛报》之前，通过与《申报》（1872—1949）中的首出例做比对可以将二者区分开。依据检索结果可分为以下3类情形：

一是《申报》中的用例早于《新民丛报》的词。可视为《新民丛报》之前已进入汉语的日语四字词，有以下13词，占128词的10.2%。

废藩置县　公立学校　国家政治　教育制度　利害关系　男女同权　人民政府
上流社会　师范教育　司法行政　文物制度　有机化学　专门教育

二是《申报》中完全没有出现过的词。可视为在《新民丛报》发行期间进入汉语的日语四字词，但通用性和存活率相对较低。只有"假言命题、军务行政、潜在统一、显在统一、司法作用"5 词，占 128 词的 3.9%。

三是《申报》中的用例晚于《新民丛报》的词。同样属于《新民丛报》发行期间进入汉语的日语四字词，但通用性和存活率高于上一类词。共有 110 词，占 128 词的 85.9%。以下列举其中的一部分：

百科全书	财团法人	德育问题	二重人格	烦琐哲学	分配问题	风俗改良
工业用品	工业组织	公共教育	诡辩学派	国际竞争	国民权利	怀疑主义
急进分子	家庭教育	间接经验	间接选举	交感神经	教育用品	阶级制度
经济社会	劳动保险	秘密团体	末梢神经	农业立国	农业政策	人格教育
软体动物	商业政策	社会风潮	神经系统	生产手段	生产原料	实地演习
实力竞争	实用主义	私有制度	投票选举	外资输入	唯物主义	唯心主义
下等动物	现行制度	信任投票	信用证券	形式主义	修学旅行	学术思想
野外演习	议会政治	应用科学	有价证券	有色人种	政治改革	政治社会
直觉主义	直接经验	直接选举	直线运动	重农学派	重农主义	重商主义
主权在民	自发运动	自由政策				

以上结果表明，《新民丛报》在引进日语四字词的时间、词数和力度方面均大大超过《申报》。但《申报》创刊于 1872 年，即是说，从 19 世纪 70—80 年代就开始有少量的日语四字词进入国人的视野，这是十分重要的事实。

2.2 未见日方用例的四字词

此类词可初步判断为国人自造的汉语四字词，共有 69 个，在新出现的 218 个 2+2 型四字词中占 31.7%。此数值与同类词在《译书汇编》中的占比 18.5% 相比较，高出 13.2 个百分点，表明《新民丛报》中由清末国人自造的四字词明显增多。

以"人事淘汰、天然淘汰"为例，《新民丛报》中有如下用例："而胜败之机有由于自然者，有由于人为者。由于自然者谓之自然淘汰，由于人为者谓之<u>人事</u>

淘汰。……所谓天然淘汰者何也？此义达尔文初不敢武断，其后苦思力索，旁征博较，然后寻出物竞天择之公理。"（第 3 号，梁启超，"天演学初祖达尔文之学说及其略传"，1902.3.10）文中的"天然淘汰、人事淘汰"在日方资料中查不到下落，但日语里可以查到词形相近的「自然淘汰、人為淘汰」。例如，山县悌三郎著『男女淘汰論』（1887）中有如下用例：「即チ其身ヲ環繞セル事物ニ適セザルニ由レリ，凡ソ是ノ如ク其所ヲ得レバ存シ，否ザレバ亡ブルノ運為ヲ称シテ，特ニ自然淘汰ト謂フ。（第 6 页）……是ノ如ク其撰択ニ注意スルコト数世乃至数十世ニ及ブトキハ，終ニハ羊毛殆ド其旧性ヲ一変スルニ至ルベシ。之ヲ称シテ人為淘汰ト謂フ。」（第 10 页）因此可据此推测，"天然淘汰、人事淘汰"是梁启超对日语原词「自然淘汰、人為淘汰」进行改造而形成的汉语四字词。

日语四字词对汉语构词法的影响，主要体现在二字语素的词性变化和构词功能变化上。例如，在古汉语里"淘汰"只有动词用法而没有名词用法，也不能受其他二字词的修饰而构成四字词。但在"人事淘汰、天然淘汰" 2 词中，"淘汰"的用法已经名词化，并能受名词"人事、天然"的修饰一起构成"N+N 定中结构"四字词。笔者认为，这种词性转换和复合构词的功能是通过模仿日语四字词而实现的。

又如"品行陶冶"，《新民丛报》中有如下用例："海尔巴脱氏则谓道德的品行陶冶，在于发现完全之五道念。"（第 88 号，日本祷苗代著、知白辑译，"教育行政法制基本概念"，1906.10.2）经查阅日文原著，即祷苗代著『日本教育行政法述義』（1906）一书，与以上译文对应的日语原文如下：「ヘルバルト氏は道徳的品性の陶冶，即五道念を完全に発現するにありとし……。」（第 1 编）由此可知，"品行陶冶"是通过改译日语原文「品性の陶冶」而形成的汉语四字词。此例也反映出日语四字词对汉语构词法的影响，因为正常的汉语词序应该是"陶冶品行"而不是"品行陶冶"。对"品行陶冶"的词序可以有两种解释：一是接受了日语式"N+V 宾述结构"（品行を陶冶する）的影响。二是默认了动词"陶冶"可以兼作名词，将"品行陶冶"视为"N+N 定中结构"。由日语原文「品性の陶冶」可知，汉语四字词"品行陶冶"是以后者的方式形成的。此例表明，日语 2+2 型四字词的传入对汉语二字动词的"动名兼类"功能会产生一定的影响。

为了从侧面了解这些汉语四字词的产生时期、使用范围等，可以与《申报》

中的用例进行比对，将属于此类的 69 词分为以下 3 类情形：

一是《申报》中的用例早于《新民丛报》的词。可视为《新民丛报》之前已存在的汉语四字词，只有"承审委员、有限公司"2 词，占 69 词的 2.9%。

二是《申报》中完全没有出现过的词。可视为《新民丛报》发行期间新出现的汉语四字词，特点是专业术语较多，通用性和存活率相对较低。有以下 39 词，占 69 词的 56.5%。

补正解释	财产膨胀	常住母财	赤道洋流	纯全哲学	岛民根性	道德特性
回归洋流	考察作用	乐世观念	利用价格	两极洋流	劣等公民	陪席判员
品行陶冶	普通命题	全程名词	群治制度	人事淘汰	三重人格	社会环象
史界革命	视听作用	守业教育	特别命题	特称名词	物界现象	限制解释
心界现象	循环极性	循环母财	严酷解释	优等公民	预算拒绝	圆体运动
职权中止	智力特性	诸权分立	自然环象			

三是《申报》中的用例晚于《新民丛报》的词。同样可视为《新民丛报》发行期间新出现的汉语四字词，而且《新民丛报》中的用例很可能是首出例，其后才逐渐在《申报》等其他报纸和书籍中出现。特点是普通词语多于专业术语，通用性和存活率应高于上一类词。有以下 28 词，占 69 词的 40.6%。

传教政略	工群问题	工商政略	国际汇兑	活动游戏	机关报纸	宽大解释
乐利主义	秘密革命	民政时代	内部竞争	平民议会	普通法廷	人群进化
人群主义	上等动物	世界公民	市府政治	思想事业	天然科学	天然淘汰
田赋征收	铁血主义	外部竞争	外界刺激	中等动物	种族革命	自立竞存

2.3　日方用例晚于清末报纸的四字词

属于此类的四字词有 21 个，在《新民丛报》新出现的 218 个 2+2 型四字词中占 9.6%，此数值与同类词在《译书汇编》中的占比 15.9% 相比，低 6.3 个百分点。这一现象应该与日语四字词的比例降低，以及汉语四字词的比例上升联系起来看。此类四字词的减少，表明国人自造的汉语四字词在词形上拉大了与日语四字词之间的距离，对日语四字词的趋同性有所减轻，选择语素的自由度有所增强。

以"恐怖主义"一词为例，《新民丛报》中有如下用例："及文明稍进，人渐识自立之本性，断依赖之劣根。故由恐怖主义而变为解脱主义，由利己主义而变为爱他主义。"（第 22 号，中国之新民，"论中国学术思想变迁之大势"，1902.12.15）查日方资料，只发现有晚于《新民丛报》的用例，如永井亨著『新産業政策論』（1925）一书中有以下用例：「現に革命後の最初の命令は死刑の廃止に関するものであった。然るに〈プロレタリア〉独裁制を建てた以来は，恐怖主義を避くる能はざる運命に陥ったのである。」（第 16 章）对于此类情形，如果能进一步扩大资料检索的范围，或有可能发现更早的日方用例，但目前明治时期电子资料的覆盖面有限，还难以做到这一点。

此类词的共同点是日方用例晚于中方用例，而且可见的用例十分稀少，说明它们在日语中作为四字词的稳固性和通用性都很低。因此，目前既不能排除日语造词在先用例有待发掘的可能性，也不能排除汉语造词在先日语借而用之的可能性，以及中日分别造词双方偶然相合的可能性。如果从概率上推测，某词的日方用例晚于清末报纸的时间间隔越长，用例越稀少，该词是日语四字词的可能性就越小，是汉语四字词的可能性就大。基于这种想法，将属于此类的21 词按日方现有最早用例的年份顺序列举如下：

拜金主义（1913）　革命思想（1913）　恐慌时代（1913）　民族竞争（1914）
未来主义（1917）　贵族阶级（1920）　民主革命（1920）　公共观念（1922）
立宪共和（1922）　平等观念（1922）　公众利益（1923）　勤王讨幕（1924）
扩张解释（1924）　恐怖主义（1925）　不文宪法（1933）　国家意志（1935）
女权问题（1936）　交易价格（1944）　人权平等（1964）　个人利益（1967）
文字改革（1995）

3.《新民丛报》中的汉语四字词

本章将日方用例早的四字词视为日语四字词，而将未见日方用例和日方用例晚的四字词视为汉语四字词。这样分类是为了在辨别日语借词的同时，也对清末国人自造的汉语四字词进行梳理和分析。只有将这两个方面结合起来，才能充分地了解日语四字词对汉语构词法的影响。下面以 69 个未见日方用例的四字词和 21 个日方用例晚的四字词作为研究对象，根据各个词的实际情况，将这 90 个汉语四字词区分为仿造词（46 词，51.1%）、改造词（23 词，25.6%）以及自造词（21 词，23.3%）进行分析。

3.1 仿造词

仿造词的主要特征是可以找到所模仿的日语四字词的词群，其中又以利用日语四字词的后语素构成的仿造词最为常见。在《新民丛报》新出现的 218 个 2+2 型四字词中，仿造词大致可区分为以下 4 种情形：

一是可以在《新民丛报》中直接找到所模仿的日语四字词词群，属于此类情形的仿造词最多。例如，以"—解释"为后语素的四字词共有 6 个，原文如下："除文义解释而外，尚有所谓论理解释者。且论理解释中，又分种种，曰限制解释，曰扩张解释，曰补正解释，曰宽大解释，曰严酷解释。"（第 75 号，希白，"上海领事裁判及会审制度"，1906.2.23）其中"论理解释"为日语四字词，如鹈泽总明著『法学通論』（1906）中有以下用例：「解釈ハ通常之ヲ文辞解釈及ヒ論理解釈ノ二種ニ区別ス。」（第 8 章）同时，该书中还出现了「拡大解釈、法律解釈、文辞解釈、類推解釈、反推解釈、有権解釈、更正解釈」等以"—解释"为后语素的一系列日语四字词。但是在该书和其他日方资料中查不到"补正解释、宽大解释、扩张解释、限制解释、严酷解释"，因此可将以上 5 词视为通过模仿以"—解释"为后语素的日语四字词而形成的汉语仿造词。

又如，以"—主义"为后语素的四字词共有 16 个，其中"怀疑主义、实用主义、唯物主义、唯心主义"等 10 词为日语四字词，而其余 6 词，即"拜金主义、乐利主义、人群主义、铁血主义、恐怖主义、未来主义"可视为国人仿造的汉语四字词，仿造词和日语四字词一起形成了以"—主义"为后语素的四字词词群。再如，以"—问题"为后语素的四字词共有 4 个，其中"德育问题、分配问题"为日语四字词，而"工群问题、女权问题"可视为仿造的汉语四字词，仿造词和日语四字词一起形成了以"—问题"为后语素的四字词词群。

以相同后语素形成的四字词词群为线索，在《新民丛报》中还可以发现以下一些仿造词：（1）以"—革命"为后语素的"秘密革命、民主革命、史界革命、种族革命"。（2）以"—竞争"为后语素的"民族竞争、内部竞争、外部竞争"。（3）以"—作用"为后语素的"考察作用、视听作用"。（4）以"—动物"为后语素的"上等动物、中等动物"。（5）以"—时代"为后语素的"恐慌时代、民政时代"。

此外，有些四字词词群中只有1个仿造词，其余都是日语四字词。如在《新民丛报》新出现的四字词中，以"—哲学"为后语素的四字词有3个，其中"纯正哲学、烦琐哲学"是日语四字词，"纯全哲学"是汉语的仿造词。属于此类情形的还有"革命思想、平民议会、群治制度、市府政治、守业教育、思想事业、特别命题、圆体运动"。

二是可以在《新民丛报》以外找到所模仿的日语四字词词群。如"全程名词、特称名词"，据日本学者杉本つとむ考证，"名词"一词为兰学家首创，明治后在日语中固定下来①。日语中有「普通名詞1877、固有名詞1886、抽象名詞1897」等，但没有"全程名词、特称名词"，此2词可视为汉语的仿造词。同属此类的还有以"—政略"为后语素的"传教政略、工商政略"，以及"承审委员、贵族阶级、人权平等"。

三是利用日语四字词的前语素构成的仿造词，此类情形较少但也存在。如《新民丛报》中共有以"普通—"为前语素的四字词4个，即"普通教育、普通学校、普通法廷、普通命题"。"普通"一词在古汉语中的词源尚不明确，绝大多数用例表示皇帝的年号，而不表示年号的用例大多词义含混。如南宋普济编《五灯会元》（1252）中有如下用例："兴元府普通封禅师，僧问：今日一会，何似灵山？师曰：震动乾坤。问：如何是普通境？师曰：庭前有竹三冬秀，户内无灯午夜明。"有时"普通"一词可释义为"普遍"，如《儿女英雄传》（1831）中的用例："以至坊边左右这些乡邻，普通一请，一连儿热闹了三天。"

---

① 参见杉本つとむ（1967）。

在日语方面，"普通"的用例出现得早，而且词义一直是「特别ではなく，一般的であること」。明治日语里有不少以"普通—"为前语素的四字词，如「普通投票 1875、普通教育 1875、普通名詞 1877」等。《新民丛报》中的"普通教育、普通学校"已查到早于清末报纸的日方用例，可视为日语四字词。而"普通法廷、普通命题"查不到日方用例但构词形式与日语四字词相同，因此可视为汉语的仿造词。

四是通过模仿日语四字词特有的词序而形成的仿造词，此类情形较少但也存在。如《新民丛报》中有"职权中止"一词，词序是日语式的"N+V 宾述结构"四字词（即「職権を中止する」）。在明治日语里，没有发现「職権中止」的用例，但是以「中止」为后语素的四字形式较多见，如「会議中止 1880、刊行中止 1889、売買中止 1890」等，因此可将"职权中止"视为通过模仿日语词序而形成的四字词。又如"田赋征收"，也是日语式的"N+V 宾述结构"四字词，在明治时期的日方资料中可以查到「地租徵收 1877、租税徵收 1879」等用例，因此可将"田赋征收"视为通过模仿日语词序而形成的四字词。

3.2 改造词

改造词一般应有一个词形既相近又不同的日语原词做依据，才能说明改造前后的变化过程。在《新民丛报》新出现的 218 个 2+2 型四字词中，可归纳出以下 5 种改造方法。

一是省略日语原文中的助词「の」变为汉语的四字词。例如《新民丛报》中有"利用价格"一词，在明治时期的日方资料中查不到同形的四字词，但如果查找「利用の価格」，就可以找到早于清末报纸的用例。如土子金四郎著『財論』（1888）中有以下用例：「価格ニ利用ノ価格ト交易ノ価格トノ二種アリトナス学者少ナカラサントモ……。」（第 3 章第 16 段）可据此推测"利用价格"是通过省略日语原文中的「の」而形成的汉语四字词。情况类似的四字词还有以下一些（括号内为笔者推定的日语原词和用例的年代）：财产膨胀（←财政の膨脹 1897）、个人利益（←一個人の利益 1886）、公众利益（←公衆の利益 1886）、集会自由（←集会の自由 1875）、品行陶冶（←品性の陶冶 1906）、人民政府（←人民の政府 1875）、外界刺激（←外界ノ刺激 1899）、预算拒绝（←予算ノ拒絶 1891）。

二是替换日语原词中的一个字变为汉语的四字词。例如《新民丛报》中出现的"三权分立"和"诸权分立"两个词。前者为日语四字词，早期用例见于『太陽』杂志 1901 年第 13 号刊登的清野长太郎「政党及議院政治の弊に対する所感」一文，原文如下：「主権議院に存せる英国と其立国の体を異にし，三権分立の精神其文字上に躍如たる仏国憲法と其趣旨を異にし……。」而"诸权分立"没有日方用例，是通过替换日语原词中的一个字而形成的汉语四字词。《新民丛报》中属于此类的四字词还有：天然科学（←自然科学 1899）、三重人格（←二重人格 1907）、交易价格（←貿易価格 1902）、物界现象、心界现象（←物的現象、心的現象 1905）。

三是替换日语原词中的二字词变为汉语的四字词。例如《新民丛报》中的"机关报纸"一词。"机关"在古汉语里意为"能活动器械装置"或"心机、计谋"，传入日语后在明治时期产生了新义，指"办理事务的部门或机构"。"机关报纸"中的"机关"显然是日语的新义，但日语中不存在"报纸"一词。明治日语里有「機関新聞」的用例，如『太陽』杂志 1895 年第 1 号曾刊登的「議会に対する各党の党議」一文中有如下用例：「特に官報を発兌して政府の公然たる機関新聞と為すが如きは，望むべきことにあらず……。」由此可推测"机关报纸"一词是以汉语的"机关"替换日语的「新聞」而形成的四字词。与此类似的还有在前文（见 2.2 处）中分析过的"人事淘汰、天然淘汰"。

四是把日语原文的三字词改造为汉语的四字词。例如《新民丛报》中出现的"公共观念、平等观念"在日方资料中查不到同形的四字词，但如果检索「公共心、平等心」便可以找到早至清末报纸的用例，如横山雅男著『平民の目さまし』（1889）一书中有「公共心」的用例，原文如下：「元来此の公共心なるものは人間一種の特別なる性質にて……」（第 7 章）又如，长冈乘薰著『通俗仏教百科全書・第 2 巻』（1891）中的用例：「平等心は仏心なり。宗祖（親鸞）の賛文に平等心をうるときを一子地となづけたり。」（第 20）与日语的「公

共心、平等心」相比，"公共观念、平等观念"可能更容易被中国人接受，二者的意思也很接近。因此推测，《新民丛报》中的"公共观念、平等观念"有可能是通过改造日语的「公共心、平等心」而形成的汉语四字词。与此类似的改造词还有"乐世观念"（←楽世観 1906）和"不文宪法"（←不文法 1876）。

五是利用日语的二字词重新组合成汉语的四字词。例如在《新民丛报》中出现的"勤王讨幕"，日方现有的最早用例出自 1924 年，明显晚于清末报纸。但日语的「勤王攘夷」和「尊攘討幕」2 词却有早于清末报纸的用例。据此可推测，"勤王讨幕"一词有可能是清末国人在参照日语的「勤王攘夷、尊攘討幕」或其他词语的基础上自行组合而成的汉语四字词。又如"立宪共和"一词，在日方资料中查不到同形的四字词，但"立宪"和"共和"却是明治日语的常用词。"立宪"是明治初年产生的日语新词，常见的四字词如「立憲政体 1868、立憲政治 1875」等。"共和"在古汉语里曾用作皇帝的年号，在明治日语里产生出新义，专指"共和制"，常见的复合词有「共和国 1870、共和政治 1873」等。可据此推测，"立宪共和"是清末国人把两个日语的二字词自行组合起来而形成的四字词。

3.3 自造词

在《新民丛报》之前已有许多日语四字词进入了汉语，国人很快掌握了 2+2 型四字词的构词方法，而《新民丛报》中撰写的文章远多于翻译的文章，从而增加了国人自造四字词的机会，这些都是自造词比例上升的原因。《新民丛报》中的自造词大致可分为两种情形：

一是采用日语四字词不使用的二字语素。在 2+2 型四字词中，后语素往往是词义和结构的重心所在，也是判断日语造词还是汉语造词的着眼点。例如"有限公司、国际汇兑、循环极性、自立竞存、陪席判员、社会环象、自然环象、常住母财、循环母财、活动游戏"等词的后语素几乎都是清末产生的汉语二字词，由于日语中没有这些词，因此可以判断它们是汉语四字词。当然，如果遇到前语素是日语不使用的二字语素，同样可以判断该四字词为汉语的自造词。

二是采用日语四字词不使用的语素搭配。例如"劣等公民、优等公民、世界公民",前语素"劣等—、优等—、世界—"和后语素"—公民"均为中日共有的二字词(即中日同形词),此类词难以从语素层面上直接判断是不是日语四字词,但可以从语素搭配上进行分析。在明治日语里,可以找到以"劣等—、优等—、世界—"为前语素的四字词,但很少见到以"—公民"为后语素的四字词,由于日语很少使用这样的语素搭配,可推测此3词是国人自造的汉语四字词。又如"国家意志",前语素和后语素均为出自古汉语的中日共有二字词,但在明治日语中很少见到以"—意志"为后语素的四字词,可根据日语中缺乏这种语素搭配为由,推测其为国人自造的汉语四字词。再如"文字改革",前语素和后语素均为出自古汉语的中日共有二字词,但明治日语中极少有以"—改革"为后语素的四字词,同样属于日语中少见的语素搭配,因而推测其为汉语四字词。

有时,二字语素是出自明治日语再传入汉语的日语借词,例如《新民丛报》中出现的"赤道洋流、回归洋流、两极洋流",据日本学者荒川清秀考证,"洋流"在日语中出现的时间早于汉语,是明治时期产生的新词[①]。但经调查发现,日语中没有以"—洋流"为后语素的四字词,更没有形成以"—洋流"为后语素的四字词词群,据此可推断以上3词是国人自造的汉语四字词。属于此类情形的还有"道德特性、智力特性、人群进化"。

4. 构词多的前语素与后语素

通过对此前各报中2+2型四字词的分析,充分证明了19—20世纪之交日语四字词曾对汉语四字词的发展产生过直接影响。清末以前的汉语中有大量四字格存在,但基本上都是短语结构,固化成词的即是四字成语。而明治时期以后的日语2+2型四字词与汉语传统的四字成语有着本质的不同,其主要特征体

---

① 参见荒川清秀(1997)第5章第164—165页的论述。

现在二字语素层面上，即：充当前语素和后语素的二字词以抽象性名词为主，二者均可单独使用，并能以相同前语素或后语素为中心进行系列性构词，从而形成四字词词群。以上这些特征都是清末以前的汉语四字词所没有的。在此继续以《新民丛报》中新出现的218个2+2型四字词为对象，从二字语素层面对中日四字词的系列性构词情况进行量化分析。

4.1 构词多的前部二字语素

首先将二字语素分为构成四字词"4词及以上"、"3—2词"和"1词"的3个区间。其中，构词"4词及以上"和构词"3—2词"的二字语素是在《新民丛报》中形成了四字词词群的语素，能够体现出系列性构词的特点，而构成四字词仅有"1词"的二字语素是在《新民丛报》中没有形成四字词词群的语素。同时，为了观察数据的变化情况，还将《新民丛报》的数据与《译书汇编》的数据进行了横向的对照比较。

表2 《新民丛报》2+2型四字词的前语素与《译书汇编》的比较

构词数	新民丛报（1902—07）		译书汇编（1900—03）	
	前语素数（%）	词数合计（%）	前语素数（%）	词数合计（%）
4词及以上	1（0.5）	4（1.8）	15（5.9）	77（20.4）
3—2词	22（11.7）	48（22.0）	53（21.0）	116（30.7）
1词	166（87.8）	166（76.2）	185（73.1）	185（48.9）
合计	189	218	253	378
	（每个前语素平均构词1.15个）		（每个前语素平均构词1.49个）	

表2显示，在《新民丛报》新出现的218个2+2型四字词中，构成四字词"4词及以上"和"3—2词"的前语素相加共23个，占前语素总数的12.2%。由这些前语素构成的四字词共有52词，占前语素构词总数的23.8%。与此相对，构成四字词"1词"的二字语素占比达87.8%，构成的四字词有166词，占前语素构词总数的76.2%。单看《新民丛报》的这些数据难以做出明确的判断，通过与《译书汇编》的前语素进行比较，便可看出2报之间有明显的差异。

首先，在《译书汇编》中构成四字词"4词及以上"和"3—2词"的前语素相加有68个，占前语素总数的26.9%，比《新民丛报》的12.2%高出14.7个百分点。其次，由这些前语素构成的四字词共有193词，占前语素构词总数的51.1%，比《新民丛报》的23.8%高出27.3个百分点。由此可见，在《新民丛报》中，构词2个以上的前语素和这些前语素构成的四字词的占比大大少于在《译书汇编》中的占比，约相当于后者的一半。即是说，《新民丛报》前语素的平均构词能力远不如《译书汇编》的前语素。在《新民丛报》中，构成四字词"4词及以上"的前语素只有1个，所构成的四字词有4个，如表3所示：

表3 《新民丛报》2+2型四字词中构词多的前部二字语素

前部二字语素	日方用例早	日方用例无／晚
工业—（4／0）	工业革命、工业用品、工业政策、工业组织	

4.2 构词多的后部二字语素

对《新民丛报》2+2型四字词的后语素也采取与前语素相同的方法，按照构成四字词的词数分成3个区间，并与《译书汇编》的同类数据进行比较。

表4 《新民丛报》2+2型四字词的后语素与《译书汇编》的比较

构词数	新民丛报（1902—07）		译书汇编（1900—03）	
	后语素数（%）	词数合计（%）	后语素数（%）	词数合计（%）
4词及以上	15（13.9）	85（39.0）	22（11.5）	142（37.6）
3—2词	29（26.9）	69（31.6）	51（26.5）	117（30.9）
1词	64（59.2）	64（29.4）	119（62.0）	119（31.5）
合计	108	218	192	378
	（每个后语素平均构词2.01个）		（每个后语素平均构词1.97个）	

《新民丛报》的后语素与前语素相比有很大不同。首先，构成四字词"4词及以上"和"3—2词"的后语素相当多，二者相加共有44个，占后语素总数的40.7%，比前语素的12.2%高出28.5个百分点。其次，由这些后语素构成的四字词共有154词，占后语素构词总数的70.6%，比前语素的23.8%足足高出

46.8 个百分点。而构成四字词仅 1 词的后语素的占比,从前语素时的 87.8% 降低至 59.2%。这表明在《新民丛报》新出现的 2+2 型四字词中,后语素的构词能力明显强于前语素。主要体现在,四字词的词群数和单个后语素的构词数均大大多于前语素,充分显现出以后语素为中心形成系列性构词的特征。

再将《新民丛报》的后语素与《译书汇编》的后语素加以比较。如果比较 2 报的语素数和构词数的话,《译书汇编》都明显多于《新民丛报》,但如果比较语素数和构词数的占比,情况则有所不同。首先,在《译书汇编》中构成四字词"4 词及以上"和"3—2 词"的后语素相加(73 个)占后语素总数的 38.0%,比《新民丛报》的 40.7% 低 2.7 个百分点。其次,由这些后语素构成的四字词(259 词)占后语素构词总数的 68.5%,与《新民丛报》的 70.6% 相比低 2.1 个百分点。通过比较可知,在《新民丛报》新出现的 2+2 型四字词中,构词 2 个以上的后语素和这些后语素构成的四字词的占比均稍高于《译书汇编》的数值,表明《新民丛报》的后语素在平均构词能力上略胜一筹,也显示《新民丛报》的前语素和后语素之间在构词能力上的反差特别明显。在《新民丛报》中,构成四字词"4 词及以上"的后语素共有 15 个,所构成的四字词有 85 个,如表 5 所示:

表 5 《新民丛报》2+2 型四字词中构词多的后部二字语素

后部二字语素	日方用例早	日方用例无／晚
—主义（10／6）	重农主义、干涉主义、怀疑主义、实用主义、退婴主义、唯物主义、唯心主义、形式主义、直觉主义、重商主义	乐利主义、人群主义、铁血主义／拜金主义、恐怖主义、未来主义
—政策（6／0）	工业政策、农业政策、海运政策、商业政策、渔业政策、自由政策	
—教育（5／1）	公共教育、家庭教育、人格教育、师范教育、专门教育	守业教育／
—制度（5／1）	教育制度、阶级制度、私有制度、文物制度、现行制度	群治制度／
—解释（1／5）	论理解释	补正解释、宽大解释、限制解释、严酷解释／扩张解释
—政治（4／1）	国家政治、封建政治、议会政治、议院政治	市府政治／
—作用（4／1）	立法作用、司法作用、行政作用、心意作用	考察作用、视听作用／

续表

后部二字语素	日方用例早	日方用例无／晚
—竞争（2／3）	国际竞争、实力竞争	内部竞争、外部竞争／民族竞争
—革命（1／4）	工业革命	秘密革命、史界革命、种族革命／民主革命
—社会（4／0）	中等社会、政治社会、经济社会、上流社会	
—行政（4／0）	司法行政、财务行政、军务行政、外务行政	
—事业（3／1）	公共事业、教育事业、独占事业	思想事业／
—运动（3／1）	反射运动、直线运动、自发运动	圆体运动／
—动物（2／2）	软体动物、下等动物	中等动物、上等动物
—问题（2／2）	德育问题、分配问题	工群问题／女权问题

表 5 显示，在所有的四字词词群中都有日语四字词，而且以日语四字词为主的词群占多数，其中以"—政策、—社会、—行政"为后语素的词群全都是日语四字词，表明日语四字词在《新民丛报》新出现的四字词中仍居于主导地位。与此同时，汉语四字词在大多数的四字词词群之中与日语四字词并存，在以"—解释、—革命、—竞争"为后语素的词群中，汉语四字词的数量甚至超过了日语四字词，这表明汉语四字词的比例正在逐步提高。

5. 小结

本章对《新民丛报》中新出现的 2+2 型四字词进行了系统的梳理，论述要点可归纳如下：

（1）在《新民丛报》中共收集到四字词 377 个，其中包含在《时务报》、《清议报》、《译书汇编》中已出现过的四字词共 155 个，在《新民丛报》中新出现的四字词共有 222 个，占四字词总数的 58.9%，此数值与同类词在《清议报》和《译书汇编》中的占比 89.1% 和 80.0% 相比有很大落差，表明《新民丛报》时新四字词的增长速度已经明显放缓。

（2）在《新民丛报》新出现的 2+2 型四字词中，日方用例早于清末报纸的四字词占 58.7%，比同类词在《译书汇编》中的占比 65.6% 低 6.9 个百分点，表明新出现的日语四字词进一步减少。未见日方用例的四字词占 31.7%，比同类词在《译书汇编》中的占比 18.5% 高 13.2 个百分点，表明汉语四字词的占比明显上升。日方用例晚于清末报纸的四字词占 9.6%，比同类词在《译书汇编》中的占比 15.9% 低 6.3 个百分点，表明国人自造的四字词与日语四字词之间的趋同性出现减少的趋势。

（3）本章通过具体案例分析了日语四字词对汉语构词法产生的影响（2.1），并指出汉语动词的"动名兼类"现象也与日语的影响有关（2.2）。例如在古汉语里"活动"和"淘汰"既没有名词用法，也没有复合构词的功能，通过此 2 词在《新民丛报》中的用例可以看出日语的影响。

（4）本章将汉语四字词分为仿造词、改造词和自造词。其中，仿造词（46 词，51.1%）可细分为 4 种情形：一是可以在《新民丛报》中找到日语四字词词群的仿造词；二是可以在《新民丛报》以外找到日语四字词词群的仿造词；三是利用日语四字词的前语素构成的仿造词；四是通过模仿日语四字词特有的词序形成的仿造词。

改造词（23 词，25.6%）可细分为 5 种情形：一是省略日语原文中的助词「の」变为汉语的四字词；二是替换日语原词中的一个字变为汉语的四字词；三是替换日语原词中的二字词变为汉语的四字词；四是把日语原文的三字词改造为汉语的四字词；五是利用日语的二字词重新组合成汉语的四字词。

自造词（21 词，23.3%）可细分为 2 种情形：一是采用日语四字词不使用的二字语素；二是采用日语四字词不使用的语素搭配。

第 15 章 《民报》与中日词汇交流

《民报》于 1905 年 11 月 26 日在日本东京创刊,是中国同盟会的机关报。孙中山亲笔题写了"民报"二字,并署名发表了"发刊词",在该文中首次明确提出了三民主义的政治主张。《民报》为 32 开本期刊形式,每期 150 余页,约 5—6 万字。编者在创刊号末尾的"本社简章"中称"本杂志定于阳历每月初五日为发行期,决不蹈从前各杂志愆期之失",而实际上,《民报》并没能严格地按月定期发行,平均间隔 1—2 个月发行一期。1908 年 10 月出版至第 24 号时,遭日本政府封禁而被迫停刊。1910 年初汪精卫主持续编了《民报》第 25 号和 26 号,遂后又告停刊[①]。

国内学界对《民报》的研究,经检索"中国知网"共收集到与《民报》直接相关的论文 80 余篇。其中论述《民报》的政治主张和历史作用的约 33 篇,论述《民报》办刊特色的有 15 篇,论述《民报》与《新民丛报》纷争的有 13 篇,论述《民报》相关人物的有 20 篇,但尚未见到专门论述《民报》中的日语借词的论文。以下从日语借词研究的角度,对《民报》的主要栏目和文章作者作一概述。

1.《民报》的主要栏目

《民报》以政论时评为主要内容,比较固定的栏目有(括号内为文章篇数):论说(111)、时评(58)、来稿(33)、附录(21)、译丛(19)、小说(19)、

---

① 《民报》第 25、26 号出版于 1910 年 2 月 1 日。此外在第 12 号和第 13 号之间还出版了一期名为"天讨"的临时增刊,因此总共刊行了 27 期。有关《民报》创立和发行的情况可参阅黎东方(1997)"三十《民报》"以及陈玉申(2003)第 6 章等。

谈丛（13）等，其他还出现过"撰录、纪事、来函、史传、说林"等小栏目，多数仅出现过一两次，内容也乏善可陈。简言之，《民报》的主干是"论说、时评、译丛、来稿"4大板块，同时在"译丛"栏目前后穿插一些机动性的小栏目，排列顺序为：论说→时评→译丛（附录、小说、谈丛、纪事、来函）→来稿。以下就主要栏目的内容做一简介。

1.1 "论说"栏

是《民报》最主要的栏目[①]，每号少则2篇多则6—7篇不等，而且大多是长篇大论或连载文章，万言以上的单篇文章就有10余篇，因此，"论说"栏往往要占每号篇幅的一半以上到三分之二。从日语借词的含量来看，"发刊词"（第1号，孙文）、"论中国宜改创民主政体"（第1号，陈天华）、"民报之六大主义"（第3号，胡汉民）、"驳新民丛报最近之非革命论"（第4号，汪精卫）、"排外与国际法"（7次连载，胡汉民）、"一千九百〇五年露国之革命"（2次连载，宋教仁）、"民族的国民"（2次连载，汪精卫）、"德意志社会革命家小传"（2次连载，朱执信）等文章尤其重要。发表论说文章超过10篇的有章太炎、汪精卫、胡汉民、汪东、朱执信等人。《民报》自创刊之日起，便与梁启超主编的《新民丛报》展开了针锋相对的思想论战，所有的论战文章都刊登在"论说"栏里，日语借词也相对集中。

1.2 "时评"栏

就某一特定话题展开评论的栏目。"时评"栏的文章篇幅明显短于"论说"栏，而且不是每号都出现的栏目。文章一般都出自章太炎、胡汉民、汪精卫、汪东等《民报》主要执笔者之手。从内容看，既有评论国内事务的文章，如

[①] 其实，在《民报》各号的目录里，"论说"栏的标题仅在第23号出现过一次，笔者在此将每号卷首的几篇重头文章都作为"论说"文章统计。

"清政府与华工禁约问题"（第1号，胡汉民）、"张之洞之卖矿"（第2号，胡汉民）"汉字统一会之荒陋"（第17号，章太炎）、"满洲总督侵吞赈款状"（第22号，章太炎）、"康梁之今昔"（第24号，汤增璧）等，也有评论外交和国外动向的文章，如"关于最近日清之谈判"（第1号，胡汉民）、"英国新总选举劳动者之进步"（第3号，朱执信）、"印度独立方法"（第20号，章太炎）、"清美同盟之利病"（第24号，章太炎）等。日语借词在"时评"栏中分布的很不均匀，主要出现在日语水平较高的胡汉民、陈天华、朱执信等人的文章里。

1.3 "来稿"栏

本栏目不是每号都出现，执笔者大多不是《民报》的固定作者。在"来稿"栏的33篇文章中，最大的亮点是廖仲恺（笔名"渊实"、"无首"）的6篇投稿，即"社会主义史大纲"（第7号）、"无政府主义之二派"（第8号）、"无政府主义与社会主义"（第9号）、"虚无党之小史"（第11、17号）、"苏菲亚传"（第15号）、"巴枯宁传"（第16号）。还有叶夏生（笔名"梦蝶生"、"梦生"）的两篇文章，即"无政府党与革命党之说明"（第7号）、"革命军与战时国际法"（第8号）。这些文章突破了《民报》与《新民丛报》相互论战所造成的话题局限，与朱执信撰写的几篇一道，堪称清末时期介绍欧洲社会主义思潮的重要文章，其中使用的社会主义术语大都出自日语，为我们提供了社会主义术语进入汉语的早期例证。

1.4 "译丛"栏

本栏目共有19篇译文，其中的15篇在《民报》后期的第20—24号中刊出。《民报》中的译文有时只标明原著作者而不注明译自何种语言，因此需要依据文中用词的实际情况进行推断。大致可分为以下3种情形：

第一种是标明原著者为日本人的译文。如：松宫春一郎稿、汉民译"日韩保护条约之颠末"（第3号），日本巡耕稿、社员译"欧美社会革命运动之种类及评论"（第4号）等。

第二种是标明原著者为欧洲人但可能是从日语转译的译文。如：英国亨利佐治著、屠富（廖仲恺）译"进步与贫乏"（第 1 号），英人马利司原著、血泪译"旅俄杂记"（第 22、23 号），德国耶陵涅著、伯阳重译"人权宣言论"（第 13 号）等，这些译文从表面上看似乎译自英语或德语，但译文中包含不少日语借词，因此推测欧洲人是原著者，而中译本是从日语转译而来的。在 19—20 世纪之交的中国，从日语转译的出版物层出不穷但品质参差不齐，以至影响到日文翻译的社会声誉，这或许是一些译者绝口不提译自日语的原因。

第三种是没有标明原著者的译文。如：无首（廖仲恺）译"帝王暗杀之时代"（第 21 号），译文中出现许多日语借词，可以推断是译自日语的译文。而公侠（陈仪）所译有关印度报纸的连载译文"印度社会报"（第 21、23 号）、"印度自由报"（第 22、23 号）等 7 篇译文很少出现日语借词，且在连载的最后留有翻译地点的落款"密伦菲仆，合众会馆，纽约"，可以据此推断是译自英语的文章。

1.5 "附录"栏

不是每号都出现，内容上也没有明确的主线。其中有追悼烈士的祭文、遗书、传记，如"祭徐锡麟陈伯平秋瑾文"（第 17 号，章太炎）、"徐锡麟传"（第 18 号，南史氏）等。有以"与〇〇书"之类形式撰写的辩论性公开信，如"与佛公书"（第 9 号，汪精卫）、"与国民新闻论支那革命党书"（第 11 号，胡汉民）等。还有一些与《民报》政论取向毫无关联的文人随笔，如陶成章在他主编《民报》时刊载的"桑懈遗征"（5 次连载）。

从日语借词研究的角度看，本栏目中值得关注的有 3 篇文章：一是《民报》转载的冯自由的文章，题为"录中国日报民生主义与中国政治革命之前途"（第 4 号），二是胡汉民所作"与国民新闻论支那革命党书"（第 11 号），三是在汪精卫编辑的最后一期（第 26 号）里转载的日本学者中江笃介（兆民）的汉译本"民约论译解"[①]。

[①] 参见邹振环（1996）"卢梭《民约论》在中国的传播"，第 136 页。

1.6 "小说"栏

《民报》小说栏里先后刊登了7部作品,前半期(第13号以前)是3部汉语原作:一是描写元亡宋历史,旨在唤醒国人对异族统治仇恨的剧本《崖山哀》(作者汉血、愁予,2次连载)。二是描写民族英雄郑成功事迹的剧本《海国英雄记》(作者浴日生,2次连载)。三是描写理想中的人权村的政治小说《狮子吼》(作者陈天华,7次连载)。这3部作品都是用口语体写成的,除了陈天华的小说《狮子吼》中出现了少数日语借词(如:活剧、社会、常备军、共和国、进化论、图书馆等)之外,其余两个历史剧剧本与日语借词无涉。

后半期(第18号以后)陆续刊登了4部翻译作品:一是俄国铎伊齐原著、七曲山民重译的"虎口余生记"(3次连载)。二是俄国斯谛勃苓克著、三叶(周作人)译"一文钱"。三是南印度瞿沙著、南国行人(苏曼殊)译"娑罗海滨遁迹记"(2次连载,未完)。四是英人马豆克著、台山译"电光"(2次连载,未完)。这4部翻译小说采用的均是文语体,与汉语原作小说使用口语体的情况恰好形成对照。

其中,"虎口余生记"虽注明是俄国人原著,但译文中包含不少日语借词,既有在汉语中落户的词,如"留学、宪兵、引渡／革命运动、社会主义、言论自由"等[①],也有一些最终未被汉语接纳的日语词,如"检事、密输／爆裂弹、辩护士、淡巴菰、旅行券"等,据此可以推断"虎口余生记"并非直接译自俄文,而可能是从日译本转译过来的。由此看来,译者所谓的"重译",不妨解释为"转译"。其他3部作品中极少出现日语借词,直接译自俄文或英文原著的可能性更大。

1.7 各主要栏目的抽词数

清末5报都是大部头,只有根据内容仔细分析文本的性质,才能在抽取词语时做到有的放矢。从抽词的结果看,《民报》"论说"栏的首要地位毋庸置疑,

---

[①] 所举例词按二字词、三字词、四字词、四字以上的多字词的顺序排列,各类词之间用斜线"／"分隔。后文同此。

但有的栏目虽然篇幅可观，其实需要抽出的词语并不多。按照各栏目"抽词数"的排序如表1所示：

表1 主要栏目的抽词数和各类词的分布情况（%）

栏目	二字词	三字词	四字词	多字词	抽词数
论说	361（42.7）	208（24.6）	245（28.9）	32（3.8）	846（73.2）
来稿	24（24.2）	35（35.4）	39（39.4）	1（1.0）	99（8.6）
时评	25（33.8）	27（36.5）	19（25.7）	3（4.0）	74（6.4）
译丛	34（46.6）	17（23.3）	21（28.8）	1（1.3）	73（6.3）
附录	5（17.8）	11（39.3）	11（39.3）	1（3.6）	28（2.4）
小说	9（36.0）	12（48.0）	3（12.0）	1（4.0）	25（2.2）
其他	4（36.4）	3（27.2）	4（36.4）	0	11（0.9）
词数合计	462（39.9）	313（27.1）	342（29.6）	39（3.4）	1156

抽词的基本原则是抽出中日同形词以及各类表达清末新事物新概念的专业术语，表1中的词数虽然不全是日语借词，但日语借词不会超出这些栏目的范围。其中"论说"栏的抽词数占抽词总数的73.2%，在各栏目中遥遥领先。"来稿"栏的抽词数位列第二，且三字词和四字词的占比高于同类的平均值，表明其中含有较多的新词。此栏的抽出词主要来自廖仲恺（渊实、无首）。"时评"栏的抽词数位居第三，其中三字词的占比高于同类的平均值，抽出词主要来自胡汉民和朱执信的几篇文章。"译丛"栏的抽出词主要来自廖仲恺（屠富）的"进步与贫乏"（第1号）。而"附录"栏的抽出词几乎全来自冯自由的"录中国日报民生主义与中国政治革命之前途"（第4号）。可见日语借词的出现与文章作者有密不可分的关系。

2.《民报》的主要作者

《民报》刊登的所有300余篇文章，除去少数几篇之外都有署名，但以字号和笔名为主。其中，章太炎、胡汉民、汪精卫、汪东等人的文章最多，而陈天华、朱执信、廖仲恺、宋教仁等人的文章数量虽不及以上几位，但在文章的重要性和日语借词的数量上毫不逊色。这些人既是《民报》的主要撰稿人或译者，同时也是清末革命派的中坚、中国近现代史的名人。以下综合各方资料，以各位的涉日经历为主线，对主要作者的生平和使用日语借词的情况作一概述。

2.1 章太炎

章太炎（1869—1936）字枚叔，号太炎。幼时即受到良好的汉学启蒙教育。中日甲午战争失败后他走出书斋，1896年加入强学会，次年应梁启超之邀任《时务报》撰述，但数月后因与梁意见不合而离去。其后，章太炎先后编撰过《经世报》、《实学报》、《译书公会报》。1899年5月赴日本结识孙中山，7月回国任上海《亚东时报》撰述。1902年因遭清政府通缉再次流亡日本，同年7月又潜回故里。1903年6月在"苏报案"中被捕，被判监禁3年。1906年2月出狱后，被孙中山派专使迎至日本，7月加入同盟会，自第6号至第22号（1906.7—1908.7）担任《民报》主编。

章太炎在《民报》上以"太炎"为名发表过55篇文章，数量远超他人，但其中的日语借词并不多。章氏的文章以4—5千字以上的长文居多，行文以文言体为主，偏好理论阐述，内容深奥难懂。他在担任《民报》主编之前曾二度赴日，但时间短促不具备学习日文的条件。从章氏发表的"演说录"（第6号）、"俱分进化论"（第7号）、"无神论"（第8号）、"建立宗教论"（第9号）等文章中可以找到一些日语借词，如"本体、外延、视觉、听觉、嗅觉、属性／抽象语、具体语、单一律、矛盾律、惟神论、惟我论、惟物论、无神论／高等动物"等，但与其文章篇幅和数量相比，这些日语借词只占极小比例。因此，这些词并非他积极引进的结果，只能表明他也在20世纪的最初几年间受到了日语"新名词"的影响。

2.2 胡汉民

胡汉民（1879—1936）原名衍鸿，字展堂。1901年中举人，1902年和1904年两度赴日本留学，入弘文学院师范科、法政大学速成法政科就读。1905

年9月在日本加入中国同盟会，稍后由孙中山指定任本部秘书，从此成为孙先生的主要助手之一。《民报》创刊后，胡汉民任第1—5号的实际主编，根据孙中山口授写成"发刊词"，并以"汉民、辨奸、去非、民意"等笔名先后刊登了31篇文章[①]，在所有作者中位列第二。其中"民报之六大主义"（第2号）、"告非难民生主义者"（第12号）等文，是与康梁保皇派展开论战的核心论文，对孙中山的思想多有阐发。

胡汉民精通日语，不但能读，甚至还能用日语写文章。"与国民新闻论支那革命党书"（第11号）一文，即是他用日文写成的。得利于出众的日语能力，胡氏的文章里含有相当数量的日语借词，可以说，他是20世纪初积极引进和使用日语借词的代表人物之一。胡汉民对立宪和法律问题比较关注，曾在《民报》上7次连载题为"排外与国际法"的长文，因此他所用的日语借词大多集中在国际法方面，如"担保、公海、惯例、领海、领域、让步、时效、谈判、协约、债权、债券／裁判官、国际法、保护国、战败国、战胜国、最惠国、敷设权、警察权、开采权、司法权、私有权、统治权、行政权、优先权、自卫权／国际公法、国际私法、交战团体、局外中立、势力范围、义务免除、有效期限、正当防卫、治外法权／领事裁判权"等[②]。

胡汉民使用日语借词的频率高于他人，其文章里还出现了不少日后未能被汉语接纳的日语词，如"调印、贷与、渡韩、会社、拒否、利子、赁银、买取、让渡、容认、株券、株式／地上权、地役权、片务的、双务的"等。这种情况在《民报》其他作者的文章里很少见。

2.3　汪精卫

汪精卫（1883—1944）名兆铭，字季新，生于广东番禺。1902年他与朱执

[①] 黎东方（1997）认为，"民意"为胡汉民和汪精卫共用的笔名，因难以考证辨别，本书将署名"民意"的文章都归在胡汉民名下。

[②] 列举这些词的依据是，在《民报》范围内胡汉民单独或先于他人使用过。至于这些日语借词是否由胡氏首先引进汉语的问题，需要对同期文献中的日语借词进行普查和比对之后才能做出判断。本书所列其他作者的词语亦同此。

信等人在广州组织"群知学社",通过学习新知探索救国道路。1904年汪精卫与"群知学社"的大部分成员考取了广东留日官费生,东渡日本之后进入日本法政学校速成科就读。1906年12月汪精卫从法政学校速成科毕业,获法学学士学位,之后自费进入法政大学专科学习。

1905年7月,汪精卫得知孙中山来日本的消息后,与朱执信等人拜会孙中山,从此开始追随孙中山投身革命活动。1905年11月《民报》创刊后,汪精卫以"精卫、守约、扑满"等笔名发表了20余篇政论文章。当时,汪精卫只是一个20岁出头的留学生,他以洋溢的热情、犀利的文笔,驳斥保皇谬论,宣传三民主义,为传播资产阶级民主革命思想起到了积极作用。他在《民报》上共发表了26篇文章,大多集中在第13号之前的前半期,其中重要者有"民族的国民"(第1、2号)、"希望满洲立宪者听诸"(第3、5号)、"驳新民丛报最近之政治革命论"(第4号)、"再驳新民丛报之政治革命论"(第6、7号)等。1907年3月,他和胡汉民跟随孙中山离开日本后便不再刊发文章。直到1910年初,他又秘密回到日本,为复刊的《民报》第25、26号撰写了数篇文章。

汪精卫是与《新民丛报》论战的急先锋,在《民报》的主要执笔者中属他的火力最强,几乎每篇文章都在针对梁启超等人的论调进行批驳。但在立宪问题上,他的文章缺乏胡汉民那样的法学高度,也不具备朱执信、廖仲恺那样的超前意识,没有提及社会主义、马克思主义的概念。

汪精卫曾在日本学校正式就学,具有良好的日语能力。他使用的日语借词集中在立宪政体方面,以三字词、四字词居多,如"法案、国权、私权/君主国、立宪国、民主国、专制国、发案权、解散权、立法权、特赦权、选举权、人种学、社会学、宪法学/地方分权、代表机关、国家机关、执行机关、国家权力、帝国主义、复仇主义、个人主义、国民主义、世界主义、优胜劣败、贵族政治、议会政治、政党政治、专制政治、政治社会、直接选举、主权在民"等。

2.4 陈天华

陈天华(1875—1905)字星台、过庭,别号思黄。湖南新化人。1898年,热心新学的邹沅帆等在新化创办求实学堂，陈天华在该学堂受到维新思想的影响。1903年春，陈天华作为官费生被送到日本留学，入弘文学院师范科。1903年12月为参加黄兴、宋教仁等人在长沙发起的华兴会只身返回湖南。1904年4月为了躲避政府的迫害再赴日本，入东京法政大学。同年8月为参加华兴会发动的长沙起义而冒险回国，因事泄失败又去日本。

1905年6月，陈天华与宋教仁等创办《二十世纪之支那》杂志。8月，中国同盟会在日本成立，陈天华任秘书，并被推为会章起草人之一。《二十世纪之支那》改为同盟会的机关报《民报》后，他在《民报》创刊号上一连发表了"论中国宜改创民主政体"、"中国革命史论"、"记东京留学生欢迎孙君逸仙事"3篇文章，并于第2号开始连载政治小说"狮子吼"。同年11月，日本文部省颁布歧视并限制中国留学生的《清国留学生取缔规则》，由此引发留日学生的抵制运动。为了激励人心，陈天华于12月7日留下万言"绝命书"，次日投海自杀。

陈天华虽有留日经历，但学习日文和专业知识的时间有限，加上英年早逝的缘故，他所使用的日语借词主要是一些政治政体方面的基本概念词，如"改良、君权、内政、学界、政党、政界、政体、主权／后备兵、预备兵、革命家、野心家、政治家、参政权、自治权／地方自治、竞争时代、民主政体、民主政治、民主制度、君主专制、平民主义、言论自由、自治团体、中等社会、中流社会／无政府主义"等。

2.5　朱执信

朱执信（1885—1920）原名大符，字执信，生于广东番禺。1904年以广东省第一名考取官费留学日本的资格，赴日学习法政。在日本结识孙中山、黄兴、廖仲恺、胡汉民等革命党人，1905年加入同盟会，任评议部评议员兼书记，并参加机关报《民报》的编辑工作。他在《民报》上以笔名"蛰伸、县解"发表过政论文章10余篇，这其中既有批驳保皇论调，阐发孙中山提出的三民主义的文章，如"论满政府虽欲立宪而不能"（第1号）、"驳法律新闻之论清廷立宪"

(第 3 号)、"论社会革命与政治革命并行"(第 5 号)等;也有超越与《新民丛报》的论战,以超前的视野介绍社会主义和马克思主义的重要文章,如"德意志社会革命家小传"(第 2、3 号)、"英国新总选举劳动者之进步"(第 3 号)等;还有尝试运用社会主义和逻辑学的原理评论时局的文章,如"从社会主义论铁道国有及中国铁道之官办私办"(第 4 号)、"就论理学驳新民丛报论革命之谬"(第 5 号)等。1906 年朱执信离开日本回国,但继续于 1907 年夏秋之际在《民报》上发表了长篇文章"土地国有与财政"(第 15、16 号),1908 年初夏又发表了"心理的国家主义"(第 21 号)。

朱执信是最早把有关社会主义和马克思主义的知识介绍到中国来的代表人物之一。他自幼好学,博闻强记,加上有留日学习的条件,日语水平相当不错。这从他大量使用日语借词,尤其是日语专业术语的情形也可以看得出来。朱执信使用的日语借词,主要集中在与社会主义有关的三字、四字以及多字术语方面,如"大工业、大资本、保守党、自由党、当选者、候补者、共产制、间接税、所得税、绅士阀、企业家、实业家、资本家、资本论、经济界、政治界、组合员／独占事业、公共事业、公共团体、封建时代、阶级斗争、劳动保护、贫富悬隔、生产要素、生存竞争、自由竞争、下层社会、遗产相续、人权宣言、共产主义、国民运动、劳动运动、政治运动、经济制度、固定资本、劳动组合、生产组合／劳动者阶级、社会民主党、社会生产力／国家社会主义"等。这些词语为日后社会主义思潮和马克思主义理论进入中国做好了术语方面的准备。

2.6 廖仲恺

廖仲恺(1877—1925)原名恩煦,又名夷白,字仲恺,广东归善(今惠阳县)人。生于美国旧金山华侨家,1893 年父亲在旧金山病故后回国,中日甲午战争后倾心西学。1896 年就读于香港皇仁书院。1902 年廖仲恺赴日本留学,先后入早稻田大学经济预科、中央大学政治经济科。1905 年 9 月加入同盟会,《民报》创刊后以"屠富、渊实、无首"等笔名先后发表了 8 篇文章。这些文章都是从日文或英文原著节译而成的,旨在介绍欧美日本的社会主义思潮,对社会主义学说在中国的传播起了推动作用。廖仲恺因此而成为最早介绍和探索社会主义问题的中国人之一。

廖仲恺出生于美国,在香港读过书,后来又到日本留学,兼有英汉翻译和日汉翻译的能力,这在当时的译者中是很少见的[①]。值得关注的是,在他的两类译文中都出现了日语借词。在日汉翻译中出现日语借词是合情合理的,那么如何解释英汉翻译中出现日语借词的现象呢?笔者认为可以有两种解释:一是在《民报》发行的1905—08年之前,已经有相当数量的日语借词进入汉语,因此进行英汉翻译时已无需再去另造新词,有可能直接把日语借词拿来作译词。二是译者虽然标明了英文原著的书名或作者,而实际上是从日文译本转译的,所以含有许多日语借词。根据廖仲恺的情况,笔者认为第一种解释更接近事实。在此我们把廖仲恺的日汉翻译和英汉翻译彼此区分开,将这两类翻译中的日语借词作一对照比较。

在廖仲恺的8篇译文中,标明译自日文的有3篇:一是"虚无党小史"(第11、17号),二是"无政府主义之二派"(第9号),三是"巴枯宁传"(第16号)。其中,第1篇译自日本烟山专太郎著《近世无政府主义》(1902)的第3章,第2、第3篇译自日本久津见蕨村著《无政府主义》(1906)一书中的不同章节。在以上译文中出现的日语借词有"党员、动产、国粹、极东、讲坛、美术、写真、支部／爱他心、向上心、不动产、出发点、动物性、习惯性、观念论、唯物论、唯心论、国事犯、活版所、俱乐部、密输入、民主党、思想力、小册子、运动家／过渡时代、进化主义、秘密运动、破坏主义、实行委员、适者生存"等。

标明译自英文的也有3篇:一是"社会主义史大纲"(第7号),二是"无政府主义与社会主义"(第9号),三是"进步与贫乏"(第1号)。其中,第1、第2篇译自基督教社会主义者W.D.P.Bliss所著 *A Hand Book of Socialism*(1895

[①] 《民报》作者中会两门外语的还有马君武。马君武1900年曾在广州法国教会办的学校里学习法语,1900年起赴日留学。1905年年底回国之前,他曾在《民报》第1、2号上刊登过两篇文章,其中使用了不少日语借词。

一书的不同章节①；第 3 篇译自英国人亨利佐治的著作（书名未详）。在英汉翻译中出现的日语借词有"产物、出版、结论、科学、普通、容量、术语、推论、消极、学派、印象、浴场、原则、征税、殖产／经济学、劳动者、劳力者、生产力、使用权、所有权、运动场、制造场、中世纪／反动时代、理想时代、原始时代、准备时代、改良方法、劳动阶级、人类社会、社会主义、虚无主义、私有制度、土地私有、土地资本"等。

在两类翻译中的日语借词之间并不存在明显的差异，这表明到《民报》时，随着一批日语借词已在汉语中固定下来，日语借词已经不像以前那样只在日汉翻译中出现，而是开始渗透到英汉翻译中去了。这种现象应该首先发生在像廖仲恺、马君武这样掌握两种以上外语的人身上。

2.7 宋教仁

宋教仁（1882—1913）字钝初，号渔夫，1882 年出生于湖南。1904 年 3 月宋教仁与黄兴、陈天华等在长沙创办革命团体华兴会，策划 11 月 16 日进行反清武装起义，后因计划遭泄密被迫逃亡日本，先后在东京法政大学、早稻田大学就读。1905 年 6 月，宋教仁与黄兴、陈天华等一起在东京创办《二十世纪之支那》杂志，撰写了多篇倡导反清排满的文章，宣传爱国和革命思想。同年 8 月宋教仁加入同盟会，在同盟会成立大会上将《二十世纪之支那》定为同盟会机关报，后因遭到日本当局的查封，11 月改名为《民报》重新创刊发行。

宋教仁以"犟斋"为笔名在《民报》上发表过 6 篇文章，其中，日语借词主要出现在"一千九百〇五年露国之革命"（第 3、7 号，）和"万国社会党大会略史"（第 5 号）这两篇文章当中。作者在前者的文末注明"此篇由日本东京日日新闻译出，所记皆去年间之事"，可知译自日文。后者文末的"编者识"称"此篇原从日本《社会主义研究》杂志中译出，原文篇幅文格稍有不整，略

---

① 经检索日本明治时期书目，没有发现 W.D.P.Bliss 这本著作的日译本。

为修改",表明同样是从日文翻译而来的①。在这篇文章中,宋教仁把马克思音译为"马尔克",《共产党宣言》的书名直接借用了日文译法,并将《共产党宣言》的最后一句译为:"吾人之目的,一依颠覆现时一切之社会组织而达者。须使权力阶级战栗恐惧于共产的革命之前。盖平民所决者惟铁锁耳,而所得者则全世界也。万国劳动者其团结。"②

由于这两篇文章,宋教仁与朱执信、廖仲恺一道,堪称介绍社会主义思想的早期代表者之一。他使用的日语借词集中在与社会主义有关的术语方面,如"改革案、预算案、戒严令、革命派、进步派、总选举／产业革命、产业政策、共和政府、民主共和、劳动社会、下等社会、原始社会、劳动团体、劳动问题、普通选举、国民议会、改革运动、示威运动、私有财产、殖民政策、自由主义／财政监督权、共产党宣言、资本家阶级／社会改良主义、万国劳动者同盟"等。

2.8 汪东

汪东(1890—1963)字旭初,号寄庵,别号寄生、梦秋。1904年东渡日本,先入成城学校,后在早稻田大学预科就读,毕业后进入哲学馆大学(今东洋大学前身)继续学习。汪东为章太炎的入门弟子,因此而结识孙中山,参加了同盟会。章太炎接任《民报》主编之后,汪东成为《民报》主笔之一,以"寄生"为笔名先后发表论说、时评等文章22篇,其中重要者有"论支那立宪必先以革命"(第2号)、"法国革命史论"(第13、15、16、18、19号,5次连载)等,1910年从日本回国。汪东虽然在日本生活和学习了5年多时间,在《民报》上发表的文章也比陈天华、朱执信、廖仲恺、宋教仁等人多,但其文章里却很少出现日语

---

① 《社会主义研究》杂志创刊于1906年3月,发行5期后于同年8月停刊,编者为日本早期社会主义和马克思主义者堺利彦。宋教仁的译文底本取自该杂志第1号中的同名文章,作者为大杉荣(1885—1923)。

② 现行的译文是:"他们的目的只有用暴力推翻全部现存的社会制度才能达到。让统治阶级在共产主义革命面前发抖吧。无产者在这个革命中失去的只是锁链。他们获得的将是整个世界。全世界无产者,联合起来!"

借词，在这方面甚至还不如他的老师章太炎。这或许与他专注于传统国学而对新学不感兴趣有关。鉴于以上情况，本章不把汪东的文章列为主要考察对象。

此外还有一些撰稿人，如：汤增璧（撲郑、伯夔、余波）、陈仪（公侠）、陈去病（有妫血胤）、黄侃（运甓、不佞、信川）、刘师培（韦裔）等。虽然他们当时身在日本，在《民报》上各发表过6、7篇文章，但文章大都与反清立宪的主题无关，且很少出现日语借词，本章也不作重点分析。

3.《民报》作者与日语借词的关系

为了辨别《民报》中的日语借词，笔者对该报全部文本进行了词语调查。按照与此前各报相同的抽词标准，共抽出各类词语1858个（复计词数），通过去重处理后最终为1156词（单计词数）。再经过逐词的词源考证，将其中的二字词区分为"有典""新义""无典"和"未收"4种情形，同时将三字词和四字词区分为"日方用例早""日方用例无"和"日方用例晚"3种情形[①]。在完成以上步骤之后，便可获得《民报》主要作者使用日语借词的基本轮廓，如表2所示：

表2 抽词总数居前10位的作者及其词语分布情况

作者（笔名）	日语借词（%）	非借词（%）	抽出词数	刊载篇数
1.汪精卫（精卫、守约、扑满）	130（53.3）	114（46.7）	244	26
2.胡汉民（汉民、民意、去非、辨奸）	139（68.8）	63（31.2）	202	31
3.朱执信（县解、蛰伸）	101（67.8）	48（32.2）	149	12
4.廖仲恺（渊实、无首、屠富）	81（73.6）	29（26.4）	110	8
5.宋教仁（强斋）	75（73.5）	27（26.5）	102	7
6.陈天华（星台、思黄、湖南、过庭）	59（67.8）	28（33.2）	87	15

---

① 关于《民报》词语的抽出和整理，详见下一章，此处从略。

续表

作者（笔名）	日语借词（%）	非借词（%）	抽出词数	刊载篇数
7. 马君武（君武）	20（57.1）	15（42.9）	35	2
8. 章太炎（太炎）	25（73.5）	9（26.5）	34	55
9. 孙文	21（65.6）	11（34.4）	32	1
10. 冯自由（自由）	19（73.1）	7（26.9）	26	1
前10位作者的词数合计	670（89.5）	351（86.2）	1021（88.3）	
其余作者的词数合计	79（10.5）	56（13.8）	135（11.7）	
词数合计	749（64.8）	407（35.2）	1156	

表2按照"抽出词数"的多少排列出前10位作者的顺序。"抽出词数"中包含"日语借词"和"非借词"两部分。前者主要是在《民报》中出现的日语借词和少量疑似日语借词，后者主要是有古汉语出典的旧词和清末时由国人自造的新词。比较"抽出词数"和"刊载篇数"两栏，可知二者大致成正向排列，但章太炎的文章多达55篇却只抽出34词，与仅有1—2篇文章的马君武、孙文、冯自由等人差不多[①]。这表明文章篇数多并不一定日语借词就多，关键在于文章的内容和体裁，以及作者对引进日语词持有的态度。

表2还显示，在《民报》抽出的1156个词中，"前10位作者"的用词占总词数的88.3%，其中日语借词的含量占日语借词总数的89.5%，可见这些作者的重要性明显大于抽词数排在10位以后的"其余作者"。而汪精卫、胡汉民、朱执信、廖仲恺、宋教仁等人的抽词数均在100词以上，所用的日语借词均在75词以上，是名副其实的主要作者。以下结合具体的词例，从"日语借词"和"非日语借词"两个方面对前10位作者的用词特点进行分析和归纳。

3.1 主要作者使用的日语借词

在表2的基础上，按照每位作者使用日语借词的多少排出顺序，并将日语

---

① 马君武的两篇文章是"法兰西共和国建造者甘必大传"（第1号，1905.10.20）和"帝民说"（第2号，1906.5.6）；孙文的1篇文章是"发刊词"（第1号，1905.10.20）；冯自由的1篇文章是"民生主义与中国政治革命之前途（转载）"（第4号，1906.4.28）。

借词区分为二字词、三字词、四字词和多字词 4 类进行统计,结果如表 3 所示:

表 3 前 10 位作者使用的日语借词

作者	二字词(%)	三字词(%)	四字词(%)	多字词(%)	词数合计(%)
1. 胡汉民	48(34.5)	44(31.7)	45(32.4)	2(1.4)	139
2. 汪精卫	51(39.2)	44(33.9)	33(25.4)	2(1.5)	130
3. 朱执信	21(20.8)	34(33.7)	40(39.6)	6(5.9)	101
4. 廖仲恺	25(30.9)	32(39.5)	23(28.4)	1(1.2)	81
5. 宋教仁	27(36.0)	18(24.0)	25(33.3)	5(6.7)	75
6. 陈天华	26(44.1)	18(30.5)	14(23.7)	1(1.7)	59
7. 章太炎	11(44.0)	11(44.0)	3(12.0)	0	25
8. 孙文	11(52.4)	1(4.8)	9(42.8)	0	21
9. 马君武	6(30.0)	13(65.0)	1(5.0)	0	20
10. 冯自由	3(15.8)	11(57.9)	4(21.0)	1(5.3)	19
类别合计	229(34.2)	226(33.7)	197(29.4)	18(2.7)	670

表 3 显示,前 10 位作者的排序有所变化,胡汉民使用的日语借词多于汪精卫排在首位,而第 7、8、9 位的作者顺序也略有调换。从二字词、三字词、四字词的分布上看,二字词(34.2%)和三字词(33.7%)的占比大致相当,四字词(29.4%)略少但相差并不大。

在二字日语借词方面,从《时务报》开始大量进入汉语,到《民报》时已有许多成为国人熟知的日常用词。在前 10 位作者中,二字日语借词的数量超过平均值(34.2%)的有胡汉民、汪精卫、宋教仁、陈天华、章太炎、孙文 6 人,其中,陈天华、章太炎、孙文 3 人所用的二字日语借词占比高达 4—5 成。

陈天华使用的大多是比较常用的二字日语借词,如"成年、发明、改良、个人、个体、公权、警察、绝对、前提、殖民、政体"等。孙文使用的二字日语借词也是当时已在汉语里落户的词,如"常识、革命、阶级、进化、理想、历史、民权、社会、世纪、学说、杂志"。而章太炎使用的二字日语借词主要是专门性术语,如"动词、范畴、空间、盲动、属性、视觉、听觉、嗅觉、外延"。

在三字日语借词方面,2+1 型三字词在清末以前的汉语里很少出现,到《民报》时仍属于汉语构词法的新生事物。普通中国人接受三字日语借词比接受二字日语借词更困难些,因此能否主动使用三字日语借词,或许更能反映该作者对日语借词所持的态度。在《民报》中,三字日语借词的数量超过平均值(33.7%)的有朱执信、廖仲恺、章太炎、马君武、冯自由5人。

朱执信使用的三字日语借词主要集中在马克思主义和社会革命理论方面,如"保守党、大工业、大资本、当选者、共产制、归纳法、候补者、间接税、经济界、企业家、三段式、绅士阀、实业家、所得税、团体员、相续税、政治界、资本家、资本论、自由党、组合员"等。

廖仲恺使用的三字日语借词范围比较宽泛,既有专门性术语,如"不动产、观念论、经济学、生产力、使用权、所有权、唯物论、唯心论",也有日常性词语,如"爱他心、出发点、纪念品、俱乐部、劳动者、思想力、向上心、运动家、运动场",还包含一些日后未能在汉语中存活下来的词,如"动物性、国事犯、活版所、密输入、目的物、习惯性、制造场"等。

章太炎使用的主要是专门性术语,如"抽象语、多神教、进化论、具体语、矛盾律、天然界、无神教、无神论、形容词、一神教、自由界"。

马君武使用的主要是政治法律方面的术语,如"被治者、辩护士、裁判权、裁判所、代议士、公民权、共和党、共和国、急进党、雄辩家、主治者"。

冯自由使用的主要是与社会问题有关的术语,如"出产物、单税法、公德心、竞争心、劳动界、名誉心、增殖力、障碍物"。

在四字日语借词方面,清末时2+2型四字词的迅速增多同样属于汉语构词法的新生事物。最初在汉语中出现的2+2型四字词几乎都来自日语,因此可以通过四字日语借词的使用量,间接地了解各作者的日语水平以及对日语借词所持的态度。在《民报》中,四字日语借词的数量超过平均值(29.4%)的有胡汉民、朱执信、宋教仁、孙文4人。

胡汉民使用的四字日语借词主要集中在立宪立法方面,如"地方行政、地主制度、贵族政体、国际公法、民权政体、土地国有、有效期限、义务免除、治外法权、中央集权、自治制度"。他还使用了许多国际法方面的术语,如"国际社会、国际私法、国际团体、国际问题、交战团体、局外中立、利害关系、利益范围、领土主权、排外主义、势力范围、谈判委员、外交政策、正当防卫"等。

朱执信使用的四字日语借词大多与马克思主义和社会革命理论有关，如"独占事业、放任主义、封建时代、共产主义、公共事业、固定资本、阶级斗争、经济制度、竞争主义、劳动保护、劳动运动、劳动组合、贫富悬隔、全称命题、三段论法、社会改良、生产要素、生产组合、生存竞争、特称命题、下层社会、遗产相续、政治运动、自由竞争"等。

宋教仁使用的四字日语借词主要集中在劳资问题和社会革命方面，如"产业革命、产业政策、改革运动、共和政府、国民议会、劳动赁金、劳动社会、劳动团体、劳动问题、民主共和、普通选举、社会组织、示威运动、私有财产、下等社会、自由主义"。

孙文使用的四字日语借词也大多与社会革命有关，如"经济问题、立宪政体、民权主义、民族主义、社会革命、同盟罢工、无政府党、政治革命、政治问题"。

综上所述，《民报》前10位作者使用的日语借词主要以政治、法律、社会等领域的术语为主，同时兼有一部分日常性词语。这种情况的形成与《民报》办刊理念有关，也反映出当时日语借词的总体走向。

3.2 主要作者使用的非日语借词

所谓"非日语借词"包括出自古汉语的旧词和清末国人自造的新词。《民报》的主要作者究竟使用了哪些国人自造的新词，有哪些特点？有必要对之进行整理和分析。在表2的基础上抽出非日语借词，按二字词、三字词、四字词和多字词区分如下：

表4 前10位作者使用的非日语借词

作者	二字词（%）	三字词（%）	四字词（%）	多字词（%）	词数合计（%）
1. 汪精卫	58（50.9）	16（14.0）	36（31.6）	4（3.5）	114
2. 胡汉民	30（47.6）	8（12.7）	22（34.9）	3（4.8）	63
3. 朱执信	31（64.6）	3（6.2）	8（16.7）	6（12.5）	48
4. 廖仲恺	16（55.2）	1（3.4）	11（38.0）	1（3.4）	29

续表

作者	二字词（%）	三字词（%）	四字词（%）	多字词（%）	词数合计（%）
5. 陈天华	19（67.9）	1（3.6）	8（28.5）	0	28
6. 宋教仁	11（40.8）	4（14.8）	8（29.6）	4（14.8）	27
7. 马君武	12（80.0）	2（13.3）	1（6.7）	0	15
8. 孙文	10（90.9）	0	1（9.1）	0	11
9. 章太炎	4（44.4）	4（44.4）	1（11.2）	0	9
10. 冯自由	2（28.6）	0	5（71.4）	0	7
类别合计	193（55.0）	39（11.1）	101（28.8）	18（5.1）	351

表 4 显示，在非日语借词中二字词占总词数的一半以上（55.0%），这部分几乎都是出自古汉语的中日同形词，无需专门讨论。而 5 字以上的多字词数量很少，也不是重点所在。在此需要仔细分析的是三字词和四字词。三字词的数量最少约占总词数的 1 成（11.1%），这表明清末国人对三字词的构词方式尚未完全适应，因而自造的三字词较少，主要利用日语的三字词。四字词占总词数的近 3 成（28.8%），占比明显多于三字词，这表明清末国人对四字词的构词方式适应得更快些。

从 10 位作者使用三字和四字非日语借词的数量来看，只有汪精卫和胡汉民稍具规模，其他人均不超过 10 余词。因此以下不单独讨论某个作者的用词，而把 10 位作者的非日语借词合在一起进行分析。这 10 位主要作者使用的非日语借词可以分为以下 3 大类：

（1）仿造词

模仿日语三字词和四字词的形式构成汉语新词，这是《民报》主要作者运用最多的造词方法。以 2+1 型三字词为例，在主要作者的文章中，既有"经济界、劳动界、政治界"等以"—界"为后语素的日语借词，同时也有"留学界、生计界"等后语素相同的非日语借词，后者可以视为模仿前者而形成的汉语新词。又如，在主要作者文章中出现的"根据地、目的地、殖民地"是以"—地"为后语素的三字日语借词，而同时出现的"立足地"则是按照日语借词仿造的后语素相同的汉语新词。如果着眼于 2+1 型三字词的后部一字语素进行统计，前 10 位作者使用的几乎所有的三字非日语借词，都可以在《民报》中找到后语素相同的日语借词，可见仿造词的比例之高。

再看2+2型四字词，《民报》中既有"革命**思想**、科学**思想**、排外**思想**、政治**思想**"等以"—思想"为后语素的日语借词，同时也有"民权**思想**、民族**思想**、人权**思想**、种族**思想**"等后语素相同的非日语借词。又如，《民报》中出现的"生存**竞争**、自由**竞争**"是以"—竞争"为后语素的日语借词，同时出现的"保种**竞争**、阶级**竞争**"则是后语素相同的非日语借词。在以上两组四字词中，非日语借词可以视为模仿日语借词而形成的汉语新词。据笔者统计，在10位主要作者所用的2+2型四字词中，属于以上形式的仿造词约占6成。

（2）改造词

有一部分非日语借词是通过改变日语原来的表达方式而形成的汉语新词，统称为"改造词"。在《民报》10位作者的文章中，可归纳出以下几种改造日语原词的方式：

一是去掉助词「の」形成汉语新词。在日语里，有些二字词不能直接被其他词语修饰，而需要前接助词「の」。例如，10位作者的文章里出现了"革命<u>动机</u>、劳动<u>状况</u>、三权<u>分立</u>"等2+2型四字词，但查阅日方资料只能找到「革命の動機、労働の状況、三権の分立」，这表明在日语里「動機、状況、分立」等二字词需要前接助词「の」，即以「の+動機、の+状況、の+分立」的形式才能受前项名词的修饰。由于汉语无此限制而去掉了助词「の」，致使原来的日语短语被改造成了汉语的四字词。其他一些非日语借词，如以"—时期"为后语素的"联邦<u>时期</u>、殖民<u>时期</u>"，以"—法则"为后语素的"物质<u>法则</u>、心理<u>法则</u>"，以"—人格"为后语素的"单纯<u>人格</u>、合成<u>人格</u>"，以"—特权"为后语素的"经济<u>特权</u>、政治<u>特权</u>"。还有"个人<u>权利</u>、个人<u>行动</u>、公共<u>设备</u>、关系<u>断绝</u>、外国<u>资本</u>、心理<u>表现</u>、行政<u>方针</u>、资本<u>膨胀</u>"等均存在类似情况。在日语里，划线部分的二字词一般需要前接助词「の」，即以「の+時期、の+法則、の+人格、の+特権……」的形式才能受前项名词的修饰，但在进入汉语时一律去掉了助词「の」。"改造词"改变了日语原词的词法结构，这一点有别于"仿造词"。

二是改变一字形成汉语新词。例如，非日语借词"机关<u>报</u>"是从日语原词

「機関紙」变化而来的，进入汉语后将日语的「一紙」变成了汉语的"一报"。又如"神权政治"是查不到日方用例的非日语借词，可能是从日语原词「神権政体」变化而来的。汉语将日语的「一政体」改变为"一政治"，通过改变一字，使日语原词变成了新的汉语四字词。

三是添加一字形成汉语新词。例如，"半主权国、共产制度、有机物界"等四字非日语借词，很有可能是在日语三字词「半主権、共産制、有機物」的基础上添加一字而形成的。

四是颠倒词序形成汉语新词。例如，《民报》中出现的"英日同盟"查不到日方用例，但日语里有「日英同盟」，非日语借词很可能是通过颠倒日语借词的词序而形成的。

（3）自造词

在10位作者使用的非日语借词中，有一些是使用日语不存在的语素而构成的新词，如"公妻公产、贵农贱商、豪右细民、物竞天择、异种相竞、省工机械"；另有一些是利用中日同形的语素而重新组合成的新词，如"独占生产、共和国民、精神体质、行政首长、野蛮政府"。前者属于纯粹的自造词，后者使用了日语的语素，但由国人重新进行了组合，日语中没有相近的词形。

4. 小结

以往对《民报》的研究主要集中在历史学的范畴之内，将其作为词汇史研究的语料尚属首次。因此在开展全面的词语调查之前，需要首先弄清《民报》各类文本的性质以及主要作者与日语借词的关系，本章主要从这两个方面做了梳理。

（1）《民报》的主干是"论说、时评、译丛、来稿"4大版块。从抽词结果看，"论说"栏的抽词数占抽词总数的73.2%，在各栏目中遥遥领先。"来稿"栏的抽词数位列第2，此栏的抽出词主要来自廖仲恺（渊实、无首）的文章。"时评"栏的抽词数位居第3，抽出词主要来自胡汉民和朱执信的几篇文章。

"译丛"栏的抽出词主要来自廖仲恺（屠富）的"进步与贫乏"（第1号）。而"附录"栏的抽出词几乎全来自冯自由的"录中国日报民生主义与中国政治革命之前途"（第4号）。

（2）本章以主要作者的涉日经历为主线，对章太炎、胡汉民、汪精卫、陈天华、朱执信、廖仲恺、宋教仁、汪东的生平做了简介。他们均为清末时期留日学生的代表人物，其中尤以朱执信、廖仲恺、胡汉民、汪精卫等人精通日语，对引进日语借词做出过重要贡献。

（3）本章按照抽词结果选定了10位主要作者，对他们使用日语借词和非日语借词的情况做了具体分析。其中，使用二字日语借词超过平均值（34.2%）的有胡汉民、汪精卫、宋教仁、陈天华、章太炎、孙文6人。使用三字日语借词超过平均值（33.7%）的有朱执信、廖仲恺、章太炎、马君武、冯自由5人。使用四字日语借词超过平均值（29.4%）的有胡汉民、朱执信、宋教仁、孙文4人。另一方面，10位主要作者使用的非日语借词大多属于在日语影响下形成的仿造词和改造词，而利用汉语单有语素独自构成的自造词只占极少数。

第16章 《民报》中的二字日语借词

1. 词语抽取与分类的概况

　　《民报》的词语调查也采用了与其他清末报纸相同的步骤，即：首先按照既定的抽词原则从文本中抽出二字词、三字词、四字词和多字词。再经过保留首出用例、去除重复词等整理环节之后，确定作为研究对象的词语范围。对于二字词，利用中日双方的大型辞书以及《四库全书》电子版等进行词源检索，按照中日双方的用例情况区分出"有典"、"新义"、"无典"、"未收"4类词。在完成以上步骤之后，《民报》抽出词的总体情况如表1所示。

表1　从《民报》中抽出的词语及其分类情况（单计词数）

| 年度 | 号数 | 二字词（462词／39.9%） | | | | 三字词 | 四字词 | 多字词 | 合计 |
		有典	新义	无典	未收				
1905	1	102	37	44	3	61	71	3	321
1906	2—10	101	15	91	18	187	218	29	659
1907	11—18	22	6	10	7	54	49	6	154
1908	19—24	2	0	3	1	11	4	1	22
1910	25—26	0	0	0	0	0	0	0	0
词数合计（%）		227（49.1）	58（12.6）	148（32.0）	29（6.3）	313（27.1）	342（29.6）	39（3.4）	1156

　　《民报》创刊于1905年11月，当年只发行了1期，1906年共发行了9期，1907年发行了8期外加1期临时增刊（即《天讨》），1908年发行6期之后停

刊，1910 年短暂复刊只发行了 2 期。表 1 显示，经过"保留首出用例，去除重复词"的整理之后，抽出的词语主要集中在 1905—1907 年之间，尤其是 1905 年和 1906 年这两年中。1907 年新出现的词语主要是三字词和四字词，而 1908 年以后很少有新的词语出现。因此可以说，从 19 世纪末到 1907 年以前的 10 多年时间，是日语借词大量进入汉语的高峰期。

在抽取《民报》的词语时，需要考虑与《新民丛报》的发行时间相互重叠的问题。《新民丛报》创刊（1902.2.8）在前，到《民报》创刊（1905.11.26）时，已经出版了 3 年 9 个月，发行了 69 期。但是从第 70 号（1905.12.11）起到第 96 号（1907.11.20）停刊为止，有近两年时间正好与《民报》的第 1 号（1905.11.26）至第 18 号（1907.12.25）的出版时间相互重叠。在此时间段内，为了避免 2 报之间的词语重叠，需要明确划分有关词的首出报纸。

具体做法是，按照各个词所在期号的发行时间划分先出和后出的顺序。例如，"听觉"在《新民丛报》第 83 号（1906.7.21）和《民报》第 7 号（1906.9.2）中重复出现，因《新民丛报》第 83 号的发行时间稍早，于是将"听觉"列为在《新民丛报》中新出现的二字词。又如，"催眠术"在《新民丛报》第 95 号（1907.11.6）和《民报》第 4 号（1906.4.28）中重复出现，由于《民报》第 4 号的用例早于《新民丛报》第 95 号的用例，所以将"催眠术"列为在《民报》中新出现的三字词。按照以上原则，将《民报》的抽出词与其他 4 报的词语逐一进行比对，区分出哪些词是此前 4 报中已出现过的，哪些词是《民报》中新出现的，结果如表 2 所示：

表 2 《民报》的抽出词与其他 4 报的关系（单计词数）

民报的抽出词	二字词（462 词／39.9%）				三字词	四字词	多字词	合计
	有典	新义	无典	未收				
时务报 1896—98 已出词	100	21	42	2	48	20	0	233
清议报 1898—01 已出词	69	18	44	1	50	53	1	236
译书汇编 1900—03 已出词	19	9	36	2	46	41	5	158

续表

	有典	新义	无典	未收	三字词	四字词	多字词	合计
新民丛报 1902—07 已出词	6	2	8	3	21	18	3	61
民报 1905—10 新出词	33（14.5）	8（13.8）	18（12.2）	21（72.4）	148（47.3）	210（61.4）	30（76.9）	468（40.5）
抽出词合计	227（49.1）	58（12.6）	148（32.0）	29（6.3）	313（27.1）	342（29.6）	39（3.4）	1156

从《民报》中抽出的二字词占总词数的 39.9%，三字词和四字词分别占总词数的 27.1% 和 29.6%。但如果着眼于《民报》中新出现的词，情况则出现反转：新出现的三字词和四字词分别占总词数的 47.3% 和 61.4%，而新出现的二字词（4 类词合计）仅占二字词总词数的 17.3%。这表明《民报》中新二字词的占比延续了此前 3 报持续走低的趋势，而三字词和四字词的占比则持续增长。通过清末 5 报可以看出，进入汉语的日语借词经历了初期以二字日语借词为主，逐渐过渡到以三字日语借词和四字日语借词为主的变化过程。为避免词语的重复，本章将主要以《民报》中新出现的 80 个二字词作为研究对象。

2. 有古汉语出典的二字词

所谓"有典"词，是指可以在《汉语大词典》和《四库全书》中查到古汉语出典的二字词。如果有古汉语出典，而且古今汉语的词义没有明显变化，便可以认定它们是汉语造词而不是日语借词。然而在比较古今词义时会发现，某些词有一定程度的词义变化，但变化幅度又没有"新义"词那么大，拿不准该算"有典"词还是"新义"词。下面选取难以判断的"演绎、制服"2 词为例进行分析。

2.1 演绎

"演绎"在古汉语里意为"由浅入深地进行阐述；推演铺陈地叙述"。如北宋欧阳修等撰《新唐书》（1060）中的用例："然嗜浮屠法，居常不御酒肉，讲求其说，演绎附著数万言，习歌呗以为乐。"又如北宋黎靖德编《朱子语类》（1270）中的例句："汉儒解经，依经演绎；晋人则不然，舍经而自作文。"（卷67）再如元代脱脱等修撰《宋史》（1343）中的用例："大率采元定所著，更互演绎，尤为明邃。"

明治以后，日本人将英文 Deduction 和 Induction 译为「演繹法」和「帰納法」（『哲学字彙』初版 1881），简称时则使用「演繹」和「帰納」。例如，森田隆智译『政治論理法』（1883）中有以下用例：「演繹法ハ普通梗概ノ理ヲ推シテ以テ，格別特異ノ例ニ及ホスノ論法ナリ。且ツ之レニ依テ，一層高等ナル帰納論理ヲ完成スルニ在リ。是レ以テ演繹法ハ其資料ヲ帰納法ニ取ルモノナリ。」（卷2・第9項）于是，"演绎"和"归纳"这两个在古汉语中不搭界的二字词成为一对逻辑学概念。

在汉语方面，现有的最早用例出自《申报》，见于 1902 年 10 月 9 日刊登的"再续京师大学堂章程"一文中："政科第三年，……物理（注）实验、名学（注）演绎、法学（注）同上学年、理财学（注）同上学年、体操（注）兵式。"例句中的"名学"是严复翻译的"逻辑学"的旧称，注释为"演绎"，显然是指"演绎法"。《民报》中的用例则是将"演绎"和"归纳"作为一对逻辑学概念一起连用的："公例者，演绎归纳，以获原理。立之标准，以告往知来者也。"（第1号，精卫，"民族的国民"，1905.11.26）在《汉语大词典》中，专门为"演绎"设立了新的义项："由一般原理推演出特殊情况下的结论。"现代汉语的"演绎"转用为哲学用语显然是受到日语的影响，但是否就应归入"新义"词之列呢？

笔者认为，"演绎"虽然转用为哲学用语，但仍可将其视为"有典"词。理由有二：一是"演绎"作为哲学用语所表达的"由一般原理推演出特殊结论"的含义，与古汉语的原义"由浅入深地进行阐述"之间的差距并不大，可以将现代的哲学含义视为古汉语原义的引申。二是在"演绎"转用为哲学用语之后，原有的传统用法并没有被完全取代，现代汉语还在继续使用。如清代金松岑、曾朴所著《孽海花》（1903）中的用例："提出仁字为学术主脑，把以太来解释仁的体用变化，把代数来演绎仁的事象错综。"（下）又如《申报》1907 年 7 月

19 日刊载的"旅行之目的"一文中的用例:"以上二者特为旅行目的之概论耳,若<u>演绎</u>之别有种种,此再分言于下。"再如赵尔巽主编《清史稿》(1927)中的用例:"采取先儒之说,参以臆断,<u>演绎</u>发挥,按期进讲。"以上各例都没有和"归纳"一起连用。

顺便讲一下"归纳"。古汉语的"归纳"意为"归还、归并、收拢"。如宋代无名氏作《南窗纪谈》(约 11 世纪)中有以下用例:"子正至部,首下令民有器甲者,与期限,俾首纳,原其罪,于是竟自<u>归纳</u>,前后得六万余,择其精者给巡捕吏兵,贼气已夺。"又如元代脱脱等修撰《宋史》(1343)中的用例:"虽遇元丰七年八年、元祐元年泛涨非常,而大吴以上数百里,终无决溢之害,此乃下流<u>归纳</u>处河流深快之验也。"明治以后与"演绎"一起成为逻辑学用语,意为"由许多具体事实概括出一般原理的推理方法"。这个"新义"与古汉语的旧义相差很大,而且现代汉语已经不再使用旧义,因此"归纳"可视为"新义"词。

2.2 制服

"制服"一词在古汉语里用例很多,主要有三种用法:一是指依地位高低规定服饰样式。如《管子·立政》(公元前 7 世纪)中的用例:"度爵而<u>制服</u>,量禄而用财。"又如汉代贾谊著《新书·服疑》(公元前 2 世纪)中的用例:"<u>制服</u>之道,取至适至和以予民,至美至神进之帝,奇服文章以等上下而差贵贱。"宋代以后的白话文里也延续了这种用法。如北宋黎靖德编《朱子语类》(1270)中的用例:"盖古人未有衣服时,且取鸟兽之皮来遮前面后面,后世圣人<u>制服</u>不去此者,示不忘古也。"又如元代王恽撰《玉堂嘉话》(13 世纪后半期)中的用例:"海西有富郎国,妇人衣冠如世所画菩萨状。男子<u>制服</u>,皆长寝不去衣,虽夫妇亦异处。"

二是指丧服。如裴松之注《三国志》(5 世纪前半期)中的用例:"八岁下殇,礼所不备,况未期月,而以成人礼送之,加为<u>制服</u>,举朝素衣,朝夕哭临,自古已来,未有此比。"又如唐代杜佑著《通典》(8 世纪后半期)中的用例:"式父临终,继母求出,式父许有遗命。及式父亡,母<u>制服</u>积年,后还前继子家。"

三是指用强力使之驯服。前两种用法的词性介于动词和名词之间，而这是明确的动词用法。如东汉赵晔撰《吴越春秋·勾践阴谋外传》（1 世纪）中的用例："当是之时，诸侯相伐，兵刃交错，弓矢之威不能制服。"又如北宋黎靖德编《朱子语类》（1270）中的用例："他资才甚高，然那时更无人制服他，便做大了。"

进入 20 世纪后，"制服"用法出现了变化，专门指各行业有规定式样的服装。如《申报》1903 年 6 月 23 日刊载的"吴大中丞奏报山西遵设警务学堂章程"一文中有以下用例："凡在学堂学生应有一定制度之服以归一律。现因经费不足，只可暂缓置办，宜先置操衣快靴，加以标记，与制服无异。"又如《民报》中的用例："彼辈着宪兵制服，装束虽严整，然容貌咸温良质朴。"（第 19 号，齐原著、伊鲁译，"虎口余生记"，1908.2.24）

此类用例是否受到日语的影响呢？在日语方面，从明治初年开始出现「制服」的用例，如新井新编『日本警察全書』（1878）中有以下用例：「職務上ハ付屹度制服制帽着用可致事。」（甲編）又如『茨城県警吏必携』（1879）中的用例：「警部制略服之儀ハ制服ヲ礼服，略服ヲ制服ト改メ，其制服ヲ以テ通常礼服ニ兼用……。」（乾・第一編）海军省译『英国海軍条例』（1880）「水兵ハ海軍衙門ニ於テ王ノ旨ヲ体認シ，時々命令スル所ニ循ヒ常ニ式ノ如キ制服ヲ着ス可シ。」（上卷）由此可知，表达"各行业有规定式样的服装"的用法确实是日语使用在先，汉语则在 20 世纪初受到日语的影响。

然而"制服"是否应该归属于"新义"词呢？笔者认为：尽管"制服"的词义演变曾受到日语的影响，但词义的变化幅度并没有超出古汉语既有的范围。其一，"制服"一词的基本义从古至今一直是衣服，没有变化。其二，不论是区分等级地位的衣服，还是祭奠死者时穿的衣服，或是区分不同行业的衣服，"制服"的本义都是指有规定式样的衣服，这一点是一脉相承的。基于以上两条，笔者认为"制服"的产生新义的幅度没有超过其基本义的范围，因此仍应该视为"有典"二字词。

在《民报》中新出现的"有典"二字词共有 33 个，除了上述"演绎"和"制服"之外，其余 31 词列举如下：

标准	草案	定论	独占	多数	法性	放免	公产	过失	幻想	急性
讲坛	累进	论式	民生	幕府	平民	融化	少数	实在	市价	私产
私营	亡命	无偿	误谬	谢金	刑事	有偿	侦探	种性		

3. 近代产生新义的二字词

所谓"新义",主要针对明治初期日本人利用古汉语词去翻译某些西方概念时所发生的词义变化。用古汉语词去对译西方概念是明治初期日本人常用的方法,但不应认为只要古汉语词被用作译词就必定有新义产生,判断是否产生新义的关键在于词义变化的方式和幅度。笔者一般从两个方面去把握:一是词义变化在明治初年的短时期内发生;二是词义变化的幅度足够大,以至原有的古汉语词义被新义所取代。常被提到的"经济、科学"等即是产生新义的典型词语。

在《民报》的二字词中共有"新义"词58词,占二字词总数的12.6%。其中有50词已在此前的4报中出现过,列举如下:

暴动	常识	成年	初期	代表	单位	发明	非难	分子	感情	革命
个人	公权	共和	观念	关系	归纳	过渡	机关	积极	警察	绝对
科学	理论	命题	内容	普通	起点	社会	时间	实现	世纪	属性
思想	谈判	特许	提案	推论	问题	现象	消极	协会	演说	义务
引渡	影响	运动	杂志	主体	组织					

除去以上各词之后,余下的8词是《民报》中新出现的"新义"二字词,占"新义"词总数的13.8%。为了了解这些词进入汉语的大致时间,经过与《申报》中的首出例进行比对,可区分为两种情形:一是《申报》中的用例早于《民报》的词。可视为在《民报》之前经由《申报》或其他途径进入汉语的"新义"词,共有4词,即"会话1903、起因1905、通学1892、写真1891"。二是《民报》中的用例晚于《民报》的词。有可能是在《民报》发行期间新进入

汉语的"新义"词,也有4词,即"范畴、速度、印象、重点"。

以下选取其中的"会话、写真、速度、印象",重点探讨一下如何把握产生近代新义的尺度。

3.1 会话

在古汉语中"会话"意为"聚谈、对话、陈诉"。例如,宋代欧阳修著《与吴正肃公书》(11世纪中期)中有以下用例:"前曰临行少留会话,终不克遂,至今为恨。"又如明代吴承恩《西游记》(16世纪中后期)中的用例:"那妖精败阵,必然向他祖翁处去会话,明辰断然寻我们报仇。"(第89回)这种用法一直延续到清末,如清人唐芸洲著《七剑十三侠》(19世纪末)中有如下用例:"安化王早在门旗内飞马出来,大叫杨一清前来会话,杨元帅也就飞马来到阵上。"然而,在现代汉语里"会话"已经不作动词用,词义也变窄,只用在练习说外语时,如"日语会话、会话练习"等。这一变化是如何出现的呢?

查看日方资料,发现明治以前「会話」与汉语一样表达"聚谈、对话"之意,如『バタヒヤ新聞』(1861)中的用例:「今法王は数多の法徒と会話するの時を得て……。」(五・以太利)在堀达之助编『英和対訳袖珍辞書』(1862)中,「会話」作为英文 Collocation、colloquy、Dialogue、Interlocution 等的译词出现[①],可知当时对「会話」的定位仍不出"聚谈、对话"的传统范围。然而到了明治初年,「会話」用于表达"(外语)口语"的用例逐渐成为主流。如『万国新聞紙』(1867)中的用例:「此書ハ……方今日用ノ会話ニ速ニ通達シ其便利ナランヲ尚ブ。」(第四集・五月)又如『新聞雑誌』(1872)中的用例:「方法ハ先ツ最初ニ綴字ヨリシテ会話文典ニ及ボシ……。」[②]与此同时,各种学外语的会话课本纷纷出现,如:『英蘭会話篇訳語』(渡部氏,1868)、『英吉利会話篇直訳』(坂氏, 1870)、堀田政次郎译『和英対訳会話編』(1871)、西村

---

① 参见堀達之助编『英和対訳袖珍辞書』(1862)的第140、210、418页。另见惣郷正明・飛田良文编『明治のことば辞典』(1986)「会話」词条。

② 以上各例句引自佐藤亨著『現代に生きる幕末・明治初期漢語辞典』明治書院(2007)。

周治郎等编『独逸会話集成』（椀屋喜兵衛，1871）等。

由此可见，"会话"在汉语里表达"（外语）口语"的用法，应当是在日语的影响之下产生的。现有的最早用例出自《申报》1903 年 6 月 8 日刊载的"京师大学堂讲学馆开办"一文："第二节外国教授方法：曰缀字、曰读方、曰译解、曰会话、曰文法、曰作文。"包括"会话"在内的这些科目都是从日本学校照搬来的。又如《申报》1905 年 12 日 14 日刊载的"议学日本海军"一文中的用例："（一入学者资格）通日本语能为笔记及算术等，须寻常中学毕业程度之学力。（二入学试验）一日本语会话，一日本文笔记。"此 2 例均可看出日语的直接影响。再如《民报》中也有以下用例："弱连（笔者按：人名）寻步入他室，嘱予用俄语会话，教授环顾良久，微言曰……。"（第 18 号，俄国铎伊齐原著、七曲山民译，"虎口余生记"，1907.12.24）由于"会话"在现代汉语里已成为名词，主要用于表达"（外语）口语"的意思，因此应将其视为"新义"词。

但值得注意的是，古汉语里表达"聚谈、对话"之意的"会话"并没有完全被取代，如今时而能见到。如普鲁斯特著、徐和瑾等译《追忆似水年华》（1990）中的用例："敢情大夫记得，在普通的会话里用强调语气，用庄严的形式，已经过时。"又如《人民日报》（1996.11）中的用例："互联网络可以提供电子邮件、文件传输、信息查询、讨论、娱乐和会话等服务。"再如田中芳树原著、希沙良译《中国武将列传》（2001）中的用例："上面说成吉思汗在与人谈话的时候，他的会话记录乃是用汉字所写成的。"① 这可以说是"会话"产生新义过程中的一点特色。

3.2 写真

据《汉语大词典》解释，"写真"在古汉语里的基本用法为"如实描绘事物"，也可以"引申为对事物的真实反映，犹写照"。如南朝刘勰《文心雕龙·情采》（502）中的用例："为情者要约而写真，为文者淫丽而烦滥。"也可特指

---

① 以上 3 例引自北京大学中国语言学研究中心 CCL 语料库。

画人物肖像，如北齐颜之推《颜氏家训·杂艺》（6 世纪末）中的用例："武烈太子偏能写真，坐上宾客，随宜点染，即成数人，以问童孺，皆知姓名矣。"古汉语的"写真"可以指画像的逼真，但毕竟与现代的照片是两回事。

在日语方面，以"写真"称呼现代的照片是出自日语的用法。江户末期曾称当时的照相机为「写真鏡」（大槻玄沢『蘭説弁惑』1799），照相馆则称为「写真店」。如中井弘著『航海新説』（1869）中的用例：「又写真店ヲ訪ヒ，ハーニマートンノ二名並ニ杉蒲予ト共ニ写真セリ。」① 又如，日本大藏省出版的立嘉度译『合衆国収税法（二）』（1872）中的用例：「写真師ハ十元ノ税ヲ納ムヘシ。紙・硝子ノ別ナク総テ日光ノ射映ヲ以テ写真ヲ取ル者ハ写真師ト見ルヘシ。」总之，自从西洋的照相技术传入日本，"写真"一词就开始在日语里转指"照片"这种新生事物，近代新义由此而产生。

在汉语方面，"写真"的新义曾进入过汉语。现有的最早用例见于 1904 年 1 月 27 日《申报》刊载的"详述大亨丸被火事"一文："惟闻日本写真师武孙氏恐死者日后面目无从辨别，以摄影镜各照一小像留存，也好行其德者也。"又如《民报》中的用例："巴枯宁为破坏主义之使徒，为无政府党之首创者，民报三号既揭其写真于卷首。"（第 16 号，无首，"巴枯宁传"，1907.9.24）其中的"写真"所指应该是照片，亦可窥见日语的影响。然而，称照片为"写真"的日语用法，既没有完全取代古汉语的原有用法，也没有真正在现代汉语里固定下来。如今在汉语里冒出一些日语味很浓的"写真"用法，其实也只是赶赶时髦而已。

3.3 速度

在汉语方面，《汉语大词典》没有提供古汉语出典，只有现代释义和今人用例。其实利用《四库全书》电子版可以检索到古汉语中"速度"的用例，可以有两种解释：一是"迅速调度、迅速通过（度过）"，二是"迅速思考"。前者如北朝魏收著《魏书》（572 以前）中的用例："降附之民及诸守令，亦可徒置淮

---

① 参见佐藤亨著『現代に生きる幕末・明治初期漢語辞典』（2007）"写真"词条。

北。如其不然，进兵临淮，速度士卒，班师还京。"又如北宋王钦若等编《册府元龟》（1005）中的用例："前驱后队，左翼右师，必令将帅，雄果军吏，明齐粮仗，车马速度。"后者如宋濂等编《元史》（14世纪中期）中的用例："诏许之命也，速退师也。速度贼必以计怠我师，乃严备以侦之。"① 但这些古汉语用例都不是名词，而是 A+V 状中修饰结构的动词，含义也与现代的"速度"颇有不同。

在古汉语范围内，笔者只查到元代脱脱等修撰《宋史》（1343）中的 1 例与现代的词义相符："求月行迟疾差度及定差：置所求月行入迟速度，如在象度以下为在初。以上，覆减中度，余为在末。"② 此句中的"速度"意为"快的程度"，十分贴近现代义，同时还有"差度、中度"2 词也与"速度"的结构相同，均可视为二字名词。另有 1 个近代以后的用例出自傅兰雅编译的《格致汇编》（1876），原文如下："所难明者故以光行之速度之因，光行时每秒之速十八万四千英里，以此数度其星之相距……。"③（第 1 册，互相问答）以上可知，在清末以前的中方资料中，与现代词义相符的"速度"似有若无十分稀少。

在日语方面，江户时期的兰学资料里未见「速度」一词，明治初年以后才开始出现。如西周著『百学連環』（1870）中的用例：「譬ヘバ其一体恒ニノ増ニ於テ進ムトシ、或時一体ノ速度ヲ知レリ……。」又如岛山启译『天然地理学』（1873）中的用例：「然るに地傾斜の度は川流の速度を示すに足らず……。」再如『地方官会議日誌』（1875）中的用例：「流力ノ速度ニ因スル害ハ，雨水ノ河床ニ帰スルヲ遅渋セシメ……。」④ 以上 3 例的时间比《格致汇编》的用例稍早，词义与现代义相符且均为名词用法，这可以证明"速度"的新义出自明治初年的日语。

在汉语方面，除了前面举出的 2 例，再度出现"速度"的名词用法是 20 世纪初，此时日语借词刚刚开始进入汉语。如樋田保熙译《世界地理志》（1902）

---

① 以上用例引自北京大学中国语言学研究中心 CCL 语料库。
② 此例引自北京大学中国语言学研究中心 CCL 语料库。
③ 此例引自黄河清编《近现代辞源》（2010）"速度"词条。
④ 以上第 1 例和第 3 例引自佐藤亨（2007）「速度」词条。

中的用例："地球依地轴回转，其速度在赤道为最大。近两极渐次递减，于赤道离心力最强。"① 又如汪荣宝等编《新尔雅》(1903)中的用例："物体于一秒时间经过道路之长谓之速度。"（释格致）再如清末金松岑、曾朴著《孽海花》(1903)中的用例："威毅伯虽耗了一袍袖的老血，和议的速度却添了满锅炉的猛火，只再议了两次，马关条约的大纲差不多快都议定了。"《民报》中也有以下的用例："曾谓已经开化之国民，其进步之速度与未曾开化者同其濡滞乎。"（第1号，思黄，"论中国宜改创民主政体"，1905.11.26）以及《新民丛报》中的用例："然则邮便新章之发生与飞脚业之竞争，其最要者，即速度之竞争也。"（第94号，王恺宪，"日本交通发达考"，1906.12.30）综上所述，可以认为现代汉语里出现"速度"的名词用法，是直接受到日语影响的结果，因此应将"速度"视为近代产生新义的二字词。

3.4 印象

在《四库全书》里检索不到"印象"，说明古汉语很可能没有这个词。现有的2例出自年代和著者不详的佛教典籍，如《道藏·道法会元》中的用例："敕旨，告下雷司，明显印象，俾臣看详，速获得显现。"② 又如《大集经》中的用例："喻如阎浮堤，一切众生身及余外色，如是等色，海中皆有印像（一本作"印象"）。"③ 词义大致是"形体映在水或镜等中的影子"。另有2例出自晚清小说，如文康所作《侠女奇缘》中的用例："逢着村坊小市，便向人问讯道：见有如此如此模样服色二人过去否？乡下人都说不见。或有几处说见着的，也是模样印象，似是而非的话。"④ 又如坑余生所作《续济公传》（19世纪末）中的用例："因钱志他虽然不曾见过济公的面，耳朵里面一种印象却然常听见人说，

---

① 此例引自黄河清编《近现代辞源》(2010)"速度"词条。
② 此例引自北京大学中国语言学研究中心 CCL 语料库。
③ 此例引自《汉语大词典》。
④ 此例引自北京大学中国语言学研究中心 CCL 语料库。

又晓得他此时是大宋剿匪营的军师。"① 此 2 例出自白话文与现代义颇相近。《侠女奇缘》和《续济公传》分别被推定为道光年间（1782—1850）和光绪年间（1875—1908）成书，具体时间则不可考。由此可知，"印象"一词在古汉语里很少出现且词义模糊不清。

在日语方面，"印象"的早期用例见于明治初年。西周在『学芸志林』杂志上发表的「学問ハ淵源ヲ深クスルニ在ルノ論」(1877) 一文中有如下用例：「学術ノ進歩ハ徒ニ知識ト適用トヲ蓄積スルニ在ル耳ナラズ，印象ヲ受ルコトモ作用ヲナスコトモ，夾雜組織スルコト一層高キニ在リ。」② 其后，在明治初期的人文科学术语集『哲学字彙』(1881) 中，「印象」作为英语 Impression 的译词出现，以英日对译的形式明确了「印象」的现代含义。数年之后，有贺长雄著『教育適用・心理学』(1886) 中有如下用例：「即チ現在ノ印象ト過去ノ印象ノ痕跡トノ間ニ符合スル所有ル発見スルノ作用ヲ要スルモノナリ。」（第 6 章）这是「印象」一词在日语中从出现到走向普及的大致过程。

在汉语方面，进入 20 世纪后 "印象" 的现代用法开始出现。如叶瀚译《泰西教育史》(1901) 中的用例："凡生徒应知之事，须先从目印入神经（即脑气筋），既留印象，乃能据印象以生想象力。"（篇下，第 2 章）又如汪荣宝等编《新尔雅》(1903) 中的用例："以对象之意识印入于脑髓者，谓之印象。"③《民报》中也有如下用例："现在一世最磅礴广大，而与人以最深切之印象者，实惟货财生产力异常增加一事。"（第 1 号，屠富译，"进步与贫乏"，1905.11.26）《申报》中的首出例见于 1905 年 4 月 6 日刊载的 "论学校亟宜注重国文" 一文："绝大之战争又必赖有雄伟之文字或淋漓之诗歌，而后其印象日留于国民脑中。"

总之，"印象"一词原本在古汉语里十分稀少，但在 20 世纪初留学日本和翻译日书的全盛期却开始增多，并出现与日语意思相同的用法。据此不难判断，汉语中出现的 "印象" 的新义是在日语的影响下产生的。

---

① 此例取自北京大学中国语言学研究中心 CCL 语料库。
② 此例取自佐藤亨著『現代に生きる幕末・明治初期漢語辞典』(2007)「印象」词条。
③ 此 2 例引自黄河清编《近现代辞源》(2010) "印象" 词条。

4. 无古汉语出典的二字词

简言之，在"中日同形词"的前提之下，如果《汉语大词典》中没有古汉语出典而只有清末以后的现代书证，则有必要怀疑该词是不是日语借词。

在《民报》的二字词中，经过词源考证，确认共有"无典"词148词，占二字词总数的32.0%。其中含有此前4报中已出现过的"无典"词130词，占"无典"词总数的87.8%。除去已出现过的各词之后，在《民报》中新出现的"无典"二字词仅有18词，占"无典"词总数的12.2%。然而这些词并非全都是日语借词，按照词源考证的结果可分为以下3种情形：一是现代汉语仍在使用的日语借词，共有10词，即"抽象、动员、否认、盲动、难点、企业、神话、退学、协约、浴场"。二是20世纪初曾进入汉语但未能存活下来的日语借词，有4词，即"地代、让渡、下宿、休刊"。三是由清末国人创造但未能存活下来的汉语词，有4词，即"富绅、内籀、外籀、种界"。去除不属于日语借词的第3种情形的4个词之后，在《民报》中新出现的二字日语借词最终为14词。

与此同时，经过与《申报》中的首出例进行时间早晚的比对，可将此14词区分为两种情形：一是《申报》中的用例早于《民报》的词。可视为在《民报》之前经由《申报》或其他途径进入汉语的日语借词，共有5词，即"企业、退学、下宿、协约、浴场"，占14词的35.7%。二是《申报》中的用例晚于《民报》的词。可视为在《民报》发行期间新进入汉语的日语借词，共有9词，即"抽象、地代、动员、否认、盲动、难点、让渡、神话、休刊"，占14词的64.3%。在此以其中的"企业、否认、盲动、神话"4词为例，对词源考证的过程加以说明。

4.1 企业

《汉语大词典》释义为"从事生产、运输、贸易等经济活动的部门，如工厂、矿山、铁路、贸易公司等",没有古汉语出典,只列举了现代人的书证。经查《四库全书》电子版,确认古汉语中没有"企业"这个词。在日语方面,『日本国語大辞典』(第 2 版)中列有以下两个义项,并附有「語誌」栏讲解"词史":

①(―する)事業をくわだてること。起業。＊東京日日新聞―明治 15 年（1882）九月一三日「曩に佩文韻府并に資治通鑑の予約出版を企業せしに」②利潤獲得を目的とする生産単位として，生産，販売などの経済活動を継続して行なう協働システムないし組織体。また，その活動。出資形態により，私企業，公企業，公私合同企業に分かれる。＊英和外交商業字彙（1900）「Enterprise　起業，事業」……語誌　本来は「業を企てる」の意で，明治期には①のようにサ変動詞としても用いられた。同音類義語の「起業」も同時期広く用いられていたが，衝突を避けるため使い分けが生じ，今日では事業をおこす意には「起業」を用い，Enterprise にあたる企てられた事業組織の意では「企業」の語を用いるようになった。

由以上可知,日语的「企業」出自明治初年,如义项①所示,最初以「企業する」的形式作为动词使用。后来为了避免与同音近义词「起業」的冲突,「企業」转为名词用法,即义项②所谓以赢利为目的的组织形态,与英语 Enterprise 一词相对应。日语义项①的早期用例,如东海散士著『佳人之奇遇』(1885)中的用例:「是レ内ニ慷慨不平ノ士ヲ減ジ，外ニ有為企業ノ徒ヲ増作シ……。」又如福泽谕吉著『実業論』(1893)中的用例:「汽船会社の企業とて，初めの程は唯通俗の俗子弟のみを使用して事を成さんと思ひ……。」[①]日语义项②的早期用例,如高桥义雄著『拝金宗』(1886)中的用例:「古来，一二代間にして屈指の金満家と為りたる人々の所為を見るに，一は企業（Enterprise）にして，一は投機（Speculation）即ち是なり。」(第 3 章) 又如有贺长雄著『経済原論』(1890)中的用例:「企業者トハ自ラ進ンテ危険ヲ冒シ

---

① 以上 2 例引自佐藤亨著『現代に生きる幕末・明治初期漢語辞典』(2007)「企業」词条。

自ラ其ノ損失ヲ負担シテ商法ヲ目的トシテ生産業ニ従事スルモノナリ。」（第4篇・第5章）

在古汉语里，"企"是动词，意为"建立、企盼"，按照汉语的构词法，"企业"应是"V+N 述宾结构"，相当于汉语动词"兴业、创业"。其实，"企业"在汉语里也曾有过动词用法，如蔡东藩、许廑父著《民国演义》（1929）中的用例："逆料兵争既终，商战方始，东西片壤，殆必为企业者集目之地。"又如钟毓龙著《上古秘史》（1936）中的用例："他们说，这样才可以养成子女的独立性及企业心。"此 2 句中的"企业"可以理解为动词"兴业、创业"。

然而，汉语在 20 世纪初受到日语的影响之后，"企业"表达"经营单位"的名词用法就成为主流，以至于《汉语大词典》中完全没有记载动词用法的义项。现有的最早用例见于《申报》1902 年 3 月 25 日刊载的"俄人专利"一文："所有金银各矿及石脑油之类，均不准他国商人开采，盖以俄人设有企业公司，已向农务理财省大臣承揽此项利权。"又如《申报》1905 年 12 月 6 日刊载的"观川沙杨氏捐产业兴学有感"一文中的用例："四明叶氏为大企业家，产业号称千万，前年遗命以十万创兴澄衷学堂。"《民报》中也有如下用例："地主昔坐而分利，今亦与平民比，而转为生利之企业。"（第 3 号，汉民，"民报之六大主义"，1906.4.15）再如梁启超"中国国会制度私议"（1910）一文中的用例，对"企业"专门做了解释："今国中人士所奔走呼号以言振兴实业者，质而言之，则振兴新式之企业而已（'企业'二字，乃生计学上一术语，译德文之 Unternehmung，法文之 Enterprise。英人虽最长于企业，然学问上此观念不甚明了，故无确当之语）。"[①]

4.2 否认

《汉语大词典》中没有古汉语出典，只举出现代人的书证。检索《四库全书》电子版和北京大学中国语言学研究中心 CCL 语料库等同样查不到清末以前

[①] 此例引自黄河清编《近现代辞源》（2010）"企业"词条。

的用例，同时，在笔者调查过的来华传教士资料中也没有出现。这表明"否认"很可能是 20 世纪初进入汉语的日语借词。

在日语方面，「否認」的早期用例见于明治 20 年以后，如『大日本民法』（1890）中的用例：「第百条：否認訴権ハ夫ノミニ属ス。但子ノ出生後ニ非ザレバ之ヲ行フコトヲ得ズ。」（第 6 章・第 2 節）又如司法省译『仏国訴訟法講義・上巻』（1890）中的用例：「予輩カ若シ本章ニ規定シアル所ノミニ就テ此否認テフ手続ノ何タルコトヲ解釈セント欲セハ、往時ノ学者カ此学ニ付キ与ヘタル解釈ヨリモ尚ホ……。」（第 18 章，否認）由此可知，「否認」最初是一个地道的法律用语。进入 20 世纪后，「否認」逐渐从法律专用扩展到一般领域，如 1903 年 9 月 28 日出版的『官報』第 6073 号中的用例：「上海悪疫流行地否認ノ件ニ付キ、同地駐在帝国総領事小田切万寿之助ヨリ、本月十七日付ヲ以テ左ノ如ク報告アリ。」又如田中达译『基督教世界観』（1906）中的用例：「余は前に，此の不可識論を以て，キリストの神性を否認する人の到達する一論点なるを説きたるが……。」（第 3 講）

在汉语方面，"否认"的现有最早用例见于《民报》，原文如下："穂積之言为政治论，论者之言为法理论，以法理论否认政治论，直胡闹而已。"（第 4 号，精卫，"驳新民丛报最近之非革命论"，1906.4.28）《新民丛报》中也有以下用例："其三为德国之国法学者 Pragelknabentheorie，非否认君主有不法行为之能力，亦非谓不能亲执国政。"（第 90 号，渊生，"大臣责任论"，1906.11.1）此外，《申报》中的首出例见于 1906 年 10 月 3 日刊载的"立宪论上"一文，原文如下："是两院莫不有可认否认之权，二者一或不认，则无由决议。"由此可见，"否认"的早期用例出现在《民报》、《新民丛报》中并非偶然，因为此 2 报是在日本编辑出版的，作者多数懂日语，可以直接从日语引进。

4.3　盲动

在《汉语大词典》和《四库全书》电子版中均查不到出处，表明古汉语没有"盲动"这个词。而在明治时期的日方资料中可以检索到早于中方的用例，因此有理由认为"盲动"是出自日语并传入汉语的日语借词。

在日语方面，「盲动」的早期用例见于明治20年代（1887—1896）后期，如有田紫郎编『第五議会解散始末』（1894）中有以下用例：「第五議会に於ける盲動の起点は，議長不信任の緊急動議なりとす。」（第7頁）又如『太陽』杂志1901年第5号上发表的大町桂月「文壇目下の欠点」一文中有以下用例：「人とは見るべからざる情の傀儡，ただ境遇に制せられて盲動するもの……。」再如『太陽』杂志1901年第7号刊登的小松崎吉雄「金融界の動乱に就て」一文中的用例：「即ち今日の恐慌は人々信用を濫用し，軽挙盲動したる結果なれば……。」

在汉语方面，现有的最早用例出自《民报》："世界之成立，由于意欲盲动，而知识为之仆隶，盲动者不识道涂，惟以求乐为目的，追求无已。"（第7号，太炎，"俱分进化论"，1906.9.2）《申报》中的首出例见于1907年10月9日刊载的"日本进步党对于中国外交之宣言"一文："试举清国目下之盲动妄为，一近东之土耳其耳，然各国对土政策出最高手段，利用兵力加以威吓恫喝。"《申报》的次出例则见于1916年1月18日刊载的"东京外交界要闻"一文："万一中国政府竟盲动实行，则两国国交虽未至于断绝，而今之政府仅视为中国统治之一机关而存在，不能认皇帝为元首。"又如茅盾著《蚀》（1928）中的用例："有时表面看来是很强硬了，其实还是同样认识不明白，一味盲动。"再如萧红著《生死场》（1934）中的用例："老赵三一点见识也没有，他这样盲动的说话使儿子不佩服。"[①] 通过以上各例，可以了解"盲动"一词在日语产生和进入汉语的大致轨迹。

4.4 神话

"神话"在《汉语大词典》、《四库全书》电子版和北京大学中国语言学研究中心CCL语料库里都查不到清末以前的用例，在来华传教士资料里也没有出现过。因此，有理由推测"神话"是20世纪初进入汉语的日语借词。

---

① 以上2例引自北京大学中国语言学研究中心CCL语料库。

在日语方面，「神話」并非明治初年产生的词，现有的最早用例见于19世纪末。例如望月常译述『森林経済論』(1896)中的用例：「吾人ハ此時代ニ於ケル希臘人ノ森林保存上神話的及ヒ宗教的ノ観念ニ就テ趣味アル報知ヲ得タリ。」(第8章) 又如姉崎正治著『印度宗教史』(1897)中的用例：「吠陀の神話はアーリヤ祖先の宗教と同しく、一切の光明ある天然現象及物素の中に何が偉大優秀の存するを認め、之を神として拝せり。」(第1章第2節) 再如上田万年、金泽庄三郎译『言語学』(1898)中的用例：「神話の起源は万物に与へられたる名称にありて、幾千年の口伝を経て今に伝はれること信仰と崇敬との唯一の理由たり。」(第8章)

在汉语方面，"神话"始见于20世纪初，如汪荣宝等编《新尔雅》(1903)中的用例："记宇宙初生各国开辟之事，而状其武勇者，谓之神话。"（释教育）又如《民报》中的用例："然金之与彼，实同族类，开国方略，曾详言之，天女之说，其神话耳。"（第1号，精卫，"民族的国民"，1905.11.26）再如《申报》1906年9月4日刊载的"中国宗教因革论"一文中有以下用例："凡上古首出之人必与神近与人远。读巴比伦之神话，荷米耳之诗歌，婆罗门之经典，原始时代之宗教，无东无西。"由此可见，"神话"开始在汉语中出现的时间紧随日语之后，词义也相同，可推断其为日语借词。

4.5 内籀、外籀、富绅、种界

在"无典"二字词中，除了日语借词之外，还包括少量清末国人自造但未能存活下来的汉语词，标题所列的4个词就属于这种情况，在此略作说明。

（1）内籀、外籀

此2词在《民报》中有如下用例："故从名学上言之，则外籀明示此原因，必生工业上不时之厄塞，而内籀证其结论。"（第1号，屠富，"进步与贫乏"，1905.11.26）"内籀、外籀"没有古汉语出典，也完全没有日方用例，属于清末国人自造的新词。

严复在他第一本译著《天演论》(1898)中初次使用了这两个词："及观西

人名学，则见其于格物致知之事，有内籀之术焉，有外籀之术焉。内籀云者，察其曲而知其全者也，执其微以会其通者也。外籀云者，据公理以断众事者也，设定数以逆未然者也。"（自序）由此可知"内籀"和"外籀"约相当于如今所说的"归纳推理"和"演绎推理"之意。严复在其后的《原富》(1901)、《群学肄言》(1903)、《穆勒名学》(1905)等著述中一直使用，章士钊和鲁迅等人也用过。尽管如此，"内籀"和"外籀"最终未能普及而被来自日语的"归纳法"和"演绎法"所取代。

（2）富绅

《民报》中有如下用例："现世界之人类，统计不下十五万万，然区别之得形成为二大阶级，掠夺阶级与被掠夺阶级是矣。换言之，即富绅 Bourgeois 与平民 Proletarians 之二种也。"（第5号，犟斋，"万国社会党大会略史"，1906.6.29）可知此处"富绅"是作为 Bourgeois 的译词使用的。"富绅"一词没有古汉语出典，其用例见于晚清，如《曾国藩家书》(19世纪中期)中的用例："余前言弟之职，以能战为第一义，爱民第二，联络各营将士、各省富绅为第三。"（致九弟·述弟为政优于带兵）又如晚清小说《乾隆南巡记》(1893)中的用例："廷怀说：我是本城富绅，安分守己，我素不相识巨盗，杀死知府店主之事一概不知。你若将我难为，天理难容！"（上）日语里没有"富绅"一词，因此与日语借词无关。

（3）种界

《民报》中有如下用例："社会学者，尝言凡民族必严种界，使尝清而不杂者，其种将日弱而驯致于不足自存。"（第1号，精卫，"民族的国民"，1905.11.26）"种界"意为"种族的界限"，既没有古汉语出典也没有日方用例，表明它是清末国人自造的新词。目前，比《民报》更早的仅有梁启超的以下用例："当摄政睿亲王初入关也，甫一日，即下教国中，使满汉互通婚姻，其规模实为宏远，使能行之，则种界今早破灭矣。"此例出自梁启超所撰"似此遂足以破种界乎"一文，原载于日本人下河边半五郎编《饮冰室文集·类编下》之中，1904年东京出版。后被北京大学出版社2005年出版的《饮冰室合集（集外文）》收入。如此看来，"种界"有可能为梁启超所造，但使用范围有限，最终未能存活下来。

5.《汉大》未收的二字词

所谓"未收",是指未被《汉语大词典》收录的词,我们可以据此认为,现代汉语中已经不存在这些词。在《民报》抽出的二字词中,属于此类者共有29词,其中在《民报》中新出现的有21词。按照来源的不同可以分为两种情形:

其一,中方的《汉语大词典》虽没有收录,但日方的『日本国語大辞典』(第2版)仍然收录的词。这类词属于曾在《民报》中出现,但日后没能在汉语中存活下来的日语词,如:贷与、渡韩、公性、规画、横领、检事、拒否、利子、赁屋、买取、买占、判事、社说、实性、夜业、株券、主点。

其二,中方的《汉语大词典》与日方的『日本国語大辞典』(第2版)都没有收录的词。这类词很可能是清末国人自造而没能存活下来的汉语词,如:从点、单选、苦观、陪员。

6. 对清末 5 报二字词的总体回顾

至此,我们已对清末 5 报中的二字词分别进行了梳理和分析。以下利用在各报中获得的数据,对二字日语借词的总体情况做一个归纳。将各报中抽出的二字词按照词源考证的结果区分为"无典"、"新义"、"无典"、"未收"4类,如表3所示:

表 3　从清末 5 报中抽出的全部二字词及其来源分类(复计词数)

	有典	新义	无典	未收	报别合计
时务报 1896—1898 全部词	631	45	131	62	869
清议报 1898—1901 全部词	769	55	184	45	1053
译书汇编 1900—1903 全部词	574	70	216	24	884

续表

	有典	新义	无典	未收	报别合计
新民丛报 1902—1907 全部词	398	77	239	55	769
民报 1905—1910 全部词	227	58	148	29	462
类别合计	2599（64.4）	305（7.6）	918（22.7）	215（5.3）	4037（100）

表 3 显示的是从各报中抽出的全部二字词的词数，虽然在各报内部是去除了重复词的单计词数，但在各报之间尚存在着许多重复词，所以"类别合计"和"报别合计"的词数均为复计词数。为了避免研究对象词的重复，除了发行在先的《时务报》保留所抽出的全部二字词之外，其他 4 报均去除之前已出现过的二字词，只留下在各报中新出现的二字词，最终得到的是清末 5 报二字词的单计词数，如表 4 所示：

表 4　清末 5 报中的二字词的来源分类（单计词数）

	有典	新义	无典	未收	报别合计
时务报 1896—1898 全部词	631	45	131	62	869
清议报 1898—1901 新出词	491	26	111	34	662
译书汇编 1900—1903 新出词	220	21	91	16	348
新民丛报 1902—1907 新出词	107	18	67	44	236
民报 1905—1910 新出词	33	8	18	21	80
类别合计	1482（67.5）	118（5.4）	418（19.0）	177（8.1）	2195（100）

在表 4 的 2195 个二字词中，已不存在重复的词。从 4 类词的平均占比来看，"有典"词占总词数的 67.5%，这部分基本上都是中日同形词，属于从汉语传入日语的词汇。"未收"词占总词数的 8.1%，主要是产生于清末但未能存活下来的汉语词，或是曾经进入汉语但未能存活下来的日语词，研究价值不大。"新义"词和"无典"词分别占总词数的 5.4% 和 19.0%，这两类词是我们关注的重点，因为所有日语借词全都包含在这两类词之中。

6.1 "新义"词和"无典"词的重出情况

利用表 3 所示的复计词数,可以统计出某个"新义"词或"无典"词总共在几种报纸中出现过。如果某词在 5 种报纸中都有用例,便归入"5 报共有"栏,如果某词在 4 种报纸中有用例,便归入"4 报共有"栏,以此类推,只在 1 种报纸中出现的词便归入"1 报单有"栏。统计的结果如表 5 所示:

表 5 清末 5 报中"新义"词和"无典"词的重出情况

	"新义"词(%)		"无典"词(%)		重出合计	
5 报共有	14(11.9)	39 (33.1)	24(5.7)	80 (19.1)	38(7.1)	119 (22.2)
4 报共有	25(21.2)		56(13.4)		81(15.1)	
3 报共有	16(13.5)	79 (66.9)	80(19.2)	338 (80.9)	96(17.9)	417 (77.8)
2 报共有	23(19.5)		71(17.0)		94(17.5)	
1 报单有	40(33.9)		187(44.7)		227(42.4)	
类别合计	118		418		536	

其中,"5 报共有"和"4 报共有"的二字词有 3 个特点:一是进入汉语的时间较早,在《时务报》或《清议报》时已经进入汉语。二是重复出现率高,属于 19—20 世纪之交最常用的二字日语借词。三是存活率高,使用至今的词占有很高的比例。此外,"5 报共有"和"4 报共有"的"新义"词和"无典"词分别占各自总词数的 33.1% 和 19.1%。即是说,到《清议报》1901 年停刊时,清末 5 报中的"新义"二字词已有 3 成多进入汉语,而"无典"二字词进入汉语的速度稍慢一些,其时尚不足总数的 2 成。

5 报和 4 报共有的"新义"词有以下 39 词:

暴动　初期　代表　非难　感情　干事　革命　个人　公权　共和　关系
观念　机关　积极　警察　绝对　科学　理论　内包　普通　起点　社会
世纪　思想　谈判　推论　问题　现象　消极　协会　学科　演说　义务
影响　预算　运动　杂志　主体　组织

5 报和 4 报共有的"无典"词有以下 80 词:

半岛	财政	单纯	党员	德育	敌视	帝国	动力	对抗	法院	反抗
方针	肥料	改良	概念	干线	公债	惯例	广告	国会	国际	国债
会社	极点	极端	价格	间接	简单	结论	进化	军港	客体	扩张
理想	领土	领域	美术	民权	目的	汽车	权限	缺点	让步	人权
弱点	刷新	特权	特色	特性	特质	体操	体育	调印	铁路	投票
团体	退化	现状	宪兵	学说	血统	压力	要点	要素	野蛮	议案
议会	议员	元素	原则	原质	占领	哲学	政策	政党	支部	殖民
制品	质点	智育								

"3报共有"的二字词，基本上都是在《时务报》、《清议报》、《译书汇编》3报中出现的，从总体上看，与"5报共有"和"4报共有"的二字词在性质上相差不大。而"2报共有"和"1报单有"的二字词则有较大的内部差异，使用至今的词占大部分，但也有一部分词已从现代汉语中消失。以"无典"词为例，其中有的词是因为进入汉语的时间稍晚，如在《新民丛报》或《民报》中首次出现的词"本能、表决、抽象、触觉、代价、动员、空间、力学、落选、盲动"等。有的词在当时属于通用性偏低的专业术语，如《时务报》中出现的"海里、海员、农科、速率、锁国、小脑"；《清议报》中出现的"财权、伏线、高潮、海域、流域"；《译书汇编》中出现的"公诉、公益、金融、时效"；《新民丛报》中出现的"固体、焦点、结晶、溶液"等。还有的词只在汉语中短时出现而未能普及使用，如"爆弹、风说、给料、海权、平权、烧点、师团、尉官、洋学"等。

6.2 清末5报中的二字日语借词汇总

日语借词均出自"新义"词和"无典"词，但表4所示的420个"无典"词中还含有一部分来华传教士和清末国人创造的汉语新词，因而不能直接反映日语借词的准确数目。为此，表6将"无典"词进一步区分为3类，即：来自日语的"日语借词";来华传教士创造的"传教士新词";以及清末国人创造的"清末新词"。通过此表可以直观地了解清末 5 报中二字日语借词的全貌。

表 6　清末 5 报中的二字日语借词及其他汉语新词（单计词数）

	"新义"词	"无典"词（418 词）			报别合计
		日语借词	传教士新词	清末新词	
时务报 1896—1898 全部词	45	79	30	22	176
清议报 1898—1901 新出词	26	98	8	5	137
译书汇编 1900—1903 新出词	21	84	0	7	112
新民丛报 1902—1907 新出词	18	47	6	14	85
民报 1905—1910 新出词	8	14	0	4	26
类别合计	118	322	44	52	536

清末 5 报中二字日语借词的分布情况如表 6 的阴影部分所示。综合此前各章的调查结果，清末 5 报中共有二字日语借词 440 词，其中包括由日语赋予近代新义的二字词 118 词，占二字日语借词总数的 26.8%，由日本人在明治时期新创造的二字词 322 词，占二字日语借词总数的 73.2%。

7. 小结

本章以《民报》中的二字词为案例，重点探讨了在词源考证过程中经常会遇到的一些棘手问题。主要内容可归纳如下：

（1）作为"有典"词的案例，"演绎、制服"出自古汉语，但在明治日语中发生了一定程度的词义变化，并于 20 世纪初随着日语借词的进入而影响到汉语。然而与古汉语相比，此 2 词虽有词义变化但幅度并不大，因此认为应当视为"有典"词而不是"新义"词。

（2）作为"新义"词的案例，"会话、写真"的古汉语旧义并未完全消失，但来自日语的新义已成为主要用法，词性也从古汉语时的动词变成了如今的名词。"速度"的古汉语用例虽多，但在相同义位上却用例稀少。其词源需要与"高度、热度、温度"等相同结构的词联系起来考虑。"印象"的古汉语用例稀少，词义难以确认，但在明治日语里有较清晰的发展轨迹，所以将其视为"新义"词而不是"有典"词。

（3）作为"无典"词的案例，"企业"在日语里原本为 V+N 述宾结构（即「事業を企てる」，相当于汉语的"兴业、创业"），后转为名词用法，词结构也随之变为 V+N 定中结构（即「企てられた事業」，相当于汉语的"所兴之业、所创之业"）。"否认"的"否"字在古汉语里意为"不可"，通常单独使用而极少构成二字词。"盲动"是 N+V 状中结构，在古汉语里，名词一般不能直接修饰动词，因此难以构成二字词。

（4）作为对清末 5 报二字词的回顾，本章对"新义"词和"无典"词做了 5 报汇总。复计词数的统计结果显示，5 报和 4 报共有的"新义"词和"无典"词各有 39 词和 80 词。单计词数的统计结果则显示，清末 5 报中共有二字日语借词 440 词，其中包括由日语赋予近代新义的二字词 118 词，由日本人在明治时期新创造的二字词 322 词。

第 17 章 《民报》中的三字日语借词

1.《民报》三字词的概况

从《民报》中共收集到三字词 313 个（见第 16 章表 2），其中包括 2+1 型三字词 294 词（93.9%）和 1+2 型三字词 19 词（6.1%）。经过与其他清末 4 报进行比对，确认此前已出现过的三字词有 165 词，占三字词总数的 52.7%。这部分三字词主要有两个特点：一是除去 7 词之外，绝大多数都是日语三字词。二是由明治日语常用的后部一字语素形成的三字词词群位置显要。如：一权（15）、一的、一国（11）、一党、一学（8）、一家（7）、一税、一者（6）、一力（5）、一会、一界、一心、一性（4）、一场、一地、一点、一法、一论、一品、一上（3）等①。以上特点反映出日语三字词在《民报》中占有举足轻重的优势。

除去已出现过的三字词之后，其余的 148 词是《民报》中新出现的三字词，占三字词总数的 47.3%。新出现的三字词在《译书汇编》和《新民丛报》中分别占 65.0% 和 59.7%，与 2 报相比，《民报》中新出现的三字词的占比明显偏低。除了《民报》的开本小、文字总量少、出版册数少等因素之外，主要原因在于，到《民报》时，19—20 世纪之交在汉语中出现的三字词快速增长期已逐渐接近尾声。《民报》新出现的 148 个三字词中有 1+2 型三字词 9 个（即：大多数、大工业、大恐慌、大原则、恶现象、密输入、潜势力、善现象、小资本），其余的 139 个是 2+1 型三字词，占总词数的 93.9%。由于 1+2 型三字词的词数很少，

---

① 括号内为各语素的构成三字词的词数。

同时为了避免词语的重复，本章将主要以《民报》中新出现的 139 个 2+1 型三字词作为研究对象。

2. 区分不同来源的三字词

利用明治时期的资料进行词源考证，并根据日方用例的时间早晚将《民报》中新出现的 139 个 2+1 型三字词区分为以下 3 种情形：一是日方用例早于清末报纸的三字词共有 84 个（60.4%）；二是未见日方用例的三字词有 31 个（22.3%）；三是日方用例晚于清末报纸的三字词有 24 个（17.3%）。以下结合《民报》中的实例进行具体分析。

2.1　日方用例早于清末报纸的三字词

在清末 5 报以前，汉语中的 2+1 型三字词原本不多，而表达抽象概念的 2+1 型三字词更为稀少。因此，如果能在日方资料中查到早于清末 5 报的 2+1 型三字词的用例，那么该词很可能是日语三字词。以此为依据，从《民报》新出现的 2+1 型三字词中选取 3 组后部一字语素相同的三字词做重点分析。虽然现代汉语已很少或不再使用这些词，但它们在日语借词进入汉语的过程中曾起过历史作用。

（1）爱他心、公德心、公益心、向上心

"爱他心"在《民报》中的用例如下："极富于爱他心，于其别墅，招同志者共研究形而上者之学。"（第 11 号，渊实，"虚无党小史"，1907.1.29）"公德心"的用例如下："人类之公德心、名誉心，因社会之文明而愈发达。"（第 4 号，冯自由，"民生主义与中国政治革命之前途"，1906.4.28）"公益心"的用例如下："夫所谓自治秩序公益心者，即从自由、平等、博爱发其源。"（第 6 号，枝头抱香者，"新民丛报之怪状"，1907.1.7）"向上心"的用例如下："巴枯宁乃下断案曰，故人类之进步有三阶级：一动物性，二思想力，三向上心。"（第 16 号，无首，"巴枯宁传"，1907.9.24）在汉语方面，古汉语中没有这 4 个三字词，甚至除"向上"之外，连"爱他、公德、公益"这 3 个二字词也无出处。此 4 词是否日语三字词，关键在于能否在日方资料中找到早于清末报纸的用例。

在日语方面，「愛他心」的早期用例见于能势荣著『教育学』（1889），原文如下：「愛他心，他ヲ愛スル心薄キ人ハ，我妻子サヘモ実ニ愛スルコトナシ，況ンヤ無縁ノ他人ニ於テヲヤ。」「公徳心」的早期用例不多，吉村银次郎著『泰西軍人亀鑑』（1895）中有以下用例：「公徳心能く財産を竭す」。「公益心」和「向上心」的早期用例均出自大町桂月的文章，前者见于『太陽』杂志1901年14号刊登的大町桂月「教育時評」一文，原文如下：「而してこれ児童をして公益心を起さしむるものといふものあれど……。」后者如大町桂月著『学生訓』（1902）中的用例：「向上心なきものは，溜れる水の如し，毫も生気なくして腐敗する也。」以上日方用例均早于《民报》，因而可认定此4词为日语三字词。①

（2）谈判员、铁道员、团体员、组合员

《民报》中有"谈判员"的如下用例："条约之缔结者，非谈判员，而为一国之元首，此亦与私法契约异。"（第10号，汉民，"排外与国际法"，1906.12.22）"铁道员"的用例如下："希鲁科夫公之为此告诫，固以为铁道员等必欣欣然，色解而来听我之言矣。"（第3号，犟斋，"一千九百〇五年露国之革命"，1906.12.22）"团体员"的用例如下："盖地方自治之团体员，以在区域内之人民自然充当，其职员多由人民选出。"（第92号，渊生，"论地方自治之定义"，1906.11.30）"组合员"的用例如下："英国劳动组合之组合员凡二百万人，则其左右政治真无难事，而导其机者要不得不归功于德意志人。"（第3号，蛰伸，"英国新总选举劳动者之进步"，1906.4.15）以上4个三字词均无古汉语出典。从前部二字语素看，"谈判"是由日语赋予近代新义的二字词，"铁道、团体、组合"是源自明治日语的新造词。

在日语方面，「談判員」的早期用例见于山崎忠和著『柴山景綱事歷』（1896），原文如下：「長藩馬関ニ於テ薩ノ船舶ヲ撃沈シタル談判員ニ隨行ヲ請ヒタル事」。「鉄道員」的早期用例见于1902年2月18日『官報』第5584号，原文如下：「事業ノ種類，鉄道線路及停車場改良並貨物庫及鉄道員舎宅建設」。「团体員」的早期用例出自『太陽』杂志1901年14号刊登的「海内彙

---

① 参见本章后文5.2处的论述。

報・三四俱楽部の財政方針」一文，原文如下：「其団体員は頭株のみ多きを以て常に統一を缺き，同一の步調を探ること難く……。」「組合員」的早期用例出自『太陽』雜誌 1895 年 7 号刊登的「海内彙報・不正茶取締の決議」一文，原文如下：「臨檢の必要を認むるときは組合員の拝見場，売場倉庫等は何時にても出入すべし。」以上日方資料的各例均早于《民报》的用例，因而可判断此 4 词是日语三字词，同时也表明以"—员"为后语素的日语三字词曾对汉语有直接影响。①

（3）共产制、共和制、阶级制

在《民报》中，"共产制"的用例如下："若其改革得能直为共产制乎？抑仅制限竞争，而犹于相对范围内认私有财产制乎？"（第 5 号，县解，"论社会革命与政治革命并行"，1906.6.29）"共和制"的用例如下："虽以共和制如美国，亦谓之议会专制，且自法理上以立言。"（第 4 号，精卫，"驳新民丛报最近之非革命论"，1906.4.28）"阶级制"的用例如下："彼持阶级制以为权利之本，堂廉不峻威严则渎之说深入当路者之心。"（第 2 号，蛰伸，"德意志社会革命家小传"，1906.5.6）以上 3 词均无古汉语出典。

在日语方面，「共産制」的早期用例出自民友社编『現時之社会主義』（1893）一书，原文如下：「ルーソーは一たび私有財産制を生じたる社会が再び共産制に帰ることを得可しと思はざりき。」（第 2 章）「共和制」的早期用例出自『太陽』雜誌 1901 年 1 号刊登的国府犀東「政治時評・新世紀の到来」一文，原文如下：「歐羅巴の君主制に反抗して，共和制の精神をば，大洋の一方に光輝あらしむるを見たり。」「階級制」的早期用例出自『太陽』雜誌 1895 年 1 号刊登的久米邦武「論説・学界の大革新」一文，原文如下：「階級制は社会の不発達なる時代の残留物にて……。」以上日方用例均早于《民报》的用例，可判断此 3 词是日语三字词。20 世纪初，以"—制"为后语素的日语三字语进入汉语，对日后汉语三字词的系列性构词有直接的影响。②

《民报》新出现的 139 个 2+1 型三字词中共有"日方用例早"的三字词 84 个，占

---

① 参见本章后文 4.5 处的论述。
② 参见本章后文 4.6 处的论述。

总词数的 60.4%。《译书汇编》和《新民丛报》中的同类词分别占 80.3% 和 65.7%，相比之下，新出现的日语三字词在《民报》中的占比进一步降低。通过与《申报》中的首出例进行比对，可以将这些词进入汉语的大致时间归纳为以下 3 种情形：

一是《申报》中的用例早于《民报》的词。可视为在《民报》之前已进入汉语的日语三字词，有以下 26 词，占 84 词的 30.9%。《申报》是清末时的主流大报，《申报》和《民报》都有用例的词，表明通用性和存活率相对较高。但是经由《申报》进入汉语日语三字词以"活版所、新闻社、干事长、警察局"之类表达机构、职务、各类事物的称谓名词居多，而"革命派、公德心、阶级制"之类的抽象概念名词较少。列举如下：

催眠术　逮捕状　多神教　干事长　革命派　公德心　官费生　后备兵　活版所
机关纸　纪念品　寄宿舍　检事长　阶级制　精神的　警察局　决算表　军事上
民主党　速成法　同一视　无产者　新闻社　休憩所　运动家　障碍物

二是《申报》中完全没有出现过的词。可视为《民报》发行期间新进入汉语的日语三字词，只有 4 词，即"出版所、绅士阀、所有物、增殖力"，占 84 词的 4.8%。只在《民报》中出现的三字词一般专业性较强，使用范围有限。通观清末 5 报，《申报》中没有出现过的词一般只占很小比例，这表明《申报》词语的涵盖面很广，是清末 5 报之前日语借词进入汉语的重要通道之一。

三是《申报》中的用例晚于《民报》的词。也可视为《民报》发行期间新进入汉语的日语三字词，共有 54 词，占 84 词的 64.3%。这些三字词大多带有日语三字词的构词特征，其中包含以"—权"为后语素的三字词 8 个，以"—的"为词尾的三字词 5 个，以"—员"为后语素的三字词 4 个，以"—家、—力、—论、—税、—心"为后语素的三字词各 3 个，以"—家、—教、—说、—性、—者、—制"为后语素的三字词各 2 个。此外，通观清末 5 报，《申报》用例晚于清末 5 报的词通常占比最大，这表明在引进日语借词方面，清末 5 报通常是比《申报》时间更早、密度更大、术语性更强的通道。列举如下：

爱他心　被动的　代用品　单税法　抵抗力　地上权　地役权　动物性　发案权
改革策　公益心　共产制　共和制　观念论　国产税　国际上　基本权　继续的
寄附金　解散权　累进税　矛盾律　能动的　三段式　使用权　输送力　谈判员

特赦权　特许状　铁道员　团体员　无神教　无神论　习惯性　宪法学　相续权
相续税　向上心　心理的　幸福说　雄辩家　野心家　一神教　债权者　债务者
政学家　直接的　制裁力　主权说　资本额　资本论　宗主国　组合员　最高度

2.2 未见日方用例的三字词

《民报》新出现的 139 个 2+1 型三字词中共有"未见日方用例"的三字词 31 个，占总词数的 22.3%。通过与《申报》中的首出例进行比对，可区分为以下 3 种情形：

一是《申报》中的用例早于《民报》的词。可视为在《民报》之前已存在的汉语三字词，仅有 4 词，即"出产物、咖啡店、立足地、生计界"，占 31 词的 12.9%。

二是《申报》中完全没有出现过的词。可视为《民报》发行期间新出现的汉语三字词，共有 9 词，即"单一律、判事权、群理学、人役税、统属性、惟我论、无灵体、小卖税、许可性"，占 31 词的 29.0%。这些三字词大多是生僻的专业术语，由于使用范围有限，所以仅在《民报》中出现。

三是《申报》中的用例晚于《民报》的词。同样可视为《民报》发行期间新出现的汉语三字词，这些词在 2 报中都有用例，表明其通用性和存活率相对较高。共有以下 18 词，占 31 词的 58.1%。

参用的　对等国　寡人的　行事权　极端的　具体语　开采权　劳动界　立宪说
论理式　惟神论　惟物论　乌托邦　议事权　召集权　支配法　自身的　自由界

"未见日方用例"的三字词很可能是清末国人造出的汉语三字词。从造词方式看，如果着眼于前部二字语素，可归纳为改造词和自造词两种方式。所谓改造词，是指对原有的日语三字词进行修改，通过改变原词的一部分而形成的汉语三字词。例如"出产物、立足地、生计界、惟物论"，有可能是通过修改日语原词「産出物、立脚地、経済界、唯物論」的前部二字语素而形成的汉语三字词。又如"单一律、判事权、小卖税、许可性、对等国、劳动界、立宪说、论理式、议事权、召集权"，前部二字语素均为中日同形词，后部一字语素也是明治日语常用的，因此从语素层面无法直接判断其词源归属。它们有可能是清末国人利用日语常用的语素，以重新组合的方式造出的汉语三字词。

所谓自造词，主要是指清末国人利用汉语单有的前部二字语素构成的汉语三字词。例如"群理学、人役税、统属性、惟我论、无灵体、参用的、寡人的、开采权、惟神论"，由于前部二字语素均为汉语单有的语素，可将它们直接视为清末国人的自造词。

与此同时，如果着眼于后部一字语素，这些汉语三字词基本上都可视为仿造词。所谓仿造词，是指清末国人利用日语常用的后部一字语素，模仿日语三字词的形式而构成的汉语三字词。如表1所示，31个汉语三字词中除了"咖啡店、单一律、具体语、乌托邦"4词之外，绝大多数都可以在《民报》范围内找到后部一字语素相同的日语三字词。这直观地反映出汉语三字词和日语三字词之间模仿与被模仿的关系。

表1 《民报》中与日语三字词相对应的汉语仿造词

后部一字语素	日方用例早（日语三字词）	日方用例无（汉语仿造词）
—的（6／4）	被动的、继续的、精神的、能动的、心理的、直接的	参用的、寡人的、极端的、自身的
—权（8／5）	地上权、地役权、发案权、基本权、解散权、使用权、特赦权、相续权	开采权、判事权、行事权、议事权、召集权
—论（3／3）	观念论、无神论、资本论	惟神论、惟我论、惟物论
—税（3／2）	国产税、累进税、相续税	人役税、小卖税
—界（2／3）	（金融界、经济界）	国学界、劳动界、自由界
—地（3／1）	根据地、目的地、殖民地	立足地
—性（2／2）	动物性、习惯性	统属性、许可性
—法（2／1）	单税法、速成法	支配法
—说（2／1）	幸福说、主权说	立宪说
—体（2／1）	集合体、有机体	无灵体
—物（2／1）	所有物、障碍物	出产物
—国（1／1）	宗主国	对等国
—式（1／1）	三段式	论理式
—学（1／1）	宪法学	群理学

2.3 日方用例晚于清末报纸的三字词

《民报》新出现的 139 个 2+1 型三字词中共有"日方用例晚"的三字词 24 个，占总词数的 17.3%。20 世纪初正值汉语大量引进日语借词的高峰期，在此大背景下，不应简单地认为既然"日方用例晚"，就一定是汉语造词在先而后传入日语的三字词。由于这些词一般都不表达重要概念，使用范围有限，甚至是临时组合的三字词，大多不容易找到更早的用例。受资料条件的制约，目前只能根据各个词的具体情况对词源归属做一些推测。通过与《申报》中的首出例进行比对，可区分为以下 3 种情形：

一是《申报》中的用例早于《民报》的词。可视为《民报》之前已存在于汉语之中的三字词，共有 5 词，即"保皇党、改良的、外来的、政治犯、自费生"，占 24 词的 20.8%。以"保皇党"为例，日语里原本没有"保皇"一词，同时"保皇党"的日方用例也大多出自有关中国的语境，如：石山福治著『清朝及其革命党』(1911)、波多野乾一著『現代支那』(1921)、佐藤俊三著『支那近代政党史』(1940)、大亚文化会编『孫文革命戦史』(1943) 等书中的用例，因此推测"保皇党"很可能是日本人从汉语借用的。此外，"政治犯、自费生"在日语中出现晚的原因，或与明治日语主要使用「国事犯、自費生徒」有关。而"改良的、外来的"在《申报》和《民报》中的用例已经没有日语词缀「—的（てき）」的含义，而是汉语结构助词"—的"的用法。如此看来，以上 5 词出自汉语的可能性更大。

二是《申报》中完全没有出现过的词。可视为《民报》发行期间在汉语中新出现的三字词，只有"国学界、君权国、民权国、判事员" 4 词，占 24 词的 16.7%。由于专业性强且用途狭窄，仅在《民报》中出现。前部二字语素"国学、君权、民权、判事"均可在明治日语里查到单独使用的较早用例，而"—界、—国、—员"同样是明治日语常用的后部一字语素，但不能排除清末国人利用明治日语中常见的二字语素和一字语素自行构成三字词的可能性。

三是《申报》中的用例晚于《民报》的词。同样可视为《民报》发行期间在汉语中新出现的三字词，共有以下 15 词，占 24 词的 62.5%。

抽象语　纯一性　法律说　反动派　继续性　拘束力　客体的　片务的　任命权
煽动家　双务的　统帅权　消极性　责任心　制度的

　　这些词在《民报》和《申报》中先后出现用例可以做两种推测：一是《民报》和《申报》分别从日语直接引进了这些词。二是这些词当时在汉语里已具有一定的社会认知度，因而《申报》可以通过《民报》或第三方获取这些词。其中有些词属于前者，另一些词属于后者，但需要做具体分析。例如"抽象语"，"抽象、具体"是明治初年由西周创制的哲学术语，而后部一字语素"—语"在日语中的含义相当于汉语的"—词"，后部一字语素用"—语"而不用"—词"应是日语三字词的词形①。又如"片务的、双务的"，前部二字语素"片务、双务"是明治日语使用过的二字词，意为"单方义务、双方义务"，而汉语里没有这两个词，因此"片务的、双务的"很可能是日语用法，只是尚未发现早于《民报》的用例。

　　相反，有些词出自汉语可能性更大。例如"消极性"，虽然"消极"和"—性"都来自明治日语，但在日语里「消極」不能单独使用，一般需要后接词缀「—的」以「消極的」的形式出现，而不大可能直接后接「—性」。又如"拘束力"，"拘束"的日语词义相当于汉语的"拘留"，如果按日语词义去理解"拘束力"则词义不通。然而，不是每个词都有判断归属的依据，目前只能依照日方用例晚于清末报纸的实际情况，暂且将它们视为汉语三字词。

3. 构词多的后部一字语素

　　谈到日语2+1型三字词对汉语的影响，以后部一字语素对汉语构词法的影响最为显著，值得重点探讨。清末以前的汉语里并非完全没有2+1型三字词，虽然清末来华传教士也创制了一些新的三字词，但汉语方面并没有明确地将2+1型三字词视为一种构词方式，更不曾有意识地开发其构词能力②。而1968年进入明治时期以后，日语的2+1型三字词却赢得了空前发展的历史机遇。日

---

① "具体语"是"未见日方用例"的三字词，参见本章2.2处。
② 参见朱京伟（2011b）。

语 2+1 型三字词的后部一字语素主要有两大特点：一是抽象性名词的构词能力突出，如"一党、一法、一国、一家、一界、一力、一派、一权、一性、一学"等。二是以后部一字语素为中心形成系列性词群，例如以"一派"为中心，构成"保守派、改革派、急进派、理想派、温和派、自由派"等。

这两方面的特点在《民报》中都有充分的体现。为了深入进行观察，在此以《民报》中的全部 294 个 2+1 型三字词为对象，抽出其中构成 2+1 型三字词 10 词及以上的后部一字语素，按构词数由多到少排列，结果如表 2 所示：

表 2 《民报》2+1 型三字词中构词数多的后部一字语素

后语素	A 民报抽出的三字词总数	B 民报前已出的三字词	C 民报新出现的三字词	例 词
一权	30	15	15（50.0）	基本权、解散权、开采权
一的	27	11	16（59.3）	改良的、极端的、客体的
一国	15	11	4（26.7）	对等国、君权国、民权国
一家	12	7	5（41.7）	煽动家、雄辩家、野心家
一性	11	4	7（63.6）	动物性、继续性、统属性
一税	11	6	5（45.5）	国产税、累进税、人役税
一党	10	8	2（20.0）	保皇党、民主党
一学	10	8	2（20.0）	群理学、宪法学

表 2 的 A 栏显示，在《民报》的全部 2+1 型三字词中，构成 2+1 型三字词 10 词及以上的后部一字语素共有 8 个。B 栏则显示，这些后部一字语素都是在此前的清末 4 报中已出现过的。而通过 C 栏的数据可以发现，在各个后部一字语素所构成的三字词中，新三字词的占比有高有低。比如，《民报》中以"一性"为后语素的三字词共有 11 词，除了在此前各报中已出现过的 4 词之外，新出现的三字词有 7 词占 63.6%。"一性"是表 2 中新词占比最高的后部一字语素，新词占比较高的还有"一的"（59.3%）、"一权"（50%）等。

新词的占比反映出新词增长幅度的大小。可以按照新词的占比分成几个区间来衡量：（1）新词大于 80% 视为大幅增长；（2）新词在 60%—80% 之间视为增幅较大；（3）新词在 30%—60% 之间视为增幅较小；（4）小于 30% 视为新词小幅增长。在此条件下，通过对《民报》和《译书汇编》、《新民丛报》中 2+1 型三字词的后部一字语素进行比较，发现 3 报的后部一字语素之间虽然重合度很高，但在新词的增长幅度上却各有不同，具体情况如表 3 所示①：

表 3 《民报》后部一字语素的新词增幅与其他 2 报的比较

	译书汇编	新民丛报	民报
新词大幅增长 （占 80% 以上）	一的、一法、一界、一金、一人、一税、一物（7）	一点、一史、一性（3）	（0）
新词增幅较大 （占 60%—80%）	一力、一派、一品、一权、一上、一所（6）	一的、一论、一物（3）	一性（1）
新词增幅较小 （占 30%—60%）	一党、一国、一家、一学、一者（5）	一法、一国、一家、一界、一力、一派、一品、一权、一上、一税、一学（11）	一的、一家、一权、一税（4）
新词小幅增长 （占 30% 以下）	（0）	一党（1）	一党、一国、一学（3）
构词 10 个及以上的后语素数	18	18	8

首先，3 报中构成三字词 10 词及以上的后部一字语素高度重合。《民报》中的 8 个后部一字语素在《译书汇编》和《新民丛报》都可以找到，除了《民报》的 8 个后语素之外，《译书汇编》和《新民丛报》之间的后部一字语素也是高度重合的。这表明构词多的后部一字语素总是保持基本不变。

其次，构词 10 词及以上的后部一字语素在《民报》中明显减少。《译书汇编》和《新民丛报》各有 18 个，而《民报》只有 8 个。这表明随着时间的推移，后部一字语素大量构成新三字词的势头已经有所减弱。

再者，新三字词的增长幅度出现逐渐缩小的趋势。新词大幅增长的后部一字语素在《译书汇编》中有 7 个，《新民丛报》中减少至 3 个，到《民报》时为 0。新词增幅较大的后部一字语素也有相同的递减趋势。与此相对，新词小幅增长的后部一字语素在《译书汇编》中为 0，《新民丛报》中有 1 个，到《民报》时增多至 3 个。这表明新三字词的增长幅度在逐渐缩小。

《民报》的全部 294 个 2+1 型三字词中共含有后部一字语素 69 个（单计个数），绝大多数是在此前 4 报中出现过的，在《民报》中新出现的只有以下 6 个，而且

---

① 参见第 9 章第 5 节，该处也以同样的方法对《译书汇编》和《时务报》、《清议报》的后部一字语素进行了比较。

都是仅构成 1 个三字词的后部一字语素，即：一邦（乌托邦）、一额（资本额）、一阀（绅士阀）、一舍（寄宿舍）、一社（新闻社）、一视（同一视）。这 6 个三字词除了"乌托邦"之外，其余都是日语三字词。由此可见，到《民报》时在汉语中新出现的后部一字语素已经寥寥无几，而且构词能力和重要程度也大为降低。

在观察日语 2+1 型三字词的后部一字语素对汉语三字词的影响时，可以从语素义和构词功能两个方面与古汉语的后部一字语素进行比较，并据此将后部一字语素的变化分为 4 种情形：一是语素义和构词功能均未发生变化；二是语素义未变而构词功能发生变化；三是语素义变化而构词功能未变；四是语素义和构词功能均有变化。在《民报》中可以找到与前 3 种情形对应的后部一字语素。

4. 语素义和构词功能均未变化的后语素

在 2+1 型三字词的后部一字语素中属于此类情形的占大多数。由于在《民报》新出现的 2+1 型三字词范围内已找不到合适的研究对象，以下将视野扩展到《民报》2+1 型三字词的全体后部一字语素，选取构词能力较强而此前尚未涉及的"一场、一地、一论、一式、一员、一制"6 个后部一字语素进行分析和归纳。

4.1 以"一场"为后语素的三字词

在《民报》中共出现 3 词，即"停车场、运动场、制造场"，此 3 词均为日语三字词。在其他清末报纸中还出现过"操练场、劝工场、试验场、体操场"等日语三字词，同时还有"活动场、记念场、马戏场、跑马场、跳舞场"等清末国人所造的汉语三字词。

在古汉语里"一场"可以作为后语素构成二字词，如"道场、赌场、法场、会场、官场、广场、市场、战场"等。同时也可以构成三字词，如元代单庆修、徐硕编《至元嘉禾志》（1288）中有"翰墨场"一词："声华日驰翰墨场，仲氏一第如探囊。"（卷 32）又如张英等编《御定渊鉴类函》（1710）中有"游戏场"一词："戚戚怀不乐，无以释劳勤，兄弟游戏场，命驾迎众宾。"（卷 425）清代沈佳撰《明儒言行录》(18世纪前半)中有"名利场"一词:"先生闻之曰,仆自反必是名利场,打不过洗不净,尽有一种声音笑貌,为人所觑。"(卷10)由此可见,与古汉语的用法相比,"—场"属于语素义和构词功能均未发生变化的后语素。

4.2 以"—地"为后语素的三字词

在《民报》中共出现4词,其中"根据地、目的地、殖民地"为日语三字词,"立足地"为汉语三字词。除此之外,其他清末报纸中还出现过"耕作地、居留地、商业地、水源地、所有地、所在地、未开地、占领地、租界地"等,均为日语三字词。

在古汉语中,"—地"作为后语素可以构成二字词,如"本地、当地、封地、见地、禁地、境地、陆地、实地"等,同时也可找到少量的三字词,如清代秦蕙田撰《五礼通考》(1761)中有"不毛地"一词:"僧寺旅寄棺柩,贫不能葬,令畿县各度官不毛地三五顷,听人安厝。"(卷251)又如元代单庆修、徐硕编《至元嘉禾志》(1288)中有"立锥地"一词:"贫无立锥地,徙居是邑之精舍凡十年。"(卷13)再如清代刘谨之等编《钦定盛京通志》(1779)中有"发祥地"一词:"因念盛京为国家发祥地,祖宗神爽,实所凭依,朕即重缮。"(卷10)

20世纪初有不少以"—地"为后语素的日语三字词进入汉语,但是通过与古汉语的用法相比较,可以认为"—地"属于语素义和构词功能均未发生变化的后语素。

4.3 以"—论"为后语素的三字词

在《民报》中共出现9词,其中"观念论、进化论、唯物论、唯心论、无神论、资本论"为日语三字词,"惟神论、惟我论、惟物论"为汉语三字词,后3词均出自《民报》刊载的章太炎撰"无神论"(第8号,1906.10.5)一文。在《民报》之前的其他清末报纸中还出现过"二元论、共产论、国家论、货币论、教育论、阶级论、民约论、女权论、人权论、认识论、社会论"等日语三字词,表明以"—论"为后语素的日语三字词对汉语有直接影响。《民报》中的"惟神论、惟我论、惟物论"有可能是章太炎在日语三字词的影响下自创的仿造词。

在古汉语里，"一论"可以作二字词的后语素，如"辩论、策论、持论、定论、概论、立论、评论、言论、舆论"等。虽然也可以作三字词的后语素，但大多用于书名或文章题目。如明代董斯张撰《吴兴备志》（1624）中有"安邦论"一词："曾子固厚善，尝著安邦论未竟，有旨差充四川廉访使。"（卷6）又如清代浦起龙撰《史通通释》（18世纪末）中有"帝王论"一词："虞世南帝王论，或叙辽东公孙之败。"（卷16）此外，在清代张玉书等编《佩文韵府》（1711）中罗列有"攻伐论、皇纲论、荆轲论、朋党论、七政论、王命论、盐铁论、运笔论"等（卷73—1）以"一论"为后语素的三字词数十个。由此可见，"一论"属于语素义和构词功能均没有发生变化的后语素。

4.4 以"一式"为后语素的三字词

在《民报》中共出现2词，"三段式"为日语三字词，"论理式"为汉语三字词。其他清末报纸中还出现过"除幕式、分列式、合同式、进水式、开会式、起工式、英国式"等日语三字词，表明以"一式"为后语素的日语三字词曾对汉语产生过影响。

在古汉语里，"一式"可以作二字词的后语素，如"程式、等式、调式、法式、方式、格式、算式、形式、仪式、正式"等。同时也有极少量的三字词，但都是语义不明且早已被现代汉语淘汰的词。如南宋王应麟编《玉海》（13世纪后半）中有"垂拱式"一词："艺文志垂拱式二十卷，又格十卷，新格二卷。"（卷66）又如元代脱脱等编《宋史》（1343）中有"磨勘式"一词："乙卯，诏修兵书。壬戌，诏二府颁新定磨勘式。"（卷11）再如明代杨士奇等编《历代名臣奏议》（1416）中有"万世式"一词："盖有礼纪，所以割断私情克公法，为万世式也。"（卷281）"垂拱式、磨勘式"大概是有关官吏升迁考核的规章条文，"万世式"则有历代典范之意。

在19世纪后期的新教传教士中文著述里，也有少数以"一式"为后语素的三字词，如"人字式"（伟烈亚力《六合丛谈》1857）、"椭圆式"（丁韪良《格物入门》1868）、"方程式"（伟烈亚力、王韬《西国天学源流》1890）等。通过与古汉语和传教士的用例相比较，可将"一式"视为语素义和构词功能均未变化的后语素。

4.5 以 "—员" 为后语素的三字词

在《民报》中共出现 7 词，其中 "评议员、谈判员、特派员、铁道员、团体员、组合员" 为日语三字词，"判事员" 为汉语三字词。其他清末报纸中还出现过 "裁判员、代议员、公务员、管理员、理事员、内阁员、陪审员、事务员、视察员、探检员、通信员、选举员、银行员、预备员、政务员、众议员" 等日语三字词，表明 20 世纪初以 "—员" 为后语素的日语三字词对汉语有过直接的影响。

在古汉语里，"—员" 可以作二字词的后语素，如 "兵员、大员、定员、官员、满员、人员、随员、委员、职员" 等，同时也可以构成少量的三字词。如清代秦蕙田撰《五礼通考》（1761）中有 "弟子员" 一词："前次博士虽各以经授徒，而无考察试用之法。至是官，始为置弟子员，所谓兴太学也。"（卷 171）又如唐代魏征编《隋书》（629）中有 "博士员" 一词："仁寿元年，省国子祭酒博士置太学博士员五人，为徒五品。"（卷 28）再如唐代李延寿撰《南史》（659）中有 "将军员" 一词："辛卯，复置五校三将官，增殿中将军员二十人。"（卷 1）以上各例中的后语素 "—员" 虽然含义与现代汉语有所不同，但所指同样是 "做某事的人"，因此可以将 "—员" 视为语素义和构词功能均未变化的后语素。

4.6 以 "—制" 为后语素的三字词

在《民报》中共出现 3 词，即 "共产制、共和制、阶级制"，其他清末报纸中还有 "本位制、封建制、民主制、内阁制" 等，以上各词均为日语三字词。

在古汉语里，"—制" 作为后语素主要可构成二字动词，如 "编制、牵制、强制、统制、限制、抑制、专制" 等，也有少数二字名词，如 "法制、体制、学制"。同时也可以构成少量的三字专有名词，如唐代房玄龄等著《晋书》（648）中有 "甲午制" 一词："戎始为甲午制，凡选举，皆先治百姓，然后授用。"（卷 43）又如宋代卫湜著《礼记集说》（13 世纪初）中有 "五等制" 一词："至秦削去五等制，为郡县。外权既轻，而亦随以亡。"（卷 24）再如明代方以智撰《通雅》（1666）中有 "九班制" 一词："汉有课第有功次，魏有都官考课法，晋有九班制，元魏有勋书。"（卷 72）

综上所述，虽然以"—制"为后语素的三字词有不少来自日语，但与古汉语相比，"—制"作为后语素的语素义和构词功能均未发生明显的变化。

5. 语素义未变而构词功能变化的后语素

此处所说的"构词功能变化"，主要是指某语素原本在古汉语里不能充当2+1型三字词的后语素，但在日语三字词的影响下增加了新的构词功能。属于此类情形的后语素较少，在此以"—会、—心"为例作具体说明。

5.1 以"—会"为后语素的三字词

《民报》中共有4词"博览会、纪念会、讲习会、委员会"，均为日语三字词。其他清末报纸中还出现过"法学会、农学会、评议会、讨论会、研究会、演说会、医学会、展览会、哲学会"等日语三字词，此外也有"矿学会、商学会、跳舞会"等汉语三字词。

在古汉语里，"—会"作为后语素可以构成二字词，如"大会、都会、机会、集会、教会、聚会、社会、宴会、照会"等，但目前尚未见到以"—会"为后语素的三字词。由此可见，"—会"作为后语素构成三字词的功能，很可能是在19—20世纪之交进入汉语的日语借词的影响之下产生的，因此可将"—会"视为语素义未变而构词功能发生变化的后语素。

5.2 以"—心"为后语素的三字词

在《民报》中出现的共有9词，其中"爱他心、公德心、公益心、功名心、竞争心、名誉心、向上心、自尊心"是日语三字词，"责任心"是汉语三字词。除此之外，其他清末报纸中还出现过"爱国心、慈爱心、党派心、公共心、共同心、建国心、信仰心、宗教心"等日语三字词。无论这些词是否在现代汉语中存活下来，以"—心"为后语素的日语三字词对汉语的影响是值得重视的。

在古汉语里，"一心"作为后语素可构成二字词，如"安心、地心、放心、腹心、民心、内心、身心、用心、中心、重心、轴心、醉心"等，但是尚未发现有以"一心"为后语素的三字词。笔者认为，古汉语对构成 2+1 型三字词的限制比日语要严格得多，往往日语可以构成 2+1 型三字词，而汉语与之对应的是短语形式"一之心"。例如，古汉语里没有"爱国心、功名心、向上心、自尊心"等三字词，然而，清代李光地撰《尚书七篇解义》（17 世纪末）中有"爱国之心"一句："然养耻之道在重其禄，人富则自立于善而有爱国之心。"（卷 2）明代张次仲撰《周易玩辞困学记》（17 世纪前半期）中有"功名之心"一句："虽劳其心力，终无出险之期，所以淡其功名之心也。"（卷 6）明代任环撰《山海漫谈》（16 世纪中期）中有"向上之心"一句："碌碌若此而碑记之，则凡可以如环者皆可以得民之颂矣，而遂阻其向上之心。"（卷 1）宋代卫湜著《礼记集说》（13 世纪初）中有"自尊之心"："圣人忧焉，故告之，以其端而动其自尊之心。"（卷 56）综上所述，可将"一心"视为语素义未变而构词功能发生变化的后语素。

6. 语素义变化而构词功能未变的后语素

在《民报》中，属于此类的后语素只有"一体"，例词有日语三字词"集合体、有机体"和汉语三字词"无灵体"。在其他清末报纸中出现的还有日语三字词"公共体、结晶体、自治体、组织体"以及汉语三字词"活动体"。

在古汉语里，"一体"作为后语素可以构成二字词，语素义大致可分为三方面，一是指身体或形体，如"本体、母体、人体、肉体、身体、主体"等；二是指形体，如"气体、物体、形体"等；三是指体裁，如"草体、国体、文体、政体、字体"等。与此同时，"一体"作为后语素也可以构成三字词，但语素义似乎仅限于指"体裁"。如唐代魏征编《隋书》（629）中有"编年体"一词："初撰《齐志》为编年体二十卷，复为《齐书纪传》一百卷，及《平贼记》三卷。"（卷 69）又如唐代李大师、李延寿编《北史》（659）中有"纪传体"一词："十二月，诏秘书丞李彪、著作郎崔光改析国记，依纪传体。"（卷 3）再如宋代王楙著《野客丛书》(12 世纪末)中有"离合体"一词:"西清诗话云,药名诗起自陈亚,非也。东汉已有离合体,至唐始著药名之号。"(卷 17)此外,清代张玉书等编《佩文韵府》(1711)中也列有"建安体、俳谐体、西崑体、永明体、元和体"等数十例。在以上各例中,后语素"一体"均为"体裁"之意。

反观来自日语的以"一体"为后语素的三字词,后语素"一体"均为"形体、物体"之意,与古汉语的用法是有区别的,因此可将"一体"视为语素义变化而构词功能未变的后语素。

7. 对清末 5 报 2+1 型三字词的总体回顾

此前曾从多个角度对 2+1 型三字词的前部二字语素和后部一字语素做了分析。其中,第 2 章第 3 节从词源和词性的角度对前部二字语素进行了分析,第 2 章第 4 节从系列性构词和抽象性具象性的角度对后部一字语素进行了分析。

第 5 章第 3 节概括了前部二字语素和后部一字语素的特征,明确了后部一字语素的主导作用,并归纳出后部一字语素发生变化的 3 种情形:一是语素义和构词功能均未变化;二是语素义未变而构词功能变化;三是语素义和构词功能均有变化。第 13 章第 3 节新增了后部一字语素发生变化的第 4 种情形,即:语素义变化而构词功能未变。

第 9 章第 3 节中指出 2+1 型三字词可以细分为 3 类结构:一是当后部一字语素是可以单独使用的实义语素时,属于前偏后正式的定中结构;二是当后部一字语素是不能单独使用的类词缀时,属于前正后偏式的补充结构;三是当后部一字语素是含义明显虚化的纯词缀时,属于前正后偏式的从属结构。

本节将利用从清末 5 报中获得的有关数据,对 2+1 型三字词的总体情况进行整理归纳。

7.1 清末 5 报 2+1 型三字词的来源

清末 5 报的 2+1 型三字词中究竟含有多少日语借词?又在总词数中占多大

比例？在此将各报中三字词的词数以及来源分类的情况整理为表4。为了避免研究对象词的重复出现，只有《时务报》的词数为所抽出的全部2+1型三字词，其他4报的研究对象词均为各报中新出现的三字词，而排除了已出现过的三字词，因此在1495个2+1型三字词中不存在重复的词。根据词源考证的结果，"日方用例早"的三字词可视为日语三字词，"未见日方用例"的三字词可视为相对可靠的汉语三字词，而"日方用例晚"的三字词尚存在归属的悬念，只能依据目前的调查结果，暂且归在汉语三字词一边。

表4 清末5报中的2+1型三字词的来源分类（单计词数）

	日方用例早的三字词（%）	未见日方用例的三字词（%）	日方用例晚的三字词（%）	报别合计
时务报 1896—1898 全部词	229（53.8）	145（34.0）	52（12.2）	426
清议报 1898—1901 新出词	228（76.5）	28（9.4）	42（14.1）	298
译书汇编 1900—1903 新出词	252（80.3）	29（9.2）	33（10.5）	314
新民丛报 1902—1907 新出词	209（65.7）	44（13.8）	65（20.5）	318
民报 1905—1910 新出词	84（60.4）	31（22.3）	24（17.3）	139
类别合计（%）	1002（67.0）	277（18.5）	216（14.5）	1495（100）

表4显示，在1495个2+1型三字词中，"日方用例早"的三字词共有1002词，占总词数的67.0%。尽管这些日语三字词并没有全部在汉语里存活至今，但足以证明20世纪初进入汉语的日语三字词十分可观，直接影响了汉语三字词的构词法。"未见日方用例"和"日方用例晚"的三字词合起来共有493词，占总词数的33.0%。但随着明治时期电子资料的增多，词源考证的条件进一步改善，这部分词的归属还会有变化，"日方用例早"的三字词还有可能增加。

此外，《清议报》和《译书汇编》中"日方用例早"的三字词的比例最高，表明19—20世纪之交是日语三字词进入汉语的高峰时段。《时务报》中"未见日方用例"的三字词的比例最高，原因在于当时采用了修改而不是照搬日语原词的做法。《时务报》之后，随着国人自造的三字词逐渐增多，"未见日方用例"的三字词的占比在各报中呈递增趋势。而"日方用例晚"的三字词在后期的《新民丛报》和《民报》中出现占比升高的情况，则透露出日语三字词和汉语三字词之间的趋同性和融合越来越明显，判断词源归属的难度有所增加。

7.2 前部二字语素和后部一字语素的构词特征

通观清末 5 报中的 2+1 型三字词，可以发现前部二字语素和后部一字语素之间存在着明显的差异，与此同时，5 报的前部二字语素之间和 5 报的后部一字语素之间又存在着共性。对清末 5 报的同类数据进行横向比较，有助于理解 2+1 型三字词在构词方面的内在规律。

首先来看前部二字语素的构词特点。以各报中抽出的全部 2+1 型三字词为对象，将前部二字语素按照构成三字词的词数分为构词"4 词及以上"、构词"3—2 词"和构词"1 词"3 个区间，在各个区间中填入各报前部二字语素的语素数，结果如表 5 所示[①]：

表 5　清末 5 报 2+1 型三字词的前部二字语素及其构词情况

语素构词数	时务报	清议报	译书汇编	新民丛报	民报
4 词及以上	4（1.2）	8（2.8）	11（2.8）	8（1.8）	3（1.2）
3—2 词	58（16.9）	61（21.0）	47（12.0）	60（13.7）	36（14.8）
1 词	281（81.9）	221（76.2）	333（85.2）	371（84.5）	205（84.0）
前语素合计	343（100）	290（100）	391（100）	439（100）	244（100）
2+1 型词数	426 词	391 词	486 词	536 词	294 词
平均构词数	1.24 词	1.35 词	1.24 词	1.22 词	1.20 词

表 5 显示，在清末 5 报的 2+1 型三字词中，构词 4 词及以上的前部二字语

[①] 表 5 中的"2+1 型词数"是指从各报中抽出的全部 2+1 型三字词的词数，而不是各报中新出现的 2+1 型三字词的词数，因此表 5 中的语素构词数和与此前各章的数字会有不同。此说明也适用于表 6 至表 10。

素十分有限，仅占各报前语素总数的 1.2% 到 2.8%。构词 3—2 词的前部二字语素也比较少，占各报前语素总数的 12.0% 到 21.0%。与此相对，构词仅 1 词的前部二字语素占比最大，在各报前语素总数中占 76.2% 到 85.2%。由于 7—8 成的前语素都集中在构词仅 1 词的区间之内，使清末 5 报的前部二字语素的平均构词数处于 1.20 词到 1.35 词的低数值。

另一方面，利用完全相同的方法对后部一字语素也进行了分类和统计，结果却出现与前部二字语素明显不同的走势。

表 6　清末 5 报 2+1 型三字词的后部一字语素及其构词情况

语素构词数	时务报	清议报	译书汇编	新民丛报	民报
4 词及以上	34（31.8）	34（38.6）	30（36.1）	38（36.5）	23（33.3）
3—2 词	26（24.3）	20（22.8）	22（26.5）	30（28.9）	20（29.0）
1 词	47（43.9）	34（38.6）	31（37.4）	36（34.6）	26（37.7）
后语素合计	107（100）	88（100）	83（100）	104（100）	69（100）
2+1 型词数	426 词	391 词	486 词	536 词	294 词
平均构词数	3.98 词	4.44 词	5.86 词	5.15 词	4.26 词

表 6 显示，在清末 5 报的 2+1 型三字词中，构词 4 词及以上的后部一字语素相当多见，占各报后语素总数的 31.8% 到 38.6%，与前部二字语素（1.2% 到 2.8%）形成巨大反差。构词 3—2 词的后部一字语素占各报后语素总数的 22.8% 到 29.0%，此数值与同区间的前部二字语素（12.0% 到 21.0%）相比也有大幅提升。相反，构词仅 1 词的后部一字语素占各报后语素总数的 34.6% 到 43.9%，所占比例明显低于同区间的前部二字语素（76.2% 到 85.2%）。这样的比例分布使后部一字语素的平均构词数升至 3.98 词到 5.86 词之间，明显高于前部二字语素。

此外，表 5 和表 6 还显示，在清末 5 报 2+1 型三字词中，前部二字语素的数量总是大大多于后部一字语素的数量。从 5 报的前部二字语素与后部一字语素的实际比例看，《时务报》是 343∶107，《清议报》是 290∶88，《译书汇编》是 391∶83，《新民丛报》是 439∶104，《民报》是 244∶69。这些数据证明，前部二字语素的特点是种类很多但单个语素的构词数少，而后部一字语素的特点是种类较少但单个语素的构词数多。

此前的分析表明，绝大多数 2+1 型三字词属于偏正式修饰结构，后部一字语素的平均构词能力强于前部二字语素，形成了许多以后部一字语素为中心的三字词词群。这三方面特征，决定了后部一字语素是 2+1 型三字词的结构和词义的重心所在。考虑到日语三字词在 2+1 型三字词中占有压倒性多数，我们可以说，在汉语 2+1 型三字词中体现出来的以上特征是在日语三字词的直接影响下形成的。

7.3 前部二字语素和后部一字语素的构词能力

表 5 和表 6 体现了 2+1 型三字词的主要特征，但不能直观地看出构词能力强、出现范围广、使用频率高的到底是哪些前部二字语素和后部一字语素。为此，抽出表 5 和表 6 中构成三字词 4 词及以上的前部二字语素和后部一字语素，将这些构词能力强的语素以一览表的形式整理如下（括号内数字为各语素的构词数）：

表 7　清末 5 报中构词 4 词及以上的前部二字语素和后部一字语素

	前部二字语素	后部一字语素
时务报	贸易（7）、制造（5）、法律、工程（4）。共 4 个	学（33）、家（27）、党（22）、官、科、税（14）、所（12）、国、会（11）、权、员、院（9）、车、馆、人（8）、兵、船、费、局、卿、上、业（7）、法、品、省、史（6）、场（5）、策、队、舰、门、师、式、物（4）。共 34 个
清议报	经济、政治（5）、财政、外交、哲学、制造、资本、宗教（4）。共 8 个	家（29）、权（22）、的、国（20）、学（16）、力（15）、党、者（14）、界、所（10）、人、上（9）、法、员（8）、地、队、派、品、性（7）、策、官、局（6）、兵、场、费、舰、心、院（5）、点、馆、会、式、物、业（4）。共 34 个
译书汇编	制造（6）、政治、自然（5）、财政、行政、教育、警察、社会、外交、选举、宗教（4）。共 11 个	的（42）、权（33）、国（25）、学（22）、品（21）、人、上（20）、物（18）、家、税、者（16）、党（15）、法（14）、力、所（13）、界、金、派（11）、费（8）、地、院（7）、官、局、书、心、业（6）、案、论（5）、会、体（4）。共 30 个

	前部二字语素	后部一字语素
新民丛报	政治（6），教育、社会（5），裁判、纪念、生产、天然、自然（4）。共8个	的（40），性（38），力、权（23），学（21），国、品（18），点（15），法（14），家、界、上（13），论、物（12），派（11），党、史、税（10），人（9），费、所、质（8），线、员（7），会、者（6），兵、料、律、心（5），病、车、观、官、纪、金、说、体（4）。共38个
民报	政治（5），裁判、机关（4）。共3个	权（30），的（27），国（15），家（12），税、性（11），党、力、学（10），论、心、者（9），界（8），员（7），法、物（6），品、上（5），地、会、说、所、长（4）。共23个

表7列举的是清末5报中所有构词在4词及以上的前部二字语素和后部一字语素。从中可以看出，构词多的前部二字语素大大少于后部一字语素，而且单个语素的构词数（括号内数字）也远远低于后部一字语素。但是如果想具体了解某一个语素的构词和分布情况，则需要从前语素和后语素两个方面加以整理和分析。例如，以"政治—"为前语素的2+1型三字词共在4种报纸中出现过，构词的具体情况如表8所示：

表8　清末5报中以"政治—"为前语素的2+1型三字词的构词情况

	日方用例早	日方用例无／晚
清议报（5／0）	政治的、政治家、政治界、政治上、政治学	
译书汇编（4／1）	政治的、政治家、政治上、政治学	／政治权
新民丛报（6／0）	政治的、政治家、政治界、政治上、政治史、政治学	
民报（4／1）	政治家、政治界、政治上、政治学	／政治犯

表8显示，以"政治—"为前语素的三字词主要是日语三字词，其中"政治家、政治上、政治学"在4种报纸中出现，"政治的、政治界"在3种报纸中出现，均属于出现范围广使用频率高的三字词。而国人自造的汉语三字词只有"政治权、政治犯"，各在1种报纸中出现。又如，以"—业"为后语素的2+1型三字词共在3种报纸中出现，构词的具体情况如表9所示：

表 9　清末 5 报中以"一业"为后语素的 2+1 型三字词的构词情况

	日方用例早于清末报纸	日方用例无／晚
时务报（7／0）	纺绩业、工商业、航海业、商工业、养蚕业、制丝业、制糖业	
清议报（4／0）	工商业、海运业、商工业、造船业	
译书汇编（6／0）	工商业、海运业、航海业、商工业、手工业、制造业	

由表 9 可知，以"一业"为后语素的三字词全都是日语三字词。所有的词都出现在 5 报中的前 3 种报纸里，表明以"一业"为后语素的三字词进入汉语较早。其中"工商业、商工业"在 3 种报纸中出现，"海运业、航海业"在 2 种报纸中出现，是当时更为常用的三字词。"纺绩业、养蚕业、制丝业、制糖业"仅在《时务报》的"东文报译"（古城贞吉译）栏中出现，表明使用范围有限。而"手工业、制造业"虽然仅在《译书汇编》中出现却一直使用至今，表明此 2 词进入汉语稍晚，其重要性在日后逐渐显现出来。

7.4　前部二字语素和后部一字语素的重出情况

表 7 含有许多在各报中重复出现的前部二字语素和后部一字语素，可按照各个语素在清末 5 报中的出现情况进一步加以整理。在此将 5 种报纸中共同出现的语素归入"5 报共有"区间，以此类推，将其他语素也按照出现情况相应地归入"4 报共有"、"3 报共有"、"2 报共有"和"1 报单有"各区间之中，结果如表 10 所示（括号内数字为语素的个数）：

表 10　构词 4 词及以上的前部二字语素和后部一字语素的重出情况

	前部二字语素	后部一字语素
5 报共有	（无）	党、法、国、会、家、品、权、上、所、物、学（共 11 个）
4 报共有	政治（共 1 个）	的、费、官、界、力、人、税、心、员、者（共 10 个）
3 报共有	制造（共 1 个）	兵、地、局、论、派、性、业、院（共 8 个）

续表

	前部二字语素	后部一字语素
2报共有	财政、裁判、教育、社会、外交、自然、宗教（共7个）	策、场、车、点、队、馆、舰、金、史、式、说、体（共12个）
1报单有	法律、工程、行政、机关、纪念、经济、警察、贸易、生产、天然、选举、哲学、资本（共13个）	案、病、船、观、纪、科、料、律、门、卿、省、师、书、线、长、质（共16个）
合计	22个	57个

在清末5报的2+1型三字词中，表10所列举的22个前部二字语素和57个后部一字语素是使用频率最高、构词最多的。总体上看，前部二字语素和后部一字语素之间的差异十分明显。从前部二字语素方面看，构词4词及以上的前部二字语素的总数明显少于后部一字语素，而且绝大多数都集中在"1报单有"和"2报共有"区间中，"4报共有"和"3报共有"仅各有1个语素，"5报共有"区间中完全没有前部二字语素。

从后部一字语素方面看，出现在"5报共有"和"4报共有"区间中的语素合计有21个，这些语素性质相近，全都是抽象性名词，同时也是明治时期在日语2+1型三字词中使用频率最高、构词最多的后部一字语素。在"3报共有"区间以下的语素中，除了"—场、—车、—馆、—舰、—船、—书、—线"等具象性名词之外，仍以抽象性名词为主。这些特征随着日语2+1型三字词进入到汉语之中，形成了现代汉语2+1型三字词的基本性格。

7.5 清末5报中2+1型三字词的重出情况

以上对前部二字语素和后部一字语素的重出情况进行了统计，再来看一看2+1型三字词的重出情况。总体来讲，"5报共有"和"4报共有"的三字词在清末时期的汉语中较为常见，以表达新事物新概念的三字词为主，而"3报共有"到"2报共有"和"1报单有"的三字词，重要程度有依次递减的趋势。在此将"5—3报共有"的三字词列举如下。

"5报共有"的三字词有27词，其中除了"合众国"属于"日方用例晚"

的三字词（来华传教士创造的汉语新词）之外，其余均为"日方用例早"的三字词（三字日语借词）。

保护国　保守党　博览会　裁判所　参政权　常备军　代议士　根据地　共和国
合众国　急进党　留学生　民主国　农产物　社会党　生理学　所得税　所有权
图书馆　外交官　委员会　新闻纸　虚无党　政治家　政治上　殖民地　资本家

"4报共有"的三字词有46词，其中除了"劳力者"属于"日方用例晚"的三字词（出自古汉语的汉语三字词）之外，其余均为三字日语借词。

保守派　财政上　参谋长　常备兵　代理人　独立国　法律上　反动力　工商业
共和党　国际法　行政权　教育家　进步党　禁制品　俱乐部　劳动者　劳力者
理财学　立法权　立宪国　社会学　生产费　生产力　生物学　输入品　司法权
停车场　团结力　外交家　委员长　选举权　巡洋舰　义勇兵　营业税　有机体
预算案　哲学家　政治学　制造品　中心点　众议院　专门家　资本金　自由党
最惠国

"3报共有"的三字词有98词，其中含有"未见日方用例"的三字词（由清末国人创造的汉语单有的三字词）5词，即"出口货、访事人、机关报、入口货、邮政局"，以及"日方用例晚"的三字词（由清末国人创造的日后传入日语的三字词）6词，即"单行本、敷设权、水雷艇、先进国、显微镜、制造家"，余下的87词均为三字日语借词。

爱国心　被治者　辩护士　博物馆　财政学　裁判官　裁判权　参谋部　出发点
出口货　传染病　慈善家　代议院　单行本　动物学　繁殖力　反对党　访事人
敷设权　革命党　工业家　管理人　归纳法　国事犯　行政官　机关报　机关车
积极的　集合体　纪念碑　纪念日　间接税　讲习会　交战国　教科书　戒严令
经济界　经济上　经济学　警察权　警视厅　绝对的　君主国　客观的　领事官
伦理学　论理学　美术家　美术品　名誉心　陪审官　普通性　企业家　入口货
商工业　社会上　世界的　输出品　水雷艇　思想力　通信员　唯物论　文明国
物理学　先进国　显微镜　消费税　消费者　消极的　宣教师　选举法　演绎法

野战炮	邮政局	幼稚园	预备兵	预算表	元老院	原料品	在野党	造船所
战斗舰	政治的	政治界	直接税	制造场	制造家	中立国	主观的	专卖权
专制国	辎重兵	自然人	自卫权	自由权	自主权	宗教界	宗主权	

在以上列举的 171 个 2+1 型三字词中，三字日语借词共有 158 词，占总词数的 92.4%。可见在清末 5 报中，越是当时常用的三字词，日语借词的比例越高。

8. 小结

本章对《民报》中的三字词做了全面梳理，并对清末 5 报 2+1 型三字词的总体情况做了回顾，重点依然在后部一字语素方面，现将要点归纳如下：

（1）在《民报》新出现的 2+1 型三字词中，未见日方用例的三字词有 31 词，可初步认定为清末国人自造的三字词。由于在《民报》中就能找到后部一字语素相同的日语三字词作例证，可将其中的绝大多数词视为仿造词（表 1）。这表明仿造词依然是国人创造三字词的主要形式。

（2）本章将《民报》中构成 2+1 型三字词 10 词及以上的后部一字语素抽出，与《译书汇编》、《新民丛报》中的同范围语素进行了比较，结果发现 3 报构成三字词 10 词及以上的后部一字语素高度重合，但在《民报》中构词 10 词及以上的后部一字语素明显减少（表 3），表明新三字词的增长幅度已经放缓。

（3）本章对《民报》中出现的一些此前尚未涉及而相对重要的后部一字语素进行了分析和归纳，包括：语素义和构词功能均未发生变化的后语素"—场、—地、—论、—式、—员、—制"；语素义未变而构词功能发生变化的后语素"—会、—心"；语素义变化而构词功能未变的后语素"—体"。

（4）作为对清末 5 报 2+1 型三字词的回顾和归纳，本章对 5 报的同类数据做了横向比较。5 报的具体数据（表 5 和表 6）表明，前部二字语素的特点是种类虽多但单个语素的构词数少，后部一字语素的特点是种类较少但单个语素的构词数多。由于绝大多数 2+1 型三字词属于偏正式修饰结构，后部一字语素的平均构词能力强等结构特点，使 2+1 型三字词的后部一字语素成为结构和词义的重心所在。

（5）本章将清末 5 报中所有构词 4 词及以上的前部二字语素和后部一字语素以一览表的形式列举出来（表 7）。并进一步将复计词数整理为单计词数，最终统计出在清末 5 报中使用频率最高、构词最多的 22 个前部二字语素和 57 个后部一字语素（表 10）。同时还列举了 5 报共有、4 报共有、3 报共有的 2+1 型三字词共 171 词。

第 18 章 《民报》中的四字日语借词

1.《民报》四字词的概况

如第 16 章表 2 所示，从《民报》中共抽出四字词 342 词（单计词数），其中包括 1+3 型四字词 1 词（半+主权国）、3+1 型四字词 6 词（市町村+制、无政府+党、永小作+料、永小作+权、有机体+说、有机物+界），以及 2+2 型四字词 335 词，本章将以占四字词总数 98.0% 的 2+2 型四字词作为研究对象。经过与此前各报中的四字词进行比对，先将 2+2 型四字词区分为《民报》之前已出现过的四字词和《民报》中新出现的四字词①，再通过词源考证区分出"日语早"、"日语无"和"日语晚"3 种情形。经过整理后的 2+2 型四字词如表 1 所示：

表 1 《民报》中的 2+2 型四字词与其他清末 4 报的关系

	日方用例早的四字词	未见日方用例的四字词	日方用例晚的四字词	合计（%）
时务报 1896—1898 已出词	19（95.0）	1（5.0）	0	20（6.0）
清议报 1898—1901 已出词	47（90.4）	1（1.9）	4（7.7）	52（15.5）
译书汇编 1900—1903 已出词	36（90.0）	2（5.0）	2（5.0）	40（11.9）

---

① 《新民丛报》和《民报》在 1905—1907 年间有重叠。此期间 2 报重合的 2+2 型四字词有 22 词，按照这些词在 2 报中出现的时间先后，有 18 词划归《新民丛报》，有 4 词划归《民报》。

续表

	日方用例早的四字词	未见日方用例的四字词	日方用例晚的四字词	合计（%）
新民丛报 1902—1907 已出词	16（88.8）	1（5.6）	1（5.6）	18（5.4）
民报 1905—1910 新出词	111（54.2）	48（23.4）	46（22.4）	205（61.2）
民报四字词合计	229（68.4）	53（15.8）	53（15.8）	335（100）

在《民报》以前的 4 报中已出现过的 2+2 型四字词共有 130 词，占四字词总数的 38.8%。其中包含不少以"国际—、社会—、民主—、政治—"等为前语素的四字词词群，例如：

国际—（5）	国际公法	国际社会	国际私法	国际团体	国际问题
社会—（5）	社会改革	社会改良	社会革命	社会主义	社会组织
民主—（4）	民主共和	民主立宪	民主政体	民主政治	
政治—（4）	政治改革	政治革命	政治社会	政治思想	
地方—（3）	地方分权	地方行政	地方自治		
共和—（3）	共和政府	共和政体	共和政治		

还含有许多以"—主义、—社会、—治、—革命"等为后语素的四字词，例如：

—主义（19）	帝国主义	放任主义	个人主义	共产主义	国民主义
—社会（7）	国际社会	劳动社会	人类社会	下等社会	原始社会
—政治（7）	共和政治	贵族政治	民主政治	神权政治	议会政治
—革命（5）	产业革命	工业革命	社会革命	政治革命	种族革命
—政体（5）	共和政体	贵族政体	立宪政体	民主政体	专制政体
—财产（3）	公共财产	生命财产	私有财产		
—改革（3）	社会改革	政治改革	宗教改革		

此外，构成四字词 3 词以上的后语素还有：—竞争、—时代、—思想、—问题、

一资本、一自由。以上这些四字词词群合计有 67 词，在已出现过的 2+2 型四字词中占 51.5%。从词的来源看，日语四字词有 118 词（90.8%），而国人自造的四字词只有 12 词（9.2%），即"外国资本、物竞天择、革命风潮、均势主义、铁血主义、国民运动、原始社会、君主立宪、民主立宪、阶级竞争、神权政治、贵族阶级"。除了"物竞天择"是纯粹由汉语单有的语素构成的之外，其他各词的二字语素都带有日语影响的印记。这既表明日语四字词使用面广、稳固性高，同时也显示国人自造的四字词正逐渐扩大使用范围并趋于稳定。

另一方面，《民报》中新出现的 2+2 型四字词共有 205 词，占四字词总数的 61.2%（表 1 阴影部分）。为避免词语的重复，以下将主要分析新出现的 205 个 2+2 型四字词。

2. 区分不同来源的四字词

按照检索明治时期日方资料的结果，可将《民报》中新出现的 205 个 2+2 型四字词分为 3 种情形：一是日方用例早于清末报纸的四字词，有 111 词（54.2%）。二是未见日方用例的四字词，有 48 词（23.4%）。三是日方用例晚于清末报纸的四字词，有 46 词（22.4%）。这一结果与《译书汇编》中 3 类词的占比（① 65.6%、② 18.5%、③ 15.9%）相比较，《民报》日方用例早的四字词的占比降低了 11.4 个百分点，而未见日方用例和日方用例晚的四字词的占比分别上升了 4.9 和 6.5 个百分点。这表明在《民报》新出现的 2+2 型四字词中，日语四字词的比例逐渐缩小而汉语四字词的比例相应增大。

同时，与同期发行的《新民丛报》中 3 类词的占比（① 58.7%、② 31.7%、③ 9.6%）相比较，《民报》日方用例早的四字词的占比低 4.5 个百分点，这表明《民报》中新出现的日语四字词的占比延续了下降的趋势。《民报》未见日方用例的四字词的占比低 8.3 个百分点，此数值其实反衬出《新民丛报》中的汉语四字词的比例相当高。而最值得注意的是，《民报》日方用例晚的四字词的占比高出 12.8 个百分点。这一现象可解释为，由于国人模仿日语四字词而使中日四字词之间的趋同性增加，容易出现中日双方词形偶然相合或日语照搬汉语四字词的情况。以下结合个案描述，对《民报》的3类词进行分析。

2.1 日方用例早于清末报纸的四字词

此类词可初步判断为日语四字词，在《民报》新出现的205个2+2型四字词中共有111词，占总词数的54.2%。其实，日语四字词中既有表达重要概念高度固定的词（如：产业资本、机会均等、人道主义），也有表达一般概念临时组合的词（如：社会生活、科学思想、个人心理）。笔者对清末5报进行词语调查的着眼点并不局限于重点词语，而是力求描述日语借词的整体轮廓以及对汉语构词法的影响，因此研究对象中也包括曾经进入过汉语但如今已不再使用的日语借词。按照这种思路，下面以前语素"阶级—"和后语素"—团体"构成的四字词作为案例进行说明。

（1）阶级斗争、阶级争斗、阶级战争

现代汉语里只使用"阶级斗争"，而"阶级争斗、阶级战争"早已消亡，但此3词曾并存于《民报》之中，而且都出自朱执信（蛰伸、县解）一人之手。"阶级斗争"的用例如下："夫社会的运动所以必于政治上者，固各因于其国之状态而要之，则以阶级斗争之不可无所籍手也。"（第3号，蛰伸，"英国新总选举劳动者之进步"，1906.4.15）"阶级争斗"的用例如下："马尔克之意，以为阶级争斗，自历史来，其胜若败必有所基。"（第2号，蛰伸，"德意志社会革命家小传"，1906.5.6）"阶级战争"的用例如下："凡社会主义之运动，其手段诚为阶级战争，而其目的则社会全体之幸福也。"（第4号，县解，"北美合众国之相续税"，1906.4.28）

《申报》中的首出例比《民报》晚得多，如"阶级斗争"见于1919年8月5日刊载的"随感录"一文："为少数资本家之跋扈，遂使贫富之差别愈深，终致激生阶级斗争。"又如"阶级战争"见于1919年6月11日刊载的"各国近事纪"一文："炸弹爆炸地点附近有匿名揭贴谓，阶级战争业已发生，必俟国际劳动界完全胜利，始能停止。"再如"阶级争斗"见于1921年2月12日刊载的"禁闭新青年社"一文:"法捕房总巡费沃礼君查悉,法大马路大自鸣钟对门新青年社,迩在门市出售阶级争斗到自由之路等书籍及画报等物,言词激烈,有违租界章程……"

　　之所以在汉语里出现同义多词的情况,是由于此3词都曾在日语中存在过。例如,『太陽』杂志1901年3号上刊登的桑田能藏「帝国主義と社会政策」一文中有「階級闘争」的如下用例:「此時に当って社会党の唱道する処の<u>階級闘争</u>の思想は,何に由って彼等の間に浸漸することを得んや。」又如,西川光次郎著『カール・マルクス』(1902)一书中有「階級争闘」的如下用例:「<u>階級争闘</u>を内乱と同一視するは大なる誤謬なり。<u>階級争闘</u>の形に種々ありて,各労働組合の為す所も……皆此の中に入るべきものなるが……」再如,「階級戦争」的早期用例见于幸德秋水著『社会主義神髄』(1902)一书,原文如下:「一八四七年,マルクスが其友エンゲルと共に,有名なる『共産党宣言書』を発表して,所謂<u>階級戦争</u>の由来帰趣を詳論し……」(第6章)以上3词在日语里几乎同时出现且长时间并存,直到1930年代,虽然「階級闘争」已在数量上占有优势,但「階級争闘」和「階級戦争」仍没有完全消失。此3词在20世纪初产生后不久便通过《民报》等途径进入到汉语中,但要描述它们在汉语里消长存废的过程,有待补充更多的资料。

(2) 公共团体、劳动团体

　　《民报》中有"公共团体"的如下用例:"<u>公共团体</u>之事务,通常区别之为固有事务与委任事务之二种。盖自国法认<u>公共团体</u>之存在,又自国家与公共团体以自治权,则其事务皆自国家授之。"(第87号,知白,"学部官制与日本学制之比较",1906.9.18)另有"劳动团体"的如下用例:"观于千八百九十六年至千九百年之间,露都及中露之大同盟罢工,波兰及西露、西南露犹太<u>劳动团体</u>之事,则露国劳动社会之夙受,影响于西欧之劳动问题,无可疑矣。"(第3号,犟斋,"一千九百○五年露国之革命",1906.4.15)《申报》中"公共团体"的首出例几乎与《民报》同时,见于1906年5月17日刊载的"论地方自治之大义"一文:"自治者,盖表在于<u>公共团体</u>与国家之间之一种关系也,故对于国家行政不得用自治之语。"而"劳动团体"则滞后数年才出现,见于1913年4月8日刊载的"筹弥浦江劳动界之风潮"一文:"而宁浦两岸<u>劳动团体</u>不下数十起，半系遣散军队，实有不胜防之势。"

此 2 词均可以找到早于清末报纸的日方用例，如川田水穂著『青森水道論』（1897）一书中有「公共団体」的如下用例：「法律三十七号，第一条：府県郡市区町村，其他公共団体ノ事業ニシテ，国庫ヨリ其費用ヲ補助スルモノニ関シ，必要アリト認ムルトキハ……」又如，坂西由藏著『企業論』（1904）中有「労働団体」的如下用例：「斯の如き労働団体も他の社会的制度と同じく亦一定の時に於ける一定の社会的状態の産物にして……。」

在《民报》中新出现的 205 个 2+2 型四字词中，以"—团体"为后语素的四字词共有 6 个，其中"革命团体、公共团体、交战团体、劳动团体"是日语四字词，"人类团体、特定团体"是国人自造的四字词。与"社会主义、固定资本、阶级斗争"之类表达重要概念且高度稳固的四字词相比，以"—团体"为后语素的四字词属于一般性概念，甚至是不太稳定的临时性组合。此类日语四字词大量进入汉语的意义在于，它们对汉语的构词法产生了直接影响，通过模仿日语四字词的构词形式，使许多以往在汉语里只能单独使用的二字词具备了复合构词的功能。

在 111 个日方用例早的四字词中，有些词在《民报》之前已经进入汉语，有些词是在《民报》发行期间进入汉语的。为了把握这些词进入汉语的大致时间，可以通过与《申报》（1872—1949）中的用例进行比对来达到目的。经过比对之后可分为以下 3 类情形：

一是《申报》中的用例早于《民报》的词。可视为《民报》之前已进入汉语的日语四字词，有以下 18 词，占 111 词的 16.2%。

改良方法　国家权力　国民精神　教育机关　竞争时代　领土主权　秘密运动
普通科目　锁国时代　通信机关　土地资本　文明社会　学校教育　寻常小学
议会解散　议员选举　英日同盟　政治问题

二是《申报》中完全没有出现过的词。可视为《民报》发行期间进入汉语的日语四字词，但专业性较强在当时使用范围有限。属于此类情形的仅有"超绝哲学、贷付组合、资本增殖" 3 词，占 111 词的 2.7%。

三是《申报》中的用例晚于《民报》的词。同样可视为《民报》发行期间进入汉语的日语四字词，属于此类情形者最多，共有以下90词，占111词的81.1%。这表明，通过《民报》等清末5报进入汉语的四字日语借词，要比通过《申报》进入的时间更早数量更多。

不动资本	产业政策	产业资本	代表机关	单记投票	地主制度	独占事业
反动时代	分配问题	复仇主义	改革运动	革命时期	个人心理	公共团体
构成分子	国际惯例	国家机关	国民银行	国有铁道	机会均等	集产主义
监督机关	交战团体	阶级斗争	阶级战争	阶级争斗	经济观念	经济阶级
经济制度	竞争主义	绝对自由	科学思想	恐怖时代	劳动保护	劳动阶级
劳动赁金	劳动团体	劳动运动	劳动组合	累进税法	理想时代	利益范围
连记投票	联邦政体	领土保全	满场一致	民权政体	民权主义	民主制度
人道主义	人格主义	人权宣言	日露战争	三段论式	社会分子	社会契约
社会生活	社会文明	社会现象	社会心理	生产方法	生产过剩	生产要素
生产组合	生物现象	实行委员	私有制度	锁国主义	谈判委员	同化作用
土地国有	土地私有	吸收主义	下层社会	线路敷设	相互主义	信仰自由
循环论法	义务免除	有效期限	原始时代	政党政治	政治运动	政治组织
执行机关	中流社会	中央委员	准备时代	宗教观念	最高机关	

2.2 未见日方用例的四字词

此类词可判断为清末国人自造的汉语四字词，在《民报》新出现的205个2+2型四字词中，属于此类情形的共有48词，占总词数的23.4%。以"―特权"为后语素的"经济特权、政治特权"为例，《民报》中有如下用例："特权及从特权所生之位置，乃反乎人之智与情者也。有政治特权及有经济特权之人乃有消灭智与情之人也。"（第16号，无首，"巴枯宁传"，1907.9.24）据作者无首（即廖仲恺）自述，以上文字是从日文翻译成汉语的。他在"巴枯宁传"一文中说："日本所刊《独立评论》第五号中有"社会主义年表及总论"一篇，所载巴氏之言行有足补此传之缺者，试译之如左。"笔者未能查到作者所说的日语原文，但检索日方资料的结果显示，明治日语中似乎没有这两个四字词。「特権」是产生于明治日语的新词，但日语中很少见到直接以「特権」为后语素的四字词，一般需要前接助词「の」，以「の＋特権」的形式受其他名词的修饰，例如「律法の特権 1873、婦人の特権 1876、議院の特権 1879」等。

又如以"—思想"为后语素的"民权思想、种族思想"。《民报》中"民权思想"的用例如下："惟我汉族，民族思想与民权思想发达充满，故能排满立国。"（第 3 号，汉民，"民报之六大主义"，1906.4.15）"种族思想"的用例如下："满政府欲立宪则輾然，喜是以政治思想剋灭种族思想也。"（第 1 号，精卫，"民族的国民"，1905.10.20）"思想"一词出自古汉语，原本只有动词用法。明治初年"思想"在日语里成为英文 Thought 的译词（如『哲学字彙』1881），从而产生了名词用法，并可以直接作为后语素构成四字词，例如「政治思想 1883、宗教思想 1887、学問思想 1887、論理思想 1888、哲学思想 1888」等，但在明治时期的日方资料中没有查到"民权思想、种族思想"的用例。胡汉民和汪精卫都有留日经历且擅长日语，因此二人完全有可能模仿日语四字词的形式自行创造新词。

对于《民报》中出现的这些汉语四字词，也可通过与《申报》中的用例进行比对去间接了解其产生的时间早晚以及当时的使用范围。根据检索《申报》的结果可分为以下 3 类情形：

一是《申报》中的用例早于《民报》的词。可视为《民报》之前已存在的汉语四字词，有"保全领土、贵农贱商、精神体质、男女平权"4 词，占 48 词的 8.3%。

二是《申报》中完全没有出现过的词。可视为《民报》发行期间新出现的汉语四字词，但主要依赖上下文语境而存在，使用范围较小。有以下 15 词，占 48 词的 31.3%。

保种竞争　单行论文　单税主义　分权立宪　豪右细民　合成人格　间接复税
结会联盟　联邦时期　模仿作用　异种相竞　原料组合　原始机关　争竞生存
直接单税

三是《申报》中的用例晚于《民报》的词。同样可视为《民报》发行期间新出现的汉语四字词,特点是普通词语多于专业术语,流通范围大于上一类词。属于此类情形的共有 29 词,占 48 词的 60.4%。这表明与《申报》相比,新的汉语四字词在《民报》等清末 5 报中出现的时间更早数量更多。

独占生产　多数民族　高等生活　革命动机　个人行动　个人权利　公妻公产
关系社会　华人社会　活动委员　积极方法　经济特权　劣等生活　掠夺阶级
贫乏阶级　普通社会　省工机械　市民革命　特定团体　物质法则　宪法委员
消极方法　消极时代　野蛮政府　议会专制　政治特权　殖民时期　种族思想
宗法主义

2.3　日方用例晚于清末报纸的四字词

例如,《民报》中有"少数民族"的如下用例:"四千年来,我民族实如第二例所云,多数民族吸收<u>少数民族</u>而使之同化。"(第 1 号,精卫,"民族的国民",1905.10.20)此例是"少数民族"在汉语中的现有最早用例,所指为中国内部的民族问题。经检索明治时期的日方资料,发现"少数民族"的日语用例晚于《民报》,现有最早用例见于 1918 年 9 月 19 日『東京朝日新聞』(朝刊)刊载的「独の平和条件　副宰相の演説」一文:「諸国民及或国家内の<u>少数民族</u>保護に関しては英国の附属国民を救済すべき国際的協定に応ずべし。」又如,外務省編『対墺平和条約解説概要』(1920)一书中有以下用例:「墺地利国ヲシテ本款ノ規定ヲ<u>少数民族</u>保護ニ関スル根本法トシテ承認セシメ,之ニ牴触又ハ背馳スル法令及処分行為ヲ避クルコトヲ約セシム。」由以上 2 例可知,日语的「少数民族」主要用于日本以外的国际问题。此外,《申报》中的首出例见于 1919 年 3 月 28 日刊载的"巴黎和会议事纪"一文,语境也是国际问题:"各国宜设法使散处四方,不满意于当地治权之<u>少数民族</u>各得其所。"

又如,《民报》中有"人权思想"的以下用例:"若我民族无<u>人权思想</u>则大不然,盖疾专制乐自由为人类之天性,而无待乎外云。"(第 3 号,扑满,"革命横议",1906.4.15)在日方资料中只能查到晚于《民报》的用例,现有的最早用例见于 1912 年 4 月 17 日『東京朝日新聞』(朝刊),在题为「同盟罷工の流

行（6）」的文章中有如下用例：「我国の罷工には一種の特色がある。それは罷工の動機賃銀問題でなく、上長者の残酷又は傲慢なる態度が気に食はぬとて，罷業を企つる実例の比較的多いことである。此種の実例は欧米では殆ど見ることが無い。彼地では労働者も人権思想に富んで居るが，使用者は更に一層此観念に富んで居る。」此外，《申报》中的首出用例也早于日方用例，见于1911年6月12日刊载的"国民总会开成立大会"一文："又报告接到闸北商团会信，因今日该会开职员会，故不能到会，并详述人权思想之必要。"

再如，《民报》中有"共产制度"的以下用例："因其酋长之所利益，使臣下得劳动于土地之上，故谓之原始的共产制度。"（第7号，渊实，"社会主义史大纲"，1906.9.2）经检索明治时期的日方资料，发现日方用例稍晚于《民报》，现有最早用例出自『太陽』杂志1909年第5号刊登的佐野天声『銅山王』剧本之中，原文如下：「即ち労働者の味方となっては共産制度を布き，被害民の後援となっては，所有障害を除去ると云ふ事を決心しました。」而《申报》中的首出例则稍晚于日方用例，出自1911年12月11日刊载的"公电"一文中："乞速筹急赈，藉济燃眉盼切。将来以农代赈，实臻共产制度公民教育。"由以上可见，新四字词在《民报》中率先出现的个案不乏其例。

在《民报》新出现的205个2+2型四字词中，属于日方用例晚的情形共有46词，占总词数的22.4%，此数值明显高于同类词在《译书汇编》和《新民丛报》的占比（15.9%和9.6%）。究其原因，一是清末国人经常以模仿日语词或改造日语词的方式造词，结果使许多汉语四字词与日语四字词的词形十分相近，这种趋同性增加了词源判断的难度。二是日方用例晚的四字词主要是表达一般概念且语素关系松散的四字组合，要在中日双方的资料中找到更多更早的例证并非易事，因用例稀少而增加了词源判断的难度。

对于日方用例晚的四字词的归属，目前无法断言只能推测。笔者认为有3种可能性：一是日语造词在先用例有待发掘；二是汉语造词在先日语借而用之；三是中日分别造词双方偶然相合。从概率上推测，某词的日方用例晚于清末报纸的时间间隔越短，属于第1种可能性的概率越大，而日方用例晚于清末报纸的时间间隔越长，属于第2种或第3种可能性的概率就越大。基于以上想法，在此将日方用例晚于清末报纸的46词，按照现有日方最早用例的时间早晚顺序列举如下：

地价腾贵（1907） 阶级主义（1911） 共和国民（1912） 人类团体（1912）
团体主义（1912） 种族观念（1912） 行政方针（1913） 无名投票（1913）
直接投票（1913） 奴隶主义（1914） 入阁劝诱（1914） 团体观念（1914）
民族思想（1915） 平等自由（1915） 自由营业（1916） 关系断绝（1917）
侵掠主义（1917） 民生主义（1918） 个人自由（1919） 公共设备（1919）
经济革命（1920） 劳动状况（1920） 少数民族（1920） 同化问题（1920）
种族问题（1920） 共产制度（1921） 运送机关（1921） 民权思想（1924）
民族观念（1924） 政治阶级（1924） 作成机关（1924） 国际观念（1925）
生产问题（1925） 秘密社会（1926） 国民革命（1927） 心理法则（1927）
单纯人格（1929） 革命团体（1930） 奴隶阶级（1930） 人权思想（1930）
实用科学（1931） 资本膨胀（1932） 国产主义（1937） 爱国志士（1943）
行政首长（1943） 心理表现（1943）

3.《民报》中的汉语四字词

根据词源考证的结果，在《民报》新出现的 205 个 2+2 型四字词中，日方用例早的四字词有 111 词（54.2%），未见日方用例的四字词和日方用例晚的四字词合计有 94 词（45.8%）。我们将前者视为日语四字词，而将后者视为汉语四字词。清末国人的造词方法可以归纳为仿造词、改造词和自造词，前两种方法明显带有日语四字词的印记，后一种方法较少参照日语四字词，主要利用原有的或新造的汉语二字语素。

3.1 仿造词

仿造词是通过模仿日语四字词的形式而构成的新词，《民报》中最多见的是清末国人利用日语四字词的后语素所构成的四字词，共有 58 词属于此类，占

94 词的 61.7%。仿造词的主要特征是可以找到所模仿的日语四字词的词群，以此为视点，可将仿造词概括为以下两大类情形：

一是可以在《民报》中直接找到所模仿的日语四字词词群。例如，在《民报》新出现的 2+2 型四字词中，以"—机关"为后语素的四字词共有 10 个，其中"国家机关、代表机关、监督机关"等 7 词为日语四字词，而"原始机关、运送机关、作成机关"3 词未见日方用例或日方用例晚，可视为仿造的汉语四字词，仿造词和日语四字词一起形成了以"—机关"为后语素的四字词词群。

属于此类情形的仿造词最多，其他如：（1）以"—主义"为后语素的四字词共有 17 个，其中汉语的仿造词有 8 词，即"单税主义、国产主义、阶级主义、民生主义、奴隶主义、侵掠主义、团体主义、宗法主义"。（2）以"—社会"为后语素的四字词共有 7 个，其中汉语的仿造词有 4 词，即"关系社会、秘密社会、普通社会、华人社会"。（3）以"—阶级"为后语素的四字词共有 6 个，其中汉语的仿造词有 4 词，即"掠夺阶级、奴隶阶级、贫乏阶级、政治阶级"。（4）以"—问题"为后语素的四字词共有 5 个，其中汉语的仿造词有 3 词，即"生产问题、同化问题、种族问题"。（5）以"—方法"为后语素的四字词共有 4 个，其中汉语的仿造词有 2 词，即"积极方法、消极方法"。（6）以"—时代"为后语素的四字词共有 8 个，其中汉语的仿造词有 1 词，即"消极时代"。（7）以"—团体"为后语素的四字词共有 6 个，其中汉语的仿造词有 3 词，即"革命团体、人类团体、特定团体"。（8）以"—投票"为后语素的四字词共有 4 个，其中汉语的仿造词有 2 词，即"无名投票、直接投票"。（9）以"—委员"为后语素的四字词共有 5 个，其中汉语的仿造词有 2 词，即"活动委员、宪法委员"。（10）以"—制度"为后语素的四字词共有 5 个，其中汉语的仿造词有 1 词，即"共产制度"。（11）以"—组合"为后语素的四字词共有 4 个，其中汉语的仿造词有 1 词，即"原料组合"。（12）以"—自由"为后语素的四字词共有 4 个，其中汉语的仿造词有 2 词，即"个人自由、平等自由"。

如果在《民报》新出现的 2+2 型四字词范围内感觉例证不足，可将取证范围扩大至《民报》的全部 2+2 型四字词。例如，在《民报》新出现的 2+2 型四字词中，以"—思想"为后语素的四字词共有 5 个，其中日语四字词只有"科学思想"1 词，而汉语的仿造词有 4 词，即"民权思想、种族思想、民族思想、人权思想"。为了补充例证，只需将范围扩大至《民报》的全部 2+2 型四字词，便可增加 3 个日语四字词的例证，即"革命思想、排外思想、政治思想"。据此足以证明以"—思想"为后语素的四字词最初出自日语，而且仿造词和日语四字词一起形成四字词词群的情况也更加清晰。

又如，在《民报》新出现的 205 个 2+2 型四字词范围内，以"—革命"为后语素的四字词只有 3 个仿造的四字词，即"国民革命、经济革命、市民革命"。但是将词语范围扩大至全部 2+2 型四字词之后，发现《民报》中还有以前各报已出现过 5 个日语四字词，即："产业革命、工业革命、社会革命、政治革命、种族革命"，这样便可以证明以"—革命"为后语素的日语四字词出现在前，而上述 3 词是国人仿造的汉语四字词。

二是可以在《民报》以外找到所模仿的日语四字词词群。例如，在《民报》新出现的 205 个 2+2 型四字词中，以"—观念"为后语素的四字词共有 6 个，其中日语四字词有 2 词，即"经济观念、宗教观念"，汉语的仿造词有 4 词，即"国际观念、民族观念、团体观念、种族观念"。如果感觉例证不足，可通过检索明治时期的日方资料补充例证，如「普遍観念 1892、個体観念 1892、基本観念 1903、基礎観念 1903」等，据此可证实以"—观念"为后语素的四字词最初来自日语。又如，以"—生活"为后语素的四字词共有 3 个，其中日语四字词只有 1 词，即"社会生活"，汉语的仿造词有 2 词，即"高等生活、劣等生活"。为了补充例证，在明治时期的日方资料中还可以找到以下日语四字词，如「経済生活 1891、家庭生活 1896、学校生活 1896、日常生活 1900」等，据此可将上述 2 词视为汉语的仿造词。再如，以"—时期"为后语素的四字词共有 3 个，其中日语四字词只有 1 词，即"革命时期"，汉语的仿造词有 2 词，即"联邦时期、殖民时期"。通过检索明治时期的日方资料可以找到以下日语四字词，如「修業時期 1884、妊娠時期 1887、伐採時期 1888、発生時期 1892」等，据此可将上述 2 词视为汉语的仿造词。

还有一些后语素在《民报》中仅构成 1—2 个四字词，也可以到《民报》以外的日方资料中去寻找相应的日语四字词词群，从而证实它们属于仿造词。属于此类情形的有"保种竞争、关系断绝、模仿作用、实用科学、议会专制、资本膨胀、自由营业"。

3.2 改造词

改造词是通过对日语原词进行改造而形成的汉语四字词。一般应有一个词形相近的日语原词实际存在，可以证明改造前后所发生的变化。属于此类情形的有 29 词，占 94 词的 30.9%。在《民报》新出现的 205 个 2+2 型四字词范围内，可归纳出以下 6 种改造的方法。

一是省略日语原文中的助词「の」或「的」变为汉语的四字词。例如《民报》中有"个人权利"一词。其中，后语素"权利"在日语里很少作后语素构成四字词，受其他名词修饰时则需要前接助词「の」，以「の＋権利」的形式出现，如「監督ノ権利1874、国民ノ権利1875」等。『太陽』杂志1901年14号上刊登的「婦人の地位の改良」一文中有如下用例：「即ち個人の権利，家族の組織及社会の未来の為に其目的とする利益の点に於て注意すべきもので……。」日语的「個人の権利」进入汉语后会被去掉助词「の」，"个人权利"便是经过这种改造而形成的汉语四字词。在《民报》中属于此类的还有：爱国志士（←愛国の志士1885）、地价腾贵（←地価の騰貴1900）、个人权利（←個人の権利1901）、公共设备（←公共的設備1906）、劳动状况（←労働の状況1895）、行政首长（←行政の首長1901）。

二是替换日语原词中的一个字变为汉语的四字词。例如《民报》中有"男女平权"一词，经查日方资料日语中没有同形词，但是有「男女同権」，如弥尔原著、深间内基译『男女同権論』（1878）的书名，又如斯边琐原著、井上勤译『女権真論』（1881）一书中有以下用例：「男女同権説ヲ主唱スルノ諸先生ニ若シ君ガ名論其勢力ヲ得テ世上一般ノ風俗トナリ……。」（第8章）据此可推测"男女平权"是经过清末国人的改造，即替换了日语原词中的一个字而形成的汉语四字词。

三是增加一个字把日语原词变为汉语的四字词。例如，《民报》中有"直接单税、间接复税"，经查日方资料没有发现明治日语里有此 2 词，而只有二字词「単税1886、複税1886」或者三字词「直接税1888、間接税1888」。由此可推测，"直接单税、间接复税"是在日语原词「直接税、間接税」之上增加一个字而形成的汉语四字词。

四是利用日语的二字词重新组合成汉语的四字词。例如《民报》中有"分权立宪"一词,"分权"和"立宪"都是明治时期的日语新词,明治日语里有「分権政治 1887、地方分権 1887」、「立憲政体 1868、立憲政治 1875」等四字词,但没有出现过"分权立宪"。又如"革命动机","革命"和"动机"都是由明治日语赋予新义的二字词。在明治日语里「革命」很少直接作前语素构成四字词,一般需要以「革命+の」的形式才能修饰后面的名词,如「革命ノ原因 1877、革命ノ影響 1887」等,而「動機」也很少直接作后语素构成四字词,一般需要以「の+動機」的形式才能前接修饰成分,如「意志ノ動機 1892、不良の動機 1897」等。据此可认为,以上 2 词是清末国人利用明治日语的二字词进行重新组合而形成的汉语四字词。此类改造词的语素特征是:前语素和后语素的双方或一方属于明治日语的新造词、新义词或常用词,同时在日语里一般不能直接构成四字词。在《民报》中属于此类的还有:"单纯人格、合成人格、经济特权、政治特权、物质法则、心理法则、多数民族、少数民族、单行论文、独占生产、个人行动、共和国民、心理表现、行政方针、野蛮政府"。

　　五是把日语原文的短语转变为汉语的四字词。例如《民报》中有"入阁劝诱"一词,在日方资料中只能找到晚于《民报》的同形词例证,但是可以查到早于《民报》的短语用法。如『太陽』杂志 1901 年 3 号刊登的加藤政之助「二十世紀に於て日本国民の為すべき事業」一文中有以下用例:「自由党及保守党の政府より入閣を勧誘したれども断然之を拒絶せり。」据此可推测,"入阁劝诱"是清末国人将日语的短语改造成了汉语的四字词。

　　六是颠倒日语原词的词序变为汉语的四字词。例如,《民报》中有"保全领土"一词,但在早于清末报纸的日方资料里只能查到词序相反的「領土保全」,如『太陽』杂志 1901 年 7 号刊载的「北京外交界の一話柄」一文中有以下用例:「果して領土保全の目的を以て清国の為に強敵を防ぎ,戦ひ勝ちたる暁に至らば……」由此推测"保全领土"一词很可能是通过颠倒日语四字词的词序而形成的改造词。属于此类情形的还有"争竞生存",日方资料里只能查到词序相反的「生存競争」,如有贺长雄著『社会進化論』(1887) 中有以下用例:「社会発生の相互要素,即ち生存競争の理に依て協力分労する人類の聚合の起る次第。」据此可推测,"争竞生存"颠倒了日语原词的前语素和后语素的词序,同时还颠倒了"竞争"的字序。

3.3 自造词

指中国人利用原有的或自造的汉语词作语素，在不参照日语四字词的情况下独自构成的四字词。属于此类情形的有 7 词，占 94 词的 7.4%。如果从二字语素的来源进行区分，《民报》中的自造词大致可分为以下两种情形：

一是采用日语四字词不使用的二字语素。在《民报》新出现的 2+2 型四字词中，有些词的前语素和后语素双方均为汉语单有的二字词，如"公妻公产、贵农贱商、豪右细民、异种相竞"4 词所含的 8 个二字语素均为日语中不存在的，而且除了"一相竞"为"M+V 状中结构"的偏正式之外，其余 7 个二字语素均为"A+N 定中结构"的偏正式。这种由两个偏正式二字语素组合成的"N+N 并列结构"四字词属于汉语的特色，在日语四字词中极少见到。此外，有些词的前语素或后语素有一方为汉语单有的二字词，如"结会联盟、省工机械"中的前语素"结会—、省工—"是日语中不存在的汉语单有的二字词，而后语素"—机械、—联盟"是出自古汉语的中日同形词。由于前语素"结会—、省工—"是汉语单有的二字词，因此可将 2 词视为汉语的自造词。

二是采用日语四字词不使用的语素搭配。《民报》中属于此类情形的只有"精神体质"。其前语素和后语素均出自古汉语或清末汉语，而且是中日同形词，因此无法直接判断是汉语四字词还是日语四字词。但经检索明治时期的日方资料发现，"精神"可以作前语素构成四字词，如「精神発達 1895、精神錯乱 1895、精神生活 1895、精神系統 1901、精神過労 1901」等，但"体质"一般不能直接作后语素构成四字词，需要前接助词「の」才能受其他名词修饰，如「生物之体質 1869、社会ノ体質 1883、人民ノ体質 1897」等，更没有形成四字词词群，据此可将"精神体质"视为出自清末国人之手的汉语自造词。判断此类词的要点在于，前语素和后语素的双方或一方可以是中日同形词，但不属于明治日语的新造词或新义词，同时在明治日语里极少直接构成四字词。

4. 构词多的前语素与后语素

汉语学界迄今对 2+2 型四字词的专题研究不多见，有鉴于此，笔者通过调查清末 5 报的四字词主要想达到 3 个目的：一是区分借自日语的四字词和汉语自造的四字词；二是弄清日语四字词进入汉语的时间和路径；三是观察日语四字词对汉语构词功能的影响。为此，在分析各报四字词时采用了相同的视角，以便开展同类数据之间的横向比较。在此以《民报》新出现的 205 个 2+2 型四字词为对象，从前语素和后语素两个方面进行分析。

表 2 《民报》2+2 型四字词的前语素和后语素的构词情况

构词数	前语素数（%）	词数合计（%）	后语素数（%）	词数合计（%）
4 词及以上	7（4.9）	36（17.6）	16（15.5）	100（48.8）
3—2 词	29（20.4）	63（30.7）	14（13.6）	32（15.6）
1 词	106（74.7）	106（51.7）	73（70.9）	73（35.6）
合计	142	205	103	205
	（每个前语素平均构词 1.44 个）		（每个后语素平均构词 1.99 个）	

表 2 将 2+2 型四字词的前语素和后语素按照构成四字词的词数分为"4 词及以上"等 3 个区间，并在各个区间中列出了语素数以及所构成的四字词数。经过与其他清末报纸比较，发现《民报》的二字语素除了与其他各报相通的共性之外还有以下特点：

在前语素方面，《民报》中构词"4 词及以上"前语素的占比为 4.9%，此数值低于《清议报》和《译书汇编》同范围前语素的占比 6.0% 和 5.9%，但高于《新民丛报》同范围前语素的占比 1.1%[①]。同时，《民报》中构词"3—2 词"前语素的占比为 20.4%，此数值也低于《清议报》和《译书汇编》同范围前语素的占比 22.0% 和 21.0%，但高于《新民丛报》同范围前语素的占比 11.1%。这表明随着时间的推移，构词多的前语素有逐渐减少的趋势。

在后语素方面，《民报》中构词"4 词及以上"后语素的占比为 15.5%，此数值高于《清议报》、《译书汇编》和《新民丛报》同范围后语素的占比 9.9%、11.5% 和 13.9%。而《民报》中构词"3—2 词"后语素的占比为 13.6%，此数值低于《清议报》、《译书汇编》和《新民丛报》同范围后语素的占比 21.2%、

---

① 此 3 报的数据参见第 6 章的表 1、第 10 章的表 1 和第 14 章的表 2。

26.5% 和 32.4%。这表明《民报》中构词多的后语素有所增多，每个后语素的平均构词数并没有减少，以相同后语素为中心形成的四字词词群仍比较活跃。

4.1 构词多的前部二字语素

在《民报》新出现的 205 个 2+2 型四字词中，构成四字词 "4 词及以上" 的前语素有 7 个，共构成四字词 36 词，依据词源考证的结果列举如下：

表 3 《民报》2+2 型四字词中构词多的前部二字语素

前部二字语素	日方用例早	日方用例无／晚
劳动—（6／1）	劳动保护、劳动阶级、劳动赁金、劳动团体、劳动运动、劳动组合	／劳动状况
社会—（6／0）	社会分子、社会契约、社会生活、社会文明、社会现象、社会心理	
生产—（4／1）	生产方法、生产过剩、生产要素、生产组合	／生产问题
经济—（3／2）	经济观念、经济阶级、经济制度	经济特权／经济革命
政治—（3／2）	政治问题、政治运动、政治组织	政治特权／政治阶级
阶级—（3／1）	阶级斗争、阶级战争、阶级争斗	／阶级主义
个人—（1／3）	个人心理	个人行动、个人权利／个人自由

对于表 3 所列的前语素有以下 3 点说明。其一，为了避免词语的重复，表 3 是以《民报》中新出现的 2+2 型四字词为对象的。如果把范围扩大到《民报》的全部 2+2 型四字词，即加上以前各报中已出现过的四字词，那么构词 "4 词及以上" 的前语素将从 7 个增加至 16 个，新增的 9 个前语素是 "国际—、国民—、民主—、革命—、种族—、普通—、国家—、共和—、公共—"，所构成的四字词则从 36 词增加至 94 词。然而结果表明，即使将对象词的范围扩大，表 3 所列的 7 个前语素仍属于构词最多且最活跃之列，现在的选词范围对观察前部二字语素的构词能力没有太大影响。

其二，需要再次思考什么是 "近代产生的新义"。一般认为 "社会、经济、阶级" 等是由日语赋予新义的二字词，因为与古汉语的原义相比，这些词的基本义在现代汉语中发生了显著变化，新义取代了旧义。然而，对"劳动、生产"是否属于"新义"则有不同见解。因为单从词的基本义看变化不大，但如果同时考虑词的功能，似乎就不能说没有变化了。如表3所示，在明治日语的影响下，"劳动、生产"已从古汉语的动词用法转变为表达抽象概念的名词用法，从一般性词语转变为社会学术语，而且增添了古汉语所没有的复合构词功能。问题在于，古汉语词在日语的影响下增加了名词用法和复合构词功能是否就应视为产生新义？在是否产生新义的问题上，笔者一直坚持以观察词义变化为主的判断标准[①]。因为在现代汉语中"动名兼类"是十分常见的现象，像"劳动、生产"这样，只是增加了名词用法而词义未发生显著变化的词不在少数，笔者认为不宜作为新义词看待。事实上，《现代汉语词典》（第5版以后）在处理"动名兼类"时，也采用了只要词义没变化就不添加名词词性的做法[②]。

其三，与构词"4词及以上"的前语素相比较，构词"3—2词"的前语素在性质上是否有所不同？《民报》中构词为"3—2词"的前语素共有29个，其中构词为3词的有5个，即"革命—、国民—、民权—、土地—、种族—"；构词为2词的有24个，即"产业—、独占—、公共—、关系—、国际—、国家—、行政—、竞争—、联邦—、领土—、秘密—、民族—、奴隶—、普通—、人权—、锁国—、同化—、团体—、消极—、心理—、议会—、原始—、直接—、资本—"。通过以上列举可知，构词"3—2词"的前语素与构词"4词及以上"的前语素之间性质并无二致，都是以明治日语的新造词和新义词为主，同时也有一些词义未变的古汉语词。

4.2 构词多的后部二字语素

在《民报》新出现的205个2+2型四字词中，构词"4词及以上"的后语素有16个，共构成四字词100词，将它们按照词源考证的结果区分为日语四字词和汉语四字词，全数列举如下：

[①] 笔者的判断标准可归纳为两点，一是词义变化在明治初年的短时期内发生并完成；二是词义变化的幅度足够大，以致原有的古汉语词义被新义完全或大部取代。参见本书第1章第5节。

[②] 参见徐枢、谭景春（2006）。

表 4 《民报》2+2 型四字词中构词多的后部二字语素

后部二字语素	日方用例早	日方用例无／晚
一主义（9／8）	复仇主义、集产主义、竞争主义、民权主义、人道主义、人格主义、锁国主义、吸收主义、相互主义	单税主义、宗法主义／国产主义、阶级主义、民生主义、奴隶主义、侵掠主义、团体主义
一机关（7／3）	代表机关、国家机关、监督机关、教育机关、通信机关、执行机关、最高机关	原始机关／运送机关、作成机关
一时代（7／1）	反动时代、竞争时代、恐怖时代、理想时代、锁国时代、原始时代、准备时代	消极时代／
一社会（3／4）	文明社会、下层社会、中流社会、	关系社会、华人社会、普通社会／秘密社会
一团体（3／3）	公共团体、交战团体、劳动团体	特定团体／革命团体、人类团体
一观念（2／4）	经济观念、宗教观念	／国际观念、民族观念、团体观念、种族观念
一阶级（2／4）	经济阶级、劳动阶级	掠夺阶级、贫乏阶级／奴隶阶级、政治阶级
一制度（4／1）	地主制度、经济制度、民主制度、私有制度	／共产制度
一委员（3／2）	实行委员、谈判委员、中央委员	活动委员、宪法委员／
一问题（2／3）	分配问题、政治问题	／生产问题、同化问题、种族问题
一思想（1／4）	科学思想	种族思想／民权思想、民族思想、人权思想
一运动（4／0）	改革运动、劳动运动、秘密运动、政治运动	
一组合（3／1）	贷付组合、劳动组合、生产组合	原料组合／
一方法（2／2）	改良方法、生产方法	积极方法、消极方法／
一投票（2／2）	单记投票、连记投票	／无名投票、直接投票
一自由（2／2）	绝对自由、信仰自由	／个人自由、平等自由

对表 4 所列的后语素有以下 3 点说明。其一，表 4 是以《民报》中新出现的 2+2 型四字词为对象的，如果把范围扩大到《民报》的全部 2+2 型四字词，构词"4 词及以上"的后语素将从 16 个增加至 21 个，新增的 5 个后语素是"一

革命、—政治、—政体、—资本、—竞争"，所构成的四字词则从 100 词增加至 245 词。但结果表明，即使将词语范围扩大，表 4 所列的 16 个后语素仍然是构词数最多的，表明现在选定的范围对观察后部二字语素的构词能力没有太大影响。

其二，从词的来源看，这些后语素主要是近代产生新义的二字词，如"—主义、—机关、—社会、—阶级、—观念、—问题、—思想、—运动"，这是清末 5 报共有的现象，表明新义词在 2+2 型四字词中所起的作用非同一般。其次是词义未变的古汉语词，如"—时代、—委员、—制度、—自由、—方法"。这些古汉语词的基本义虽然未变，但其复合构词功能是在明治日语中产生的。此外还有少量明治时期的日语新造词，如"—团体、—投票、—组合"。

其三，《民报》中构词为"3—2 词"的后语素共有 14 个，其中构词为 3 词的有 4 个，即"—革命、—生活、—时期、—资本"；构词为 2 词的有 10 个，即"—法则、—分子、—民族、—人格、—特权、—现象、—心理、—战争、—政体、—作用"。由此可见，构词"3—2 词"的后语素与构词"4 词及以上"的后语素之间性质十分相似。

5. 对清末 5 报 2+2 型四字词的总体回顾

进入明治时期以后，日本致力于翻译欧美的各学科书籍，依靠对口引进建立起本国的科学体系。为了应对大量涌现的各学科新概念，2+2 型四字词的数量迅速增加，其作用在专业术语方面尤为突出。另一方面，日语的 2+2 型四字词在 19—20 世纪之交开始进入汉语，并迅速成为清末时汉语构建学术名词的主要构词形式。在此过程中，日语四字词与汉语四字词的融合，以及对汉语构词法的影响尤其值得关注。在此对清末 5 报 2+2 型四字词的几个主要方面做一个梳理。

5.1 清末 5 报中 2+2 型四字词的来源

对于从清末 5 报中收集到的 2+2 型四字词，首先在各报之内去除重复词整理为单计词数。同时，为了避免研究对象词的重复，对《时务报》之后 4 报的抽出词，均按照"去除已出现过的四字词，以新出现的 2+2 型四字词为研究对象"的方法进行整理。因此，在以下的表 5 中，除《时务报》的词数为所抽出的全部 2+2 型四字词之外，其他 4 报均为去除了前报已出现过的四字词之后的"新出词"词数，其中没有重复的词语。

表 5　清末 5 报中 2+2 型四字词的来源分类（单计词数）

	日方用例早的四字词（%）	未见日方用例的四字词（%）	日方用例晚的四字词（%）	报别合计
时务报 1896—1898 全部词	83（47.7）	58（33.3）	33（19.0）	174
清议报 1898—1901 新出词	183（70.9）	38（14.7）	37（14.4）	258
译书汇编 1900—1903 新出词	248（65.6）	70（18.5）	60（15.9）	378
新民丛报 1902—1907 新出词	128（58.7）	69（31.7）	21（9.6）	218
民报 1905—1910 新出词	111（54.2）	48（23.4）	46（22.4）	205
类别合计（%）	753（61.1）	283（22.9）	197（16.0）	1233（100）

由表 5 可知，从清末 5 报中共收集到 2+2 型四字词 1233 词，出现 2+2 型四字词最多的是《译书汇编》，这与该报译自日语的政论性翻译文章多有关。其次是《清议报》，与该报由梁启超主编并较早在日本出版有关。《新民丛报》的文章容量虽远大于《民报》，但四字词的数量却相差不大，原因在于《民报》以政论文为主，使用四字词较多，而《新民丛报》中含有大量文艺类版面，较少出现四字词。《时务报》中出现的 2+2 型四字词最少，其中还含有许多机构名称一类的专有名词，表明当时正处在日语四字词进入汉语的初始阶段。

经过词源考证后将所有词分成了 3 类，其中"日方用例早的四字词"可视为日语四字词，数字显示，清末 5 报中共有来自日语的 2+2 型四字词 753 词，占 2+2 型四字词总数的 61.1%。"未见日方用例的四字词"是比较确定的清末国人自造的汉语四字词，而"日方用例晚的四字词"尚不能确定最终归属，暂且归入汉语四字词。从词数和占比看，《清议报》和《译书汇编》中的日语四字词居于前两位，表明 19—20 世纪之交是日语 2+2 型四字词进入汉语的高峰时段。《新民丛报》和《民报》中的日语四字词有所下降，而国人自造的汉语四字词则相应上升。可以说，以上数据如实地反映了 20 世纪初来自日语的四字词和国人自造的四字词之间此消彼长的变化趋势。

5.2 前部二字语素和后部二字语素的构词特征

通过对 2+1 型三字词的分析，发现前部二字语素和后部一字语素之间存在着明显的反差，前部二字语素的平均构词数在 1.2 词到 1.35 词之间，而后部一字语素的平均构词数则在 3.98 词到 5.86 词之间[①]。如果对 2+2 型四字词的前部二字语素和后部二字语素进行同样的分析会是何种结果呢？在此以各报中出现的全部 2+2 型四字词为对象[②]，将前部二字语素和后部二字语素按照构成四字词的词数分为构词"4 词及以上"、构词"3—2 词"和构词"1 词"3 个区间，在各个区间中填入各报二字语素的语素数。

前部二字语素的构词特点如表 6 所示。其中"前语素合计"为各报中前部二字语素的单计个数，"2+2 型词数"为各报中出现的全部 2+2 型四字词的词数，"平均构词数"则是根据以上两个数值计算出的结果。

表 6　清末 5 报 2+2 型四字词的前部二字语素及其构词情况

语素构词数	时务报	清议报	译书汇编	新民丛报	民报
4 词及以上	0	13（7.0）	23（8.1）	12（4.5）	16（8.0）
3—2 词	23（16.0）	39（21.1）	57（20.0）	43（16.2）	42（20.9）
1 词	121（84.0）	133（71.9）	205（71.9）	210（79.3）	143（71.1）
前语素合计	144	185	285	265	201
2+2 型词数	174 词	288 词	474 词	370 词	335 词
平均构词数	1.21 词	1.56 词	1.66 词	1.40 词	1.67 词

---

① 参见本书第 17 章 7.2 处。
② 以下使用的是各报中"全部 2+2 型四字词"而不是"新出现的 2+2 型四字词"，因为只有对"全部 2+2 型四字词"进行统计，才能全面了解每个二字语素的构词能力，以及每个 2+2 型四字词在各报中的重复出现情况。

表 6 显示，在清末 5 报的 2+2 型四字词中，构词 4 词及以上的前部二字语素在前语素总数中的占比不足 1 成，处于 4.5% 到 8.1% 之间，而构词仅 1 词的前部二字语素在前语素总数中的占比高达 71.1% 到 84.0%。由于 7—8 成的前部二字语素都集中在构词为 1 词的区间之内，使前部二字语素的平均构词数只能在 1.21 词到 1.67 词的低数值之间徘徊。因此总体上看，以前部二字语素为中心形成的四字词词群比较少，每个词群含有的 2+2 型四字词也不会很多。

另一方面，对于后部二字语素也利用同样的方法进行分类和统计，结果如表 7 所示：

表 7　清末 5 报 2+2 型四字词的后部二字语素及其构词情况

语素构词数	时务报	清议报	译书汇编	新民丛报	民报
4 词及以上	8（7.0）	18（12.9）	29（13.6）	24（16.1）	21（15.2）
3—2 词	21（18.4）	24（17.1）	52（24.4）	37（24.8）	27（19.6）
1 词	85（74.6）	98（70.0）	132（62.0）	88（59.1）	90（65.2）
后语素合计	114	140	213	149	138
2+2 型词数	174 词	288 词	474 词	370 词	335 词
平均构词数	1.53 词	2.06 词	2.23 词	2.48 词	2.43 词

表 7 显示，构词 4 词及以上的后部二字语素在后语素总数中的占比为 7.0% 到 16.1%，与前部二字语素的同区间相比略高 2.5 到 8 个百分点。与此相对，构词仅 1 词的后部二字语素在后语素总数中的占比为 59.1% 到 74.6% 之间，与前部二字语素的同区间相比降低了 9.4 到 12 个百分点，其结果使后部二字语素的平均构词数提高为 1.53 词到 2.48 词之间，比前部二字语素的平均构词数略高一些。因此，与前部二字语素相比，以后部二字语素为中心形成的四字词词群会比较常见一些，每个词群含有的 2+2 型四字词也会多一些。

表 6 和表 7 的结果表明，在 2+2 型四字词中，虽然后部二字语素的平均构词数高于前部二字语素的平均构词数，但没有 2+1 型三字词的前部二字语素和后部一字语素之间那么大的反差。究其原因，2+2 型四字词的前部二字语素和后部二字语素都是可以单独使用的二字词，所以二者的构词能力比较平衡。但

另一方面，还需要结合 2+2 型四字词的结构类型来考虑，由于 N+N 定中结构和 V+N 定中结构的四字词占有很大的比重①，所以 2+2 型四字词的词义重心主要还是落在后部二字语素之上。

5.3　前部二字语素和后部二字语素的构词能力

日语 2+2 型四字词有两个主要特征：一是由两个可以单独使用的二字词分别充当前语素和后语素，二是以相同前语素或后语素为中心展开系列性构词。这两个特征都突显了二字语素的功能和作用，而最能体现二字语素上述特征的当属构词多的那部分前部二字语素和后部二字语素。按照这一思路，在此前论述 2+2 型四字词的各章中，均选取构词 4 词及以上的前部二字语素和后部二字语素做了重点分析。在此将各报中的数据整理为一览表（括号内的数字为该语素的构词数）②。

表 8　清末 5 报中构词 4 词及以上的前部二字语素和后部二字语素

	前部二字语素	后部二字语素
时务报	（无构词数 4 词及以上前语素）	学校（10）、制度（6）、大臣、工场、机器、政策（5）、委员、政治（4），共 8 个
清议报	自由（10）、社会（9）、经济（8）、国际（6）、国家、民主（5）、地方、国民、思想、外交、政治、殖民、专制（4），共 13 个。	主义（41）、社会、政策、政治（9）、问题（8）、革命、思想、学校（6）、大臣、竞争、人种、时代、政体（5）、机关、同盟、团体、运动、制度（4），共 18 个。
译书汇编	自由（10）、国际、政治（9）、地方、国民（8）、经济、社会、行政（7）、共和、民主、普通、中央（6）、封建、共同、货币、民族、外交（5）、帝国、独立、国家、立宪、世界、专制（4）。共 23 个	主义（31）、机关（15）、政治（13）、名词（11）、警察、政体、自由（9）、教育、时代、团体、政策（8）、财产、社会、运动、制度（7）、国家、学校、政府（6）、公债、竞争、命题、议员、主权（5）、保险、贸易、事业、思想、同盟、推理（4）。共 29 个

---

① 参见本书第 3 章第 5 节，第 6 章第 5 节，第 10 章第 6 节的相关内容。
② 参见本书第 3 章的表 3 和表 4，第 6 章的表 2 和表 3，第 10 章的表 2 和表 3，第 14 章的表 3 和表 5，第 18 章的表 3 和表 4。

续表

	前部二字语素	后部二字语素
新民丛报	社会（7）、国民（6）、高等、国际、国家、自由（5）、工业、公共、经济、普通、生产、政治（4）。共12个	主义（36）、政治（12）、社会（11）、教育、时代、学校（10）、竞争、政策（9）、革命、制度（8）、政体（7）、动物、解释、问题、作用（6）、机关、命题、事业、思想、运动、自由（5）、观念、科学、行政（4）。共24个
民报	社会（11）、劳动、政治（9）、国际（7）、国民、经济、生产（6）、革命、个人、阶级、民主（5）、公共、共和、国家、普通、种族（5）。共16个	主义（36）、社会（14）、机关（12）、时代（11）、革命、思想、团体、问题、政治（8）、观念、阶级、政体、制度、自由（7）、运动、资本（6）、委员（5）、方法、竞争、投票、组合（4）。共21个

通过表8可以了解在清末5报的2+2型四字词中都有哪些构词多的前语素和后语素，从中可以看出以下几个特点：

其一，从二字语素的分布情况看，《时务报》与其他4报之间存在着较大差异，这与《时务报》发行时间最早且在国内发行有关，其他4报均在日本出版发行。可以说，《时务报》正式拉开了日语四字词进入汉语的序幕，从《清议报》开始才真正进入大量引进日语四字词的阶段。

其二，在清末5报中，构词4词及以上的后语素都明显多于同范围的前语素，而且后语素的平均构词数也高于前语素的平均构词数，这是清末5报2+2型四字词的共同特征。

其三，从语素层面看，构成四字词最多的前语素依次为"社会（11）、自由（10）、国际、劳动、政治（9）、经济、地方、国民（8）"等，构成四字词最多的后语素依次为"主义（41）、机关（15）、社会（14）、政治（13）、名词、时代（11）、学校、教育（10）"等。由此可见，清末时期最多见的是与社会问题有关的2+2型四字词。

5.4 从二字语素层面分析构词情况

表8呈现了构词4词及以上的二字语素的整体轮廓，但各二字语素在清末

5报中都构成了哪些四字词，以及这些四字词在各报中的重出情况等，则需要展开个案分析。例如，通过表8可知，以"国际—"为前语素的四字词分别出现在4种清末报纸之中，但没有出现以"—国际"为后语素的四字词，构词的具体情况如表9所示：

表9　清末5报中以"国际—"为前语素的2+2型四字词的构词情况

	日方用例早	日方用例无／晚
清议报（5／1）	国际纷争、国际公法、国际关系、国际事务、国际问题	／国际势力
译书汇编（8／1）	国际公法、国际关系、国际会议、国际贸易、国际社会、国际私法、国际条约、国际团体	国际礼式／
新民丛报（4／1）	国际公法、国际竞争、国际贸易、国际私法	国际汇兑／
民报（6／1）	国际公法、国际惯例、国际社会、国际私法、国际团体、国际问题	／国际观念

通观各报，以"国际—"为前语素的2+2型四字词基本上都是日语四字词，国人自造的四字词很少。其中，"国际公法"出现在4报中，"国际私法"在3报中出现，"国际关系、国际贸易、国际社会、国际团体、国际问题"各在2报中出现，以上这些词的使用频率较高。其余10词，即"国际纷争、国际观念、国际惯例、国际汇兑、国际会议、国际竞争、国际礼式、国际势力、国际事务、国际条约"虽然只在1种报纸中出现，但如今也经常用到。

又如，以"—问题"为后语素的四字词出现在3种报纸中，没有出现以"问题—"为前语素的四字词，构词的具体情况如表10所示：

表10　清末5报中以"—问题"为后语素的2+2型四字词的构词情况

	日方用例早	日方用例无／晚
清议报（7／1）	国际问题、劳动问题、贫民问题、社会问题、党派问题、国防问题、外交问题	／权力问题
新民丛报（4／2）	德育问题、分配问题、经济问题、外交问题	工群问题／女权问题
民报（5／3）	分配问题、国际问题、经济问题、劳动问题、政治问题	／生产问题、同化问题、种族问题

表10显示，以"—问题"为后语素的2+2型四字词主要是日语四字词，同

时也有一部分国人自造的四字词。其中，"分配问题、国际问题、经济问题、劳动问题、外交问题"分别在2报中出现，均为日语四字词，表明是相对稳定的四字词。其余12词只在1种报纸中出现，其中日语四字词有6个，即"党派问题、德育问题、国防问题、贫民问题、社会问题、政治问题"；国人自造的四字词有6个，即"工群问题、女权问题、权力问题、生产问题、同化问题、种族问题"。以"—问题"为后语素的四字词通常不是概念性术语，其特点是自由度高而稳定性差，通常在汉语中视之为四字词组而非四字词。以"—问题"为后语素的四字词虽然不属于典型的日语借词，然而以上分析表明，以"—问题"为后语素的日语四字词进入汉语在先，其后才出现汉语的仿造词，这一过程是客观存在的历史事实。

5.5 前部二字语素和后部二字语素的重出情况

除了对每个二字语素的构词情况进行分析之外，在表8的基础上还可以进一步统计出各二字语素在清末5报中的分布情况，从而了解哪些二字语素的使用范围更广、使用频率更高。可将构词4词及以上的二字语素分为5种情形，即从5种报纸都出现到只在1种报纸出现，分别简称为：5报共有、4报共有、3报共有、2报共有和1报单有，结果如下表所示。

表11 构词4词及以上的前部二字语素和后部二字语素的重出情况

	前部二字语素	后部二字语素
5报共有	（无）	政治、制度（共2个）
4报共有	国际、国家、国民、经济、社会、生产、政治（共7个）	机关、竞争、社会、时代、思想、学校、运动、政策、政体、主义（共10个）
3报共有	民主、普通、自由（共3个）	革命、团体、问题、自由（共4个）
2报共有	地方、公共、共和、专制（共4个）	大臣、观念、教育、命题、事业、同盟、委员（共7个）

续表

	前部二字语素	后部二字语素
1报单有	帝国、独立、封建、高等、革命、个人、工业、共同、货币、阶级、劳动、立宪、民族、世界、思想、行政、殖民、中央、种族（共19个）	保险、财产、动物、方法、工场、公债、国家、机器、阶级、解释、警察、科学、贸易、名词、人种、投票、推理、行政、议员、政府、主权、资本、组合、作用（共24个）
合计	33个	47个

表11中"5报共有"、"4报共有"的二字语素是覆盖面最广、使用频率最高、构词能力最强的，但即便是"1报单有"的二字语素，其构词数至少也在4词以上。因此可以说，这33个前语素和47个后语素是清末5报中构词最多的二字语素。从中可以归纳出以下特点：

其一，除了"高等、共同、普通"等少数前语素具有形容词性质之外，绝大多数二字语素都是可以单独使用的名词或兼有动词性的名词。与此同时，除了"大臣、动物、工场、学校"等少数词为具象性名词之外，绝大多数二字语素都属于抽象性名词的范畴。以上特点与日语2+2型四字词的影响直接相关。

其二，9成左右的二字语素在构成四字词时只出现在前语素或只出现在后语素的位置上，既可作前语素也可作后语素的二字语素只有8个，即"革命、国家、阶级、社会、思想、行政、政治、自由"。由于绝大多数二字语素都是名词，因此2+2型四字词最常见的结构类型是"N+N定中结构"，即一个名词性前语素修饰限定另一个名词性后语素。作后语素的名词通常表达一个相对抽象的上位概念，通过名词性前语素的修饰限定，可将该上位概念细分为若干个相对具体的下位概念。

其三，出自古汉语而词义未变的二字词有40词，占二字语素总数的50%，即"财产、大臣、地方、动物、独立、方法、封建、高等、工场、公共、共同、国家、国民、货币、机器、教育、解释、竞争、劳动、贸易、民族、人种、生产、时代、世界、事业、同盟、委员、行政、学校、政府、政体、政治、制度、中央、种族、专制、资本、自由、作用"。这表明，明治时期的日语四字词主要是利用古汉语词作语素构成的。但在清末以前的汉语里，这些二字词一般只能单独使用而没有复合构词功能，由于日语四字词的影响，使许多汉语二字词获得了这种复合构词功能。

其四，由日语赋予新义的二字词有 20 词，占二字语素总数的 25%，即"保险、革命、工业、共和、观念、机关、阶级、经济、警察、科学、民主、命题、普通、社会、思想、推理、问题、运动、主权、主义"。此类二字语素的数目虽然不太多，但使用频率高、构词能力强。由于与古汉语词的原义不符，进入汉语之初国人曾有困惑甚至抵触，但日语的新义最终取代了古汉语的旧义，并成为现代汉语不可或缺的常用词。

其五，明治时期日语新造的二字词有 12 词，占二字语素总数的 15%，即"帝国、个人、公债、国际、立宪、名词、投票、团体、议员、政策、殖民、组合"。日本人在明治时期新造了不少二字词，但有的中途消亡，有的没有进入汉语。这 12 个日语新词反映了全新的概念和事物，成为清末时期的汉语常用词。

5.6 清末 5 报中 2+2 型四字词的重出情况

以各报中的全部 2+2 型四字词为对象，不仅可以统计出二字语素在清末 5 报中的分布情况，还可以统计出每个 2+2 型四字词在清末 5 报中的分布情况。统计结果显示，"5 报共有"的四字词有 13 词，"4 报共有"的四字词有 37 词，"3 报共有"的四字词有 56 词，"2 报共有"的四字词有 139 词，"1 报单有"的四字词有 988 词。其中 5 报、4 报、3 报共有的四字词是清末时期使用范围最广和存活率较高的 2+2 型四字词，从不同侧面反映出清末时期的社会热点，在此将这 106 词列举如下。

"5 报共有"的四字词有以下 13 词，全部出自《时务报》而且均为"日方用例早"的四字词，可视为 19 世纪末最早进入汉语的四字日语借词。

地方自治　共和政治　君主专制　立宪政体　社会主义　生命财产　师范学校
同盟罢工　殖产兴业　殖民政策　治外法权　中央集权　中央政府

"4 报共有"的四字词有以下 37 词，全部出自《时务报》和《清议报》，除了"物竞天择"属于"未见日方用例"的四字词之外，其余均为四字日语借词。这些词反映出当时清末反对封建提倡民主的社会动向。

大学教授　代议政体　地方分权　帝国主义　放任主义　封建时代　封建制度
高等学校　个人主义　攻守同盟　共和政体　贵族政治　国际公法　过渡时代

交通机关	劳动社会	立宪政治	民主政体	民主政治	民族主义	社会改良
生存竞争	势力范围	天赋人权	外交政策	物竞天择	下等社会	言论自由
优胜劣败	政治思想	专制政体	专制政治	自由竞争	自由贸易	自由主义
自治制度	宗教改革					

"3报共有"的四字词有以下56词，全部出自《时务报》、《清议报》和《译书汇编》，其中"国民运动、海底电线、全权公使、三权分立、神权政治、消极主义、原始社会、自由民权"8词为"日方用例晚"的四字词。按照目前的调查结果这些词有可能是清末国人创造的汉语新词，但也有可能今后在明治时期的日方资料中发现更早的用例。除了以上8词之外，其余均为四字日语借词。

白色人种	保护政策	参谋本部	产业革命	出版自由	高等法院	工业学校
共产主义	固定资本	贵族政体	国会议员	国际私法	国家观念	国家主权
国家主义	国民教育	国民经济	国民运动	国民主义	海底电线	行政机关
经济问题	经济政策	局外中立	军国主义	流动资本	民主共和	平民主义
破坏主义	普通教育	全称命题	全权公使	全盛时代	三段论法	三国同盟
三权分立	上院议员	社会革命	神权政治	神圣同盟	生产机关	士官学校
世界主义	适者生存	私有财产	特称命题	下院议员	消极主义	新陈代谢
野蛮时代	原始社会	政治革命	专制主义	自然科学	自然淘汰	自由民权

在以上列举的106个2+2型四字词中，可认定为四字日语借词的有97词，占总词数的91.5%。除了这些直接引进的日语借词之外，还有许多清末国人模仿日语四字词的形式而创造出的"仿造词"和"改造词"，足以证明四字日语借词在清末汉语中占据着中心地位。

6. 小结

本章对《民报》的2+2型四字词做了多角度的分类和分析，并围绕二字语素的特征对清末5报的2+2型四字词进行了回顾，现将要点归纳如下：

（1）《民报》中新出现的 2+2 型四字词共有 205 个，占 2+2 型四字词总数的 61.2%。依据词源考证的结果，可分为 3 种情形：一是日方用例早于清末报纸的四字词有 111 词（54.2%），二是未见日方用例的四字词有 48 词（23.4%），三是日方用例晚于清末报纸的四字词有 46 词（22.4%）。此外，通过第 5 节的清末 5 报 2+2 型四字词的来源情况一览表（表 5），可将《民报》的数据与其他 4 报进行比较。

（2）相对于日语四字词，笔者将国人自造的汉语四字词分为仿造词、改造词和自造词。仿造词的主要特征是可以找到所模仿的日语四字词的词群，以此为视点，可将《民报》中的仿造词概括为两大类：一是可以在《民报》中直接找到所模仿的日语四字词词群。二是可以在《民报》以外找到所模仿的日语四字词词群，同样可视为仿造词。

（3）《民报》中的改造词有 6 种改造日语原词的方法：一是省略日语原文中的助词「の」或「的」变为汉语的四字词。二是替换日语原词中的一个字变为汉语的四字词。三是增加一个字把日语原词变为汉语的四字词。四是利用日语的二字词重新组合成汉语的四字词。五是把日语原文的短语转变为汉语的四字词。六是颠倒日语原词的词序变为汉语的四字词。这中间的许多方法在此前的报纸中已经出现过，表明在改造日语原词的方法上清末 5 报之间有共同之处。

（4）《民报》中的自造词在语素层面上有两个特点：一是采用日语四字词不使用的二字语素。有时两个语素均为汉语单有，有时一个语素为汉语单有，这两种情形均可判断为汉语自造词。二是采用日语四字词不使用的语素搭配。虽然前语素和后语素均为中日共有，但如果后语素在日语中很少构成 2+2 型四字词，便可判断该词为汉语自造词。

（5）本章对清末 5 报中的 2+2 型四字词做了总结性回顾，包括以下几方面的 5 报数据一览表：一是前部二字语素和后部二字语素的构词情况一览表（表 6 和表 7）；二是构词 4 词及以上的前部二字语素和后部二字语素一览表（表 8）；三是前部二字语素和后部二字语素的重出情况一览表（表 11）。最后还列举了 5 报共有、4 报共有、3 报共有的四字词共 106 词，这些词应是清末时期使用范围最广和存活率较高的一群。

参考文献

【中文论著论文】（著者拼音顺序）

北京师范学院中文系汉语教研组编著（1959）：《五四以来汉语书面语言的变迁和发展》，北京　商务印书馆
曹炜（2004）：《现代汉语词汇研究》，北京大学出版社
曹增友（1999）：《传教士与中国科学》，宗教文化出版社
陈华新（1987）：廖仲恺与《民报》，《广东社会科学》第 2 期
陈江（1994）：《新民丛报》——影响一代人的期刊，《编辑学刊》10 月号
陈力卫（1994）：早期英华字典与日本的"洋学"，《原学》第 1 辑
陈力卫（1995）：从英华辞典看汉语中的日语借词，《原学》第 3 辑
陈力卫（2011）：试论近代汉语文体中的日语影响，『東アジア文化交渉研究』别册第 7 号，関西大学文化交渉学教育研究拠点（ICIS）
陈文良（1980）：民报始末，《新闻研究资料》第 4 期
陈玉申（2003）：《晚清报业史》，山东画报出版社
晨晓（1991）：略论《民报》的办刊特色，《东北师大学报》第 5 期
承红磊（2015）：《清议报》所载《国家论》来源考，《史林》第 3 期
丁文（2010）：《"选报"时期〈东方杂志〉研究（1904—1908）》，商务印书馆
董秀芳（2004）：《汉语的词库与词法》，北京大学出版社
董秀芳（2011）：《词汇化：汉语双音词的衍生和发展》（修订本），商务印书馆
冯天瑜（2004）：《新语探源——中西日文化互动与近代汉字术语生成》，北京：中华书局
冯志杰（2008）：《中国近代科技出版史研究》，中国三峡出版社
高名凯、刘正埮（1958）：《现代汉语外来词研究》，北京：文字改革出版社
高宁（2002）："和文汉读法"与翻译方法论，《中国翻译》第 4 期（第 23 卷）
戈公振（2011）：《中国报学史》，三联书店（上海商务初版 1927，三联书店版 1955）
顾江萍（2011）：《汉语中的日语借词研究》，上海辞书出版社
顾卫民（1996）：《基督教与近代中国社会》，上海人民出版社
顾长声（1981）：《传教士与近代中国》（增补本），上海人民出版社

何炳然（1980）：梁启超初办新民丛报时的宣传特色，《新闻研究资料》第 4 期

何绍斌、杨晓雨、刘娣（2015）：梁启超与汉语中的日语译词，《时代文学》第 12 期

贺阳（2008）：《现代汉语欧化语法现象研究》，商务印书馆

胡春燕（2015）：历史语境中"广告"词义流变考，浙江工商大学硕士论文（中国知网）

胡明扬（1996）：《词类问题考察》，北京语言文化大学出版社

胡明扬（2004）：《词类问题考察续集》，北京语言大学出版社

黄兴涛（2009）：新名词的政治文化史——康有为与日本新名词关系之研究，《新史学（第三卷）：文化史研究的再出发》，北京：中华书局

黄兴涛（2013）：明清之际西学的再认识，《明清之际西学文本——50 种重要文献汇编》（全四册），北京：中华书局

黄兴涛、王国荣（2013）：《明清之际西学文本——50 种重要文献汇编》（全四册），北京：中华书局

吉建富（2010）：《海派报业》，文汇出版社

吉田薰（2008）：梁启超与《太阳》杂志，《学术研究12》，广东省社会科学联合会

寇振锋（2008）：梁启超与日本综合杂志《太阳》，《日本研究3》，辽宁大学日本研究所

来新夏（2000）：《中国近代图书事业史》，上海人民出版社

黎东方（1997）：《细说民国创立》，上海人民出版社

黎难秋（1993）：《中国科学文献翻译史稿》，中国科学技术大学出版社

李博〔德，Wolfgang.Lippert〕（2003）：《汉语中的马克思主义术语的起源与作用：从词汇概念角度看日本和中国对马克思主义的接受》，赵倩等译，中国社会科学出版社（本书的德文原版出版于 1979 年）

李国俊（1986）：《梁启超著述系年》，复旦大学出版社

李良荣（1985）：《中国报纸文体发展概要》，福建人民出版社

李焱胜（2005）：《中国报刊图史》，湖北人民出版社

李勇军（2010）：《图说民国期刊》，上海远东出版社

李运博（2006）：《中日近代词汇的交流——梁启超的作用与影响》，南开大学出版社

梁晓虹（1994）：《佛教词语的构造与汉语词汇的发展》，北京语言学院出版社

林辰（1992）：鲁迅·黎汝谦·《华盛顿传》，《鲁迅研究月刊》3 月号

刘凡夫、樊慧颖（2009）：《以汉字为媒介的新词传播——近代中日间词汇交流的研究》，辽宁师范大学出版社

刘敏芝（2008）：《汉语结构助词"的"的历史演变研究》，语文出版社

刘珊珊（2010）：《新民·新知·新文化：〈新民丛报〉研究》，南开大学历史学院博士论文

刘珊珊（2013）：《新民丛报》创办动机与梁启超的近代国家思想，《聊城大学学报》（社会科学版）第 1 期

闾小波（1995）：《中国早期现代化中的传播媒介》，上海三联书店

吕立峰（2006）：朱执信与马克思主义在中国的传播——纪念《德意志社会革命家小传》发表 100 周年，原载《学习时报》2006 年 8 月 14 日第 9 版

马西尼〔意，Federico Masini〕（1997）：《现代汉语词汇的形成——十九世纪汉语外来词研究》，黄河清译，汉语大词典出版社（本书的英文原版出版于 1993 年）
钱存训（1986）：近世译书对中国现代化的影响，《文献》第 2 期
饶怀民（1981）：试论《民报》时期汪精卫的民族主义思想，《华中师院学报》（哲学社会科学版）第 4 期
邵荣芬（1958）：评《现代汉语外来词研究》，《中国语文》7 月号
沈国威（2010）：《近代中日词汇交流研究——汉字新词的创制、容受与共享》，北京：中华书局
沈国威（2011a）：《近代英华华英辞典解题》，关西大学出版部
沈国威（2011b）：现代汉语"欧化语法现象"中的日语因素问题，『東アジア文化交涉研究』別冊 7，関西大学文化交渉学教育研究拠点
沈国威（2019）：《一名之立旬月踟蹰：严复译词研究》，社会科学文献出版社
石云艳（2004）：《和文汉读法》的主要内容及其历史评价，《解放军外国语学院学报》第 6 期（第 27 卷）
石云艳（2005）：《梁启超与日本》，天津人民出版社
宋凌迁（2004）：试论朱执信对马克思主义的认识与传播，《广西社会主义学院学报》第 2 期
宋素红、程新晓（1999）：梁启超与《清议报》，《许昌师专学报》第 1 期
苏新春（2004）：《二十世纪汉语词汇学著作提要·论文索引》，上海辞书出版社
谭汝谦（1980）：中日之间译书事业的过去、现在与未来，《中国译日本书综合目录》，香港中文大学出版社
汤志钧（2008）：影印说明，《新民丛报》（全 14 册），北京：中华书局
唐海江（2007）：《清末政论报刊与民众动员：一种政治文化的视角》，清华大学出版社
陶季邑（1992）：胡汉民与《民报》，《益阳师专学报》第 3 期
陶明兰（2004）：朱执信对社会主义的介绍与研究，《高等函授学报》（哲学社会科学版）第 3 期
王力（1958）：《汉语史稿》，科学出版社（初版本）。（重印本：北京　商务印书馆，1980）
王立（2011）：论戊戌政变后围绕《清议报》的中日交涉，《昆明学院学报》5 期
王立达（1958a）：现代汉语中从日语借来的词汇，《中国语文》2 月号
王立达（1958b）：从构词法上辨别不了日语借词，《中国语文》9 月号
王天根（2008）：《晚清报刊与维新舆论建构》，合肥工业大学出版社
王晓秋（1992）：《近代中日文化交流史》，北京：中华书局
王扬宗（1988）：江南制造局翻译馆史略，《中国科技史料》第 8 卷第 3 期
王扬宗（1991）：清末益智书会统一科技术语工作述评，《中国科技史料》第 12 卷第 2 期
王扬宗（1994）：晚清科学译著杂考，《中国科技史料》第 15 卷第 4 期
王扬宗（1995）：江南制造局翻译书目新考，《中国科技史料》第 16 卷第 2 期
王志松（2012）：梁启超与《和文汉读法》——"训读"与东亚近代翻译网络形成之一

侧面,《日语学习与研究》第 2 期(总 159 号)
狭间直树主编(2001):《梁启超·明治日本·西方》,社会科学文献出版社
夏静(2005):《清议报》研究,武汉大学新闻学专业硕士论文(中国知网)
谢明香(2010):《出版传媒视角下的〈新青年〉》,巴蜀书社
熊月之(1994):《西学东渐与晚清社会》,上海人民出版社
徐枢、谭景春(2006):关于《现代汉语词典》(第 5 版)词类标注的说明,《中国语文》第 1 期
徐载平、徐瑞芳(1988):《清末四十年申报史料》,新华出版社
许光华(2000):16—18 世纪传教士与汉语研究,《国际汉学》第 6 辑,大象出版社
许明龙(1993):《中西文化交流先驱》,东方出版社
俞江(2007):《近代中国的法律与学术》,北京大学出版社
张娜(2016):《清议报》"外论汇译"栏目研究,黑龙江大学新闻传播学院硕士论文(中国知网)
张西平(2009):《欧洲早期汉学史——中西文化交流与西方汉学的兴起》,北京:中华书局
张西平(2013):简论罗明坚和利玛窦对近代汉语术语的贡献——以汉语神学与哲学外来词研究为中心,《贵州社会科学》第 7 期
张瑛(1984):《新民丛报》宣传宗旨辨,《中州学刊》第 6 期
章清(2011):"界"的虚与实:略论汉语新词语与晚清社会的演进,『東アジア文化交渉研究』別冊 7,関西大学文化交渉学教育研究拠点
赵晓兰、吴潮(2011):《传教士中文报刊史》,复旦大学出版社
郑奠(1958):谈现代汉语中的"日语词汇",《中国语文》2 月号
郑海麟、张伟雄编校(1991):《黄遵宪文集》,日本京都:中文出版社
郑匡民(2003):《梁启超启蒙思想的东学背景》,上海书店出版社
周昌寿(1937):译刊科学书籍考略,《张菊生先生七十生日纪念论文集》,上海 商务印书馆
周福振(2011):辛亥革命时期革命派与改良派关于三权分立学说的争论——以《民报》与《新民丛报》的争论为中心,《华中科技大学学报》(社会科学版)第 2 期
周佳荣(2005):《言论界之骄子——梁启超与〈新民丛报〉》,香港:中华书局
周荐(2004):《汉语词汇结构论》,上海辞书出版社
朱京伟(1994):现代汉语中日语借词的辨别和整理,《日本学研究 3》,北京日本学研究中心
朱京伟(1998):近现代以来我国音乐术语的形成与确立,《中国音乐学》第 2 期,中国艺术研究院音乐研究所
朱京伟(1999):西洋乐器中文译名的形成与演变,《中国音乐学》第 2 期,中国艺术研究院音乐研究所
朱京伟(2004):四字词内部结构的中日比较,《日本学研究 14》,北京日本学研究中心
朱京伟(2005):三字词内部结构的中日比较,《日语研究 3》,商务印书馆

朱京伟（2006）：中日 V+N 动宾结构二字词的比较，『関西大学視聴覚教育』第 29 号
朱京伟（2007a）：梁启超与日语借词，《日本学研究 17》，北京日本学研究中心
朱京伟（2007b）：马克思主义文献的早期日译及其译词，《语义的文化变迁》，武汉大学出版社
朱京伟（2007c）：中日 V+N 定中结构二字词的比较，《日语研究 5》，商务印书馆
朱京伟（2009a）：严复译著中的新造词和日语借词，武汉大学《人文论丛 2008 卷》，中国社会科学出版社
朱京伟（2009b）：《民报》（1905—08）中的日语借词，《日本学研究 19》，北京日本学研究中心
朱京伟（2011）：《遐迩贯珍》的词汇及其对汉语书面语的影响，《架起东西方交流的桥梁——纪念马礼逊来华 200 周年学术研讨会论文集》，外语教学与研究出版社
朱京伟（2012a）：《时务报》（1896—1898）中的日语借词——文本分析与二字词部分，《日语学习与研究》第 3 期
朱京伟（2012b）：《时务报》（1896—1898）中的日语借词——三字词与四字词部分，《日本学研究 22》，北京日本学研究中心
朱京伟（2013a）：《清议报》中的四字日语借词，《日语学习与研究》第 6 期
朱京伟（2013b）：《清议报》（1898—1901）中的二字日语借词，《日本学研究 23》，北京日本学研究中心
朱京伟（2014）：从《清议报》（1898—1901）看日语三字词对汉语的影响，《东亚观念史集刊》第 6 期，台湾政大出版社
朱京伟（2015 a）：《译书汇编》（1900—1903）中的二字日语借词，《汉日语言对比研究论丛 6》，华东理工大学出版社
朱京伟（2015 b）：《译书汇编》（1900—1903）与中日词汇交流，《日本文化理解与日本学研究——北京日本学研究中心 30 周年纪念论文集》，学苑出版社
朱京伟（2017）：《译书汇编》（1900—1903）中的三字日语借词，《汉日语言对比研究论丛 8》，华东理工大学出版社
朱京伟（2018a）：《新民丛报》（1902—1907）与中日词汇交流，《日本学研究 28》，北京日本学研究中心
朱京伟（2018b）：《译书汇编》（1900—1903）中的四字日语借词，《高等日语教育 2》，外语教学与研究出版社
朱生华（1995）：孙中山与《民报》，《江汉大学学报》第 4 期
朱维铮（1979）：《民报》时期章太炎的政治思想，《复旦学报》（社会科学版）第 5 期
朱维铮（2001）：《利玛窦中文著译集》，复旦大学出版社
庄钦永、周清海（2010）：《基督教传教士与近现代汉语新词》，新加坡青年书局
邹振环（1996）：《影响中国近代社会的一百种译作》，中国对外翻译出版公司
邹振环（2011）：《晚明汉文西学经典：编译、诠释、流传与影响》，复旦大学出版社
邹振环（2000）：《晚清西方地理学在中国——以 1815 至 1911 年西方地理学译著的传播

与影响为中心》，上海古籍出版社
邹振环（2012）:《疏通知译史——中国近代的翻译出版》，上海人民出版社
卓南生（2002）:《中国近代报业发展史 1815—1874》(增订版)，中国社会科学出版社

【日文论著论文】(著者日语五十音顺序)

荒川清秀（1986）: 一性・一式・一風,『日本語学』3 月号（特集・接辞），明治書院
荒川清秀（1988）: 複合漢語の日中比較,『日本語学』5 月号，明治書院
荒川清秀（1997）:『近代日中学術用語の形成と伝播—地理用語を中心に—』，白帝社
荒川清秀（2002）: 日中漢語語基の比較,『国語学』第 53 巻 1 号
池上禎造（1954）: 漢語の品詞性,『国語国文』第 23 巻第 11 号，京都大学国文学会
池上禎造（1957）: 漢語流行の一時期—明治前期資料の処理について,『国語国文』第 26 巻 6 号，京都大学文学部国語学国文学研究室
李漢燮（2010）:『近代漢語語彙研究文献目録』，東京堂
内田慶市（2001）:『近代における東西言語文化接触の研究』，関西大学出版部
小川鼎三（1983）:『医学用語の起り』，東京書籍
木村一（2004）:「焦点」を意味する訳語の変遷,『東洋』第 41 巻第 9 号，東洋大学通信教育部
国立国語研究所（1964）:『現代雑誌九十種の用語用字（3）分析』報告 25，秀英出版
小林英樹（2004）:『現代日本語の漢語動名詞の研究』，ひつじ書房
斎賀秀夫（1957）: 語構成の特質,『講座現代国語 II　ことばの体系』，筑摩書房
斎藤静（1967）:『日本語に及ぼしたオランダ語の影響』，篠崎書林
齋藤毅（1977）:『明治のことば—東から西への架け橋—』，講談社
佐藤喜代治（1983）:『講座日本語の語彙—語誌 I・II・III』，明治書院
佐藤亨（1980）:『近世語彙の歴史的研究』，桜楓社
佐藤亨（1986）:『幕末・明治初期語彙の研究』，桜楓社
佐藤亨（2013）:『現代に生きる日本語漢語の成立と展開—共有と創生—』，明治書院
実藤恵秀（1970）:『増補・中国人日本留学史』，くろしお出版
朱京偉（2002）: 構成要素の分析から見る中国製漢語と和製漢語,《日语学习与研究》第 4 期
朱京偉（2003）:『近代日中新語の創出と交流—人文科学と自然科学の専門語を中心に—』，白帝社
朱京偉（2007）: 明治期における社会主義用語の形成,『19 世紀中国語の諸相』，雄松堂出版
朱京偉（2008）:『清議報』に見える日本語からの借用語,『漢字文化圏諸言語の近代語彙の形成—創出と共有—』，関西大学出版部

朱京偉（2010）：『漢城旬報』（1883—1884）から見た中日韓の語彙交流，《汉字文化圏近代语言文化交流研究》，南开大学出版社

朱京偉（2011a）：蘭学資料の三字漢語についての考察—明治期の三字漢語とのつながりを求めて—，『国語研プロジェクトレビュー』第4号，国立国語研究所（冊子本の第1巻に収録）

朱京偉（2011b）：在華宣教師の洋学資料に見える三字語—蘭学資料との対照を兼ねて—，『国立国語研究所論集』第1号

朱京偉（2011c）：蘭学資料の四字漢語についての考察—語構成パターンと語基の性質を中心に—，『国立国語研究所論集』第2号

朱京偉（2013a）：中国語に借用された明治期の漢語—清末の4新聞を資料とした場合，野村雅昭編，『現代日本漢語の探究』，東京堂

朱京偉（2013b）：在華宣教師の洋学資料に見える四字語—蘭学資料の四字漢語との対照を兼ねて—，『国立国語研究所論集』第6号

朱京偉（2015a）：四字漢語の語構成パターンの変遷，『日本語の研究』第11巻2号

朱京偉（2015b）：蘭学資料の二字漢語とその語構成的特徴，斎藤倫明・石井雅彦編，『日本語語彙へのアプローチ—形態・統語・計量・歴史・対照—』，おうふう

朱京偉（2016a）：語構成パターンの日中対照とその記述方法，関西大学東西学術研究所研究叢刊51，『東アジア言語接触の研究』，関西大学出版部

朱京偉（2016b）：在華宣教師資料の二字語とその語構成的特徴—蘭学資料の二字漢語との対照を兼ねて—，『国立国語研究所論集』第10号

沈国威（1994）：『近代日中語彙交流史—新漢語の生成と受容—』，笠間書院

沈国威（1995）：『新爾雅とその語彙—研究・索引・影印本付』，白帝社

沈国威（1996）：近代における漢字学術用語の生成と交流—医学用語編（1），『文林』第30号，神戸松蔭女子学院大学

沈国威（1997）：近代における漢字学術用語の生成と交流—医学用語編（2），『文林』第31号，神戸松蔭女子学院大学

沈国威（1999）：『〈六合叢談〉（1857—1858）の学際的研究—付・語彙索引/影印本文』，白帝社

沈国威・内田慶市（2002）：『近代啓蒙の足跡—東西文化交流と言語接触：「智環啓蒙塾課初歩」の研究』，関西大学出版部

沈国威（2009）：日本発近代知への接近—梁啓超の場合，『東アジア文化交渉研究』第2号，関西大学文化交渉学教育研究拠点

杉本つとむ（1967）：江戸時代蘭文典についての考察—その訳文と文法用語の翻訳—，『近代日本語の新研究—その構造と形成—』，桜楓社

杉本つとむ（1991）：近代日・中言語交渉史序説—方以智『物理小識』を中心に—，『国文学　解釈と鑑賞』第56巻1号，至文堂

杉本つとむ（1991）：物理学用語の翻訳とその定着—『物理階梯』から『改正増補・

物理階梯』へ—,『国文学研究』第 105 号,早稲田大学文学会
杉本つとむ (2003—2008): 近代訳語を検証する (連載 1—63),『国文学・解釈と鑑賞』第 68 巻 7 号-第 73 巻 11 号,至文堂
鈴木修次 (1978):『漢語と日本人』,みすず書房
鈴木修次 (1981):『日本漢語と中国—漢字文化圏の近代化』(中公新書 626),中央公論社
鈴木修次 (1983): 厳復の訳語と日本の「新漢語」,『国語学』第 132 集
蘇小楠 (2004): 中国における日本製化学用語の受容,『名古屋大学国語国文学』94 号
高野繁男 (1982): 蘭学資料の語彙—『訳鍵』の語彙について—,『講座日本語学 5・現代語彙との史的対照』,明治書院
高野繁男 (2004):『近代漢語の研究—日本語の造語法・訳語法—』,明治書院
田窪行則 (1986): −化,『日本語学』3 月号 (特集・接辞),明治書院
田野村忠温 (2016):「科学」の語史—漸次的・段階的変貌と普及の様相—,『大阪大学大学院文学研究科紀要』第 56 巻
田野村忠温 (2018): 言語名「英語」の確立,『東アジア文化交渉研究』第 11 号,関西大学文化交渉学教育研究拠点
陳力衛 (2001):『和製漢語の形成とその展開』,汲古書院
陳力衛 (2008): 梁啓超の『和文漢読法』とその「和漢異義字」について,『漢字文化圏諸言語の近代語彙の形成—創出と共有—』,関西大学出版部
陳力衛 (2012): 英華辞典と英和辞典との相互影響—20 世紀以降の英和辞書による中国語への語彙浸透を中心に—,『JunCture』03 号,名古屋大学大学院文学研究科付属日本近現代文化研究センター
野村雅昭 (1974): 三字漢語の構造,『電子計算機による国語研究Ⅵ』国立国語研究所報告 51,秀英出版
野村雅昭 (1975): 四字漢語の構造,『電子計算機による国語研究Ⅶ』国立国語研究所報告 54,秀英出版
野村雅昭 (1978): 接辞性字音語基の性格,『電子計算機による国語研究Ⅸ』国立国語研究所報告 61,秀英出版
野村雅昭 (1987): 複合漢語の構造,『朝倉日本語講座 1 文字・表記と語構成』,朝倉書店
野村雅昭 (1988): 二字漢語の構造,『日本語学』5 月号 (特集・複合語),明治書院
野村雅昭 (2013):『現代日本漢語の探究』,東京堂出版
狭間直樹 (1999):『共同研究: 梁啓超—西洋近代思想受容と明治日本』,みすず書房
飛田良文・宮田和子 (1997): 十九世紀の英華・華英辞典目録—翻訳語研究の資料として—,『国語論究第 6 集: 近代語の研究』,明治書院
飛田良文 (2002):『明治生まれの日本語』,淡交社
広田栄太郎 (1969): 的という語の発生,『近代訳語考』,東京堂出版

広田栄太郎（1969）：『近代訳語考』，東京堂出版
古田東朔（1957）：洋文典における品詞訳語の変遷と固定，『香椎潟』第 3 号，福岡女子大学国文学会
古田東朔（1963）：幕末・明治初期の訳語—『民間格致問答』を中心として—，『国語学』第 53 集
松井利彦（1979）：近代漢語の伝播の一面，『広島女子大学文学部紀要』第 14 号
松井利彦（1980）：近代漢語の定着の一様相，『広島女子大学文学部紀要』第 15 号
松井利彦（1987）：漢語の近世と近代，『日本語学』2 月号，明治書院
松浦章・内田慶市・沈国威（2004）：『遐邇貫珍 1853—1856 の研究』，関西大学出版部
水野義道（1985）：接尾的要素「-性」、「-化」の日中対照研究，『待兼山論叢』第 19 号，大阪大学文学部
水野義道（1987）：漢語系接辞の機能，『日本語学』2 月号（特集・漢語），明治書院
村木新次郎（2002）：四字漢語の品詞性を問う，『日本語学と言語学』，明治書院
村木新次郎（2012）：第 2 部・形容詞をめぐる諸問題，『日本語の品詞体系とその周辺』，ひつじ書房
森岡健二（1965）：訳語形成期におけるロブシャイド英華字典の影響 I，『比較文化研究所紀要』第 19 巻，東京女子大学
森岡健二（1966）：訳語形成期におけるロブシャイド英華字典の影響 II，『比較文化研究所紀要』第 19 巻，東京女子大学
森岡健二（1987）：『現代語研究シリーズ 1　語彙の形成』，明治書院
森岡健二（1991）：『改訂　近代語の成立—明治期語彙編』，明治書院（1969 初版）
八耳俊文（1995）：清末期西人著訳科学関係中国書および和刻本所在目録，『化学史研究』第 22 巻第 4 号
柳父章（1982）：『翻訳語成立事情』（岩波新書 189），岩波書店
山下喜代（1997）：字音形態素「一式」の機能，『青山語文』27，青山学院大学日本文学会
山下喜代（2000）：漢語系接尾辞の語形成と助辞化—「的」を中心にして—，『日本語学』Vol. 19—13
山田巌（1961）：発生期における的ということば，『言語生活』120，筑摩書房
山田孝雄（1940）：『国語の中に於ける漢語の研究』，宝文館
湯浅茂雄（1982）：蘭学資料の語彙—『舎密開宗』の用語を中心として，『講座日本語の語彙第 5 巻　近世の語彙』，明治書院
吉田忠（1980）：『蘭学における訳語の考察』，文字と言語研究資料 6（冊子本）
吉田忠（1988）：『イエズス会士関係著訳書所在調査報告書』，東北大学文学部付属日本文化研究施設（冊子本）
渡部万蔵（1930）：『現行法律語の史的考察』，万里閣書房

【中文资料、词典与数据库】

《强学报·时务报》，中国近代期刊汇刊·第一辑（全5册），北京：中华书局，1991
《清议报》，中国近代期刊汇刊（全6册），北京：中华书局，1970
《译书汇编》，上海图书馆所藏原本复印件
《新民丛报》，中国近代期刊汇刊（全14册），北京：中华书局，2008
《民报》，中国近代期刊汇刊（全6册），北京：中华书局，2006
《申报数据库》，北京爱如生数字化技术研究中心（http://www.sbsjk.com/）
《东西洋考每月统记传》，黄时鉴整理，北京：中华书局，1997
《文渊阁四库全书》电子版，香港迪志文化出版，上海人民出版社，1999
《天学初函》影印本，台湾学生书局，1981
《近代史数位资料库》，台湾中央研究院近代史研究所（http://mhdb.mh.sinica.edu.tw）
《汉语大词典》，罗竹风主编，汉语大词典出版社，1986—1993
《汉语外来词词典》，刘正埮、高名凯、麦永乾、史有为编，上海辞书出版社，1984
《近代译书目》，王韬、顾燮光等，北京图书馆出版社，2003
《近现代辞源》，黄河清编著，上海辞书出版社，2010
《中国报刊辞典（1815—1949）》，王桧林、朱汉国主编，太原：书海出版社，1992

【日文资料、词典与数据库】

『日本国語大辞典（第二版）』，小学館，2000—2002
『明治大正新語俗語辞典』，樺島忠夫・飛田良文・米川明彦編，東京堂出版，1984
『明治のことば辞典』，惣郷正明・飛田良文編，東京堂出版，1986
『現代に生きる幕末・明治初期漢語辞典』，佐藤亨著，明治書院，2007
『洋学史事典』，日蘭学会編，雄松堂出版，1984
国立国会図書館デジタルコレクション（http://dl.ndl.go.jp/）
『太陽コーパス』，国立国語研究所資料集15（雑誌『太陽』日本語データベース），博文館新社，2005
『読売新聞』記事データベース「ヨミダス歴史館」
（https://database.yomiuri.co.jp.ezproxy.library.wisc.edu/rekishikan/）
『朝日新聞』記事データベース「聞蔵Ⅱ」
（http://database.asahi.com.ezproxy.library.wisc.edu/library2e/main/start.php）

词语索引

本索引收录了书中出现的主要词语及构词语素（仅收录涉及义理处页码），按拼音字母顺序排列。有词史记述的地方用粗体字页码标出。"○○—"表示 2+1 型三字词或 2+2 型四字词的前部二字语素，"—○／—○○"分别表示 2+1 型三字词的后部一字语素和 2+2 型四字词的后部二字语素。

A

爱他心	**449**

B

白垩纪	358
白色人种	185
百科全书	384
版权	152
半岛	70，445
保护国	473
保守	229
保守党	77，473
保守派	77，473
保守主义	185
保险—	115
保险金	357
保证金	249
保证人	249
暴动	137，444
爆发	152
悲观的	158
悲剧	152
被告—	115
本能	349
编年史	77
辩论的	269
表决	349
冰点	**338**
—兵	90
博览会	76，473
博物馆	76
补助金	248
哺乳动物	279
哺乳类	358
不动产	249
步调	237

C

—财产	290
财团法人	384
财政	70，445
裁定	**225**
裁判所	473
参考书	249
参谋部	76
参谋长	473

参议院	248	催眠术		452
参政权	77，473		D	
参政资格	**105**	打消		237
惨剧	349	—大臣		116
测定	**225**	大学教授		104，505
—策	91，167	—代		**367**
产业—	114	代表		444
产业革命	185	代价		349
常备军	473	代理人		473
常识	229	代名词		358
—场	91，167，**459**	代言人		248
场所	237	代议—		114
—车	90	单纯		152，445
成分	**331**	单位		229，**231**
成年	229，**230**	弹性		**341**
乘客	152	弹药		152
持续	**329**	—党		89，**175**，266
抽象	435	党员		445
抽象名词	279	德育		**67**，**70**，445
出版	237	—的		**177**，**268**，359，454
出版物	249	敌视		70，445
出发	237	—地		167，454，**460**
出发点	249	地点		152
出口—	115	地方—		114，289
出席	**58**，65	地方分权		104，505
初等教育	104	地方政府		279
初期	137，444	地方自治		104，185，505
触觉	**345**	地下—		115
传染病	76	地质学		158
—船	91	帝国		70，445
—词	**371**	帝国主义		185，505
慈善家	77	—点		167，**171**，359
慈善事业	279	电话		152
从物	**235**	电话机		357

电气铁路	**105**	反对派	**356**,358
动产	237	反抗	445
动词	152	范畴	429
动力	445	—方法	495
—动物	397	方位角	358
动物学	76	方针	152,445
动物园	357	放任	152
动员	435	非难	137,**138**,444
独立—	114,289	肥料	70,445
独占事业	**381**	废藩置县	383
读本	**53**	—费	90,167
—队	91,172	分子	229
对等	152	风琴	331
对抗	152,445	封建时代	505
对外政策	185	封建制度	185,505
对象	237	否定	237
		否定命题	278

E

俄国的	270	否决	**237**
—儿	**366**	否认	**437**
二元论	358	夫权	237
二重人格	384	服务	237

F

		父体	**228**
发动机	249	父系	237
发明	65	附加税	249
发起人	248	副业	349
发言权	158	富国强兵	104
—法	91	富绅	**441**

G

法定	237	改良	70,445
法规	152	概论	229,**234**
法权	237	概念	152,445
法人	237	概要	237
法廷	237	感官	349
法院	445	感化	**227**
烦琐哲学	384		

感情	137，**139**，444	公国	237
感性	**343**	公海	237
干部	**148**，152	公立学校	383
干事	**62**，65，444	公民权	248
干事长	452	公权	444
干线	152，445	公认	237
高潮	152	公诉	237
高等—	114	公务员	249
高等法院	104	公益	237
高等教育	104	公益心	**449**
高等学校	104，505	—公债	291
革命	65，444	公债	445
—革命	197，397	公证人	**246**
革命派	452	公转	349
个人	137，444	攻守同盟	**102**，104，505
个人—	493	共产党	249
个人的	249，269	共产制	**451**
个人主义	185，505	共产制度	**485**
个体	237	共产主义	**277**
个性	331	共存上	272
根据地	77，473	共和	65，444
工兵	152	共和党	76，473
—工场	116	共和国	76，473
工商业	473	共和政体	505
工业	65	共和政治	104，505
工业—	114，395	共和制	**451**
工业革命	**379**	共同—	289
公安	237	购买力	249
公德	349	古代史	**355**
公德心	**449**	古生代	358
公敌	237	固定资本	279
公共财产	279	固体	349
公共事业	**381**	故障	237
公共团体	**480**	关系	444

一观	255	过渡	137
观念	137，444	**H**	
一官	89	海岸线	158
一馆	90	海军	70
惯例	152，445	海军基地	**107**
惯性	**342**，349	海域	152
广告	445	横观的	270
广义	152	花柳病	357
归化	**227**	一化	**368**
归纳	137	化合物	358
归纳法	249	怀疑派	**356**
贵族政治	505	幻觉	**347**
一国	90，167，266，454	换言之	**257**
国防	152	回归线	358
国会	445	一会	90，**463**
国会议员	104	会话	**429**
国籍	**224**	货币—	289
国际	70，445	**J**	
国际—	196，288	机关	65，**444**
国际法	**156**，158，473	一机关	198，290，495
国际公法	505	机关报	**160**
国际关系	185	机关炮	248
国际惯例	482	机会均等	482
国际竞争	384	机能	237
国际社会	279	一机器	116
国际事务	185	积极	137，**140**，444
国家—	196	基金	237，**238**
一国家	290	极点	445
国家利益	**107**	极端	**150**，445
国民—	196，289	记忆力	**354**
国民经济	185	记者	137
国务卿	76	一纪	**373**
国债	445	纪念碑	158
过半数	249	纪念品	452

一祭	**375**	结晶	349
寄生虫	158	结论	152，445
加盟	152	解剖学	357
一家	89，167，266	一解释	396
假定	349	戒严令	249
价格	**66**，70，445	一界	**174**，264，360，454
间接	**147**，152，445	金融	237
间接经验	384	金融界	158
间接税	249	进化	70，445
间接推理	278	进化论	358
间歇性	358	进口一	114
检定	**225**	经济	65
简单	152，445	经济一	196，289，493
见习	349	经济基础	185
建筑物	358	经济特权	**482**
健全	152	经济学	77
一舰	91	经济制度	482
讲习所	158	精神病	357
交感神经	384	警察	65，444
交战国	77	一警察	290
焦点	**339**，349	警察局	452
教化	**227**	一竞争	198，397
教授	65	竞争力	158
一教育	291，396	一局	90，167，360
教育家	77，473	局外中立	104
教育史	**355**	俱乐部	158，473
教育事业	**381**	决算	152
教育制度	383	绝对	137，444
阶级一	493	军备扩张	185
一阶级	495	军港	445
阶级斗争	479	军国主义	279
阶级战争	479	军机大臣	**108**
阶级争斗	479	军乐队	158
阶级制	**451**	军属	237

军用	**61**	立法机关	**277**, 279
君主专制	505	立法作用	**382**
K		立脚点	358
开化	**227**	立宪—	114
开幕	152	立宪	**134**
考古学	158	立宪政体	104, 505
—科	90	联合国	158
科学	137, 444	联想	237
科学家	358	恋爱	137
客观	237, **240**	疗养所	358
客观的	249	—料	**374**
客体	152, 445	列车	152
肯定	229, **233**	列强	152
肯定命题	278	领地	137
空间	**336**	领海	237
恐怖主义	**387**	领土	146, 152, 445
恐慌	237	领土主权	481
快感	349	领域	152, 445
扩张	445	留学生	76, 473
L		流动资本	279
劳动—	493	流域	152
劳动保险	384	陆军—	114
劳动团体	**480**	伦理学	158
劳动者	473	—论	454, **460**
劳工—	115	论点	237
离心力	357	论理学	249
理解力	**354**, 358	论坛	152
理论	444	论战	137
理论家	158	落选	349
理事	**63**, 65	—律	360, **372**
理想	152, 445	**M**	
理由	152	盲肠炎	358
—力	167, 265	盲动	**438**
		冒险家	158

美术	70, 445	**N**	
美术馆	357	纳税者	248
美学	349	男女同权	383
一门	91	男性	70
门户开放	185	难点	435
秘密结社	278	脑力	237
秘密团体	384	内容	229
密度	331	内籀	**440**
民法	152	能动的	452
民权	70, 445	年金	237
民权思想	**483**	女权	152
民选	152	女性	70
民主	**54**	**P**	
民主—	196	排外	237
民主党	452	排外思想	185
民主政体	506	一派	172, 266, 360
民主制度	482	派出所	357
民主主义	185	判定	**225**
民族	**134**	一品	91, **175**, 265
民族—	289	品行陶冶	**385**
民族主义	506	评定	**225**
名词	237	普通	65, 444
一名词	290	普通—	288
命题	229	普通教育	278
一命题	291	**Q**	
摩擦	**54**	期间	237
魔术师	158	企业	**435**
末梢神经	384	企业家	158
母国	237	起点	65, 444
母体	**228**	起诉	237
母系	237	起因	428
目的	152, 445	起源	237
目的地	158	起重器	**81**
目的上	272	气体	331

汽车	445		人事淘汰	**384**
前提	237		—人种	198
潜力	152		忍耐力	**354**
亲权	229，**235**		认识论	249
—卿	90		任命	229
情报	152		任期	152
情操	349		任务	152
驱逐舰	158		溶解	349
取缔	349		溶液	349
取消	237		融通市场	**186**
—权	90，172，265，359，454		肉欲	349
权利	**54**		软体动物	384
权限	445		弱点	152，445
全称命题	278		**S**	
全权—	115		三国—	114
全权大使	278		三国同盟	104
缺点	152，445		商标	237
确保	152		商品	152
群体	331		商务—	114
R			商业竞争	**187**
燃料	70		商业社会	104
让步	152，445		—上	90，**179**，271
让渡	435		上级	229，**234**
—人	90，167，264		少将	**59**
人道主义	482		少数民族	**484**
人格	237，**239**		社会	65，444
人工肥料	104		社会—	196，289，493
人类学	158		—社会	197，291，397，495
人力车	**247**		社会党	76，473
人权	70，445		社会改良	506
人权思想	**484**		社会活动	**380**
人权宣言	482		社会学	158，473
人权自由	279		社会主义	**102**，104，505
人生观	358		社会组织	185

社团法人	279	世纪	65，444
神话	**439**	世界观	358
神经	137，**143**	—式	91，167，454，**461**
神经病	357	势力范围	185，506
神经系统	384	事实上	272
神经质	**356**	—事业	291，397
神权	349	试验室	77
升华	**332**	视觉	**346**
生产—	493	视力	237
生产方法	482	适龄	237
生产过剩	482	适者生存	279
生产力	158，473	收容	237
生产手段	384	手术	153
生产原料	384	手续	237
生存竞争	**184**，185，506	首都	152
生活目的	**280**	属性	229
生理学	76，473	—术	**365**
生命—	114	术语	237
生命保险	104，278	刷新	445
生命财产	104，505	—税	89，264，360，454
生物学	76，473	—说	**363**，454
—省	91	司法机关	279
—师	91	司法作用	**382**
师范学校	104，505	私立学校	278
石器时代	185	私有财产	279
—时代	198，291，495	私有制度	384，482
时间	**334**	思潮	237
时效	237	思想—	196
实地演习	384	—思想	197，495
实体	**228**	思想	444
实现	**333**	思想原理	**281**
实用主义	384	速度	349，**431**
—史	91，359	—所	90，167，**168**，266
示威运动	185	所得税	78，473

所有权	473	统计学	357	
所在地	249	投票	70，445	
T		—投票	495	
太阳系	358	图书馆	78，473	
谈判	137，444	团体	153，445	
谈判员	**450**	—团体	198，290，495	
探险队	**161**	团体员	**450**	
特称命题	278	推理	331	
特点	237	推论	444	
特派员	78	退场	237	
特权	445	退化	70，445	
特色	70，445	退学	435	
特性	70，445	**W**		
特许	137	外交—	289	
特征	331	外交官	473	
特质	445	外交上	248，272	
提案	229，**232**	外交政策	506	
—体	454，**464**	外勤	331	
体操	70，445	外延	237	
体育	**67**，70，445	外债	152	
天赋人权	185，506	外籍	**440**	
天然淘汰	**384**	外资	237	
天体	**228**	唯物论	249	
天文学	248	唯物主义	384	
铁道员	**450**	唯心论	358	
听觉	**346**	唯心主义	384	
听力	237	维新政治	**107**	
停车场	158，473	委任状	248	
停滞的	270	委托人	249	
通信员	158	—委员	116，495	
通性	**342**	委员会	76，473	
同盟罢工	505	委员长	473	
同盟国	78	味觉	**338**，**347**	
统计表	158	温度	349	

文明进化	185	校长	229
文明社会	481	协会	65，444
文学史	**355**	写真	**430**
问题	137，444	一心	172，**463**
一问题	197，397，495	心理学	249
无产者	452	心意作用	**382**
无期徒刑	278	新陈代谢	185
无神论	453	信仰自由	482
无线电	**159**	星云	331
一物	91，**260**，359，454	行政一	288
		一行政	397
X		行政改革	279
喜剧	349	行政机关	185
一系	**369**	行政作用	**382**
细胞	237	形式主义	384
细则	237	形体	**228**
下级	229	一性	167，**169**，359，454
纤维	349	性能	349
显微镜	**81**	性欲	331
现代	153	性质上	272
现行犯	249	修正案	248
现金	237	嗅觉	**347**
现象	137，444	选举权	78，473
现状	153，445	选手	349
一线	**259**	一学	89，167，266，359，454
宪兵	445	学界	237
宪法上	271	学科	444
相对	229	学期	153
相对责任	**279**	学说	70，445
想象力	**354**	学校一	114
向上心	**449**	一学校	116
消费税	249	雪线	349
消费者	159	血统	153，445
消火栓	249	血缘	153
消极	137，**140**，444		

勋章	152	优点	**340**,	349
巡洋船	**80**	优胜劣败	**184**,	506
巡洋舰	77, 473	优势		153
Y		游击队		358
压力	445	游牧团体		**279**
压迫	152	有机		137
言论自由	185, 506	有机化学		383
一炎	**364**	有机体	159,	473
研究所	**157**, 158	有机质		**356**
演说	444	有色人种		384
演绎	**424**	鱼雷艇		**162**
演绎法	249	浴场		435
要点	153, 445	预算		444
要素	153, 445	预算案	159,	473
野心家	453	元素	153,	445
一业	90	一员	90, 172,	**462**
液体	349	原告—		115
疑点	237	原人		137
义务	444	原则	153,	445
义务教育	185	原子		237
议案	445	一院		90
议会	445	阅览室		358
议员	70, 445	运动	137,	444
议员选举	481	一运动	198, 290, 397,	495
引渡	229	运动场		358
饮料	70	**Z**		
印象	**433**	杂志		444
营业税	158, 473	在野党		78
影响	444	造船业		159
应用—	115	债权		237
应用科学	384	债务		236
用品	153	展览会		357
用途	237	占领		445
用语	237	占领军		358

词语	页码
战败国	249
战斗力	159
战利品	249
战胜国	249
战线	153
长期	**328**
哲学	70，445
哲学家	78，473
—者	167，266
正当防卫	279
正统主义	**277**
证券	152
政策	70，445
—政策	116，197，291，396
政党	70，445
—政府	291
政见	349
政客	237
—政体	291
—政治	116，197，290，396
政治—	196，288，493
政治家	77，473
政治团体	279
支部	70，445
直接经验	384
直接税	249
直接选举	384
职能	237
职权	237
植物园	357
殖产兴业	104，505
殖民	70，445
殖民地	78，473
殖民政策	505
殖民主义	185
—制	**462**
制裁	153
—制度	116，291，396，495
制服	**426**
制品	445
—质	359
治外法权	104，505
智育	67，70，445
中立国	78
中生代	358
中央—	114，289
中央机关	279
中央集权	**101**，104，505
中央委员	482
中央政府	104，505
中佐	137
终点	70
种界	**441**
种族思想	**483**
仲裁	153
众议员	**163**
众议院	75，473
重点	429
侏罗纪	358
主观	237，**240**
主观的	249
主权	**54**
—主权	291
主体	137，444
主席	229
—主义	197，290，396，495
专制—	196
专制主义	185

转化	**227**	自主权	77
资本家	78，473	宗教	**135**
资本论	453	宗教改革	506
资格上	272	宗教界	159
资金	70	宗教史	**355**
资源	237	宗教信仰	279
自然界	249	宗主国	453
自然科学	185	总体	**228**
自然淘汰	185	纵观的	270
自由—	196，289	组合	153
—自由	290，495	—组合	495
自由党	473	组合员	**450**
自由竞争	185，506	组织	444
自由贸易	104，506	最惠国	77，473
自由主义	185，506	—作用	396
自治团体	279		

后　　记

　　从 1994 年发表第一篇关于日语借词的论文算起，匆匆间已走过 25 载春秋。当初，考虑到汉语中的日语借词主要是各领域的专业术语，就计划从一个领域切入，先梳理中日双方的原始资料，再进行系统的词语调查与分析。那些年，不论身在国内还是日本，我都长时间地待在图书馆里，先后查阅了哲学、音乐学和植物学等方面的明治时期资料和清末民初资料。经过 9 年的努力，在日本关西大学沈国威教授的热心帮助下，终于出版了日文专著『近代日中新語の創出と交流—人文科学と自然科学の専門語を中心に—』（白帝社，2003）。

　　取得以上进展之后，我的关注点转向两个方面：一是调查清末重点人物使用日语借词的情况；二是调查马克思主义、社会主义理论术语中的日语借词。然而在追索词源时却发现，梁启超使用的日语借词多半出自他在《时务报》、《清议报》、《新民丛报》上发表的文章，而许多马克思主义、社会主义理论术语早在单行译本问世之前就已见诸报端了。我由此意识到，清末报纸才是发现日语借词早期用例的首选资料。于是调整方向，选定了 5 种与日本关系密切且社会影响大的清末报纸展开词语调查。

　　如今，日语借词研究已逐渐形成词汇史、概念史、人物史、翻译史等多头并进的局面。但对于从事日语研究的本人而言，日语借词问题首先是中日语言之间的词汇交流问题。能够正确地辨别汉语中的日语借词，探明其前世今生和整体轮廓，才是需要达成的首要目标。本书的内容多半已在中日两国的学术杂志上公开发表过，但为了各章的衔接又重新做了修改与整合。即便如此，或仍留有前后不一、文字重复之处，请读者见谅。至于某词是否应归入某类、某出典年代尚可提早之类的细节，难免见仁见智，本人将虚心面对专家学者的检验。

迄今为止，词源考证是日语借词研究中使用最多的方法。尽管现在已能在一定范围内利用电子资料检索用例，今后检索范围有望继续扩大，但不应将词源考证视为唯一的研究手段。本书力求将词汇学的方法运用到日语借词研究中去，诸如通过2+1型三字词和2+2型四字词去分析二字语素和一字语素的功能；通过语素层面的结构类型去比较中日词语之间的异同；通过相同后语素形成的词群去阐述日语三字词和四字词的系列性构词；通过后部一字语素的语素义和构词功能去衡量汉语三字词受日语影响的程度，等等。这些方法的导入可以有效地改善单纯依靠词源考证的状况。

三字和四字日语借词是本书关注的重点。以往偏重于谈论二字日语借词，其实三字和四字日语借词的数量大大多于前者。而清末进入汉语的三字和四字日语借词对现代汉语的构词法产生过直接影响，这方面也有别于二字日语借词。笔者利用清末5报的用例论证了以上事实，概括了明治时期日语三字词和四字词的构词特征，描述了日语借词进入汉语后两国词语的相互融合，以及汉语新词对日语借词的模仿与改造。综合全书的内容，可以说，汉语不仅在词语层面，还在词性扩展和构词法层面，甚至在句式和文体层面，都或多或少地受过来自日语的影响。

研究刚起步时，笔者曾将查明日语借词的数量作为努力的目标。但二十几年过后，现在也只能说大致摸清了日语借词的分布状况，还拿不出日语借词的准确词数。因为尚有许多近代文献未及查看或无法检索，对日语借词的认定标准也缺乏共识，甚至还存在未开发的领域。总之，揭示日语借词的全貌不能靠少数人在短时间内完成，而需要更多年轻同道的参与，这也是本书格外重视研究框架和方法步骤的用意所在。

30多年前我在北外日本学研究中心读硕士，当时任教的全是来自日本的大学教授，他们的治学风范和研究方法深深地吸引了我，领我走上学术研究之路。后来知遇的多位日本师长，也在不同阶段给了我许多教诲和鼓励。恕我在此将各位先生的姓名隐去，默默地以内心的思念表达感激之情。

需要特别提到日本关西大学的沈国威教授、成城大学的陈力卫教授和韩国高丽大学的李汉燮教授。我们4人于2001年结成"汉字文化圈新词译词研究会"，专门研究明治时期的日语新词在东亚3国的传播。这个志同道合的组合每年择地举办一次国际研讨会，队伍逐渐壮大，一直延续至今。3位学兄于学问之道孜孜不倦，一路走来使我获益良多。

  本人对商务印书馆一直怀有敬意。早在20世纪初，商务印书馆就与日本的金港堂合作出版了中国最早的新式教科书。在我查阅过的清末和民国时期的书籍中，商务版图书的数量最多，在传播日语借词的过程中发挥了重要作用。此次为了拙著的出版，商务印书馆外语编辑室的郭可主任及马朝红、明磊二位编辑尽心尽力，付出了许多辛苦，作为著者谨表谢意。

  最后，衷心感谢国家社会科学基金项目（11BYY119）和北京外国语大学2018年度一流学科建设科研项目对本书的资助。

朱京伟
2019年7月